महारास

महारास

उषा यादव

सत्साहित्य प्रकाशन, दिल्ली

प्रकाशक : सत्साहित्य प्रकाशन,
694 (पहली मंजिल), चावड़ी बाजार, दिल्ली–110006
 / संस्करण : 2025 / पेपरबैक मूल्य : छह सौ रुपए
मुद्रक : आर–टेक ऑफसेट प्रिंटर्स, दिल्ली ISBN 978-93-92573-41-5

MAHARAS *novel* by Smt. Usha Yadav ₹ 600.00 (PB)
Published by **SATSAHITYA PRAKASHAN**
694 (First Floor), Chawri Bazar, Delhi-110006

त्वदीयं वस्तु गोविन्द तुभ्यमेव समर्पये।

अपनी बात

श्री महारास का माहात्म्य बताना आसान नहीं। मेरे लिए गूँगे का गुड़ है। ब्रज की गलियों में घूमते हुए, श्रीराधा-कृष्ण की मनोरम लीलास्थलियों को निहारते हुए, उन लीलाओं के माधुर्य भाव को समूची श्रद्धा से आत्मसात् करते हुए मन जितना अधिक कृष्णमय होता गया, इस विषय पर लिखने की आकांक्षा बढ़ती गई। लगभग पचास-पचपन वर्ष पूर्व का वह लीला-मंच मैंने देखा है, जो किसी मंदिर, चबूतरे अथवा तख्त पर बाँस और कपड़े से बनता था तथा मुक्त आकाश के नीचे दूर तक फैली खुली धरती दर्शकों का प्रेक्षागृह होती थी। इसी क्रम में इक्कीसवीं सदी का वह भव्य-कलात्मक लीला-मंचन भी मेरे दृष्टि-पथ से गुजरा, जो वृंदावन के रमणरेती क्षेत्र की एक जानी-मानी रासमंडली की प्रस्तुति था। जन्माष्टमी का पर्व होने के कारण 'कृष्ण-जन्म' उस दिन की लीला का विषय था। नित्य रास तो मंचन का प्रधान अंग था ही। अथाह जनसमूह का पंडाल में उपस्थित होकर रस-चर्वण की कल्पना में निमग्न होना मुझे चकित कर गया। जो कालिंदी का कूल, कदंब की छाँह और करील के कुंज कभी नटवर नागर श्रीकृष्ण और उनकी आदिशक्ति श्रीराधा की दिव्य लीला-माधुरी के साक्षी थे, आज भी उस क्रीड़ा, साहचर्य और प्रेम-माधुर्य के अलौकिक अनुभव को जन-सुलभ बनाने में सक्षम हैं, यह देखकर मुझे अत्यंत रोमांचक अनुभूति हुई। सिर्फ सहृदयों के ही नहीं, आम आदमी के चित्त को भी प्रिया-श्याममय बनाने के जो नाना गुर ब्रजभूमि को विदित हैं, कृष्णलीलाओं का मंचन उनमें सर्वोपरि होना इससे प्रकट था।

दूसरी बात, संचार माध्यमों द्वारा दी गई अस्तित्व-रक्षा की कड़ी चुनौती का ब्रज की रासलीला द्वारा पूरे जीवट से सामना करना भी हमारे लिए कम आश्चर्य का विषय नहीं। लोक-संस्कृति पर छाए संकट के मेघ के दौर में भी यह लोकनाट्य न सिर्फ जीवंत है, अपितु देश-विदेश में गहरी लोकप्रियता अर्जित कर रहा है। चिरपुरातन होते हुए भी चिरनवीन रहने की साध इसके मूल में है। इलेक्ट्रॉनिक मीडिया से भय खाने के बजाय स्वयं उसके साथ गलबहियाँ डालकर खड़े होना ब्रज की रासलीला ने सहज भाव से

अंगीकार किया है। लीला के मंचन में ध्वनि और प्रकाश के अपूर्व संयोजन तथा क्लोज सर्किट टेलीविजन के उपयोग से यह सर्वविदित है। मानना पड़ेगा, ब्रज की रासलीला का एक छोर यदि भारत की पाँच हजार साल पुरानी सांस्कृतिक परंपरा में है तो दूसरा छोर मंचन के नव्यतर प्रयोगों तक जा पहुँचा है। ऐसे में परंपरा को ठेस न पहुँचे, यह सावधानी पूरी गंभीरता से अपेक्षित है। आध्यात्मिकता, उदात्तता और शास्त्रीयता ही वे असली रत्न हैं, जिनकी तुलना में ऊपरी चमक-दमक अथवा भोंड़े प्रदर्शन से भीड़ और पैसा बटोरने की चतुराई ज्यादा दिन नहीं टिकेगी। अध्यात्म की सुवास से जन-जन के मन को महकाना इन कृष्णलीलाओं का मूल प्रयोजन है और इसके विच्छिन्न होते ही उनकी मूल्यवत्ता घटते देर नहीं लगेगी। प्रस्तुत उपन्यास 'महारास' इसी उज्ज्वल चेतना का संवाहक है।

भूमंडलीकरण के वर्तमान युग में भौतिक सुखों के पीछे भागने की प्रवृत्ति ने मनुष्य की मानसिक शांति हर ली है। पैसे से संपन्न होते हुए भी आत्मिक तोष से विपन्न है आज का मानव। यह स्थिति किसी एक जाति, समुदाय या देश के साथ नहीं, पूरे वैश्विक पटल पर है। पूरा विश्व परित्राण हेतु भारतभूमि की ओर देख रहा है। रक्षाशक्ति हमारे पास है अध्यात्म के रूप में। 'महारास' इसी का प्रदाता है। इसीलिए भारतवर्ष की पुरातन आध्यात्मिक चेतना में रुचि रखने वालों और चिरंतन आनंद के चाहने वालों को यह उपन्यास अवश्य भाएगा। विश्व का आतप-ताप दूर करने का प्रस्तुत रसायन सहृदय पाठकों के हाथों में सहर्ष सौंप रही हूँ।

—उषा यादव

1

शांति की खोज में

रासबिहारी ने बाएँ हाथ का भारी बैग जमीन पर रख दिया। दाहिनी हथेली से माथे का पसीना पोंछते हुए संतुष्टि की एक गहरी साँस ली। लगभग दो हजार किलोमीटर का सफर तय करके पश्चिम बंगाल से यहाँ आए हैं। घर छोड़ते समय मन उद्विग्न और आशंकित था, यात्रा निष्फल तो न रहेगी? पर आशा-दीप की नन्ही लौ साथ थी। उसके सहारे गंतव्य तक पहुँचने की संभावना साधे रहे। हवाईजहाज, ट्रेन और टैक्सी से यात्रा करते हुए वृंदावन की सघन गलियों तक आ पहुँचे।

इसके बाद टैक्सी चालक ने हाथ झाड़ दिया, "सर, इन सँकरी गलियों में आपको पैदल ही घूमना पड़ेगा। टैक्सी नहीं जा सकेगी।"

बात सच थी। रासबिहारी को नीचे उतरना पड़ा। भाड़ा चुकाया और बड़ी बेबसी से आसपास का मुआयना किया। जेब से एक पुरजा निकालकर उस पर लिखा पता पढ़ा, हालाँकि इसकी जरूरत नहीं थी, पता उन्हें कंठस्थ था, किंतु पसीजी हथेली के इस छोटे पुरजे के सहारे साठ साल पहले यहाँ बसे किसी परिवार को खोजना भूसे के ढेर में सुई तलाशने जैसा दुष्कर कार्य था।

कहावत है—'जहाँ चाह-वहाँ राह'।

पाँच-छह जगह ठिठकने और मुकाम खोजने का श्रम अंततः सफल हुआ। रासबिहारी एक अति सँकरी गली के इस टूटे-फूटे मकान के सामने आकर खड़े हो गए हैं।

भीतर से आती एक कर्कश आवाज से उनका ध्यान टूटा, "बुढ़ऊ, तुम्हें अपनी करनी पर राई-रत्ती शरम है या नहीं? तुम्हारे साथ के लोग आज हवेलियों में रहते हैं। उनके नाती-पोते जमी-जमाई रासमंडलियों के स्वामी बनकर घी-दूध की नदियों में नहाते हैं। तुम जिंदगी भर घरफूँक तमाशे में मस्त रहे। अपने बाल-बच्चों के बारे में, घर-परिवार के बारे में एक बार भी नहीं सोचा! बताओ, तुम्हारी इस खुदगर्जी पर अपना सिर फोड़ लूँ या तुम्हारा गला दबा दूँ?"

उत्तर में एक बूढ़ी-घिघियाई आवाज सुनाई दी, "मुझे माफ कर दे कैलाश। बाँकेबिहारी के चरणों में जहाँ इतनी उम्र कट गई, बाकी भी कट जाएगी। श्री लाड़िलीजी चाहे जिस हाल में रखें, मैं खुश हूँ। तू मुझे रात-दिन इतनी जली-कटी क्यों सुनाता है?"

"क्योंकि तुमने हमेशा सिर्फ अपने बारे में सोचा। आज भी यदि यही सोचते हो कि 'राधे-राधे' जपने से सीधे वैकुंठ पहुँचोगे तो यह तुम्हारी भूल है। देखना, तुम्हें नरक में भी ठौर नहीं मिलेगा। प्राण भी आसानी से नहीं छूटेंगे। देह में कीड़े पड़ेंगे, कीड़े।"

"कैलाश, ऐसे तो मत सराप बेटा।" बूढ़ी आवाज अब अँसुवाई हुई थी।

बंद मुख्य द्वार के बाहर खड़े रासबिहारी स्तब्ध रह गए।

'क्या करें? उलटे पाँव वापिस लौट जाएँ?'

शांति की तलाश में जहाँ आए हैं, वहाँ तो पहले ही अशांति का नंगा नाच हो रहा है। ओह, इतनी भाग-दौड़ व्यर्थ रही? विमलेंदु तो कह रहे थे कि पहले एक जवाबी पोस्टकार्ड डालकर उत्तर माँग लो। उसके बाद ही घर छोड़ो। पर उन्हें ही ऐसी उतावली मची कि दौड़े चले आए। सोचा था, काम न भी बना, तो बाँकेबिहारी का बुलावा मानकर संतुष्ट रहेंगे। देवदर्शन करके वापिस लौट आएँगे। सपने में भी इसका अंदेशा नहीं था कि मोहनलाल के दरवाजे पहुँच जाने के बाद भी...

मन बोझिल हो उठा।

तदपि मन की निराशा पर सप्रयास काबू पाते हुए रासबिहारी ने निर्णय किया कि जब यहाँ तक आ ही गए हैं, तो एक बार भीतर जाकर बात जरूर करेंगे।

मन की दुविधा मिटी। उन्होंने दरवाजे पर हथेली से हलकी थाप दी।

भीतर से आते कलह के स्वर रुक गए, शांति छा गई।

मिनट भर बाद करीब 24-25 साल के एक युवक ने द्वार खोला। बाहर खड़े संभ्रांत व्यक्ति को देख चेहरे के भाव बदले और बोला, "कहिए, किससे मिलना है?"

"मेरा नाम रासबिहारी है। पश्चिम बंगाल से आया हूँ। क्या पं. मोहनलाल का घर यही है?"

"जी हाँ। वह मेरे बाबा हैं। यहीं रहते हैं, पर लगभग 72-75 की उम्र और बीमारी की वजह से बिस्तर पकड़ चुके हैं। मैं कैलाश हूँ। यहाँ से कुछ दूरी पर मयूर निकुंज धर्मशाला है। मैं उसकी व्यवस्था सँभालता हूँ। चलिए, वहीं बैठकर इत्मीनान से बात करेंगे।"

रासबिहारी ने आँख भरकर युवक की ओर देखा—

मझोला कद।

गौर वर्ण का गठीला शरीर।

मुसकराते चेहरे पर सभ्य-शालीन मुद्रा।

कुछ क्षण पहले कानों में पड़ा लट्ठमार स्वर इसी सुदर्शन युवक का था, रासबिहारी विश्वास नहीं कर पा रहे थे।

मन अनमना हो गया।

जमीन पर रखा बैग युवक ने उठा लिया। दो-तीन छोटी-घुमावदार गलियों से होते हुए वे लोग खुले स्थान में बनी मयूर निकुंज धर्मशाला पहुँचे।

भीतर जाकर कैलाश ने जेब से ताली निकालकर अपना ऑफिस खोला। साफ-सुथरा कमरा देखकर रासबिहारी को अच्छा लगा। एक खाली कुरसी पर बैठ गए।

कैलाश ने वहीं एक कोने में रखे फ्रिज से ठंडे पानी की बोतल निकालकर एक गिलास भरा और आगे बढ़ा दिया, "जल लीजिए।"

रासबिहारी प्यासे थे। तुरंत पानी पी लिया।

"और ?"

"जी नहीं, धन्यवाद!" रासबिहारी ने खाली गिलास मेज पर रख दिया।

"चाय मँगवाऊँ ?" कैलाश ने पूछा।

"बाद में। पहले हम बात कर लें।" कहते हुए रासबिहारी गंभीर हो गए, "देखिए, अपने मित्र विमलेंदु की प्रेरणा से मैं कोलकाता से यहाँ आया हूँ। लगभग साठ वर्ष पूर्व, आठ-नौ साल की उम्र में, परिवार सहित वह वृंदावन आए थे। पं. किशोरीलाल गोस्वामी के यहाँ ठहरे थे और करीब दस दिन ठहरकर वृंदावन की रासलीला का भरपूर आनंद लिया था। पंडितजी का बेटा मोहनलाल उनसे आयु में चार-पाँच साल बड़ा था और रास का कलाकार भी था। एक छत के नीचे रहने से दोनों में बहुत जल्दी गहरी दोस्ती हो गई। नित्य सायंकाल शुरू होकर काफी रात गए तक रासलीला चलती थी। मोहन उसमें श्रीकृष्ण का स्वरूप धारण करता। विमलेंदु को अपने मित्र मोहन का यह रूप चौंकाता था, चमत्कृत करता था। उनके हृदय में आज भी अपने मित्र की रासधारी छवि बसी हुई है। वह सुवास उनके माध्यम से मेरे पास पहुँची। तभी पूरे 60 बरस बाद उनके मित्र ने मोहनलाल का दरवाजा खटकाया है।"

अपनी लंबी बात पूरी करते-करते रासबिहारी उत्तेजित हो उठे।

कैलाश ने एक गहरी दृष्टि से उनकी ओर देखा और बोला, "देखिए श्रीमान, आप इस वर्ष यहाँ विलंब से आए हैं। वृंदावन में पूरे श्रावण मास टूटकर रासलीलाएँ चलती हैं। रासमंडलियों के स्वामियों के स्तर के अनुसार उनका भव्य अथवा सामान्य प्रदर्शन होता है। इसके बाद भादों माह की कृष्ण जनमाष्टमी के बाद सारी रासमंडलियाँ माला के मनकों की भाँति बिखर जाती हैं। निकट या दूर के शहरों में व्यावसायिक लाभ के लिए उनके लीला-मंचन होते हैं। कदाचित् इस वक्त आपको वृंदावन में एक भी स्तरीय रास देखने को नहीं मिलेगा। जनमाष्टमी दो सप्ताह पहले बीत चुकी है। बेहतर

है, आप लौट जाएँ। अगले वर्ष श्रावण माह में आएँ।"

"जिस मनोरथ के साथ आया हूँ, उसे पूरा किए बिना वापिस नहीं लौटूँगा।"

"यानी लगभग 10-11 माह यहीं ठहरेंगे? रासलीला की प्रतीक्षा करेंगे?"

"जी हाँ। संकल्प-पूर्ति के पूर्व कैसी वापसी? घर छोड़ते समय दुविधा सिर्फ इतनी थी कि पं. मोहनलाल के बारे में पता नहीं क्या सूचना मिलेगी? सौभाग्य से वह जीवित हैं, तो मेरे लौटने का प्रश्न ही नहीं उठता।"

"इस अवधि में क्या करेंगे?"

"इतनी बड़ी 84 कोस की ब्रजभूमि है। पुस्तकों में मैंने यही पढ़ा है। भ्रमण का आनंद लूँगा।"

"ठीक है। आपको ब्रज-भ्रमण कराने का दायित्व मेरा।...तो फिर आपके ठहरने की व्यवस्था इसी धर्मशाला में कर दूँ?"

"जैसा उचित समझें।" रासबिहारी बोले।

धर्मशाला दुमंजिली थी। तीर्थयात्रियों के रहने के लिए ऊपर के खंड में कमरे थे, जिनमें से कुछ में इस वक्त भी लोग ठहरे हुए थे। कक्ष के बाहर बरामदे में बँधे तार पर उनके भीगे वस्त्र सूख रहे हैं, यह बात भीतर घुसते ही एक निगाह में रासबिहारी ने देख ली थी।

नीचे के खंड का विशाल हॉल और वहाँ स्थापित मंदिर में श्रीराधा-कृष्ण के विग्रह भी उन्हें नजर आए थे। यहीं ऑफिस है, कुछ तालाबंद कमरे हैं और रसोई व भंडारघर है, यह भी सरसरी निगाह से देखने पर उन्हें विदित हो चुका था। पाकशाला एवं भंडारगृह के बोर्ड, जो संकेतित थे, यानी एक दृष्टि में रासबिहारी ने मयूर निकुंज की बनावट समझ ली थी।

पहले वे लोग ऊपर के खंड में पहुँचे। कैलाश ने एक कमरे का ताला खोलकर पूछा, "आप यहाँ रहना पसंद करेंगे?"

कमरा बहुत छोटा था। सिर्फ एक तख्त था वहाँ, जिसपर पड़े गद्दे की हालत नजर न आने पर भी ऊपर बिछी मैली-कुचैली चादर वितृष्णा जगा रही थी। वैसे ही चीकटहाल दो तकिए देखकर रासबिहारी के चेहरे पर अप्रसन्नता झलक उठी। बरामदे की गंदगी वह पहले ही देख चुके थे। फौरन दो-टूक इनकार कर दिया, "जी नहीं। मुझे अपने रहने के लिए साफ-सुथरी जगह और सारी सुविधाएँ चाहिए। यदि यह धर्मशाला मामूली स्तर के तीर्थयात्रियों की जेब का ध्यान रखकर बनाई गई है, तो मैं यहाँ नहीं ठहर सकूँगा। किसी अच्छे होटल में मुझे ले चलिए।"

"एक मिनट!" कैलाश सोच में डूब गया।

दिमाग में चलती उथल-पुथल चेहरे पर झलक उठी। अंततः किसी निर्णय पर

पहुँचते हुए बोला, "देखिए, यह धर्मशाला सूरत के एक संपन्न सेठ ने बनवाई है। मंदिर की पूजा-अर्चना और धर्मशाला के रखरखाव के लिए मुझे पुजारी और मैनेजर दोनों कामों के लिए नियुक्त कर रखा है। वर्ष में एक बार श्रावण माह भर सेठजी सपरिवार आकर वृंदावन ठहरते हैं और इस अवधि में धर्माचार्यों के प्रवचन लगातार चलते रहते हैं। अपने रहने के लिए उन्होंने नीचे चार सुविधापूर्ण कमरे बनवाए हैं, जिन्हें साफ-सुथरा रखने हेतु चाबियाँ मुझे सौंप रखी हैं। चूँकि इस वर्ष सेठजी का आगमन-प्रस्थान हो चुका है, इसलिए उनके कमरे खाली हैं। मैं उनमें से एक कक्ष आपके लिए खोल देता हूँ।"

"चलिए, उसे भी देख लेते हैं।" रासबिहारी ने कहा।

इस कमरे में टेलीविजन, फ्रिज, ए.सी. सहित अन्य सुविधाएँ और सुंदर-महँगा फर्नीचर था। रासबिहारी संतुष्ट हो गए। उनकी स्वीकृति पाकर कैलाश भी प्रसन्न दिखाई दिया, शायद वह इस संपन्न और श्रद्धालु यजमान को किसी अन्य स्थान पर ठहराना नहीं चाहता था। जगह-जगह पंडे-पुजारी इसी टोह में सूँघते-फिरते हैं। कोई भी शब्दों की चाशनी से यजमान को लुब्ध करके ले उड़ा, तो वह खड़ा ताकता रह जाएगा। ऐसी गलती चतुर कैलाश कैसे कर सकता है?

उसने फौरन एक सेवक को बुलाकर कमरे की सफाई करने और पलंग की चादर-तकिए के गिलाफ बदलने का आदेश दिया। मेज पर पानी का जग और दो गिलास रखने को कहा। ऑफिस में तुरंत दो कप स्पेशल चाय लाने और बढ़िया भोजन तैयार करने का संदेश रसोइया गोकुल तक पहुँचाने में भी देर नहीं की।

रासबिहारी ने राहत की साँस ली। उनके ठहरने की मनोनुकूल व्यवस्था हो गई थी।

चाय के बाद कैलाश उठ खड़ा हुआ, "अब आज का कोई कार्यक्रम रखेंगे या सफर की थकान मिटाने के लिए आराम करेंगे?"

"हमारे पास समय ही समय है। कार्यक्रम कल से रखिए। आज आराम करूँगा।" रासबिहारी बोले।

"भ्रमण के लिए टैक्सी कैसी चाहेंगे? वातानुकूलित या साधारण?"

"मैं सुविधाओं के बीच रहने का आदी हूँ। पैसे की चिंता न करें। हर इंतजाम अच्छा होना चाहिए।"

"सुबह कितने बजे आप निकलना चाहेंगे?"

"आजकल पाँच बजे सुबह हो जाती है। मैं छह बजे उठ जाता हूँ। आप यहाँ से निकलने के लिए आठ बजे का समय तय रखें।"

"बिल्कुल ठीक है।" सहमति व्यक्त करते हुए कैलाश ने एक कदम बढ़ाया, "तो मैं चलूँ। कल सुबह आठ बजे आपके दर्शन करूँगा।"

रासबिहारी ने सिर हिला दिया।

अपने लिए कैलाश ने कोई पैसे तय नहीं किए और न कमरे का भाड़ा–जलपान–भोजन का खर्च ही बताया। समझ चुका था, यजमान को खुश रखकर वह उम्मीद से अधिक धन पा जाएगा।

~✦~

रात्रि–भोजन के अनंतर अपनी सुखद शय्या पर लेट गए रासबिहारी। कल इस वक्त कोलकाता के अपने बँगले में थे और आज यहाँ वृंदावन की मयूर निकुंज धर्मशाला में सोने जा रहे हैं। एक धुन में कितना लंबा सफर तय करके इस अनजान शहर में दौड़े चले आए! पता नहीं सही किया या गलत! शारीरिक–मानसिक क्लांति देह–दिमाग पर हावी है।

मन प्राश्निक हुआ—

क्यों भटक रहे हैं वह ?

क्या हासिल होगा इस मृगतृष्णा से ?

जब अपनी आलीशान कोठी में रहते हुए कोई चीज मन को चैन नहीं दे सकी, तो क्या घर से दो हजार किलोमीटर दूर इस परदेश में वह शांति मिल सकेगी ?

कभी सोचा था, पैसे से सबकुछ हासिल हो सकता है। आज महसूस हो रहा है, सिर्फ खिन्नता हाथ लगती है। गुजरा हुआ समय लौटाने का कोई जरिया नहीं रहता। मात्र अतीत की गलतियाँ निःशेष रहकर पश्चात्ताप की आग में झुलसाती हैं।

हाँ, वह उनका यौवन–काल था।

देह में ऊर्जा थी और मन में संपदा का उत्तुंग गिरि–शृंग खड़ा करने की आकांक्षा।

इस आकांक्षा ने बड़ा भरमाया। बड़ा दुःख दिया।

वह पैसे के पीछे भागते रहे और स्वयं पर जान छिड़कने वाली मंदाकिनी की ओर से उदासीन रहे। न, उदासीन नहीं कहेंगे। अत्यंत चाव से ब्याहा था, गृहलक्ष्मी बनाया था और फिर जीती–जागती स्त्री की जगह रत्न–मंजूषा मानकर घर के लॉकर में सहेजकर संतुष्ट–प्रसन्न हो गए थे। खुद को व्यवसाय की व्यस्तताओं में झोंक दिया था।

वक्त पंख लगाकर उड़ता रहा। पता ही नहीं चला कब आयु के तीसरे प्रहर में पहुँच गए और हर कदम पर साथ खड़ी रहनेवाली मंदाकिनी ने बिस्तर पकड़ लिया।

अपने पार्श्व में पत्नी को देखने के अभ्यस्त थे वह। जगह खाली दिखी, तो पहली बार ध्यान आया, मंदा कहाँ है ?

पता चला बिस्तर पर है, तो देखकर स्तब्ध रह गए।

शायद विवाह के अनंतर नववधू का घूँघट उठाने के बाद अब दूसरी बार आँख भरकर देखा था अपनी प्रिया को।

उफ! क्या यह वही मंदाकिनी थी?

खरे सुवर्ण-सा वर्ण कितना सँवलाया हो गया था!

खिले गुलाब से कपोल फूलदान में सजे बासी-मुरझाए फूल बन चुके थे।

दीर्घाकार नयनों के ज्योतित दीप सुहानी भोर के आने से पहले ही अर्धरात्रि की निस्तब्ध बेला में निष्प्रभ होकर बुझने-बुझने को हो आए थे।

अवसन्न होकर खड़े सोचते रहे, क्या यह उनकी वही सोने की पुतली-सी झिलमिलाती मृगनयनी प्रिया है, जिसके एक कटाक्ष ने उन्हें शरबद्ध शार्दूल की भाँति उसके पाँवों में बिछा दिया था?

भरी आँखें लिये, कातर कंठ से इतना भर कह सके, "यह तुमने क्या किया मंदा? मेरी मूढ़ता का बदला लेने के लिए यह कैसी शत्रुता निभाई?"

मंदाकिनी मौन रही।

कुछ कहने-सुनने का अब वक्त ही कहाँ था?

जब वक्त था, तब मधुर मनुहार किया करती थी, "सुनो जी, तुम्हारे करोड़ों के बैंक-बैलेंस से मुझे कोई लेना-देना नहीं है। सिर्फ इतना चाहती हूँ कि बँगले के बगीचे में सिर्फ दस मिनट मेरे साथ घूम लो और कोई खिला गुलाब अपने हाथ से मेरे जूड़े में सजा दो।"

तब पत्नी की ये भावुक बातें बेहद बचकानी लगती थीं उन्हें। तुनककर एक ही बात कहते, "ऐसे फालतू कामों के लिए मेरे पास वक्त नहीं है।"

मंदाकिनी मन मारकर चुप रह जाती।

कभी ज्यादा उमंगित होती, तो लड़िया जाती, "आज तुम्हें ऑफिस नहीं जाने दूँगी। दिन में हम ढेर सारी बातें करेंगे और उतरती साँझ में छत पर बैठकर तुम्हें रवींद्र संगीत सुनाऊँगी।"

"बकवास!" वह खीझ उठते, "आज एक बड़ी पार्टी के साथ करोड़ों की डीलिंग है। तुम्हें चुटकुलेबाजी सूझ रही है!"

मंदाकिनी अपराध-भाव से सिर झुका लेती।

ऐसा नहीं था कि हमेशा ताव ही खाते हों, कभी-कभी उदार मन:स्थिति में संवेदनशील भी हो उठते थे, "मंदा, तुम ज्यादा अकेलापन महसूस करती हो, तो दो-चार महिला संगठनों से जुड़ जाओ। उन्हें भारी-भरकम चंदा देने से अध्यक्ष बना दी जाओगी। वे सब तुम्हें सिर-माथे लेंगी, आरती उतारेंगी। सचमुच व्यस्त रहने लगोगी।"

"तुमसे किसने कहा कि मुझे अकेलापन सालता है?" तुनक उठती थी उनकी मानिनी प्रिया और उठकर अन्यत्र चली जाती।

वह फिर स्वप्नदर्शी बनकर अपने व्यवसाय को और-और ऊँचा उठाने की जुगत में जुट जाते।

मंदाकिनी उनकी पत्नी थी, उनके दो बेटों की माँ थी, किंतु उनके लिए तो जीवन-धन सिर्फ संपदा थी। संपदा जितनी बढ़ती, उनके भीतर उसे और-और बढ़ाने का उन्माद छा जाता।

अंतर्मुखी स्वभाव की मंदाकिनी के सपने बहुत छोटे थे। पति का संग-साथ, हास-परिहास और घूमने-फिरने का आनंद उसे हर्ष-विभोर करने के लिए पर्याप्त था, किंतु हतभागिनी वह भी नहीं पा सकी।

दोनों बेटों की चाहत भी बहुत बड़ी नहीं थी। वे पिता की गोद चाहते थे, पिता का वात्सल्य भरा हाथ अपने सिर पर चाहते थे। उत्साहित कंठ से अपने स्कूल के किस्से सुनाना चाहते थे। टीचरजी ने किस तरह उनके सही उत्तर पर बच्चों से ताली बजवाई, बताकर वाह-वाही पाना चाहते थे। एक्जाम में मिले सर्वोच्च अंकों की सूचना देकर तारीफ के दो बोल सुनना चाहते थे। हर वर्ष विद्यालय के वार्षिक समारोह में बच्चों के माता-पिता को निमंत्रित किए जाने पर कभी तो अपने पापा की भी मौजूदगी देखकर खुश होना चाहते थे। अपने बर्थडे आयोजन में केक काटते समय पास खड़े पापा को विश करते देखना चाहते थे।

दुर्भाग्य ही कहेंगे, पत्नी-बच्चों का एक भी अरमान वह पूरा न कर सके। पत्नी के लिए उनके पास सिर्फ पैसा था, जिससे नए-से-नए वस्त्राभरण खरीदकर संतुष्ट रह सके। पर जब उन साड़ियों-जेवरों को सराहने वाली आँखें ही नहीं थीं, तो मंदाकिनी उनसे अलमारियाँ भरी देखकर क्या करती? उसे बाजार में पैसा फूँकने में कभी औचित्य नहीं दिखा।

बच्चों के लिए भी उनके पास सिर्फ अगाध पैसा था, जिसे पानी की तरह बहाकर महँगे कपड़े-खिलौने खरीदवाए, महँगे स्कूलों में पढ़ाया और विदेश जाकर डिग्रियाँ बटोरने की सहूलियत दी।

वक्त गुजरता गया और जब होश आया, तो बच्चे परदेश में बस चुके थे, रुग्णा पत्नी मृत्यु-शय्या पर पड़ी थी। सुखी रहने का साधन जब साध्य बन जाए, तो विवेक शून्य व्यक्ति की शायद यही नियति होती है, पत्नी के सिरहाने खड़े होकर उन्हें पहली बार अहसास हुआ था।

"मैं तुम्हें मरने नहीं दूँगा, मंदा। अमेरिका ले जाकर महँगे से महँगा इलाज कराऊँगा। कैंसर अब लाइलाज बीमारी नहीं रही है।" वह उत्तेजित हो उठे थे।

"कोशिश करके देख लो।" एक फीकी मुसकान के साथ पत्नी ने जैसे चुनौती दी थी।

और जीत नहीं सके वह।

उस पैसे के बल पर पत्नी को चंद साँसें भी नहीं दिला सके, जिसे दोनों हाथों बटोरने के उन्माद में उन्होंने उसके सुख-स्वप्नों को तार-तार कर दिया था।

~✦~

उस वक्त कितना टूट गए थे वह।

ड्राइंगरूम एक-से-एक कीमती सामान से भरा हुआ था और विदेशों से आयातित वे अति मूल्यवान् वस्तुएँ जैसे उन्हें मुँह चिढ़ा रही थीं।

काश! बीता समय लौट आता और वह…

पत्नी चली गई, पर बच्चे तो हैं, यह सोचकर बची-खुची जिजीविषा बटोरी थी और एक-एक करके दोनों बेटों से फोन पर बात की थी। यू.एस. में सेटल हो चुके दोनों बेटों ने एक ही सवाल किया था, "क्या चाहते हैं आप हमसे?"

"तुम इंडिया लौट आओ और मेरा व्यवसाय सँभालो। इतनी बड़ी कोठी मैंने अपने अकेले रहने के लिए नहीं बनवाई है। यहाँ आकर रहोगे तो घर भरा-पूरा लगेगा। मैं नन्हे-मुन्ने पोते-पोती की किलकारियाँ सुनना चाहता हूँ, उन्हें गोद में बैठाकर कहानियाँ सुनाना चाहता हूँ, उनकी बाल-क्रीड़ाएँ देखकर तुम्हारी माँ की जुदाई का दुःख कम करना चाहता हूँ। अकेलेपन का संत्रास अब और अधिक नहीं झेल सकता।"

"सॉरी, पापा! वह तो आपको झेलना ही पड़ेगा। हमने भी तो बचपन में आपका अभाव झेला है और उसकी पूर्ति पैसे के रूप में पाई है। आप बताएँ, हम आपको कितना पैसा भेज दें? हमारा स्वदेश लौटना तो अब संभव नहीं है।" पता नहीं कैसे, क्या आपस में पूर्व मंत्रणा करके अभय और संजय ने यह एक-सा उत्तर तय कर रखा था, वह समझ नहीं सके।

टके-सा जवाब पा, एक ठंडी साँस भरकर खामोश खड़े रहे थे।

कुछ कहने के लिए मुँह में शब्द कहाँ थे?

इन बच्चों को आखिर पैसे के सिवाय दिया ही क्या है, जो प्रतिदान में संग-साथ की प्रत्याशा कर रहे थे?

किसी जन्मदिन पर बेशकीमती उपहार और वह भी माँ के हाथों खरीदवाने और देने के बजाय, क्या कभी बाप के कलेजे से निकले आशीर्वचनों से निहाल किया था?

किसी होली-दीवाली पर व्यावसायिक यात्रा रद्द करके इनके साथ होली के रंगों या दीवाली के पटाखों का आनंद लिया था?

किसी हारी-बीमारी के वक्त सिर्फ नगर के नामी चिकित्सकों को फोन करके दायित्व-पूर्ति करने के बजाए इनके ज्वर से तपते माथे पर हाथ रखने के लिए पास खड़े हुए थे?

हृदय ने लताड़ा, उस वक्त जो बोया था, आज उसे काटते वक्त मलाल क्यों?

यह तो ईश्वर के हाथों दिया गया उनके कर्मों का प्रतिफल था। जीवन की साँझ में वह निपट अकेले थे।

संपन्न होते हुए भी कितने विपन्न थे वह!

ए.सी. की ठंडक अंगारों का दाह-ताप देने लगी।

मिष्टान्न विष लगने लगे।

सुख-सुविधाएँ गहरी वितृष्णा जगाने लगीं।

घनिष्ठ मित्र विमलेंदु ने उनकी इस मानसिक अशांति को गंभीरता से लिया और सुझाव दिया, "तुम पुनर्विवाह कर लो। लगभग पचास वर्ष की मेरी एक तलाकशुदा साली है। पति से अनबन के कारण जल्दी ही अलग हो गई थी। एकमात्र संतान बेटी का विवाह कर चुकी हैं। जिम्मेदारियों से बरी, गंभीर किस्म की महिला है। मेरे कहने से शादी के लिए तैयार हो जाएगी। तुम्हें भी उम्र के इस पड़ाव पर जीवनसंगिनी मिल जाएगी। कहो, तो बात शुरू करूँ?"

स्नेही मित्र का यह संवेदनशील प्रस्ताव उन्होंने उसी पल साफ शब्दों में नकार दिया था। पुनर्विवाह का प्रश्न ही नहीं उठता था। मंदाकिनी और बच्चों के साथ जो अन्याय सालोसाल किया, उसका दंड भोगने को उद्यत थे। पुनर्जन्म और कर्मफल में उनकी आस्था थी। यदि इस जन्म में अपनी करनी का फल नहीं भोगेंगे, तो जन्म-जन्मांतर में उसे भोगना होगा। बेहतर है इसी जन्म में हिसाब-किताब बराबर कर लें। जो दंश अपने परिवार को दिया, वही दंश स्वयं अनुभव करें।

विमलेंदु ने उनकी मनोभावना समझ ली। वह बात वहीं खत्म हो गई।

मन की अशांति दूर करने के लिए उन्होंने साधु-संतों का समागम शुरू कर दिया। चित्त कुछ देर के लिए शांति पाता, किंतु फिर वही ग्लानिजनित अवसाद मन को घेर लेता। व्यवसाय भार लगने लगा, तो उसे समेटना आरंभ कर दिया। बाह्य जगत् के कार्यकलापों से मुक्त होकर चैन की साँस लेनी चाही।

मन में काँटा चुभा होने पर क्या शांति आसानी से मिलती है? निष्क्रिय हो जाने पर उद्विग्नता और बढ़ गई। मन सँभालने के लिए भ्रमण की योजना बनाई। विमलेंदु के साथ संपूर्ण दक्षिण भारत घूमकर भी मन:शांति न मिली।

सब ओर से हताश होकर वृंदावन आए हैं। विमलेंदु ने यही तो कहा है, "वृंदावन के जिस महारास का आनंद साठ साल बीत जाने पर भी स्मरण मात्र से मेरे अंतस् में पुनर्नव हो उठता है, वही अब तुम्हें मानसिक शांति देगा। मेरे कहने से एक बार वहाँ हो आओ।"

आशा की डोर से बँधे हुए वह यहाँ तक आ तो गए हैं, परिणाम अनिश्चित है। जो भी हो, ब्रजभूमि का आकर्षण जब उन्हें यहाँ खींच लाया है, तो अब कुछ और सोचने की जरूरत नहीं। इस पुण्य-माटी पर पाँव धरकर ही उन्हें स्वयं को धन्य मानना चाहिए।

शय्या पर लेटे रासबिहारी का सर्वांग थरथरा उठा।

शायद आज पूर्णिमा की रात थी।

भाद्रपद की पूर्णिमा।

इस समय मेघमुक्त आकाश होने के कारण कमरे की खुली खिड़की से चंद्रिकाचर्चित यामिनी की शोभा दिखाई दे रही थी।

बिस्तर पर लेटे हुए ही रासबिहारी ने अनुभव किया, चाँदनी की रुपहली चादर उनकी शय्या पर उतर आई है। आश्वस्त कर रही है, 'यह वृंदावन है न! यहाँ पहुँचकर अपनी सारी चिंताओं से मुक्त हो जाओ। श्री लाड़िलीजी और श्री ठाकुरजी तुम्हारी संपूर्ण भव-बाधा का हरण करेंगे।'

मयूर निकुंज धर्मशाला के सभागार में घुसते हुए, सामने स्थित श्रीराधा-कृष्ण के विग्रह के नीचे यही दो शब्द तो उन्होंने पढ़े थे, मन में बसा लिये थे।

रासबिहारी ने अपने हृदय-पटल पर पिछले कई वर्षों से धरी हिम-शिला को पिघलते महसूस किया। पलकें खुद-ब-खुद मुँद गई। निश्चिंत होकर वह गहरी नींद में डूब गए।

नींद की गोली भी जो प्रगाढ़ निद्रा नहीं दे पाती थी, वह आज सालों बाद स्वत: पलकों पर उतर आई थी।

क्या यह वृंदावन की माटी का माहात्म्य था?

कैलाश समय का पाबंद निकला।

ठीक आठ बजे टैक्सी सहित आ गया और रासबिहारी के कमरे के द्वार पर थाप दी। कमरा खुला तो अपने यजमान को नहा-धोकर चलने के लिए तैयार देखकर उसने संतुष्टि की साँस ली।

कैलाश की खुशी स्वाभाविक थी।

इस समय वृंदावन में श्रद्धालुओं का आगमन कम है और उसके अर्थोपार्जन पर ग्रहण लगा हुआ है। यदि रासबिहारी जैसा संपन्न व्यक्ति अगले श्रावण मास तक ठहरकर ब्रज-भ्रमण करता रहा, मोटी आमदनी का स्रोत बना, तो उसे भी ब्याह का सपना साकार करने का अवसर मिल सकता है। बड़े पतीले की खुरचन भी कम नहीं होती, अनुभव से जानता है। सूरत के सेठजी के वेतन से घर में चूल्हा भले जल जाता हो, सुकून से बसर थोड़े ही होती है। तभी तो कल शाम को वह बुढ़ऊ पर बरस पड़ा था। दरवाजे पर खड़े इस आदमी के कान में भी वे तीखी बातें पहुँच गई होंगी।

न पहुँचतीं, तो अच्छा था।

व्यर्थ ही उसकी छवि धूमिल हुई।

पर वह भी क्या करे? यदि घर में ब्याह-शादी का डौल खटाई में पड़ता न दिखाई दे, तो एक निरीह बूढ़े पर गुस्सा क्यों उतरे? इन्होंने यदि समय के साथ चलना सीखा होता, एक रासमंडली ही खड़ी कर दी होती, तो आज…

छोड़ो, जाने दो!

श्री लाड़िली जी सबकी स्वामिनी हैं। ब्रज की धरती पर कोई भूखा नहीं सोता। राधे रानी सबके सुबह-शाम के भोजन का प्रबंध करती है। सबका पेट भरती हैं। उनके रहते कैसी चिंता?

श्रीराधे जी की कृपा से ही तो पं. मोहनलाल गोस्वामी के घर का पता पूछते- पूछते यह संपन्न सज्जन उसके टूटे-फूटे घर की देहरी पर आ खड़े हुए थे। यहाँ धूर्त पंडे-पुजारियों की कमी थोड़े ही है। यदि राधे रानी की कृपा न होती तो कोई भी इन्हें मीठी बातों के जाल में फँसाकर अपने घर ले जाता और वह जान तक न पाता।

अश्व से भी तीव्र गति से भागते मन के घोड़े ने क्षणांश में यह सब सोचकर स्वस्ति का अनुभव किया। मन-ही-मन श्रीराधा रानी की चरण-वंदना करते हुए कैलाश के मुख से भी अभिवादन हेतु यही शब्द निकले, "राधे-राधे।"

रासबिहारी तनिक चौंके।

'नमस्ते', 'नमस्कार', 'प्रणाम', 'गुड मॉर्निंग' जैसे अभिवादनों से इतर यह 'राधे-राधे' उन्हें नया लगा और स्पृहणीय भी।

'पा लागौं', 'राम-राम', 'जय रामजी की' भी गाँव-जवार में सुने हैं, पर ब्रजभूमि की यह अभिवादन-शैली तो सचमुच…

मन के रीझते ही रासबिहारी के अधरों से स्वतः स्फुरित हो उठा, "राधे-राधे।"

"कहिए, रात तो आराम से कटी? नई जगह पर प्रायः नींद नहीं आती है। आपको भी थोड़ी-बहुत असुविधा अवश्य हुई होगी।"

"तनिक भी नहीं।" रासबिहारी ने खुश होकर बताया, "सच कहूँ तो बरसों बाद ऐसी शांत और गहरी नींद आई, जिसमें एक भी दुःस्वप्न नहीं था। दवाओं के डिब्बे को साथ लाया हूँ। उसमें रखी नींद की गोली को निकालने की जरूरत नहीं पड़ी।"

"आप वृंदावन की धरती पर हैं न!" कैलाश गद्गद हो उठा, "यह ब्रजभूमि का प्रताप है, जी।"

"मानता हूँ।" रासबिहारी सहमत हुए।

"आपका जलपान?…रात्रि-भोजन भी समय से हो गया था न?" कैलाश ने जानना चाहा।

"चिंता न करें।" रासबिहारी मुसकराए, "आपने गोकुल को इतनी अच्छी तरह निर्देश दिया था कि फिर किसी असुविधा का प्रश्न ही नहीं उठता था। रात को स्वादिष्ट

भोजन, रात भर सुखद नींद और सुबह तरोताजा उठने पर जैसे ही नहा–धोकर निश्चिंत हुआ, जलपान हाजिर।"

"हमारा गोकुल पाककला में प्रवीण है। यदि तले–भुने से परहेज न हो, तो किसी दिन इससे यहाँ की प्रसिद्ध बेड़ई बनवाएँ। हलवाइयों के स्वाद से इक्कीस बैठेगी।"

"जरूर। जल्दी ही किसी दिन आपकी इस बेड़ई का स्वाद लूँगा। आज तो गोकुल ने आलू के पराँठे खिलाए हैं। अति स्वादिष्ट पराँठे। पेट भर जाए, पर खाने की चाहत न खत्म हो। गरमागरम पराँठों के साथ आम की लौंजी और फिर लौंग–इलायची की दो कप सुवासित चाय। एक से मन नहीं भरा। अभी तक मुँह में वह स्वाद और महक घुली हुई है।"

"यह अच्छी बात है, जो आपको ब्रजभूमि का भोजन पसंद आया।" कैलाश मुदित कंठ से बोला और विषयांतर किया, "हाँ, तो अब आज का क्या प्रोग्राम है? कहाँ चलना चाहेंगे?"

"मैंने तो सारे कार्यक्रमों की योजना आपके ऊपर छोड़ दी है। जब अगले श्रावण मास तक यहाँ ठहरना ही है, तो फिर न समय की खींचतान है और न घूमने की हड़बड़ी। आप जैसा उचित समझें, वह करें।"

"एक प्रार्थना है, स्वीकारेंगे?"

"अवश्य। बताएँ।"

"मैं आपसे आयु में बहुत छोटा हूँ। मुझे आप अपना बच्चा समझें। नाम लेकर पुकारेंगे, तो अच्छा लगेगा। वैसे भी हमारे ब्रज में इस 'आप' का चलन नहीं है। हम लोग 'तुम' कहकर और जहाँ ज्यादा अपनत्व हो, वहाँ 'तू' कहकर बात करते हैं।"

"'तू' तो मुझसे कहा नहीं जाएगा।" रासबिहारी सोचते हुए बोले, "हाँ, नाम लेकर पुकारने और 'तुम' कहने की बात पर सहमत हूँ। तुम भी मुझे 'बाबूजी' कह सकते हो। 68 वर्ष की आयु में यही संबोधन सुनने में सुहाता है और आत्मीयता उपजाता है।"

"यह तो आपने सही कहा।" कैलाश खुश हो गया, "हाँ, तो बाबूजी मैं आपको ब्रज–भ्रमण के बारे में कुछ विस्तार से बता दूँ। इस ब्रजभूमि में चौरासी कोस की परिक्रमा का चलन है। श्रद्धालु पूरी भक्ति–भावना से इसे करते हैं और यह पूरे वर्ष चलती है। क्या आप इसे पसंद करेंगे?"

"चौरासी कोस?" रासबिहारी चौंके, "एक लय में इतनी परिक्रमा अधिक नहीं हो जाती?"

"सो तो है। लगभग दो माह लग जाते हैं। इसके कुछ नियम हैं। परिक्रमा कहीं से भी शुरू की जा सकती है, पर जहाँ से शुरू होगी, वहीं इसे खत्म करने का विधान है।"

एक गहरा 'हूँऽ' रासबिहारी के कंठ से निकला।

वह गंभीर दिखाई दिए।

"दूसरी बात," कैलाश ने बताया, "संपूर्ण ब्रजभूमि की चौरासी कोस की परिक्रमा न की जाए, तो इसके अन्य रूप भी होते हैं। कुछ कई दिन चलती हैं, कुछ एक दिन में ही समाप्त हो जाती हैं। एक दिन वाली में केवल परिक्रमा-विधि का ही ध्यान रखना पड़ता है, अन्य में कई नियमों का पालन करना पड़ता है। भले ही पालन न किया जाए, पर अपेक्षा तो की ही जाती है।"

"जैसे ?"

"श्रद्धालु को अपने साथ थाली, गिलास, रसोई के जरूरी बरतन, टॉर्च, लाठी आदि रखनी चाहिए। परिक्रमा करते समय अपनी सामर्थ्य भर दान-पुण्य करना चाहिए। मार्ग में पड़नेवाले कुंड में आचमन-स्नान आदि करना चाहिए। मात्र मुँह-हाथ धो लेने की औपचारिकता पूरी करने से काम नहीं चलेगा। परिक्रमा करते समय तेल लगाना, बाल-नाखून काटना, साबुन का प्रयोग करना आदि भी वर्जित है।"

"बस, या और भी ?"

"सावधानियाँ और भी हैं। गोवर्धन पर्वत को कृष्ण का स्वरूप माना गया है, इसलिए उस पर नहीं चढ़ना होगा। उन्हें गिरिराज जी कहते हैं, लोक बोली में वह गिर्राजजी हो जाता है। चूँकि गिर्राज को दाहिनी ओर रखकर परिक्रमा होती है, इसलिए दाईं तरफ थूकना, मल-मूल त्यागना वर्जित है। परिक्रमा करते समय छाता लगाना, चप्पल पहनना, नशा करना तथा वाहन पर सवार होना भी त्याज्य है।"

"बाप रे! नंगे पाँव ? पैदल ? कोसों लंबी परिक्रमा ? बड़ा कठिन संकल्प है यह।"

"सो तो है।" कैलाश सहमत हुआ, "पर अशक्तता या असमर्थता की स्थिति में ये नियम लागू नहीं होते। लोग वाहन पर चढ़कर परिक्रमा करते हैं।"

"यदि हम दो माह की परिक्रमा का संकल्प लेंगे, तो राह में जगह-जगह डेरा डालना होगा। नित्य यहाँ वापसी तो होगी नहीं।"

"जी हाँ, इसीलिए मुझे ज्यादा उपयुक्त यही लगता है कि परिक्रमा के बजाए ब्रज-भ्रमण को अपना लक्ष्य रखें। ब्रजभूमि के प्रसिद्ध लीलास्थलों के दर्शन हेतु सुबह टैक्सी से निकलें और शाम को वापिस लौट आएँ।" कैलाश ने सुझाव दिया।

"बिल्कुल सही कहा तुमने।" रासबिहारी प्रसन्न होकर बोले, "मुझे भी यही अधिक उपयुक्त लग रहा है कि हम किसी नियमबद्ध परिक्रमा की जगह स्वच्छंद भाव से घूमें-फिरें। ब्रज के दर्शनीय स्थलों का अवलोकन करें, उनका आनंद लें, जानकारी बटोरें और लौट आएँ। हर मंदिर, हर कुँज-गली और हर कूप-कुंड के साथ न जाने कितनी जनश्रुतियाँ जुड़ी होंगी। मैं उन्हें देखना चाहता हूँ, उनके माधुर्य का अनुभव करना चाहता

हूँ, उनसे संवाद जोड़ना चाहता हूँ और फिर लौटकर दिन भर की कमाई पूँजी कागज पर उतारना चाहता हूँ।"

"आप लेखक हैं?" कैलाश चौंका।

"बिल्कुल नहीं।" रासबिहारी मुसकराए, "जीवन भर पक्का व्यवसायी रहा हूँ, पर तुम्हारी यह ब्रजभूमि मुझे आमूल बदल देगी, ऐसा दिख रहा है। यदि भक्त-हृदय देने के साथ-साथ हाथ में कलम भी दे दे, तो कोई आश्चर्य नहीं। अपने भीतर ऊर्जा महसूस होने लगी है। संभव है बाद में चौरासी कोस की परिक्रमा भी करूँ।"

"क्यों नहीं!" कैलाश भी मुसकराया, "हालाँकि आप पूरी तरह स्वस्थ हैं, पर अभी वर्षाऋतु है। आयु को देखते हुए जगह-जगह ठहरना और किसी भी होटल-ढाबे पर भोजन करना सही नहीं रहेगा। अभी हम केवल भ्रमण का आनंद लें, जो अपने आपमें अनूठा रहेगा। परिक्रमा को जाड़ों में या फिर सर्दी कम होने पर आगामी फरवरी-मार्च में रख सकते हैं।"

"यही उचित है।" रासबिहारी सहमत हुए।

"आपसे एक सवाल और पूछूँ?" कैलाश हिचकते हुए बोला, "हालाँकि छोटे मुँह बड़ी बात मुझे नहीं करनी चाहिए, पर आपने 'बाबूजी' कहने की अनुमति दी है, बेटा माना है, इसलिए पूछने का साहस कर रहा हूँ। अपने बाबूजी से तो कुछ भी पूछा जा सकता है न?"

"बिल्कुल।" रासबिहारी मुसकराए, "भूमिका बहुत बड़ी हो गई, अब बात शुरू करो।"

"आप रासलीला के आकर्षण से बँधे हुए यहाँ आए हैं। क्या आपको इसके शास्त्रीय पक्ष की पूरी जानकारी है? यदि नहीं है, तो क्या लेना चाहेंगे?"

"नेकी और पूछ-पूछ!" रासबिहारी जोर से हँसे, "मेरे फायदे की बात पूछने में इतना संकोच?"

"जीऽ," के अलावा कैलाश कुछ न कह सका।

"अपनी अल्पज्ञता स्वीकारता हूँ, भाई।" रासबिहारी गंभीर हो गए, "रास के बारे में खुद से दो-ढाई वर्ष बड़े, भाई जैसे मित्र विमलेंदु से जितना सुना है, वह उनका व्यक्तिगत अनुभव है। उन्होंने साठ साल पहले यहाँ जो रास देखा था, उसकी यादें मेरे साथ साझा की हैं। उनके विवरण इतने रोचक-रोमांचक रहे कि रास को लेकर मेरे मन में गहरी उत्कंठा जाग गई। इस विषय में गंभीर ज्ञानार्जन का इच्छुक हो गया। पहले तो इंटरनेट से कुछ सूचनाएँ बटोरीं, फिर धार्मिक ग्रंथ खरीदे। संस्कृत में लिखे मूल ग्रंथों को समझना मेरे लिए नामुमकिन था, इसलिए हिंदी और अंग्रेजी अनुवाद खरीदकर अपनी अलमारी में सजा तो लिये, पर…"

वाक्य पूर्ति की क्षणिक प्रतीक्षा के बाद कैलाश ने उन्हें बात पूरी करने के लिए उकसाया, "उसके बाद क्या हुआ?"

"यही कि मैं उन्हें पढ़ नहीं सका। शायद मेरे भीतर उस ऊँचाई तक पहुँचने की क्षमता नहीं थी, जहाँ उन्हें समझ पाता या फिर मेरे भीतर धैर्य की कमी थी, जो उन्हें समझने की प्राणपण से चेष्टा नहीं की। जो भी हो, ईमानदारी से अपनी कमजोरी स्वीकारता हूँ, रास के बारे में मेरी जानकारी बहुत कम है। यदि इस विषय के कोई अधिकारी विद्वान् तुम्हारी जानकारी में हैं, तो मैं उनका शिष्य बनने को तैयार हूँ।"

"यहीं वृंदावन में एक रासाचार्य हैं। रास पर उन्होंने अनेक महत्त्वपूर्ण ग्रंथ लिखे हैं। क्यों न हम उनसे भेंट करके देख लें? यदि वह समय देने को तैयार हो जाएँ, तो हमारा काम बन जाएगा।"

"विचार तो बहुत उत्तम है।" रासबिहारी प्रसन्न हुए, "प्रश्न यही है, क्या वे प्रकांड पंडित मेरे लिए समय दे सकेंगे?"

"यह बात तो उनसे मिलकर ही पता चलेगी।"

"तो क्यों न हम आज ही उनसे मुलाकात करके देख लें? या फिर तुम्हें पहले बात करके कोई समय लेना होगा?"

"इसकी आवश्यकता नहीं है। वे सज्जन व्यक्ति हैं। हमारे अचानक पहुँचने पर भी प्रसन्न ही होंगे।"

"तब ठीक है। नाम क्या है उनका? रहते कहाँ हैं? थोड़ा-सा परिचय दे दो पहले, मुझे बात करने में सहूलियत रहेगी।"

"पूरा नाम है आचार्य अमलानंद। हम लोग 'आचार्य अमल' कहते हैं। परिवार के नाम पर मात्र पत्नी हैं, जिन्होंने उन्हें गृहस्थी के दायित्व से मुक्त कर रखा है। प्रौढ़ वय के दंपती का पैसे के प्रति कोई लोभ नहीं है। साधारण रहन-सहन। पत्नी उनकी सेवा में और वे ग्रंथों के लेखन में डूबे रहते हैं। यही उनकी आजीविका का साधन है। आप ही सोचिए, आज के जमाने में कोई मसिजीवी होकर कितना कमा सकता है? इसलिए छोटे-से घर में रहते हुए सुख-सुविधाओं से रहित जीवन बिता रहे हैं।"

"यही महान् व्यक्तियों की खूबी है, अपनी निर्धनता में भी सुखी-संतुष्ट रहते हैं।" रासबिहारी अभिभूत हुए।

"वही तो।" कैलाश उत्साहित हो उठा, "आप स्वयं देखेंगे कि उनकी आँखों से विद्वत्ता झलक रही है और चेहरे पर अनूठा तेज है। शास्त्रों को सिर्फ पढ़ा नहीं, आत्मा में उतारा है। ज्ञान की चमक छिपाए नहीं छिपती।"

"तो चलें अब?" रासबिहारी उठ खड़े हुए।

टैक्सी ने मात्र पंद्रह मिनट में उन्हें आचार्य अमल के द्वार पर पहुँचा दिया।

रासबिहारी आशंकित थे, पता नहीं कोई सुविज्ञ पंडित उन्हें कितनी गंभीरता से लेगा? बात करना भी यदि नापसंद किया, तो क्या उलटे पाँव लौटना होगा? अपमानबोध को वह पचा सकेंगे?

रासबिहारी की आशंका निर्मूल निकली।

आचार्य अमल सहृदय व्यक्ति थे, अत्यंत प्रेम से मिले। उनके आने का प्रयोजन जानकर प्रसन्न हुए, "ब्रज की रासलीला का आकर्षण यदि आपको कोलकाता से वृंदावन खींच लाया है, तो इस गूढ़ आध्यात्मिक चेतना को अपनी अल्पबुद्धि से जितना जान सका हूँ, आप तक संप्रेषित करने में मुझे प्रसन्नता होगी। आपका इस कुटिया में सदैव स्वागत है। हम बैठकर महारास पर चर्चा करेंगे।"

"नहीं आचार्यजी, चर्चा नहीं। आपको इस गूढ़ आध्यात्मिक विषय की बारीकियाँ मुझे समझानी होंगी। उँगली थामकर निपट अज्ञानी शिष्य को आगे बढ़ाना होगा।" रासबिहारी विनयी कंठ से बोले।

आचार्य अमल हँसे, "चिंता न करें, अपने शिष्य की सामर्थ्य मैंने एक निगाह में भाँप ली है।...हाँ, यह बताएँ कि वृंदावन आकर कैसा महसूस कर रहे हैं?"

"गूँगे का गुड़ है यह। इस आनंद की अभिव्यक्ति के लिए मेरे पास शब्द नहीं हैं। अभी पूरे 24 घंटे भी नहीं हुए हैं यहाँ आए, लेकिन अपने मृतप्राय प्राणों में जीवंतता महसूस कर रहा हूँ। वृंदावन अलौकिक देवभूमि है, इससे अधिक इसके बारे में क्या कहूँ?" रासबिहारी अभिभूत भाव से बोले।

"श्री वृंदावन मात्र तीर्थ नहीं, भगवान् का निज धाम है।" आचार्य अमल की वाणी एकदम तरल हो उठी, "पुराणों में इसकी महिमा का गान है। एक कथा आपको सुनाता हूँ। एक बार देवर्षि नारद अपनी वीणा की तान पर हरि का गुणगान करते हुए तीर्थराज प्रयाग पहुँचे। कुछ देर तो तीर्थराज की बातें सुनते रहे, फिर बोले, भगवान् ने आपको सब तीर्थों का राजा तो बनाया है, पर मुझे इस विषय में एक शंका है। क्या वृंदावन भी अन्य तीर्थों की भाँति कभी आपको भेंट-उपहार देने के लिए उपस्थित हुए हैं?"

"जी नहीं।" तीर्थराज को कहना पड़ा।

"तो फिर आप कैसे तीर्थराज हैं?" नारदजी ने चुटकी ली।

बात तीर्थराज के मन को लग गई। अवसर मिलने पर उन्होंने श्रीकृष्ण से शिकायत की, "क्या आपने मुझे झूठ-मूठ का तीर्थराज बनाया है? हृदय से ऐसा नहीं मानते हैं?"

इस उपालंभ को सुनकर कृष्ण ने हँसकर पूछा, "आपके मन में ऐसा संशय जागा ही क्यों? आप ही असली तीर्थराज हैं।"

"लेकिन मेरी निमंत्रित सभा में वृंदावन का उपस्थित न होना इसी ओर संकेत करता है।"

"अच्छा, तो यह बात है!" यशोदानंदन श्रीकृष्ण इस बार और अधिक व्यंजक हँसी हँसकर गंभीर हो गए, "प्रयागराज, यह सच है कि मैंने आपको तीर्थों का स्वामी बनाया है, पर अपने घर का अधिपति होने का अधिकार तो नहीं दे दिया है। आप कैसे भूल रहे हैं कि वृंदावन धाम मेरा घर है और मेरे घर के स्वामी आप नहीं हो सकते हैं!"

तीर्थराज प्रयाग निरुत्तर रह गए।

वृंदावन-धाम की महिमा जो समझ गए थे।

इस सुंदर कथा के श्रवण-मात्र से रासबिहारी भाव-विभोर हो उठे। उनके नेत्र साश्रु हो गए। मुँह से कोई शब्द न निकला।

आचार्य अमल ने ही बात का सूत्र जोड़ा, "आप समझ गए न बाबू रासबिहारी, वृंदावन मात्र एक स्थान नहीं, भूखंड नहीं, मनुष्यों की बस्ती नहीं, ऐसा दिव्य प्रदेश है, जिसे देखने के लिए भाव-नेत्रों की आवश्यकता है।"

"आप सच कहते हैं।" रासबिहारी ने स्वयं को सँभालने का उपक्रम किया।

"श्री वृंदावन की महिमा के बारे में मैं आपसे क्या कहूँ?" आचार्य अमल रोमांचित होते हुए बोले, "यहाँ रहकर भक्तों ने प्रिया-प्रियतम के जिस लीला-रस की आराधना की है, उसके चार अंग हैं—श्यामा, श्याम, सहचरि और वृंदावन। यहाँ की भूमि चिन्मय है और यहाँ की पवन, यमुना-तट, लता-वृक्ष सभी दिव्य, लोकोत्तर और चेतना-संयुत हैं। यहाँ के भव्य देवालय, वन-प्रांतर, प्रसिद्ध घाट, कुंड, कूप आदि तो आप अपनी खुली आँखों से देख सकेंगे, पर स्वयं को कुछ से कुछ अनुभव करने के लिए भाव-साम्राज्य की वीथियों में संचरण करना होगा। सिर्फ यही नहीं, उससे भी पहले अपने कंधों पर लदे हुए सांसारिक वासनाओं और भौतिक लालसाओं के कचरे को इस पुण्यभूमि से दूर ले जाकर फेंकना होगा।"

"मैं प्राण-पण से ऐसी ही चेष्टा करूँगा।" रासबिहारी के कंठस्वर में संकल्प साधने की दृढ़ता थी।

भाव-लोक में पहुँच चुके आचार्य अमल ताली बजाते हुए सुमधुर कंठ से गाने लगे—

"वृंदावन सो वन नहीं, नंदगाँव सो गाँव।
वंशीवट सो वट नहीं, कृष्ण नाँव सो नाँव॥"

इस भक्ति-रस में अवगाहन करते हुए रासबिहारी के अधर तो हिले, पर मुँह से कोई शब्द नहीं निकल सका। तदपि वह तट पर खड़े-खड़े ही आचार्यजी के भाव-पारावार की ऊर्मियों की छुअन से पुलकित हो उठे थे।

कुछ पल शांति रही।

आचार्य अमल अभी भाव-मग्न थे। उसी रौ में बोले, "वंदनीय है यह ब्रज-वसुंधरा, जहाँ श्रीकृष्ण की लीलाओं का दिव्य प्रकाश आज भी विद्यमान है। श्री वृंदावन-धाम की इस गोद में तापित-शापित मानव के अंतःकरण को सत्-चित्-आनंद की प्राप्ति होती है। श्री वृंदावन की कृपा यदि अपने भक्त पर हो जाए, तो अन्यत्र जाने की लालसा समाप्त हो जाती है। वह यहीं का होकर रह जाता है।"

"काश! मेरे ऊपर भी श्री वृंदावन की ऐसी ही अनुकंपा हो!" रासबिहारी दीन कंठ से बोले।

"आपका यदि यहाँ श्रावण मास तक ठहरने का संकल्प है, तो चिंता किस बात की? श्री वृंदावन से नाता जोड़िए। गहन तादात्म्य होने पर उनकी कृपा-दृष्टि की स्वतः प्रतीति हो जाएगी।"

रासबिहारी ने सिर्फ हाथ जोड़ दिए।

अभी तक अपनी कुरसी पर शांतिपूर्वक बैठा कैलाश तनिक चंचल दिखाई दिया, तो आचार्य अमल का उसकी ओर ध्यान गया, "क्या बात है कैलाश? कोई परेशानी है?"

"यहीं पास ही मेरे एक मित्र रहते हैं। काफी दिनों से बीमार चल रहे हैं। इच्छा होते हुए भी उनके स्वास्थ्य का हाल-चाल लेने नहीं पहुँच पाया। अब यहाँ तक आया हूँ तो सोचता हूँ कि मित्र से मिल आऊँ। घंटे भर में लौट आऊँगा। कदाचित् इतना समय तो आप लोगों की बातचीत में लग ही जाएगा।"

रासबिहारी को थोड़ा आश्चर्य हुआ।

लगभग आध घंटे से वे लोग यहाँ बैठे हैं। घंटा भर और का मतलब हुआ कि...

महानगरों में समयाभाव के चलते क्या आज कोई किसी अपरिचित को इतना समय दे पाता है? सुबह घर से निकलकर देर शाम घर लौटे थके-हारे नौकरीपेशा दंपती की वृद्ध माता-पिता अथवा मासूम बच्चों तक से दो बात करने की मनःस्थिति नहीं रहती। बाजार से पैक कराकर लाए फॉस्टफूड को उदरस्थ कर बिछौने पर लुढ़क जाना उनकी नित्य की दिनचर्या रहती है। ऐसे में पहली मुलाकात में ही आचार्य अमल का डेढ़ घंटे का अपना कीमती समय देना क्या यहाँ की...

यानी वृंदावन की प्रकृति ही अनजान व्यक्ति तक को दोनों बाँहें फैलाकर भेंटने की है। कृष्ण-नगरी के इस मिजाज से रासबिहारी प्रभावित हुए।

पर अभी और आश्चर्य शेष था।

कुरसी से उठने का उपक्रम करते कैलाश को आचार्य अमल ने बरजा, "ठहरो

कैलाश। भीतर से आता मथानी का रव रुक गया है। कदाचित् अब वहाँ से गुहार लगने वाली है।"

इसी के साथ कमरे के भीतरी द्वार के पीछे से एक महिला का कंठस्वर सुनाई दिया, "जरा सुनिए।"

आचार्यजी उठकर गए और एक ट्रे को हाथ में लिये वापिस आ गए। मुसकराकर बोले, "गृहिणी के हाथ से तैयार की गई नमकीन छाछ का आनंद लीजिए।"

"अरे, इस कष्ट की क्या जरूरत थी?" रासबिहारी संकुचित हुए, "हम लोग जलपान करके ही निकले हैं।"

"यह सामान्य शिष्टाचार है। अतिथि को आया देख गृहस्वामिनी ने इसे अपनी इच्छा से तैयार किया है। उनका मन आप लोगों को रखना पड़ेगा। अतिथि सत्कार का कोई अवसर वह भला क्यों छोड़ने लगीं?"

ट्रे में रखा एक-एक गिलास सबके हाथों में पहुँच गया।

पहला घूँट भरते ही रासबिहारी के मुँह से 'वाह!' निकल गया। कहे बिना न रहे, "भूलोक के इस अमृत की कोई चाय-कॉफी भला क्या बराबरी करेगी?"

हाल में कहीं पढ़े रसखान के कवित्त का ध्यान हो आया, तीनों लोक के स्वामी को अहीर की छोरियाँ इसी 'छछिया भर छाछ' के लिए नाच नचाती थीं।

इधर मुँह में स्वाद घुला, उधर मानस में विचार तरंगित हो उठा, अतिथि-सत्कार की यह मसृण-कमनीय परंपरा क्या आज दुर्लभ नहीं हो गई है? महानगर की भागती-दौड़ती जिंदगी में जब किसी के पास द्वार पर खड़े आगंतुक की बात सुनने के लिए दो पल नहीं हैं, तो अतिथि-सत्कार का प्रश्न ही वृथा है। मानना पड़ेगा, यह वृंदावन दूसरी जगहों से बहुत अलग है, नितांत विलक्षण है, अपनी परंपराओं की थाती को सँजोए हुए है।

छाछ सचमुच स्वादिष्ट थी। काला नमक का स्वाद, घर के कुटे-पिसे मसालों की सुवास उसे यथार्थतः भूलोक का अमृत बना रही थी।

नौकरों के हाथों डाइनिंग टेबिल पर सजाए गए छप्पन व्यंजनों में ऐसा स्वाद कभी क्यों नहीं मिला, रासबिहारी समझ नहीं सके। मंदाकिनी जरूर इस वक्त भी बहुत शिद्दत के साथ याद आई। वह जब बड़े प्रेम से अपने हाथों तैयार की गई पान की गिलौरी आगे बढ़ाती थी, तो उसकी कलाई भर चूड़ियों की खनक क्यों नहीं सुन सके थे?

खाली गिलासों को आचार्यजी भीतर पहुँचा आए। मथानी मथते हाथ ही इन जूठे गिलासों को धोएँगे, इस कल्पना से रासबिहारी विचलित हो उठे।

ब्रज की अतिथि-सत्कार की परंपरा को एक बार फिर मन-ही-मन नमन किया।

कैलाश चला गया।

कक्ष में जब सिर्फ दो लोग रह गए, तो कुरसी छोड़कर अपने तख्त पर पालथी मारकर

बैठते हुए आचार्य अमल ने पुनः बात शुरू की, "क्यों न हम इस एक घंटे की अवधि का सदुपयोग करें? रास के स्वरूप और ऐतिहासिक विकास-क्रम पर एक दृष्टि डाल लें!"

"नेकी और पूछ-पूछ!" आज दूसरी बार यह लोकोक्ति रासबिहारी के अधरों से स्वतः स्फुरित हो उठी।

"रासलीला शब्द आपका जाना-सुना है। इसका अर्थ जानते हैं?"

"सिर्फ इतना कि यह ब्रज का एक लोकनाट्य है।"

"देखिए, रासलीला में प्रयुक्त रास एवं लीला शब्द अलग-अलग अर्थ रखते हैं। रास रसों का समूह है। भगवद्गीता में श्रीकृष्ण को रस रूप कहा गया है। रास में रस-रूप परब्रह्म श्रीकृष्ण के क्रियाकलापों की सरस अभिव्यक्ति होती है। लीला द्वारा वे परब्रह्म कृष्ण अपने दिव्यानंद में लीन होते तथा उसे प्रकाशित करते हैं।"

"ठीक है, मैंने समझ लिया।"

"रास तीन प्रकार का है—नित्य रास, नैमित्तिक रास और अनुकरणात्मक रास। नित्य रास का आशय परमात्मा के उस शाश्वत-चिरंतन नृत्य से है, जो अखिल ब्रह्मांड में अनादि काल से नित्य-निरंतर होता रहता है। इसे परब्रह्म कृष्ण अपने आनंद-विग्रह से निज स्वरूपा शक्ति के साथ सदैव संपादित किया करते हैं। यह रास गोलोक में संपन्न होता है। गोलोक की सत्ता सब लोकों से ऊपर मानी गई है, जो श्रीकृष्ण भगवान् की निवासस्थली है। गोलोक का दूसरा अर्थ है स्वर्ग और तीसरा अर्थ है श्री वृंदावन। गोलोक, यानी दिव्य वृंदावन में संपन्न होनेवाले नित्य रास को लौकिक जगत् के प्राणी नहीं देख सकते।"

"और नैमित्तिक रास?"

"यह कृष्णावतार का रास है। परब्रह्म कृष्ण भक्तों के निमित्त अवतार धारण करके ऋषिरूपा गोपियों के साथ इसे संपन्न करते हैं। यह भी अलौकिक रास है। पुराणों में इसी का वर्णन है।"

"तो फिर अनुकरणात्मक रास ही लौकिक जगत् की विभूति हुआ?"

"बिल्कुल सही कहा आपने। यह अनुकरणात्मक रास स्थूल वृंदावन में होता है। वह वृंदावन, जहाँ इस वक्त अन्य ब्रजवासियों के साथ आप और हम मौजूद हैं। इसे गायन, वादन, नृत्य और अभिनय के द्वारा रासधारी संपन्न करते हैं। आज मंचित होनेवाली रासलीला में नित्य रास और लीला के जो दो खंड हम देखते हैं, वह अनुकरणात्मक रास ही है।"

"मेरे लिए यह सारी जानकारी नई है।" रासबिहारी अभिभूत हुए।

"एक विशेष बात।" आचार्य अमल बोले, "अनुकरणात्मक रास पहले भक्त-हृदय की भावात्मक अनुभूति मात्र था। कृष्णोपासक धर्माचार्यों ने इसे चिंतन, मनन, प्रवचन तथा गायन द्वारा मानस में अनुभव किया और कराया था। इस भावात्मक रास के प्रचारक

आचार्य श्री निम्बार्काचार्यजी, श्री माधवेंद्र पुरीजी, श्री शंकरदेवजी, श्री वल्लभाचार्यजी और श्री चैतन्यदेवजी रहे। मंचन की प्रक्रिया बाद में शुरू हुई।"

"ब्रज की रासलीला अपने भीतर कितना गूढ़ार्थ छिपाए हुए है!" रासबिहारी चमत्कृत हुए।

"जी हाँ। प्राचीन ब्रजमंडल में गोप-समाज में नृत्त प्रचलित था। जब देह को ताल-लय के अनुसार संचालित किया जाता है, तो वह नृत्त है। इसमें भाव जुड़ जाने के बाद वही नृत्य हो जाता है। अनुकरणात्मक रास में गीत, संगीत, वाद्य और अभिनय के साथ इसे ही अपनाया गया है। ब्रज की रासलीला में इसका सौंदर्य देखते ही बनता है।" आचार्य अमल ने बताया।

"और लीला-माधुर्य भी तो कम मोहक न होगा।" रासबिहारी ने उत्सुक होकर पूछा।

"उसकी मोहकता दर्शक-वृंद से पूछिए।" आचार्य अमल मुसकराए, "लोगों में यह जानने का कौतूहल रहता है कि किस दिन किस रासमंच पर कौन-सी लीला अभिनीत होगी? कुछ लीलाएँ उन्हें विशेष प्रिय होती हैं, जिन्हें बार-बार देखकर भी नहीं अघाते हैं।"

"लीला का भी कोई आध्यात्मिक अर्थ है?"

"बिल्कुल है। लौकिक अर्थ में लीला का अभिप्राय खेल अथवा क्रीड़ा है। आध्यात्मिक दृष्टि से परब्रह्म की वह दिव्य आनंदमयी क्रीड़ा, जिसे वह निज स्वरूप सम्भूता आल्हादिनी शक्ति के साथ सदैव संपन्न करते हैं।

"लीला का कोई प्रयोजन नहीं होता। सिर्फ लीला के लिए ही लीला की जाती है। यह लीला भी दो तरह की है—ऐश्वर्यमयी तथा माधुर्यमयी। मथुरा-द्वारका की लीलाएँ ऐश्वर्यमयी हैं, जो श्रीकृष्ण के ईश्वरत्व का बोध कराती हैं। वृंदावन की भी कुछ ऐश्वर्यमयी लीलाएँ हैं, जैसे शकटासुर-तृणासुर-पूतना वध, यमलार्जुन उद्धार, माता यशोदा को ब्रह्मांड-दर्शन कराना, गोवर्धनधारी होकर इंद्र का मानमर्दन करना। मथुरा की ऐश्वर्यमयी लीलाएँ हैं—कंस वध, मगध के चक्रवर्ती सम्राट् जरासंध को अनेकशः परास्त करना। द्वारका की ऐश्वर्यमयी लीलाएँ हैं—द्रौपदी चीरवर्धन, सुदामा की दरिद्रता हरण आदि। माधुर्यमयी लीलाओं में कृष्ण की माखनचोरी, चीरहरण, गोचारण, पनघट लीला, दानलीला, मानलीला एवं रासलीला प्रमुख हैं। इन लीलाओं में सर्वोपरि रासलीला है। ऐश्वर्य स्वतः समाहित होने के कारण इन माधुर्यमयी लीलाओं का महत्त्व अपरिमित है। दर्शक-वृंद के लिए यही माधुर्यमयी लीलाएँ आकर्षण और भक्ति भावना का केंद्र होती हैं।"

"रासलीला का उद्गम पुराण हैं या उनसे पहले भी इसके बारे में इतिहास कुछ कहता है?" रासबिहारी की जिज्ञासा जाग उठी।

आचार्य अमल की आँखें जैसे अतीत के और-और पिछले पृष्ठों में कुछ तलाशने के बाद रासबिहारी के चेहरे पर टिक गईं, "यद्यपि रास की परंपरा पुराणों से शुरू होती

है, पर 'नृत्त' और 'नृत्य' रूपों में वह अनादिकाल से विद्यमान है। नृत्य के मूल प्रवर्त्तक भगवान् शंकर माने गए हैं, फिर श्रीकृष्ण और उनकी टोली ने इसका संवर्द्धन किया, तभी उन्हें नटवर और नटनागर कहकर पुकारा गया है।"

"सचमुच नृत्य के साथ कृष्ण का गहरा संबंध है।" रासबिहारी सहमत हुए।

"नृत्याचार्यों ने नृत्त अथवा नृत्य के दो भेद माने हैं—तांडव और लास्य। लोकमान्यता है कि भगवान् शंकर ने अपने गण तंडु को तांडव की शिक्षा दी थी, जो वीरता एवं उग्रता से जुड़ा ओजपूर्ण नृत्य है। लास्य की शिक्षा उन्होंने पार्वतीजी को दी थी, जो कोमल-शृंगारिक भावनाओं से जुड़ा माधुर्यपूर्ण नृत्य है। प्राचीन गोप समुदाय में ये दोनों रूप प्रचलित थे, जो रास की प्राचीन परंपरा के सूचक हैं। श्रीकृष्ण ने अपने बाल्यकाल को ब्रजभूमि में व्यतीत किया, नृत्य के इन दोनों रूपों में प्रवीणता हासिल की। उसके बाद उन्होंने मथुरा जाकर कंस-वध किया और मगध के चक्रवर्ती सम्राट् जरासंध के बार-बार के आक्रमण से होनेवाली जन-हानि को रोकने के लिए द्वारका प्रयाण किया। इस तरह श्रीकृष्ण के साथ-साथ गोप समुदाय भी ब्रजभूमि से द्वारका चला गया और उनका लोकनृत्य भी वहीं पहुँच गया। कालांतर में श्रीकृष्ण की पौत्रवधू उषा ने उसे लास्य नृत्य के आधार पर न केवल व्यवस्थित किया और द्वारका की स्त्रियों को सिखाया, अपितु व्यापक प्रचार-प्रसार के चलते वह भारत के दक्षिण-पश्चिमी भागों एवं सुदूर दक्षिण तक भी जा पहुँचा।"

"यानी रास नाम से ही यह सर्वत्र चर्चित हुआ?" रासबिहारी ने जानना चाहा।

"ऐसा नहीं है।" आचार्य अमल ने बताया, "प्राचीन एवं मध्यकालीन ग्रंथों में इसके मूल अभिप्राय के द्योतक कई नाम मिलते हैं, जैसे हल्लीसक, छलिक, रासक और नाट्य रासक। किंतु कृष्णोपासक कवियों व मनीषियों ने जब रास के पुनरुद्धार का प्रयत्न किया तो उन्होंने इतिहास के अनेक कालों की विविध कड़ियों को जोड़ते हुए 'रास' नाम ही सर्वमान्य समझा।"

"तो क्या हल्लीसक, छलिक, रासक और नाट्य रासक के नाना रूपों में विकसित होता हुआ ही रास अपने वर्तमान स्वरूप को प्राप्त हुआ है?" रासबिहारी ने पूछा।

"जी हाँ, आपने एकदम सही कहा।" आचार्य अमल ने स्वीकारा, ये सभी नृत्य-रूप थे और लोक में प्रचलित थे। हमें इनकी बारीकियों में जाने की आवश्यकता नहीं है। इतना समझना काफी है कि रास की एक प्राचीन-गौरवशाली परंपरा है। रास एक ऐसा विकासशील कला-रूप है, जिसने अव्यवस्थित नृत्त से जन्म लेकर व्यवस्थित नृत्य का कलेवर पाया। तदुपरांत विकास के विविध सोपानों पर चढ़ता हुआ, क्रमशः हल्लीसक, छलिक, रासक और नाट्य रासक के रूपों में सामने आता हुआ, अपने वर्तमान रूप में हमारे सामने है। आज यह काव्य के श्रव्य एवं दृश्य दोनों रूपों से समन्वित है और जन-जन के अंतस्तल में इसकी गहरी पैठ है।

"यह तो इसकी परंपरा की बात हुई। इसके ऐतिहासिक विकास-क्रम की जड़ें कहाँ तक गई हैं?" रासबिहारी सचमुच एक जिज्ञासु शिष्य के रूप में सबकुछ जानने को इच्छुक हो उठे थे।

"चूँकि रास को मूलत: नृत्य से जुड़ा कला-रूप माना गया है और नृत्य तो वैदिक काल में भी था, इसलिए किसी-न-किसी रूप में यह रास-परंपरा ऋग्वेद से जुड़ जाती है। वैदिक ऋषि ने क्षितिज की प्राची दिशा में उषा के आविर्भाव की तुलना रंगमंच पर नर्तकी के उल्लासपूर्ण नृत्य से की है। रामायण और महाभारत काल में नृत्य का प्रचुर उल्लेख है, पर महाभारत में कृष्ण के उस रासनृत्य की बात नहीं है, जो पुराणों में है। महाभारत के श्रीकृष्ण एक पराक्रमी वीर, दक्ष राजनीतिज्ञ और द्वारका के प्रख्यात राजाधिराज हैं।"

"तो मैं यह मान लूँ कि पुराणों से ही रास का पहला वर्णन उपलब्ध होता है?" रासबिहारी ने जानना चाहा।

"जी हाँ। पुराणों में श्रीकृष्ण के बचपन व कैशोर्य की लीलाएँ तथा रास विस्तार से वर्णित हैं। मुख्य पुराणों की संख्या 18 है तथा अन्य अनेक उपपुराण भी हैं, पर रासविषयक पुराणों में तीन प्रमुख हैं—विष्णु पुराण, भागवत पुराण एवं ब्रह्मवैवर्त पुराण। इनमें 'विष्णु पुराण' सबसे प्राचीन है और उसकी रचना 'हरिवंश' के पश्चात् विक्रम की चतुर्थ-पंचम शताब्दी में किसी समय हुई थी। 'हरिवंश' में श्रीकृष्ण और गोपियों के लीलाभिनय का सर्वप्रथम उल्लेख अवश्य है, पर उनमें नैतिकता एवं मर्यादा का अभाव होने से रास की मूल भावना ही तिरोहित हो जाती है। हाँ, 'विष्णुपुराण' में रास को कृष्ण की दिव्यलीला बताया गया है और कृष्ण-गोपियों की 'रास-गोष्ठी' की चर्चा है। कहा गया है कि शरद की निर्मल चाँदनी को देख श्रीकृष्ण की गोपियों संग रास रचाने की इच्छा जागती है। गोपियाँ आती हैं, रास आरंभ होते ही कृष्ण अंतर्धान हो जाते हैं। गोपियाँ उनके विरह में वृंदावन में घूमती हुई उनकी लीलाओं का अनुकरण करती हैं। कुछ समय पश्चात् कृष्ण प्रकट होकर गोपियों के साथ रास-नृत्य करते हैं। मधुर गीत गाते हैं। गोपियाँ उन्हें सराहती हैं। कृष्ण के नृत्य की गति-लय के अनुरूप ही गोपियों के ललित व्यापार हैं। निश्चय ही 'विष्णु पुराण' से उस रहस्यात्मक एवं भक्तिपरक रास का शुभारंभ माना जाना चाहिए, जो 'श्रीमद्भागवत' में अपने चरम सौंदर्य पर पहुँचा।"

"भागवत पुराण का रचना-काल क्या है? विष्णु पुराण से भागवत का रास क्यों बेहतर ही नहीं, सर्वश्रेष्ठ माना गया है? वस्तुत: रास से जुड़े एक-एक बिंदु को जानने-समझने के लिए मैं अत्यंत उत्कंठित हूँ।" रासबिहारी आतुर भाव से बोले।

"आपकी उत्कंठा मैं देख रहा हूँ और इसीलिए सबकुछ विस्तार से बता भी रहा हूँ।" आचार्य अमल मुसकराए, "सच तो यह है कि विष्णु पुराण का एकाध्यायी रास ही भागवत पुराण में पंचाध्यायी होकर एक विस्तीर्ण कलेवर में हमारे सामने आया है। 'विष्णु पुराण'

का पौधा ही पुष्पित-पल्लवित होकर एक वृक्ष बना है। जहाँ तक रचना-काल की बात है, भागवत पुराण की रचना छठी से नवीं शताब्दी के बीच किसी समय हुई।"

"रासपंचाध्यायी से तो यही अर्थ निकलता है कि श्रीमद्भागवत के पाँच अध्यायों में रास का वर्णन है ?"

"बिल्कुल सही दिशा में बढ़ रहे हैं आप।" आचार्य अमल के आनन पर संतुष्टि झलक उठी, "भागवत के दशम स्कंध के 29वें से 33वें तक के पाँच अध्यायों को 'रासपंचाध्यायी' कहा गया है। यह संपूर्ण विवरण 174 श्लोकों में मिलता है। वैष्णव धर्माचार्यों ने इन पाँच अध्यायों को श्रीमद्भागवत का 'पंचप्राण' कहा है। इसी कथन से इसकी महत्ता प्रकट है। शरद पूर्णिमा की रात्रि को संपन्न होनेवाला यह महारास अलौकिक था।"

"'ब्रह्मवैवर्त पुराण' में भी इसी परंपरा की एक कड़ी के रूप में रास का वर्णन होगा ?" रासबिहारी ने अनुमान व्यक्त किया।

"'ब्रह्मवैवर्त पुराण' कुछ अलग किस्म का ग्रंथ है और इसमें वर्णित रास भी पूर्व परंपरा से भिन्न है।" आचार्य अमल ने बताया, "इसके चार खंड हैं, जो ब्रह्म, प्रकृति, गणपति और श्रीकृष्ण-जन्म हैं। पहला खंड संभवत: 9वीं शताब्दी में रचा गया और अंतिम खंड की रचना शताब्दियों बाद, अनुमानत: 16 वीं शताब्दी में हुई। शाक्त मत से प्रभावित इस चौथे खंड को देखकर यह अनुमान भी लगाया जा सकता है कि इसे बंगाल में रचा गया होगा, विविध भक्ति संप्रदायों के उद्भव के बाद ही इसकी रचना हुई होगी।

"इस पुराण की कुछ विशेषताएँ हैं। इसमें रास के संदर्भ में रासेश्वरी राधा का नाम प्रथम बार मिलता है। विष्णु पुराण में 'विशिष्ट सखी' और भागवत में 'आराधित:' जैसे शब्दों से श्रीराधा का सांकेतिक उल्लेख भर है, जबकि इसमें भक्ति-क्षेत्र में श्रीराधा की समग्र द्युति उजागर हुई है। दूसरी बात, अन्य पुराणों में रास को शरद काल में संपन्न होता दिखाया गया है, जबकि इसमें वासंतिक रास का चित्रण है। रासमंडल के ऐश्वर्य का मणिमय रासमंडल, रत्नजटिल दीवारें, नवद्वारों का रत्न मंडप आदि विवरण देकर उन्मुक्त हृदय से गान किया गया है, फिर यह रास वर्णन अत्यंत कामुक है। कामशास्त्र का खुला चित्र है। पाठकों को आपत्ति न हो, इसलिए उसे परब्रह्म कृष्ण का अपनी मूल प्रकृति के साथ दिव्य विहार बताया गया है। पर यह स्पष्टीकरण भी वैष्णव धर्माचार्यों को मान्य नहीं हुआ और भागवत में वर्णित रासलीला ही उन्हें ग्राह्य रही।"

"मुझे लगता है कि यह ऐश्वर्य और विलासिता हिंदी साहित्य के इतिहास के रीतिकाल के साहित्य में भी है। मुगल सम्राटों का वैभव और तत्युगीन नैतिक पतन ही इस चित्रण की वजह है। चूँकि मैंने हिंदी साहित्य का इतिहास पढ़ा है, इसलिए यह बात कह रहा हूँ। मेरी बात गलत भी हो सकती है।" रासबिहारी बोले।

"आप सही कह रहे हैं। हिंदी साहित्य के रीतिकाल में राधा-कृष्ण को सामान्य

नायक-नायिका का दर्जा दे दिया गया था। यही नहीं, 'ब्रह्मवैवर्त पुराण' से प्रभावित होकर 'गर्ग संहिता' नामक ग्रंथ की रचना भी हुई, जो पुराण न होते हुए भी पौराणिक ग्रंथों जैसा है। इसमें भी श्रीराधा को अवतार माना गया है, रास का चित्रण है, पर 'ब्रह्मवैवर्त पुराण' जैसा कामुक नहीं है। इसमें राधा-कृष्ण का विवाह वर्णित है और रासलीला का अनेकशः आयोजन दिखाया गया है। 'गर्ग संहिता' के अनुसार, वैशाख माह की शुक्ल पंचमी को यमुना तटवर्ती उपवन में श्रीकृष्ण ने गोपियों के साथ रासलीला की। तदुपरांत तालवन, मधुवन, कामवन और कोकिलावन में भी रास किया। उद्धव के साथ कृष्ण भी वृंदावन गए और ब्रजवासियों से प्रेमपूर्वक मिले। सबको सुखी करके पुनः रासलीला संपन्न की। तदुपरांत जब श्रीकृष्ण द्वारका में राजाधिराज होकर रहे, तब भी राधाजी अपनी सखियों सहित सूर्य पर्व के अवसर पर गुजरात पहुँची थीं। वहाँ श्रीकृष्ण की विवाहिताओं ने उनसे वही रास देखने की आकांक्षा व्यक्त की, जैसा वे वृंदावन में किया करते थे। उनका मनोरथ पूरा करने के लिए कृष्ण ने वैशाख मास की पूर्णिमा को एक बार फिर श्रीराधा और गोपियों के साथ रासलीला की। इस प्रकार 'गर्ग संहिता' का रास वर्णन पुराणों से भिन्न है।"

"रासलीला का यह प्रसंग पौराणिक परंपरा से इतर भी अत्यंत मनोयोग से ग्रहीत है?" रासबिहारी बोले।

"सच कहा आपने।" आचार्य अमल सहमत हुए, "महारास की पौराणिक परंपरा हमें द्वापर युग तक ले जाती है। आज से पाँच हजार साल पहले सारस्वत युग में पहुँचा देती है और वहाँ से होते हुए साढ़े तीन हजार साल पुराने युग तक ले जाकर छोड़ देती है, जबकि इसके ऐतिहासिक साक्ष्य हमें 2200 वर्ष पूर्व के युग में ले जाने की ही क्षमता रखते हैं, जो भारतीय इतिहास का शुंग एवं सातवाहन राजाओं का काल था।"

"ओह! पुराणों से इतिहास तक की यह यात्रा ही कितनी दुरूह है!"

"कोई दुरूह नहीं, सिर्फ थोड़ा-सा समझने की जरूरत है। वैसे मैं आपको अब इतिहास की गहराइयों में नहीं ले जाऊँगा। इतना जानना काफी है कि शुंग-सातवाहन काल, शक-कुषाण काल, नाग-गुप्त काल, मौखरीवर्धन-राजपूत काल में भी रासलीला का रस किसी-न-किसी रूप में प्रवहमान रहा है। कहीं चित्रों में, कहीं मूर्तियों में, कहीं साहित्य में तो कहीं मंचों पर अभिनय के रूप में इसके अंश देखे जा सकते हैं। इसी प्रकार बौद्ध रास और जैन रास की भी परंपरा हमें प्राप्त होती है। चूँकि बौद्ध एवं जैन धर्म वैराग्यपरक थे और उनके अनुयायियों के लिए नाच-गान-नाटक जैसी कलाओं का निषेध था, तदपि रास के प्रति अदम्य आकर्षण के चलते ये धर्मानुयायी चोरी-छिपे इसे देखने चले आते थे और भेद खुल जाने पर दंडित भी किए जाते थे। यह बंधन शुरुआती काल में ही रहा, बाद में रास के लोकरंजक प्रभाव को देखकर इन धर्मों ने भी अपनी धार्मिक मान्यताओं के अनुरूप रास को विकसित किया। बौद्ध जातकों और जैन तीर्थंकरों की कथाओं पर आधृत ये रास

गृहस्थ अनुयायियों के साथ-साथ विरक्त साधु-संन्यासियों के लिए भी आकर्षण का केंद्र बन गए। परिणामस्वरूप इतिहास में एक ऐसा काल भी आया, जब कृष्ण-रास की अपेक्षा बौद्ध-जैन रास अधिक प्रचलित दिखाई दिए।"

"संभवतः देवदासी प्रथा भी इससे जुड़ी है?"

"यह धर्माश्रित प्रथा है। नाट्यशास्त्र मानता है कि पूजा-आराधना से कहीं अधिक नाटक-नृत्य आदि से आराध्य प्रसन्न होते हैं। इसीलिए धार्मिक नृत्य नाटकों का प्रचलन और प्रदर्शन बढ़ा। कुछ नर्तकियाँ अविवाहित रहकर मंदिरों में ही अपना जीवन व्यतीत कर देती थीं। भारत में प्राचीनकाल से मध्यकाल तक और उत्तर से दक्षिण तक मंदिरों में देवदासी-प्रथा का प्रचलन रहा। विशेषतः दक्षिण के मंदिरों में इन्हें व्यापक रूप से देखा गया। पर वह अलग अध्याय है। देवदासियों की व्यथा-कथा व आँसुओं की स्याही से लिखी हुई सामने आई, तो उसे गंभीरता से लिया गया और धर्म के नाम पर दैहिक शोषण के इस नरक से उन्हें बाहर निकाला गया।" आचार्य अमल ने बताया।

"तो रास की विकास-यात्रा अपने वर्तमान स्वरूप तक कब और कैसे पहुँची?"

"जैसा कि मैंने बताया है, यह द्वापर युग से शुरू हुई और मध्यकाल के उस कालखंड तक उतार-चढ़ाव के साथ चलती रही, जब तक वैष्णव धर्म के कृष्णोपासक मनीषियों ने उसका परिष्कार करके एक भव्य-कलात्मक स्वरूप नहीं दिया। वैष्णव धर्म के इन पाँच कृष्णोपासक मनीषियों के नाम मैं पूर्व में बता चुका हूँ, शायद एकाध नाम आपको स्मरण भी हो।" आचार्य अमल ने अपने शिष्य की परीक्षा लेने का यह अवसर छोड़ा नहीं।

रासबिहारी मुसकराए, "मुझे वे पाँचों नाम याद हैं। आपने श्री निंबार्काचार्य, श्री माधवेंद्र पुरी, श्री शंकर देव, श्री वल्लभाचार्य और श्री चैतन्यदेव के नाम बताए हैं।"

आचार्य अमल भी मुसकराए, "आपकी स्मरण शक्ति का लोहा मान लिया मैंने। सिर्फ एक बार सुनकर उन पाँचों धर्माचार्यों के नाम याद कर लेना, जिन्होंने इस क्षेत्र में अभूतपूर्व और अविस्मरणीय कार्य किया है, आपकी इस विषय में गहरी रुचि भी दरशाता है। खैर, उनके बारे में हम अगली किसी अन्य चर्चा में विस्तार से जाएँगे, आज सिर्फ दो बातें और कहकर अपनी बात खत्म करता हूँ।"

रासबिहारी ने उत्सुक दृष्टि से उनकी ओर देखा।

"पहली बात, आचार्य अमल बोले, आप वृंदावन आए हैं और आपको लंबे समय तक यहाँ ठहरकर इत्मीनान से ब्रज-भ्रमण करना है, इसलिए एक बिंदु पर आप भ्रमित हो सकते हैं कि भागवत में वर्णित रासलीला ब्रजभूमि में कहाँ संपन्न हुई थी? गोवर्धन अथवा वृंदावन में? यह संदेह इसलिए जागेगा, क्योंकि भ्रमण के दौरान आपको दोनों जगह एक जैसी लीलास्थलियाँ मिलेंगी, यानी रासमंडल तथा दूसरे नाम चौंकाएँगे कि वास्तविक रास कहाँ हुआ था? इसका उत्तर यह है कि वह नैमित्तिक रास दोनों स्थानों पर हुआ है।

अंतर सिर्फ कालखंड में है। गोवर्धन का महारास सारस्वत कल्प में हुआ और वृंदावन का महारास श्वेतवाराह कल्प में हुआ।"

"आचार्यजी, मुझे इस 'कल्प' शब्द को लेकर जिज्ञासा है, तनिक विस्तार से बताइए कि इसका आशय क्या है?"

"कल्प का आशय है, ब्रह्मा का एक दिन या 1000 युग। मनुष्यों का तैंतालीस करोड़ बीस लाख वर्ष (43,20,00,000 वर्ष) का समय। यह सृष्टि की अवधि का माप है। सारस्वत कल्प के द्वापर युग में गोवर्धन क्षेत्र में अलौकिक महारास हुआ था। श्वेतवाराह कल्प में वृंदावन का अलौकिक महारास संपन्न हुआ। यह श्वेतवाराह कल्प वह कालखंड है, जिसमें हम रह रहे हैं। इसे 'कलियुग' कहा जाता है। विशेष बात यह है कि दोनों बार ही महारास की वे लीलास्थलियाँ विलुप्त हो गईं। पहली बार विलुप्त होने पर श्रीकृष्ण के प्रपौत्र महाराज व्रजनाभ के प्रयासों से वे प्रकाशित हुई थीं। श्वेतवाराह कल्प में वृंदावन के महारास के बाद वे पुनः विलुप्त हो गईं। इस बार वैष्णव संप्रदाय के जिन कृष्णोपासक धर्माचार्यों ने अत्यंत श्रमसाध्य प्रयास से उन्हें खोजा, वे नाम आप जानते ही हैं। महारास को व्यवस्थित रूप देने में इन पाँचों धर्माचार्यों का असीम योगदान है।"

"यह तो अत्यंत महत्त्वपूर्ण जानकारी दी है आपने। वास्तव में मैं भ्रमित हो जाता कि वास्तविक महारास कौन सा था?"

"दूसरी बात," आचार्यजी बोले, "कुछ विशेष कारणों से मैं अगले पंद्रह दिन आपको नहीं दे पाऊँगा। इसे अन्यथा न लें। यह दो सप्ताह का समय आप ब्रज-भ्रमण में व्यतीत करें। इसके बाद निश्चिंत होकर हम रास-पारावार में डूबेंगे।"

कैलाश पता नहीं किस समय मित्र से मिलकर आ गया था और कक्ष में पड़ी एक खाली कुरसी पर बैठ गया था। रास-चर्चा में निमग्न होने से किसी को उसका आगमन विदित नहीं हुआ था।

इस वक्त वह तपाक से बोल पड़ा, "चिंता न करें, आचार्यजी। आज शाम से ही बाबूजी का ब्रज-भ्रमण शुरू करा दूँगा। दो सप्ताह बाद जब आपसे मिलेंगे, तो कम-से-कम एक बार सभी महत्त्वपूर्ण जगहों पर घूम आए होंगे।"

"अरे, तुम कब आ गए कैलाश? हमें पता ही नहीं चला!" रासबिहारी चौंके।

"आचार्यजी के शब्दों के सम्मोहन में बँधे हुए जो थे, जानते कैसे?" कैलाश मुसकराया।

विदा लेते समय रासबिहारी हर्षित और संतुष्ट थे, उनका वृंदावन आना निष्फल नहीं हुआ था।

"अब कहाँ चलें?" टैक्सी के पास पहुँचकर कैलाश ने पूछा।

"यह निर्णय मुझे नहीं, तुम्हें करना है।"

"तो अब सीधे धर्मशाला चलते हैं। आप भोजन के बाद कुछ देर विश्राम करें। फिर आज की शाम हम लोग यमुना-तट पर व्यतीत करेंगे।"

"ठीक है।" रासबिहारी सहमत हुए।

~✦~

हाँ, यह भगवती यमुना का तट था।

रासबिहारी और कैलाश हिलोरें लेती यमुना मैया के तट पर बैठे हुए थे।

संध्या का मनोहारी समय था।

कुछ देर पहले बूँदाबाँदी हो चुकी थी, इसलिए सुहाने मौसम में ठंडी हवा के चंचल झोंके उन्हें रह-रहकर गुदगुदाते हुए लगातार छेड़ रहे थे। चपल पवन का यह क्रीड़ा-कौतुक निश्चय ही रासबिहारी को भा रहा था, मन का उल्लास आनन पर चमक उठा।

कैलाश बता रहा था, "ऐसा है बाबूजी, इस यमुना महारानी को आप मामूली नदी मत समझिए। यह भगवती कृष्णा हैं, श्रीराधा-कृष्ण के केलि-विलास में सतत सहायिका रही हैं। इन्होंने वृंदावन को तीन ओर से घेर रखा है। आइए, सर्वप्रथम हम सच्चे मन से सूर्यपुत्री यमुना की वंदना करें कि वे हमें पवित्र रखें।"

कैलाश के साथ ही रासबिहारी भी उठकर खड़े हो गए।

दोनों ने हाथ जोड़ लिये।

कैलाश अपने सधे कंठ से यमुना-स्तुति करने लगा। संस्कृत भाषा के इस श्लोक का आशय समझना रासबिहारी के लिए असंभव था। उन्हें सिर्फ अंत के दो शब्द 'यमुना नमामि' समझ में आए। रहा न गया, तो बोल पड़े, "कैलाश, मुझे इस संस्कृत-वंदना का हिंदी अर्थ बताओ, ताकि मैं भी उसे समझ सकूँ।"

"बैठिए, बताता हूँ।" कहते हुए कैलाश बालुका-बिछौने पर बैठ गया, तो रासबिहारी भी रेत की उस चादर पर बैठ गए।

कैलाश ने बताया, "इसका अर्थ है कि गंगा, गोदावरी, यमुना, सिंधु आदि तीर्थों के द्वारा जिनके चरण-कमल निरंतर परिसेवित होते हैं, जो गोलोक वृंदावन के श्रीराधा कृष्ण युगल को रसपरिपाटी विहित सेवा प्रदान करने की महिमा से मंडित हैं, जो अपने अमृत जलप्रवाह से उन्हें सुख-सागर में निमग्न रखती हैं, उन यमुना महारानी को मैं बारम्बार प्रणाम करता हूँ।"

"वंदना के अपने इन स्वरों में मेरे प्रणाम का स्वर भी मिला लो।" रासबिहारी ने अनुरोध किया।

"चिंता न करें, यह पूजा मैंने आपकी ओर से ही की है।" कैलाश ने उन्हें बताया।

रासबिहारी संतुष्ट दिखाई दिए।

सचमुच यमुना-पुलिन की शोभा असीम थी। यहाँ आते समय रासबिहारी को तट के दोनों ओर शोभायमान नाना प्रकार के फूलों-फलों से लदे वृक्ष और लताओं से घिरे हुए रमणीय निकुंज दिखाई दिए थे। सब वृक्षों के नाम वह नहीं जानते थे। कैलाश ने कदंब, तमाल, करील, बकुल, आम्र आदि नामों से उनका परिचय दिया था।

अब यहाँ रेत पर बैठकर भी कैलाश उनका ज्ञानवर्धन कर रहा था, "बाबूजी, ब्रज में श्री यमुनाजी के तट पर अनेक घाट हैं। इनमें कुछ प्रसिद्ध हैं—श्री वराह घाट, कालियदमन घाट, सूर्य घाट, युगल घाट, श्री आँधेर घाट, इमलीतला घाट, शृंगार घाट, श्री गोविंद घाट, चीर घाट, श्री मुकुट घाट, धीर समीर घाट, श्रीराधाबाग घाट, श्री पानी घाट, श्रीराज घाट आदि। हम अपने ब्रज-भ्रमण के दौरान इन्हें देखेंगे।"

"इतने मधुर नामों का मतलब है कि हर घाट के साथ कोई न कोई अंतर्कथा जुड़ी होगी?"

"सभी घाटों के साथ जुड़ी हैं पौराणिक कथाएँ।" कैलाश ने सोत्साह बताया, "श्री विहार घाट पर श्रीराधा-कृष्ण का युगल स्नान, जल-विहार आदि क्रीड़ाएँ होती थीं। श्री आँधेर घाट के समीपवर्ती उपवन में गोपियों के साथ श्रीकृष्ण आँख-मिचौली खेलते थे। गोपियाँ अपनी हथेलियों से नयन मूँद लेतीं और कृष्ण आसपास कहीं छिप जाते। फिर गोपियाँ उन्हें खोजतीं। इसी तरह कभी श्रीराधाजी कुंजों में छिप जातीं और तब सखियों सहित श्रीकृष्ण उन्हें ढूँढ़ते। शृंगार घाट पर बैठकर श्रीकृष्ण ने अपनी मानिनी प्रिया का निज कर-पल्लवों से शृंगार किया था।"

"ओह, कितना मनोरम विवरण है!" रासबिहारी बच्चों जैसे उत्साह से भर उठे, "कैलाश, तुम इन सब प्रसिद्ध घाटों पर मुझे ले चलोगे?"

"क्यों नहीं! वैसे भी मैंने यहाँ गिने-चुने घाटों का ही विवरण दिया है। भ्रमण के दौरान आपको अन्यान्य दर्शनीय घाट भी मिलेंगे।"

"कुछ अन्य घाटों के बारे में बताओ।"

"चीर घाट वह है, जहाँ स्नान करती गोपियों के वसन लेकर श्रीकृष्ण निकटस्थ कदंब के वृक्ष पर चढ़े थे। बहुत विनती-चिरौरी के बाद ही वस्त्र लौटाए थे। श्री भ्रमर घाट के साथ किंवदंती है कि जब श्री किशोरी-किशोर यहाँ क्रीड़ा-विलास करते थे, तो उन दोनों के अंग-सौरभ से भ्रमरावलि उन्मत्त होकर गुँजार करने लगती थी। धीर समीर घाट पर श्रीराधा-कृष्ण के युगल-विहार को देखकर पवन भी सेवाभावी हो उठती थी और अपनी चंचलता त्यागकर उन्हें विघ्न न पहुँचाने के लिए गति मद्धिम कर देती थी।"

रासबिहारी ने जैसे एक के बाद एक घाट पर घूमकर भ्रमण का आनंद लेने का

अनुभव किया। उन्हें लगा, कैलाश के पास वक्तृत्व-कला है, तभी इस युवक की वाणी के जादू से वह मंत्रमुग्ध हो उठे हैं।

अचानक उन्हें याद आया कि क्या कल दोपहर बाद उन्होंने इसी युवक को वाणी से विष-वमन करते सुना है, वृद्ध मोहनलाल को निरंतर प्रताड़ित करने का इसका वह चरित्र असली है या आज की सुशील-विनयी स्वभाव की यह प्रस्तुति सच्ची है, वह समझ नहीं सके। यदि कल स्वयं अपने कानों से वे कटु वचन न सुने होते, तो क्या किसी अन्य के कहने पर विश्वास करते?

रासबिहारी समझ गए, मानव-मन एक दुर्बोध पहेली है। उसकी वास्तविकता को समझ पाना आसान नहीं है। पर कैलाश के उस गिरे हुए रूप को भी गर्हित कैसे कहें? यदि इसे अपने पितामह की विगत जीवन-शैली से आपत्ति है और उसे गृहस्थ-धर्म के अनुकूल नहीं मानता है, तो अपना मत लेकर जीने के लिए स्वतंत्र है। एक कैलाश को ही क्यों भला-बुरा कहें, वह स्वयं क्या पैसे के पीछे आजीवन नहीं भागते रहे? टके पर ऐसी टकटकी लगी कि पत्नी-बच्चों तक के साथ सहज-सामान्य संबंध न रख सके। जीवन के सारे अनुभवों का यही सार निकलता है कि अर्थ ही सारे अनर्थ का मूल है। यही इनसान को स्वार्थी और संकीर्णमना बना देता है। मोहनलाल और वह दो ध्रुवों पर खड़े हैं। पैसे के प्रति अनुरक्ति-विरक्ति का चरम गृहस्थ-जीवन के उपयुक्त नहीं है। खाने-पहनने भर का पैसा तो हर संसारी प्राणी के पास होना ही चाहिए। कल दो वक्त की रोटी की तंगी ने जिसे इनसानियत के सोपान से नीचे गिरा दिया था, उसी कैलाश को आज दो वक्त की रोटी के सुभीते ने मनुष्यता दे दी है या नहीं? इसलिए जब तक इस युवक के आचरण में कोई अन्य छल-छद्म न दिखे, वह इस पर भरोसा कर सकते हैं। हाँ, सावधान तो रहना ही पड़ेगा। परदेश में पता नहीं किस समय…

"किस सोच में डूब गए, बाबूजी?" कैलाश की आवाज कानों में पड़ी।

"ऐं, कुछ नहीं।" रासबिहारी चैतन्य हुए।

"अँधेरा हो गया है। अब हमें यहाँ से उठ जाना चाहिए।"

"ठीक कहते हो।" कहते हुए रासबिहारी उठ खड़े हुए।

'अभी मैं यहीं ठहरा हूँ। फिर मिलेंगे।' उन्होंने मन-ही-मन कहा और यमुना मैया से विदा ली।

हिलोरें लेती यमुना उन्हें अपने आशीर्वाद से नहलाती प्रतीत हुई।

□

2

ब्रज-भ्रमण का पहला दिन

ब्रज-भ्रमण का आज पहला दिन।

वृंदावन का बाँकेबिहारीजी का मंदिर गंतव्य है।

नगर के कुछ मंदिरों की दर्शनाभिलाषा लेकर रासबिहारी जब मयूर निकुंज धर्मशाला से निकले तो उन्होंने सर्वप्रथम बिहारीजी के दर्शन की बात स्वयं कही। अपने मित्र विमलेंदु से इसकी चर्चा कई बार सुनी थी और वृंदावन के मंदिरों के भ्रमण की बात तय हो जाने पर यही पहला नाम उन्हें याद आया था।

कैलाश को भला क्या आपत्ति होती?

टैक्सी ने उन्हें काफी दूर तक पहुँचाया, पर फिर सँकरी गलियों के लोक में प्रविष्ट होने के लिए पाँव-पाँव चलना अपरिहार्य हो गया। इन गलियों में पैदल चलते हुए रासबिहारी को ऐसा अद्भुत आनंद मिला, जो महँगी विदेशी गाड़ियों में घूमते हुए भी नहीं पा सके थे। तो क्या यह वृंदावन का माहात्म्य है, वह सोच नहीं सके।

कौतुक से भरकर निहारने लगे—इन गलियों के दोनों ओर दुकानें ही दुकानें हैं।

दुकानों पर खरीदारों की भारी भीड़।

फ्रेम में मढ़े हुए लगभग सभी देवी-देवताओं के छोटे-बड़े चित्र।

चित्रों के साथ-साथ मूर्तियाँ और अन्य पूजन-सामग्री।

लड्डूगोपाल को झुलाने के लिए एक सज्जित हिंडोला तो इतना खूबसूरत था कि रासबिहारी के पाँव वहीं बँध गए। एकटक उसे निहारने लगे। उनकी दृष्टि को पकड़, दुकानदार ने तुरंत आवाज लगा दी, "आइए बाबूजी, आपको श्री लड्डूगोपाल, उनकी पोशाक और साज-सज्जा का सारा सामान भी हमारे यहाँ मिलेगा। उचित मूल्य पर।"

वह ठिठक गए।

"आइए तो सही। हमारे यहाँ कोई मोल-भाव नहीं, एक कीमत है।"

दुकानदार की सम्मोहक आवाज से बँधे वह उस ओर बढ़ भी जाते कि कैलाश ने टोक दिया, "कहाँ जा रहे हैं आप? जो कुछ खरीदना हो, वापसी में लें। सामान हाथ में

रहने पर दर्शन करने में असुविधा होगी।"

रासबिहारी समझ गए, कदम आगे बढ़ा दिए।

किंतु चाहकर भी पाँव आगे नहीं बढ़ पा रहे थे।

एक तो भीड़ की वजह से, दूसरी गली के दोनों ओर सजी दुकानों के आकर्षण की वजह से।

लगभग हर दुकान पर तेज आवाज में बजता भक्ति-संगीत अपना अलग जलवा दिखा रहा था। कीर्तन की पुस्तकें बेचनेवाला 8-10 साल का एक लड़का उनके पीछे लग गया—"बाबू, पचास रुपए में चार किताबें हैं। फिल्मी गीतों पर एक से एक जोरदार भजन।"

"नहीं चाहिए।" उन्होंने हाथ हिला दिया।

"अच्छा, चालीस ही दे देना।"

"कहा न, मुझे जरूरत नहीं है।"

"बाबू, घर ले जाओगे, तो ब्रज के रसिया देखकर बहू-बेटियाँ खुश हो जाएँगी। चलो, तीस रुपए निकालो, मैं चारों पुस्तकों का सेट दे रहा हूँ।"

"बच्चे, दूसरा ग्राहक तलाशो।" रासबिहारी ने आजिज आकर हाथ जोड़ दिए, "ये पुस्तकें मेरे मतलब की नहीं हैं।"

लड़के का चेहरा उतर गया।

उसकी उदासी रासबिहारी ने पकड़ ली।

जी चाहा, तीस रुपए देकर पुस्तकें ले ही लें! पता नहीं, इसके घर पर आज चूल्हा भी जला है कि नहीं? माँ राह देख रही होगी कि बेटा दो पैसों की कमाई करके लौटे तो…

किंतु निराश लड़का अब तक उन्हें छोड़कर एक भद्र महिला के पीछे दौड़ गया था, "माँजी, पचास रुपए में…"

इधर मैली-पुरानी धोती पहने एक वृद्धा उनके पीछे लग गई थी, "बाबू, कल से भूखी हूँ। बीस रुपए दे दो, तो चार पूरियाँ खा लूँगी।"

द्रवित होकर वह जेब में हाथ डालने लगे कि साथ चलते कैलाश ने घुड़क दिया, "क्या करते हैं आप? पैसा मत निकालिए। यह अकेली नहीं है, इस जैसी यहाँ पचासों हैं। एक को कुछ दे देंगे, तो मधुमक्खियों का झुंड आपको घेर लेगा। पीछा छुड़ाना मुश्किल हो जाएगा।"

जेब तक पहुँचा हाथ रासबिहारी को वापिस लौटाना पड़ा। वृद्धा भिखारिन का आग्नेय नेत्रों से कैलाश को भस्म करना उन्होंने क्षणांश में देख लिया था।

पाँव आगे बढ़े।

सचमुच अगली मँगती पीछे लग गई थी, "ऐ बाबा, बस एक कुल्हड़ चाय पिलवा

दो। राधे रानी तुम्हारे बाल-बच्चे जीते रखेंगी। नाती-पोते सुखी रहेंगे।"

इस बार रासबिहारी ने इस अनुनय-विनय को नजरअंदाज किया, पर समीपवर्ती एक दुकान के तमाशे की अनदेखी न कर सके। भीड़ के रेले के कारण उन्हें यहाँ ठहरना पड़ा था, दृष्टि खुद-ब-खुद पास की दुकान पर अटक गई थी।

तेज आवाज में बजते एक भजन की धुन बड़ी मीठी थी—"राधे-राधे जपो, चले आएँगे बिहारी।"

एक बूढ़ा अड़ा हुआ था, "मुझे इसी भजन का कैसेट चाहिए।"

दुकानदार ने उसके सामने कई कैसेट पटक दिए थे, "सभी में बहुत अच्छे भजन हैं, कोई भी एक ले लो।"

"कोई भी क्यों ले लूँ?" बूढ़े ने तेवर दिखाए, "जो माँग रहा हूँ, उसे क्यों नहीं निकालते?"

"यह खत्म हो चुका है। 3-4 दिन में आएगा, लेकिन मेरी बात का भरोसा करो, सभी कैसेट एक से बढ़कर एक हैं। कहो तो इसे सुनवा दूँ?"

दुकानदार के छाँटे कैसेट पर उपेक्षा भरी दृष्टि डालता हुआ भजनप्रेमी बूढ़ा आगे बढ़ गया था।

रासबिहारी ने सोचा, क्या इसे किसी अन्य दुकान पर अपना मनपसंद कैसेट मिल सकेगा?

ज्यादा सोचने का वक्त नहीं मिला। एक आकस्मिक झपट्टे से वह ऐसा अचकचाए कि लड़खड़ाकर गिरते-गिरते बचे। पल भर तो कुछ समझ ही नहीं सके, हुआ क्या है? फिर अनुभव हुआ कि उन्हें आसपास का दृश्य अत्यंत धुँधला दिखाई दे रहा है, यानी···

हाँ, उनकी आँखों से चश्मा गायब था। कहाँ चला गया, इसे समझ ही नहीं पाए थे कि कैलाश को फुरती से निकटस्थ केलेवाले के ठेले से दो केले उठाते देखा और फिर उनमें से एक केला पास वाली दुकान की छत पर बैठे बंदर की ओर फेंकता पाया।

बंदर ने एक हाथ के पंजे से केला लपक लिया, दूसरे से शायद उनका चश्मा पकड़े हुए था। कैलाश ने दूसरा केला भी ऊपर फेंका, तो बंदर ने चश्मा नीचे फेंक, वह केला उठा लिया।

उनका चश्मा अब नीचे गली में आ गिरा था।

धरती पर पड़े चश्मे को उठाते हुए कैलाश अपराधी भाव से बोला, "देखिए, काँच टूट गया होगा। बेवजह नुकसान उठाना पड़ा। अब सबसे पहला काम चश्मे की दुकान खोजने का हो गया।"

रासबिहारी ने कैलाश से चश्मा ले लिया। जेब से रुमाल निकालकर उसकी धूल झाड़ी-पोंछी और पुनः आँखों पर चढ़ा लिया। दिलासा देते हुए बोले, "फिक्र मत करो।

काँच नहीं, फाइबर है। टूटा नहीं, शायद एकाध लकीर पड़ गई होगी।"

"गनीमत है।" कैलाश ने स्वस्ति की साँस ली, "गलती मेरी है। मुझे इस गली में घुसने से पहले आपको सावधान कर देना चाहिए था। यहाँ के बंदर, यहीं क्या पूरे वृंदावन-मथुरा के बंदर बड़े उत्पाती हैं। पेटपूजा की यह पद्धति जानते हैं और किसी चश्माधारी को देखते ही आतंकवादी बनकर हमला किए बिना नहीं चूकते। वह जान भी नहीं पाता और उसका चश्मा या हाथ का झोला गायब हो जाता है।"

रासबिहारी कुछ न बोले। इस आकस्मिक घटना से असहज थे। ऐसे अनुभव की उन्हें उम्मीद न थी।

खैर, अब गली की दुकानों का आकर्षण उन्हें लुब्ध न कर रहा था। आँखों पर चढ़े चश्मे की चिंता जो मन-मस्तिष्क पर हावी हो चुकी थी।

माहौल का कुछ ऐसा जादुई असर था कि कुछ ही क्षणों में 'दुर्घटना' मन से धुल-पुँछ गई। रासबिहारी की आँखें कमजोर थीं, पर ऐसी नहीं कि चश्मा उनकी दृष्टि बन चुका हो। स्वयं को निश्चिंत करने के लिए उन्होंने चश्मा जेब में रख लिया और एक बार फिर 'बिहारीजीमय' हो गए।

इनसान इंद्रियों का गुलाम है।

आँखें निकटवर्ती दुकानों से हटाई तो नाक में पहुँचती हलवाइयों की दुकानों के पकवानों की सुवास से विचलित हो उठीं। इस आकर्षण से बँधते ही उनके मुख से अनायास निकल पड़ा, "ब्रजवासियों को खाने-पीने का बड़ा शौक रहता है।"

"हलवाइयों के यहाँ स्थानीय जनों की कम, बाहर से आए भक्तों की ज्यादा भीड़ है।" कैलाश ने बताया।

"हम लोग भी बिहारीजी के दर्शन के बाद कुछ खाना-पीना करेंगे।" रासबिहारी बोले।

"अवश्य। रमन हलवाई के यहाँ आपको ले चलूँगा। सभी पकवान लाजवाब! हम लोग गोलगप्पे, आलू की टिक्की और रसमलाई खाएँगे। उसके बाद स्पेशल लस्सी का बड़ा गिलास भरपूर तृप्ति देगा।" कैलाश भी उमंगित हो उठा।

मंदिर निकट आ चुका था।

कैलाश ने अपनी एक परिचित दुकान पर जूते उतरवाए, प्रसाद खरीदवाया और रासबिहारी को साथ लेकर मंदिर के सहन की सीढ़ियों की ओर बढ़ चला।

अभी उन्होंने पहली सीढ़ी पर पाँव धरा तक नहीं था कि सहन में खड़ी एक प्रौढ़ महिला की अकुलाई आवाज कानों में पड़ी, "क्या सचमुच मुझे अपने लड्डूगोपाल मिल जाएँगे?"

यह आवाज इतनी तेज थी कि समीपवर्ती दुकानदारों के कानों तक पहुँच गई थी।

क्षणांश में वहाँ हड़कंप-सा मच गया और सिर्फ 'लड्डूगोपाल', 'लड्डूगोपाल मिल गए' का रव वहाँ गूँज उठा।

व्यवस्था सँभालने के लिए पुलिस का व्यापक प्रबंध था ही। कुछ ही क्षणों में वहाँ फैली अव्यवस्था पर काबू पा लिया गया। चीखती हुई महिला भीड़ में कहाँ गुम हो गई, रासबिहारी नहीं जान सके।

प्रश्नभरी दृष्टि से उन्होंने कैलाश की ओर देखा, तो वह मुसकरा दिया, "यहाँ ऐसी घटनाएँ सामान्य हैं। आप ध्यान न दें।"

रासबिहारी ने सिर तो अवश्य हिला दिया, पर 'लड्डूगोपाल मिल गए' की अबूझ पहेली में उलझे बिना नहीं रहे। समीपवर्ती किसी दुकानदार से पूछने पर पहेली सुलझ सकती थी, पर कैलाश इसके लिए सहमत न था। वह जल्द-से-जल्द उन्हें बिहारीजी के दर्शन करवाना चाहता था। कुछ ही देर में मंदिर के पट बंद होनेवाले थे, इसलिए तुरंत भीतर प्रवेश करना जरूरी था।

बात सही थी, आखिर इसी प्रयोजन से तो वे लोग यहाँ आए थे। जगह-जगह ठहरकर तमाशा देखने से कैसे काम चल सकता था?

✦

और अब कैलाश के साथ रासबिहारी मंदिर के दीर्घाकार कक्ष में खड़े थे। यहाँ भी भारी भीड़ थी। लोगों का धक्का-मुक्की करके आगे निकलने का प्रयास जारी था। सभी निकट से श्री विग्रह के दर्शन करना चाहते थे।

रासबिहारी का मुख मलिन हो गया, "कैलाश, हम लोग जहाँ खड़े हैं, वहाँ से बिहारीजी के भलीभाँति दर्शन न हो सकेंगे। फिर, हमें प्रसाद भी चढ़ाना है। यहाँ से कैसे संभव होगा?"

"चलिए, मैं आपको आगे ले चलता हूँ। वहाँ खड़े पुजारियों में से एक मेरा परिचित है। एकदम निकट से वह आपको दर्शन करा देगा। पाँच सौ रुपए इसके लिए देने होंगे।"

रासबिहारी दुविधा में पड़ गए।

निकट से दर्शन का सुयोग मिलना जितना सुखद था, उसके लिए पाँच सौ रुपए चुकाने की बात उन्हें उतनी ही कम सुहाई थी। भगवान् को उनके पुजारियों ने अपनी मिल्कियत समझकर कमाई का साधन बनाया है, यह खयाल ही मन को चोट पहुँचाने वाला था। पर धर्म को व्यवसाय बनने से रोकना उनके हाथ में न था। कुछ दिन पहले ही किसी कृष्ण मंदिर के बारे में खबर पढ़ी थी कि चंद सनकी रईसों की बेशर्म हवस पूरी करने के लिए धनलोलुप पुजारी ने भगवान् को पीतांबरधारी की जगह सूटेड-बूटेड प्रस्तुत करने में तथा उनके अधरों पर मुरली के बजाए सिगार दिखाने में कोई गुरेज नहीं किया

था। यह अध:पतन वैयक्तिक माना जा सकता है और इसके आधार पर समूची धार्मिक भावना को कटघरे में नहीं खड़ा किया जा सकता, पर भारत जैसे धर्मप्राण देश के लिए ऐसा एक भी उदाहरण क्या निंदनीय नहीं है? उस दिन वह देर तक सोचते रहे थे।

आज भी क्षणिक दुविधा के बाद ही रासबिहारी ने जेब से पाँच सौ का एक नोट निकालकर कैलाश के हाथ पर रखा।

इसके बाद सबकुछ बहुत आसान था। वह ऊँचे मंच पर पहुँच चुके थे। वर्णन से परे एक अलौकिक लोक में अपना अस्तित्व पाकर विस्मित भी कम नहीं थे। ईंट-पत्थरों से निर्मित किसी भवन में नहीं, साक्षात् मुरलीमनोहर श्रीकृष्ण के सानिध्य में पहुँचने की यह अनुभूति विलक्षण थी। न सिर्फ देह, अपितु प्राण का भी एक अनूठे स्पंदन से रोमांचित होना उनके जीवन का पहला अनुभव था।

सागर की लहरों की भाँति उमड़ता भक्तों का समूह निरंतर जयघोष कर रहा था, "बोलो, श्री बाँके बिहारीलाल कीऽऽ जय!"

अनायास ही रासबिहारी के अंतस्तल में स्वर निनादित हो उठे, "श्रीकृष्ण, श्रीकृष्ण, कृष्ण-कृष्ण हरे-हरे।"

उनका संपूर्ण तन ध्यानावस्थित हो गया था, अधर तक नहीं हिल रहे थे, पर मन-प्राण में कृष्ण-नाम का जप निरंतर चल रहा था।

अनहदनाद था यह।

पूजास्थल पर खड़े पाँच-छः पुजारियों की व्यस्तता उनके दृष्टि-पथ में थी। सभी किसी-न-किसी कार्य में संलग्न। युवा और वृद्ध दोनों। देह पर एक धोती और उत्तरीय धारण किए ये पुजारीगण माथे पर चंदन-रोली का तिलक लगाए थे। लगभग सभी के कंठ में सोने की भारी चेन और हाथों की उंगलियों में रत्नजटिल अंगूठियाँ चमक रही थीं। यही चमक उनके स्वस्थ चेहरे पर थी।

सबकुछ सामने है, पर श्री बाँकेबिहारीजी का विग्रह कहाँ है, रासबिहारी समझ नहीं सके। वह आँखें फाड़कर उसे खोजने का प्रयास करने लगे।

अचानक मंदिर के बाह्य द्वार पर टँगे परदे को दो पुजारियों ने हटाया, तो रासबिहारी स्तंभित हो उठे—ओह! सामने ही तो श्री बाँकेबिहारी मौजूद हैं! उनके आराध्य, उनके प्राण-धन, उनके जीवन-सर्वस्व!

रासबिहारी के आगे बढ़े हाथों से कब-किस पुजारी ने प्रसाद की टोकरी ली, उसका कुछ भाग भीतर चढ़ाया और शेष प्रसाद रूप में टोकरी सहित उन्हें लौटा दिया, वह जान नहीं सके। मंत्रमुग्ध अवस्था में सिर्फ बिहारीजी के दर्शन करते रहे और बूँद-बूँद करके एक अलौकिक अमृत-रस उनकी अंतरात्मा में उतरता चला गया।

सम्मोहन तब टूटा, जब उन्हीं दोनों पुजारियों ने बिहारीजी के विग्रह को पुनः परदे से ढक दिया।

भक्तों की भीड़ अभी भी उन्मादित अवस्था में जयघोष किए जा रही थी। मंच पर चढ़े पुजारीगण अपनी बाँह उठा-उठाकर भीड़ में फूल और बताशे फेंक रहे थे, जिन्हें लपकने के लिए लोगों का सीमातीत उत्साह साफ दिखाई दे रहा था।

शनैः-शनैः भीड़ का उन्माद घटा। वह निकास-द्वार की ओर बढ़ने लगी। कुछ लोभी भक्त अपने प्रभु के पुनर्दर्शन की लालसा से अपनी जगह पर अभी जमे हुए थे।

रासबिहारी ने भी वहाँ से हटने का कोई उपक्रम न किया। उनके पाँव जैसे उस स्थान पर बँध गए थे, जगह को छोड़ना नहीं चाहते थे। आँखें भी चकोर बनी उस परदे को निहारे जा रही थीं, जिसके हटने की उन्हें प्रतीक्षा थी।

कुछ क्षणों में परदा हटा और बिहारीजी की सम्मोहक छवि एक बार फिर रासबिहारी की आँखों के सामने थी। पूजास्थल की गतिविधियाँ आँखों के सामने होती हुई भी उन्हें दिखाई नहीं दे रही थीं। भीड़ का जयघोष कानों में पड़ते हुए भी उन्हें सुनाई नहीं दे रहा था। देह होते हुए भी वह देहातीत अवस्था में पहुँच गए थे।

किसी ने हाथ पकड़कर उन्हें नीचे उतरने के लिए प्रेरित किया, तो वह जैसे सोते से जगे। कैलाश की आवाज कानों में पड़ी, "बाबूजी, नीचे उतरिए।"

"कैलाश, मैं अभी और कुछ देर यहाँ ठहरना चाहता हूँ।" नीचे उतरकर वह बोले।

"मध्याह्न आरती एक सेठजी करवा रहे हैं, इसलिए उनका परिवार अब यहाँ खड़ा होगा। चलिए, हम लोग पीछे वाले चबूतरे पर चढ़कर उसका आनंद लेंगे।" कैलाश ने समझाया तो उन्होंने सिर हिला दिया।

पीछे के चबूतरे पर चढ़कर भी मंदिर में अवस्थित श्रीविग्रह को वह भलीभाँति देख सकते थे।

तीव्रतम शंखध्वनि।

घंटे-घड़ियाल का रव।

आरती के स्वर में स्वर मिलाते भक्तों के कंठ।

पूजा की थाली का श्रीविग्रह के सम्मुख घुमाया जाना।

अपनी दो आँखों से इस मध्याह्न आरती को देखते हुए रासबिहारी ने अनुभव किया कि यदि वृंदावन को गोलोक की संज्ञा दी गई है, तो वह उचित ही है। गोलोक के तीन अर्थ वह आचार्य अमल के मुँह से सुन चुके थे। पहला, श्रीकृष्ण का निवास स्थान, जिसे सब लोकों से ऊपर माना जाता है। दूसरा, स्वर्ग और तीसरा ब्रजभूमि। सचमुच ब्रजभूमि और उसमें भी वृंदावन को गोलोक क्यों कहा गया है, वह इस पल समझ गए। प्राणों में निनादित होनेवाला अलौकिक संगीत क्या अन्यत्र पाया जा सकता है ?

आरती के क्षणों में रासबिहारी एक बार फिर उसी सम्मोहन में बँध गए, जहाँ अपने तन-मन का कोई भान नहीं रहता।

साँसें भी जैसे थम गई थीं।

सिर्फ एक परम आनंद की अनुभूति उनकी हर श्वास के साथ हृदय के भीतर उतरती जा रही थी, धीरे''धीरे''धीरे''

मद्धिम गति से, लेकिन अविराम!

एक लय-ताल में बद्ध!

रासबिहारी को महसूस हुआ, इस आनंदानुभूति को वह अब और नहीं सह सकेंगे। बेसुध होकर यहीं गिर पड़ेंगे!

तभी आरती समाप्त होने के साथ ही भक्तजनों की वहाँ से बाहर निकलने की समवेत चेष्टा ने उन्हें भी अलौकिक जगत् से लौकिक जगत् में पहुँचा दिया। कैलाश के साथ बाहर निकलकर, मंदिर की बाहरी सीढ़ियों के पास ठिठकते हुए बोले, "अभी मन नहीं भरा। हम लोग यहाँ फिर आएँगे। बार-बार आते रहेंगे।"

"क्यों नहीं।" कैलाश ने उनके प्रस्ताव का समर्थन किया।

और अब वे लोग रमन हलवाई की दुकान पर थे।

भारी भीड़ के बावजूद एक छोटे से केबिन में बैठने का इंतजाम हो गया। प्रगाढ़ परिचय का यह लाभ कैलाश को मिलना ही था।

तबीयत से खाना-पीना संपन्न हुआ।

पैसे चुकाकर वे लोग बाहर निकले।

"क्या हम लोग अपना घूमना-फिरना जारी रखें या आप भोजन के लिए धर्मशाला चलना चाहेंगे?" कैलाश ने पूछा।

"भोजन?" रासबिहारी चौंके, "तुम्हारे गोलगप्पों, आलू की टिक्की और स्पेशल मलाईदार लस्सी के बड़े गिलास के बाद भोजन की गुंजाइश कहाँ है? लेकिन अन्यत्र घूमने-फिरने का भी मन नहीं है। धर्मशाला चलो, वहीं बैठकर कुछ देर बातचीत करेंगे।"

"ठीक है।" कैलाश मान गया।

मयूर निकुंज पहुँचकर रासबिहारी ने अपना कक्ष खोला और दो कप गरमागरम चाय लाने का आदेश दिया।

चाय की चुस्कियों के बीच उन्होंने अपना मंतव्य प्रकट किया, "कैलाश, मैं बाँकेबिहारीजी के मंदिर के बारे में व्यापक जानकारी चाहता हूँ।"

"जल्दी ही किसी दिन मैं आपको निधुवन ले चलूँगा, जहाँ स्वामी हरिदास की

समाधि है।" कैलाश ने बताया, "स्वामीजी ने श्री बाँकेबिहारी की भक्ति-आराधना में अपना जीवन बिताया था। महान् गायक थे। स्वरचित पदों का जब गायन करते, तो उन्हें दीन-दुनिया की सुधि नहीं रहती थी। लगभग 1500 ई. में उनका वृंदावन आगमन हुआ और फिर यहीं के होकर रह गए। वृंदावन के निकट राजपुर में अपनी ननिहाल में जनमे थे और आशुधीरजी के शिष्य थे। इन्हें देखते ही इनके गुरु जान गए थे कि यह श्रीराधाजी की सखी ललिताजी के अवतार हैं। गुरु से दीक्षा लेकर यमुना के निकट निकुंजवन में रहने लगे और बिहारीजी की नित्य लीलाओं के गायन में रम गए।"

"स्वामी हरिदास विरक्त वैष्णव थे।" कैलाश ने आगे बताया, "संसार इन्हें खींच नहीं सका। प्रसिद्ध गायक बैजू बावरा और तानसेन इन्हीं के शिष्य थे। मुगल सम्राट् अकबर ने अपनी राजसभा के नवरत्नों में से एक तानसेन के मुँह से इनकी संगीत-कला की प्रशंसा सुनी तो राजदरबार में बुलाना चाहा। पर किसी राजा के दरबार में पहुँचना तो दूर, स्वामी हरिदास किसी राजा-महाराजा के कहने से गायन तक नहीं करते थे। तानसेन के मुँह से यह बात सुनकर अकबर को भी जिद चढ़ गई कि वह ऐसे अलौकिक गायन को सुनकर रहेगा। यह दायित्व उसने तानसेन को सौंपा कि किसी तरह मुझे उस संगीत-सुधा के दो घूँट पिलवाओ।"

"फिर?"

"बहुत सोचने के बाद तानसेन को एक उपाय सूझा। सम्राट् अकबर को साथ लेकर स्वामीजी की कुटी पर पहुँचा। उन्हें बाहर खड़ा करके स्वयं भीतर गया और वीणा हाथ में लेकर एक पद का सुमधुर गायन प्रारंभ कर दिया। गायन में जान-बूझकर ऐसी त्रुटि की कि स्वामी हरिदास खीझ उठे। अपने शिष्य के हाथ से वीणा ली और उस त्रुटि को सुधारते हुए शुद्ध गायन करके दिखाया।"

"वाह!"

"तानसेन यही तो चाहता था। मन की उमंग पर गानेवाले स्वामी हरिदास इस समय गा रहे थे और बाहर खड़ा मुगल सम्राट् उस स्वर्गिक संगीत के प्रभाव से बेसुध हो गया था। इससे भी बड़ा आश्चर्य यह था कि वन की हिरणियाँ और अन्य पशु-पक्षी भी वहाँ उपस्थित होकर मंत्रमुग्ध भाव से संगीत की उस भागीरथी में डूबते जा रहे थे। तानसेन जब भीतर से निकला, तो अकबर ने अपने तन-मन की अवस्था बताई और स्वामीजी को भेंट-उपहार देने की लालसा प्रकट की। तानसेन ने उसे सख्ती से रोक दिया—विरक्त संत भला किसी सांसारिक प्रलोभन में पड़ सकते थे?"

~✦~

स्वामी हरिदास का वृत्तांत सुनाकर कैलाश चुप हुआ तो रासबिहारी ने व्याकुलता

से पूछा, "यह तो मैंने समझ लिया कि महान् संगीतज्ञ स्वामी हरिदास जी बाँकेबिहारी के भक्त थे, पर मैं आज के देव-दर्शन के बाद और भी बहुत कुछ जानना चाहता हूँ। दो पुजारियों ने एक परदे से श्री विग्रह को कभी ढका और कभी खोला, आखिर इसके पीछे क्या रहस्य है?"

"बताता हूँ।" कैलाश मुसकराया और फिर एक-एक करके इतना कुछ बताता चला गया कि रासबिहारी चकित हो उठे। संपूर्ण विवरण अत्यंत रोचक और चमत्कारिक था। रासबिहारी ने मनोयोग से उसे सुना।

निकुंज वन में रहते हुए ही स्वामी हरिदास को बिहारीजी की मूर्ति निकालने का स्वप्नादेश हुआ था। यह विग्रह निधुवन के, जिसे निधिवन भी कहते हैं, विशाखा कुंड से निकला था। उस दिन मार्गशीष शुक्ला पंचमी की तिथि थी। बिहारीजी का यह प्राकट्य दिवस आज भी वृंदावन में समारोह के साथ मनाया जाता है।

श्री बाँकेबिहारी बहुत समय तक निकुंज वन में ही स्वामीजी द्वारा सेवित होते रहे। बाद में मंदिर में उनकी स्थापना हुई। बिहारीजी के साथ श्रीराधा रानी का विग्रह मंदिर में नहीं है। लोकमान्यता है कि स्वामी हरिदासजी की प्रार्थना पर राधा-कृष्ण एक होकर श्री बाँकेबिहारी के विग्रह में समाहित हो गए थे। यवनों के उपद्रव के समय भी बिहारीजी गुप्त रूप से वृंदावन में ही रहे, बाहर नहीं गए।

स्वामी हरिदास का निकुंज वन छोड़कर मंदिर में स्थापित हो जाने के बाद भी श्री बाँकेबिहारी का उनके प्रति लगाव नहीं घटा। कहते हैं, एक दिन स्वामीजी ने प्रात:काल स्नानादि से निवृत्त होने पर आकर देखा, उनके बिछौने पर कोई चादर ओढ़े सो रहा है। यह देखकर उन्होंने चौंकते हुए पूछा, 'अरे भाई, कौन यहाँ सो रहा है?'

आवाज सुनकर सोया व्यक्ति उठा और वहाँ से भाग गया। वृद्धावस्था में दृष्टि कमजोर हो जाने से स्वामीजी को कुछ नजर न आया। हाँ, शय्या पर किसी वस्तु के पड़े रह जाने का आभास अवश्य हुआ।

उधर प्रभात बेला में बिहारीजी के मंदिर के जब कपाट खुले, तो पुजारियों को एक चूड़ा एवं वंशी नहीं दिखे। आश्चर्य की बात यह थी कि मंदिर जस-का-तस बंद मिला था, फिर दो वस्तुएँ कैसे और कहाँ चली गईं? परेशान होकर पुजारी ने स्वामीजी के पास जाकर सारी बात बताई। स्वामी हरिदास बोले कि उनकी शय्या पर प्रात:काल कोई सोया मिला था, जो आवाज देने पर कुछ छोड़कर चला गया है। पुजारी ने देखा, वहाँ बिहारीजी की वंशी और चूड़ा पड़े हैं। इससे अनुमान लगाया गया कि वे प्रति रात्रि रासलीला के लिए निधुवन जाते हैं और आज थककर वहीं सो रहे थे। तब से मंदिर में बिहारी जी की मंगला आरती रोक दी गई। रात्रि जागरण के बाद यदि वे प्रभातबेला में देर तक सोना चाहते हैं, तो उनकी निद्रा में विघ्न क्यों डाला जाए?

~✦~

हाँ, तो बिहारीजी के मंदिर में नित्य मंगला आरती नहीं होती, सिर्फ जनमाष्टमी के दिन ही यह संपन्न होती है। अर्धरात्रि को जनमे लाला की भोर-बेला में आरती अनुचित नहीं मानी जाती। इसी तरह केवल शरद पूर्णिमा के दिन ही श्री बिहारीजी वंशी धारण करते हैं। केवल श्रावण तीज के दिन वे झूले पर बैठते हैं। केवल अक्षय तृतीया की तिथि को ही उनके चरण-दर्शन होते हैं। इन विशिष्ट दिनों में श्री विग्रह के दर्शन हेतु भक्तों की निःसीम भीड़ का उमड़ना स्वाभाविक है।

'और परदा हटाने-डालने का रहस्य भी तो कम रोमांचक नहीं है', रासबिहरी ने सिहरती देह लिये सोचा। कैलाश ने भक्त-भक्तिन की कथा सुनाई, तो उन्होंने सहज ही इस पर विश्वास कर लिया। करते भी क्यों नहीं, स्वानुभव उनके सामने था। श्री बाँकेबिहारी के मंदिर में श्री विग्रह की चुंबकीय शक्ति ने उन्हें बरजोरी अपनी ओर खींचा था। उस प्रबल आकर्षण के वशीभूत होकर जब वह बेसुध होकर धरती पर गिरनेवाले थे, तो भक्त-भक्तिन की कथा सच क्यों नहीं हो सकती?

यों भी वह कोलकाता से आए हैं। कालीघाट एवं दक्षिणेश्वर के मंदिर में आस्था रही है। क्या दक्षिणेश्वर में माँ काली के साथ स्वामी रामकृष्ण परमहंस के अहैतुक प्रेम से जुड़ी कथाएँ नहीं सुनी हैं? यदि माँ काली साक्षात् प्रकट होकर श्रीरामकृष्ण के साथ बोलती-बतियाती थीं, तो भक्त की आस्था हर देशकाल में भगवान् को अपने पास खींच लाती है। वह प्रभु को अनुग्रहशील बनने के लिए विवश कर देती है।

भक्त-भक्तिन की कथा में यही तो हुआ है।

वे दोनों वृंदावन आकर काफी दिन ठहरे। भक्तिन के मन में अपने बाँके बिहारी के लिए ऐसा मोह जागा कि वह वापसी की तिथि तय होने पर उनसे अपने साथ चलने की विनती करने लगी। वापसी वाले दिन पति-पत्नी घोड़ागाड़ी पर अपना सामान रखकर सवार हुए और स्टेशन की ओर बढ़ चले। चलने से पूर्व भक्तिन ने मंदिर जाकर आँसू भरी आँखों से अपनी प्रार्थना दोहराई, "हे प्रभु, मैं तुम्हारे बिना नहीं रह सकूँगी। तुम्हें मेरे साथ चलना होगा।"

रोते-रोते भक्तिन घोड़ागाड़ी पर सवार हुई, पर न तो उसकी गुहार रुकी और न आँसू। तभी देखती क्या है कि एक अत्यंत सुंदर बालक गाड़ी के पास आकर बोला, "मैया, मो कूँ अपने साथ ले चल।"

दंपती उस अति रूपवान-मनमोहक बालक को कुछ पल एकटक देखते रहे, फिर मोहाविष्ट होकर उसे भी गाड़ी में बैठा लिया। उधर मंदिर में पुजारियों ने ठाकुरजी को अनुपस्थित पाकर और भक्तिन के विह्वल अनुरोध को याद कर तुरंत स्टेशन की तरफ

दौड़ लगाई। घोड़ागाड़ी में बैठे गोप बालक को देखकर सबकुछ समझ गए। उन्होंने बिहारीजी से मंदिर में पधारने के लिए करबद्ध अनुनय-विनय शुरू कर दी। देखते-देखते गोप बालक अंतर्धान हो गया, तो पुजारीगण समझ गए कि प्रभु मंदिर में लौट गए हैं। सचमुच यही हुआ था। श्री बाँके बिहारी अपने स्थान पर विद्यमान थे। उधर भक्त-भक्तिन ने श्री बिहारीजी के साक्षात् दर्शन के बाद अपने गृह प्रदेश जाने का इरादा छोड़ दिया और वे भी आजीवन वृंदावन में बस गए। इसी किस्म की घटनाएँ जब और घटीं, तो उनकी पुनरावृत्ति रोकने के लिए सावधानी के तौर पर पुजारियों ने मंदिर में ठाकुरजी के दर्शन की परिपाटी बदल दी। कोई भक्त अब उन्हें एकटक देखकर विचलित न कर सके, इसलिए परदे की व्यवस्था कर दी गई। झलक-दर्शन में परदा खुलता एवं बंद होता रहता है।

✦

सबकुछ कितना अद्‌भुत और अपूर्व था!

रासबिहारी सुन-सुनकर भी तृप्त नहीं हो रहे थे।

किंतु उतरती संध्या देखकर उन्हें अपनी बातों पर विराम लगाना पड़ा।

कुरसी से उठते हुए कैलाश ने पूछा, "कल भी भ्रमण का ही कार्यक्रम रहेगा न?"

"नहीं। रासबिहारी बोले, तुमने देखा ही है, मैं हाथ में मात्र एक बैग लेकर यहाँ आया हूँ। कुछ निश्चित नहीं था कि कब तक ठहरूँगा, किंतु जब लंबी अवधि तक रुकने का मन बना लिया है, तो मुझे जरूरी सामान की खरीदारी करनी पड़ेगी। कल का दिन हम बाजार के लिए रखते हैं। बैंक ड्राफ्ट भुनाकर पैसा भी निकालना है।"

"ठीक है।" कैलाश ने सिर हिला दिया, "बाजार हम दोपहर बारह बजे के बाद चलेंगे। यदि सुबह कहीं घूमना चाहें तो..."

"नहीं।" रासबिहारी ने निर्णयात्मक कंठ से कहा, "गोकुल रोज अखबार दे जाता है, जिसे सुबह बाहर निकलने की हड़बड़ी के कारण मैं खोल तक नहीं पाता। कल सुबह का समय समाचारपत्र के लिए...हालाँकि कमरे में टी.वी. है, पर मुझे टेलीविजन देखने का बिल्कुल शौक नहीं है। इसलिए खबरों की दुनिया से जुड़ने के लिए तीन दिन के अखबार देखूँगा।"

"ठीक है।" कैलाश ने सहमति में सिर हिलाया और कमरे से बाहर निकल गया।

रासबिहारी के मानस में प्रच्छन्न होते-दर्शन देते श्री बाँके बिहारी साकार हो उठे। इसी के साथ एक परिपक्व आयु की महिला की अकुलाई आवाज कानों में गूँज उठी, "लड्डूगोपाल मिल गए!"

कितनी छटपटाहट भरी थी उस आवाज में! आखिर इसके पीछे छिपा रहस्य क्या था?

~✦~

अगली सुबह के समाचार-पत्र ने इस रहस्य से भी परदा हटा दिया।

स्थानीय समाचार वाले पृष्ठ में रासबिहारी की दृष्टि जिस शीर्षक पर अटक गई, वह था, "और···लड्डूगोपाल मिल ही गए!"

बिहारीजी के मंदिर के सहन में खड़ी प्रौढ़ वय की महिला उनकी आँखों के सामने घूम गई। पूरे सहन में व्याप्त उत्तेजना की लहर याद हो आई, "क्या कहा, लड्डूगोपाल मिल गए?"···"कहाँ मिले?"···"कब मिले?"

उसी वक्त वह घटना को जानने के लिए उत्सुक हो उठे थे, पर कैलाश ने इसे मंदिर-प्रांगण की एक सामान्य घटना कहकर नजरअंदाज करने को कहा था। निश्चय ही घटना सामान्य नहीं थी, वरना आज अखबारी खबर न बनती।

चूँकि वाकये का पटाक्षेप हो चुका था, लड्डूगोपाल मिल गए थे, इसलिए अखबार ने पूरी कहानी विस्तार से छापी थी। उसी से पता चला कि पिछले एक माह से यह खबर पूरे शहर में हलचल मचाए थी। प्रायः रोज ही इसे लेकर कुछ-न-कुछ छपता रहा है। लगभग आधे पृष्ठ में सचित्र छपी यह सच्ची घटना पढ़ते हुए रासबिहारी को ऐसा अहसास हुआ, जैसे वह किसी फिल्म की कहानी को पढ़ रहे हैं।

सचमुच एकदम फिल्मी स्टाइल का घटनाक्रम।

दिल्ली का एक परिवार विगत श्रावण माह के किसी सोमवार को अपनी कार से बिहारीजी के दर्शन के लिए आया था। तीन-चार दिन मथुरा-वृंदावन ठहरने का इरादा था। भरे-पूरे परिवार के साथ उनके आराध्य लड्डूगोपाल भी अपने हिंडोले पर सवार होकर पूरी शान के साथ वृंदावन पधारे थे। गृहस्वामिनी से घरवालों ने बहुत कहा कि भगवान् को कहाँ साथ-साथ लिये घूमेंगी, घर के मंदिर में विराजने दीजिए, पर वह न मानीं। कई पीढ़ियों से यह लड्डूगोपाल उनके परिवार में रह रहे थे और उनकी सेवा का भार सासु माँ से बहूरानी को सौंपा गया था। वर्तमान बहूरानी प्रौढ़ वय में पहुँचकर भी अपने लड्डूगोपाल की सेवा किसी अन्य को सौंपने के लिए उद्यत न थीं। युवा पतोहू से साफ कह चुकी थी कि उनके निधन के बाद ही वह सेवा की अधिकारिणी बन सकेगी।

अब समस्या यह थी कि न तो वह मथुरा-वृंदावन की धार्मिक यात्रा का लोभ छोड़ पा रही थीं और न अपने लड्डूगोपाल को भोग लगाए तथा शयन कराए बिना खाने-सोने को उद्यत थीं। ऐसे में उनके भगवान् को साथ आना ही था।

श्री बाँकेबिहारी के मंदिर के सहन में पहुँचकर दिल्ली की उस महिला ने जब वहाँ मौजूद भारी भीड़ देखी, तो डर गई कि कहीं धक्का-मुक्की में लड्डूगोपाल का हिंडोला उसके हाथ से न छूट जाए! पास की एक दुकान पर जाकर बोली, "भैया, इसे सँभालना। दर्शन के बाद वापिस ले लूँगी।"

"ठीक है।" भारी भीड़ के बीच बिक्री में व्यस्त दुकानदार ने बगैर ज्यादा ध्यान दिए कह दिया।

कुछ देर बाद एक महिला आई और हिंडोले सहित लड्डूगोपाल को उठाते हुए बोली, "इसे लेना है।"

"ले जाओ।" दुकानदार ने व्यस्त भाव से कहा।

महिला चौंकी।

कैसा दुकानदार है, जो मूल्य बताए बिना वस्तु सौंपने को तैयार है! उसने बात करने की कोशिश की, तो दुकानदार झुँझला गया, "कहा न, ले जाओ। मेरे पास बात करने का वक्त नहीं है।"

महिला पल भर असमंजस में खड़ी रही। फिर भीड़ के जगह खाली करने के दबाव के चलते लड्डूगोपाल को हिंडोले सहित उठाकर चल दी। कौन थी, भीड़ में कहाँ गुम हो गई, कोई न जान सका।

कुछ देर बाद दुकानदार के कानों में आवाज पड़ी, "भैया, मेरे लड्डूगोपाल दे दो।"

"क्या कहा?" दुकानदार तो एकदम बौखला ही उठा, "कितनी बार अपने लड्डू गोपाल लेने आओगी, अभी पंद्रह मिनट पहले ले तो गई हो?"

"वाह! मैं कब आई? निकालते हो मेरे लड्डू गोपाल या बुलाऊँ पुलिस को?" महिला ने तेवर चढ़ाए, तो दुकानदार घबरा गया। समझ गया, भीड़ की वजह से उससे कोई गलती हो गई है। आसपासवालों से गवाही दिलाने की कोशिश की, "क्यों भाई, तुम तो काफी देर से खड़े हो। कुछ देर पहले एक महिला लड्डूगोपाल उठा ले गई हैं या नहीं?"

"हाँ, हाँ।" लोगों ने सिर हिलाया, "हमारे सामने ही हिंडोला हाथ में लेकर गई हैं, क्या वह उनके लड्डूगोपाल नहीं थे?"

दिल्लीवाली महिला का चेहरा पीला पड़ गया। रंग उड़ जानेवाली बात ही थी। कई पीढ़ियों से जो लड्डूगोपाल उसके परिवार में पूजे गए हैं, उनसे वियुक्त होकर वह दिल्ली कैसे वापिस लौट सकेगी? अपने घर के सूने मंदिर को क्या जवाब देगी? मरकर ऊपर पहुँचने पर अपनी स्वर्गीय सासु माँ को भी क्या जवाब देगी?

आँखों में आँसू भरे हुए उस महिला ने अपने परिवार को फैसला सुना दिया, "अपने लड्डूगोपाल को साथ लिये बिना मैं दिल्ली नहीं लौटूँगी। यहीं वृंदावन में पड़ी रहूँगी।"

"क्या कहती हो?" पति घबरा गए, "ऐसा भी कहीं होता है क्या? एक लड्डूगोपाल की जगह तुम्हें दस लड्डूगोपाल खरीद देंगे, तुम घर चलो तो सही!"

"माँ, तुम पागलों जैसी बातें मत करो।" बेटा खीझ उठा, "तुम्हारे पीतल के लड्डूगोपाल की जगह आज ही चाँदी के लड्डूगोपाल खरीदवा दूँगा, घर चलने में आना-कानी मत करो।"

"तुम होश में तो हो?" महिला भी बौखला उठी और चार बरस के पोते की ओर इंगित करते हुए बोली, "तुम्हारे इस प्रखर को कोई उठा ले जाए और इसके बदले दस लड़के दिए जाने का आश्वासन मिले, तो क्या तुम मान जाओगे?"

बेटा निरुत्तर रह गया, पर पति झुँझला उठे, "शारदा, क्यों मूर्खता की बात करती हो? पीतल की मूर्ति और जीता-जागता बच्चा बराबर हो सकता है?"

"क्यों नहीं हो सकता?" महिला उसी तमतमाई आवाज में बोली, "यह भावना की बात है, इसे तुम नहीं समझोगे। व्यवसायी आदमी हो न! बाप-बेटा दोनों एक से। भक्ति को पैसे से तौलते हैं, छिः!"

बस, दिल्लीवाली महिला अड़ गई तो अड़ गई। वहीं वृंदावन की एक धर्मशाला में डेरा डाल दिया। पति उसे अकेली छोड़कर वापिस कैसे लौटते, सो उन्होंने भी पत्नी के साथ रहने का इरादा जतला दिया।

शेष परिवारीजन लौट गए और दंपती ने वृंदावन में रहकर लड्डूगोपाल की खोज का अभियान जारी रखा। सबसे पहले थाने में रिपोर्ट लिखवाई और फिर अखबार में लड्डूगोपाल के खोने और वापिस लौटाने की मार्मिक अपील छपवा दी।

जगह-जगह इश्तेहार चिपकवा दिए कि उनके गुमशुदा लड्डूगोपाल को पहुँचानेवाले को पचास हजार का नकद इनाम दिया जाएगा।

पूरे वृंदावन में हलचल मचनी ही थी। पचास हजार के लोभ में अनेक लोग पीतल की मूर्तियाँ लेकर जब-तब आने लगे, पर महिला एक निगाह डालते ही ठंडी साँस भरती, "यह मेरे लड्डूगोपाल नहीं हैं।"

उसके लड्डूगोपाल कैसे हैं, सिर्फ वही जानती थी। लोग सिर्फ अनुमान के आधार पर आते और निराश होकर वापिस लौटते।

धीरे-धीरे यह समाचार इतना चर्चित हुआ कि स्थानीय खबर न रहकर प्रादेशिक खबर बन गया और एक लोकप्रिय दैनिक द्वारा बरेली शहर तक जा पहुँचा। वहाँ शिवनी मोहल्ले में रहनेवाली 45 वर्षीय मधुलिका ने भी यह खबर अखबार में पढ़ी, तो सिहर उठी, "ऐं, क्या महीना भर पहले वह वृंदावन के बाँकेबिहारीजी के मंदिर के पास की दुकान से जो हिंडोले सहित लड्डूगोपाल लाई है, वे किसी अन्य की निधि हैं?…ओह, अपने अनजाने कितनी बड़ी गलती हो गई है उससे?"

उसने तो उसी दिन कार के पास पहुँचकर अपनी सहेली रमा को पूरी बात बताते हुए संदेह व्यक्त किया था, "दुकानदार ने मुफ्त में इतनी कीमती वस्तु कैसे दे दी? कहीं कोई घपला तो नहीं हुआ है?"

सहेली को बरेली पहुँचने की जल्दी थी। कार ड्राइव करते हुए बोली, "कुछ मत सोचो। तुमने तो कीमत पूछने की बार-बार कोशिश की, दुकानदार ने क्यों नहीं मूल्य

बताया ? जाहिर है, लड्डूगोपाल ने जब तुम्हारे घर आना चाहा है, तो उन्हें खुशी-खुशी मंदिर में स्थापित करो।"

तब से जो लड्डूगोपाल उसके आराध्य ही नहीं, प्राण सम प्रिय बन चुके हैं, वे क्या किसी अन्य की अमानत हैं ? अपने लड्डूगोपाल क्या उसे लौटाने पड़ेंगे ?

धड़कते हृदय से मधुलिका ने वृंदावन स्थित अपने एक संबंधी को फोन किया और अखबार में छपी घटना के बारे में जानकारी लेनी चाही।

उत्तर मिला, "खबर सच है। दिल्ली से आए दंपती को अपने खोए लड्डूगोपाल की पुनर्प्राप्ति की प्रतीक्षा है और मिल जाने का यकीन भी। नहीं मिले, तो वृंदावन में ही शेष जीवन काटने का संकल्प ले चुके हैं।"

"शायद...शायद उनके लड्डूगोपाल गलती से मेरे साथ आ गए हैं। उन्हें यहाँ का पता देकर भेज दो। आएँ और अपनी अमानत ले जाएँ। इतना जरूर कह देना कि वे जहाँ पहुँचे हैं, वहाँ भी बड़े प्यार और श्रद्धा भाव से सेवित हो रहे हैं।" मधुलिका ने भरे गले से कहा।

संबंधी सीधे बिहारीजी के मंदिर पहुँचे।

अखबार में स्थानीय खबरों वाले पृष्ठ पर हर दूसरे-तीसरे दिन छपता था कि दंपती दिन भर मंदिर के आसपास घूमकर अपने लड्डूगोपाल की राह देखते हैं और साँझ ढले ही सिर्फ सोने के लिए धर्मशाला लौटते हैं।

संबंधी को मंदिर के सहन में वे मिल गए और लड्डूगोपाल की प्राप्ति की उम्मीद पर सहसा भरोसा न कर सके। पत्नी शारदा की उल्लास, आश्चर्य और अविश्वास भरी चीख ही तो कल वहाँ गूँजी थी और दूसरे लोगों के साथ-साथ...

अखबार पढ़ते-पढ़ते रासबिहारी की आँखें भर आईं।

विगत दिवस दंपती की जो अवस्था हुई, आगे क्या घटनाएँ घटीं, उन्हें दो मिनट ठहरकर ही वह पढ़ सके।

दंपती की आँखों से खुशी के आँसू ऐसे छलके, जैसे गंगा-यमुना की धारा हों!

उनके हृदय में उद्विग्नता ऐसी उमड़ी, जैसे सावन-भादों के श्यामल मेघ हों।

उनके हृदय में लड्डूगोपाल के दर्शन की चाहत ऐसी व्यापी, जैसे गोधूलि बेला में गोचारण से लौटती गाय का वत्सल-स्नेह हो।

फौरन पता पूछा और टैक्सी से बरेली पहुँचे। जाकर देखा, उनके लड्डूगोपाल पूरे मौज में माता यशोदा की गोद में चढ़े हैं।

अब हालत यह कि इधर माता देवकी अपने लाल को ले जाने के लिए आकुल,

उधर मैया यशोदा उन्हें भुजाओं में भर भेंटने के लिए और न छोड़ने के लिए व्याकुल!

"यहीं छोड़ दीजिए न! आपके लड्डूगोपाल की मैंने भी महीने भर पूरी निष्ठा से देखभाल की है।" मधुलिका बोली।

"कैसे छोड़ दूँ?" शारदा ने अँसुवाई आवाज में कहा, "आप यकीन मानिए, अपने लड्डूगोपाल के बिना मैं इस पूरी अवधि में एक दिन भी चैन से न खा-पी सकी हूँ और न सो सकी हूँ।"

"जानती हूँ।" मधुलिका ने सिर हिलाया, "आपकी अमानत इतने दिन सँभालकर रखने को मिली, इसे ही खुशनसीबी समझूँगी। आप मुझे चोर तो नहीं समझ रही हैं न? दुकानदार की छोटी-सी भूल से ही इतना दर्द आपको झेलना पड़ा।"

"कुछ मत सोचिए। हमारे लड्डूगोपाल को माता देवकी और माता यशोदा, दोनों का ही लाड़ चाहिए था न, सो वसूल लिया।" शारदा रोती आँखों से मुसकरा दी।

झगड़ा लड्डूगोपाल पर स्वामित्व जतलाने को लेकर तो नहीं हुआ, पर पचास हजार की रकम को लेकर देर तक चलता रहा।

शारदा अपने वचन के अनुसार धनराशि देने पर तुलीं और मधुलिका एक पैसा भी न लेने पर अड़ीं।

दोनों के तर्क अपनी जगह पर सही थे—

"मैंने जो रकम देने की बात कही है, उसे कैसे तोड़ दूँ?"

"क्या माता यशोदा ने गोकुल में कान्हा के पालन-पोषण का खर्च देवकी से लिया था?"

देर तक होनेवाला विवाद अंततः इस निर्णय पर रुका, "यह रकम बाँकेबिहारीजी के मंदिर की दान-पेटी में डाल दी जाएगी। प्रभु की वस्तु, प्रभु को अर्पित।"

देर शाम को वृंदावन आकर दोनों परिवारों ने बिहारीजी के दर्शन किए, इस सूचना के साथ समाचार समाप्त हुआ था। "जैसे उनके दिन बहुरे, वैसे सबके बहुरें।" वाला समापन का यह अंदाज वाकई सुखदायी था। रासबिहारी भी इसे पढ़कर देर तक भाव-विभोर रहे।

~✦~

सुबह अखबार, दोपहर को बाजार और संध्या समय...हाँ, संध्या समय बाजार से लौटने पर रासबिहारी अचानक पूछ बैठे, "अपने घर-परिवार के बारे में कुछ बताओ, कैलाश।"

"क्या बताऊँ?" कैलाश ने एक ठंडी साँस भरी, "फिलहाल परिवार में हम दो ही लोग हैं—बाबा और मैं। वह बूढ़े-बुजुर्ग आदमी, बिस्तर पर पड़े हैं और मैं अपने-उनके

पेट के लिए दो रोटियों के जुगाड़ में लट्टू-सा नाच रहा हूँ।"

"तुम्हारे माता-पिता?"

"माता-पिता प्रौढ़ावस्था में ही चल बसे। अपने नादान बेटे का भार उस बूढ़े आदमी पर छोड़ गए, जो एक निकम्मी-नाकारा जिंदगी बसर करता था। 'राधे-राधे' जपकर जीना जानता था। उससे भला कोई क्या उम्मीद करता? गनीमत थी, चारों बेटियाँ ब्याह गई थीं, वरना इस घर का पता नहीं क्या हाल होता?" कैलाश कड़वाहट से भर गया।

"तो फिर खाली घर में बाबा की देखभाल कौन करता है? कल और परसों, दोनों दिन तुम सुबह से लेकर अँधेरा होने तक मेरे साथ रहे थे। ऐसे में मोहनलालजी की देखभाल किसने की?"

"राधिका है न, वही दिन-दोपहर में घर के चक्कर लगा जाती है और बुढ़ऊ के छोटे-मोटे काम कर जाती है।"

"राधिका?" रासबिहारी जानने को और ज्यादा उत्सुक हो उठे।

कैलाश अपने घर का कथा-पुराण खोलना नहीं चाहता था। कदाचित् पहले दिन के आचरण को लेकर लज्जित भी था, किंतु रासबिहारी को टाला नहीं जा सकता था, इसलिए उसे मुँह खोलना पड़ा, "माँ की एक बाल-सखी है। नाम है सुंदरी। दोनों सखियाँ एक ही गली के आमने-सामने के घर में ब्याही गईं, तो बचपन की दोस्ती आगे भी चलती रही। अब माँ नहीं रही हैं, फिर भी सुंदरी मौसी हमारे घर के लिए मोह-ममता रखती हैं। बाहर निकलते समय मैं उन्हीं को चाभी सौंप आता हूँ। बुढ़ऊ के बस का तो उठकर दरवाजा खोलना-बंद करना भी नहीं है। इसलिए बाहर से ताला लगाकर आना पड़ता है। मेरे पीछे उनकी जिम्मेदारी सुंदरी मौसी सँभालती हैं।"

"लेकिन तुमने तो किसी राधिका का नाम लिया है न?"

"हाँ, राधिका उनकी बेटी है। मौसी को घर के काम-काज से फुरसत कहाँ? इसलिए राधिका ही मेरे पीछे ताला खोलकर बुढ़ऊ की जरूरतें देखती है। दोनों वक्त का खाना मैं सुबह घर से निकलने से पहले ही बनाकर रख देता हूँ, पर कटोरदान में रखी रोटियाँ निकालना, परसना जैसे काम भी तो किसी को सँभालने होंगे। बुढ़ऊ के बस का तो इतना भी नहीं…"

कैलाश के चेहरे पर गहरा आक्रोश देख रासबिहारी स्तब्ध हो उठे।

कैलाश उसी गहरी खीझ से भरा बोलता चला गया, "लोटे का पानी खत्म हो जाए, तो बुढ़ऊ प्यासे पड़े रहेंगे।…एक समस्या थोड़े ही है। हजार बवाल उनके साथ जुड़े हैं।"

"मोहनलाल मुझसे आयु में ज्यादा-से-ज्यादा सात-आठ वर्ष बड़े होंगे। इतने शिथिल कैसे हो गए?" रासबिहारी गंभीर कंठ से बोले, तो कैलाश सकपका गया।

उसे लगा, बूढ़े मोहनलाल की ढंग से देखभाल न करने के कारण वही उनकी

अशक्तता के लिए उत्तरदायी है।

कम-से-कम सामने बैठे सज्जन तो उसे ही इसका उत्तरदायी मान रहे हैं।

क्या सफाई दे, वह समझ नहीं सका। अपना सिर खुजलाने लगा।

"खैर, इस बात को जाने दो।" रासबिहारी ने उसे आश्वस्त किया, "मैं यह कहना चाहता था कि तुम शादी क्यों नहीं कर लेते? विवाहयोग्य आयु है। तुम्हारी पत्नी आ जाएगी, तो तुम्हें भी पकी-पकाई रोटियाँ मिलने लगेंगी और मोहनलालजी पौत्रवधू के हाथों की सेवा पाकर आनंदित होंगे।"

कैलाश ने इस प्रश्न का भी कोई उत्तर नहीं दिया। अधर कँपकँपाए, पर मुँह से शब्द नहीं निकले।

"कैलाश, तुम्हारे घर में सिर्फ दो प्राणी हैं। मोहनलाल ने जब चारपाई पकड़ ली है, तो अपनी शादी-विवाह के बारे में तुम्हें ही सोचना पड़ेगा। मैं गलत तो नहीं कह रहा?" रासबिहारी ने राख से ढके कोयलों को कुछ और कुरेदा।

कोयले दहक उठे, तो लपट कौंधनी ही थी।

कैलाश भड़क गया, "बाबूजी, यही तो मेरा दर्द है। माँ-बाप ने मरने से पहले अपनी चारों बेटियों की तरह मुझे भी ब्याह दिया होता, तो कोई समस्या न रहती। पर अब···मैं आपसे क्या कहूँ, सुंदरी मौसी माँ की बचपन की सहेली हैं। दोनों ही मेरे और राधिका के ब्याह पर रजामंद थीं। वचनबद्ध तक थीं। माँ के आग्रह को सुंदरी मौसी न टाल पातीं। हमारा विवाह हो जाता। पर जब माँ नहीं रही, तो माँ को दिया गया वचन भी उसी के साथ चला गया। सुंदरी मौसी अब राधिका की शादी के लिए किसी खाते-पीते घर का लड़का खोजने की कोशिश में हैं। उन्हें बेटी का मेरे घर आना-जाना पसंद नहीं आता है, मैं समझ रहा हूँ। इसीलिए मेरा गुस्सा बाबा पर उतरता है। उन्होंने समय रहते घर का आर्थिक आधार पुख्ता किया होता, हमारे घर टूटा तवा और फूटी कठौती न होती, तो सुंदरी मौसी को बेटी ब्याहने में भला क्यों एतराज होता? जब दोनों सखियों में बतकही हुई थी, मेरे पिता जिंदा थे। हमारा खाता-पीता घर था। पर उनके जाने के बाद, खासकर आज के हालात में···"

बाहर उतरती साँझ के साथ कैलाश के चेहरे पर भी उतरती छाँव को देखकर रासबिहारी विचारमग्न हो उठे।

कुछ क्षण मौन होकर सोचते रहे।

जिंदगी को सहज बनाने के लिए पैसा भी जरूरी है, उनका मन कह रहा था। पर सिर्फ पैसे के पीछे भागना सही नहीं है, उनका अनुभव बता रहा था।

उन्हें लगा, यह विडंबना नहीं तो और क्या है कि मोहनलाल पैसे की अहमियत न समझने के कारण पोते की निगाह में अपराधी माना जा रहा है और वह पैसे की ही

अहमियत समझने के कारण अपनी दृष्टि में अपराधी बन गए हैं? शायद इन्हीं विसंगतियों के चलते जगत् को मायावी कहा गया है।

शायद संसार इन्हीं विरोधाभासी स्थितियों का नाम है।

शायद''शायद क्या निश्चयात्मक रूप से संतुलन ही वह पतली डोर है, जिस पर किसी दक्ष नट जैसे कौशल से चलकर, जिस पर अपने पाँव मजबूती से साधकर आदमी जिंदगी की जंग जीतता है। सम-विषम राहों पर चलकर मंजिल पा लेता है।

तो क्या यह संतुलन मोहनलाल नहीं दिखा सके?

क्या उनकी भाँति मोहनलाल का जीवन भी एक पश्चात्ताप बनकर रह गया है?

नहीं, किसी के बारे में निष्कर्ष निकालने का उन्हें कोई अधिकार नहीं है। किसी दिन मोहनलाल से ही इस विषय पर बात करेंगे। उस दिन कानों में पड़े चंद वाक्यों से तो ऐसा नहीं लगा था कि मोहनलाल को अपनी जिंदगी से कोई शिकायत है। यदि वह शख्स राधा रानी के चरणों में भूखा-प्यासा पड़ा रहकर भी खुश है, तो उसकी जिंदगी को निरर्थक कहने का उन्हें क्या अधिकार है?

रासबिहारी के चेहरे पर कई भाव आए और गए। अंततः उन्होंने स्वयं को सप्रयास इस भँवर से निकाला और उत्सुक कंठ से पूछा, "कैलाश, मेरी एक बात का सच-सच जवाब दोगे?"

"पूछिए न! आपसे कुछ भी नहीं छिपाऊँगा।"

"तुम राधिका से ही शादी करना चाहते हो या किसी दूसरी लड़की से शादी करके भी संतुष्ट हो?"

प्रश्न नहीं, जैसे लावा कानों में पड़ा हो, कैलाश तड़प उठा। बिलबिलाकर बोला, "यह आपने क्या कह दिया, बाबूजी? राधिका के अलावा मैं किसी दूसरी लड़की को पत्नी रूप में नहीं देख सकूँगा। बचपन से माँ और सुंदरी मौसी के बीच का गुपचुप फैसला सुना है मैंने। पल-पल उनकी आँखों के भावों को पढ़ा है मैंने।"

"लेकिन तुम खुद कहते हो कि सुंदरी अब अपनी बेटी के लिए अन्य सुपात्र की खोज में है?"

"वह माँ है। अपनी बेटी को किसी कंगले घर में कैसे ब्याह सकती है? उनकी दुविधा को मैं गलत नहीं मानता।" कैलाश की उदासी बढ़ गई।

"तुम स्वयं पैसा कमाने का प्रयास क्यों नहीं करते?"

"मामूली पढ़ा-लिखा हूँ, कोई बड़ी नौकरी तो मिलने से रही। बाबा जैसा हुनरमंद भी नहीं हूँ, जो किसी नामी रासमंडली से जुड़कर फायदा उठा सकूँ। सेठजी की मेहरबानी से मंदिर और धर्मशाला की जिम्मेदारी मिल गई, यही क्या कम है! पर यहाँ से मामूली

वेतन के बल पर राधिका को पाना कठिन लग रहा है।" कैलाश का अनमनापन बढ़ता चला गया।

एक गहरा 'हूँऽऽ' रासबिहारी के कंठ से निकला।

अगले ही क्षण शिशुसुलभ कौतूहल उनके चेहरे पर झलक उठा, "राधिका को किसी दिन यहाँ ला सकते हो, कैलाश?"

"यह कौन-सी बड़ी बात है?" कैलाश हँसा, "कल सुबह ही वह यहाँ आ जाएगी।"

"कैसे?"

"उसकी माँ सुबह दही मथकर छाछ तैयार करती है। कह दूँगा, आचार्यजी के घर की छाछ आपको बहुत पसंद आई है, एक लोटा छाछ राधिका के हाथों धर्मशाला भिजवा दी जाए।"

"बेटी को यहाँ भेजने में उन्हें आपत्ति तो न होगी?"

"मैंने आपके बारे में इतने विस्तार से उन लोगों को बताया है कि पूरा परिवार बड़े सम्मान से आपको देखने लगा है। यों भी सुंदरी मौसी कितनी भी दुविधाग्रस्त क्यों न हों, पर अभी भी हमारे नाते को खुलकर नकारने की स्थिति में नहीं हैं। मेरी बात नहीं टालेंगी। फिर, छाछ ही तो पहुँचानी है, इसमें परेशानी कैसी?"

"तब ठीक है। इस वक्त जाओ तुम। सुबह राधिका को भेज देना। इसके बाद का कार्यक्रम भी तुम्हें ही बनाना है। कहाँ ले चलोगे मुझे?" रासबिहारी मुसकरा दिए।

"इस्कॉन मंदिर, रसखान की समाधि और ताज बीबी का मकबरा देखने चलेंगे हम। यहीं वृंदावन में ये तीनों स्थलियाँ हैं, श्रीकृष्ण के प्रति अन्य धर्मावलंबियों की अनन्य निष्ठा प्रकट करती हैं।"

"वाह! बहुत खूब!" रासबिहारी ने मुदित कंठ से कहा। इन तीनों जगहों के नाम पर अपनी दिलचस्पी वह दोपहर में बाजार जाने से पहले ही जतला चुके थे। उन्हें खुशी हुई, कैलाश ने उनकी बात याद रखी थी।

□

3

जीवन के रंग

"बाबूजी, छाछ!"

एक मृदु कंठ कानों में पड़ते ही रासबिहारी चौंके।

जलपान खत्म करके आज का अखबार देख रहे थे वह, इसी बीच यह कल कंठस्वर निनादित हुआ था। निगाह उठाई तो 18-19 बरस कौ एक लड़की सामने खड़ी थी। सलज्ज मुद्रा लिये।

रासबिहारी की आँखें जुड़ा गईं।

मंदाकिनी के सौंदर्य के टक्कर की खूबसूरती आज दूसरी बार देख रहे थे।

खुली हवा-धूप-पानी में पलने-निखरनेवाले वन्य पौधे की नैसर्गिक खूबसूरती।

यहाँ माली के कुशल हाथों की काट-छाँट न थी।

किसी ब्यूटी पार्लर जैसी जगह का नाम तक न सुना होगा इस किशोरी ने। सिर के रुखे बाल हवा में उड़ रहे थे, जिन्हें वह अपने बाएँ हाथ से सँभालती जा रही थी। दाहिने हाथ में भरा लोटा जो लिये थी।

"छाछ लाई हो?" रासबिहारी मुसकराए।

"जी।"

"राधिका, भीतर जाकर गोकुल से गिलास माँग लाओ। पीकर देखूँ, तुम्हारी लाई छाछ कितनी स्वादिष्ट है?"

"आपको मेरा नाम मालूम है।" लड़की चौंकी।

"मुझे तो तुम्हारी माँ का नाम भी मालूम है। अपनी सुंदरी मौसी की तारीफ में कैलाश ने जमीन-आसमान जो एक कर दिया है।" रासबिहारी बोले।

कैलाश के नाम से लड़की सकुचा गई।

बड़ी-बड़ी कजरारी आँखें तनिक झुक गईं।

कपोल नामालूम से रक्तिम हो उठे।

रासबिहारी के मन में दुलार की हिलोर उठी।

उनकी पोती सान्या भी लगभग इसी उम्र की होगी।

क्या वह भी ऐसी ही दिखती होगी?

पर अमेरिकन माँ की संतान एक विशुद्ध भारतीय छवि को कैसे पा सकती है?

मन तनिक बुझ-सा गया।

लालसा जागी, काश! यह मासूम-मोहक बच्ची उनकी पोती होती।

इसके दादाजी बनकर वह कितने प्रसन्न होते!

चलो, दादाजी न सही···

ध्यान टूटा, राधिका छाछ से भरा गिलास लिये उनके सामने खड़ी थी। पहला घूँट भरते ही रासबिहारी की आत्मा को तृप्ति मिली। संतुष्टि भरे कंठ से बोले, "भूलोक का अमृत! अपनी माँ को इतनी स्वादिष्ट छाछ भेजने के लिए मेरी ओर से धन्यवाद देना।"

लड़की सिर्फ मुसकराई, बोली कुछ नहीं।

पेट भर जलपान के बाद लोटा भर छाछ पीना संभव न था। दो गिलास पीकर रासबिहारी बोले, "गोकुल से कहकर इस बची छाछ को किसी बरतन में रखवा दो। मैं बाद में पी लूँगा।"

"मैं लोटा यहीं आपके कमरे में छोड़े जाती हूँ। शाम को आकर ले जाऊँगी।" राधिका ने कहा।

लोटा रखकर चलने लगी, तो रासबिहारी ने उसे रोका, "ठहरो, यह लो।"

जेब से निकालकर पाँच सौ रुपए का एक नोट आगे बढ़ा दिया।

लड़की तनिक क्षुब्ध दिखाई दी, "हम छाछ नहीं बेचते। माँ ने अपने घर का सदस्य समझकर आपके लिए भिजवाई थी।"

"जानता हूँ।" रासबिहारी गंभीर हो गए, "मैं तुम्हें छाछ का मूल्य नहीं दे रहा। हमारे यहाँ यह परंपरा है कि बेटियाँ जब पहली दफा अपने हाथ से घर के बड़ों को कुछ खिलाती हैं, तो इसी प्रकार उपहार पाती हैं।"

"पर यह छाछ···यह तो माँ ने तैयार की है। मैं इसे यहाँ लाई भर हूँ!"

"तो क्या हुआ? माँ से कहना, नानाजी ने छाछ पिलाने के शगुन के रूप में यह छोटा-सा उपहार दिया है। इससे तुम अपनी कोई मनपसंद चीज ख़रीद लेना।"

"माँ डाँटेंगी। उन्हें मेरा इस तरह रुपए लेना पसंद नहीं आएगा।"

"कह देना, नानाजी आपको डाँट लगाएँगे, यदि आपने रुपए के नाम पर मुझसे कुछ कहा।"

"ऐसा!" लड़की खुश दिखाई दी। हाथ बढ़ाकर नोट पकड़ लिया। चहककर बोली, "नानाजी, आज शाम का खाना आपको हमारे यहाँ खाना पड़ेगा।"

"बेटी, तुम माँ से पूछे बिना न्योता कैसे दे सकती हो? उन्होंने मना कर दिया, तो क्या करोगी?"

"यदि माँ से पूछे बिना नानाजी से शगुन का उपहार ले सकती हूँ, तो पूछे बिना उन्हें खाने पर क्यों नहीं बुला सकती?" लड़की शरारत से बोली।

"बाप रे! ऐसा सटीक तर्क!" रासबिहारी हँस पड़े, "तुमसे नहीं जीत सकूँगा राधिका।...ठीक है, भोजन करूँगा, लेकिन बेटी सुंदरी से कह देना कि नानाजी बहुत सादा भोजन पसंद करते हैं। सिर्फ दाल-रोटी बनाए वह।"

"माँ की रसोई में दखल देने का हक हम दोनों में से किसी को नहीं है, नानाजी। वह जो खिलाएगी, खाना पड़ेगा।" राधिका मुसकराई और चल दी।

दो कदम चलकर ठिठकी। मुड़कर देखा और बोली, "कितने बजे भोजन के लिए आपको लिवाने आऊँ?"

"जब जी चाहे। मेरा क्या, उठूँगा और चल पडूँगा!"

"ठीक है, मैं सात बजे आ जाऊँगी। देर से भोजन करेंगे आप, तो पहले कुछ देर गपशप ही सही।"

"कैलाश आता होगा। घुमाने ले जाएगा। उम्मीद है, हम लोग पाँच-छह बजे तक लौट आएँगे। यदि सात बज गए, तो उससे धर्मशाला के बजाए सीधे तुम्हारे घर पहुँचाने के लिए कह दूँगा।"

"बिल्कुल सही।" राधिका ने हाथ जोड़े और चली गई।

रासबिहारी खुश थे, पौत्री रूप में न सही, नातिन रूप में उन्हें यह प्यारी बच्ची जो मिल गई थी।

एकदम राधा रानी का स्वरूप!

न, श्रीराधा से किसी सांसारिक प्राणी की क्या तुलना! श्री लाड़िलीजी का दिव्य सौंदर्य अलौकिक विभूति है और यह राधिका महज एक प्यारी बच्ची है।

रासबिहारी इस अयाचित अनूठे सुख से संतुष्ट थे।

इधर राधिका गई, उधर कैलाश आया।

आते ही व्यस्त भाव से बोला, "मुझे आने में देर हो गई। चलिए, फौरन निकल चलते हैं।"

"अभी राधिका आई थी।" रासबिहारी ने बताया।

"जानता हूँ।" कैलाश उसी व्यस्त भाव से बोला, "तो चलें हम?"

रासबिहारी उठ खड़े हुए।

राधिका को लेकर उस वक्त ज्यादा बात नहीं हुई।

वे लोग बाहर निकले और कुछ ही देर में टैक्सी ने उन्हें इस्कॉन मंदिर पहुँचा दिया।

सफेद संगमरमर का बना भव्य इस्कॉन मंदिर!

शाम से ही यहाँ धूनी रमाए रहनेवाले विदेशियों का सर्वस्व।

सात समंदर पार से शांति की तलाश में आए हैं, ये विदेशी और यहीं के होकर रह गए हैं।

टैक्सी से उतरते ही कैलाश ने बोलना शुरू कर दिया, "वृंदावन-छटीकरा मार्ग पर स्थित यह मंदिर विदेशियों की कृष्ण-भक्ति का साक्षात् प्रमाण है। यहाँ उनका जमघट लगा रहता है। कुछ लोग इसे 'अंग्रेजों का मंदिर' कहकर पुकारते हैं और कुछ 'अमेरिकन मंदिर' कहते हैं। 'हरे कृष्णा हरे कृष्णा' का अनवरत जाप चलता रहता है यहाँ।"

रासबिहारी ने सुना और अभिभूत हुए।

मुख्य द्वार से भीतर घुसते ही बाजार की चकर-मकर देखकर वह तनिक हतोत्साहित हुए, "कैलाश, यहाँ तो दुकानें ही दुकानें हैं।...महिलाओं के आकर्षण का केंद्र बनी इन दुकानों में मुझे उनके परिधान, सौंदर्य प्रसाधन और नकली जेवरात ही बिकते दिखाई दे रहे हैं। कृष्ण-भक्ति का लेश भी नहीं है यहाँ।"

"धैर्य रखिए बाबूजी। भीतर चलिए।" कैलाश ने उन्हें आश्वस्त किया।

और सचमुच आगे बढ़ते ही वह मंत्रमुग्ध हो उठे। श्वेत संगमरमर का बना भव्य मंदिर उनकी आँखों के सामने शान से सिर उठाए खड़ा था। मंदिर का कलात्मक सौष्ठव देखकर वह चमत्कृत रह गए।

उन्होंने देखा, गर्भगृह के तीन कक्षों में मूर्तियाँ स्थापित हैं। प्रथम कक्ष में कृष्ण और बलराम की अति मोहक मूर्तियाँ हैं। मोहन के मुख पर वह विश्वमोहिनी मुसकान है, जिसे देख भक्त-हृदय सर्वस्व लुटाने को आतुर हो उठता है। दूसरे कक्ष में ललिता, विशाखा आदि सखियों सहित श्रीराधा-श्यामसुंदर का युगल विग्रह है। इसी कक्ष में निताई गौर का विग्रह भी दिखा। गर्भगृह के तीसरे कक्ष में इस्कॉन की नींव धरनेवाले श्रीमद भक्तिवेदांत तथा उनके गुरु भक्तिसिद्धांत सरस्वतीपाद की प्रतिमाएँ स्थापित हैं। वहीं जानकारी मिली, अंतरराष्ट्रीय श्रीकृष्ण भावनामृत संघ के तत्वावधान में भक्तिवेदांत स्वामी द्वारा सन् 1975 में इस्कॉन मंदिर का निर्माण कराया गया था।

कहते हैं न, 'होनी होनहार हो जैसी, प्रभु मति कर देते हैं वैसी।' यहाँ भी यही हुआ था। सन् 1866 में कलकत्ते में जनमे प्रभुपाद अभयचरण भक्तिवेदांत स्वामी, जो ए.सी. भक्तिवेदांत स्वामी के नाम से प्रसिद्ध हुए, युवावस्था में गुरु को पाकर धन्य हो गए। सन् 1933 में उन्होंने भक्तिसिद्धांत सरस्वतीपाद से दीक्षा ली और अपना जीवन कृष्ण-भक्ति में समर्पित कर दिया। उनकी निष्ठा देखकर सन् 1947 में गौड़ीय वैष्णव समाज

ने 'भक्तिवेदांत' की उपाधि दी। गुरुदेव की आज्ञा से वर्ष 1965 में अमेरिका जाकर 'श्रीकृष्ण भावनामृत संघ' की स्थापना करी। तदुपरांत उसी के तत्वावधान में वृंदावन के इस्कॉन मंदिर की नींव पड़ी।

मंदिर का इतिहास अत्यंत रुचि से रासबिहारी ने सुना। तभी उन्हें मध्या आरती प्रारंभ होती दिखाई दी। इस अवसर पर विदेशियों की कृष्ण-भाव में लवलीन मुद्रा निस्संदेह चकित कर देनेवाली थी। भौतिकता के अतिरेक से ऊबे विदेशियों को मन:शांति देने के प्रयोजन से ही यह कृष्ण मंदिर स्थापित किया गया है, जानकर रासबिहारी का विस्मित हो उठना स्वाभाविक था। यानी वही नहीं, भौतिक समृद्धि से ऊबे हुए असंख्य प्राणी इस विश्व में मौजूद हैं, जानकर स्वानुभव की प्रतीति हुई।

मन प्राश्निक हुआ, क्या वृंदावन में एक अकेला इस्कॉन मंदिर भौतिक सुख-सुविधाओं से ऊबे व्यक्तियों की मन:शांति देने की आवश्यकता पूरी करने के लिए पर्याप्त है? शायद विश्व में मानस अशांति से जूझते प्राणियों की संख्या इतनी अधिक होगी कि इस जैसे दस-बीस इस्कॉन मंदिर भी भटकते हुए मनुष्यों को आत्मिक शांति देने के लिए कम पड़ जाएँगे।

गर्भगृह की आरती के बाद मंदिर-प्रांगण में घूमते हुए, वहाँ की हवा में विद्यमान भक्ति-भावना को आत्मसात् करते हुए रासबिहारी जिस कक्ष में पहुँचे, वहाँ एक विशाल मंच पर हर उम्र के स्त्री-पुरुष चढ़े हुए थे और दीन-दुनिया से बेखबर नृत्यरत थे। 'हरे कृष्णा', 'हरे कृष्णा' की माला को निरंतर जपते हुए भाव-विभोर होकर ताली बजा रहे थे, अंग-संचालन द्वारा अपनी कृष्ण-भक्ति में तल्लीन होने की भावना जतला रहे थे। हैरत की बात थी, आठ-दस बरस के बालक भी उस मंच पर मौजूद थे।

रासबिहारी का मन तनिक बोझिल हो उठा। क्या इसी वय में इनके हृदय में भौतिक समृद्धि के प्रति उदासीनता व्याप्त हो गई है? उनके हृदय ने स्वीकारना नहीं चाहा। इन नादान बच्चों ने अभी दुनिया में देखा ही क्या है, जो इसी वय में संसार के आकर्षण से विरत हो उठे? शायद अपने माता-पिता के साथ सुदूर देशों से आए होंगे और यहाँ के सम्मोहन-जाल से बँधकर यहीं के होकर रह गए होंगे! कारण जो भी रहा हो, बालकों और किशोरों का यह वैराग्य भाव रासबिहारी को कहीं भीतर आहत कर गया था।

यहाँ भक्ति थी, वैराग्य था, तो 'बाजार' भी पूरी मस्ती से मंदिर की इस जमीन पर हँसता-खिलखिलाता नजर आ रहा था।

क्या नहीं था वहाँ?

देशी-विदेशी यात्रियों के लिए प्रसाद पाने व ठहरने का प्रबंध था। मूल्य देकर वे यहाँ रहना-खाना पा सकते थे। दर्शकों की भीड़ को रिझाने के लिए एक से बढ़कर एक फैशनेबल परिधान, हर किस्म के मिष्टान्न, सजने-सँवरने के सामान काफी तादाद में थे।

बुद्धिजीवियों को आकर्षित करने के लिए पुस्तकें भी कम नहीं थी। अधिकांश धार्मिक ग्रंथ अंग्रेजी भाषा में थे, हिंदी की बहुत थोड़ी पुस्तकें रासबिहारी को वहाँ दिखीं।

पुस्तक-प्रेमियों के लिए किताबें का आकर्षण छोटा नहीं होता।

रासबिहारी ने भी लुब्ध होकर चार भारी-भरकम पुस्तकें खरीद लीं, तो कैलाश चौंका, "आपके पास इन्हें पढ़ने का समय रहेगा? दिन में भ्रमण और रात में शयन के बाद इन्हें कब पढ़ेंगे?"

"मुझे पाँच-छह घंटे से ज्यादा नींद की आवश्यकता नहीं है। रात दस से सुबह चार बजे तक का समय निद्रादेवी को अर्पित करने के बाद भी नित्य तीन घंटे स्वाध्याय के लिए दे सकता हूँ।" रासबिहारी ने कहा।

कैलाश ने सिर हिला दिया।

इस्कॉन मंदिर में पर्याप्त समय बिताकर वे लोग बाहर निकल आए।

अब गंतव्य थी—रसखान की समाधि।

गोकुल-महावन मार्ग पर रमणरेती स्थित इस स्थान को देखने के लिए रासबिहारी इच्छुक थे। उन्होंने न केवल रसखान का नाम सुना था, बल्कि उनके कृष्ण-भक्ति के पद भी मनोयोग से पढ़े थे। मित्र विमलेंदु के वृंदावन-महिमा-गान से प्रभावित होकर जब बहुत सी पुस्तकें खरीदीं, तो उनमें से अधिकाँश खोली तक नहीं। रसखान के बारे में छोटी-सी पुस्तक थी, किंतु उसने स्वयं को पढ़वा लिया। वह जीवन-वृत्त और कविता उन्हें ऐसी सुहाई कि एक पद को तो बहुधा लय में गाने भी लगे थे। 'मानुस हौं तो वही रसखानि, बसौं ब्रज गोकुल गाँव के ग्वारन' की याद के चलते ही कैलाश से रसखान की समाधि दिखाने के लिए पिछले दिन स्वयं बोले थे।

पहले तो कैलाश चौंका था, "रसखान की समाधि? कई सालों से भक्तों को वृंदावन-मथुरा घुमाता रहा हूँ, पर रसखान की समाधि पर ले चलने के लिए किसी ने नहीं कहा। पहली बार आपके मुँह से इसके बारे में सुन रहा हूँ।"

"तब तो तुमको वह स्थान पता भी न होगा?" वह निराश हो गए थे।

"भले न पता हो, पर किसी से पूछ लूँगा। बाबा ही बता देंगे कि रसखान की समाधि कहाँ है! उन्हें वृंदावन के कोने-कोने की जानकारी है।" कैलाश ने उन्हें आश्वस्त किया था।

सचमुच जानकारी जुटाकर वह उन्हें रमणरेती की ओर ले जा रहा था।

मार्ग में जब रासबिहारी ने रसखान के प्रति अपने आकर्षण की वजह बताई, तो कैलाश कौतूहल से भर उठा, "बाबूजी, एक बार फिर से वही पंक्ति सुनाएँगे?"

"वही पंक्ति क्यों, तुम पूरा सवैया सुनो।" रासबिहारी भी जोश में आ गए।

पहले गुनगुनाकर जानना चाहा कि वह सवैया अब तक याद है या नहीं, फिर संतुष्ट होकर मधुर लय में गाने लगे—

"मानुस हौं तो वही रसखानि बसौं ब्रज गोकुल गाँव के ग्वारन।
जौ पसु हों तौ कहा बस मेरौ, चरौं नित नंद की धेनु मंझारन।
पाहन हौं तो वही गिरि को, जो धर्यो कर छत्र पुरंदर धारन।
जौ खग हौं तो बसेरौ करौं मिलि कालिंदी कूल कदंब की डारन॥"

"वाह! ब्रज के प्रति क्या आस्था है रसखान की! मुझे विदित न थी।" कैलाश रीझ उठा।

"अर्थ भी समझा है या सिर्फ लय सुनकर खुश हो रहे हो?" रासबिहारी ने चुटकी ली।

"अब ज्यादा पढ़ा-लिखा नहीं हूँ, तो वज्रमूर्ख भी नहीं हूँ, बाबूजी।" कैलाश झेंपा, "रसखान ने मनुष्य जन्म लेने पर ब्रज के गोकुल गाँव में रहना चाहा है। पशु होने पर नंद बाबा की गायों के बीच रहकर चरने की चाह प्रकट की है। पर्वत बनने पर गोवर्धन पर्वत चाहा है, जिसे श्रीकृष्ण ने इंद्र के कोप से ब्रजवासियों को बचाने के लिए मूसलाधार वर्षा के समय अपनी उँगली पर धारण किया था। पक्षी जन्म मिलने पर यमुना तट पर कदंब के पेड़ की शाखा पर बसेरा लेने की इच्छा जतलाई है।"

"तुम तो सचमुच बहुत बुद्धिमान हो कैलाश।" रासबिहारी सराहे बिना नहीं रह सके।

"रसखान की कविता में कुछ अलग-सा स्वाद है। मीठा और अनूठा।"

"हाँ। रसखान सचमुच रस की खान हैं।" रासबिहारी भावविभोर हो उठे, "जब बाल कृष्ण की छवि का वर्णन करते हैं, तो उसी में डूब जाते हैं। वंशीवादन की छवि का चित्र खींचते हैं, तब तो बस! एक पंक्ति सुनाने का लोभ सँवरण नहीं कर पा रहा हूँ, 'माई री वा मुख की मुसकान, सम्हारि न जैहै, न जैहै, न जैहे।' "

"कमाल का काव्य है!" कैलाश झूम उठा, "आपने एक बात और कही थी बाबूजी। रसखान के जीवन के बारे में भी जानते हैं। मुझे भी कुछ बताएँ न!"

"उनका जीवन भी अपने आपमें अद्भुत रहा।" रासबिहारी बोले, "दिल्ली के निकट किसी गाँव में जनमे थे। जन्म सन् 1548 में माना जाता है। मूल नाम सैयद इब्राहीम था और एक शाही पठान वंश में जनमे थे। पठान वंश के ही एक किशोर वय के लड़के पर ऐसा आसक्त हुए कि उसके बिना रह न पाएँ। एक वैष्णव भक्त ने उनकी यह आसक्ति देखी तो नाक सिकोड़कर, भौंहें चढ़ाकर ताना दिया कि ऐसी भक्ति यदि प्रभु के प्रति रखते तो जीवन सफल हो जाता।"

रसखान ने चौंककर पूछा, "प्रभु कौन हैं?"

"वही, यह जगत् जिनकी विभूति है।"

"कहाँ रहते हैं?"

"ब्रज में।"

"कैसा रूप है?" रसखान एक के बाद जिज्ञासा प्रकट करते ज़ा रहे थे।

इस बार वैष्णव ने अपनी पगड़ी में से निकालकर श्रीनाथजी का चित्र दिखाया, तो रसखान पुलक उठे। आसपास के सभी मंदिरों में घूमते रहे, पर वह छवि कहीं न मिली। व्याकुल होकर जानकारी लेनी चाही तो 'गिरिराजजी में जाए कै श्रीजी के दरसन करि आओ' सुनने को मिला। इसी पते के सहारे श्रीनाथजी के मंदिर तक पहुँच गए, पर वहाँ प्रवेश न मिला। धक्के मारकर निकाल दिए गए। आहत होकर गोविंदकुंड पर जाकर बैठ गए और तीन दिन तक बगैर खाए-पिए मंदिर की ओर टकटकी लगाए रहे। तब श्रीनाथजी ने स्वयं उनके निकट आकर दर्शन दिए और इसके बाद वह श्रीनाथजी के सेवक बन गए। गोकुल में विट्ठलनाथजी से उन्होंने वैष्णव धर्म की दीक्षा ली। अनन्य कृष्ण-भक्त के रूप में प्रसिद्धि पाई।

"जय श्रीराधे-कृष्ण।" कैलाश ने अभिभूत होकर हाथ जोड़ दिए।

बातों-बातों में रास्ता कट चुका था और वे लोग रमणरेती पहुँच गए थे।

परंतु इसके बाद?

रसखान का मकबरा जीर्ण-शीर्ण हाल में था। छत पर हुई कारीगरी के पत्थर टूट चुके थे। छतरी को भी पुनरुद्धार की जरूरत थी।

देखकर रासबिहारी को अनमना होना ही था।

कैलाश ने इसे अनुभव किया और उनका ध्यान बँटाने के लिए बोला, "ताजबीबी का मकबरा चलने से पहले कुछ खाना-पीना चाहेंगे?"

"नहीं। उसे देखकर हमें मयूर निकुंज लौटना है। शाम छह बजे से पहले।" रासबिहारी ने कहा।

कैलाश ने वजह नहीं पूछी, उनके साथ टैक्सी की ओर बढ़ गया।

रास्ते में अवश्य पूछे बिना नहीं रह सका, "ताजबीबी का मकबरा देखने में क्यों रुचि है आपकी? वहाँ भी आपके साथ पहली बार जाऊँगा मैं। किसी और तीर्थयात्री ने आज तक मुझसे वहाँ ले चलने को नहीं कहा है।"

"ताजबीबी मुगल सम्राट् अकबर की विवाहिता थीं। मुसलमान होते हुए भी कृष्ण-दीवानी रहीं और सुंदर भक्ति रचनाएँ लिखीं।" रासबिहारी ने बताया।

"वह भी कविता करती थीं? रसखान की तरह?"

"हाँ।"

"क्या आपको उनकी लिखी कोई कविता याद है? ब्रज में जन्म से रहते हुए भी मैं जिन मुसलमान कृष्ण-भक्तों के बारे में नहीं जान सका, उन्हें आपने सुदूर कोलकाता में रहते हुए कैसे जान लिया, इसका मुझे ताज्जुब है!"

"पुस्तकें पढ़कर।" रासबिहारी ने संक्षिप्त उत्तर दिया।

"उनकी कोई कविता भी याद है क्या?"

रासबिहारी क्षण भर चुप रहे, फिर सुनाना शुरू कर दिया—

"सुनो दिलजानी मेरे दिल की कहानी तुम
हुस्न की बिकानी, बदनामी ही सहूँगी मैं।
देव पूजा ठानी, मैं निमाज हूँ भुलानी
तजे कलमा-कुरान, तेरे गुनन गहूँगी मैं।
साँवला सलौना सरताज सर कुल्लेदार
तेरे नेह दाघ में निदाघ दहूँगी मैं।
नंद के फरजंद कुर्बान ताणी सूरत पै
हूँ तो मुगलानी, हिंदुआनी रहूँगी मैं।"

'वाह-वाह' किए बिना कैलाश नहीं रह सका।

कुछ क्षण मौन छाया रहा।

कैलाश ने ही चुप्पी तोड़ी, "बाबूजी, क्या आपको ताजबीबी के जीवन की कहानी भी मालूम है?"

"हाँ, मैं जानता हूँ। पुस्तक में पढ़ चुका हूँ।"

"मुझे भी सुनने की इच्छा है।"

"तो सुनो—ताजबीबी को मुगल सम्राट् अकबर की बेगम माना गया है। कहते हैं, उन्होंने एक बार मुल्ला-मौलवियों से पूछा, 'क्या अल्लाह का दीदार हो सकता है?' "

"जरूर हो सकता है।" जवाब सुनने को मिला।

बस, फिर क्या था! ताजबीबी काबा शरीफ के लिए चल पड़ीं। रास्ते में ब्रज क्षेत्र पड़ा, वहीं पड़ाव डाला गया।

सुबह-सुबह निकटवर्ती मंदिर में घंटा-घड़ियाल की आवाजें सुनकर उन्होंने अपने आदमियों से पूछा, "ये आवाजें कैसी हैं?"

"यहाँ छोटा खुदा रहता है। लोग उसे बुला रहे हैं।" जवाब सुनने को मिला।

ताजबीबी तो ताजबीबी ठहरीं!

अड़ गई कि अब छोटे खुदा से मिलकर ही वह बड़े खुदा से मिलने जाएँगी।

साथवालों ने बहुत समझाया, पर वह कहाँ माननेवाली थीं?

निकल पड़ी डेरे से और बढ़ गई छोटे खुदा के घर। पहुँच गई मंदिर के दरवाजे।

पर पंडे-पुजारी उन्हें मंदिर में कैसे घुसने देते? बाहर ही रोक दी गई। इस पर वह वहीं अड़कर बैठ गई कि अब तो छोटे खुदा से मिले बिना वह यहाँ से हिलनेवाली नहीं।

कहते हैं, उनकी जिद देखकर श्रीकृष्ण ने मंदिर से बाहर आकर उन्हें दर्शन दिए। अब स्थिति यह कि ताजबीबी तो उस अपूर्व सौंदर्य-राशि को देखकर ऐसी अभिभूत हुईं कि आगे बढ़ने का इरादा ही छोड़ दिया और ब्रज की होकर रह गईं। गोस्वामी विट्ठलदास की सेवा में पहुँचीं और कृष्ण-भक्ति में डूबकर ऐसे भावभीने पद लिखे, जो उन्हें अमर कर गए।

"एक मुगलानी का ऐसा कृष्ण-प्रेम!" कैलाश पुलक उठा, "बाबूजी, यह ब्रज-रज की महिमा है। अभी हमने रसखान का मकबरा देखा है। यहाँ की माटी पर रीझकर वह भी मुसलमान होते हुए कृष्ण-भक्ति में डूबे रहे।"

"सही कहा तुमने।"

पर मकबरे का पता पाना इतना आसान न था। दो-चार लोगों से पूछा, सबने अनभिज्ञता जाहिर की।

एक वृद्ध साधु ने अवश्य कहा, "मुझे ताजबीबी की समाधि तक पहुँचने का मार्ग विदित है। पर मेरे बताने से तुम लोग वहाँ नहीं पहुँच सकोगे। चलो, मैं साथ चलकर दिखाए देता हूँ।"

यह तो बिना माँगे मुराद पूरी होनेवाली बात थी।

रासबिहारी और कैलाश उन बुजुर्ग संन्यासी के साथ चल दिए। खेतों से होते हुए वे लोग कँटीली झाड़ियों के मध्य पहुँचे। बहुत सावधानी से स्वयं को काँटों से बचाते हुए, एक-एक कदम आगे बढ़ाना पड़ रहा था। मन में आशंका थी, दौड़ बेकार भी जा सकती है। पता नहीं, स्वामीजी सही रास्ता जानते भी हैं या नहीं?

थोड़ी देर बाद दुविधा मिटी।

वृद्ध संन्यासी ने उन्हें ताजबीबी की समाधि तक पहुँचा दिया था।

पर वही निराशा यहाँ भी हाथ लगी, जो रसखान के मकबरे को देखकर लगी थी। काँटों के झाड़ में छिपी समाधि ऐसी उपेक्षित हो गई थी कि न उनकी छतरी मौजूद थी और न समाधि का पत्थर।

शेष रहे थे सिर्फ चार खंभे, जो अपनी टूट-फूट पर फूट-फूटकर रो रहे थे।

बूढ़े संन्यासी बाबा बोले, "कई साल पहले मैं यहाँ आया था, तो छत उस वक्त भी नहीं थी, पर पत्थर मौजूद था। अब वह भी नहीं रहा, शायद कहीं आसपास झाड़ियों में दबा पड़ा होगा।"

रासबिहारी का मन अत्यंत विचलित हो उठा था। उन्हें लगा, यहीं कहीं मौजूद ताजबीबी पूछ रही है, "मेरी ऐसी उपेक्षा क्यों?"

उसी अन्यमनस्क स्थिति में वह कैलाश के साथ वापिस लौटे।

संन्यासी बाबा अपने काम से आगे बढ़ गए थे।

मयूर निकुंज पहुँचते-पहुँचते शाम के पाँच बज चुके थे। रासबिहारी को याद आया, सायं सात बजे राधिका उन्हें अपने घर ले जाने के लिए आएगी।

निर्धारित समय पर राधिका आ गई।

गोकुल को रात के भोजन के लिना मना करके रासबिहारी उसके साथ चल पड़े।

वृंदावन में प्रविष्ट होते ही ढूँढ़-ढाँढ़कर जिस गली में मोहनलाल को खोजते हुए पहुँचे थे, उसी गली में राधिका के साथ दोबारा पाँव धरते हुए उनका चित्त चंचल हो उठा।

कितना आक्रोश था उस दिन कानों में पड़ी कैलाश की आवाज में और कितनी दीनता थी बूढ़े मोहनलाल के कंठस्वर में! जिंदगी के नाना रंगों के बीच उस दिन एक नया रंग देखा था उन्होंने, शायद घिनौना ही कहेंगे। तभी तो सहसा स्तब्ध हो गए थे।

"नानाजी, यही हमारा घर है।" राधिका के शब्दों से रासबिहारी सजग हुए। सँकरी गली के दोनों ओर बने मकानों में यह घर मोहनलाल के घर के ठीक सामने था।

साँकल खटखटाने पर द्वार खुला।

दुर्बल देह का एक पुरुष खड़ा दिखाई दिया।

राधिका ने बताया, "यह मेरे पिताजी महेश पाठक हैं।"

अभिवादन हुआ और पुरुष के निवेदन पर रासबिहारी एक छोटी कोठरी, बरामदे से होते हुए सीधे घर के आँगन में पहुँचे।

आँगन काफी बड़ा था।

उसके एक कोने में गाय बँधी थी और दूसरे कोने में रसोई की व्यवस्था थी। जलते चूल्हे के निकट बैठी एक महिला किसी कार्य में संलग्न थी।

भीतर पहुँचते ही राधिका ने उच्च स्वर में सूचना दी, "माँ, नानाजी आ गए।"

रासबिहारी ने खड़े-खड़े ही एक दृष्टि में घर की गरीबी पकड़ ली। पुरानी चारपाई पर शायद दरी या गद्दा डालकर जो चादर बिछाई गई थी, वह मेहनत से धुलाई के बावजूद अपनी श्रीहत अवस्था नहीं छिपा सकी थी।

अभी शाम का धुँधलका नहीं उतरा था, इसलिए बिजली जलाने की जरूरत नहीं महसूस की गई थी।

राधिका की आवाज सुनकर महिला तत्परता से उठी और पास आकर अतिथि को करबद्ध 'राधे-राधे' किया। दीन कंठ से बोली, "इस राधिका की मूढ़ मति को क्या कहूँ बाबूजी! यह घर क्या आपके पाँव रखने लायक है, फिर भी भोजन के लिए न्योत दिया!"

"ऐसा क्यों सोचती हो, सुंदरी?" रासबिहारी ने खंडन किया, "तुम्हारे साफ-सुथरे घर में आकर मुझे बहुत अच्छा लग रहा है।"

"आप बड़े आदमी हैं। हमारी-आपकी हैसियत में बड़ा फर्क है।"

"कान्हा की नगरी में कोई छोटा-बड़ा नहीं। हम सब इनसान हैं, सब बराबर हैं।"

"आपका बड़प्पन है, जो ऐसा कह रहे हैं। मेरी समझ में नहीं आ रहा है कि आपको कहाँ बिठाऊँ?"

"क्यों, यह चारपाई है न! इसी पर बैठूँगा।" कहते हुए रासबिहारी निस्संकोच उस पर बैठ गए।

सुंदरी अपनी रसोई सँभालने के लिए वापिस लौट गई।

"पानी लाऊँ, नानाजी?" राधिका ने कुहकते कंठ से पूछा तो रासबिहारी ने मना कर दिया, "रहने दो लाली, प्यास नहीं है।"

यह 'लाली' संबोधन उन्होंने धर्मशाला में रहते हुए सुना और सीखा है। गोकुल वहाँ एक छोटे कमरे में सपरिवार रहता है। पति-पत्नी और दो छोटे बच्चे। तीन साल का बेटा और लगभग साल भर की बेटी को दंपती 'लाला'-'लाली' कहकर ही पुकारते हैं। उन्होंने समझ लिया है, इस ब्रजभूमि में बच्चों के लिए यही आत्मीय संबोधन है।

अपने लिए 'लाली' संबोधन सुनते ही राधिका मगन हो गई। उसके बाद नाना-धेवती के बीच जो नेह-नाता जुड़ा, वह बातों की लड़ी के रूप में सामने आ गया। पता नहीं कहाँ-कहाँ की बातें, जो खत्म होने में नहीं आ रही थीं। अंततः महेश को टोकना पड़ा, "लाली, अपने नानाजी का पेट क्या तू बातों से ही भर देगी? खाना-वाना नहीं खिलाना है?"

"ओह, मैं तो भूल ही गई थी। देखती हूँ, खाने में कितनी देर है?" कहती हुई राधिका उठ खड़ी हुई।

खाना तैयार था।

सुंदरी थालियाँ लगा रही थी।

परसी थाली सामने आई, तो रासबिहारी चौंक पड़े, "यह क्या लाली, मैंने सुबह तुमसे क्या कहा था, माँ से बताना भूल गई? कहाँ मेरी सिर्फ दाल-रोटी की माँग थी, कहाँ इस थाली में खीर की कटोरी, कई तरह की सब्जियाँ और पूरियाँ दिखाई दे रही हैं!"

"मैंने आपसे सुबह ही कहा था नानाजी, माँ की रसोई में किसी का दखल नहीं है। अब तो जो सामने है, चुपचाप खाना पड़ेगा आपको।"

राधिका के चेहरे पर उतरी लाचारी की नाटकीय मुद्रा इतनी मोहक थी कि रासबिहारी ठठाकर हँस पड़े, "लड़की है कि शरारत की पिटारी!"

ऊपर से भले हँसे हों, पर भीतर से काफी उद्विग्न हो उठे थे वह। घर में गरीबी होते हुए भी इस परिवार ने उन्हें चाव से नाना व्यंजन खिलाने के लिए क्यों इतना पैसा खर्च किया? उपहारस्वरूप उन्होंने सुबह पाँच सौ रुपए दिए जरूर थे, पर इसलिए थोड़े ही दिए थे कि वे रुपए उन्हीं को खाना खिलाने में खर्च कर दिए जाएँ! यदि इस काम में व्यय करने के बजाए उन रुपयों से राधिका अपने लिए कोई सामान्य-सा सलवार-सूट ही खरीद लेती, तो क्या उन्हें ज्यादा खुशी नहीं होती?

उपालंभ वाणी पर आ गया, "सुंदरी, यह गलत बात है। तुम्हें मेरे लिए इतना राजसी भोजन बनाने की जरूरत नहीं थी।"

"आप व्यर्थ परेशान हो रहे हैं बाबूजी।" सुंदरी मुसकराई, "इसमें मेरा नहीं, आँगन में बँधी श्यामा का हाथ है। उसी के दूध से खीर बनी है और रोज छाछ के साथ जो मक्खन निकलता है, उसी से बने घी में पूरियाँ तली हैं। आँगन के उस कोने में हमने लौकी-तोरई की बेल लगा रखी है और टमाटर-बैंगन-हरी मिर्च के पौधे हैं। सबकुछ घर का है, बाजार से थोड़े ही खरीदा है।"

रासबिहारी क्षण भर को निरुत्तर रह गए।

सचमुच आँगन के एक कोने में सब्जियाँ बोई गई हैं, उनका उस ओर ध्यान नहीं गया था।

अगले ही पल वह भी मुसकरा उठे, "शिकायत तो मुझे फिर भी रहेगी सुंदरी। लाली जब मुझे नानाजी कहती है, तो अपनी बेटी, भतीजी या भानजी के मुँह से 'बाबूजी' सुनकर मुझे कैसा लगता होगा, खुद सोच लो।"

"फिर क्या कहूँ?"

"सिर्फ 'चाचा।' मैं तुम्हारा चाचा हूँ, सुंदरी।"

"ओह, आपके बड़प्पन की सचमुच कोई सीमा नहीं है।" गद्गद सुंदरी ने उनके पाँव छू लिये और बोली, "बातों-बातों में आपने पूरियाँ ठंडी कर दीं, चाचा! ठहरिए, अब मैं गरम पूरियाँ लाती हूँ, तब खाना शुरू करें।"

"मेरे लिए गरम पूरियों के साथ महेश के लिए भोजन की थाली भी लेती आना। मैं अकेला नहीं खाऊँगा।" रासबिहारी ने रसोईघर का दर्जा दिए गए आँगन के हिस्से में पहुँच चुकी सुंदरी से तनिक जोर से कहा।

"ठीक है।" जवाब सुनाई दिया।

भोजन के पहले ग्रास के साथ सिर्फ 'वाह!' कहकर रासबिहारी ने उसका स्वादिष्ट होना जतला दिया।

तृप्तिपूर्वक भोजन उदरस्थ करने के बाद वह बोले, "सुंदरी, यदि रसोईघर में तुम दोनों के लिए हम पेटुओं ने कुछ छोड़ा हो, तो माँ-बेटी भी अपना भोजन निपटाओ। फिर इत्मीनान से बैठकर हम लोग बातें करेंगे।"

"जी।" कहकर सुंदरी चली गई।

~✦~

प्रथम ग्रास 'मक्षिकापात' शायद इसी को कहते हैं।

सुंदरी ने अभी पहला कौर तोड़ा ही था, उसे मुँह तक नहीं ले गई थी कि तीर की तरह दनदनाती हुई एक स्त्री आँगन में दाखिल हुई और सीधे उसके निकट पहुँचकर चीखी, "सुंदरी, तुम्हें थोड़ी सी शर्म-हया है या नहीं?"

स्त्री का अचानक, अनपेक्षित और अप्रिय आगमन। महेश अपनी मूर्खता पर

क्षुब्ध हुए कि अतिथि को जल्द अंदर पहुँचाने के उत्साह में वह बाहर का द्वार बंद करना कैसे भूल गए थे।

पर गलती तो हो ही चुकी थी।

खुले दरवाजे से अंदर प्रविष्ट होनेवाला दुर्गंध का झोंका पूरे परिवेश को एक असह्य गंध से भर चुका था।

सुंदरी ने आगंतुक स्त्री के कठोर शब्दों को सुनकर भी सहिष्णुता दिखाई और गंभीर कंठ से बोली, "अचला, तुम्हें दिखाई नहीं देता कि घर में इस वक्त मेहमान बैठे हुए हैं। वापिस चली जाओ। मैं बाद में तुमसे बात करूँगी।"

"बाद में क्यों, मेहमान के सामने ही तुम्हारी धूर्तता की पोल क्यों नहीं खोल दी जाए? मुझे तो यह मौका ज्यादा सही दिखाई दे रहा है।"

"अचला, कहा न, तुम्हारे हाथ जोड़ती हूँ, इस वक्त वापिस लौट जाओ।"

"नहीं सुंदरी, मैं तो तुम्हारी बेहयाई देखकर दंग हूँ। कर्ज लेते समय कैसी गिड़गिड़ाई थीं और पैसा वापिस करने में कैसी सीनाजोरी कर रही हो!"

"मैंने तुम्हारा पैसा लौटाने से कब इनकार किया है अचला? पर यह वक्त क्या यहाँ आकर झगड़ा करने का है?"

"हाँ, मैं एकदम सही वक्त पर यहाँ आई हूँ। इससे अच्छा वक्त दूसरा नहीं हो सकता था। सोचती थी, हाथ तंग होने के कारण ही बेचारी पैसा नहीं चुका पा रही है। पर यहाँ से ठाठ से खीर-पूरी उड़ाई जा रही है। ऐसा खाना तो बड़े-बड़े घरों में भी नहीं खाया जाता, जो तुम माँ-बेटी सामने धरे बैठी हो। अगर तुम्हारी जगह मै होती, तो चबेना खाकर पहले कर्जा चुकाती, बेहयाई से खीर भकोसने न बैठ जाती। छिः, लानत है तुम पर।"

सचमुच यह असहनीय था।

सुंदरी की यह हालत हो गई थी कि काटो तो खून नहीं!

एकदम 'फक्' चेहरा लिये सिर्फ यह बात सोच रही थी, 'काश! इस समय धरती फट जाए तो वह उसमें समा जाए! ऐसी बेइज्जती से मौत हजार गुना अच्छी है।'

उसकी चुप्पी से अचला नामधारी महिला का हौसला और बढ़ गया। ऐंठकर बोली, "तो क्या मानूँ, मेरा पैसा पचा जाने का तुम्हारा इरादा है?"

"अचला, कसम से कहती हूँ, ऐसा इरादा न था, न है और न रहेगा। पहले ही कह दिया था, तुम्हारा पैसा धीरे-धीरे लौटा पाऊँगी। आधा चुका चुकी हूँ, आधे के लिए और दो माह की मोहलत माँगती हूँ। मेरा विश्वास करो, इस समय यहाँ रुककर गाली-गलौज न करो।"

"वाह, उलटा चोर कोतवाल को डाँटे!" महिला और ज्यादा तमतमा उठी, "तुम तो मुझे ही कसूरवार ठहराने लगीं। ठीक है, मैं तुम्हारी गाय खोलकर लिये जाती हूँ। जब पैसा लौटाना, अपनी गाय ले जाना। तब तक मैं भी कुछ दिन इसके दूध से खीर-पूरी खाकर दावत उड़ा लूँगी।"

सुंदरी सकते में आ गई।

कातर दिखाई दी।

अपमान-बोध से चेहरा काला पड़ गया।

किंतु जैसे ही अचला नामक स्त्री गाय की ओर बढ़ी, अब तक खामोशी से खड़े रहकर सारा तमाशा देखते रासबिहारी चौंके और बोल पड़े, "सुंदरी, बात क्या है? मुझे बताओ।"

"चाचा, आपको सब बता दूँगी। अपनों को नहीं, तो किसको बताऊँगी?" सुंदरी की अँसुवाई आवाज सुनाई दी, "लेकिन इस तरह आपके सामने यह बात न आती, तो अच्छा था।"

'चाचा?' सुनकर आगंतुक स्त्री जैसे आसमान से गिरी।

उसने राधिका को एक संभ्रांत सज्जन के साथ घर में प्रविष्ट होते देखा था। जलन से मर गई थी। ऐसे संपन्न यजमान का इस घर से जुड़ जाना बरदाश्त न कर सकी थी। काम बिगाड़ने को आतुर हो उठी थी। चूँकि सज्जन अभी घर से नहीं निकले थे, इसलिए उनके सामने ही इस परिवार की छवि बिगाड़ने के लिए वह इस समय यहाँ आई थी। संयोग से द्वार भी खुला मिल गया, तो उसके कुटिल मन को और खुशी मिली थी। अब सुंदरी से आमना-सामना करने में कोई बाधा न थी।

पराये सुख से दु:खी होनेवालों की इस दुनिया में कमी नहीं है। मात्र इसी प्रयोजन से तो अचला यहाँ आई थी कि आगंतुक की निगाह में इस परिवार को गिराकर नृशंस खुशी पाएगी।

कब जानती थी कि पास उलटा पड़ जाएगा? यह संभ्रांत सज्जन यदि सचमुच सुंदरी के चाचा हैं, तो इनके सामने इतनी दबंगई दिखाकर उसने स्वयं को इनसानियत की भावना से रहित दिखा दिया है।

वह सकपका गई।

"नहीं सुंदरी, तुम गलत कहती हो। इस बात के सामने आने का यही सबसे उपयुक्त समय था। तुम बताओ तो सही, समस्या क्या है?" रासबिहारी ने दोबारा पूछा।

"चाचा, करीब छह माह पहले राधिका के पिता बीमार पड़े थे। इलाज लंबा खिंच गया, हमें पैसे की जरूरत पड़ी। इसीलिए इस अचला से दस हजार रुपए उधार लेने पड़े थे। पड़ोस की बात थी, इसने खुशी से दे दिए और ब्याज वगैरह की भी कोई शर्त नहीं रखी। यही तय हुआ था कि पैसा धीरे-धीरे आराम से लौट जाएगा। तब से इसके पाँच हजार मैं लौटा चुकी हूँ। महीने में एक-एक हजार देती रही हूँ। अब बचे पाँच हजार अचानक आकर एक साथ माँग बैठेगी, इसका मुझे सपने में भी भान न था। मैं खुद बहुत लज्जित हूँ चाचा, आप अपने मन में हमारे लिए न जाने क्या सोच रहे होंगे?" सुंदरी ने बताया।

"तुम्हारे बारे में कुछ अन्यथा कैसे सोच सकता हूँ, सुंदरी? निश्चिंत रहो।" रासबिहारी गंभीर कंठ से बोले और तत्काल जेब से पाँच हजार रुपए निकालकर आगे बढ़ा दिए, "लो, अपने पाँच हजार। अब तुम्हारा उधार चुकता हो चुका है न! ब्याज चाहती हो, तो वह भी माँग लो। साथ लेती जाओ। हाँ, एक सच्ची नसीहत देता हूँ, आगे से किसी इनसान को बेवजह नीचा दिखाने का ऐसा मौका मत तलाशना। यह ओछी हरकत है।"

अचला बुदबुदाई, "आप अपना पैसा रख लें। यह मुझे बाद में देती रहेगी।"

"नहीं, यह मामूली-सी रकम तुम्हें इसी वक्त लेनी पड़ेगी।" रासबिहारी ने इतने आदेशात्मक कंठ से कहा कि रुपए लेकर तुच्छ मानसिकतावाली वह अशिष्ट स्त्री तत्काल वहाँ से खिसक ली।

सुंदरी भरे गले से बोली, "चाचा, अभी तो आप वृंदावन में रुके हैं न! मैं आपका पैसा जल्दी ही लौटा दूँगी।"

"सुंदरी, हमारे यहाँ बेटी-भतीजी के घर बैठकर जीमने का चलन नहीं है। यदि खाना ही पड़ जाए तो पिता-चाचा-ताऊ जैसे संबंधी मूल्य चुकाए बिना मन पर भार लिये रहते हैं। इसीलिए मैंने तुम्हारे यहाँ भोजन करके अपने मन पर जो बोझ लिया था, उसे उतारा भर है। इसे इसी रूप में लेना और आगे से इस घटना के बारे में सोचने या चर्चा करने की कोई जरूरत नहीं है।"

वातावरण थोड़ा भारी हो गया था।

"तो मैं चलूँ अब?" रासबिहारी बोले, "गोकुल को धर्मशाला का मुख्य द्वार बंद करना होगा।"

"नानाजी, मैंने सुबह आपके कमरे में छाछ छोड़ दी थी। उसे पिया या पीना भूल गए?" राधिका ने विषयांतर करके माहौल हलका करने की कोशिश की।

"बिटिया, सुबह हम लोग तुम्हारे जाते ही वृंदावन घूमने निकल गए थे। इसलिए वह छाछ मैंने शाम को पाँच बजे लौटने के बाद पी है। पर अपना लोटा तो तुम वहीं छोड़ आई। अब कल छाछ कैसे लाओगी?"

"दूसरे लोटे में।" राधिका मुसकराई।

"बिल्कुल ठीक।" रासबिहारी भी मुसकराए, "यह हुई न बात! तेरी मीठी चहचहाहट सुने बिना इस बूढ़े नाना को भी चैन थोड़े ही पड़ेगा, लाली। छाछ के बहाने आएगी तो मेरी सुबह सुहानी होने के साथ-साथ सारा दिन खुशनुमा हो जाएगा।"

"जब तक आप यहाँ हैं, मैं रोज आऊँगी।" राधिका खुश होकर बोली।

रासबिहारी ने उसकी पीठ थपथपा दी।

"मैं छोड़ने चलूँ?" राधिका ने पूछा।

"इसकी जरूरत नहीं है, जाना-पहचाना रास्ता है।" कहते हुए रासबिहारी बाहर निकल गए।

~✦~

दूसरे दिन कैलाश और छाछ के लोटे सहित राधिका कुछ क्षणों के अंतराल में मयूर निकुंज पहुँचे।

कैलाश ने आज के कार्यक्रम को लेकर बात शुरू भी नहीं की थी कि "नानाजी, छाछ!" का कुहकता कंठस्वर सुनकर चौंकते हुए पीछे देखा।

राधिका मुसकराता चेहरा लिये खड़ी थी।

"क्या कहा, नानाजी? यानी तूने यहाँ आकर रिश्तेदारी भी जोड़ ली? चालाक बिल्ली, पता होता तो मैं तुझे यहाँ आने ही नहीं देता।" वह तनिक चिढ़कर बोला।

"देखते हैं नानाजी, यह कैलाश मुझे हमेशा इसी तरह धमकाता है।" राधिका ने उसे मुँह चिढ़ाते हुए शिकायत की।

"कैलाश, तुमने मेरे जैसे परिवारविहीन इनसान को एक परिवार से जुड़ने का अवसर दिया, इसके लिए मैं तुम्हें धन्यवाद तो नहीं, पर आशीर्वाद जरूर दूँगा। जिंदगी का जो सुख अंजुरी से झरती रेत की तरह गँवा चुका था, उसे आयु के इस तीसरे प्रहर में पाने

की उम्मीद नहीं थी। लगभग सूख चुके वृक्ष को जल से सींचकर पुनर्जीवन देना पुण्य का काम है। ईश्वर तुम्हें सदा सुखी रखे।" रासबिहारी भाव-विह्वल हो उठे।

कैलाश ने उन्हें सँभालने की कोशिश की, "बाबूजी, आप इससे ऊबे नहीं? अपनी बक-बक से जरा देर में ही दिमाग चाट लेती है।"

"बहुत मिठास है इसकी बातों में।"

"आप धोखे में मत आना। इसे ज्यादा सिर भी मत चढ़ाना। पूरी चालाक बिल्ली है। आपके कमरे में रखी मलाई ऐसे चुपके से चट कर जाएगी कि आप जान नहीं सकेंगे।"

"नानाजी, आप इसे रोकते क्यों नहीं?" राधिका ने मुँह फुलाकर मान दिखाया।

रासबिहारी हँसे, "तुम दोनों पड़ोसी हो, बचपन के दोस्त हो, मैं तुम्हारे बीच दखल देनेवाला कौन होता हूँ?"

"वाह! ऐसा क्यों कहते हैं?" राधिका और ज्यादा मान से भर गई, "आप हमारे नाना हैं, हमारी माँ के चाचा हैं, बीच में दखल देने के लिए इतना काफी नहीं है क्या?"

"तो क्या सुंदरी मौसी ने भी आपको चाचा बना लिया? माँ-बेटी दोनों एक से बढ़कर एक निकलीं।" कैलाश अचंभित होकर बोला।

"नहीं कैलाश, तुम बात को समझने में गलती कर रहे हो।" रासबिहारी ने एक ठंडी साँस भरी, "मुझसे रिश्ता जोड़कर माँ-बेटी दोनों ने मुझ जैसे निपट अकेले और जिंदगी से बेजार इनसान पर ऐसा उपकार किया है, जो तुम समझ नहीं सकोगे। कभी फुरसत मिलने पर या यों कहूँ कि हिम्मत सँजोने पर तुम्हें अपने बारे में बताऊँगा। वृंदावन आकर, आचार्यजी से मिलकर और राधिका के परिवार से जुड़कर मैंने नया जीवन पाया है।"

माहौल में एक गांभीर्य व्याप गया तो राधिका ने अपने कल कंठ से उसे तोड़ा, "आज मैं गिलास साथ लाई हूँ। गोकुल से माँगने की जरूरत नहीं। यह बताएँ, छाछ अभी पिएँगे या बाद में?"

"सामने परसी थाली हो तो कौन भूखा भोजन करने से इनकार करेगा?" रासबिहारी मुसकराए।

आज भी दो गिलास छाछ पी उन्होंने।

"इसे बचाकर रखने की जरूरत नहीं है। गोकुल से दूसरा गिलास ले आओ। बची छाछ कैलाश पी लेगा।" वह बोले।

राधिका ने यही किया।

तदुपरांत दोनों लोटे लेकर, गिलास वहीं छोड़कर वापिस लौट गई। बोली, "इसे यहीं रख लीजिए। आपके काम आएगा।"

उसके जाने के बाद रासबिहारी ने कैलाश की ओर देखा, "तुम्हारी पसंद ए वन

है। लड़की का परिवार कहीं और मन बनाए, इससे पहले तुम्हें इसे ब्याह लेना चाहिए।"

"यह मेरे हाथ में है क्या?" कैलाश मलिन मुख बोला।

"क्यों, कमी क्या है तुम्हारे भीतर, स्वस्थ-सुंदर नवयुवक हो, राधिका के योग्य हो, तुम्हारी माँ इस रिश्ते को पहले ही अपने जीवनकाल में स्वीकृति दे चुकी हैं, सुंदरी भी वचनबद्ध है, फिर और क्या चाहिए?"

"आप नहीं समझेंगे।" कैलाश ने एक ठंडी साँस भरी, "उन्हें सोचने का और समय दीजिए, हमें जल्दी क्या है!"

"ठीक है।" रासबिहारी बोले, "एक और जरूरी बात करनी है तुमसे।"

"कहिए।"

"तुमने मुझे जैसे कल राधिका के परिवार से मिलाया, वैसे ही किसी दिन अपने घर भी ले चलना। मैं मोहनलालजी से भी मिलना चाहता हूँ।"

"बाबूजी, मैं आपसे कई दफा बता चुका हूँ कि बाबा इतने बूढ़े, कमजोर और बीमार हैं कि आपको उनसे मिलकर अच्छा नहीं महसूस होगा।"

"वह अशक्त और बीमार हो सकते हैं, पर बचपन और यौवन के बाद वार्धक्य मानव-जीवन की एक सामान्य और अवश्यंभावी स्थिति है। मोहनलाल मेरे मित्र विमलेंदु से आयु में 5-7 वर्ष बड़े हैं तो मेरी और उनकी उम्र में भी इतना ही अंतर है। मुझे नहीं लगता कि यह ऐसी उम्र है, जिसमें व्यक्ति को समाज से निर्वासित करके एकाकीपन झेलने के लिए बाध्य कर दिया जाए। तुम्हें उनको समाज से जुड़ने के लिए उत्साहित करना चाहिए। इसकी जगह तुम मुझे ही उनसे मिलने को हतोत्साहित कर रहे हो! यह गलत बात है कैलाश।" रासबिहारी ने अप्रसन्नता व्यक्त की।

कैलाश तनिक अप्रतिभ हुआ।

क्षण भर बाद बोला, "मैं क्या कहूँ, आप खुद उनसे मिलकर कतई खुश नहीं हो सकेंगे। बात उम्र की नहीं है, उनके पूरे व्यक्तित्व की है, जिसपर एक ऐसी प्रेत-छाया पड़ी है कि उनसे दूर भागने का मन करता है।"

"प्रेत-छाया?" रासबिहारी व्यंग्य से हँसे, "तुम एक बीमार-लाचार आदमी का इलाज कराने के बजाए उसे एक चारपाई की उम्रकैद दिए हुए हो और अपनी गलती न मानकर उसे ही दोषी ठहरा रहे हो! मैं तुम्हारे इस व्यवहार से नाखुश हूँ, कैलाश। यदि तुम्हें उनसे कोई शिकायत है, तो वह अपनी जगह है, हालाँकि मैं उन्हें कभी गलत मानने को तैयार नहीं हूँ। हर इनसान को अपनी इच्छानुसार जिंदगी जीने का हक है। अपने वंशजों के लिए रासमंडली तैयार करके सौंपना उनका दायित्व नहीं था। उन्होंने मनोनुकूल जिंदगी को जिया और यदि आज भी उससे खुश हैं तो तुम्हें उन्हें प्रताड़ित करने का कोई

अधिकार नहीं है। उनपर निरंतर आक्षेप लगाना और मरने के लिए छोड़ देना क्या तुम्हारी इनसानियत है?"

रासबिहारी का तमतमाया चेहरा।

रासबिहारी की आँखों से झरते अग्नि-स्फुलिंग।

रासबिहारी के सर्वांग में व्याप्त अप्रसन्नता।

कैलाश सहम गया।

निःशब्द खड़ा रहा।

रासबिहारी ने स्वयं को सँभाला, "कैलाश, मुझे माफ करना। तुम्हारे घर की अंदरूनी बातों में हस्तक्षेप करने का मुझे कोई हक नहीं है। पर अपना समझता हूँ, इसलिए अपनी सीमाओं को भूल गया।"

अब कैलाश की जुबान खुली, "बाबूजी, आपने कुछ भी गलत नहीं कहा है। आपकी एक-एक बात सच है। मैं बाबा के प्रति लापरवाही बरतने का, उन्हें भला-बुरा कहने का गुनहगार हूँ, लेकिन यदि वह लाचार हैं, तो मैं भी मजबूर हूँ। घर में जब दो वक्त की रोटियों की किल्लत हो, तो किसी बूढ़े आदमी की दवा-दारू के बारे में कैसे सोच सकता हूँ?"

"लेकिन भूलो मत कि सिर्फ उन्हीं की वजह से मैं यहाँ आया हूँ। उनसे मिलना मेरे वृंदावन आने का एकमात्र मकसद है। बाकी सब बाद में, मोहनलाल मेरी प्राथमिक जरूरत हैं। संयोगवश यदि वह जीवित मिल गए हैं, तो मैं उनसे अवश्य मिलना चाहूँगा। यदि बीमारी और कमजोरी के कारण अभी मुलाकत की स्थिति नहीं है, तो पहले उनका इलाज कराओ। इलाज का पूरा खर्च मैं दूँगा, तुम्हें उनको सिर्फ किसी अच्छे अस्पताल में भरती कराना है।"

"ठीक है।"

"कहाँ इलाज कराओगे?"

"जी, यहीं वृंदावन में रामकृष्ण मिशन का सेवाश्रम है, जो चिकित्सालय भी चलाता है। वहाँ बाबा को सर्वोत्तम चिकित्सा-सुविधा मिलेगी, पर...पर उनके इलाज में कम पैसा नहीं लगेगा, बाबूजी। आप पहले अच्छी तरह सोच लें।"

"मैं सोचकर ही कुछ कह रहा हूँ। लाख-दो-लाख, जरूरत पड़ने पर उससे ज्यादा खर्च करूँगा।"

कैलाश मुँह बाए उनका चेहरा देखने लगा।

जिस बुढ़ऊ को वह हमेशा खोटा सिक्का मानता रहा, वह किसी के लिए इतने मूल्यवान् भी हो सकते हैं, इस पर सहज ही विश्वास करना उसके लिए आसान न था।

रासबिहारी ने पर्स से पचास हजार की गड्डी निकालकर आगे बढ़ा दी, "यह

पचास हजार अभी रखो। आज ही उन्हें अस्पताल पहुँचाकर इलाज शुरू कराओ। पैसे कम पड़ें, तो आकर ले जाना। जरूरत के मुताबिक लेते रहना। उन्हें स्वस्थ होना चाहिए। मेरी खातिर। विमलेंदु की खातिर। और सबसे बढ़कर अपनी रास की विरासत को किन्हीं उपयुक्त हाथों में सौंपने की खातिर।"

वातावरण में जैसे एक सिहरन दौड़ गई थी।

कैलाश भीतर तक काँप उठा।

बुढ़ऊ किसी के लिए इतने कीमती हो सकते हैं, अभी भी उसे इस बात पर भरोसा नहीं हो रहा था।

रासबिहारी भी भीतर तक सिहरे हुए थे।

दूसरों के लिए कुछ करना, सेवाभावी होना, उन्होंने यहाँ आकर ही तो सीखा था।

क्या यह खुशी अपने लिए अथाह संपदा एकत्र करने से ज्यादा बड़ी नहीं थी?

कल पहले सिर्फ पाँच सौ, फिर पाँच हजार और आज पचास हजार देकर उन्होंने जो आत्मिक तोष पाया है, उसके सामने बैंक के लॉकर में बंद ढेर-सी पासबुक्स और निस्सीम पैसा क्या कोई मायने रखता है? सिर्फ धातु और कागज के टुकड़े हैं वे, जो किसी के काम आकर 'पैसा' बनते हैं, अपनी अहमियत सिद्ध करते हैं।

इतनी छोटी-सी बात आज तक क्यों नहीं समझ सके थे वह?

जो बैंक ड्राफ्ट मात्र कागज थे, उन्हें मूल्यवान् बनते देखना कितना सुखद था!

"अब आज कहीं घूमने के लिए नहीं निकलेंगे हम।" कैलाश से कहा उन्होंने, "तुम सीधे घर जाओ और मोहनलालजी को चिकित्सालय पहुँचाकर इलाज शुरू कराओ।"

"दोपहर तक यह काम हो जाएगा। भोजन के बाद हम काँच का मंदिर और रंगजी का मंदिर देख सकते हैं।" कैलाश बोला।

"नहीं। वह प्रोग्राम अब कल ही रखो। मैं भी कमरे में बैठकर जरूरी पत्र लिखूँगा।"

"जी।" कहकर कैलाश विदा हो गया।

वह शाम रासबिहारी ने एक लंबा पत्र लिखने में काटी। किसे पत्र लिखा, पत्र में क्या लिखा, सिर्फ वही जानते थे।

हाँ, चिट्ठी लिखकर, उसे लिफाफे में बंद कर और ऊपर पता लिखकर उनके चेहरे पर एक स्वस्ति भाव छा गया।

पत्र उसी दिन पोस्ट भी कर दिया गया।

इसके बाद पिछले दिन इस्कॉन मंदिर से खरीदी एक पुस्तक उठाकर देर तक पढ़ते रहे।

एक सप्ताह पूर्व क्या इस जीवन की उन्होंने स्वप्न में भी कल्पना की थी?

□

4

मंदिरों के बीच

"आज ढेर से मंदिरों में चलकर दर्शन करेंगे।" कैलाश ने टैक्सी में बैठते ही बता दिया।

"कहाँ-कहाँ?" रासबिहारी ने उत्सुक होकर पूछा।

"देखते जाइए।" कैलाश मुसकराया, "सबसे पहले काँच का मंदिर मेरी सूची में है।"

"काँच का मंदिर?"

नाम ही इतना आकर्षक था कि रासबिहारी उसके स्वरूप की कल्पना में डूब गए।

कुछ देर बाद ज्ञानगुदड़ी में स्थित इस मंदिर में पहुँचकर उनकी आँखें चौंधिया उठीं।

सचमुच लाजवाब था मंदिर।

अपने स्वभाव के अनुसार सबसे पहले वह मंदिर का इतिहास जानने के लिए आतुर हो उठे। पता चला, बुंदेलखंड के अंतर्गत बिजावर रियासत के राजा सावंत सिंह ने इसे बनवाया है। बेल्जियम से काँच मँगवाना कोई छोटी बात न थी। जगमोहन और गर्भगृहों में रंगारंग काँच की जड़ाई को अपलक निहारते रहो, मन न भरे। छत पर काँच की कलात्मक पच्चीकारी को घंटों देखते रहो, मन न भरे।

गर्भगृह में श्याम-श्यामा की मूर्ति।

चारों ओर की दीवारों और छत तक छोटे काँच की ऐसी जड़ाई कि उन सबमें श्यामा-श्याम के विग्रह देखकर रासबिहारी अपनी सुध-बुध खो बैठे।

क्षणांश में अनुभव हुआ, वह किसी अलौकिक जगत् के सौंदर्य-पारावार में पहुँच गए हैं, जहाँ उनके दृष्टि-पथ में असंख्य श्री विग्रहों की राशि-राशि फेनिल ऊर्मियाँ निरंतर हिलोरें ले रही हैं।

वहाँ के सेवायत से संयोगवश उनकी मुलाकत हो गई। उसने गर्व से स्वयं को बुंदेलखंड की राजगुरु वंश परंपरा में बताया।

तदुपरांत वे लोग यमुना के जगन्नाथ घाट पर स्थित जगन्नाथ मंदिर में पहुँचे।

ठंडी हवा के झोंकों ने वहाँ पहुँचते ही उनके तन-मन की सारी थकान हर ली। सोने पर सुहागे का काम किया आरती की उन स्वरलहरियों ने, जो शंख, घंटा-घड़ियाल, ढोलक-मंजीरा, नगाड़े आदि से संयुक्त होकर मंदिर के जगमोहन से प्रसारित हो रही थीं। वहाँ से निकलकर संपूर्ण परिवेश को निनादित कर रही थीं।

लगभग दो सौ वर्ष प्राचीन इस जगन्नाथ मंदिर को देखकर टैक्सी से उतरते ही रासबिहारी का चेहरा चमक उठा। संगमरमर से निर्मित सुंदर प्रवेशद्वार से भीतर घुसे, थोड़ा आगे बढ़े, तो मंदिर के शिखर पर संकीर्तन करते चैतन्य महाप्रभु की मनोहारी झाँकी दिखाई दी।

भीतर गर्भगृह में जगन्नाथजी, सुदर्शन चक्र, सुभद्राजी और बलरामजी के सुंदर विग्रह देखकर मन प्रसन्न हो उठा। ये विग्रह जगन्नाथपुरी से वृंदावन आए हैं, जानकर संपूर्ण प्रसंग से अवगत होने की उत्कंठा भी जागी।

थोड़े प्रयास से उत्कंठा का शमन भी हो गया।

मंदिर प्रबंधन से जुड़े एक सज्जन संयोगवश सामने पड़ गए। उनसे अपना कौतूहल प्रकट किया, तो वह बड़े प्रेम से उन्हें एक खाली कक्ष में बैठकर इत्मीनान से बात करने के लिए लिवा ले गए।

उनकी इस विनम्रता, शालीनता और उदारता ने रासबिहारी को गद्गद कर दिया।

संपूर्ण विवरण सुना, तो मन और ज्यादा भाव-विभोर हो गया।

हुआ यह था कि एक बार जगन्नाथजी के हृदय में ब्रजभूमि में निवास करने की इच्छा जागी। इसके लिए उन्होंने फरीदकोट, पंजाब के भक्त हरिदास का सहारा लिया। उनको वृंदावन जाने के लिए इतना प्रेरित किया कि वह यहाँ आकर ठहर गए।

उस समय यहाँ यमुनाजी प्रवहमान थीं।

समय बीतता रहा, हरिदास का भगवत्भजन चलता रहता, पर प्रभु-दर्शन न हुए। भक्त-हृदय का विचलित हो उठना स्वाभाविक था। उन्हें लगा, उनकी भावना में ही कोई कमी है, जो प्रभु निकट नहीं आ रहे हैं। उद्वेग इतना बढ़ा कि आँखों से अश्रुधारा अविराम बह उठी।

अब स्थिति यह कि भक्त हरिदास के आँसू तो बहते ही जा रहे हैं, रात हो या दिन, अश्रु-वृष्टि न रुके। झर-झर आँसू बहने का क्रम खत्म होने में ही न आए। इसके अलावा उनके तड़पते हृदय को और कुछ सूझे ही नहीं। अचानक एक दिन मध्यरात्रि को उन्होंने देखा कि उनके सामने कोई खड़ा है।

ऐं, यह क्या?

भक्त हरिदास ने आँखें मलीं। यह स्वप्न है या सत्य? प्रभु क्या साक्षात् पधारकर दर्शन दे रहे हैं?

हरिदास चकित हो उठे। गहरे रोमांच से भर गए।

मन का संशय बरकरार था, यह सपना है या सच? संशय दूर करने के लिए वह प्रभु के चरणों में झुक गए। पद-पंकजों में माथा टेक दिया। आश्चर्यमिश्रित हर्ष से सर्वांग पुनः सिहर उठा। प्रभु उनके सिर पर हाथ रखकर कह रहे हैं, 'जगन्नाथपुरी जाओ और वहाँ से मेरा प्रथम विग्रह लाकर यहाँ स्थापित करो।'

प्रभु अंतर्धान हो चुके थे।

भक्त हरिदास को एक दायित्व सौंप गए थे।

अपनी शिष्य-मंडली के साथ भक्तप्रवर हरिदास ने जगन्नाथपुरी के लिए प्रस्थान किया। वहाँ पहुँचने पर उन्हें पता चला कि पुरी में एक परंपरा है। 36 वर्ष बाद जब दो आषाढ़ आते हैं, तब जगन्नाथजी के मंदिर के पुराने विग्रहों को सागर की उद्दाम तरंगों में प्रवाहित करके नए विग्रहों की वहाँ स्थापना की जाती है।

हरिदासजी ने वहाँ के नरेश प्रतापरुद्र से मिलकर सारी बात बताई। राजा ने स्पष्ट इनकार कर दिया, "जगन्नाथजी ने मुझे ऐसा कोई आदेश नहीं दिया है, इसलिए विग्रह समुद्र में ही विसर्जित किए जाएँगे।"

महात्मा हरिदास समझ नहीं सके कि अब क्या करें?

कैसे राजा प्रतापरुद्र को जगन्नाथजी के आदेश का विश्वास दिलाएँ? दृढ़ कंठ से सिर्फ इतना बोले, "तो ठीक है। आप विग्रहों को सागर में ही विसर्जित करें। मेरा शरीर भी उन विग्रहों के साथ सागर में समा जाएगा।"

तदुपरांत वह चक्रतीर्थ पर जाकर भगवान् के ध्यान में निमग्न हो गए।

उसी रात राजा प्रतापरुद्र को स्वप्न आया कि हरिदास को विग्रह सौंप दो। इस ईश्वरीय आदेश की अवहेलना राजा कैसे कर सकते थे? उन्होंने भक्त हरिदास के निकट जाकर क्षमा माँगी और उनकी इच्छानुसार ही सारी व्यवस्था करने की बात कही।

फिर तो पूरे मान-सम्मान सहित जगन्नाथजी, सुभद्राजी, बलरामजी और सुदर्शन चक्र के विग्रहों को रथ पर समासीन किया गया और वृंदावन के लिए प्रस्थान कराया गया।

भक्त हरिदास यही तो चाहते थे।

उन्होंने प्रसन्न हृदय से इस स्थान पर वे विग्रह स्थापित किए।

जगन्नाथ मंदिर से जुड़ी इस पावन कथा को सुनकर रासबिहारी की आँखें भी सजल हो उठीं। उन्होंने मंदिर प्रबंधन से जुड़े सज्जन से अनुरोध किया, "मंदिर की वर्तमान भूमिका के बारे में भी कुछ बताएँ।"

"अवश्य।" सज्जन बोले और फिर उन्होंने जो कुछ बताया, वह अत्यंत आनंददायी सूचनाएँ थीं।

सेवा भाव से संयुक्त होने के कारण ही इस जगन्नाथ मंदिर में ट्रस्ट द्वारा भूखों को भोजन, रोगियों को चिकित्सा तथा निर्धन कन्याओं के पिता को बेटी के विवाह के लिए धनराशि भी दी जाती है। शीतकाल में जरूरतमंदों को ऊनी वस्त्र वितरित होते हैं।

संपूर्ण विवरण सुनकर रासबिहारी हर्षित हो उठे। उनके मुख से अचानक निकल पड़ा, "मुझे लगने लगा था, जैसे वृंदावन का प्राचीन स्वरूप लुप्त होता जा रहा है। पर आपकी बातों ने मुझे सोचने की एक नई दिशा दी है।"

"मैं भी आपसे यही बात कहना चाहूँगा," सज्जन गंभीर हो उठे, "व्यक्ति के पास दृष्टि होनी चाहिए। वह जिस निगाह से देखेगा, वही रूप दिखाई देगा। आपसे आग्रह है, वृंदावन के प्राचीन गौरव की समाप्ति की बात न कहें, सुनकर दुःख होता है। आप देखना चाहेंगे, तो आपको यहाँ भक्ति मिलेगी, भाव मिलेगा, सेवा मिलेगी और पुराना वृंदावन भी मिलेगा।"

"आप ठीक कहते हैं।" रासबिहारी सहमत हुए।

"कभी समय मिले, तो वंशीवट क्षेत्र में स्थित सुदामा कुटी में भी घूम आएँ। सेवा का पर्याय है वह।" सज्जन बोले।

"अवश्य।" रासबिहारी ने कहा, "आपने इतना समय दिया, इतनी जानकारी दी, इसके लिए मैं हृदय से कृतज्ञ हूँ।"

सज्जन ने भी दोनों हाथ जोड़ दिए।

कक्ष से बाहर निकलकर रासबिहारी ने कहा, "कैलाश, मैं भी इस सेवा यज्ञ में एक मुट्ठी हवन सामग्री डालना चाहता हूँ। देखो जरा, दान-पेटी कहाँ है?"

जेब से निकालकर, गिने बिना कुछ रुपए रासबिहारी ने वहाँ डाल दिए।

"आपको एक बार देखना चाहिए था, राशि कितनी है?" कैलाश बोला।

"दाएँ हाथ का दान बाएँ को भी पता नहीं होना चाहिए।" रासबिहारी विनम्र भाव से बोले। कैलाश उनकी इस भावना को देख विस्मित था।

जगन्नाथ मंदिर से निकलकर वे लोग टैक्सी की ओर बढ़ गए।

चलते-चलते ठिठककर रासबिहारी ने पूछा, "अब कहाँ ले चलोगे?"

स्वयं ही उत्तर भी दे दिया, "मैं चाहता हूँ कि हम लोग कहीं और जाने से पहले सुदामा कुटी ही चलें।"

"जैसी आपकी इच्छा।" कैलाश को भला क्या आपत्ति होती?

वंशीवट क्षेत्र में स्थित इस आश्रम की व्यवस्था देखकर रासबिहारी दंग रह गए। अनुभव ही अभूतपूर्व था।

सामने पड़ गए सज्जन से वह कुछ पूछते, इससे पहले ही उन्हीं सज्जन ने हाथ जोड़कर निवेदन किया, "महाराज, भोजन न किया हो तो पहले भोजन पाएँ, फिर हम लोग बात करेंगे।"

सचमुच विस्मयजनक बात थी कि सज्जन ने उनकी जिज्ञासा जान ली थी। उस पर यह भोजन का निमंत्रण तो अतीव आत्मीय था ही। रासबिहारी कुछ न कह सके, चुपचाप निर्दिष्ट स्थल की ओर बढ़ गए।

धरती पर बिछे लंबे आसन पर पंक्तिबद्ध बैठकर पंगत में भोजन करने की इस रीति का वह अपने जीवन में पहला अनुभव पा रहे थे। पंच सितारा होटल की मूल्यवान् थाली से कितना अलग था, यह पत्तल-सकोरों-कुल्हड़ का भोजन। परसने वालों में भी ऐसी विनम्रता, जैसे वे आपको भोजन कराकर नहीं, आप उनके यहाँ भोजन करके उन्हें कृतार्थ कर रहे हैं। सचमुच अनुकरणीय थी यहाँ की यह आत्मीय शैली। तन-मन दोनों तृप्त हो गए।

भोजन हेतु निमंत्रित करनेवाले सज्जन पुनः सामने पड़ गए, तो रासबिहारी अपनी जिज्ञासा न छिपा सके, "मुझे आपसे इस सुदामा कुटी के बारे में विस्तृत जानकारी चाहिए। यह सेवाभाव मुझे चकित कर रहा है, इसके मूल तक पहुँचना चाहता हूँ।"

"आइए, हम इस पीपल तले बैठकर बात करते हैं।" सज्जन बोले।

रासबिहारी के लिए पूरा प्रसंग अत्यधिक विस्मय भरा था।

सन् 1899 ई. में बिहार में जनमे सुदामा बाबा ने 14 वर्ष की आयु में ही गुरु रामसेवकदास से दीक्षा ले ली। कुछ दिन अयोध्या रहे, फिर सन् 1926 के आसपास अपने रामलला सहित अयोध्या से ब्रज आ गए। उन्हीं की छत्रछाया में साधुसेवा से जुड़ गए। भिक्षाटन से जो पाते, उसे स्वयं भी खाते और भूखों को खिलाते। एक दिन उनकी कुटी में अर्धरात्रि को एक महात्मा आए और बोले, "भूखा हूँ।" सुदामा बाबा ने दोपहर की बची रोटी उनके सामने रख दी। महात्मा बोले, "तुम अपने संकल्प पर टिके रहना, यहाँ से कोई कभी भूखा नहीं जाएगा।" तब से बाबा ने मधुकरी से प्राप्त अन्न से दूसरों का पेट भरने की रीति अपना ली। उनके गोलोकवास के बाद भी शिष्य मंडली उनके निर्दिष्ट पथ का अनुगमन कर रही है। आश्रम में निवास करनेवाले संत ही भोजन बनाते एवं प्रेमपूर्वक परसते हैं। पिछले आठ दशक से चली आ रही अपने सुदामा बाबा की परंपरा का पालन करने के लिए झोली पसारकर मधुकरी करना और फिर सप्रेम अन्य लोगों को भोजन कराना उन्हें आज भी अभीष्ट है। इसीलिए आश्रम में प्रतिदिन 500-600 लोग भोजन पाते हैं।

रासबिहारी ने श्रद्धा से भरकर सुदामा बाबा को नमन किया। सुदामा कुटी में बने मंदिर में राधा-कृष्ण एवं रामदरबार को एक साथ विराजमान देखकर भी उन्हें बड़ा सुख मिला।

बाहर निकलकर कैलाश से बोले, "अब मैं स्वयं को तुम्हारे हवाले करता हूँ, जहाँ चाहो, ले चलो।"

"ठीक है, अब हम रंगजी का मंदिर देखने चलेंगे। पहले यहाँ आने का हमें यह लाभ मिला कि अब वहाँ मंदिर खुला मिलेगा। हमें पट खुलने की प्रतीक्षा नहीं करनी पड़ेगी।" कैलाश ने सोत्साह उत्तर दिया।

अब उनका गंतव्य था—वृंदावन का ख्यातिलब्ध रंगजी का मंदिर।

रासबिहारी संपन्न व्यक्ति थे। पैसे की कोई कमी नहीं थी।

पत्नी मंदाकिनी की अकाल मौत से दुःखी होने पर उन्होंने कई वर्ष मानसिक अशांति में काटे। शांति पाने के उपक्रम में पर्यटन का भी सहारा लिया था। विमलेंदु को साथ लेकर लगभग 15 दिन दक्षिण भारत की घुमक्कड़ी की थी। यह बात और है कि भ्रमण से भी मनःशांति नहीं मिली, तो फिर अन्यत्र नहीं गए, कोलकाता में रहकर ही मन को सुस्थिर करने की चेष्टा की।

संध्या काल के इस वक्त रंगजी के मंदिर के सामने पहुँचकर उनके मन में पहला विचार यही आया, "क्या दक्षिण भारत ब्रज की माटी से मित्रता के चलते यहाँ आ गया है ?"

उनका चकित चेहरा देखकर कैलाश मुसकराया, "संभवतः आप दक्षिण भारत घूम चुके हैं। तभी उसे अपने कलेवर में धारे इस मंदिर को देखकर इतना चौंके हैं।"

"तुम्हारा अनुमान सच है कैलाश।" रासबिहारी ने हामी भरी, "मैं विस्मित हूँ कि ऐसा साम्य संयोगवश हुआ है या सप्रयास किया गया है ?"

"संयोग एकाध बातों में हो सकता है, पर यह मंदिर तो दक्षिण भारतीय शैली को समूल आत्मसात् किए हुए है।"

"लेकिन क्यों ? मंदिर में प्रविष्ट होने से पूर्व मैं इसकी कहानी जानना चाहता हूँ।"

"ठीक है, हम पास के जलपानगृह में चलते हैं। चाय या कॉफी के साथ आपको इसकी कहानी सुना दूँगा।"

"तुम्हें पूरी जानकारी है न ?"

"जी, बिल्कुल। रंगजी का मंदिर हमारे वृंदावन के प्रसिद्ध मंदिरों में एक है। दर्शनार्थियों को जब ब्रज-भ्रमण कराता हूँ या वृंदावन घुमाने के लिए ही निकलता हूँ, वे रंगजी का मंदिर जरूर देखना चाहते हैं। इसलिए उन्हें इस मंदिर का पूरा इतिहास बताना पड़ता है।"

"तो चलो, मुझे अब विलब सह्य नहीं है।" रासबिहारी निकटस्थ चाय की दुकान की ओर बढ़ते हुए बोले।

कैलाश का सुनाया विवरण अत्यंत रोचक था। दक्षिण भारत में तमिल की एक बड़ी कवयित्री हुई हैं—आंडाल। राजस्थान की भक्त कवयित्री मीरा की भाँति वह भी कृष्ण-प्रेम की दीवानी थीं। उन्हें वहाँ 'गोदा देवी' कहा गया है, जो अनेक ग्रंथों की रचयिता भी रहीं।

अपने ग्रंथों में उन्होंने तीन मनोकामनाएँ व्यक्त कीं—प्रथम, ब्रजभूमि के नंदनंदन उनके साथ विवाह करें।

द्वितीय, रंगनाथ (कृष्ण) को सहस्रघट पायसान्न भोग (हजार नदियों के जल से निर्मित प्रसाद) लगे।

तृतीय, कृष्ण के साथ वे वृंदावन में विराजें।

गोदाम्बा (गोदाम्मा) की प्रथम इच्छा स्वयं रंगनाथजी ने ही पूरी कर दी। दूसरी इच्छा को रामानुजाचार्य ने पूरा किया। तीसरी इच्छा को रंगदेशिकस्वामी ने पूरा किया। उन्होंने इसके लिए श्रीरंगम जाकर श्री रंगनाथ स्वामी से गोदाम्मा की तृतीय इच्छा पूरी करने की अनुमति माँगी। उनकी प्रार्थना श्री रंगनाथ ने स्वीकार ली है, इसका आभास पाकर वह खुशी से भर गए। मूर्ति-निर्माण एवं मंदिर की स्थापत्य कला में दक्ष कारीगरों को वहीं से लिया और जयपुर पहुँचे। निर्माण कार्य पूरा हो जाने पर श्री विग्रहों सहित ब्रजभूमि आए। आरंभ में ये विग्रह भतरौड़ वाले बगीचे में विराजे, बाद में विशाल मंदिर में प्रतिष्ठित किए गए।

सन् 1851 ई. में श्री लक्ष्मीचंद सेठ ने 45 लाख रुपया व्यय करके इस मंदिर का निर्माण कराया। सेठजी के छोटे भाई राधाकृष्ण और गोविंददास ने रामानुज संप्रदाय के आचार्य रंगदेशिक स्वामी से श्री संप्रदाय की दीक्षा ली थी। भाइयों के आग्रह पर सेठ लक्ष्मीचंद ने रंगजी का मंदिर बनवाया था।

अपनी बात पूरी करके कैलाश बोला, "मंदिर का इतिहास मैंने आपको बता दिया। अब वहीं चलते हैं, मंदिर स्वयं आपसे संवाद करेगा।"

कैलाश की बात सही थी।

भीतर प्रविष्ट होते ही रासबिहारी ने देखा कि मंदिर एक विशाल भू-भाग पर अवस्थित है। ऐश्वर्य यहाँ बरस रहा है और श्री विग्रहों के चरणों में बिछ-बिछ जा रहा है।

ऊँचे परकोटों से घिरा मंदिर।

द्रविड़ शैली की वास्तुकला का भव्य नमूना।

जयपुर शैली में निर्मित प्रदेश-द्वार।

ऊँची बुर्जियोंवाले मेहराबदार प्रवेश-द्वार से वे लोग भीतर घुसे थे। सामने ही

कलात्मक शिखरों के विशाल गोपुरम् उन्हें नजर आए। सात खंडोंवाला रंगजी का भव्य मंदिर देखकर रासबिहारी चकित रह गए। दक्षिण की स्थापत्य कला को वहीं के कारीगरों ने जस-का-तस उतार दिया था और ब्रजभूमि में स्थापित कर दिया था। सचमुच भक्ति-भावना का चरम था यह!

वाम भाग में स्थित बैकुंठ मंदिर (पीड़ानाथ मंदिर) के कलात्मक खंभों ने रासबिहारी का ध्यान खींचा। इन रंगीन खंभों पर सभी देवी-देवताओं की मूर्तियाँ उत्कीर्ण थीं। देखते रहो, पर जी न भरे जैसी मन:स्थिति से बाहर आना जरूरी था, वह वहाँ से कैलाश के साथ मंदिर के गर्भगृह पहुँचे। यहाँ क्षीरसागर में शेषनाग पर शयन करते भगवान् विष्णु की विशालकाय मूर्ति दिखी। उसके साथ भूदेवी और श्रीदेवी की मूर्तियाँ सुशोभित थीं।

कुछ आगे चलकर सिंहासन पर इन्हीं देवी-देवताओं की स्वर्ण-मूर्तियाँ दिखीं। वे चलायमान थीं। सौंदर्य का छलकता पारावार थीं।

कैलाश ने बताया, वैकुंठ एकादशी पर रंगजी के मंदिर की सभी मूर्तियाँ इसी गर्भगृह में विराजती हैं। उन्हें फुलैरा, खीलना और हलवे का भोग लगाया जाता है।

अब वे लोग मुख्य मंदिर के सामने पहुँच चुके थे। कलात्मक शिखरवाले द्वार पर विशालकाय घंटा।

रासबिहारी उसे देखकर चौंक पड़े, "इसकी आवाज तो बहुत दूर तक जाती होगी?"

"सही कह रहे हैं आप।" कैलाश बोला, "वृंदावन के अधिकांश भू-भाग तक पहुँचती है।"

अंदर स्वर्ण मंडित गरुड़ स्तंभ मौजूद था।

कैलाश ने बताया, "जितना हिस्सा आपको दिखाई दे रहा है, उतना ही नहीं है यह। इसकी ऊँचाई 60 फीट है और जमीन के नीचे 24 फीट गड़ा हुआ है। कितना बृहत है, अनुमान लगा लें।"

रासबिहारी अवाक् रह गए।

मुँह से कोई शब्द न निकला।

कैलाश ने बताया, "यहाँ प्रतिदिन अन्न से दिकपालों का पूजन होता है।"

वह नि:शब्द सुनते रहे।

कलात्मक खंभों से निर्मित जगमोहन की शोभा को वे सिर्फ निहार नहीं रहे थे, आँखों से पी रहे थे।

सौंदर्य को घूँट-घूँट पीने की यह अनुभूति विलक्षण थी।

आँखें देख रही थीं, हृदय अनुभव कर रहा था, पर वाणी उसे व्यक्त करने में असमर्थ थी।

"चलें अब?" कैलाश ने पूछा।

सिर हिलाकर रासबिहारी बाहर निकल आए।

"आज हम लोग सुबह के निकले हैं, थके हैं, इसलिए लौटना चाहिए, फिर किसी दिन सिर्फ इसी मंदिर के दर्शनार्थ निकलेंगे, तो शाम के शहनाई वादन का आनंद लेंगे।"

"जरूर।" रासबिहारी बोले।

मार्ग में कैलाश ने उन्हें बताया, "जानते हैं बाबूजी, रंगजी का मंदिर सिर्फ मंदिर नहीं, दिव्य देश है।"

"दिव्य देश का अभिप्राय?" रासबिहारी चौंके।

"दिव्य देश का अभिप्राय यह है कि यहाँ प्रतिदिन उत्सवी रंग बिखरते हैं। नित्य उत्सव की इस परंपरा का निर्वाह करना ब्रजभूमि की उल्लासप्रियता का सूचक है। अभी आपने मुख्य मंदिर के सामने फूलों-फव्वारों से सुसज्जित जो बगीची देखी है, वहाँ हर शुक्रवार को गोदांबा या गोदाम्मा की सवारी निकलती है। उसी के समीपवर्ती पुष्करिणी कुंड में संक्रांति की शुक्ल पक्ष की पूर्णिमा को गजेंद्र मोक्ष लीला होती है। इसी प्राँगण में स्थित सुंदर बारादरी में मकर संक्रांति को गोदांबा का विवाह होता है।"

"वाह!" रासबिहारी अभिभूत हो गए।

"सीता मैया, राघवेंद्र सरकार और लक्ष्मणजी की स्वर्ण प्रतिमाएँ भी इस मंदिर की शान हैं।"

"सचमुच ऐश्वर्य का आगार है यह।" रासबिहारी ने समर्थन किया।

"आज तो समय की कमी के कारण हम लोग नहीं देख सके थे, अगली बार मैं आपको यहाँ का रथ घर भी दिखाऊँगा, जहाँ काष्ठ निर्मित 50 फीट ऊँचा कलात्मक रथ रखा जाता है। प्रतिवर्ष चैत्र कृष्णपक्ष नवमी के दिन उसे सजाया जाता है। भगवान् गोदारंगमन्नार उसमें विराजकर बड़ा बगीचा में पधारते हैं। मंदिर का अभूतपूर्व आयोजन है यह—दस दिन चलने वाला ब्रह्मोत्सव। मुख्य मंदिर से पहले वाहन घर है, जिसमें सोने-चाँदी के अनेक वाहन रखे हुए हैं। सूर्यप्रभा, चंद्रप्रभा, काँच का सुंदर विमान, हाथी, प्रकाश-रश्मियाँ बिखेरता हंस, सिंह शार्दूल आदि वाहनों की सवारी ब्रह्मोत्सव पर निकलती है।"

"इन्हीं उत्सवों के चलते इसे दिव्य देश कहते हैं?"

"ये उत्सव तो रंगजी के मंदिर की नित्य उल्लासप्रियता के सूचक हैं। दिव्य देश यह इसलिए है, क्योंकि इसमें पाँच रात्र आगम विधि से भगवान् की सेवा होती आ रही है। उषा काल, आगम काल, समाराधन काल, इज्याकाल और शयनकाल की सेवा इसकी विशेषता है। शास्त्रों के अनुसार, जहाँ पंचरात्र शास्त्रविधि से पूर्ण परंपरा का निर्वाह करते हुए भगवान् का पूजा-आराधन होता है, वह दिव्य देश है।" कैलाश ने बताया।

"हम लोग यहाँ फिर आएँगे।"

"अवश्य।" कैलाश ने अनुमोदन किया।

टैक्सी उन्हें मयूर निकुंज छोड़कर वापिस लौट गई।

अगले दिन छाछ सहित धर्मशाला आने पर राधिका प्रसन्नमुख बोली, "नानाजी, आप सच में बहुत अच्छे हैं।"

"क्यों अपने नाना की तारीफ कर रही है लाली?" रासबिहारी भी मुसकराए।

"आपने मोहनलाल बाबा को अस्पताल भिजवाकर बहुत अच्छा किया। मुझे विश्वास है कि वह जल्दी ही स्वस्थ हो जाएँगे।"

"हाँ लाली, उन्हें स्वस्थ होना ही चाहिए। वह हमारी धरोहर हैं, रासलीला के नामी कलाकार रहे हैं।"

"मैं कल शाम को माँ के साथ उन्हें अस्पताल में देखने गई थी। बहुत खुश हैं। वह भी स्वस्थ होना चाहते हैं। उनका मनोबल भी स्वस्थ करने में उनकी मदद करेगा।"

"ठीक कहती हो तुम।" रासबिहारी ने स्वीकारा।

तभी कैलाश भी वहाँ आ गया और राधिका को देख उसकी आँखों में एक चमक दौड़ गई, "तू फिर यहाँ खड़ी बक-बक कर रही है? छाछ का लोटा रखकर लौट जाया कर।"

"कोई धौंस है तुम्हारी, जो लौटने को कहते हो? मैं ठहरूँगी, हजार दफे ठहरूँगी और बातें भी करूँगी। नानाजी हैं मेरे।"

"बाप रे! अपने नानाजी की धौंस दे रही है मुझको! लड़ंकी कहीं की! लोटा रखकर चली जा। आज हमें जल्दी निकलना है। सप्त देवालय जो देखने हैं।"

"ठीक है, जाती हूँ।" कहकर राधिका लौट गई।

कैलाश के साथ रासबिहारी सप्त देवालय देखने के लिए निकल पड़े।

क्या हैं ये सप्त देवालय, मार्ग में कैलाश ने उन्हें बताया।

बात वहाँ से शुरू हुई, जिसका संकेत आचार्य अमल पहले ही दे चुके थे। सारस्वत युग के गोवर्धन के द्वापर कालीन अलौकिक महारास के बाद सभी लीला स्थलियाँ विलुप्त हो गई थीं। उनके विलुप्त होने पर शताब्दियों बाद श्रीकृष्ण के प्रपौत्र महाराज वज्रनाभ के प्रयासों से वे प्रकाशित हुईं। श्वेतवाराह काल के वृंदावन के अलौकिक महारास के बाद वे पुनः विलुप्त हो गईं। इस बार वैष्णव संप्रदाय के जिन पाँच कृष्णोपासक धर्माचार्यों ने उन्हें अपने श्रमसाध्य प्रयास से खोजा, उनके नाम श्री निम्बार्काचार्य, श्री माधवेंद्र पुरी, श्री शंकर देव, श्री वल्लभाचार्य और श्री चैतन्यदेव हैं। ये नाम ब्रज के मंदिरों और

लीलास्थलियों की खोज के लिए जाने जाते हैं। आज के भ्रमण में भी ये सामने आएँगे, इसे कैलाश ने मार्ग में ही बता दिया।

सप्त देवालयों के बारे में उसने रासबिहारी का दूसरा ज्ञानवर्धन यह किया कि ये सातों देवालय ईंट-गारे से चिने भवन मात्र नहीं हैं, कृष्ण-अनुराग की बोलती हुई झाँकी हैं, भक्त-हृदयों की आस्था का जगमगाता दीप हैं। इनका पत्थर-पत्थर श्रीकृष्ण नाम का जाप करता है। धर्म, संस्कृति और स्थापत्य के संवाहक हैं ये मंदिर। भक्त कवियों के कल-गान ने इनकी आरती उतारी है, अपने आराध्य के श्रीचरणों में गीतों का भक्ति-नैवेद्य अर्पित किया है। निज धाम की अंतरात्मा हैं सप्त देवालय। गौड़ीय संप्रदाय ने इनकी स्थापना की है।

रासबिहारी ने पूर्ण मनोयोग से कैलाश का प्रवचन सुना और समझा।

टैक्सी ने उन्हें अब सप्त देवालयों में प्रथम—श्री गोविंदजी का मंदिर के सामने पहुँचा दिया था। मंदिर के प्राचीनतम और शीर्षस्थ होने की बात भी वह मार्ग में कैलाश के मुँह से सुन चुके थे।

यहाँ आकर भी जानने को बहुत कुछ नया मिला। लाल पत्थरों से निर्मित इस मंदिर का शिलान्यास चैतन्य महाप्रभु के शिष्य रूप गोस्वामी ने कराया था। महाप्रभु के निर्देश पर जब वह अपने भाई सनातन गोस्वामी के साथ ब्रज की लुप्त धरोहरों को खोजने के लिए ब्रजभूमि आए, तो गोविंदजी के मंदिर का अता-पता पाने के लिए अत्यंत लालायित थे। महाप्रभु के आदेश का पालन करते हुए श्रीकृष्ण के प्रपौत्र महाराज बज्रनाभ द्वारा प्रतिष्ठित श्री गोविंदजी के विग्रह का प्राकट्य चाहते थे। प्रतिदिन पचकोसी ब्रज-परिक्रमा करते और उद्विग्न हृदय से गोविंदजी के विग्रह की तलाश में जुटे रहते। एक दिन इसी प्रकार पचकोसी परिक्रमा करते-करते श्री गोविंदजी की अप्राप्ति से इतने दुःखी हुए और उनके दर्शन हेतु इतने आतुर हो गए कि एक पेड़ के नीचे बैठकर फूट-फूटकर रोने लगे।

तभी एक सुंदर ब्रजवासी बालक भी परिक्रमा करते-करते उधर से निकला। श्री रूप गोस्वामी को आँसू बहाते देखकर वह ठिठक गया और रोने की वजह पूछी। पहले तो श्री गोस्वामी चुप रहे कि एक बालक से अपनी मनोव्यथा क्या कहें? यह छोटा बच्चा उनकी पीड़ा दूर करने के लिए क्या कर सकेगा? पर बालक के पुनरपि अनुरोध पर उन्हें अपने रुदन की वजह बतानी पड़ी।

बालक ने पूरी बात सुनी।

उन्हें साथ लेकर गोमा टीले के पास पहुँचा और बोला, "बाबा, इस टीले पर, इस जगह प्रतिदिन प्रातःकाल एक गाय आती है और अपने थनों के दुग्ध सिंचन से इसे भिगो जाती है। मुझे लगता है, यहीं पर तुम्हारी अभिलाषा पूरी होगी।"

अपनी बात कहकर बालक तो अंतर्धान हो गया, किंतु उसकी मोहक छवि और मधुर वाणी के सम्मोहन से बँधे श्री रूप गोस्वामी मूर्च्छित हो गए। चेतना जागने पर

उन्होंने निकटवर्ती गाँववालों को बुलाकर बालक द्वारा निर्दिष्ट स्थान को बड़ी सावधानी से खुदवाया।

आश्चर्य!

उस स्थान पर थोड़ा खोदते ही गोविंदजी मिल गए। यह समाचार शीघ्र ही चारों ओर फैल गया और गोविंदजी की प्राप्ति-सूचना से सब हर्षित हो गए। प्रभु के दर्शनार्थ भक्तों की भारी भीड़ उमड़ उठी।

श्री गोविंदजी ही श्रीवृंदावन के 'वृंदावनेश्वर' हैं, यह जानने के कारण भक्तों की प्रसन्नता स्वाभाविक थी। श्री गोविंदजी के विग्रह की श्री रूप गोस्वामी द्वारा पुनः प्रतिष्ठा कर दी गई।

संयोग से उसी काल में पुरी धाम में श्री जगन्नाथजी के मंदिर में श्रीराधाजी का एक विग्रह विद्यमान था, जिसे लोग श्री लक्ष्मीजी मानकर पूजते थे।

एक दिन उन्होंने प्रतापरुद्र के पुत्र पुरुषोत्तम जाना को स्वप्नादेश दिया कि मैं लक्ष्मी नहीं हूँ, श्रीकृष्ण की अभिन्नहृदया राधा हूँ। मैं वृंदावन में श्री गोविंद देव के प्रकट होने की प्रतीक्षा कर रही थी। अब वे प्रकट हो गए हैं, इसलिए मुझे उनके निकट प्रतिष्ठित होने के लिए वृंदावन भेज दो।

ऐसा ही किया गया।

तत्कालीन गोस्वामियों ने श्रीराधाजी के विग्रह को श्री गोविंदजी के विग्रह के निकट पधराया। मंदिर को 'श्रीराधागोविंद मंदिर' के नाम से जाना गया। तदुपरांत सन् 1590 ई. में श्री रघुनाथ भट्ट गोस्वामी के शिष्य जयपुर नरेश मानसिंह ने अपने गुरुदेव की प्रेरणा से लाल पत्थरों का सतखंडा बृहत मंदिर बनवाया। कहते हैं, इसके ऊपरी भाग में एक शिखर था, जहाँ सवा मन घी का दीपक जलता था और दिल्ली तक दिखाई देता था। यवनों के आक्रमण के समय सन् 1670 ई. में भूमि से लगभग 12 फीट ऊँचे स्थान पर निर्मित इस मंदिर के ऊपरी चार खंड तोड़ दिए गए। नीचे के तीन खंड तोड़े जाते, इससे पहले ही दिल्ली से अशुभ समाचार आया और विध्वंसक वापिस लौट गया। मंदिर का अधोवर्ती भाग बच गया। विध्वंस के पूर्व ही श्री गोविंदजी के साथ ही गौड़ीय उपासकों के अन्य पूजनीय विग्रह जयपुर भेज दिए गए थे। तदुपरांत वर्तमान मंदिर बना और सन् 1737 ई. के लगभग श्री गोविंदजी के प्रतिभू विग्रह की स्थापना हुई। प्राचीन विग्रह अपनी प्रिया राधिकाजी के साथ जयपुर के राजभवन के निकट विराजमान है।

कितना रोमांचक विवरण था यह।

कुछ किंवदंतियाँ और कुछ ऐतिहासिक साक्ष्य का मिला-जुला आख्यान।

रासबिहारी ने तिमंजिले मंदिर की बनावट की बारीकियाँ देखीं और मुग्ध हुए। जयपुरी शैली की छाप साफ दिख रही थी। पत्थरों में उकेरे हुए कमल, मंगलघट और कीर्तिमुख बेजोड़ थे।

पता चला, मंदिर के निर्माण में दस वर्ष का समय लगा था।

कैलाश ने एक बात और बताई।

श्री रूप गोस्वामी ने संसारी व्यक्तियों को मंदिर में आकर श्री गोविंदजी के दर्शन का स्पष्ट निषेध किया था। साफ कहा था, संसारी चित्तवाले भूल से भी यहाँ न आएँ, क्योंकि जो एक बार यहाँ आकर, आँख भरकर श्री गोविंदजी को देख लेता है, वह कभी अपने घर नहीं लौटता।

विपरीत लक्षणा युक्त यह टिप्पणी क्या गोविंदजी के विग्रह के निस्सीम प्रभाव की द्योतक नहीं थी? जतला रही थी कि गोविंदजी घोर संसारी को भी वीतरागी बनाने में समर्थ हैं।

इतना गौरवशाली इतिहास और उस मंदिर की ऐसी वर्तमान दुरवस्था!

रासबिहारी का मन अवसादग्रस्त होना ही था। वास्तुकला के बेजोड़ शिल्प के इस उदाहरण की श्रीहत अवस्था किसी भी संवेदनशील मन को द्रवित करने के लिए काफी थी।

मंदिर के बाहरी द्वार का गिरा हुआ पत्थर, टूटी हुई सीढ़ियाँ इसकी व्यथा-कथा सुना रही थीं।

यहाँ के सेवायत ने बताया, केमिकल से धुलाई के नाम पर खारे पानी से इसे धोया जाता है। पुरातत्त्व विभाग की उपेक्षा झेलना ही क्या इसके भग्नावशेषों की नियति है, सोचकर रासबिहारी विचलित हो उठे।

"अब हमें सप्त देवालय का द्वितीय मंदिर देखने चलना है।" कैलाश ने उन्हें सहज करने की कोशिश की।

"उस मंदिर का नाम क्या है?"

"मदनमोहन का मंदिर।" कैलाश का उत्तर था।

कैलाश ने ही आगे बताया—"द्वादश टीले पर स्थित प्राचीन मदनमोहन मंदिर का भी अपना इतिहास है। श्रीकृष्ण के प्रपौत्र महाराज वज्रनाभ ने श्री गोविंद, श्री गोपीनाथ और श्री मदनमोहन के विग्रहों की स्थापना की। सभी भूमिसात हो गए, तो शताब्दियों बाद खोज का कार्य आरंभ हुआ। खोजने का कार्य श्री चैतन्य महाप्रभु ने श्री रूप गोस्वामी और श्री सनातन गोस्वामी को सौंपा। जब श्री गोविंदजी का विग्रह रूप गोस्वामी के हाथों

प्रकट हो गया, तो सनातन गोस्वामी को भी श्री मदनमोहन का विग्रह तलाशने में सफलता मिल गई। इस प्रकार दोनों भाई स्वयं को दिए गए दायित्व को पूरा करने में सफल रहे।

इसका कथा प्रसंग भी अत्यंत मनोरम है।

श्री रूप गोस्वामी के भाई श्री सनातन गोस्वामी मथुरा-महावन में मधुकरी हेतु जाया करते थे। कभी-कभी प्रात:काल वृंदावन से 16 मील चलकर गोवर्धन की 14 मील की परिक्रमा करते। वहाँ से 16 मील चलकर मथुरा आते और मधुकरी के बाद वृंदावन की अपनी भजन कुटी में पहुँचते। एक दिन उन्होंने मथुरा में परशुराम चौबे के घर में मदन नामक एक बालक को देखा, जो चौबे के पुत्र के साथ खेल रहा था। लगभग दस-बारह वर्ष का सुंदर-सलोना-साँवला बालक।

दोनों बच्चों का खेल इतना सम्मोहक था कि राह चलते सनातन स्वामी ठहर गए और खेल देखने लगे।

दोनों बालक गुल्ली-डंडा खेल रहे थे।

साँवरे बालक ने चौबे के पुत्र को हरा दिया तो विजय-गर्व से अकड़कर शान से उसके कंधे पर बैठ गया और घुड़सवारी का आनंद लिया। खेल की दूसरी पारी में चौबे का बालक जीत गया, तो साँवरे वर्ण के मदन ने उसे कंधे पर चढ़ाने से साफ इनकार कर दिया और भागकर निकटस्थ मंदिर में छिप गया। चौबे का बेटा गुस्से से भरा, गाली देता हुआ उसके पीछे दौड़ा, पर पुजारी ने उसे मंदिर के भीतर नहीं घुसने दिया और बाहर से ही डाँटकर भगा दिया। चौबे का बेटा दूर से ही भीतर घुसे मदन को तर्जनी से इंगित करते हुए बोला, "ठीक है, आज छिप जा। कल तुझे देख लूँगा।"

चौबे का बेटा तो घर लौट गया, पर सनातन गोस्वामी चित्रलिखित-से खड़े रह गए। दो बालकों के क्रीड़ा-कौतुक में उन्हें न जाने क्या आनंद आया कि दूसरे दिन कुछ पहले ही खेल देखने के आकर्षण से बँधे उस स्थान पर आ पहुँचे।

यह कलेवा का समय था।

दोनों बालक भोजन की प्रतीक्षा में क्षुधातुर बैठे हुए थे और चौबाइन उनके लिए चूल्हे पर खिचड़ी पका रही थी। अभी उसने स्नान आदि भी नहीं किया था। हाथ में दातुन लिये थी, जिससे दाँत साफ करती और उसी के दूसरे सिरे से खिचड़ी चलाती जाती।

खिचड़ी पक गई।

मैया ने दो कटोरों में परस दी।

गरम-गरम खिचड़ी को मुँह से फूँक मारकर ठंडा करती जाती और बड़े प्रेम से दोनों बालकों को खिलाती जाती।

दोनों बालक भी अत्यंत रुचिपूर्वक उसे खा रहे थे।

इस दृश्य को देखकर सनातन स्वामी अत्यंत क्षुब्ध हुए। मैया को फटकारते हुए

बोले, "कैसा अनाचार कर रही हो! इन बालकों को बिना दातुन किए, बगैर स्नान किए, दातुन से चलाया हुआ कलेवा क्यों खिला रही हो? उस पर मुँह से फूँक-फूँककर उसे जूठा भी किए दे रही हो!"

चौबाइन ने अपनी भूल समझ ली और क्षमा माँगी, "बाबा, गलती हुई। कल से शुद्ध भोजन ही इन्हें परोसूँगी।"

औत्सुक्य भरे श्री सनातन गोस्वामी तीसरे दिन भी वहाँ पहुँच गए। आज स्नान-पूजन के अनंतर भोजन पकाने से मैया को विलंब हो जाना स्वाभाविक था। दोनों बालक भूखे थे, भोजन की राह देख रहे थे, मचल रहे थे, किंतु खिचड़ी अभी तैयार नहीं थी।

श्री सनातन गोस्वामी इसे भी सहन नहीं कर सके। चौबाइन से बोले, "मैया, तुम्हें स्नान-ध्यान करके पवित्र होने की आवश्यकता नहीं है। यदि यह मदन तुम्हारे जूठे और अपवित्र कलेवे को सहर्ष स्वीकार कर रहा है, तो मुझे आपत्ति करने का क्या अधिकार है?"

जब सनातन स्वामी वहाँ से चलने लगे, तो बालक मदन बोला, "बाबा, मैं तुम्हारे साथ चलूँगा।"

सनातन गोस्वामी ने उसे समझाया कि वह निपट अकिंचन व्यक्ति है। उनका न कहीं निवास का अच्छा प्रबंध है, न भोजन का। इसलिए मदन को साथ नहीं ले जाएँगे।

पर बालक हठ पर तुल गया।

हारकर सनातन गोस्वामी को कहना पड़ा, "ठीक है, चलो मेरे साथ। पर यह न समझना कि तुम्हें कंधे पर बैठाकर ले जाऊँगा। पाँव-पाँव चलना पड़ेगा।"

"चलूँगा।" बालक बोला, "बाबा, मैं तुम्हारे पीछे-पीछे आऊँगा, लेकिन पीछे मुड़कर तब तक न देखना, जब तक अपनी भजन-कुटी पर न पहुँच जाओ।"

सनातन गोस्वामी ने ऐसा ही किया।

भजन-कुटी पर पहुँचकर पीछे घूमकर देखा, तो मुसकराता हुआ मदन उनकी आँखों के सामने विग्रह में परिवर्तित हो गया। इस पर सनातन स्वामी ने दो-चार पत्थर बटोरे, खड़े किए, ऊपर भी एक पत्थर रख दिया और मदन को वहाँ पधार दिया।

प्रतिदिन नमक रहित आटे की बाटी सेंककर उनका भोग लगाते तथा स्वयं खाते।

एक दिन मदन ने कह ही दिया, "बाबा, तुम मुझे रोज अलोना भोजन खिलाते हो, जिसमें मुझे स्वाद नहीं आता। मुझे नमक दो।"

सनासन स्वामी को बड़ा दुःख हुआ। नमक जैसी तुच्छ चीज भी वह अपने मदन को नहीं दे सकते! भजन-कुटी में नमक हो, तभी तो दें!

मदन बोला, "बाबा, दुःखी मत हो। जल्दी ही सभी आवश्यकताओं की पूर्ति हो जाएगी।"

अब हुआ यह कि मुलतान देश का कृष्णदास कपूर नामक एक धनी व्यवसायी

बड़ी-बड़ी नौकाओं में मूल्यवान् वस्तुएँ भरकर विक्रय हेतु ले जा रहा था, उसकी नावें सनातन गोस्वामी की भजन-कुटी के सामने ही रेत में अटक गईं। लाख प्रयास के बाद भी बाहर नहीं निकलीं, तो अपनी आर्थिक क्षति का अनुमान करके व्यवसायी चिंतित हो उठा। वह सनातन गोस्वामी की कुटी के सामने पहुँचा और वहाँ मौजूद गोस्वामीजी तथा मदनमोहन के विग्रह के समीप बैठकर फूट-फूटकर रोने लगा। उसने मन-ही-मन संकल्प किया कि यदि ठाकुरजी की कृपा से नावें निकल गईं, तो व्यवसाय से होनेवाले लाभ से वह ठाकुरजी के लिए सुंदर मंदिर, भोग एवं पूजा-पाठ का समुचित प्रबंध करेगा।

बस, इधर संकल्प करना था, उधर नावें रेत से निकल गईं!

व्यवसायी को प्रचुर लाभ भी हुआ।

उसने अपनी बात पूरी की और श्री मदनमोहन का एक विशाल मंदिर बनवाया। पर श्री सनातन गोस्वामी निस्पृह साधक थे। उन्होंने न अपनी भजन-कुटी छोड़ी, न मधुकरी वृत्ति। मंदिर की संपूर्ण व्यवस्था पुजारियों पर छोड़कर स्वयं अलग हट गए।

श्री मदनमोहन के इस मंदिर को धर्मांध मुगल बादशाह औरंगजेब ने सन् 1670 ई. में क्षतिग्रस्त और अपवित्र किया। पर इससे पूर्व ही मंदिर के विग्रहों को जयपुर भेजा जा चुका था। हाँ, इस बार भी श्री गोविंदजी के मंदिर की भाँति यहाँ भी मात्र श्री मदनमोहन प्रतिष्ठित थे। पुनः स्वप्नादेश के पालनस्वरूप उड़ीसा के राजा प्रतापरुद्र के पुत्र पुरुषोत्तम जेना द्वारा पुरी से दो विग्रह भेजे गए। श्री मदनमोहन ने भी अपने पुजारी को स्वप्नादेश दिया कि दो विग्रहों में बड़ी ललिताजी तथा छोटी श्रीराधिकाजी हैं। राधिकाजी को मेरे वाम भाग में तथा ललिताजी को दक्षिण भाग में पधराओ। ये सभी विग्रह मुसलमानों के हमले के समय जयपुर भेज दिए गए।

सन् 1748 ई. में श्री मदनमोहन का प्रतिभू विग्रह प्रतिष्ठित हुआ तथा सन् 1819 ई. में श्री नंदलाल वसु द्वारा मंदिर का पुनर्निर्माण हुआ, जो वर्तमान समय में हमारे सामने है।"

मदनमोहन के मंदिर से जुड़ी लोकश्रुति भी कम मनमोहक न थी।

रासबिहारी जैसे एक सम्मोहन में बँधे सुनते रहे थे। कैलाश ने इस कहानी का उपसंहार करते हुए कहा, "मदनमोहन ही वर्तमान में मदनगोपाल कहे जाते हैं। ब्रज का एक लोकप्रिय लोकगीत है—

'छोटी-छोटी गउएँ, छोटे-छोटे ग्वाल
छोटे-से हमरे मदन गोपाल।'

इस लोकगीत में वर्णित मदनगोपाल के मंदिर में ही आप खड़े हैं।"

रासबिहारी ने श्रद्धापूर्वक दोनों हाथ जोड़कर माथे से लगाए। पूछे बिना नहीं रह सके, "सप्त देवालय के दो मंदिर तो हम देख चुके। तीसरे का नाम क्या है?"

"श्री गोपीनाथ मंदिर।" कैलाश ने बताया, "यह मंदिर देखने के लिए हमें वंशीवट

चलना होगा। वहीं यमुना तट पर मंदिर स्थित है।"

इन सप्त देवालयों की चर्चा करते हुए कैलाश भावुक हो गया, "बाबूजी, सृजन और संहार के दोनों रूप देखे हैं वृंदावन के इन गौड़ीय मंदिरों ने। मुगल सम्राट् अकबर के काल में इन्हें खड़ा किया गया और परवर्ती धर्मांध मुसलिम शासकों ने इन्हें तहस-नहस करने में कोई कोर-कसर न छोड़ी। खँडहर बताते हैं इमारत कितनी बुलंद थी!"

रासबिहारी भी गुम-सुम हो उठे।

"तो चलें अब?" कैलाश सजग हुआ, "श्री गोपीनाथ मंदिर भी अपने भीतर कितना कुछ छिपाए हुए हैं, जानकर आप दंग रह जाएँगे।"

महाराज वज्रनाभ द्वारा स्थापित गोपीनाथजी की पुनर्प्रतिष्ठा श्री परमानंद भट्टाचार्य और श्री मधु गोवामी ने की।

पुराने मंदिर के निकट अवस्थित है नया मंदिर, जिसमें अधरों पर वंशी लिये गोपीनाथजी, माता जाह्नवा और श्रीराधारानी के विग्रह हैं। पुराने मंदिर में वंशीधारी चैतन्य महाप्रभु और जगन्नाथजी के दर्शन हैं।

लोकश्रुति है, यमुना की धारा से एक समय उसका तट कट गया तो भीतर से श्री गोपीनाथ का अत्यंत सुंदर विग्रह प्रकट हुआ। भक्त परमानंद जब प्रातःकाल यमुना-स्नान के लिए जा रहे थे, तो उन्होंने कटे हुए तट से यह परम मनोहर विग्रह प्राप्त किया। मधु गोस्वामी की सहायता से इन्हें मंदिर में पधराया गया।

कालांतर में नित्यानंद प्रभु की पत्नी जाह्नवा ठकुरानी वृंदावन आईं, तो राधा-गोपीनाथजी के दर्शन करते समय उनके मन में विचार आया कि श्रीराधा का विग्रह श्री गोपीनाथ के विग्रह से बहुत छोटा है, उसे उनके समान होना चाहिए। युगल विग्रह तब और अधिक शोभाशाली प्रतीत होंगे।

रात्रि को स्वप्न में भी जब श्री गोपीनाथ ने उनसे श्रीराधिका के बड़े विग्रह की व्यवस्था करने के लिए कहा, तो जाह्नवा ठकुरानी ने ऐसा ही किया। इसके बाद उन्होंने अपना विग्रह भी तैयार कराया और यह कहकर अप्रकट हो गईं कि उनका विग्रह भी श्री गोपीनाथ और श्रीराधिका के विग्रह के निकट पधराया जाए। पुजारियों को ऐसा करने में संकोच हुआ, तो श्री गोपीनाथ ने उन्हें स्वयं आदेश दिया कि यह मेरी प्रिय अनंगमंजरी हैं। इन्हें मेरे वाम भाग में तथा श्रीराधिका को दक्षिण भाग में निस्संकोच पधराओ।

यही किया गया।

औरंगजेब के उपद्रव के समय अन्य विग्रहों के साथ श्री गोपीनाथजी तथा जाह्नवा व राधिकाजी के विग्रह भी जयपुर पहुँच गए। अब नए मंदिर में प्रतिभू विग्रह विद्यमान हैं।

और अब कैलाश के साथ रासबिहारी को सप्त देवालय के अंतर्गत आनेवाले श्रीराधारमण मंदिर के दर्शनार्थ पहुँचना था।

गौड़ीय संप्रदाय से जुड़ा गोपीनाथ-निधिवन के मार्ग के मध्य में स्थित यह मंदिर अपनी दिव्यता और असीम शांति से रासबिहारी को गहरी शांति से निमग्न कर गया। वहाँ पहुँचते ही उनके कानों में रमणीय स्वरलहरी पड़ी—"राधारमण परम सुखदायी।"

यह स्वरलहरी कितनी सच है, इसे रासबिहारी ने श्रीराधारमण का साक्षात्कार करते ही समझ लिया।

एक दिव्य-देवोपम विग्रह उनके नेत्रों के समक्ष था।

त्रिभंगी मुद्रा धारण किए हुए।

जैसे कँटीले नयन, वैसी ही मनोरम श्यामल देह!

अधरों पर भुवनमोहिनी स्मित छटा!

शालिग्राम की शिला से प्रकट श्रीराधारमणजी के दर्शन से रासबिहारी का समूचा अंतस एक दिव्य आनंदानुभूति से भर गया।

गौड़ीय संप्रदाय से जुड़े इस मंदिर का प्रसंग भी अद्भुत था—

चैतन्य महाप्रभु की दक्षिण यात्रा में बैंकट भट्टजी से उनकी मुलाकात हुई। बैंकट भट्ट के अल्पवयस पुत्र गोपाल भट्ट ने चैतन्य महाप्रभु के साथ जाने की जिद की। महाप्रभु ने उन्हें वृंदावन जाकर भजन करने का आदेश दिया। गोपाल भट्ट ने ऐसा ही किया। वृंदावन आकर साधना में लीन हो गए। वह शालिग्राम की बटिया की पूजा करते थे। एक दिन एक भक्त ने उन्हें एक पोशाक दी। गोपाल भट्ट का दिल भर आया। भक्त ने इतने प्रेम से प्रभु के लिए पोशाक दी है, पर वह उन्हें पोशाक धारण नहीं करा सकते!

गोपाल भट्ट का चित्त इतना उद्विग्न हुआ कि दिन-रात यही एक विचार उनके मन को मथता रहा।

अंततः भक्त-हृदय की उत्कट भावना विजयी हुई और शालिग्राम की शिला से राधारमणजी प्रकट हो गए। ऐसी मान्यता है कि गोविंद देव, गोपीनाथ और मदनमोहन, तीनों के संयुक्त दर्शन का लाभ राधामरणजी के दर्शन से मिल जाता है। इस विग्रह का पृष्ठ भाग शालिग्राम शिला जैसा ही दिखाई देता है। द्वादश अंगुल का विग्रह होने पर भी अत्यंत मनोरम है। मुखारविंद गोविंदजी सदृश, कमर तक गोपीनाथजी सदृश तथा चरण-कमल मदनमोहनजी के पाँवों के सदृश ही हैं। तभी इनके विग्रह से तीनों विग्रहों का भी दर्शनलाभ होता है।

गोस्वामी गोपाल भट्ट ने अत्यंत उल्लसित होकर अपने आराध्य को नानाविध

वस्त्राभूषणों से अलंकृत किया, झूले में झुलाया तथा लाड़-प्यार से भोग अर्पित किया।

श्रीराधारमण मंदिर की कुछ अन्य विशेषताओं ने भी रासबिहारी का ध्यान खींचा।

लगभग पाँच सौ वर्ष पूर्व जो अग्नि प्रज्ज्वलित की गई थी, वह आज भी निरंतर जल रही है। उसी से ठाकुरजी की आरती, दीप प्रज्ज्वलन एवं भोग हेतु प्रसाद तैयार किया जाता है। यहाँ बाहर का भोग नहीं लगता। अपनी रसोई में ही जो प्रसाद तैयार होता है, वही प्रयुक्त होता है। कुलिया भोग यहाँ की प्रसिद्ध भोग सामग्री है। ठाकुरजी को रिझाने के लिए यहाँ पर विधिवत् कीर्तन होता है। यहाँ मंदिर में वे वस्त्र अभी तक मौजूद हैं, जो चैतन्य महाप्रभु द्वारा गोपाल भट्ट को प्रदान किए गए थे।

दर्शन, दर्शन और दर्शन!

गौड़ीय संप्रदाय के सप्त देवालयों के दर्शन में रासबिहारी और कैलाश अब सेवाकुंज समाजबाड़ी स्थित श्रीराधा-श्याम सुंदर मंदिर पहुँच चुके थे।

जानकारी मिली, संपूर्ण विश्व में यही एक ऐसा मंदिर है, जहाँ श्री श्याम सुंदर के श्रीराधा रानी के हृदय से प्रकट होता माना गया है। यह वैशिष्ट्य इसे दुर्लभ मंदिरों की श्रेणी में ला देता है।

यही नहीं, गौड़ीय भक्तों का यह मंदिर अपने भीतर एक ऐसी कहानी भी छिपाए हुए था, जिसे सुनकर रासबिहारी सिहर उठे। पश्चिम बंगाल के धारेंदा गाँव में जनमे श्यामसुंदर को बचपन में घरवाले 'दु:खी' नाम से पुकारते थे। सन् 1554 ई. की फाल्गुन पूर्णिमा को श्री हृदय अधिकारी ठाकुरजी ने इन्हें कृष्ण मंत्र की दीक्षा देकर 'कृष्णदास' नाम रखा। सन् 1566 में यह ब्रज आए और फिर यहीं के होकर रह गए। उन दिनों श्रीधाम वृंदावन में जीव गोस्वामी को अति सम्मानीय जन के रूप में जाना जाता था। वह कृष्णदास की भक्ति-आराधना से इतना प्रभावित हुए कि उन्हें निधुवन की रासस्थली की झाड़ू-बुहारी का काम सौंप दिया।

कृष्णदास की तो मनोकामना ही मानो पूरी हो गई। अत्यंत मनोयोग से निधुवन की रासस्थली की सफाई करने लगे। अब हुआ यह कि जब वह एक दिन प्रात:काल टोकरी और खुरपी लेकर रासस्थली के नजदीकी झाड़ की सफाई कर रहे थे, उन्हें श्रीराधा रानी के एक पाँव का दुर्लभ रत्नजटित नूपुर प्राप्त हुआ। रात्रि के रासोत्सव में कब वह नूपुर पाँव से निकल गया था, श्रीराधाजी नहीं जान सकी थीं। प्रात:काल जब उन्होंने अपने एक पाँव को नूपुर रहित देखा, तो तत्काल ललिताजी से उसे रासस्थली से खोजकर लाने को कहा।

ललिताजी एक वृद्धा के वेश में वहाँ पहुँचीं। कृष्णदास उस समय अपने हाथ में

नूपुर पकड़े किंकर्तव्यविमूढ़ खड़े हुए थे।

ललिताजी ने नूपुर माँगा, पर कृष्णदास उन्हें वह नूपुर क्यों देने लगे!

विवश होकर ललिताजी को सारी बात बतानी पड़ी।

फिर क्या था, कृष्णदास ने साफ कह दिया, "जिसका है, उसे ही पहनाएँगे।" निरुपाय ललिताजी ने उन्हें राधा मंत्र प्रदान किया, जिसे जपते हुए राधाकुंड में स्नान करते ही कृष्णदास अप्राकृत मंजरी स्वरूप बन गए। उन्होंने राधा रानी के मंदिर में प्रविष्ट होकर नूपुर को जैसे ही मस्तक से लगाया, वह तिलक रूप में बदलकर प्रकाशित हो गए। इसी काल से गौड़ीय संप्रदाय के श्यामनंदी धारा के उपासक अपने मस्तक पर नूपुराकृति तिलक लगाते हैं।

ललिताजी ने कृष्णदास का नया नाम श्यामानंद रखा। श्रीराधा ने जब उन्हें मर्त्यलोक में जाने को कहा, तो वह दुःखी हो गए। इस पर श्रीराधा ने उन्हें अपने हृदय से दिव्य विग्रह के रूप में प्रकट किया। सन् 1578 को वसंत पंचमी के दिन श्यामसुंदर का प्राकट्य हुआ है। सन् 1850 में भरतपुर रियासत के महाराज के राजकोष से स्वयं प्रकट श्रीजी की प्राप्ति हुई, तो उन्होंने उसी वर्ष वसंत पंचमी को श्यामसुंदर के विग्रह से उनका विवाह करके भव्य मंदिर का निर्माण कराया। यही श्रीराधा-श्यामसुंदर का अति भव्य मंदिर है।

गौड़ीय संप्रदाय के सप्त देवालयों में पाँच मंदिर घूमे जा चुके थे। अब छठे मंदिर की बारी थी, जिसका नाम 'श्रीराधा-दामोदर मंदिर' था।

सन् 1558 ई. में चैतन्य महाप्रभु के प्रधान अनुयायी जीवस्वामी ने इसका निर्माण कराया था। सात आरती और पाँच भोग की सेवा वाले इस मंदिर में माखन-मिसरी का भोग विशेष रूप से लगता है। इस मंदिर के चारों ओर गौड़ीय आचार्यों की समाधियाँ हैं। गर्भगृह में श्यामवर्णी पोशाक से सज्जित राधा-कृष्ण के विग्रह को देखकर मन प्रसन्न हो उठता है। इसका प्रसंग इस भाँति है—

सनातन गोस्वामी नित्य गोवर्धन परिक्रमा करते थे। वृद्धावस्था में जब अशक्त हो गए, तो श्रीकृष्ण ने बालक रूप में दर्शन देकर उन्हें लगभग डेढ़ हाथ लंबी वट पत्र के आकार की गोवर्धन-शिला प्रदान करते हुए कहा, "बाबा, इसकी परिक्रमा करके आपको गोवर्धन-परिक्रमा का पुण्य-लाभ होगा।" उस शिला में श्रीकृष्ण व चरण-चिह्न गाय के खुर का चिह्न तथा वंशी का चिह्न विद्यमान है। सनातन गोस्वामी उस शिला को वृंदावन ले आए और नित्य उसकी प्रदक्षिणा करते रहे। उनके अप्रकट होने के बाद श्री जीव गोस्वामी उस शिला को अपने राधा-दामोदर मंदिर ले आए और पधराकर पूजा करने

लगे। विशेष तिथियों में ही उस शिला का दर्शन कराया जाता है।

और इसके बाद था गौड़ीय संप्रदाय के सप्त देवालयों में अंतिम मंदिर—श्रीराधा गोकुलानंद मंदिर।

यहाँ पहुँचने तक रासबिहारी यदि थक जाते तो आश्चर्य न था। पूरा दिन भटकते ही तो कटा था, हालाँकि सुबह अच्छी तरह जलपान करके निकले थे और राधिका ने भी दो गिलास छाछ से उन्हें पूर्ण तृप्त कर दिया था, फिर भी पूरे दिन भूखे-प्यासे घूमने पर थकान आ सकती थी। किंतु वह थके नहीं, इसे सप्त देवालय के दर्शन की उत्कट जिज्ञासा कहें, या श्रीराधा-कृष्ण की अनुकंपा, वह समझ नहीं सके।

हाँ, अब मंजिल निकट थी, वह श्रीराधा गोकुलानंद मंदिर के द्वार तक पहुँच गए थे। मंदिर के भीतर श्रीराधा-गोकुलानंद का विग्रह विद्यमान था। प्रसंग ज्ञात हुआ—श्री चैतन्य महाप्रभु के वृंदावन आगमन से पूर्व श्री लोकनाथ गोस्वामी एवं भूगर्भस्वामी वृंदावन आए थे। वे ब्रजमंडल की विभिन्न लीलास्थलियों में अकिंचन भाव से भजन करते डोले थे। श्री लोकनाथ गोस्वामी को छत्रवन के पास उमराव गाँव में किशोरी कुंड से श्रीराधा-विनोदजी का विग्रह प्राप्त हुआ। कहते हैं कि अपने पास कोई विग्रह न होने पर वह दुःखी होकर रो रहे थे, तभी एक गोप बालक आकर उन्हें वह विग्रह दे गया।

स्थिति यह थी कि श्री लोकनाथ गोस्वामी के पास न मंदिर था और न कुटिया। पुष्पों की शय्या बनाकर ठाकुरजी को शयन कराते थे। गले में एक झोली लटकाकर उसमें विग्रह रखकर घूमते थे। वहीं रहते हुए आराध्य की सेवा में डूबे रहे। बाद में रूप गोस्वामी, सनातन गोस्वामी आदि गोस्वामियों के अनुरोध पर अपने आराध्य को वृंदावन के राधारमण मंदिर के निकटस्थ मंदिर में पधराकर सेवा करने लगे। वर्तमान में मूल विग्रह जयपुर में विराजमान है, प्रतिभू विग्रह वृंदावन के इस मंदिर में स्थापित है। श्री महाप्रभु द्वारा श्री रघुनाथ दास गोस्वामी को दी हुई गोवर्धन शिला भी पहले यहीं प्रतिष्ठित थी।

मयूर निकुंज लौटते हुए रासबिहारी मुदित थे—आज का दिन भी वृंदावन की महिमा से उन्हें अवगत करानेवाला रहा था।

आश्चर्यजनक ढंग से अगला दिन उन्हें चौंका गया।

साक्षीगोपाल के दर्शन हेतु टैक्सी से जाते हुए मार्ग में वह तनिक उलझन भरी आवाज में बोले, "कैलाश, रास्ता पहचाना हुआ-सा लग रहा है।"

"जी, हम लोग कल इधर से ही गए थे।"

"कहाँ?"

"गोविंदजी के मंदिर। आज का साक्षीगोपाल का मंदिर उसके निकट ही है।"

"तो तुमने वहाँ तक जाकर भी कल क्यों नहीं यह मंदिर दिखाया?"

"दरअसल, में आपको क्रमानुसार सप्त देवालय दिखाना चाहता था। बीच में कोई अन्य मंदिर इसीलिए नहीं दिखाया।"

"ओह, यह बात थी!" रासबिहारी संतुष्ट हुए।

मंदिर में पहुँचकर रासबिहारी चौंके, "कैलाश, यह कैसा मंदिर है, जहाँ किसी प्रभु का विग्रह नहीं है? यदि मैं सही देख रहा हूँ तो मात्र चरण पादुका दिखाई दे रही हैं। प्रभु के विग्रहविहीन किसी सूने मंदिर में प्रवेश करने का शायद मेरे जीवन में यह पहला अनुभव है।"

"आपने सही कहा। इस मंदिर में कोई विग्रह नहीं है। सैकड़ों साल पहले श्री गोपालजी विराजते थे। भक्त के प्रेम के ऐसे व्यामोह में पड़े कि नंगे पाँव उसके पीछे चल पड़े। फिर कभी वापिस नहीं लौटे। उनकी प्रतीक्षा में दोनों बाँहें फैलाए शेष रह गया सूना मंदिर, यहाँ की आँसू बहाती माटी और प्रभु की प्रतीक्षा कर-करके निराश लौटनेवाली हवाएँ!"

"ओह, बड़ी मार्मिक कहानी है! कैलाश, मैं इसे सुनना चाहता हूँ।" रासबिहारी बोले।

कैलाश ने जो जनश्रुति सुनाई, वह सच में अत्यंत मर्मस्पर्शी थी।

साक्षी गोपाल के सूने मंदिर में खड़े रासबिहारी को अपनी कल्पना की आँखों से दिखाई दे रहे थे वे दो ब्राह्मण, जो श्री गोपालजी के विग्रह के निकट बैठे हुए थे।

वे दोनों ब्राह्मण विद्यानगर से भ्रमण करते हुए ब्रजभूमि आए थे। श्री गोविंदजी के मंदिर में जाकर प्रभु-दर्शन के अनंतर जब बाहर निकले, तो साँझ का अंधकार फैल चुका था। ऐसे में अन्यत्र जाने के बजाए उन्होंने आसपास देखा, तो पास ही एक छोटा-सा मंदिर दिखाई दिया। वहाँ पहुँचने पर कोई पुजारी न दिखा, तो रात्रि-विश्राम के लिए वहीं ठहर गए।

एक प्रौढ़ और दूसरा नवयुवक।

दोनों ब्राह्मणों में न सिर्फ आयु का, अपितु आर्थिक स्थिति में भी बड़ा अंतर था। प्रौढ़ ब्राह्मण संपन्न घर का था और युवा की आर्थिक स्थिति बहुत सामान्य थी। यात्रा में दोनों साथ रहे तो नवयुवक ने बुजुर्ग की बड़े प्रेम भाव से सेवा की और किसी राह-कष्ट का अनुभव नहीं होने दिया। बुजुर्ग उसकी इस विनम्रता, सुशीलता और सेवा-भावना से गद्गद थे। भावावेश में कह बैठे, "बेटा, मैं तेरे सद्गुणों से बहुत प्रभावित हूँ। विद्यानगर लौटकर अपनी कन्या का विवाह तेरे साथ कर दूँगा।"

युवक संकोच से भर उठा, "ऐसा न कहें। कहाँ आप और कहाँ मैं! आपके चरणों की धूल भी नहीं हूँ। आप अपनी बेटी का हाथ मेरे हाथ में दें, ऐसा कैसे संभव है?"

"तुमने ऐसा कैसे कह दिया?" प्रौढ़ तनिक रुष्ट होकर बोले, "कन्या मेरी है, मैं जिसके साथ चाहूँ, उसका विवाह कर दूँ। मुझे अपनी बेटी के लिए तुमसे श्रेष्ठ सुपात्र कहाँ मिलेगा? देखो, सामने गोपालजी हैं। मैं उन्हीं को साक्षी मानकर वचन देता हूँ कि अपनी बेटी का विवाह तुम्हारे साथ ही करूँगा।"

बात यहीं समाप्त हो गई।

दोनों सो गए।

रात बिताकर दोनों पथिक उठे और मंदिर से निकलकर आगे बढ़ गए।

यात्रा निर्विघ्न संपन्न हुई तो वे अपने गृह विद्यानगर पहुँच प्रौढ़ ने अपने घरवालों को बेटी का विवाह तय कर देने की बात बताई, तो परिवार से अनुकूल प्रतिक्रिया न मिली—धनी घर की बेटी एक निर्धन को कैसे दे दी जाए?

उधर युवक विवाह-प्रस्ताव के लिए प्रतीक्षारत था। जब कन्या-पक्ष की ओर से चुप्पी साध ली गई, तो उसने स्वयं जाकर इसकी चर्चा की। पर परिवार की अनिच्छा देखकर प्रौढ़ तो अपना इरादा बदल चुके थे, इसलिए बोले, "किसका विवाह? किससे विवाह? मैं तुम्हारे साथ अपनी बेटी का विवाह करने की बात भला क्यों कहता?"

"आप वचनबद्ध हैं।" नवयुवक बोला।

"मैंने ऐसा कोई वचन कभी दिया ही नहीं है।" प्रौढ़ साफ मुकर गए।

युवक क्षुब्ध हुआ, उसने पंचायत बुलाई।

पंचायत में दोनों ने अपनी-अपनी बात कही।

पंचों का फैसला था, "ऐसे कैसे तुम्हारी बात हम मान लें? कोई गवाही दिलाओ, तब बात बनेगी।"

अब युवक गवाह कहाँ से लाए?

अर्धरात्रि की निस्तब्ध बेला में, टीले पर स्थित एक जनशून्य मंदिर में, मात्र गोपालजी के विग्रह के सामने ही तो उन दोनों की बात हुई थी। ऐसे एकांतिक स्थल पर दिए गए वचन का साक्षी कौन बनेगा?

युवक विचलित था, विचारमग्न होते हुए बोला, "उस समय उस जगह पर मात्र गोपालजी थे। यदि मैं उनसे गवाही दिला दूँ, तो आप लोग मान लोगे?"

"हाँ, तब तुम्हारा विवाह इनकी कन्या से करा दिया जाएगा।" पंचों ने प्रौढ़ की ओर इंगित करते हुए कहा।

वृद्ध प्रसन्न थे, युवक अपने जाल में स्वयं फँस गया। न यह मंदिर से गोपालजी को यहाँ ला सकेगा और न उन्हें इसके साथ अपनी कन्या ब्याहनी पड़ेगी।

उधर युवक सीधे वृंदावन पहुँचा और मंदिर में जाकर गोपालजी से बोला, "प्रभु, आप साक्षी हैं कि प्रौढ़ ने यहीं बैठकर अपनी कन्या का विवाह मेरे साथ करने की बात

कही थी। अब वह वचन से मुकर गया है। पंचों को गवाह चाहिए। ऐसे में सिर्फ आप ही एकमात्र साक्षी हैं, जो उस प्रौढ़ ब्राह्मण के वचन देने की बात कह सकते हैं। यहाँ बैठे रहकर स्वीकारने से काम न चलेगा। आपको मेरे साथ विद्यानगर चलना पड़ेगा।"

गोपालजी का विग्रह मौन रहा।

युवक क्षुब्ध होकर बोला, "भगवन्, जो सच्ची बात जानकर भी चुप रहता है, उसे पाप लगता है।"

"ठीक है, तू अपने घर जा। पंचायत कर। मैं पंचों के सामने गवाही दूँगा और सारा घटनाक्रम बयान कर दूँगा।"

"ऐसा करने से काम नहीं चलेगा, प्रभु।" युवक अड़ गया, "यदि आप किसी अन्य रूप में आ भी गए, तो कोई आपकी बात का विश्वास नहीं करेगा। इसलिए आपको इसी रूप में चलना पड़ेगा। बाद में नहीं, अभी इस वक्त मेरे साथ चलना होगा।"

भक्त हृदय का विश्वास प्रभु कैसे तोड़ दें?

विवश होकर बोले, "ठीक है, तू चल। मैं तेरे पीछे आता हूँ। पर पीछे मुड़कर न देखना। यदि देख लिया, तो फिर मैं वहीं अचल हो जाऊँगा, आगे नहीं बढ़ूँगा।"

"ठीक है प्रभु।" युवक बोला, "मैं विद्यानगर जाकर ही पीछे घूमकर देखूँगा।"

युवक लौट गया।

पीछे मुड़कर न देखने की दृढ़ता भी दिखाई।

विद्यानगर पहुँचकर पीछे मुड़ा और उसके दृष्टिपात के साथ ही गोपालजी वहीं अचल हो गए।

युवक ने लोगों से कहा, "वृंदावन से गोपालजी गवाही देने आ गए हैं। चलो, देख लो।"

लोग विस्मित थे, पुलकित थे और गोपालजी की जय-जयकार में डूब गए थे।

युवक का विवाह प्रौढ़ ब्राह्मण की कन्या से करा दिया गया। गाँववाले बोले, "प्रभु, अब आप यहीं विराजेंगे। हम लोग आपको प्रस्थान नहीं करने देंगे।"

एक बार फिर भक्तों के प्रेम का मान रखने के लिए गोपालजी को बाध्य होना पड़ा।

वहाँ के राजा ने मंदिर निर्माण कराया, गोपालजी उसमें प्रतिष्ठापित किए गए।

कुछ काल पश्चात् उड़ीसा के राजा पुरुषोत्तम ने विद्यानगर पर आक्रमण करके उसे परास्त किया। वह अत्यंत धार्मिक प्रवृत्ति के थे। उन्होंने साक्षीगोपाल से अपने राज्य में पधारने की प्रार्थना की और ठाकुरजी की स्वीकृति पाकर उन्हें अपने राज्य में ले गए। तब से साक्षीगोपाल कटक में हैं और वृंदावन के मंदिर में मात्र उनकी चरण-पादुका रखी हैं।

प्रभु हैं न, भक्त-वत्सल होने के कारण नंगे पाँव ही उसके पीछे चल दिए थे!

रासबिहारी को लगता है, अद्वितीय है ब्रजभूमि। इसे जितना देखते हैं, उतने ही नए-नए रंग-रूप सामने आते हैं।

अब यही लो, आज उन्हें कैलाश वृंदावन की भूत गली की तरफ ले आया है। मयूर निकुंज आने पर पूछा था, "पश्चिम बंगाल के दिनाजपुर के राजा 18वीं शताब्दी में वृंदावन आए थे और उन्होंने यहाँ भूत गली के छोर पर राधाश्यामराय का सुंदर मंदिर बनवाया है। देखने चलेंगे?"

पश्चिम बंगाल का नाम ही उन्हें रोमांचित कर गया था। उस पर दिनाजपुर, जहाँ के चप्पे-चप्पे से पहचान है, वहाँ के नरेश के द्वारा निर्मित मंदिर को क्यों नहीं देखने चलेंगे?

फौरन हामी भर दी।

इसी स्वीकृति के फलस्वरूप वे दोनों इस वक्त मंदिर-प्रांगण में खड़े हैं। मार्ग में ही कैलाश ने मंदिर से जुड़ा संपूर्ण प्रसंग बता दिया था, उसी परिप्रेक्ष्य में इस स्थल पर खड़े होकर हर्ष-विषाद का समन्वित अनुभव कर रहे हैं।

कहानी शुरू होती है उस काल से, जब पश्चिम बंगाल के दिनाजपुर जिले में तद्‌युगीन राजा साहब का बनवाया हुआ राधाकांतजी का एक भव्य मंदिर था। जमींदारी खत्म हुई और भी बहुत से बदलाव हुए। इसी चपेट में उनके मंदिर को भी खंडित कर दिया गया। ऐसे में विषादयुक्त राजा-रानी अपना मन बदलने के लिए वृंदावन आए। केशोघाट पर स्नान करते समय उन्हें श्यामराय का विग्रह प्राप्त हुआ। मंदिर बनवाकर उन्होंने उसमें विग्रह को प्रतिष्ठित कर दिया और अपने एक विश्वसनीय अनुचर को मंदिर की देख-रेख का दायित्व सौंपकर दिनाजपुर लौट गए।

तब से कई पीढ़ियाँ बीत गईं, उन्हीं सेवक के वंशज मंदिर की सेवा महंत पद पर रहकर करते रहे। गौड़ीय संप्रदाय से जुड़े इस मंदिर में पूजा-पाठ का क्रम चलता रहा। सात आरती, पाँच भोग की सेवा निरंतर जारी रही। अचानक सन् 1972 में एक दुर्भाग्यशाली घटना घटी। शरदपूर्णिमा की रात्रि थी। उस समय ठाकुरजी पूरे श्रृंगार से सुसज्जित थे। अत्यंत हर्षोल्लास के साथ पूजा संपन्न हुई थी। किसी को किसी अशुभ घटना की आशंका नहीं थी। रात को निश्चिंत होकर सब सो गए, तो अर्धरात्रि की नीरवता में कुछ चोर मंदिर में घुसे। ठाकुरजी का सिंहासन, आभूषण, चरणपादुका आदि चुराकर ले गए। आभूषण उतारने की हड़बड़ी में मूर्ति गिरी और उसके पाँव खंडित हो गए।

सुबह सबको इस घटना की जानकारी हुई, तो राजा साहब के पास भी सूचना भेजी गई। उन्होंने कहा, "खंडित मूर्ति को पूजाघर में नहीं रखा जाता। इसलिए मैं स्वयं आकर देखता हूँ कि क्या करना है?"

राजा साहब सपरिवार वृंदावन आए। खंडित मूर्ति देखकर दुःखी भी बहुत हुए।

उन्होंने मंदिर में नई मूर्ति के प्रतिष्ठापन का निश्चय किया। इसके लिए जयपुर के कारीगरों को आदेश भी दे दिया गया।

राजा साहब कुछ-कुछ दिन बाद उत्सुक होकर पूछते, "मूर्ति बनी?"

जयपुर के कारीगर उत्तर देते, "मूर्ति निर्मित नहीं हो पा रही है। बनते ही स्वतः टूट जाती है।"

जयपुर से निराश होकर राजा साहब ने वृंदावन के कारीगरों को नई मूर्ति निर्माण करने का आदेश दिया, किंतु यहाँ भी जयपुर वाली घटना की पुनरावृत्ति होने लगी। मूर्ति बनती और टूट जाती। पूरी बने, तब तो मंदिर में स्थापित की जाए और वह घड़ी आ ही नहीं रही थी!

राजा साहब परेशान थे, क्या करें?

खंडित मूर्ति मंदिर में रखी नहीं जा सकती और नई मूर्ति बन नहीं पा रही है।

ऐसे में एक दिन उनकी बेटी को स्वप्न में श्री श्यामसुंदर दिखाई दिए, जो कह रहे थे, "देख, यदि तेरे पति के पाँव खंडित हो जाएँ, तो क्या तू उन्हें फेंक देगी? उनसे नाता तोड़ लेगी? बस, यही बात मेरे साथ है। मैं यहाँ से नहीं जाना चाहता। यहीं रहना चाहता हूँ।"

बेटी ने सुबह अपने पिता से स्वप्न के बारे में बताया।

पंडितों के साथ मंत्रणा हुई।

अंततः यही तय हुआ कि श्यामा संग श्याम की मूर्ति को जस-का-तस रहने दिया जाए। प्रियाजी को उनके ठाकुरजी से विच्छिन्न करने का प्रयास न किया जाए।

तब से वही मूर्ति मंदिर में विराजमान है।

रासबिहारी ने अत्यंत भाव-विह्वल दृष्टि से देखा—खंडित होने के चिह्न स्पष्ट दृष्टिगोचर हुए।

अपूर्व शांति फैली थी यहाँ।

लता-वितान से आच्छन्न राधा-श्यामराय का सुंदर मंदिर। पता चला, पहले ऐश्वर्य झलकता था, अब वह नहीं रहा। तदपि सादगी में सौंदर्य अब भी विद्यमान था। भक्ति-सुमनों की सुवास जैसे पूरे परिसर को महका रही थी।

रासबिहारी की दृष्टि अचानक मंदिर-प्रांगण में सिर उठाए खड़े ताड़ के एक विशाल वृक्ष पर पड़ी, शायद लता-वल्लरियों के मध्य वह वृक्ष कुछ अलग-सा प्रतीत हुआ, इसलिए पूछ बैठे, "कैलाश, क्या यहाँ पर यह वृक्ष तुम्हें अटपटा नहीं लगता?"

कैलाश हँसा, "आपको भी वही अनुभूति हुई, जो अन्य बहुत से लोगों को हो चुकी है।"

"क्या मतलब?"

पता चला, दरअसल मंदिर के सौंदर्यीकरण की बात उठने पर मंदिर के प्रबंधकों को भी इस वृक्ष के हटाने की बात सूझी थी। उन्होंने इसे कटवाने का विचार किया और राजा साहब के कानों तक यह बात पहुँचा दी। वहाँ से अनुमति मिलने पर पेड़ कटना तय हो गया।

तभी राजा साहब का तार आया कि उस वृक्ष को कटवाना मत, बाकी बातें बाद में।

मंदिर के महंत गणपत सरकार को भी यही स्वप्न आया कि यह वृक्ष मत काटो। यह बनारस के स्वामीजी हैं, जो अनेक वर्षों से वृक्ष रूप में अवस्थित होकर भजन-पूजन में संलिप्त हैं। इसके बाद ताड़ के इस वृक्ष को काटने की बात खत्म हो गई। प्रतिदिन ठाकुरजी के लिए अर्पित किया जानेवाला भोग इस वृक्ष को भी लगाया जाता है और गंगाजल छिड़का जाता है। इस वृक्ष पर फल नहीं आते, यह भी खास बात है।

रासबिहारी ने मन-ही-मन बनारस के उस संत को नमन किया, जो वृक्ष रूप में कृष्ण-आराधन में तल्लीन हैं।

एक बार फिर हृदय में यह विचार बद्धमूल हुआ—वृंदावन चमत्कारिक भूमि है।

~✦~

वृंदावन-भ्रमण, अर्थात् निरंतर मंदिरों का दर्शन।

अनगिन मंदिर हैं यहाँ।

राह-बाट में मंदिर।

गली-गली में मंदिर।

श्री जी की अनूठी महिमा, सादगी से मोहता ब्रह्मचारी मंदिर, हुक्का गुड़गुड़ाते जमाई ठाकुर, गोपीश्वर की गुलाबी छटा और…

और शाहजी का मंदिर, डेरा गाजी खाँ के गोपीनाथ, अष्टसखी की सौंदर्य-सुषमा। किसे देखें, किसकी अनदेखी करें, रासबिहारी समझ नहीं पाते। एक नन्हे-नादान बालक की भाँति कैलाश के पीछे-पीछे चल पड़ते हैं। जिस मंदिर में ले जाकर वह खड़ा कर देता है, पूरे भक्ति-भाव से श्री विग्रह को नमन करते हैं। मंदिर से जुड़े प्रसंग को पूरी श्रद्धा से सुनते हैं। सिर्फ सुनते नहीं, मयूर निकुंज पहुँचकर दिन भर सुनी बातों को पूरे मनायोग से गुनते भी हैं।

यह भक्ति-भावना अब तक कहाँ छिपी हुई थी उनके भीतर, समझ नहीं पाते।

पता नहीं क्यों इस वृंदावन की धरती पर पहुँचकर उनको भी कभी-कभी अत्यंत रहस्यमयी अनुभूतियों का साक्षात्कार होता है। मंदिर में खड़े होकर विग्रह के दर्शन में तल्लीन अवस्था में किसी अन्य प्राणी की साँसें महसूस होने लगती हैं। लगता है, कोई उनके अत्यंत निकट खड़ा है।

कौन है, कभी-कभी मुड़कर देखते भी हैं, किंतु कोई नजर नहीं आता। मंदा की

देह-गंध पहले नहीं पहचानते थे, पर अब एकाएक लगने लगता है, जैसे वह उनके साथ खड़ी है और उपालंभ दे रही है, श्यामा-श्याम के दर्शन अकेले-अकेले? अपनी प्राणप्रिया को साथ रखो न!

एक दिन तो मुँह से निकल भी गया था, "तुम्हीं तो साथ छोड़कर चली गई हो, मंदा। मैंने कब तुम्हें छोड़ना चाहा था?"

"ऐं!" पास खड़ा कैलाश विचित्र निगाहों से उनकी ओर देखने लगा, तो वह एकदम संकुचित हो उठे थे।

देर तक असहज बने रहे थे। तो क्या इस वृंदावन ने उन्हें भी अपनी प्रिया के अतींद्रिय सान्निध्य का अवसर प्रदान कर दिया है?

कभी-कभी सोचते हैं, फोन पर विमलेंदु से इस अनुभव को साझा करें, पर फिर हिचक जाते हैं—क्या सोचेगा वह? यही न, पागल हो गया है एकदम!

अलग-अलग किस्म के अनुभव।

क्या कहें इन्हें लेकर?

अवचेतन मन की लालसा ही क्या चेतन-पटल पर उतर आती है?

मतिभ्रम होता है क्या?

मंदा की आत्मा सचमुच उनके बहुत करीब पहुँच जाती है।

किंतु सत्य हो, कल्पना हो, भ्रम हो, मंदा का यह संग-साथ उन्हें अत्यधिक सुहाता है।

संतोष भी मिलता है, पति के सान्निध्य की जो आकांक्षा वह अभागी स्त्री जीते जी पूरी नहीं कर सकी, देह-त्याग के बाद अशरीरी रूप में ही सही, पूरी तो कर रही है।

मंदा के लिए मन गहरी करुणा से भर उठता है। चिंतन शायद अभी और लंबा चलता कि कैलाश की आवाज कानों में पड़ी, "क्या शान से हुक्का गुड़गुड़ाते हैं जमाई ठाकुर! देखने चलेंगे?"

चिंतन-जगत् से यथार्थ जगत् में आने में समय लगा।

रासबिहारी अचकचाए-से उसका चेहरा देखते रहे।

क्षण भर बाद ही पूछ सके, "क्या किसी मंदिर की बात कर रहे हो? तुमने पहले भी एक दिन मंदिर में जमाई ठाकुर के हुक्का गुड़गुड़ाने की बात कही थी, तब मैंने इसे मजाक समझा था।"

"मजाक नहीं, हकीकत है। मैं राधा-विनोद मंदिर की बात कर रहा हूँ, जो 'जमाई ठाकुर' के नाम से यहाँ जाने जाते हैं।"

"तो फिर ठीक है, तुम्हारे जमाई ठाकुर से ही आज मिल आया जाए।" रासबिहारी भी तनिक रसिक मुद्रा में आ गए।

और फिर कुछ देर बाद उनकी टैक्सी वृंदावन-मथुरा मार्ग पर रामकृष्ण मिशन अस्पताल से कुछ आगे खड़ी हो गई।

अस्पताल का नाम निगाह में पड़ते ही रासबिहारी चौंके, "यहीं पर मोहनलालजी भरती हैं न?"

"जी।"

"हम लोग उनसे भी मिलने चलें?"

"बाबूजी, आपकी मेहरबानी से ही उनका इलाज शुरू हो गया है और फायदा दिखाई देने लगा है। सब आपकी कृपा से हो रहा है, तो मना करना मेरी बेअदबी ही नहीं, नीचता होगी। पर आपके बड़प्पन के सामने हमेशा नतमस्तक रहा हूँ और विश्वास है कि आप इसे अन्यथा नहीं लेंगे, इसलिए चाहूँगा कि आज न मिलें।"

"क्यों?"

"उनकी हालत देखकर आपको दुःख होगा। बेहतर है, स्वस्थ हो जाने दें, तब उनसे मिलकर आपको अच्छा लगेगा। अभी मैं आपका मन खराब करना नहीं चाहता।"

"जैसी तुम्हारी इच्छा।" रासबिहारी ने सचमुच इसे सहज रूप में लिया।

गाड़ी से उतरकर अब उन्हें बाईं ओर स्थित गली में पहुँचना था।

इसी गली में राधा-विनोद मंदिर है, जिसमें स्थापित विग्रह को ब्रजवासी बड़े प्यार और अपनेपन से 'जमाई ठाकुर' कहकर पुकारते हैं। यह प्रसंग भी पश्चिम बंगाल से जुड़ा है।

बात बहुत पुरानी है।

तराश स्टेट में नवग्राम के अधिकारी वांछाराम परम कृष्ण भक्त थे। प्रतिदिन कारतीया नदी में स्नान हेतु जाते थे। एक दिन स्नान करते समय उन्हें आवाज सुनाई दी कि कोई उनसे जल से बाहर निकालकर घर ले चलने का आग्रह कर रहा है। विस्मित वांछाराम ने चारों ओर देखा, पानी की ओर दृष्टि डाली, कोई दिखाई नहीं दिया। तभी उनके पाँव से कोई चीज टकराई। निकालकर देखा, वह विनोद ठाकुर थे।

वांछाराम बहुत प्रसन्न हुए। चाव से भरकर विनोद ठाकुर को घर ले आए।

इसके बाद नित्य रात को एक विचित्र घटना घटती। वांछाराम को स्वप्न में ठाकुर नित मनमौजी आदेश देते। नई पोशाक, नए आभूषण, इत्र-फुलेल माँगते। वांछाराम भी खुशी-खुशी उनकी इच्छा पूरी करते। एक दिन किसी वृद्ध गोप को ब्रज में हुक्का पीते देखकर ठाकुर ने अपना शौक पूरा करने के लिए एक संपन्न व्यक्ति को स्वप्नादेश दिया। फिर क्या था! वह धनी व्यक्ति चाँदी से मढ़ा एक सुंदर हुक्का, निगाली, चिलम और सुवासित तंबाकू लेकर वांछाराम के यहाँ पहुँचा। ठाकुरजी को ये वस्तुएँ चढ़ाने की बात कही, तो वांछाराम चौंके। धनिक ने स्वप्न की बात बताई, तो वह तैयार हो गए। तब

से विनोद ठाकुर के सामने हुक्का रखने की परंपरा शुरू हो गई। भोग लगाने के अनंतर वांछाराम चिलम भरकर हुक्का ठाकुर के सामने रख देते। कभी-कभी हुक्का गुड़गुड़ाने की ध्वनि भी कानों में पड़ती। चर्चा फैली, तो दूर-दूर के भक्त इस रंगीले ठाकुर के दर्शनार्थ वांछाराम के यहाँ आने लगे।

सचमुच निराली धज थी ठाकुर की!

एकदम बोलते-से कजरारे नयन!

आनन पर मुसकान!

ललिमायुक्त अधरों पर वंशी!

और···सामने रखा हुक्का!

लोग देखते, विस्मित होते और अपने ठाकुर के प्रति गहरी रीझ से भरकर वापिस लौटते।

स्टेट के राजा थे वनमाली राय। एक दिन अपनी पत्नी एवं 11 वर्ष की बेटी राजकुमारी राधा के साथ वह भी चर्चित ठाकुर को देखने आए। राधा को ठाकुर ऐसे भाए कि अपनी माँ से बोली, "माँ, तुमने देखा, ठाकुर मुझे देखकर मुसकराए हैं।"

माँ ने हँसी में बात टाल दी।

इसके बाद राधा प्रतिदिन अपने पिता के साथ वहाँ आने लगी और ठाकुर को नित्य निहारते हुए उनके प्रेम-पाश में बँध गई। अपने पिता से हठ करने लगी कि ठाकुर को अपने घर ले चलो।

वनमाली राय ने ऐसा ही किया।

एक दिन ठाकुर ने राधा से विवाह के लिए कहा, तो वह तुरंत तैयार हो गई। इसके तुरंत बाद राधा अस्वस्थ हो गई और दिनोदिन क्षीण होने लगी। ठाकुर ने राधा की माँ को स्वप्नादेश दिया कि तुम्हारे बगीचे में नीम का जो सूखा पेड़ है, उसके काष्ठ से कन्या की प्रतिमा बनवा दो। तुम्हारी बेटी बचेगी नहीं। उस काष्ठ प्रतिमा में समा जाएगी। मैं उससे परिणय करूँगा।

यही किया गया।

जैसे ही प्रतिमा तैयार हुई, राधा का देहांत हो गया।

विनोद ठाकुर के साथ काष्ठ प्रतिमा को ब्याह दिया गया। वे 'राधा-विनोद' कहलाए और 'जमाई ठाकुर' के नाम से प्रसिद्ध हुए।

वनमाली राय सन् 1867 में गौड़ीय संप्रदाय में दीक्षित हुए और उन्होंने सन् 1904 में वृंदावन में यह मंदिर बनवाया। साथ ही गोवर्धन में भी एक मंदिर का निर्माण कराया, जिसे 'राजबाड़ी' कहा जाता है।

मंदिर की संपूर्ण जानकारी पहले से प्राप्त करने का यह लाभ रहा कि रासबिहारी ने वहाँ प्रतिष्ठित हर प्रतिमा के साथ लगाव और पूर्ण परिचय महसूस किया।

उन्होंने देखा, मंदिर के गर्भगृह में ललिता सखी, जमाई ठाकुर, राधा-विनोदिनी और विशाखा सखी की प्रतिमाएँ प्रतिष्ठित हैं। पता चला, ठाकुरजी की सेवा पूर्ण जमाई भाव से होती है। ज्येष्ठ शुक्ला षष्ठी को ठाकुर का विवाह विनोदिनी के साथ हुआ था। इसलिए इस तिथि को 'जमाई षष्ठी' के रूप में मंदिर में प्रतिवर्ष पर्व की भाँति मनाया जाता है।

यह सब सुनकर रासबिहारी अभिभूत कंठ से बोले, "तुमने कितने कौतुक रचे हैं नंदनंदन! सच में निराले हो!"

समीप खड़े कैलाश ने सहमति में सिर हिलाया, "आप सच कहते हैं, बाबूजी। इस वृंदावन की धरती पर निर्मित मंदिरों में आपको पग-पग पर विलक्षणता दिखाई देगी। यहाँ भक्त-भगवान् दोनों ही निराले हैं। अब मैं आपको जिस मंदिर के दर्शन कराऊँगा, वहाँ भक्त-हृदय का निरालापन आपको चकित कर देगा।"

"किस मंदिर के बारे में कह रहे हो, कैलाश? तुमने तो मेरे हृदय में नाम जानने की उत्कंठा जगा दी है।" रासबिहारी ने उत्सुक होकर पूछा।

"शाहजी का मंदिर।" कैलाश ने बताया, "निर्माणकर्ता ने इसे 'ललित निकुंज' नाम दिया था, लेकिन जनसाधारण के मध्य यह 'शाहजी का मंदिर' या फिर 'टेढ़े खंभेवाला मंदिर' के नाम से प्रचलित है।"

"इस मंदिर का नाम संभवतः मैंने विमलेंदु के मुँह से भी सुना है। वृंदावन का विशिष्ट मंदिर है क्या?"

"जी। यह यहाँ के विशिष्ट मंदिरों में गिना जाता है। इसे लखनऊ नगर के नवाब के जौहरी और वहाँ के सर्वाधिक धनाढ्यों में एक शाह कुंदनलाल ने बनवाया है। शाहजी का जन्म 1825 में और निधन सन् 1873 में हुआ, यानी मात्र 48 वर्ष की अवस्था में परलोक सिधार गए। उन्होंने नृत्य, गान, काव्य, नाट्य आदि कलाओं की विधिवत् शिक्षा पाई थी। बचपन से ही श्रेष्ठ कविता लिखने लगे। युवावस्था में भक्ति-मार्ग की ओर उन्मुख हुए और सन् 1856 में लखनऊ छोड़कर स्थायी रूप से ब्रज में बस गए। उनके कुछ दोहे मुझे कंठस्थ हैं, जिनमें रासलीला का चित्रण है।"

"रासलीला? वाह!" रासबिहारी फड़क उठे, "इसी रास के आकर्षण से बँधकर तो मैं कोलकाता से ब्रजभूमि आया हूँ। यदि तुम्हें याद हैं, तो दो दोहे सुना ही दो।"

कैलाश मुसकराया और सुनाने लगा—

"बसीकरन बंसी बजै, मंडल में ब्रजबाल।

बंसीबट निरतत लखौं बीच लाड़िली लाल॥
ले मोहन की मुरलिया, प्रिया धरी अधरान।
मंद बजावत निधुवनै निरखौं इन नैनान॥"

"बहुत सुंदर! गागर में सागर! छोटे-से दोहे में समूची रासलीला का चित्र खींचकर रख दिया है। सम्मोहन-जल फेंकनेवाला श्रीकृष्ण का वंशीवादन, मंडलाकार गोपियाँ, वंशीवट पर नृत्य और मध्य में श्री मदनमोहन।" रासबिहारी शाहजी के मंदिर के निर्माणकर्ता की काव्यकला से बहुत प्रभावित हुए।

"और सुनिए।" कैलाश भी उनके ज्ञान-वर्धन के लिए उत्साहित हो उठा, "शाह कुंदनलाल ने 'ललित किशोरी' के नाम से काव्य-रचना की है। इनके छोटे भाई ने भी 'ललित माधुरी' के नाम से ब्रजभाषा में सुंदर काव्य-रचना की। दोनों भाई ऐसे थे, जैसे राम-लक्ष्मण की जोड़ी। अनुज अपने अग्रज का पूर्णत: अनुगामी। उन्होंने भी अपने भाई के साथ लखनऊ छोड़ दिया। दोनों भाइयों का रासलीला के मंचन की दिशा में भी बड़ा योगदान रहा। दोनों की समाधि मंदिर के मुख्य द्वार के निकट हैं।"

"इसका अर्थ है कि शाह-बंधुओं ने ब्रज-संस्कृति के अनूठे संवाहक के रूप में ख्याति पाई है। विवरण सुनकर मैं शाहजी का मंदिर देखने के लिए और अधिक उतावला हो गया हूँ।"

"लीजिए, हमारी टैक्सी मंदिर के द्वार पर पहुँच चुकी है। उतरिए और आप भी भक्ति-रस में डूबिए।" कैलाश बोला।

टैक्सी से उतरकर रासबिहारी ने उस अलबेले मंदिर की ओर देखा, जिसके निर्माणकर्ता के हृदय में ललित कलाओं के प्रति अनन्य अनुराग था। हृदय की भक्ति-भावना को मंदिर के रूप में समूर्त करने के लिए भगवान् ने जिसके हाथों में प्रचुर धन भी दिया था।

वे लोग अब मंदिर के मुख्य द्वार पर पहुँच चुके थे।

गुलाबी बलुए पत्थर से बना कमल-दल की आकृति का विशाल प्रवेशद्वार।

इसके ऊपरी भाग में भी कमल की पँखुड़ियों का अलंकरण।

बरामदे के घुमावदार टेढ़े खंभे वास्तु के सुंदर नमूने।

छत की बुर्जियों पर पुतलियों तथा जीव-जंतुओं की मूर्तियाँ उत्कीर्ण।

श्वेत संगमरमर से निर्मित भव्य मंदिर की मनमोहक छटा थी। जगमोहन तथा बाह्य परिसर की दीवारों पर नृत्यरत युवतियों के प्रस्तर-चित्र थे, बेलबूटों की पच्चीकारी थी और बेजोड़ कलात्मक सौंदर्य था।

मंदिर में प्रतिष्ठापित श्रीराधारमण की भव्य प्रतिमा देखकर रासबिहारी भाव-विभोर हो उठे। एक गहरी शांति और निस्सीम भक्ति-भावना उनके हृदय में भर गई। श्री विग्रह

के सामने देर तक आँखें मूँद, हाथ जोड़े खड़े रहे।

जब लौटने को हुए तो फर्श पर दीवार के सहारे रखे चित्र को देखकर चौंक पड़े और सवालिया दृष्टि से कैलाश की ओर देखा। उसने हथेली से थोड़ा ठहरने का इशारा किया।

वहाँ से बाहर निकलने के बाद बताया, "इसे ही मैंने भक्त-हृदय की विलक्षणता कहा था। चित्र ललितकिशोरीजी और उनके परिवार का है। वे चाहते थे कि मृत्यु के बाद भी उन्हें यहाँ आनेवाले दर्शनार्थियों के पाँवों से ब्रज की पावन धूल मिलती रहे। इसीलिए इस चित्र को दीवार पर टाँगने के बजाए फर्श पर रखे जाने की इच्छा जताई थी।"

"अद्भुत है यह आस्था!" रासबिहारी चमत्कृत हुए।

"और सुनिए," कैलाश बोला, "ललितकिशोरीजी को अपनी मृत्यु का पूर्वाभास हो गया था। अंतकाल में धरती पर माटी का चबूतरा बनवाकर लेट गए और चारों ओर भक्ति-संकीर्तन चलने लगा। 'राधेश्याम' रटते-रटते प्राण त्यागे। मृत्यु से पूर्व एक कागज पर अपनी इच्छा लिख दी, 'मृत्यु के बाद मेरे लिए कोई विमान न निकालना। मुझे घसीटते हुए ही श्मशान ले जाना, ताकि मेरे पार्थिक शरीर को भी दाहसंस्कार होने तक ब्रज-रज का संस्पर्श मिलता रहे।"

"नमन है ब्रज-रज के प्रति ऐसे उत्कट प्रेमभाव को!" रासबिहारी हाथ जोड़ते हुए बोले।

"मंदिर की वासंती धज के बारे में तो मैंने आपको बताया ही नहीं, वह भी बेमिसाल है।" कैलाश बोला।

"मतलब?" रासबिहारी चौंके।

"यहाँ नित्य वसंतोत्सव होता है, पर दर्शनार्थियों के लिए वर्ष में मात्र दो दिन उसे प्रदर्शित किया जाता है।"

"वसंतोत्सव? कैसा होता है वह?"

"फाल्गुन माह में जब संपूर्ण प्रकृति पीतवसना हो उठती है, तो मंदिर के सभा-विलास, यानी वासंती कक्ष में बसंती रंग की विद्युत् छटा बिखर जाती है। उस वासंती प्रकाश में कक्ष के झाड़-फानूस की शोभा दुगनी-चौगुनी नहीं, सहस्त्रगुनी हो उठती है। आँखें उस सौंदर्य पर टिकती नहीं।"

"हम उसे देख सकेंगे?"

"बसंतपंचमी और श्रावण का झूलनोत्सव, यानी इस वर्ष के दोनों दिन तो अब निकल गए हैं। अगले वर्ष बसंतपंचमी पर ही उसे दर्शनार्थियों के लिए सुलभ कराया जाएगा। रंगीन विद्युत् आलोक जब कक्ष के चारों ओर लगे दर्पणों में प्रतिभासित होता है, तो उस वासंती छटा की शोभा बेमिसाल होती है।"

"मैं उसकी कल्पना कर सकता हूँ।" रासबिहारी बोले।

"वह युग ही दूसरा था और उस युग की बात ही कुछ अलग थी।" कैलाश जैसे किसी अन्य लोक में पहुँच गया, "ललित किशोरीजी समस्त सांसारिक प्रपंचों को छोड़कर सन् 1856 ई. में ब्रज आए थे। अगले वर्ष 1857 का प्रथम स्वतंत्रता संग्राम हुआ। उस समय क्रांतिकारी हीरासिंह की टुकड़ी वृंदावन आई, तो ललित जी ने तीन दिन उसे भोजन कराया। उनसे ब्रज में लूटपाट न करने का वचन लिया। उस दौरान नवाब वाजिद अली शाह को मंदिर में शरण दी। लोकोपकार का ऐसा उदाहरण दुर्लभ है।"

रासबिहारी सहमत हुए।

वापसी के दौरान वह पूरे समय शाहजी के मंदिर की यादों में डूबे रहे। मयूर निकुंज पहुँचने पर यह रोमांच और बढ़ गया, जब उनसे विदा लेते हुए कैलाश बोला, "बाबूजी, कल सुबह हमें मथुरा जी के लिए निकलना है। जल्दी ही नाश्ता-पानी निपटा लेना। मैं गोकुल से भी कहे जाता हूँ।"

"यदि ऐसा है तो राधिका को भी कल छाछ लेकर आने से रोक देना। व्यर्थ ही बच्ची परेशान होगी।"

"सही कहा आपने।" कहकर कैलाश चला गया।

रासबिहारी रोमांचित थे—कैसी होगी तीन लोक से न्यारी मथुरा!

□

5

तीन लोक से न्यारी मथुरा

"श्री मथुराजी की महिमा अपरंपार है।" टैक्सी रवाना होते ही कैलाश बोल पड़ा, "दुःख यही है कि पुराणों में वर्णित मथुरा अब नहीं रही। न जाने कितने आक्रांता आए और उसके शिल्प, संस्कृति, धर्म को रौंदते हुए निकल गए। जीवट है मथुराजी का, जो आज भी ब्रज-संस्कृति को सँजोए हुए खड़ी हैं, भले ही पुराणों में वर्णित मथुरा नगरी की हम आज केवल कल्पना करें, पर अब भी जो है, जहाँ है, जितना है, कम नहीं है। अति पावन एवं मोक्षदायिनी है हमारी मथुरा नगरी।"

रासबिहारी मौन रहे।

मन में विषाद के साथ संतोष भी था।

मुसलिम आक्रमणकारियों के पद-प्रहार से वह अवगत थे। बार-बार यह बात कानों में पड़ रही थी। आचार्य अमल भी बता चुके थे। सिंकदर लोदी, महमूद गजनवी, अहमदशाह अब्दाली और औरंगजेब आदि ने मथुरा पर आक्रमण करके इसकी समृद्धिशाली संस्कृति को निष्ठुरता से नष्ट किया। पर मथुरा बार-बार के प्रहारों के बाद भी स्वयं को मिटने से बचाए रही। श्रीकृष्ण जन्मभूमि, श्रीनाथजी, द्वारिकाधीश जैसी धरोहर आज भी विद्यमान हैं, जो हमारी विरासत को सँभाले हुए हैं। मन-ही-मन उन्होंने चैतन्य महाप्रभु एवं अन्य धार्मिक मनीषियों को नमन किया, जिन्होंने गुम हो चुकी लीलास्थलियों को खोजने का श्रमसाध्य प्रयास किया और सफल हुए।

तभी वृंदावन-मथुरा मार्ग पर स्थित, श्वेत संगमरमर से निर्मित, एक विशालकाय मंदिर के धवल शिखर को देखकर रासबिहारी एकाएक चौंके, "कैलाश, गाड़ी रोको। यह कौन-सा मंदिर है, जिसने मुझे आगे बढ़ने से रोक दिया?"

"यह पागल बाबा का मंदिर है और यहाँ गाड़ी रुकवाकर आपने बाबा की आत्मा को तृप्त किया है।"

"मैं समझा नहीं!"

"आगरा का ताजमहल देखकर वापिस लौट जानेवालों का ध्यान वह ब्रजदर्शन की

ओर आकृष्ट कराना चाहते थे। इतना भव्य मंदिर बने कि लोग उसे देखने मथुरा-वृंदावन आएँ। जैसे आपका ध्यान राह चलते इधर आकृष्ट हुआ, वैसे जन-जन में पहले मंदिर, फिर ब्रज-दर्शन की अभिलाषा जागे।"

"ब्रज क्षेत्र को लोकप्रियता दिलाने की इच्छा रखनेवाले यह पागल बाबा थे कौन ?" रासबिहारी ने उत्सुक होकर पूछा।

"एक सिद्ध महात्मा थे। लोकोपकार उनके रोम-रोम में बसा था। मूल नाम था लीलानंद ठाकुर और बंगाल थी जन्मभूमि। उनके हृदय में ईश्वर-दर्शन की चाह जागी, तो घर से निकल पड़े। देश-देशांतर में भटकते रहे। पहाड़ों की दुर्गम चढ़ाई की, मैदानों की धूल छानी, वनों की गहन कंदराओं में विचरते रहे। अंतत: यह आत्मज्ञान मिला कि मृग-नाभि की कस्तूरी की भाँति वह आनंद तो उन्हीं के भीतर है। वह आनंद मानव-मात्र के हृदय से जुड़ने में है। बस, फिर क्या था! उन्हें लक्ष्य पता चल चुका था और उस लक्ष्य को पाने की चेष्टा रह गई थी।"

"बाबा के हृदय में भगवत्-प्रेम इतना बढ़ा कि लोग उन्हें पागल कहने लगे। फिर तो उनका नाम ही 'पागल बाबा' पड़ गया। उन्होंने लोकोपकार के लिए देश के विभिन्न भागों में आश्रम स्थापित किए। असम में अपने हाथों से कुआँ तक खोदा और उस पानी से रोगियों की चिकित्सा की। ब्रज में बसने के बाद यमुना के जल में एक ऊँची मचान पर कुटी बनाकर रहते थे और भक्तों को उसी कुटी से आशीर्वाद देते थे। लोगों के हृदय में उनके प्रति अत्यंत श्रद्धाभाव भी था। उन्होंने भ्रमणार्थियों की भीड़ को आकृष्ट करने के लिए सन् 1960 में इस भव्य मंदिर का शिलान्यास किया। वर्ष 1980 में बाबा का गोलोकवास हो गया।"

रासबिहारी को पागल बाबा के मंदिर की भव्यता ने मोह लिया।

नौ खंडों के भवन का यह मंदिर वृंदावन का सबसे ऊँचा मंदिर है।

हर खंड में एक अलग मंदिर स्थापित है।

रासबिहारी के लिए हालाँकि नौ खंड चढ़ना थोड़ा कठिन था, पर उत्साह के चलते वह सबसे ऊपरी खंड तक पहुँच ही गए। मुख्य जगमोहन में उन्हें संकीर्तन होता दिखाई दिया। पता चला, बाबा ने यहाँ 108 वर्षों के अखंड हरिनाम के संकीर्तन का संकल्प लिया था, जो उनके देहावसान के बाद भी निरंतर चल रहा है।

मंदिर के प्रथम तल में राधा-गोविंद के सुंदर विग्रह को देख रासबिहारी मुग्ध हो गए। दूसरे तल पर बालकृष्ण को गोद में लिये नंद बाबा और माता यशोदा की मूर्तियाँ दिखीं। अन्यान्य मंजिलों में राम-लक्ष्मण, वामन भगवान्, नारायण भगवान्, ओउम आदि स्थापित हैं। मंदिर में अखंड ज्योति और अखंड कीर्तन की बात सुनकर रासबिहारी प्रभावित हुए।

कैलाश तनिक बेचैन दिखाई दिया, "बाबूजी, अब यहाँ से चलना चाहिए। मार्ग में गीता स्तंभ देखना है। फिर मथुरा पहुँचने पर कृष्णजन्मभूमि, द्वारिकाधीश मंदिर और श्रीजी के मंदिर देखने हैं, जिनमें दर्शन का अलग-अलग समय है। श्री द्वारिकाधीश मंदिर साढ़े दस बजे बंद हो गया, तो फिर दोपहर साढ़े तीन बजे ही खुलेगा। श्रीकृष्ण जन्मभूमि के लिए दोपहर बारह बजे तक पहुँचने से भी काम चल जाएगा।"

"ठीक कहते हो।" कहकर रासबिहारी पागल बाबा के मंदिर से बाहर निकल गए।

अब टैक्सी जहाँ रुकी, वह 'बिड़ला मंदिर' अथवा 'गीता स्तंभ' के नाम से जाना जानेवाला मंदिर था।

कैलाश ने वहाँ स्थित ऊँचे स्तंभ की ओर संकेत करते हुए कहा, "बाबूजी, आप इसे सामान्य स्तंभ न समझें, इस पर पूरी भगवद्गीता लिखी हुई है।"

"एक स्तंभ पर समूची गीता! यह कैसे संभव है?" रासबिहारी चौंके।

"यही तो इसकी खूबी है। आप आगे बढ़कर स्वयं देख लीजिए।"

बात सच थी।

उस स्तंभ पर भगवत्गीता उत्कीर्ण थी।

"ऊपर तक दृष्टिपात करके पढ़ना संभव नहीं था। पता चला, इसके ऊपरी हिस्से में गीता के संपूर्ण अध्याय, जिनकी संख्या 18 है और श्लोक, जिनकी संख्या 700 है, उत्कीर्ण हैं। नीचे अर्जुन को निष्काम कर्म का उपदेश देते श्रीकृष्ण हैं।"

मंदिर सचमुच दर्शनीय था।

शंख-चक्रधारी श्रीकृष्ण भगवान् की संगमरमर से निर्मित भव्य मूर्ति, जिसमें वे अर्जुन को गीता का उपदेश दे रहे हैं।

मंदिर की दीवारों पर उत्कीर्ण श्रीकृष्ण लीला से जुड़े अनेक महत्त्वपूर्ण प्रसंग।

द्रौपदी का चीर-हरण।

कौरव-सभा में कृष्ण।

सन् 1945 ई. में निर्मित इस मंदिर के निर्माण करानेवाले थे बल्देवदास बिड़ला।

मथुरा पहुँचकर असिकुंडा बाजार में स्थित द्वारकाधीश मंदिर का इतिहास भी रासबिहारी को कम रोमांचक नहीं लगा।

बात उस समय की है, जब ब्रज की सभी लीलास्थलियाँ विलुप्त हो चुकी थीं, तब वैष्णव-भक्ति की लहर लेकर ग्वालियर से मथुरा पधारे स्वयं द्वारकाधीश। इसकी

भूमिका ऐसे बनी कि उज्जैन के नागा साधुओं के ग्वालियर में सशस्त्र विद्रोह को दौलतराव सिंधिया के खजांची वल्लभ संप्रदायी वैष्णव गोकुलनाथ पारिख ने खत्म किया। उन्हें उज्जैन के नागा साधुओं के मठ से अपार संपत्ति मिली। द्वारकाधीश उन्हीं नागा साधुओं के इष्टदेव थे। सिंधिया ने उस संपत्ति को ब्रज के धार्मिक कार्यों में लगाने का गोकुलनाथ को आदेश दिया। तभी एक रात द्वारकाधीश ने उन्हें स्वप्नादेश दिया कि वह उन्हें ग्वालियर से मथुरा ले जाएँ। इस स्वप्न के बारे में सुनकर तथा गोकुलनाथ की भक्ति भावना से प्रभावित होकर नागा साधुओं ने भी अपने इष्टदेव उन्हें सौंप दिए। विद्रोह के दमन के बाद मठ से मिली अपार दौलत के साथ जब सन् 1813 में गोकुलनाथ ब्रज आए और मथुरा-वृंदावन के मध्य भतरोड़ नामक स्थान पर डेरा डाला, तो वहीं एक बगीचा तैयार करवाकर श्री द्वारकाधीश की सेवा-अर्चना शुरू कर दी। तदुपरांत सन् 1814 में असिकुंडा बाजार में श्री द्वारकाधीश का भव्य मंदिर बनवाया, जिसे 'सेठजी का मंदिर' भी कहा जाता है। इसी मंदिर में श्री द्वारकाधीश को स्थापित किया गया।

रासबिहारी को द्वारकाधीश का मंदिर चमत्कृत कर देनेवाली देवस्थली प्रतीत हुआ। इसे वह ब्रज की मंदिर-संस्कृति का चरम उन्मेष कहें या पुष्टि मार्ग की आस्था का परमधाम, सोच नहीं सके।

बल्लभ कुल के इस प्रमुख मंदिर में प्रभु द्वारकाधीश का श्यामवर्णी विग्रह प्रतिष्ठापित था। चारों हाथों में शंख, चक्र, गदा और पद्‌म। पार्श्व में रुक्मिणीजी के दर्शन। आठों याम की झाँकी। कीर्तन की स्वरलहरियाँ!

स्थापत्य कला की दृष्टि से भी मंदिर का सौंदर्य असाधारण था। पत्थरों की ऐसी कलात्मक सज्जा कि निगाह न हटे।

ऊँची कुरसी पर बना जगमोहन।

स्वर्ण मंडित शिखर।

कलात्मक मेहराब।

छत पर हो रही नक्काशी व चित्रकारी।

भगवान् द्वारकाधीश की पूजा यहाँ मंत्रों से नहीं, पदों से होती है। पुष्टिमार्ग के भक्त कवियों द्वारा रचित पद यहाँ संगीतबद्ध करके गाए जाते हैं। बल्लभ कुल का सबसे बड़ा मंदिर है यह। मंगला, श्रृंगार, ग्वाल, राजभोग, उत्थापन, भोग, संध्या आरती और शयन की आठ झाँकियाँ नित्योत्सव की सेवा हैं। राजभोग में कीर्तन मंडली बैठती है। सावन घटा का उत्सव, जनमाष्टमी उत्सव पर मंदिर की शोभा अवर्णनीय हो जाती है।

~✦~

द्वारकाधीश मंदिर के पश्चात् गंतव्य थी—कृष्णजन्म भूमि।

रासबिहारी सोच नहीं पा रहे थे कि वहाँ पहुँचकर कैसा अनुभव करेंगे? 'पग-पग होत प्रयाग' वाली यह अनुभूति उनके लिए गहरी रोमांचक रहेगी।

बात सच थी।

पाँच हजार साल पुराने इतिहास-लोक में पदार्पण की कल्पना ही तन-मन को सिहरा देनेवाली थी।

गर्भगृह, यानी वह कारागार जहाँ माता देवकी के गर्भ से श्रीकृष्ण का जन्म हुआ था, पहुँचकर रासबिहारी की आँखों में द्वापर युग की वह भादों माह की अष्टमी साकार हो उठी, जब अर्धरात्रि की निस्तब्ध बेला में श्रीकृष्ण का धरा पर अवतरण हुआ था।

वह अनूठी रात्रि अपने प्रलयंकारी स्वरूप के भीतर जो अमृत-घट छिपाए थी, उनका नाम ही मानवता के लिए प्रकाशस्तंभ बनकर युग-युगांतर में आलोक-रश्मियाँ बिखेरनेवाला है।

सघन श्यामल घनों से आवृत्त आकाश।

रह-रहकर विद्युत्-गर्जन।

मूसलाधार वृष्टि।

माँ देवकी और पिता वसुदेव के मुँह तक आ गए प्राण कि आततायी-क्रूर कंस के निर्मम हाथों से अपने नवजात शिशु को कैसे बचाएँ?

उनके हृदय की उस उद्विग्नता का क्या कहीं ओर-छोर होगा?

सौभाग्यवश कारागार के द्वार खुल गए।

पहरेदार सो गए।

सिर पर टोकरी और टोकरी में सोया नवजात शिशु लिये उफनती यमुना में उतरे वसुदेवजी।

श्रीकृष्ण के पाँव के अँगूठे का संस्पर्श करके यमुना धन्य हो गई। लहरों की विकरालता घटी। पिता ने सकुशल यमुना को पार कर लिया।

उस भयावह रात्रि की कल्पना दुस्सह थी। पल-पल और अधिक भयभीत होता जनक-जननी का हृदय। नवजात को सुरक्षित स्थान पर पहुँचाने के लिए उनका कारागार से निकलना कहीं किसी ने देख लिया, तो क्या होगा?

वही कँपकँपाहट गर्भगृह में खड़े रासबिहारी ने महसूस की। माथे पर पसीने की बूँदें चुहचुहा उठीं।

पता चला, पहले यहाँ वीरान धरती थी। सन् 1953 में नगर के समाजसेवियों ने जब यहाँ कारसेवा की, तो भूमिसात हो चुका ढाँचा नीचे से निकला। पहले एक छोटे-से

मंदिर में उसे उसी रूप में स्थापित कर दिया गया। बाद में वर्ष 1957 में जीणोद्धार हुआ। जन-आस्था का सैलाब इसके दर्शनार्थ प्रतिदिन उमड़ता है। सावनी घटा-सी उमड़ती भीड़ अपने 'लाला' की जन्मभूमि के दर्शन करके धन्य हो उठती है।

वही ढाँचा रासबिहारी की आँखों के सामने था। सामने विद्यमान ऊँचे से चबूतरे पर भी रह-रहकर उनकी निगाहें टिक जाती थीं। कारसेवा के दौरान यह भी निकला था।

कितनी देर रासबिहारी वहाँ नि:शब्द खड़े रहे, उन्हें पता नहीं। कैलाश के बाहर निकलने के संकेत से होश में आए। गर्भगृह में विराजित राधा-कृष्ण की मनमोहिनी मूर्ति के एक बार पुन: दर्शन करके गर्भगृह से बाहर आ गए।

तदुपरांत जन्मभूमि प्रांगण में मौजूद श्री केशवदेव का मंदिर उन्होंने देखा। सन् 1660 में भारत आए विदेशी यात्री टेवर्नियर ने इसका वर्णन किया है, जानकर चकित हुए। उसने इसे भारत के सर्वोत्तम मंदिरों में से एक माना है। ईस्ट इंडिया कंपनी के शासनकाल में कटरा केशव देव के इस मंदिर की बोली लगी थी। तत्युगीन बनारस नरेश पटनीमल ने यह जगह खरीदी, पर मंदिर नहीं बनवा सके। तदुपरांत मदनमोहन मालवीयजी की प्रेरणा से जुगलकिशोर बिड़ला ने उस वक्त के बनारस नरेश कृष्णदास से यह जमीन खरीदी और मंदिर बनना शुरू हुआ।

जन्मभूमि प्रांगण में ही 'भागवत भवन' भी था, जिसे देखना अपने आप में आनंददायी रहा। वर्ष 1965 में हनुमान प्रसाद पोद्दार ने 'भागवत भवन' की नींव रखी और वर्ष 1980 में यह बनकर तैयार हुआ।

घूमते-घूमते काफी समय लग गया। थकान के बावजूद रासबिहारी का चेहरा प्रसन्न दिखाई दे रहा था।

कृष्ण जन्मभूमि से बाहर निकलकर भी उनका चित्त न जाने कहाँ-कहाँ भटक रहा था। भूल नहीं पा रहे थे कि इस जन्मस्थली ने विध्वंस के न जाने कितने दौर झेले हैं। श्रीकृष्ण के प्रपोत्र व्रजनाभ ने सबसे पहले इस जन्मस्थान पर केशवदेव के मंदिर का निर्माण कराया, जो भूमिसात हो गया। फिर गुप्तकाल में चंद्रगुप्त विक्रमादित्य ने भगवान् वासुदेव का भव्य मंदिर खड़ा किया, जिसे दुर्दांत आक्रमणकारी महमूद गजनवी ने यथावत् नहीं रहने दिया। समृद्धशाली मथुरा नगरी को लूटने के साथ उसे भी नष्ट कर दिया। तदुपरांत कन्नौज के युवराज विजयपाल ने यहाँ मंदिर बनवाया, जिसे सिकंदर लोदी ने धराशायी कर दिया। पुन: मुगल सम्राट् जहाँगीर के काल में ओरछा नरेश वीर सिंह बुंदेला ने सन् 1618 ई. में 33 लाख रुपए की लागत से केशवदेव का भव्य मंदिर बनवाया, जिसे सन् 1669 ई. में औरंगजेब ने तुड़वा दिया और यहाँ मसजिद बनवा दी। इसके बाद जन्मभूमि वर्षों वीरान पड़ी रही और तब तक जनमानस की दृष्टि से ओझल

रही, जब तक सन् 1953 में कारसेवा करते हुए ढाँचा और चबूतरा नहीं निकला।

सोचकर ही रासबिहारी का मन न जाने कैसा-कैसा हो उठा।

तभी कैलाश बोला, "सुबह जलपान करके मयूर निकुंज से निकलने के बाद आप भूखे-प्यासे घूम रहे हैं। भूख नहीं लगी ?"

"यह चिंता करना मेरा नहीं, तुम्हारा काम है।" रासबिहारी मुसकराए, "मैंने इन दिनों स्वयं को तुम्हारे हाथों में सौंप रखा है।"

"मैंने अपने एक मित्र के यहाँ दोपहर के भोजन की व्यवस्था कर रखी है। वह हमारी प्रतीक्षा कर रहा होगा। चलिए, वहीं चलते हैं। ज्यादा ठहरेंगे नहीं। भोजन करके घंटा भर विश्राम करके निकल पड़ेंगे। पहले सतघरा, फिर श्रीजी के मंदिर के दर्शन करके मथुराजी के घाटों की ओर चलेंगे।" कैलाश ने कहा।

रासबिहारी को कार्यक्रम पसंद आया।

कैलाश की बुद्धिमत्ता को भी उन्होंने सराहा।

भोजन स्वादिष्ट था।

सुखदायी शय्या पर घंटे भर की जगह दो घंटे का विश्राम करके रासबिहारी तरोताजा हो गए।

टैक्सी उन्हें सतघरा मंदिर तक नहीं पहुँचा सकी। सड़क पर उसे छोड़कर, कैलाश के साथ मथुरा की एक सँकरी गली में घुसते हुए रासबिहारी ने सोचा, एक छोटी-सी गली में कोई दर्शनीय मंदिर कैसे हो सकता है ?

इसमें संदेह नहीं कि मथुरा-वृंदावन में गली-गली में मंदिर हैं, किंतु कैलाश ने तो उनसे प्रमुख मंदिरों का ही दर्शन कराने की बात कही है। फिर यहाँ पर···

चिंतनधारा टूटी।

गली के अंतिम सिरे पर ठहरते हुए कैलाश ने बताया, "यही सतघरा है। श्रीनाथजी की प्रथम चरण-चौकी।"

कैलाश भी इस सतघरे के बारे में ज्यादा नहीं जानता था। सामने ही एक सेवायत पड़ गया, तो वह बोल पड़ा, "सुनो बाबा, यहाँ के बारे में हमें थोड़ी जानकारी दे दो।"

सेवायत ने बताया कि भारत में यह वल्लभ कुल की पहली हवेली है। सात घरों की विशालकाय हवेली अब सिमटकर एक में ही सीमित रह गई है। आचार्य वल्लभाचार्य के पुत्र गुसाईंऔ विट्ठलनाथ अपने अड़ैल स्थित निवास को छोड़कर सन् 1566 में ब्रजभूमि पधार गए। उनका अब यहीं स्थायी वास का मन बन गया। उन्होंने यहाँ तीन

कमरे बनवाए और सपरिवार रहने लगे। जनश्रुति के अनुसार विक्रम संवत 1623 की फाल्गुन कृष्ण अष्टमी को श्रीनाथजी मथुरा आए। यहाँ दो माह बाइस दिन इसी हवेली में विराजे। उस समय यहाँ नित्य श्रीनाथजी के उत्सवों की झाँकियाँ सजती थीं। सातों निधियाँ यहाँ बसती थीं। श्रीनाथजी जब यहाँ आए, तो पुष्टिमार्ग के सात अनुयायियों ने उनकी बहुत मनोयोग से सेवा की। श्रीनाथजी ने ही इस हवेली को 'सतघरा' नाम दिया और सातों अनुयायियों को एक-एक निधि की सेवा सौंपकर गुसाईं विट्ठलनाथ गोकुल चले गए। वर्तमान में सातों निधियाँ अलग-अलग स्थान पर विराजमान हैं। कोटा में मथुराधीश, नाथद्वारा में विट्ठलनाथजी, कांकरौली में द्वारकाधीश, गोकुल में गोकुलनाथ, कामवन में गोकुल चंद्रमा, सूरत में यदुनाथ के बालकृष्ण और कामवन में ही मदन मोहनलाल विराजे हैं। सतघरा में श्रीनाथजी की चरण-चौकी स्थापित थी। सचमुच दर्शनीय जगह थी। उसे देखकर जल्दी ही वे लोग वहाँ से निकल आए।

तदुपरांत माणिक चौक के श्रीनाथजी के मंदिर में पहुँचकर उन दोनों ने श्रीनाथजी के दर्शन-सुख को प्राप्त किया। यह मंदिर अत्यंत प्राचीन है। द्वारकाधीश मंदिर से भी पुराना माना गया है। बादामी पाषाण से निर्मित मंदिर की कारीगरी मन को लुभा लेती है। लगभग पाँच सौ वर्ष पुराने इस मंदिर के बारे में कहा जाता है कि महाप्रभु वल्लभाचार्य जब मथुरा आए, तो उन्होंने यहीं माणिक चौक में चौबीस अवतारों की मूर्ति स्थापित की, फिर जब अहमदशाह अब्दाली आया तो उसने मथुरा में बुरी तरह लूटपाट करके श्रीनाथजी के मंदिर को भूमिसात कर दिया। मूर्ति को किसी तरह हिफाजत से पैंठा भेज दिया गया। बाद में समाज की सहायता से मंदिर का पुनर्निर्माण हुआ और पैंठा से लाकर श्रीनाथजी पधराए गए। मंदिर की कलात्मक पच्चीकारी और पत्थरों पर उत्कीर्ण मूर्तियों का सौंदर्य देखकर रासबिहारी अत्यंत आनंदित हुए। समय की कमी के कारण जल्दी ही यमुना-तट की ओर उन्हें रवाना होना पड़ा।

मथुरा का विश्राम घाट।

संध्या समय होने के कारण यमुना-जल में स्नान करनेवालों की भीड़ नहीं थी, तदपि कुछ श्रद्धालु भक्तजन अभी भी नहा रहे थे।

"मैं भी स्नान करता, पर अन्य वस्त्र साथ में नहीं हैं।" रासबिहारी बोले।

"आप इस समय स्नान न करें। आज रात हमें मथुरा में ही ठहरना पड़ेगा। मैं आपको यमुनाजी के निकट के अनेक घाट, जो तीर्थ की संज्ञा पा चुके हैं, दिखाना चाहता हूँ।"

"यह तो बहुत अच्छी बात है।" रासबिहारी प्रसन्न दिखे, "पर हम लोग ठहरेंगे कहाँ?"

"अपने उसी मित्र विनोद के यहाँ, जहाँ हमने दोपहर को भोजन और विश्राम किया है। आपको यदि वहाँ कोई असुविधा हुई हो तो अन्यत्र प्रबंध किया जा सकता है।"

"पूरा परिवार अत्यंत शिष्ट, सेवाभावी और विनयी है। उनके यहाँ रुककर मुझे अति आनंद मिला है, पर किसी को बार-बार असुविधा देते संकोच भी तो होता है।"

"आप तनिक भी संकोच न करें। विनोद मेरा बाल-मित्र और सहपाठी रहा है। हमारे पारिवारिक संबंध हैं। वृंदावन आता है, तो बाबा से मिले बिना नहीं लौटता। उनके लिए भोजन तक तैयार कर देता है।"

"ठीक है, जैसा तुम उचित समझो।" कहकर रासबिहारी ने बात खत्म कर दी।

कैलाश ने विश्रामघाट की ओर उनका ध्यान दिलाया, "बाबूजी, यह विश्रामघाट मथुरा नगरी का प्राण है। सिर्फ़ यही क्यों, यहाँ का हर घाट यमुना मैया के प्राणतत्त्व से कम नहीं है। हर घाट अपने भीतर एक कथा संजोए हुए है। प्राचीन ग्रंथों में इस विश्रामघाट को 'विश्रांति तीर्थ' कहा गया है। देवों ने इसमें स्नान किया है। यहाँ नहाने से स्वर्गंगा में नहाने का सुफल मिलता है। यहाँ श्रीहरि निवास करते हैं।"

"तुमने सही कहा, कैलाश।" रासबिहारी बोले, "यहाँ पहुँचकर मुझे भी अनुपम विश्रांति मिल रही है। जैसे देह-मन के सारे दाह-ताप एक-एक करके विलय होते जा रहे हैं, मेरा तन-मन हलका होता जा रहा है।"

"भगवान् श्रीकृष्ण ने कंस का वध करके यहीं पर विश्राम किया था, स्वस्ति का अनुभव किया था।"

"तभी आज तक यह विश्रामघाट सबको शांति प्रदान कर रहा है। मुझे लगता है कि यहाँ और भी बहुत कुछ है, जो किसी सामान्य नदी के तटवर्ती घाट से इसे विशिष्ट बना रहा है। न जाने क्यों यहाँ कुछ अलग-सा अहसास हो रहा है।"

"यह सचमुच विशिष्ट है। आप इन सीढ़ियों से ऊपर पत्थर एवं संगमरमर से बने पाँच कतारबद्ध तुलाद्वारों को देखें। ये उन तीर्थयात्रियों के स्मारक हैं, जिन्होंने यहाँ तुलादान किया है।"

"तुम्हें उनके नाम विदित हैं?"

"जी हाँ। पहला तुलादान द्वार ओरछा नरेश वीर सिंह बुंदेला का है, जो सन् 1618 में कराया गया था। दूसरा संगमरमर का तुलादान द्वार जयपुर नरेश का, तीसरा रीवां नरेश रघुराज सिंह का, चौथा काशी नरेश का व पाँचवाँ अहमदाबाद के सेठ गोविंद मणिलाल का है, जो सन् 1631 में निर्मित हुआ।"

अब सांध्य आरती शुरू हो चुकी थी।

घंटे-घड़ियाल-शंख के साथ यमुना महारानी की आरती के स्वरों का जादू एक

अद्भुत जादुई लोक निर्मित कर रहा था। झिलमिलाते दीपकों का प्रकाश अपनी अलग छटा बिखेर रहा था। उपस्थित जनसमूह अत्यंत भक्ति-भाव से इस दृश्य को निहारकर मंत्रमुग्ध हो रहा था।

आरती खत्म होने से कुछ पूर्व ही कैलाश ने उन्हें सजग किया, "बाबूजी, हम लोग अब निकल चलें। आरती खत्म होने पर जब सारी भीड़ एक साथ बाहर निकलने को आतुर हो उठेगी, तो हम भीड़ में फँस सकते हैं, हालाँकि व्यवस्था के लिए पुलिस का इंतजाम है, पर कोई खतरा क्यों मोल लिया जाए?"

"तुम ठीक कहते हो।" रासबिहारी फौरन मान गए।

टैक्सी चालक को मथुरा में रात्रि-विश्राम का कार्यक्रम बताया जा चुका था। उसने सवारियों को विनोद के आवास के सामने पहुँचाकर पूछा, "सुबह कितने बजे निकलेंगे?"

"यमुनाजी की मंगला आरती प्रातः पौने पाँच बजे होती है। यदि आप उसे देखना चाहेंगे, तो हमें यहाँ से सुबह सवा चार बजे निकलना होगा।"

"आरती देखने की ऐसी कोई विशेष इच्छा नहीं है। सांध्य आरती देख ही चुके हैं। हम वहाँ आराम से सुबह सात बजे तक पहुँच जाएँ। चार बजे उठकर विनोद के परिवार को सोते से जगाना भी कोई अच्छी बात नहीं है।"

"बिल्कुल ठीक कहते हैं आप।" कैलाश तत्काल मान गया और उसने टैक्सी चालक को सुबह छह बजे आने की हिदायत दे दी।

इसके बाद वे लोग विनोद के घर में प्रविष्ट हुए, जहाँ रात्रिभोजन एवं शयन की व्यवस्था थी।

~✦~

छोटा-सा साफ-सुथरा घर।

पति-पत्नी और दो बेटियों का सुखी परिवार।

विनोद की पत्नी दीपा सचमुच निपुण गृहिणी थी। दोपहर की भाँति ही रात को भी अत्यंत स्वादिष्ट भोजन दो थालियों में सजाकर स्वयं कक्ष में पहुँचाने आई।

दिन में ही उससे सामान्य बातचीत कर चुके थे रासबिहारी। इस वक्त भी बोले बिना नहीं रहे, "तुम्हें मैंने बहुत व्यस्त कर दिया, दीपा? छोटी-छोटी बच्चियों के साथ इतने व्यंजन बनाने की क्या जरूरत थी?"

"इसमें व्यस्तता की क्या बात है बाबूजी।" दीपा मुसकराई, "रसोईघर मेरी मनपसंद जगह है, मैं बड़ी रुचि और मनोयोग से खाना पकाकर खुशी महसूस करती हूँ।"

"तुम सचमुच बहुत समझदार और मेहनती हो दीपा। साक्षात् अन्नपूर्णा! लगता है, माँ अन्नपूर्णा के दरबार में प्रसाद पा रहा हूँ, या फिर अपनी बेटी के हाथों तैयार की गई भोजन की थाली मेरे सामने है।"

"मैं बरेली की हूँ। हम भाई-बहन अपने पिताजी को बाबूजी कहते हैं, इसलिए मुझे भी लगता है कि मैं अपने बाबूजी को ही खाना खिला रही हूँ। आपके भीतर उन्हीं के स्नेह को देख रही हूँ।"

"लेकिन मुझे तुमसे एक शिकायत है, बेटी।" रासबिहारी बोले, "तुमने दोपहर में भी कैलाश और मुझे भोजन कराते समय विनोद की थाली नहीं परसी थी। मैंने सोचा, संभवतः वह भोजन कर चुके हैं। पर इस वक्त भी मैं दो थालियाँ ही देख रहा हूँ।

...विनोद की थाली शीघ्र लाओ, ताकि हम भोजन प्रारंभ कर सकें।"

"दरअसल, यह खाना खिलाएँगे।" दीपा मुसकराई, "बच्चियाँ छोटी हैं, मैं रोटी सेंक रही हूँ, इसलिए रसोईघर से गरम रोटियाँ लाने का काम इन्हें ही करना है।"

बात सही थी, रासबिहारी ने सिर हिला दिया। वहाँ मौजूद विनोद से बोले, "बेटा, मुझे हाथ धोने हैं।"

"चलिए, मैं भीतर आपके हाथ धुलवाए देता हूँ।" कहते हुए विनोद ने कैलाश की ओर देखा, "तुम्हें भी भोजन से पूर्व अपने हाथ धोने हैं, कैलाश?"

"नहीं। मेरे हाथ साफ हैं। धोने की जरूरत नहीं है।" कैलाश ने जाने से मना कर दिया।

हाथ धोकर रासबिहारी जब भीतर से लौटे, तो पता नहीं कैलाश कुछ घबराया-सा दिखा।

रासबिहारी पूछे बिना नहीं रह सके, "कैलाश, क्या बात है? कोई समस्या है क्या?"

"ऐं, समस्या?" कैलाश और ज्यादा घबरा गया, "नहीं, नहीं, कोई समस्या नहीं है। समस्या भला क्यों होगी?" और इतना कहने के साथ ही उसने एक विचित्र-सा आचरण किया।

बड़ी तत्परता से रासबिहारी की थाली से खीर की कटोरी उठाते हुए कुछ अजीब-सी आवाज में चीखा, "विनोद, बाबूजी के लिए दूसरी खीर ले आओ, मैं इसे फेंकने जा रहा हूँ।"

"क्यों, क्या बात है?" विनोद ही नहीं, रासबिहारी भी चौंक पड़े, "इस खीर में क्या खराबी है?"

"यह खाने लायक नहीं है, इसमें कुछ पड़ा है।"

"क्या पड़ा है, मुझे तो यह एकदम साफ दिख रही है।" रासबिहारी बोले।

"कुछ था, मैंने निकाल दिया। पर इसे फेंकना ही बेहतर है। मैं बाहर गली की नाली में डाल आता हूँ।" कहते हुए कैलाश उठा और चेहरे पर एकदम असहज-भाव लिये कमरे से निकल गया।

"सुनो कैलाश, बाहर नाली में मत फेंको। यह खीर मैं कूड़ेदान में डाल दूँगा।" विनोद कहता ही रह गया और कैलाश तब तक कमरे से बाहर निकल गया।

"पागल हो गया है क्या यह?" विनोद झुँझलाई आवाज में बोला।

"सचमुच अटपटा आचरण कर रहा है।" रासबिहारी ने सिर हिलाया।

"आपको खीर में कुछ आपत्तिजनक दिखाई दिया था?"

"बिल्कुल नहीं। इसने क्या देखा, क्या निकाला, कहाँ फेंका, यही जाने!" रासबिहारी हँसे, "जरूरत से ज्यादा चिंता रखता है मेरी और यह कोई अच्छी बात नहीं है।"

विनोद की भौंहों पर बल पड़ चुके थे, पड़े रहे। तभी दीपा रोटी लेकर आई।

"अरे, आप लोगों ने अभी खाना शुरू भी नहीं किया?" चौंककर बोली, "और कैलाश भैया कहाँ गए? उन्हीं ने खाना ठंडा करा दिया···खैर, ये रोटियाँ तो ठंडी हो गई होंगी। इन्हें रहने दें, मैं लिये जाती हूँ, आाप गरम रोटी ले लें।"

"तुम्हारे इस सनकी देवर का पागलपन से भरा हुआ आचरण मेरी समझ में तो आया नहीं।" विनोद ने नाराजी जताई।

"बात क्या हुई?"

"कुछ नहीं। बाबूजी की थाली की अच्छी-भली खीर यह अक्लमंद बाहर नाली में फेंकने गया है। खीर की दूसरी कटोरी ला दो।" विनोद उसी तीखे कंठ से बोला।

दीपा कुछ समझ नहीं सकी।

पूछने की जरूरत भी नहीं समझी।

चुपचाप भीतर चली गई और खीर की दूसरी कटोरी लाकर थाली में रख दी।

विनोद अभी भी सहज नहीं हो सका था।

भोजन कराने का दायित्व उसका है, भूल चुका था।

खैर, बात आई-गई हो गई।

सुबह जलपान के बाद जब रासबिहारी चलने लगे, तो बोले, "दीपा बेटी, तुमने अपने इस बाबूजी का कल से जितना सेवा-सत्कार क़िया है, वह छोटा नहीं है। अब मथुरा घूमकर हम वापिस वृंदावन लौट जाएँगे। यहाँ आने की आवश्यकता नहीं रहेगी। इसलिए हमारे लिए दोपहर का भोजन मत बनाना।"

"आप यहाँ खाना खाकर ही वृंदावन जाएँ न!" दीपा मनुहार भरे कंठ से बोली।

"घूमते हुए पता नहीं कहाँ-से-कहाँ निकल जाएँ, इसलिए भोजन के लिए हामी नहीं भरेंगे।" कहते हुए रासबिहारी ने अपनी जेब से कुछ रुपए निकाले और माँ के पास खड़ी दीपा की दोनों बेटियों के हाथ पर रख दिए।

दीपा भी कम नहीं थी।

तुरंत व्यंग्य किया, "हमारे बाबूजी होटल का पेमेंट कर रहे हैं, यह बहुत अच्छी बात है।"

रासबिहारी जोर से हँस पड़े, "बहुत मेहनती और गुणवती है हमारी बिटिया, लेकिन अक्ल से थोड़ी कच्ची है। बेटी के घर रहकर और भोजन करके वापस जाते वक्त यदि बाबूजी अपनी धेवतियों को कुछ देते हैं, तो वह होटल का पेमेंट नहीं होता, इतनी मामूली-सी बात नहीं समझती। नादान है न! धीरे-धीरे समझ जाएगी।"

दीपा एकदम शरमा गई।

झुककर रासबिहारी के पाँव छू लिये, "बाबूजी, क्षमा करें। सच में नादान हूँ।"

"इस नादानी को समझती है न?" रासबिहारी भावुक हो उठे, "तो फिर बेटी-दामाद को यह छोटी-सी भेंट स्वीकारने में कोई चीं-चपड़ नहीं करनी है।"

"यह आपकी ज्यादती है बाबूजी।" दीपा भी भाव-विह्वल हो उठी, "बेटी का ज्यादा सीधी होना भी ठीक नहीं होता। माता-पिता उसे दबाते चले जाते हैं।"

"यही समझ ले।" रासबिहारी अँसुवाई आवाज में बोले और सामने मेज पर कुछ रुपए रख दिए।

ऐसे भाव-भरे माहौल में विदा लेनी पड़ेगी, कल यहाँ आते समय कब जानते थे?

मन में एक बार विचार आया, क्या पारिवारिक संबंधों को सहेजकर न रख पाने की अपनी गलती का प्रायश्चित्त ही वह घर-घर में नाता-संबंध जोड़कर कर रहे हैं?

फिर लगा, नहीं, इसे अपने नेह-संबंधों के विस्तार के रूप में लेना चाहिए, जो बढ़ते-बढ़ते यदि मानव-मात्र तक पहुँच जाए, तभी अपने मानव-जन्म धारण की सार्थकता समझेंगे।

वह द्वार तक आ गए, पर कैलाश चलते-चलते ठिठक गया, "दीपा भाभी, कोई अँगोछा-तौलिया हो तो ला देना। विश्राम घाट पर बाबूजी स्नान कर सकते हैं।"

दीपा ने भीतर से तौलिया-अँगोछा दोनों ला दिए। कैलाश ने ले लिये। रासबिहारी कुछ न बोले। बाप-बेटी के रिश्ते में चुप रहना ही उचित था।

~✦~

तदुपरांत मथुरा के विश्राम घाट पर स्नान भी हुआ और नौकाविहार भी।

नौकाविहार का प्रस्ताव कैलाश का था। अत्यंत आनंददायी रहा।

विश्रामघाट पर ही यमराज का दुर्लभ मंदिर था। कैलाश ने बताया, "पुराणों के अनुसार यम और यमुना दोनों जुड़वाँ भाई-बहन हैं। कार्तिक माह की यम द्वितीया को बहन ने अपने सहोदर को निमंत्रित किया, नाना प्रकार के व्यंजन खिलाए। हर्षित भाई ने वर माँगने को कहा, तो बोली कि इस दिन जो भाई-बहन श्रद्धा से भरकर इस जल में स्नान करें, उन्हें आप त्रिताप और सारे भयों से मुक्त कर दें। यमराज ने 'तथास्तु' कहा, तो बहन यमुना खुश हो गई। तब से दीवाली के बाद भाईदूज पर असंख्य भाई-बहन यहाँ यमुना जल में साथ-साथ स्नान करते हैं। इसी दिन की याद में यह मंदिर बना है।"

इस क्षण रासबिहारी को विमलेंदु की बहन सुजाता की बहुत याद आई। बहुत स्नेही है सुजाता। उन्हें विमलेंदु से ज्यादा मानती है, अधिक सम्मान देती है। बाल विधवा है, विमलेंदु के यहाँ ही रहती है।

रासबिहारी ने सोचा, यदि संभव हुआ तो इसी दीपावली पर वह विमलेंदु को सपरिवार ब्रज-भ्रमण के लिए बुलाएँगे। सुजाता को साथ लाने के लिए कहेंगे। यदि वे लोग आ गए, तो सुजाता को यम-यमुना की कहानी सुनाकर वे दोनों भाई-बहन भी हाथ पकड़कर यमुना मैया के इस पावन जल में दो-चार गोते जरूर लेंगे।

सोचने के साथ ही मन किंचित् भारी भी हुआ, क्या यमुना का गँदला जल आज पहले-सा निर्मल, पावन और डुबकी लगाने लायक रह गया है ?

कैलाश ने बताया है, वर्षाकाल में वे लोग यहाँ खड़े हैं, तो पानी दिखाई भी दे रहा है, वरना ग्रीष्म ऋतु में यहाँ का जल बहुत घट जाता है।

एक नाले के रूप में यमुना की कल्पना रासबिहारी का कलेजा चीर गई। यदि समय रहते ध्यान नहीं दिया गया, तो यह कल का भयावह सच क्यों नहीं हो सकता ?

प्राय: सभी नदियाँ प्रदूषण, पानी की कमी, जल की बरबादी जैसी समस्याओं से जूझ रही हैं, सोचकर मन और अधिक व्यथित हो उठा।

कैलाश बता रहा था, "बाबूजी, इस छल-छल, कल-कल करती कालिंदी के कूल पर वैभव धड़कता था। इतिहास, धर्म और स्थापत्य की श्वास-प्रश्वास यहाँ स्पष्ट सुनी जा सकती थी। उत्तर और दक्षिण दिशा में चौबीस घाटों की शृंखला थी, पर अब इस विश्रामघाट को छोड़कर ज्यादातर घाट चरमरा उठे हैं। कुछ विलुप्त हो गए, कुछ से यमुना की धारा दूर हो गई और कुछ दुर्गति के मारे आठ-आठ आँसू रो रहे हैं।"

"कैलाश, कुछ-न-कुछ तो अब भी है न! चलो, हम उन्हीं जीर्ण-शीर्ण घाटों से ही कुछ बात करते हैं, उनकी सुधि ले लेते हैं।"

“तो फिर पहले उत्तर दिशा की ओर चलिए।” कहकर कैलाश उन्हें कालिंदी के घाटों का लुप्तप्राय वैभव दिखाने चल पड़ा।

और अब वे लोग असिकुंडा घाट पर खड़े थे। कूड़े से अटे घाट का सौंदर्य तिरोहित हो चुका था। घाट पर हनुमान, गणेश, नृसिंह भगवान् आदि के मंदिर थे, जिन्हें सरसरी दृष्टि से देखकर रासबिहारी अवसन्न हृदय से से बोले, “कैलाश, बस हो गया। यहाँ ठहरने से मन खराब होगा। हम अन्यत्र चलेंगे।”

पर सभी जगह लगभग एक सी हालत थी।

सोमतीर्थ घाट पर चहल-पहल तो दिखाई दी, पर यमुना का प्रवाह नजर नहीं आया। समीपस्थ नाले की दुर्गंध से दिमाग अलग भन्ना गया। वहाँ से भागते ही बना।

कृष्ण गंगा घाट भी खँडहर में बदल चुका था। यमुना मैया का उससे दूर हो जाना, बुर्जियों का टूटा होना जैसी बातों से रासबिहारी का मन जरूर अनमना बना रहा। घाट के नामकरण का अभिप्राय जानकर वह अवश्य चौंके। पता चला, इस घाट पर व्यासजी ने तप किया था। सरस्वती नदी इसी स्थान पर यमुना से मिलती थीं। उनका दूसरा नाम ‘कृष्ण गंगा’ होने के कारण इसे ‘कृष्ण गंगा घाट’ कहते हैं।

यमुना के एक के बाद एक दुर्दशा के मारे घाट देखकर रासबिहारी ने दुःखी होकर पूछा, “तो क्या सिर्फ विश्रामघाट ही दर्शनीय घाट रह गया है ?”

“नहीं, और घाट भी अच्छी स्थिति में हैं।” कैलाश ने बताया, “अब हम लोग स्वामीघाट चल रहे हैं, उसे देखकर आपको अच्छा लगेगा।”

सचमुच स्वामीघाट साफ-सुथरा, भव्य घाट था।

कैलाश ने बताया, “मान्यता है कि यहाँ स्नान करने से विष्णु लोक की प्राप्ति होती है।”

इसके बाद दशाश्वमेध घाट जीर्ण-शीर्ण दशा में मिला, नाग तीर्थ विलुप्ति के कगार पर नजर आया और घंटाभरण तीर्थ, ब्रह्मतीर्थ, धारापतन तीर्थ, कोटि तीर्थ आदि का केवल नामोल्लेख ही मिला। चक्रतीर्थ के दर्शन भले ही हुए, पर उसकी बदहाली पर सिर्फ रोना आया। चारों ओर गंदगी का अंबार और बीच में खँडहरनुमा घाट। टूटी सीढ़ियों के नीचे पोखरनुमा जलकुंड दिखा।

पता चला, यमुना अब यहाँ से दूर हो गई हैं।

रासबिहारी थककर बोले, “कैलाश, बहुत हो गया। इन नष्टप्राय स्थलियों के नाम पर अब और भटकने से कोई लाभ नहीं। दोपहर के भोजन के वक्त तक हम वृंदावन पहुँच जाएँगे, लौट चलो।”

“आप सही कहते हैं।” कैलाश सहमत हुआ, “घाट तो और भी हैं, पर सिर्फ नाम

ही नाम शेष रह गए हैं। अविमुक्त तीर्थ, ऋषि तीर्थ, मोक्ष तीर्थ, बोधि तीर्थ, कोटि तीर्थ, वटस्वामी तीर्थ, ध्रुव तीर्थ और गुह्य तीर्थ कहाँ थे, हमें कौन बताए? गुम हो गए हैं ये तीर्थ। प्रयाग तीर्थ जरूर दिख जाएगा, पर वहाँ तक दौड़ लगाने से कोई फायदा नहीं। उसे भी ममत्व भरे हाथों की जरूरत है, जो उसे सहेजें-सँवारें।"

"सही कहते हो कैलाश।" रासबिहारी के कंठ से एक ठंडी साँस निकली।

~✦~

"बाबूजी, हम जिस रास्ते से आए थे, उसी से वापिस नहीं लौटेंगे।" कैलाश बोला।

"फिर किस मार्ग से चलोगे?" रासबिहारी चौंके।

"वृंदावन वाली सड़क पकड़ेंगे। आप जब दिल्ली से आए थे, टैक्सी चालक ने उसी मार्ग से वृंदावन पहुँचाया होगा।"

"संभव है, यही हुआ हो।" रासबिहारी ने सिर हिलाया, "मेरे लिए तो सभी नई और अनजान सड़कें थीं। इसलिए टैक्सी किस मार्ग से गई, मैं नहीं बता सकता।"

इस मार्ग पर भी अनेक मंदिर थे, पर सब जगह ठहरना संभव न था। हाँ, कुछ स्थानों पर अवश्य टैक्सी रुकवाकर कैलाश ने उन्हें मंदिर दिखाए।

माँ वैष्णव देवी का मंदिर अत्यंत भव्य था। खुले आसमान के नीचे देवी माँ की सिंहासनासीन विराट् मूर्ति। नौ देवियों की मूर्तियाँ भी अत्यंत भव्य और दर्शनीय थीं।

अक्षयपात्र पर भी वह लोग ठहरे। यह मात्र मंदिर नहीं था, यहाँ रसोईघर भी चलता था। विशाल भट्टी पर प्रतिदिन विविध प्रकार के भोजन बनाए जाते और यह भोजन का प्रसाद बच्चों के प्रत्येक सरकारी शिशु विद्यालयों में वितरित किया जाता।

अक्षय मंदिर से आगे प्रेम मंदिर ने अपनी भव्यता से रासबिहारी की टैक्सी को ठहरने पर बाध्य कर दिया।

"यह प्रेम-मंदिर है।

मंदिर के भीतर श्री श्रीराधा-कृष्ण का श्रीविग्रह और ऊपरी खंड में श्री श्रीराम-सीता का श्री विग्रह प्रतिष्ठित है। नया बना होने के कारण मंदिर में आधुनिकता दिखाई दी। मंदिर की भीतरी दीवार में श्रीकृष्ण, चैतन्य महाप्रभु के नवद्वीप जीवन तथा विभिन्न आचार्यों की मूर्तियाँ थीं। श्री कृपालु महाराज के भक्तों के साथ भगवान् का संकीर्तन करते हुए अनेक सुंदर दृश्य विद्यमान हैं। मंदिर के बाहर विद्युत्चालित गोवर्धन-धारण प्रसंग, कालिय दमन आदि निहारते ही बने। मनमोहक फुहारे और रंगारंग विद्युत् छटा ने प्रेम मंदिर को बहुत सुंदर बना दिया है, यह प्रकट था।

थके-हारे वे लोग मयूर-निकुंज लौटे, तो रासबिहारी बोले, "कैलाश, अब कल का कोई कार्यक्रम मत रखना। दो दिन मथुरा-भ्रमण के कार्यक्रम ने थकाने के साथ-साथ विचार करने की भी बहुत सी सामग्री दे दी है। वैसे भी दो सप्ताह पूरे हो रहे हैं। न हो तो कल एक बार जाकर आचार्यजी से बात कर आना। उनके पास टेलीफोन की सुविधा नहीं है, वरना मैं फोन से बात कर लेता। यदि वह परसों से रास-चर्चा के लिए तैयार हैं, तो मुझे भी स्वयं को उस मन:स्थिति में ढालना होगा।"

"बिल्कुल ठीक है। मैं कल दिन में उनसे मिलकर शाम तक आपको बता दूँगा।"

"मोहनलालजी की सेहत सुधर रही है ?"

"जी हाँ। जिजीविषा की उनमें कमी नहीं है, जल्दी ही पूरे स्वस्थ हो जाएँगे।"

"इलाज में जितना पैसा लगे, निस्संकोच माँग लेना। कहीं हाथ रोकने की जरूरत नहीं है। न हो, तो कुछ और अभी लेते जाओ।"

"आपने जब बीड़ा उठाया है, तो बाबा को स्वस्थ होना ही है। चिंता न करें, अभी इलाज के लिए पैसा मेरे हाथ में है, जरूरत पड़ने पर आपसे माँग लूँगा।"

कैलाश लौट गया।

अगले दिन संध्या समय आकर सूचना दे भी गया, "आपको कल सुबह आठ बजे आचार्यजी के यहाँ चलना है।"

"कैलाश, कल टैक्सी को बुलाकर सारा दिन वहाँ खड़ा रखने की जरूरत नहीं है। उसे रोक देना। हम लोग घूमते-घामते पैदल ही वहाँ पहुँच जाएँगे।"

"जी अच्छा!" कहकर कैलाश लौट गया।

□

6

रास-रहस्य

आचार्य अमल प्रेमपूर्वक मिले।

रासबिहारी से वृंदावन-मथुरा भ्रमण की जानकारी ली। इसके बाद अपने विषय पर आ गए, "श्रीमद्‌भागवत के दशम स्कंध में रास का विवरण मिलता है। उस महासागर की आरोह-अवरोहमयी ऊर्मियों को गिनना शुरू करूँगा, तो मूल विषय पर पहुँचने में बहुत वक्त लगेगा। इसलिए अभिमन्यु एवं उत्तरा के पुत्र महाराज परीक्षित की कथा से इसका समारंभ करने के बाद हम जल्दी ही मूल विषय, यानी रास पर आ जाएँगे। संक्षेप में इस कथा को सुनकर आप महारास की थाह पा सकेंगे।"

"जी।" रासबिहारी सुनने के लिए सजग हो उठे।

क्षणांश में उनका सर्वांग ही मानो कर्णपटु बन चुका था। उन्हें लगा, जैसे इस कथा को वह कानों से सुन भर नहीं रहे हैं, पूरा दृश्य आँखों के सामने घटित होते हुए देख रहे हैं—

"एक बार सरस्वती नदी के तट के पास से निकलते हुए महाराज परीक्षित ने कलि को धर्म एवं धरती पर अत्याचार करता देखकर अपने राज्य से निकल जाने को कहा। कलि ने उनके पाँवों पर गिरकर क्षमा माँगी, तो परीक्षित ने उसे ऐसे स्थान पर रहने की छूट दे दी, जहाँ जुआ, मद्यपान, व्यभिचार, जीवहिंसा तथा क्रोध हो। बस, उस दिन से कलि इस प्रतीक्षा में रहने लगा कि कब महाराज को क्रोध आए, तो वह उनसे अपने अपमान का बदला ले।

एक दिन महाराज परीक्षित आखेट के लिए वन में गए तो एक हिरन का पीछा करते हुए थके-हारे, भूखे-प्यासे हाल में शमीक ऋषि के आश्रम में पहुँचे। उन्होंने पानी माँगा, पर ध्यानावस्थित ऋषि ने कोई उत्तर न दिया। उसी क्षण परीक्षित को ऐसा क्रोध आया कि उन्होंने धरती पर पड़ा एक मृत सर्प धनुष की नोक से उठाया और उसे ऋषि के गले में डालकर वहाँ से चले गए। स्वयं महाराज के लिए यह क्रोध कल्पनातीत था, इसलिए इस घटना से वह इतना विचलित हुए कि महल में लौटकर भी उद्विग्न बने रहे। वह स्वयं

को अपराधी मान रहे थे। नहीं जानते थे कि उनकी क्षणिक असावधानी का लाभ उठाकर कलि ने उनके भीतर प्रवेश कर लिया था।

उधर शमीक ऋषि के पुत्र श्रृंगी ऋषि को जब इस घटना की जानकारी हुई, तो पिता के अपमान-बोध से क्रुद्ध होकर उन्होंने कौशिकी नदी के जल को हाथ में लेकर परीक्षित को शाप दिया कि मर्यादा के उल्लंघन के कारण आज से सातवें दिन तुम्हें तक्षक डस लेगा। श्रृंगी ऋषि के इस शाप को सुनकर धरती दहल उठी। ध्यान टूटने के बाद संपूर्ण घटनाक्रम की जानकारी होने पर शमीक ऋषि ने भी अपने पुत्र को बहुत धिक्कारा, किंतु शाप तो दिया ही जा चुका था, इसलिए उन्होंने एक शिष्य गौरमुख को तत्काल महाराज परीक्षित के पास भेजकर वस्तुस्थिति से अवगत कराया।

परीक्षित का मन शांत हो गया। अपने अपराध के कारण वह ग्लानि से भरे थे और दंड भोगकर पाप का प्रायश्चित करने के इच्छुक थे। पर जीवन के अंतिम सात दिनों का सदुपयोग कैसे हो? उन्होंने अविलंब अपने पुत्र जनमेजय को राज्य-भार सौंपा और गंगातट पर जाकर अन्न-जल त्यागकर, श्रीकृष्ण के पाद-पद्म की सेवा में निमग्न हो गए।

परीक्षित के इस निर्णय से पास और दूर के सभी संत इतने भाव-विह्वल हुए कि गंगा तट पर आकर महाराज के साथ ही ये सात दिन व्यतीत करने का निर्णय किया। परीक्षित को यह सुनकर परमानंद मिला और बोले कि आप सब गोविंद नाम का कीर्तन करें। कृष्ण-कथा के श्रवण का आनंद लेते हुए मैं ये सात दिन व्यतीत करूँगा।

प्रश्न यह कि कृष्ण-कथा कहे कौन? किसमें है इतनी योग्यता? स्वयं श्रीकृष्ण भले ही यह कार्य संपन्न करें, अन्य किसी के वश का तो है नहीं। अंततः यही हुआ। स्वयं श्रीकृष्ण व्यासपुत्र शुकदेव बनकर आ गए। परीक्षित ने उनसे पूछा, "गुरुदेव, मैं जानना चाहता हूँ कि आसन्न-मृत्यु जीव का कर्तव्य क्या है?"

यह प्रश्न परीक्षित का ही नहीं, संपूर्ण प्राणियों का है। हमें पता है कि जीवन का एक-एक दिन बीतने के साथ मृत्यु निकट आ रही है, तो उसके बारे में सोचे बिना कैसे काम चल सकता है?

शुकदेवजी बोले, "मृत्यु-काल उपस्थित होने पर व्यक्ति का पहला कर्तव्य है, मृत्यु से न डरे। दूसरा कर्तव्य है, अनासक्ति की तलवार से विषय-वासना की जड़ काट दे। तीसरा कर्तव्य है, श्रीहरि के चरणों में मन को अर्पित कर दे। इसलिए पूर्ण मनोयोग से सात दिन कृष्ण-कथा सुनने पर तुम धन्य हो जाओगे।"

तदंतर श्री शुकदेवजी ने जो कथा सुनाई, वही भगवत कथा है। श्रीमद्भागवत के बारह स्कंध हैं, जिनमें भगवान् श्रीकृष्ण की समग्र मूर्ति देखी जा सकती है। प्रथम-द्वितीय स्कंध उनके युगल-पाद हैं, तृतीय-चतुर्थ उनकी जंघा-द्वय हैं, पंचम इनका नाभिदेश है।

षष्ठ वक्षस्थल है, सप्तम और अष्टम युगल-बाहु है, नवम कंठ है, दशम पद्म सम प्रफुल्लित आनन है, एकादश ललाट देश एवं द्वादश शिरोभाग है। इसी श्रीमद्भागवत के दशम स्कंध के 29वें से 33वें अध्याय को 'रास पंचाध्यायी' कहा गया है, यही संपूर्ण रासलीला है।"

आचार्य अमल ने इतने सरल शब्दों में सारी बात समझाई थी कि रासबिहारी संतुष्ट दिखाई दिए।

चकोर की भाँति वह आचार्यजी का मुख-चंद्र निहारने लगे, जिससे ये शब्द स्फुरित हो रहे थे, "मैं आपको रास-पंचाध्यायी का कोना-कोना घुमा लाऊँगा, लेकिन ध्यान रहे, इसमें कृष्ण और गोपियों के मध्य दैहिक कामवासना को देखना अनुचित ही नहीं, गर्हित भी है। अगणित ऋषि-मुनियों सहित मृत्युपथगामी महाराज परीक्षित जिस कथा को अपने अंतकाल में सुन रहे हैं, उसमें विषय-भोग की झलक हो भी कैसे सकती है? फिर, शुकदेवजी का यह स्पष्ट कथन है कि ब्रजवधुओं के साथ ब्रजनंदन की इस परम मधुर रासलीला का जो श्रद्धायुत हृदय से श्रवण, मनन, कीर्तन व स्मरण करेगा, उसे शीघ्र ही श्री भगवान् की पराभक्ति मिल जाएगी। संशय रखनेवाले जीवों के मन की कामव्याधि की चिरनिवृत्ति ही नहीं होगी, वे स्थायी शांति और परमानंद के अधिकारी भी हो जाएँगे।"

"परम शांति का पथ मिल जाना क्या छोटी बात है?" रासबिहारी चंचल दिखाई दिए, "मैं समझ गया हूँ कि हृदय में रंचमात्र भी प्राकृत कामना रहते हुए श्रीरासलीला के माधुर्य का अनुभव नहीं किया जा सकता।"

"जी हाँ।" आचार्य अमल बोले, "यह रासलीला दिव्य एवं परम अप्राकृत माधुर्य मंडित है। इसमें झलकता निगूढ़ रसतत्त्व ऐसा अनूप है, जिसके बिंदु मात्र आस्वाद के लिए ऋषि-मुनि तरसते हैं। इसके नायक पुरुषोत्तम श्रीकृष्ण और नायिकाएँ उनकी स्वरूप शक्ति गोपियाँ हैं। निष्काम, आत्माराम, रसिक शेखर और रसब्रह्म की खोज में निरंतर संलग्न रहने पर भी वेद असफल रहें हैं। एक आम्रवृक्ष की शाखा, पत्ते, जड़, मंजरी और यहाँ तक कि कच्चे आम में भी वह निगूढ़ मिठास नहीं मिलती, जो पके आम में रहती है। वृक्ष को स्वयं भी इस मिठास का पता नहीं होता। वेद रूपी कल्पवृक्ष का मीठा आम है भागवत, जिसमें श्रीकृष्ण के लीलागान से वेद तक चकित रह गए। यह आस्वाद बुद्धिगम्य न होकर हृदयगम्य है। इस रसब्रह्म की आनंददायिनी शक्ति है आह्लादिनी राधा और उस शक्ति की परिजन हैं गोपियाँ। महाभाव्यस्वरूपिणी ब्रज गोपियाँ। उनके द्वारा ही रस की पुष्टि एवं विस्तार होता है। इस आनंदरस का आस्वादन संशयशील हृदय नहीं कर सकते, विशुद्ध अनुराग रखनेवाले चित्त में ही इसका आविर्भाव होता है।"

रासबिहारी मौन होकर सुनते रहे।

आचार्य अमल ने अपनी बात आगे बढ़ाई, "पिछली दफा मैं आपको बता चुका हूँ

और आज फिर बता रहा हूँ कि जो दिव्य रास गोलोक स्थित दिव्य वृंदावन में निजस्वरूप शक्ति के साथ परब्रह्म कृष्ण नित्य-निरंतर करते हैं, वह नित्य रास है। दूसरा है नैमित्तिक रास, जिसे अपने भक्तों के लिए अवतार धारण करके ऋषि रूपा गोपियों के साथ परब्रह्म कृष्ण अवतरित वृंदावन में करते हैं। ये दोनों रास अलौकिक हैं और सिर्फ तीसरा, अनुकरणात्मक रास, जिसे कृष्णोपासक धर्माचार्यों ने लोक के सामने लाने का भगीरथ प्रयास किया, वही वर्तमान वृंदावन में मंचित होनेवाली रासलीला है। आपको इन तीनों का अंतर समझ लेना जरूरी है।"

"वह नैमित्तिक रास हमारे इस स्थूल वृंदावन में न होकर अवतरित वृंदावन में संपन्न हुआ था।" रासबिहारी बोले, "मुझे संपूर्ण विवरण याद है।"

"जी हाँ। सारस्वत कल्प के द्वापर युग का वह अवतरित वृंदावन गोवर्धन क्षेत्र में है। भागवत की एक पंक्ति है, 'वृंदावन गोवर्धनं यमुना पुलिनानि च।' अर्थात् भागवत के अनुसार, रास में वृंदावन के साथ-साथ गोवर्धन पर्वत और यमुना पुलिन की उपस्थिति अनिवार्य है। ऐसे में यह वर्तमान वृंदावन में कैसे संभव है? इसे गोवर्धन क्षेत्र में ही होना चाहिए। हाँ, महावैवर्त्तपुराण के अनुसार, यह नैमित्तिक महारास दोबारा वृंदावन क्षेत्र में भी हुआ, जो अलौकिक रहा। यही कारण है कि हमें पाँच हजार वर्ष पूर्व संपन्न होनेवाले सारस्वत युग के नैमित्तिक रास और 3500 वर्ष पूर्व संपन्न होनेवाले कलियुग के श्वेतवाराह काल के नैमित्तिक रास की लीलास्थलियाँ गोवर्धन और वृंदावन दोनों स्थानों पर मिलती हैं। जहाँ तक श्रीमद्भागवत में वर्णित रास की बात है, उसे ही धर्माचार्यों ने स्वीकृत किया है और इसीलिए गोवर्धन स्थित परासौली चंद्रसरोवर को महारास का आदिम और सर्वाधिक पुनीत स्थल माना है। हमें भी उसी को दृष्टि-पथ में रखना है।" आचार्य अमल ने पुराना विवरण इसलिए दुहरा दिया, ताकि रासबिहारी को समझने में कोई असुविधा न हो।

"जी हाँ।" रासबिहारी ने सिर हिला दिया।

"दूसरी बात, जिसे मैं बार-बार दुहरा चुका हूँ कि रासलीला दैहिक वासना से जुड़ी कोई प्रेमलीला नहीं है। यह विशुद्ध आध्यात्मिक भावभूमि पर अवस्थित आत्मा-परमात्मा का सम्मिलन है। इसीलिए इसे इसी रूप में ग्रहण करना चाहिए।"

"जी।"

"लेकिन तब सवाल उठता है कि हम इसे लौकिक न मानकर आध्यात्मिक कैसे मान लें? यह भी प्रश्न सामने आता है कि इस रासलीला का प्रयोजन क्या था? यहाँ इन प्रश्नों पर विचार करना जरूरी है।" आचार्य अमल बोले।

रासबिहारी चुपचाप सुनते रहे।

"श्रीकृष्ण जब किशोरवय के हुए, तो यमुना-तट पर उनके वंशीवादन को सुनकर

ब्रज की गोपबालाएँ उनके प्रेम में पड़ गई। पूर्वराग का उदय होने पर उन्होंने देवी कात्यायनी से श्रीकृष्ण को पति रूप में पाने के लिए कात्यायनी व्रत किया। पूरे एक माह यह व्रत और पूजा-अर्चना चली। इसकी समाप्ति पर वे बालाएँ यमुना-तट पर अपने वस्त्र रखकर जल में स्नान करने लगीं। उस समय श्रीकृष्ण ने लीला के प्रयोजन से उनके वस्त्र उठा लिये। गोपियों की वस्त्र लौटाने की प्रार्थना सशर्त पूरी हुई, तो उन्होंने उन गोपबालाओं को फिर किसी दिन सान्निध्य प्रदान करने का वचन दिया। कहा, आगामी शरदपूर्णिमा को उनकी चाहत पूरी करेंगे। इस प्रकार इस चीरहरणलीला से ही मधुर रसात्मक परम रमणीय रासलीला का सूत्रपात हुआ।"

"जी।" रासबिहारी ने हुंकारा भरा।

"दूसरी बात, श्रीकृष्ण की भगवत्ता, यानी ईश्वरत्व को लेकर ब्रह्मा, इंद्र आदि को संशय हुआ था। वे दोनों श्रीकृष्ण को पूर्णावतार मानने के लिए उद्यत न थे। ब्रह्मा ने बछड़ों तथा गोपबालकों को हरण करके श्रीकृष्ण की परीक्षा लेनी चाही। कृष्ण ने पूरे एक वर्ष तक स्वयं बछड़ों व गोपबालकों का रूप धारण करके ब्रह्मा का संदेह दूर किया। तदुपरांत श्रीब्रह्माजी ने वासुदेव कृष्ण को परब्रह्म मानकर उनकी स्तुति की।"

"यानी वे श्रीकृष्ण के ईश्वरत्व के कायल हो गए?"

"जी हाँ। इसी प्रकार इंद्र ने संदेह के वशीभूत होकर मूसलाधार वर्षा से ब्रज में त्राहि-त्राहि मचानी चाही। चुनौती थी, यदि तुम भगवान् हो, तो अपने भक्तों को बचाकर दिखा दो और कृष्ण ने यही किया। गिरिराज गोवर्धन को धारण करके इंद्र का अहंकार मिटाया। यहाँ भी इंद्र ने आकर श्रीकृष्ण से क्षमायाचना की और उन्हें परब्रह्म मानकर उनका अभिषेक किया।"

"सचमुच गोवर्धन पर्वत को धारण करके ब्रजवासियों की रक्षा करने का काम साधारण मानव के वश का न था। श्रीकृष्ण का ईश्वरत्व यहाँ प्रमाणित हो जाता है।" रासबिहारी अभिभूत होते हुए बोले।

"अब बात आती है कामदेव की।" आचार्य अमल ने रासलीला के इस प्रयोजन को बताना भी उचित समझा, "मदन को अहंकार था कि उसने ब्रह्मा, इंद्र, चंद्र आदि को विपथगामी बनाकर परास्त किया है, तो कृष्ण को भी हराकर क्यों न दिखाए? उन्हें पराभूत करने के प्रयासों में वह पहले विफल हो चुका था। चीरहरण प्रसंग इसका प्रमाण था। उसने अब फिर से श्रीकृष्ण को आमने-सामने के रण के लिए ललकारा, जिसे यशोदानंदन ने सहर्ष स्वीकार कर लिया। शतकोटि यूथ गोपियों के रूप में एक दुर्ग की रचना हुई, जिसमें कामदेव प्रविष्ट हो गया। शारदीय ज्योत्स्ना के निरभ्र काल में यमुना का निर्मल जल, पुलिन, निकुंज तथा सुवासित समीर आदि उपादान आखेटक के सहकारी बने, तो मन्मथ-मन्मथ श्रीकृष्ण ने इस रण में कामदेव पर विजय पाई।"

"कामदेव को हराना रासलीला का महत प्रयोजन है, मैं यह बात सोच भी नहीं सकता था।" रासबिहारी रोमांचित हो उठे।

"स्वयं सोचिए, यह लीला यदि किसी रूप में भी लौकिक और अश्लील होती, तो क्या श्री शुकदेवजी कभी ऋषि-मुनियों के सामने इसका वर्णन करते? क्या कृष्ण को 'आत्माराम' कहते?"

"यह आत्माराम क्या है, इसे स्पष्ट करें।"

"रासलीला के रहस्य को समझने के लिए पहले मैं आपको महामाया, योगमाया जैसे शब्दों के अर्थ बताऊँगा, उसके बाद आत्माराम की व्याख्या करूँगा।"

"जी।"

"देखिए, सारा दृश्यमान जगत् ही महामाया यानी माया के आधीन है। यह माया हमें अंधा बनाकर परम सत्य से विमुख कर देती है और हम दुःख भोगते हैं। सारा जीव-जगत् इस माया के संकेत पर चलता है। माया अपनी कार्यसिद्धि दो प्रकार से करती है—सत्य को आवृत्त करके और मिथ्या को सत्य रूप में प्रकट करके, यानी सच को ढक देना और झूठ को सच बताना माया का काम है। माया के भ्रमजाल में फँसकर मनुष्य भौतिक सुखों के पीछे भागता रहता है और परम सत्ता से विमुख बना रहता है। पथ में पड़ी रस्सी की सर्प रूप में अनुभूति कराना माया का कार्य है। उसने ऐसा अंधकार फैलाया कि रस्सी की पहचान नहीं हो सकी, फिर ऐसा भ्रम फैलाया कि उस रस्सी में सर्प की प्रतीति हुई। इस प्रकार महामाया अपना जाल फैलाती है और जीव तथा जगत् के लिए उसे छिन्न-भिन्न करना अति दुष्कर हो जाता है।

"महामाया जैसा ही दूसरा शब्द योगमाया है। चूँकि दोनों आवरण डालती हैं, इसलिए दोनों में 'माया' का शब्द-साम्य है। महामाया जीव-जगत् को ढकती है, योगमाया भगवान् को ढकती है। जिस शक्ति के द्वारा भगवान् स्वयं को आवृत्त करके धरती पर मानव जैसी लीलाएँ करते हैं, वह योगमाया है। योगमाया ईश्वर की शक्ति होते हुए भी ईश्वर पर कैसे आधिपत्य जमा लेती है, यह शंका हमारे मन में उठनी स्वाभाविक है। इसे एक उदाहरण से समझें। यदि कोई स्वामी अपने भृत्य को आदेश देता है कि मुझे दो घंटे बाद नींद से जगा देना और भृत्य ऐसा करता है, तो इससे स्वामी को सेवक के अधीन नहीं माना जा सकता। इसी प्रकार योगमाया भी भगवान् श्रीकृष्ण की आज्ञाकारिणी होते हुए भी उनकी लीला के प्रयोजन को ध्यान में रख उन्हें नाना कार्यों में प्रवृत्त करती है। कभी-कभी तो स्वयं श्रीकृष्ण को ही नहीं विदित होता कि योगमाया अब उनसे क्या कराएँगी? सच तो यही है कि इसी में लीला का आनंद है। यदि सबकुछ श्रीकृष्ण जानते रहेंगे, तो लीला में सहजता और स्वाभाविकता नहीं रहेगी। आगे क्या होगा, विदित होने पर कार्य में संलग्न होने का उत्साह ही खत्म हो जाएगा। इस प्रकार श्रीकृष्ण की नाना

लीलाओं में योगमाया का प्रभुत्व स्पष्टत: निहित रहता है।"

इस अत्यंत गूढ़ विषय का इतना सरल प्रतिपादन सुनकर रासबिहारी प्रसन्न होकर बोले, "आप दुरूह बातों को भी कितना आसान बना देते हैं!"

"अब हम 'आत्माराम' पर आते हैं।" आचार्य अमल गंभीर बने रहे, 'आत्माराम' का विपरीत अर्थ देनेवाला शब्द 'इंद्रियाराम' है। यह 'इंद्रियाराम' शब्द गीता में प्रयुक्त हुआ है। साधारण जीव इंद्रियों के आधीन रहता है और इंद्रियाँ उसे पापकर्म में प्रवृत्त करके उसका जीवन नष्ट कर देती है। इंद्रियों का वशीभूत व्यक्ति बाह्य वस्तुओं से ही सुख-प्राप्ति करता है, जबकि आत्माराम से जुड़ जाने पर व्यक्ति को सुख पाने के लिए पार्थिव वस्तुओं की अपेक्षा नहीं रहती। वह देह और इंद्रियों से असंपृक्त रहकर अपनी आत्मा के भीतर ही सच्चे सुख का आस्वादन करता है।

"आत्माराम सदैव अपने भीतरी आनंद से मग्न रहता है। श्री भगवान् स्वयं आनंदस्वरूप हैं। उन्हें आनंद पाने के लिए किसी बाहरी वस्तु की जरूरत नहीं है, इसलिए वे आत्माराम हैं, जबकि जीव को सुख पाने के लिए भोग-विलास से जुड़ी वस्तुओं की जरूरत होती है, तो वह इंद्रियाराम हुआ। इंद्रियाराम जीव अपूर्ण है और आत्माराम भगवान् सर्वथा पूर्ण हैं।

"पूर्ण आनंदस्वरूप होते हुए भी भगवान् की विशेषता उनका प्रेमाधीन होना है। जो भक्त अविद्या की बेड़ियाँ तोड़ चुके हैं और आत्माराम के पद तक पहुँच चुके हैं, भगवान् उन भक्तों के आधीन होकर उनके साथ क्रीड़ाएँ करने के लिए बाध्य हो जाते हैं। यह भक्ति का ऐसा प्रभाव है, ऐसा वैशिष्ट्य है कि ऐसे भक्तों के लिए भगवान् को भी कहना पड़ता है, 'सज्जन भक्तों ने मेरे हृदय पर प्रभुत्व कर लिया है। अपने इन समर्पणशील भक्तों को त्यागकर तो मैं अपनी आत्मा को भी नहीं चाहता।' इससे प्रकट है कि भक्त के प्रेम की अनिर्वचनीय महिमा के सामने भगवान् विवश हो जाते हैं और आत्माराम होकर भी क्रीड़ाएँ करने के लिए प्रवृत्त होते हैं। ब्रजवनिताओं के इसी एकनिष्ठ, अनन्य प्रेम के वशीभूत होकर आत्माराम कृष्ण ने रासलीला की है।"

रासबिहारी विस्मित भाव से आचार्यजी के शब्दों को आत्मसात् करते रहे।

"देखिए, ब्रज की रासलीला के स्पष्टत: चार वैशिष्ट्य हैं, जिनमें दो मैं आपको बता चुका हूँ। प्रथम, योगमाया के हाथों स्वयं को सौंपकर ब्रह्मस्वरूप श्रीकृष्ण की इस लीला में सहभागिता। द्वितीय, आत्माराम होते हुए भी अपने भक्तों के प्रेम के आधीन होकर इस लीला में संलग्न होना। अब तृतीय और चतुर्थ वैशिष्ट्य का विवेचन करूँ?"

"जी हाँ।" रासबिहारी कृतकृत्य होते हुए बोले।

"तीसरा प्रश्न यह उठता है कि श्रीकृष्ण जब स्वयं आनंदस्वरूप हैं, तो उन्हें लीला के रूप में किसी अन्य आनंद की प्राप्ति की आवश्यकता क्यों पड़ी? रास में गोपी-गोविंद

मिलन से जो आनंद निःसृत हुआ, वह पहले ही श्रीकृष्ण के भीतर संपूर्णतः विद्यमान था, फिर उन्होंने अलग से आनंद क्यों चाहा?

"बात सच है। श्रीकृष्ण आत्माराम ही नहीं, आत्मारामों के शीर्षमणि हैं। जीव जिस आनंद को इंद्रिय-सुख में खोजता है और जिसकी प्राप्ति में सुख तथा अप्राप्ति में दुःख पाता है, उससे श्रीकृष्ण सर्वथा वियुक्त हैं। वे स्वयं आनंदरूप हैं और उनके सभी आनंद आत्मगत, अर्थात् आत्मा में निरुद्ध हैं। ऐसे में उन्हें देहगत आनंद की आवश्यकता क्यों पड़ी?

"इसका उत्तर यह है कि जीव के लिए देह और आत्मा दो अलग वस्तुएँ हैं। देह जड़ और आत्मा चेतन है। हम आँख से देखते हैं, कान से सुनते हैं, रसना से स्वाद ग्रहण करते हैं, नासिका से सूँघते हैं, जबकि श्रीकृष्ण की सभी इंद्रियों में सभी इंद्रियों की वृत्तियाँ समाहित हैं। वे चक्षु द्वारा सुन सकते हैं, श्रुतिपुटों द्वारा देख सकते हैं। ऐसा इसीलिए है, क्योंकि उनके सभी अंग घनीभूत आनंदस्वरूप हैं। दीवाली पर शक्कर के खिलौने बनते हैं। यदि चीनी द्वारा निर्मित किसी मूर्ति का हम कहीं से भी आस्वाद करेंगे, तो चीनी की मिठास ही मुँह में घुलेगी। इसलिए रास में गोपी-गोविंद मिलन से जिस आनंद की प्रतीति हुई, वह देहजन्य न होकर आत्मा से प्रसूत है। श्रीकृष्ण मात्र आनंदरूप हैं और कुछ नहीं।"

"जी।" रासबिहारी ने सिर हिलाया।

"अब चौथे वैशिष्ट्य पर आएँ, जो है कामदेव को परास्त करना। 'मन्मथ-मन्मथ' का यही अर्थ है। मैं पहले भी यह बात कह चुका हूँ। श्रीकृष्ण मदनमोहन हैं, उन्होंने रास में कामदेव को भी सम्मोहित किया है। यदि रासलीला न होती, तो यह हार-जीत कभी सामने न आती। जब समरभूमि में दो योद्धा आमने-सामने लड़ते हैं, तभी उनकी वीरता की परीक्षा होती है। इसकी दो पद्धतियाँ हैं। एक तो उसपर आघात करके उसे शक्तिहीन करना। दूसरी, उसके आघातों के सामने अविचलित रहकर उसे हत्प्रभ कर देना। भगवान् शिव ने अपने क्रोधानल से काम का दहन किया और श्रीकृष्ण ने उसे विस्मय-विमुग्ध करके निष्क्रिय कर दिया।

"इस संपूर्ण स्थिति को यदि एक रूपक के रूप में देखा जाए, तो युद्ध में रथ भी अपेक्षित है, जिसपर चढ़कर समर लड़ा जाए। अब श्रीकृष्ण और कामदेव के बीच होनेवाले रण में रथ कौन बने? कृष्ण की वंशी की ध्वनि में यह पुकार गुंजरित हुई, तो ब्रजबालाएँ सामने आकर बोलीं, 'प्रभु, हमारे मनोरथ रूपी रथ पर आरोहण करके आप युद्धरत होइए।' यही हुआ भी। श्रीकृष्ण ने मुसकराकर कामदेव को चुनौती दी, 'आपके तूरीण में जितने बाण हैं, सबको प्रयुक्त करके देख लें।' पुष्प-बाणों को बरसाते-बरसाते जब काम का धनुष खाली हो गया, तो उसने हार मान ली और मुँह छिपाकर वहाँ से

भागने का प्रयास किया, किंतु ब्रजांगनाएँ इतनी सहजता से उसे कैसे चले जाने देतीं? सबने मिलकर काम को घेर लिया, तो उसने क्षमा-याचना की 'अब कभी रास में प्रवेश नहीं करूँगा।' इस प्रकार कामदेव को पराभूत करना श्रीकृष्ण की रासलीला का चतुर्थ उद्देश्य रहा है।"

यहाँ तक कहकर आचार्य अमल क्षण भर रुके, फिर बोले, "अभी मेरी बात खत्म नहीं हुई है। जनसामान्य के दो-एक अन्य संदेहों का भी निवारण करना चाहता हूँ। प्रश्न उठता है, जिस रासलीला में आश्रय श्रीकृष्ण थे और आलंबन गोपियाँ थीं, तो उन गोपियों का माहात्म्य क्या था? अंततः आत्माराम श्रीकृष्ण के सान्निध्य हेतु जब जीव-जगत् की सत्ता कोई मायने नहीं रखती, तो फिर गोपियाँ किस तीसरे वर्ग में आएँगी?"

"यही प्रश्न मेरे मन में भी उठा था।" रासबिहारी के मुँह से निकल पड़ा।

"तो इसका उत्तर सुनें।" आचार्य अमल बोले, "गोपियाँ कोई पृथक् सत्ता नहीं रखतीं। वे श्रीकृष्ण की ही प्रतिबिंबस्वरूप हैं। पर इससे जुड़ा सवाल उठता है कि प्रतिबिंब की कोई वास्तविक सत्ता नहीं होती, वह तो बिंब को ही प्रतिबिंबित करता है, फिर अपने ही प्रतिबिंब के साथ श्रीकृष्ण की रासलीला कैसे सहज-संभाव्य मानी जाए?"

रासबिहारी के माथे पर चिंतन की रेखाएँ खिंच गईं।

आचार्य अमल ने समाधान किया, "वस्तुतः श्रीकृष्ण चिन्मय हैं, तो उनका प्रतिबिंब, अर्थात् गोपियाँ भी चिन्मय ही हुईं। चिन्मय, अर्थात् चिरंतन सत्य।...जहाँ तक प्रतिबिंब के साथ खेलने की बात है, एक अबोध शिशु को क्या हमने दर्पण में दिखनेवाले प्रतिबिंब के साथ खेलते हुए नहीं देखा है? वह उसे अन्य शिशु ही समझता है। उसके साथ हँसता, बोलता-बतियाता, लड़ता-झगड़ता और अपने हाथ की मिठाई उसे खिलाता है। इसी प्रकार श्रीकृष्ण ने भी निज प्रतिबिंब के साथ क्रीड़ाएँ कीं। रासलीला श्रीकृष्ण की आत्मक्रीड़ा है। जो आत्मक्रीड़ा करता है, वह आत्माराम होता है। अतएव, श्रीकृष्ण आत्माराम हैं और रासलीला विशुद्ध आध्यात्मिक लीला है।"

"मैं समझ गया।" रासबिहारी बुदबुदाए।

"दो बातें और समझने की हैं।" आचार्य अमल बोले, "श्रीकृष्ण ने गीता में कहा है, 'सर्वधर्मान् परित्यज्य मामेकं शरणं ब्रज', अर्थात् सबकुछ त्यागकर एक मेरी ही शरण में आ जाओ। यह मंत्र केवल रास में ही सर्वतः गृहीत हुआ है। गोपियों की भाँति सारे धर्मों का निर्वाह छोड़कर मात्र श्रीकृष्ण के चरण-कमलों में और कौन आ सका है? इसी प्रकार रास में निवृत्ति की बात कही गई है, पर उसे प्रवृत्ति मार्ग के माध्यम से कहने की जरूरत क्यों पड़ गई, यह प्रश्न सहज ही किसी तर्कशील प्राणी के मन में जाग सकता है। इसका उत्तर है, श्रृंगार रस के व्याज से परम निवृत्ति की लीला का गान इसलिए हुआ है, ताकि विषय-भोग की ओर आकृष्ट रहनेवाले जन भी रास की ओर खिचें। निवृत्ति की

बात को त्यागी जन तो सुन लेंगे, पर भोगी जन उस विषय से उदासीन ही रहेंगे। उनकी निर्लिप्तता तोड़ने के लिए, उन्हें अपने साथ जोड़ने के लिए भोग की कथा के माध्यम से ही त्याग का उपदेश दिया गया है।

"भगवान् के भीतर भी इच्छाएँ जागती हैं, इसका प्रमाण हमें शास्त्रों से मिलता है। जब एकाकी थे, तब 'एकमेवाद्वितीयम्' की इच्छा से सृजन-रत हुए। यह अभिलाषा सिसृक्षा है। इसी के चलते एक से अनेक और अनेक से बढ़ते-बढ़ते अनंत हो गए। आज भी यह सिसृक्षा जारी है। इसके बाद युयुत्सा, अर्थात् युद्ध करने की इच्छा जागी, तो प्रभु ने नृसिंह, भगवान् राम और श्रीकृष्ण का अवतार लेकर हिरण्यकशिपु, रावण एवं शिशुपाल का वध किया। उनकी युयुत्सा के उदाहरण रामायण, महाभारत और पुराणों में भरे पड़े हैं। तदुपरांत श्री भगवान् के अंतस्तल में जब रिरंसा, अर्थात् रमण करने की इच्छा जागी, तो रासलीला होनी ही थी। सृष्टिलीला और युद्धलीला के बाद इस रासलीला का प्रयोजन आनंदानुभूति पाना है। गोपिकाओं को पूर्व में चीरहरण के समय आश्वासन दे चुके थे कि आगामी शरदपूर्णिमा की रात्रि को तुम लोगों के साथ सम्मिलित होऊँगा। अतः अपने वचन के पालन के लिए रासलीला में उन्हें प्रवृत्त होना ही था।"

सुनते-सुनते रासबिहारी का तन-मन सिहर उठा।

आचार्य अमल बोलते-बोलते जैसे किसी अन्य लोक में पहुँच गए थे, "भगवान् श्रीकृष्ण के हृदय में उदित हुई है रिरंसा, अर्थात् रमण करने की अभिलाषा। योगमाया ने उपस्थित होकर उसके लिए अनुकूल परिवेश सजाना आरंभ कर दिया। समूचा परिदृश्य क्षणांश में योगमाया के सधे हाथों से सुसज्जित हो उठा। अद्भुत मोहिनी छा गई—शरद पूर्णिमा की रात्रि। दसों दिशाएँ निर्मल। आकाश में षोडश कलाओं से संयुक्त पूर्ण चंद्र का उदय। हर्षातिरेक से पुलकित वनराशि। शीतल-मंद-सुवासित समीर। भ्रमरावलि का द्रुतगति से आगमन और मधुर गुंजन। प्रकृति के कण-कण में नर्तित होती एक आकुल गुनगुनाहट—बस, अब और प्रतीक्षा सह्य नहीं। कहाँ हैं गोविंद-गोपांगनाओं की मधुर-रसावेष्टित रासलीला ?

"गोपियाँ भी दो प्रकार की हैं—दक्षिणा और वामा। दक्षिणा सदैव श्रीकृष्ण का मुखकमल जोहती हैं और वामा सदैव अपनी तुनकमिजाजी दिखाती हैं। उनकी भृकुटि सदैव तनी रहती है, दक्षिणा की भाँति वे श्रीकृष्ण के पाँवों में हर पल बिछी नहीं रहती हैं। ऐसे में उन्हें अभिसार के लिए उद्यत करना कठिन तो है ही। पर कृष्ण की वेणु में भी आज मूर्च्छना के ऐसे स्वर निनादित होते हैं कि दक्षिणा-वामा सब एक भाव से भरकर श्रीकृष्ण के संसर्ग हेतु बाध्य हो जाएँ।

"भगवान् श्रीकृष्ण ने भी स्वयं को योगमाया के हाथों पूर्णतः सौंप दिया है। क्या घटना घटेगी, उसमें वे किस प्रकार संलिप्त होंगे, क्या प्रतिक्रिया देंगे, उन्हें कुछ विदित

नहीं। आज गोपी-गोविंद के मिलन का आनंद अपने चरम पर होगा, यही महारास है।

" 'रास', अर्थात् 'रस' के मध्य में मात्र एक अकार है यह रास। 'रसौ वै सः' कहकर श्रुतियों ने रस को पहले ही ब्रह्मस्वरूप बता दिया है, पर उस रस का आकार कैसा है, कोई नहीं जानता। इसे आज तक किसी ने न जाना है, न देखा है। आज रस का आकार गोपी-गोविंद के मिलन के रूप में सबके सामने प्रकट होगा। प्रकटित रस को ही 'रास' नाम दिया जाएगा।"

"बस, आश्रय, आलंबन, उद्दीपन, संचारी भाव सब तैयार थे, तो उस मनोरम परिवेश में ब्रज-वसुंधरा को अपने कल निनाद से अनुरंजित करती हुई श्रीकृष्ण की बाँसुरी बज उठी।"

आचार्य अमल चुप हो गए थे, पर वंशी की वह ध्वनि कब सहस्त्राब्दियों के अंतराल को पार करती हुई रासबिहारी के अंतस् में भी निनादित हो उठी है, वह जान नहीं सके। हाँ, उनके अंतः चक्षुओं के समक्ष जैसे एक तिलस्म खुलने लगा था और वह उसमें एक-एक पग-निक्षेप करते हुए मंत्रमुग्ध से आगे बढ़ने लगे थे धीरे··· धीरे···धीरे···, किंतु अविराम गति से। हृदय ने कर्णपुटों का गुण ग्रहण कर लिया था और उन्हें वंशी के उन स्वरों की मोहिनी विस्मय-विमुग्ध करती जा रही थी।

"श्रीकृष्ण की वंशी का वैशिष्ट्य कौन नहीं जानता? उनके हाथ में तीन प्रकार की वंशी है—मृण्मयी, हेममयी और साधारण। मृण्मयी का नाम सम्मोहिनी, हेममयी का नाम आकर्षिणी और वैणनी, अर्थात् बाँस की साधारण बाँसुरी का नाम आनंदिनी है। इनके स्वरों में अद्भुत मोहिनी है। नाना राग-रागिनियाँ निःसृत होती हैं। जब सम्मोहन का राग छिड़ता है, तो गाय और गौवत्स समान भाव से सम्मोहित हो उठते हैं। गाय के मुख से चर्वण होती घास भूमिसात होती है और गौवत्स के दूध से भरे मुख का दुग्ध खुले जबड़ों से नीचे गिरने लगता है। जब आनंद का राग छिड़ता है तो यमुना का जल उछाह से भरकर कगारों को तोड़ने के लिए अकुला उठता है और तट पर खड़े श्रीकृष्ण के पाँवों के स्पर्श के बाद ही वापिस लौटता है और जब आज यह वंशी आकर्षण के स्वरों को फूँक रही है, तो भला किस गोपिका की मजाल है, जो इस आकर्षण-पाश में बँधने से वियुक्त रह सके?"

आचार्य अमल की आवाज से जैसे सोते से जगे रासबिहारी।

आचार्यजी कह रहे थे, "अब हम 'रास' की यात्रा पर निकल रहे हैं। जब सफर खत्म होगा, तभी इस बारे में बात करेंगे।"

और रासबिहारी सारस्वत काल के उस द्वापर युग में पहुँच गए, जहाँ श्रीकृष्ण की

वंशी से आकर्षण के स्वर निनादित हो रहे हैं।

हाँ, वंशीवट पर वंशीधर की वंशी बज रही है।

निरंतर बज रही है।

वेणु-गीत के स्वर जब दूर-दूर तक पहुँच रहे हैं, तो गोपियाँ भला उसकी अनसुनी कैसे कर सकती हैं?

अब भला वे गोपियाँ निकम्मी-नकारा तो हैं नहीं, जो हाथ-पर-हाथ धरे बैठी हों और वंशी की ध्वनि कानों में पड़ने की प्रतीक्षा कर रही हों। उनके कुछ गृह-धर्म हैं और कुछ देह-धर्म भी। गृह-धर्म के चलते उन्हें गोचारण से लौटे घर के पुरुषों के लिए भोजन बनाना है, भोजन परोसना है। गाय दुहना भी उन्हीं का काम है। गोद में शिशु है, तो आत्मीयता के नाते भूखे शिशु को दूध पिलाना भी उनका धर्म है। इन गृह-धर्मों से इतर जो देह-धर्म हैं, उनकी वजह से उन्हें पूर्ण मनोयोग से सजना-सँवरना है। दर्पण में स्वयं को निहारकर मुग्ध होना है। पति-परमेश्वर को रिझाना है।

किंतु जैसे ही श्रीकृष्ण की वंशी के स्वर कान में पड़े, तो गोप-वनिताओं को अपने सारे गृह-धर्म और देह-धर्म विस्मृत हो गए।

एक विशेष बात और दिखाई दी।

वंशी के ये स्वर सभी गोपियों को नहीं सुनाई दिए। मात्र श्रीकृष्ण की प्रेयसियों के कानों तक ही पहुँचे हैं। यह वेणु-गीत सुनकर वे सारी सुध-बुध भूलकर, उछाह से भरी हुई दौड़ पड़ी हैं। समूह में नहीं, अलग-अलग दौड़ रही हैं, एकाकी दौड़ रही हैं। उन्हें इस बात का भान नहीं है कि पथ में उनके अतिरिक्त और कौन आगे-पीछे या साथ चल रहा है। तीव्र गति से दौड़ने के कारण उनके कानों के कुंडल आदि आभूषण हिल रहे हैं।

कोई चूल्हे पर दूध उबाल रही थी। दूध के उफनने और बह जाने की चिंता किए बिना ही वह भाग खड़ी हुई। कोई गाय दुह रही थी और दोहन-कार्य को बीच में ही छोड़कर दौड़ पड़ी है। कोई चूल्हे पर चढ़ी बटलोई में गेहूँ का दलिया पका रही थी, वह उसे भूलकर दौड़ पड़ी है। बस, वंशीगीत कानों में पड़ा और गोपी को फुर्र होते देर न लगी।

एक पल का विलंब अब किसी को सह्य नहीं है। वेणु-गीत जो कानों में पड़ रहा है। गोद के शिशु को दूध पिलाना छोड़, पति के सेवा-कार्य में संलग्न अवस्था में उसे जस का तस छोड़ और स्वयं भोजन करने की स्थिति में भी हाथ का कौर मुँह तक पहुँचाना छोड़, उन्हें सिर्फ वंशी बजाते हुए श्रीकृष्ण के पास यथाशीघ्र पहुँचना अभीष्ट है। दूध पिलाने का आशय अपनी बड़ी बहन या विवाहिता ननद के शिशु को गो-दुग्ध पिलाने से है।

अत्यंत कौतुक भरा है यह दृश्य।

अपने अंग-प्रत्यंग पर कुमकुम-चंदन का अधूरा लेप किए हुए गोपिका।

अपने अंगों में आधा-अधूरा उबटन लगाए गोपिका।

अपने दो कँटीले नयनों में से सिर्फ एक में काजल आँजे गोपिका।

अपने हाथ के काम को जस की तस हालत में छोड़कर दौड़ने का यह परिणाम तो होना ही है। पर उनसे एक कदम और आगे बढ़कर जो नितांत सुध-बुध विहीन हो गई हैं, उन्हें क्या कहा जाए? किसी ने हाथ के कंगन पैरों में पहन लिये हैं और पैरों के नूपुर को हाथ में धारण कर लिया है। आँख के काजल को आलता समझ पाँवों में लगा लिया है और आलता को नयनों में आँजकर स्वयं को अपूर्व सौंदर्यवती समझ रही है। नाक की नथ कान में और कान का कुंडल नाक में पहनकर बस एक ही बात याद रही है—वेणु-गीत ने उसे बुलाया है और तत्काल वहाँ पहुँचना है।

गेह-धर्म विस्मृत हुए।

देह-धर्म विस्मृत हुए।

इससे एक कदम और आगे बढ़कर कुछ गोपियों को पतिव्रत-धर्म विस्मृत हो गया। पति सेवा त्यागकर, कुल की लाज-मर्यादा त्यागकर ऐसे दौड़ पड़ीं कि पति, भाई तथा अन्य परिवारीजन राह रोककर खड़े हो गए—क्या बात है, कहाँ ऐसे भागी जा रही हो? चलो, भीतर चलो, कहीं नहीं जाना है।

पर वर्षाकालीन नदी का उद्दाम वेग क्या किसी अवरोध से रुका है?

गोपियों के अंतस का आवेग और उसके दौड़ने का वेग इस बाधा से और बढ़ गया। श्रीकृष्ण के निकट पहुँचने की लालसा सीमातीत हो उठी। अपने प्रति गोपियों का यह अटूट अनुराग मुरलीमनोहर को भी कम नहीं भाया, किंतु कहीं-कहीं बाधा इतनी अधिक थी कि बेबस गोपिका कुछ न कर सकी। द्वार रोककर खड़े स्वामी को देख उसे छटपटाकर रह जाना पड़ा। अपना घर से निकलना रोकना पड़ा। मन में अपने आराध्य कृष्ण को पाने की गहरी तड़प और पाँवों में पड़ी बेड़ियाँ! अभागी क्या करे? ऐसे में उसकी लौकिक देह तो घर में रही, पर मन से उसे श्रीकृष्ण के निकट पहुँचने में सफलता मिली। उसने गुणमय अवस्था से गुणातीत अवस्था प्राप्त की।

नहीं, यह पाप नहीं है।

यह एक विवाहिता का परपुरुष में आसक्त होना भी नहीं है।

गोपियाँ परपुरुष के नहीं, परम पुरुष के सान्निध्य-लाभ को चाहती हैं। बड़े-बड़े सिद्ध-साधकों को जो मुक्ति नहीं मिलती, वह उन्हें मिलनी है।

~✦~

और अब वे ब्रजवनिताएँ श्रीकृष्ण के निकट पहुँच चुकी हैं।

चेतनाविहीन अवस्था है उनकी।

अस्त-व्यस्त वस्त्र।

कहीं के कहीं देह पर आभरण।

वेग से दौड़ने के कारण घाघरे का नीविबंध शिथिल हो गया है, जिसे वे अपने बाएँ हाथ से सँभालने का उद्यम कर रही हैं।

कृष्ण के चतुर्दिक् खड़ी हैं वे गोपियाँ।

लाज-संकोच तो घर छोड़ते ही छूट गया था, पर श्रीकृष्ण के पास पहुँचते ही उनके कपोल लाज से रक्तिम हो उठे हैं, नयन लाज से नत हो गए हैं और संकोच के चलते स्वयं में सिकुड़ी-सिमटी जा रही हैं। हृदय तो प्रीति से लबालब भरा है, पर वाणी में उसे व्यक्त करने की शक्ति नहीं है।

कृष्ण नें गोपियों के मन की बात बखूबी समझ ली है, पर उन्हीं के मुँह से न निकलवाएँ, तो मजा ही क्या रहा!

"स्वागत है तुम्हारा।" श्रीकृष्ण ने संभाषण का सूत्र जोड़ा।

गोपियाँ सलज्ज खड़ी रहीं।

"तुम्हारा यहाँ आने का कारण क्या है? मेरे द्वारा तुम्हारा कौन-सा अभीष्ट सिद्ध हो सकता है? ब्रज में सब कुशल-मंगल तो है?" कृष्ण ने एक के बाद एक तीन प्रश्न कर दिए।

सामान्य से प्रश्न।

किसी आगंतुक को देखकर मुख से सहज ही निकल जाते हैं।

पर गोपियाँ इन्हें सुनकर आहत हो उठीं।

'वाह श्यामसुंदर, यह अच्छी रही!' उन्होंने मन-ही-मन उलाहना दिया, 'पहले तो वंशी पर तान छेड़कर हमें यहाँ बुलाया और फिर हमारे ही मुँह से आने का कारण सुनना चाहते हो?'

'दूसरी बात, तुमसे हम कौन-सी प्रयोजन-पूर्ति चाहती हैं, पूछना तो तुम्हारी क्रूरता ही कही जाएगी। यह प्रश्न अपरिचित से किया जाता है। हमारे हृदय के इतने निकट होने पर और हमारे अंतस्तल की पूरी थाह ले चुकने पर भी तुम हमसे प्रयोजन बताने को कह रहे हो?'

'तीसरा सवाल तो और भी गलत है। आखिर जानना क्या चाहते हो तुम? ब्रज में कोई अमंगल घट गया है और उसके निवारण की प्रार्थना लेकर हम तुम्हारे निकट आई हैं?'

गोपियों का आहत हो उठना नितांत स्वाभाविक है। कितने चाव और उत्कंठा से भर, अपना घर-द्वार छोड़कर चली आई हैं और यहाँ उन्हें सामान्य कुशल-क्षेम पूछकर टरकाया जा रहा है!

आहत गोपियाँ नि:शब्द खड़ी हैं।

हृदय-व्योम में नैराश्य के सघन घन छा गए हैं—'लगता है, तुम्हारे अनुग्रह से हमें चिरवंचित रहना पड़ेगा, श्यामसुंदर!'

गोपियों के चित्त की पीड़ा और हताशा उनके आनन पर झलक उठी, तो श्रीकृष्ण ने उस प्रज्वलित अग्नि में थोड़ा सा घृत और डाल दिया, "देखो, प्रत्येक व्यक्ति को देशकाल-पात्र देखकर तदनुसार आचरण करना चाहिए। तुम सब पुरुष नहीं, कोमलांगी नारियाँ हो और वह भी युवती और सौंदर्यवती। समय देखती हो? यह दिन नहीं, रात्रि है। स्थान देखती हो? गृह नहीं, वन-प्रांतर है। चतुर्दिक् परिव्याप्त अंधकार का साम्राज्य, हिसंक पशुओं से भरा सघन वन और मैं भी तुम्हारा कोई आत्मीय-स्वजन न होकर मात्र एक परपुरुष! ऐसे में तुम सबका यहाँ ठहरना न उचित है और न निरापद। अपने कर्तव्य और धर्म का निर्वाह करो—वापिस लौट जाओ।"

गोपियाँ अवाक् खड़ी हैं।

अपने प्राणप्रिय से क्या उन्हें ऐसी ही निष्ठुरता की अपेक्षा थी?

पर यशोदानंदन हैं कि जले पर नमक छिड़कने पर आतुर हैं, "देखो, भले ही तुम लोग पतिव्रता और कुलवधू के रूप में जानी जाती हो और मैं भी किसी कलंक का शिकार नहीं हुआ हूँ, किंतु लोकापवाद का भय तो हम सभी को है न! यदि तुम कहती हो कि तुम्हें लोकनिंदा की चिंता नहीं, तो भी मुझे उससे ऊपर कैसे समझ लिया? तुम्हें न सही, मुझे अनावश्यक रूप से किसी लोकापवाद को झेलना पसंद नहीं है। इसलिए तुम्हारी जैसी इच्छा! भले ही यहाँ ठहरी रहो, पर मैं अब इस जगह एक क्षण भी रुकनेवाला नहीं। तुम लोग मनचाहा आचरण करो, मैं तो यहाँ से चला।"

यह पराकाष्ठा है।

गोपियाँ देख रही हैं, आरंभ में उनके प्रति जो उपेक्षा भाव था, वह अब निरादर में परिवर्तित हो गया है।

शरबद्ध हिरनी की भाँति वे तड़प उठीं।

मर्माघात से समूल आहत हो गईं।

विवशभाव से मलिन-मुख असहाय खड़ी रहीं।

मुख से कुछ न कहने पर भी उनका व्यथित हृदय कह उठा, "कैसी बातें कर रहे हो, ब्रजनंदन? तुम्हारे निकट रहकर हमें कैसा भय? क्या तुम इस सच को नहीं जानते कि इन श्रीचरणों को छोड़कर हमारी कोई गति-मति नहीं है?"

उधर श्रीकृष्ण को इस बात को तूल देने में इतना आनंद आ रहा है कि सस्मित आगे बोले, "चलो, मैंने मान लिया। मेरे पास तुम सब निर्भय-निर्द्वंद्व भाव से खड़ी हो, पर यह भी तो सोचो कि तुम्हें घर से अनुपस्थित पाकर परिवारीजन कितने चिंतित हो उठे होंगे?

निश्चय ही वे अब तक हाथ पर हाथ धरे नहीं बैठे होंगे। तुम्हें खोजने के प्रयास शुरू हो गए होंगे। इस चेष्टा के चलते यदि वे लोग यहाँ तक आ पहुँचे, तो तुम अपनी सफाई में क्या कह सकोगी ? रँगे हाथों पकड़े जाने की लज्जा से कैसे त्राण पाओगी ? और मान लो, वे लोग इधर नहीं आए, तो तुम्हें खोजने के प्रयास में विफल होकर कितने निराश-भाव से घर लौटेंगे! इसलिए किसी को भी दुःखी और परेशान करने से क्या लाभ ? जाओ, जल्दी-से-जल्दी घर पहुँचो और उन्हें निश्चिंत करो।"

गोपियों की तो यह हालत कि काटो तो खून नहीं!

मन उपालंभ और अभिमान से भर गया, 'वाह प्राणवल्लभ, यह अच्छी रही! पहले तो हमें मनुहार करके, नाम ले-लेकर बुलाया और जब हम अपनी कुलमर्यादा त्यागकर दौड़ी चली आईं, तो एक महान् उपदेशक बनकर हमें वापिस लौटने का पाठ पढ़ाने लगे! इससे बड़ी विडंबना हमारे लिए और क्या होगी ? नहीं, यह किसी स्थिति में संभव नहीं है। तुमने हमारा इस प्रकार निरादर किया तो फिर हमें अपने अंक में समेटकर दुलार की नींद सुला देने के लिए जमुना-जल है न! या फिर जंगल में भटकते हुए किसी हिंसक पशु का आहार बनकर हम देह त्याग दें, यही उचित होगा।'

व्यथित गोपियों का हृदय इतना विह्वल हो उठा है कि अपने मन में उमड़ती पीड़ा और आँखों में घुमड़ते आँसुओं को छिपाने के लिए उन्होंने श्रीकृष्ण की ओर से मुख फेर लिया है।

"ओह, मैं समझ गया।" श्रीकृष्ण ने गरम लोहे पर एक चोट और की, "देखो न, मैं भी कितना मूर्ख हूँ! इतनी देर से तुमसे सवाल किए जा रहा हूँ, असली बात अब समझ में आई है। निश्चय ही शरद पूर्णिमा की रात्रि में इस वन्य सौंदर्य के अवलोकन के लिए तुम लोग यहाँ पधारी हो। ठीक भी है। दिन भर लगातार गृहकार्य में व्यस्त रहने से समय ही कहाँ मिलता होगा! जैसे-तैसे समय निकालकर रात्रि में प्राकृतिक सुषमा को निहारने के लिए तुम्हारा आना हुआ है। इसमें कोई दोष भी नहीं है। सचमुच ज्योत्स्नास्नात यामिनी में इस वन्य सौंदर्य का आनंद लेना हर किसी को भाएगा। इस सौंदर्य-पान के लिए कौन नहीं लालायित होगा ? शीतल-सुवासित समीर है। धरती पर उतरती पूर्ण चंद्र की रजत-रश्मियाँ हैं। वृक्षों के हिलते पातों से टप-टप करके जैसे सौंदर्य झर रहा है। निश्चय ही वनदेवी के आह्वान पर तुम लोगों ने जब घर छोड़ा है, तो इसे आँखों में भरने की तुम्हें पूरी स्वतंत्रता है, लेकिन सौंदर्य-पान की भी एक सीमा होती है। मुझे लगता है, काफी देर तुम लोगों ने इस प्राकृतिक छटा को निहार लिया, इसे अपने नयनों में भर लिया, इसलिए अब और ज्यादा ठहरने का कोई औचित्य नहीं है। तुम लोगों को घर लौट जाना चाहिए।"

इस पल गोपियों का हृदय शत-शत खंडों में विदीर्ण है।

वेदना के अथाह पारावार में डूबी हुई हैं।

उस पीड़ा-पारावार से बाहर निकलना उनके लिए संभव नहीं है। आँसू भरी आँखों से उन्होंने सोचा, 'हाय रे दुर्भाग्य! जिसके लिए सारे बंधन तोड़कर, कलंकित होने का भय सिर पर ढोकर यहाँ तक आईं, वही हमें वन्य-सौंदर्य निहारने का उपदेश दे रहा है!'

गोपियाँ व्यथित हैं।

गोपियाँ विचारमग्न हैं।

क्या करें, कैसे इस निष्ठुर कान्हा को समझाएँ? किस युक्ति से इसे अपने हृदय की दुर्भेद्य तहों तक पहुँचाएँ?

उधर श्रीकृष्ण चोट पर चोट पहुँचाए जा रहे हैं, "कुलीन नारियों के लिए अंतःपुर ही उपयुक्त और उचित स्थान है। वन्य-सौंदर्य निहारकर मन भर चुका हो, तो अब घर जाकर पति-सेवा करो। गाय के बछड़े रज्जु से बँधे हुए प्रतीक्षारत हैं कि कब तुम दुग्ध दोहन करो और कब उन्हें अपनी माँ के थनों से दुग्ध-पान का अवसर मिले। तुम्हारे छोटे-छोटे शिशु भी आँखों में प्रतीक्षा भरे आगमन की बाट जोह रहे हैं। इसलिए समय नष्ट न करो, घर जाओ।"

गोपियाँ अधमरी होकर, करुण-कातर भाव से श्रीकृष्ण को निहारने के अलावा क्या करें? आँखों में उमड़ते आँसुओं की यह स्थिति कि अब टपके, तब टपके!

उनकी असहाय अवस्था देखकर भी श्रीकृष्ण मीठी छुरी से वार करते नहीं हिचक रहे हैं, "मेरे हर प्रकार से समझाने-बुझाने पर भी तुम अविचलित खड़ी हो, तो मैंने इसका कारण समझ लिया। निश्चय ही तुम सब मेरे प्रेम के कारण यहाँ आई हो और प्रेम के कारण ही यहाँ से हट नहीं रही हो। तुम्हारी यह एकांतिक निष्ठा, यह प्रेमभावना, सचमुच ही स्पृहणीय है। यदि तुम सब मुझे निष्कलुष मन से न चाहती होतीं, तो इतनी रात गए परपुरुष के निकट क्यों आतीं? मेरे प्रति अनन्य प्रेम के रहते तुम इतनी विवेकशून्य हो उठी हो कि स्थान, समय आदि का विचार नहीं कर पा रही हो। आश्चर्य है, मैंने इस दृष्टि से अभी तक क्यों नहीं सोचा? प्रेमभाव से ही यदि तुम यहाँ आई हो, तो फिर ठीक है।"

कृष्ण के इन शब्दों ने गोपियों के दग्ध हृदय को शांति दी। वे प्रसन्न दिखाई दीं। उन्हें लगा, प्राणनाथ अब अप्रिय वचन नहीं कहेंगे। प्रीतिपूर्ण व्यवहार करेंगे।

गोपियों के उत्फुल्ल नयनों को अब श्रीकृष्ण के प्रीति और सौहार्द भरे आचरण की अपेक्षा है। पर चतुर सुजान श्रीकृष्ण ने मधुसिक्त शब्दों में अपनी बात आगे बढ़ाई, "ओह, मैं सचमुच कितना सौभाग्यशाली हूँ कि मुझे इस ब्रजभूमि में हर किसी का ऐसा ही अयाचित प्रेम मिला है। जैसा प्रेम तुम करती हो, वैसा ही प्रेमभाव मेरे प्रति यहाँ के सभी नर-नारी रखते हैं। मनुष्यों की क्या कहूँ, यहाँ के पशु-पक्षी भी मेरे प्रति कम प्रेमिल नहीं हैं। जब मैं गायों के पास खड़ा होता हूँ, तो वे अपने बछड़ों को चाटना छोड़कर मेरे हाथ को चाटने लगती हैं। जब मैं गोचारण के लिए गहन वन में जाता हूँ, तो झुंड-की-

झुंड हिरणियाँ मेरी ओर अपनी एकटक निश्छल दृष्टि से देखती हैं। मुझे देखकर मयूर उल्लसित होकर पंख फैलाकर नाचना आरंभ कर देते हैं। भ्रमरावलि पुष्पों के रस-राग-पराग की आसक्ति छोड़कर मेरे आनन के चतुर्दिक् मँडराने लगती हैं। पक्षियों की ही भोली दृष्टि मेरे तन से कब हटती है? वन-प्रांतर में विचरण करते समय अपने पग-तल में वृक्षों को सुमन बिखेरते देखता हूँ। सब चाहते हैं, मुझे कोई कष्ट न पहुँचे। अतएव, तुम लोग भी यदि मुझसे प्रेम करती हो, तो यह नितांत स्वाभाविक है। इसमें आश्चर्य की कोई बात नहीं है।"

बस, यह चरम सीमा है।

श्रीकृष्ण का वाग्वैदग्ध्य देख गोपियाँ स्तब्ध हो उठीं।

ऊपर से अत्यंत मनोहर लगनेवाले इन वचनों के पीछे छिपी प्राणप्रिय की उपेक्षा को क्या वे समझ नहीं रहीं? उनका प्रेम स्वीकारा तो अवश्य, पर स्थान वहाँ दिया, जहाँ ब्रजभूमि के लता-पादप-पशु-पक्षी जगत् को दिया है।

कैसी दुर्भाग्यशाली स्थिति है यह!

कहाँ तो एक वंशीनाद पर अपना सबकुछ छोड़कर चली आईं और आकर पता चला कि उनका प्रेम टका मोल नहीं लिया जा रहा है। अब वे क्या करें, कैसे इस निष्ठुर को अपने प्रेम की गहराई समझाएँ? कैसे इस नादान को उसकी व्यापकता जतलाएँ?

गोपियों का हृदय टूटकर शत-शत खंडों में विभक्त हो चुका है।

इस पल उन्हें विधाता से भी शिकायत है कि क्या यही सब दिखाने-सुनाने के लिए उनको श्रीकृष्ण के प्रेम में डाल दिया था? सच में अब जीवित रहने का कोई अर्थ नहीं रहा।

नैराश्य की धुंध में डूबती गोपियाँ।

श्रीकृष्ण अपनी आँखों से इसे देख रहे हैं, पर उपदेश देने से नहीं रुक रहे, "तुम लोग मुझसे अतिशय प्रेम करती हो, इसे मैं बुरा नहीं कहता, किंतु उस प्रेम के सामने अपना कर्तव्य और दायित्व भुला दो, यह भी मुझे सह्य नहीं है। यदि तुम्हें नारी-जाति का धर्म विदित नहीं है, तो मुझसे सुन लो। नारी-धर्म में पति-सेवा, आत्मीय जनों की सुख-सुविधा की चिंता तथा संतान का लालन-पालन समाहित है। शीर्ष पर पति-सेवा है, जिसे एकनिष्ठ भाव से संपन्न करनेवाली स्त्री को सभी सिद्धियाँ सुलभ हैं। सती नारी ही समाज में पूजी जाती है। इसलिए मेरे प्रेम में पड़कर नारी-धर्म मत भूलो।"

तिलमिला उठीं गोपियाँ।

क्या यहाँ वे धर्मोपदेश सुनने आई हैं?

किंतु प्रत्युत्तर देने में वाणी सक्षम क्यों नहीं हो रही?

हृदय को विदीर्ण करनेवाला एक के बाद एक धर्मोपदेश कितने कष्ट से अपने गले

के नीचे उतार रही हैं, क्या श्रीकृष्ण इसे रत्ती भर नहीं समझ रहे? लौट-फिर कर वही एक बात, "घर लौट जाओ!"

यही हृदयविदारक वचन सुनने के लिए क्या वे यहाँ आई हैं?

गोपियाँ अपने अंतस् के झंझावात को सँभाल नहीं पा रहीं। कहना चाहती हैं, किस पति-सेवा की बात कर रहे हो श्यामसुंदर? विवाह के नाम पर हमारे माता-पिता ने हमें जिस पुरुष के हाथों सौंप दिया है, हमारा पति कैसे हो सकता है? वास्तविक पति तो तुम हो, सिर्फ तुम! तुम्हें ही हमने अपने संपूर्ण हृदय, आस्था और विश्वास से पति माना है, तुम्हारे पाद-पद्मों में अपने समूचे प्रेम-नैवेद्य को एकांतिक भाव से समर्पित किया है। फिर तुम्हें छोड़कर किसी अन्य पति नामधारी जीव की सेवा की बात ही कहाँ उठती है?

माता-पिता ने ब्याह दिया, हम चली आईं। जो रंचमात्र संपर्क उस पुरुष के साथ जुड़ा भी था, उसे तुम्हारी वंशी की तान ने समूल विच्छिन्न कर दिया। मात्र तुम्हारे रूप, गुण और सौंदर्य में डूबे रहना ही अब हमारे जीवन का लक्ष्य है। इस सच को तुम समझते क्यों नहीं, प्राणाधार?

गोपियों के हृदय में भावों का बवंडर उठ रहा है, पर लाख चेष्टा करने पर भी वाणी नहीं खुल पा रही।

जलविहीन मछली की भाँति तड़प उठी हैं गोपियाँ।

उधर श्रीकृष्ण हैं, जो उन्हें चोट-पर-चोट देने पर तुले हुए हैं, "देखो, यदि तुम मेरे कायिक सौंदर्य पर लुब्ध होकर अपने-अपने पति के साथ छल करना चाहती हो, तो मैं इसे कभी न्यायोचित नहीं मानूँगा। पति अंधा-लूला-लँगड़ा-वृद्ध-निर्धन कैसा भी होने पर पत्नी के लिए पूज्य है। जबकि तुम्हारे स्वामी तो स्वस्थ-संपन्न-सुंदर देहयष्टिधारी हैं। इसलिए उन्हें छोड़कर मेरे प्रेम की याचना करना तुम्हारे लिए गर्हित है।"

समस्या फिर वही की वही!

गोपियों का हृदय ऐसे तीक्ष्ण वचनों के प्रति विद्रोह करना चाहता है, पर वाणी साथ दे, तब न!

उधर कृष्ण अभी भी उन्हें संतप्त करने पर प्रतिबद्ध हैं, "परपुरुष के साथ संबंध बनाना कितना निंदनीय कर्म है, इसे समझो। ऐसे संबंध लोक-परलोक दोनों जगह मात्र संत्रास देते हैं।"

गोपियाँ ऐसे कठोर वचन सह नहीं पा रहीं। उनके अधर भले ही अकंपित हों, हृदय चीख-चीखकर कह रहा है, 'केशव, यह तुम्हारा कैसा न्याय है, जो हमें दुष्चरित्र सिद्ध करने पर तुला है? जरा सोचो, मात्र वरमाला पहना देने से वे पुरुष हमारे पति हो गए और एकनिष्ठ भाव से निरंतर हृदय में धारण करने पर भी तुम परपुरुष ही रहे? उनकी सेवा हमें पुण्य देगी और तुम्हारी सेवा हमें पाप-गर्त में धकेल देगी? चलो, ठीक है। यदि

ऐसा है तो हम पाप-गर्त में गिरने को तैयार हैं। हमें न पुण्य चाहिए, न स्वर्ग। न सतीत्व चाहिए, न मान-यश। लोकनिंदा को हम मधुर पेय की भाँति पी जाएँगी। परपुरुष के साथ संबंध रखने के पाप को रत्नाभरण मानकर हृदय-पटल पर धारण करेंगी, किंतु किसी भी अवस्था में तुमसे विमुख होने को उद्यत नहीं हैं।'

गोपियों के मन की बात कृष्ण ने समझ ली है और प्रत्युत्तर तैयार है, "सुनो गोपियो! तुम्हारे अद्भुत प्रेम को देखकर मैं चमत्कृत हूँ। पर अपनी बात पर अभी भी अडिग हूँ कि ऐसे अनुचित संबंधों से केवल स्त्री नहीं, पुरुष भी पाप का भागी बनता है। तुम्हारे साथ संबंध जोड़ने पर यदि मुझे लोकापवाद झेलना पड़ेगा, तो तुम्हें कैसा लगेगा? क्या तुम्हें उससे दुःख नहीं पहुँचेगा? क्या मेरी मानहानि तुम देख सकोगी, इसलिए फिर-फिर वही एक बात दोहराता हूँ, 'वापिस लौट जाओ।' यदि तुम्हारा मुझसे अनन्य प्रेम है, तो उसे प्रकट करने की अन्य पद्धतियाँ भी हैं। तुम अपने हृदय-दर्पण में मेरा दर्शन करो, तुम अपनी वाणी से मेरा लीला-गान करो। मैं कभी आपत्ति नहीं करूँगा। बस, पास आकर अंग-संग की चाहत से प्रेम को कलंकित मत करो।"

गोपियाँ स्तंभित, प्राण-प्रिय ने यह क्या कह दिया?

वे उनका अनिष्ट चाहेंगी, ऐसा संभव है क्या?

किंतु···किंतु ऐसी परिस्थिति में वे भी क्या करें? करने को बहुत कुछ कर सकती हैं।

एकबारगी सारी लज्जा त्यागकर श्रीकृष्ण के पाँव पकड़ लें, पर ऐसी निर्लज्जता दिखाने के बाद भीख में मिला कृष्ण-प्रेम क्या स्वीकार कर पाएँगी?

श्रीकृष्ण की सीख पर अमल करती हुई घर लौट जाएँ, पर इससे तो प्राणप्रिय को प्राप्त करने की कोई आशा ही नहीं रहेगी।

कृत्रिम रोष दिखाकर घर लौटने का अभिनय करने पर यदि श्रीकृष्ण ने उन्हें मनाकर रोकने का प्रयास न किया, तो क्या स्वयं ही वापिस लौटना थूककर चाटने जैसी क्रिया न होगी? ढीठता दिखाते हुए टस से मस न हों, तो भी कब तक? घर से खोजता हुआ कोई आ गया और उन्हें जबरन पकड़कर ले गया, तो कितनी बेइज्जती होगी! चुपचाप लौटकर, मन मारकर जीवनयापन करना भी तो मरणतुल्य रहेगा।

ठीक है, साँसों को ढोने की जरूरत नहीं। प्राणत्याग करके समस्या को जड़ से मिटा देना ही उचित है, पर यदि मरकर भी कृष्ण-प्राप्ति न हो सकी तो?

मन में उठने वाला द्वंद्व!

गोपियों की किंकर्तव्यविमूढ़ दशा।

अनसुलझे विचारों का जाल।

किसी क्षण भी देह-पिंजर को छोड़ प्राण-पंछी के उड़ जाने की आशंका।

स्थिति की भयावहता को देख, इन आपात् क्षणों में योगमाया को हस्तक्षेप करना पड़ा।

उन्हीं ने तो यह संपूर्ण लीला रची है, तो वह इससे सर्वत: भिज्ञ क्यों न होतीं?

उन्हें पता है कि जीव मात्र आनंद हेतु सदैव प्रयासरत है और श्रीकृष्ण जब आनंद-घन स्वरूप हैं, तो गोपियों की उनके प्रति लालसा सहज-स्वाभाविक है। यह लालसा जिसके हृदय-सागर में उद्दाम ऊर्मियाँ बनकर हिलोरें लेती हैं, वही इसे समझ सकता है, जतला सकता है। यहाँ अनुमान से काम नहीं चलता। यदि गोपियों का आनंद-घन श्रीकृष्ण के प्रति एकनिष्ठ और अनन्य अनुराग है, तो उन्हें स्वयं इसका परिचय देना होगा। कृष्ण के नाना समझाने-बुझाने पर गोपियों का अपने निर्णय से रंचमात्र भी न टलना उनकी दृढ़ संकल्पशक्ति को जतला गया है। मुँह खोलकर वे कुछ नहीं कह रहीं। नत शिर खड़ी हैं। पाँव के अँगूठे से धरती कुरेद रही हैं। आँखों के आँसू हैं कि अब छलके, तब छलके! कृष्ण के कठोर वचनों ने उन आँसुओं को भरभराकर बहने के लिए बाध्य कर दिया है। यही तो भगवान् जानना चाहते हैं कि भक्त की उनके प्रति कितनी निष्ठा है? किस प्रलोभन से विचलित हो सकता है? किस आशंका से भीत होकर राह से हट सकता है? पर जब भक्त-हृदय हर स्थिति में सदैव अविचलित है, तो उसके अनुराग की ऊष्मा को प्रभु क्यों न पहचानेंगे?

कृष्ण के कठोर वचनों ने, कृष्ण के वाग्वैदग्ध्य ने गोपियों के अंत:करण के अटूट अनुराग को जिस तरह रेशा-रेशा खोल दिया है, उसे ही तो सामने लाना रासलीला का महत् प्रयोजन है। यदि वे गोपियों को हर प्रकार से समझा-बुझाकर सांसारिक प्रपंचों में लीन होने के लिए न कहते, तो भगवद्भक्ति के आनंद की महिमा कैसे प्रकट होती? यहाँ सभी गोपियाँ उस चिरंतन आनंद की अभिलाषी हैं और यह आनंद-रस जब एकरूप होकर रास में प्रगटेगा, तो आनंद की वर्षा अनंतकाल के लिए अग-जग को अपने सजल-तरल माधुर्य से अनुरंजित कर देगी। अनंतकाल के लिए भक्त-हृदय को आनंदित करेगी।

योगमाया का हस्तक्षेप हुआ, तो गोपियों का अवरुद्ध कंठ तनिक खुला। उनके भीतर भी कृष्ण को समुचित उत्तर देने का बल जागा।

अद्भुत दृश्य है।

गोपियों ने श्रीकृष्ण को चारों ओर से घेर लिया है। ये गोपियाँ चार समूहों में विभक्त हो गई हैं और ये समूह उनके स्वभाव के अनुसार बने हैं—स्वपक्ष, विपक्ष, सुहृत्पक्ष और तटस्थ पक्ष।

जो गोपियाँ राधा-कृष्ण का मिलन चाहती हैं, वे स्वपक्ष की हैं, जैसे ललिता, विशाखा आदि।

जो गोपियाँ राधा-कृष्ण के मिलन में सदैव बाधक होती हैं, वे विपक्ष की हैं, जैसे चंद्रावली, पद्मा, शैव्या आदि।

जो गोपियाँ स्वपक्ष-विपक्ष दोनों के साथ सौहार्द रखती हैं, वे सुहृत्पक्ष की हैं।

जो गोपियाँ स्वपक्ष-विपक्ष दोनों से अप्रभावित रहती हैं, वे तटस्थ पक्ष की हैं।

स्वभावगत भिन्नता के अतिरिक्त गोपियों में एक अंतर और है—वे नित्यसिद्धा और साधनसिद्धा हैं। नित्यसिद्धा तो अनादिकाल से श्रीकृष्ण की अपनी है। उन्हीं की भाँति सच्चिदानंद-तनुधारी। साधनसिद्धा कई कोटियों की हैं—श्रुतिचरी, देवीपूर्वा तथा ऋषिचरी। श्रुतिचरी वे हैं, जो श्रुतिमंत्रों की अधिष्ठात्री देवी हैं और ब्रज में गोपी रूप में जन्म लिया है। देवीपूर्वा वे हैं, जिन देवकन्याओं ने ब्रह्माजी के निर्देशानुसार, माधुर्य के श्रीविग्रह के रसास्वादन हेतु गोपी होकर जन्म लिया है। ऋषिचरी वे हैं, जो दंडकारण्य वन में ऋषि-मुनियों के रूप में रही थीं और गोपी होकर जनमी थीं। कारण था, जब भगवान् राम ने सीता के विरह में अश्रुपात किया था, तो इनके हृदय में प्रभु का ऐसा ही प्रेम पाने की अभिलाषा जगी थी और इसीलिए ब्रज में गोपी जन्म पाया था।

प्रथम दो कोटि की गोपियाँ मधुर रस का प्रत्यक्ष आस्वादन करेंगी।

ब्रज की ये सभी गोपियाँ श्रीकृष्ण के वंशीनाद के आकर्षण से बँधी उनके पास पहुँची हैं। स्वभाव-भेद से इनका सोचने का ढंग अलग-अलग है। तदनुसार शब्दों की भाव-भंगिमा भी अलग है।

एक यूथ की नेत्री बोली, "तुम विभु हो, अपनी इच्छानुसार आचरण कर सकते हो।"

गोपी की हृदगत तिलमिलाहट यहाँ व्यंजित हुए बिना नहीं रही है। श्रीकृष्ण को 'प्राधाधार', 'प्राणवल्लभ', 'प्राणप्रिय' आदि न कहकर 'विभु' कहना जतलाता है कि वह उनके तिरस्कार से कितनी क्षुब्ध है!

उसका क्षोभ इन शब्दों में फूटता है, "सुंदर रूप-गुण के स्वामी होते हुए भी तुमने हमसे अत्यंत कठोर शब्द कहे, जो सर्वथा अनुचित थे। ठीक है, तुम्हें जो कहना था, कह दिया। अब हमारा उत्तर भी सुन लो, हम वापिस नहीं लौटेंगी। तुमने हमें जो धर्मोपदेश दिया, यदि स्वयं भी उसपर आचरण किया होता, तो ऐसे हृदयाघाती वचन कदापि न कहते। अब हमें ब्रजनगरी लौटने की जगह यमपुरी लौटना ज्यादा आसान लग रहा है। पर मरने से पहले तुम्हारे उन तीन प्रश्नों के उत्तर देने जरूरी हैं, जिन्हें हमारे आते ही तुमने पूछा था। याद हैं वे प्रश्न? पहला था, हमारे आने का प्रयोजन। दूसरा था, तुम्हारे द्वारा हमारी कौन-सी भलाई हो सकती है? तीसरा था, ब्रज की कुशल-क्षेम जानने की जिज्ञासा को लेकर।

"तो लो, अब तीनों के उत्तर सुनो। हमारे आने का प्रयोजन था तुम्हारे श्रीचरणों की सान्निध्य-प्राप्ति। तुम्हारे द्वारा हमारा यह मंगल सिद्ध हो सकता है कि तुम हमारी मनोकामना पूरी करो। ब्रज के कुशल-मंगल का संवाद देने की हम कोई आवश्यकता नहीं समझतीं। जिस स्थान को सदैव के लिए छोड़ दिया, उससे अब हमारा कोई संबंध नहीं रहा।"

क्षणिक विराम के बाद वह अपनी बात आगे बढ़ाती है, "हे ब्रजनंदन, अपने शब्दों को याद करो। कात्यायनी देवी की पूजा के उद्यापन के अवसर पर तुमने जिन नारियों से कहा था, 'हे साध्वियो, तुम्हारे संकल्प का मुझे पता है, वह सत्य होगा।' तो वही गोपियाँ आज तुम्हारे सामने खड़ी हैं और तुम उनसे वापिस लौटने की बात कह रहे हो? तुमने हमारे हृदय में अंकुरित प्रीति के बिरवे को आशा-विश्वास के जल से पल्लवित-पुष्पित किया। अब अपने कठोर वचनों से उसे विच्छिन्न मत करो।"

गोपियाँ भी इस प्रकार तर्क-वितर्क कर सकती हैं, देखकर कृष्ण हत्प्रभ हैं। कितनी महानता ओढ़कर उन्होंने इन्हें पति-सेवा का धर्मोपदेश दिया और ये कह रही हैं, 'कृष्ण, अपना धर्मोपदेश अपने पास ही रखो। हम इसके योग्य नहीं हैं। जहाँ तुम्हें कोई अन्य सुपात्र मिले, उसे दे देना।'

ओह! उन्हीं पर ऐसा व्यंग्य!

कृष्ण अभी हत्प्रभ है कि दूसरी यूथेश्वरी बोल पड़ी, "बुरा न मानना, कृष्ण। तुमने हमारे साथ जो व्यवहार किया है, वह किसी बधिक के व्यवहार से कम नहीं है। हम तो अपने दैनंदिन कार्यों में संलग्न थीं ही, तुमने वेणु के स्वर फूँककर पहले हमें बुलाया और फिर क्रूर होकर आततायी की भूमिका में आ गए। यह क्रूरता क्या उचित है?

"दूसरी बात, तुम्हारा कृत्य ऐसा है, जैसे किसी हँसते-खेलते घर में पहले आग लगा दी जाए और फिर उसे धू-धू जलता देखकर ताली बजाकर हँसा जाए! हमारा तिरस्कार करके तुम्हें मनोरंजन मिल सकता है, पर यह करणीय कदापि नहीं है। तुम्हें ही इस ज्वाला को पानी डालकर शांत करना होगा।"

दूसरी यूथेश्वरी के मौन होते ही तीसरी बोल पड़ी, "सुनते हो कृष्ण, सारा दोष तुम्हारे इन्हीं श्रीचरणों का है। जिस दिन से हमने तुम्हारे इन पाद-पद्मों का स्पर्श किया, हम बेसुध हो गई हैं। यदि हम इन चरणों की सेवा के योग्य नहीं थीं, तो तुमने हमें इनके स्पर्श का आनंद क्यों दिया? अब दासी बनकर इन चरण-कमलों की सेवा की एकमात्र लालसा है, तो हमें इससे वंचित मत करो।"

गोपियों की यह भाव-विह्वलता!

उनके वचनों का माधुर्ययुक्त दैन्य।

उनके वचनों में विनय और प्रार्थना।

उनके वचनों में उपालंभ के साथ-साथ प्रेम-प्राप्ति की उत्कट लालसा।

कृष्ण इसे देख रहे हैं, विस्मित हैं।

अब मौन खड़ी चौथी यूथेश्वरी के मुख से वहाँ क्षणिक शांति रहने के बाद शब्द निकले, "हे कृष्ण, अपराध हमारा नहीं, तुम्हारे इस अलौकिक लावण्य का है। तुम्हीं बताओ, तुम्हारे इस वेणु-श्रवण और श्यामल देह-दर्शन के बाद विधाता की सृष्टि की कौन-सी नारी आकर्षित हुए बिना रहेगी? यदि किसी स्थिति के लिए दोनों पक्ष समान रूप से उत्तरदायी हों, तो उन्हें एक दूसरे पर दोष थोपने का अधिकार नहीं है। हमारे घर छोड़कर यहाँ आने के लिए संसार हमको नहीं, तुम्हारे वंशीनाद को ही दोष देगा।"

परस्पर कहा-सुनी हुई।

जब कृष्ण बोले, तो लगा कि गोपियाँ निरुत्तर रह जाएँगी। जब गोपियाँ बोलीं, तो लगा कि कृष्ण के पास अपने बचाव के लिए शब्द कहाँ से आएँगे?

यही हुआ भी।

श्रीकृष्ण को कहना पड़ा, "ठीक है, अब स्वच्छंदतापूर्वक मेरे संग विहार करो। मैं अब तुम्हारे समक्ष अपने अंतर का कपाट खोले दे रहा हूँ। जिसकी जैसी कामना हो, मनोनुकूल लूटने की तुम्हें पूरी छूट है।"

जो गोपियाँ कुछ देर पहले विरह और नैराश्य के कारण कुम्हलाई कमलिनी दिख रही थीं, वे कृष्ण के आशा से अधिक दाक्षिणात्य प्रदर्शन से पुलकित हो उठी हैं।

भक्त के प्रेम के समक्ष भगवान् कब पराभूत नहीं होते?

दृश्य बदल चुका है।

आत्माराम को गोपी-प्रेम के अधीनस्थ होकर प्रेम की याचना करते देखना कितना कौतुकपूर्ण है!

रासमंडल की शोभा वर्णनातीत है।

आकाश में उदित पूर्ण चंद्र की रश्मि-राजि धरा को प्रतिक्षण और-और उद्भासित कर रही है। कृष्ण के श्रीमुख पर विद्यमान मुसकान की किरणों से गोपियों के अंग-प्रत्यंग कुमुदिनी की भाँति प्रस्फुटित हो रहे हैं।

मंथर गति से प्रवहमान शीतल-सुवासित पवन।

यमुना-पुलिन के सूक्ष्म-धवल बालुका-कण।

रास-क्रीड़ा का प्रारंभ।

मंडलाकार खड़ी शत कोटि गोपियों के साथ नर्तन करते एकाकी कृष्ण।

प्रत्येक गोपी को मात्र उसी के साथ कृष्ण-संसर्ग का आभास।

रास-क्रीड़ा अबाध चल रही है।

श्रीकृष्ण ने किसी के केशों का स्पर्श किया, किसी के हाथ को पकड़ा, किसी के साथ मधुर परिहास किया, किसी की नीवी का स्पर्श किया, किसी के अंगों में नखचिह्नपात किया और किसी को अपनी मादक चितवन, भुवनमोहिनी मुसकान से मंत्रमुग्ध किया।

उस सीमित यमुना-पुलिन पर शत कोटि प्रमदाओं में से प्रत्येक के साथ श्रीकृष्ण का सम्यक् विहार कैसे संभव है, यह प्रश्न क्यों उठे? श्री भगवत्-मूर्ति की भाँति ही श्री वृंदावन की भूमि भी विभु वस्तु है। इस विभुता के कारण जौ मात्र स्थान का अनंत विस्तार सहज-संभाव्य है। लीला के अंत में सबकुछ यथावत् हो जाना भी पूर्ण संभव है।

शत कोटि गोपियों के साथ कृष्ण का यह रमण अद्भुत है। गंध-माल्य-तांबूल सहित विविध पुष्प-शय्याओं की रचना।

प्रत्येक के साथ अलग-अलग आलिंगन और केलि-क्रीड़ा।

यह सब योगमाया के हाथों हो रहा है और स्वयं श्रीकृष्ण इस समय योगमाया के आधीन होने के कारण नहीं जानते कि अगले पल क्या होना है?

गोपियाँ भला इस पल अपने होश में कैसे रह सकती हैं?

वे गर्वांध हो उठी हैं।

नहीं जानतीं कि जो रसिक शिरोमणि कृष्ण इस समय उनके साथ हैं, वही इस पल अन्य सभी गोपांगनाओं के साथ भी हैं। सभी के मन में अपने सौभाग्य को लेकर जो अहंकार जागा है, वह भी तो श्रीकृष्ण की दृष्टि से छिपा नहीं है।

सिर्फ गर्व नहीं, यहाँ मान भी है।

प्रणय-मान।

और फिर इन्हीं गोपियों के बीच श्रीराधा भी हैं, जो ईर्ष्याग्रस्त हो उठी हैं।

श्रीकृष्ण अब क्या करें?

उन्हें दो स्थितियों को सँभालना है।

गोपियों का सौभाग्य-मद तथा वृषभानुसुता का मान एक ही उपाय से दूर करना है।

यही किया उन्होंने।

श्री वृषभानुकुमारी को बलपूर्वक उठाया और वहाँ से अंतर्धान हो गए।

यह भी योगमाया द्वारा रचा गया विधान था। योगमाया की इच्छानुसार ही संपादित हुआ है।

~✦~

भगवान् श्रीकृष्ण सहसा अंतर्धान हो गए हैं। गोपियों की अवस्था यह है, जैसी यूथपति गजराज के दर्शन तिरोहित हो जाने पर समूह की हथिनियों की होती है।

सभी अत्यंत व्याकुल हो उठी हैं।

कुंज-कुंज में श्रीकृष्ण को ढूँढ़ रही हैं और दर्शन न पाकर उन्मादिनी जैसी हो उठी हैं।

इस पल कैसी है उनकी अवस्था ?

विभ्रम में पड़कर स्वयं को कृष्ण समझ रही हैं। वही चेष्टाएँ जो कुछ देर पहले मुरली मनोहर ने उनके साथ की थीं, उसी लीला-विलास का प्रदर्शन उनके द्वारा हो रहा है।

वही चाल-ढाल।

वही हास-विलास।

वहाँ उपस्थित अन्य गोपियों के निकट जाकर के कह रही हैं, "जिनके लिए तुम उत्कंठित हो, मैं ही वह कृष्ण हूँ। मैं ही नटवर-नागर हूँ। देखो न, व्यर्थ ही तुम मेरे लिए विह्वल हो रही हो!"

"मैं ही कृष्ण हूँ।" एक ने कहा।

"मैं ही कृष्ण हूँ।" दूसरी बोली।

"मैं ही कृष्ण हूँ।" कहती हुई उस यमुना-पुलिन पर हर गोपिका श्रीकृष्ण हो गई है।

एक झाड़ी से दूसरी झाड़ी।

एक वृक्ष से दूसरा वृक्ष।

एक लता से दूसरी लता।

क्रम से एक-एक पेड़-पौधे के निकट जाकर वे गोपियाँ श्रीकृष्ण का अता-पता जानने का उद्यम कर रही हैं।

श्रीकृष्ण आखिर हैं कहाँ ?

कहीं अन्यत्र नहीं, वहीं उनके निकट ही हैं।

श्रीकृष्ण परब्रह्म हैं, हर जड़-चेतन में उनकी व्याप्ति है, पर गोपियों को उनके अदर्शन से उपजी विरह-व्यथा संतप्त कर रही है।

विरह की वेदना को झेलते हुए भी इन गोपियों के अधरों पर कृष्ण का गुणगान है। वे उन्मत्त हैं। उच्च स्वर में कृष्ण विषयक कीर्तन का गान कर रही हैं और हर लता-पादप से पूछने का क्रम भी नहीं टूटा है।

ऊँचे वृक्षों को लक्ष्य करके गोपियों का विलाप उतना तीव्रतम है, "हे पीलू, हे अश्वत्थ, तुम तो इतने ऊँचे हो। बहुत दूर तक देख सकते हो। तुम्हीं उनके बारे में कुछ बताओ।"

कहीं वृक्ष यह न समझे कि उनकी कृष्ण विषयक जिज्ञासा अकारण है, स्वयं ही शंका-निवारण करते हुए कारण भी बता रही हैं, "परम सज्जन श्री नंदजी का पुत्र होने

पर भी वह हमारे हृदय-रत्न को चुराकर भाग गया है, इसलिए हम उसे खोज रही हैं।"

अब वृक्ष भला कैसे उत्तर देगा?

गोपियाँ निराश कंठ से कह रही हैं, "हम स्त्रियों को तुच्छ मानते हुए वृक्ष भी उत्तर देने की आवश्यकता नहीं समझ रहे। मौन धारे खड़े हैं।"

कुरवक (सदाबहार), अशोक, नागकेशर और चंपा को परम उपकारी मानकर गोपियाँ उनकी करुणाशीलता को लेकर आश्वस्त हैं। पर वे भी जब मौन धारण किए खड़े हों, तो बेचारी क्या करें?

अस्तु।

गोपियाँ सोचती हैं, संभवतः ये पुरुष जाति के वृक्ष होने के कारण श्रीकृष्ण को अपना सजातीय समझकर मौन हैं। इसलिए स्त्री जाति के पौधों से पूछने पर मनोनुकूल उत्तर प्राप्त होगा। यह विचार करके वे तुलसी के पौधे के निकट जाकर खड़ी हो गई हैं, "हे बहन तुलसी, तुम श्रीकृष्ण को प्रिय हो, इसलिए वे तुम्हारे समीप अवश्य आए होंगे। हे कल्याणि, तुम्हीं हमें श्रीकृष्ण के प्रस्थान की दिशा की सूचना दो।"

याचना यहाँ भी निष्फल रही।

अब गोपियाँ क्या करें?

किंतु अभी मल्लिका, मालती, चमेली और जूही हैं न! वे ही कुछ बोलेंगी, अपने अधर खोलेंगी। संभवतः तुलसी अभिमानिनी हो, पर ये तो सरल-सीधी जान पड़ती हैं। निश्चय ही इनसे श्रीकृष्ण की जानकारी मिलेगी।

किंतु यहाँ भी निराशा हाथ लगी।

तभी जैसे ही गोपियों की दृष्टि फलयुक्त वृक्षों पर पड़ी, वे उधर दौड़ पड़ी हैं। पर उनकी कातर पुकार को रसाल, प्रियाल, कटहल, आम, कदंब तथा यमुना-पुलिन के अन्य वृक्षों ने भी अनसुनी कर दी, तो गोपियों ने सर्वव्यापिका पृथ्वी से अपने प्रश्न का उत्तर जानना चाहा, 'कृष्ण कहाँ हैं?'

किसी ने कुछ नहीं बताया।

उन्मादिनी गोपियाँ अब गहन वन में आ पहुँची हैं। यहाँ हिरणियों से कोई सूचना मिलने की उनकी आशा भी दुराशा में बदल गई, जब वे भी कुछ न बोलीं।

गोपियों की विरह-वेदना अब सीमातीत हो उठी हैं। विभ्रम की इस अवस्था में वे कृष्ण-लीलाओं के अनुकरण में संलग्न हो गई हैं।

एक गोपी स्वयं को पूतना समझ रही है, तो दूसरी बालकृष्ण बनकर उसका स्तनपान करने लगी है।

शकटभंजन लीला!

नन्हे कान्हा का रूप धरकर घुटनों के बल चलने की लीला।

गोचारण लीला।

तृणावर्त्त दैत्य बनकर शिशु कृष्ण के हरण की लीला।

बकासुर को चीर डालने की लीला।

गोवर्धन-धारण लीला।

कालिया नाग नाथने की लीला।

दावानल-दलन लीला।

माखन-चोरी लीला।

श्रीकृष्ण की लीलाओं का अनुकरण करती हुई गोपियाँ अब गहन वन में उस स्थान पर आ पहुँची हैं, जहाँ उन्हें श्रीकृष्ण के पदचिह्न दिख गए हैं।

~✦~

ओह! श्रीकृष्ण के पदचिह्न।

रोमांचित हो उठी हैं गोपियाँ।

निरख रही हैं—हाँ, निश्चय ही ये पदचिह्न श्रीकृष्ण के हैं, क्योंकि इनमें ध्वजा, वज्र, कमल-अंकुश, यव (जौ) आदि के चिह्न स्पष्ट दिखाई दे रहे हैं।

एक गोपिका ने उन्हें देखा, दूसरी को बताया। दूसरी ने तीसरी तक बात पहुँचाई और फिर उनमें हलचल मच गई।

आनंदमग्न हो उठी हैं गोपियाँ।

उन चरणचिह्न का अनुगमन करती हुई वे एक-एक पग आगे बढ़ा रही हैं। कभी चिह्न धूमिल हो उठते हैं, कभी दिखने बंद हो जाते हैं, तो उनका आनन मलिन हो जाता है। पर दो पग बढ़ाते ही पदचिह्न पुनः दृष्टिगोचर होने से उनका मुखमंडल प्रसन्नता से खिल उठता है।

पर···पर यह क्या?

गोपियाँ जहाँ की तहाँ स्तब्ध खड़ी रह गई हैं।

उनकी आँखें विश्वास नहीं कर पा रही हैं कि जो दिखाई दे रहा है, वह सच है।

दूर्वामय धरा पर बीच-बीच में पदचिह्न विच्छिन्न हो जाने पर उन्हें निराशा नहीं हुई थी। जानती थीं, आगे चिह्न पुनः दिखाई देंगे। पर दुर्भाग्य यह है कि···

गोपियाँ मलिनमुख निहार रही हैं—श्रीकृष्ण के पदचिह्न के साथ ही धरा पर किसी रमणी के भी पदचिह्न विद्यमान हैं।

तो क्या श्रीकृष्ण एकाकी नहीं गए हैं?

अपनी किसी प्रिया के साथ गए हैं?

वही ऐसी हतभागिनी हैं, जो उन्हें छोड़कर प्रियतम ने किसी अन्य रमणी के साथ

प्रस्थान किया है। उस पर रमणी के पदचिह्न का बीच-बीच में अदृश्य हो जाना यह प्रकट करता है कि···

नहीं, वे इससे ज्यादा नहीं सोच सकेंगी। उनके लिए इससे अधिक मर्मांतक व्यथा और क्या होगी कि प्राणप्रिय ने अपनी संगिनी को क्लांत-श्रांत जानकर गोद में उठा लिया है या कंधे पर बैठा लिया है!

अत्यंत सूक्ष्म पर्यवेक्षण।

एक गोपी पूछ रही है, "तुम्हें कैसे पता चला कि ये पदचिह्न किसी रमणी के ही हैं?"

दूसरी उत्तर देती है, "अरी, क्या तुम्हें दिखाई नहीं देता कि ये आकार में छोटे हैं, फिर रमणी की देह कोमलकांत होने के कारण धरती में गहरे धँसे भी नहीं हैं।"

"किस रमणी के हो सकते हैं, ये चिह्न?" तीसरी का उलझन भरा कंठस्वर है।

जानकर भी अनजान बन रही हैं गोपियाँ।

श्रीराधा के पाँवों से भलीभाँति परिचित होने के कारण प्रथमदृष्ट्या ही समझ गई हैं कि ये चिह्न सिर्फ उन्हीं के पाँवों के हैं, फिर भी पृथक्-पृथक् प्रतिक्रिया है।

तटस्थ पक्ष की गोपियों ने श्रीकृष्ण के चरण-चिह्न के साथ किसी अन्य के पाँव के चिह्न लक्ष्य ही नहीं किए हैं। वे श्रीकृष्ण की चरण-धूलि को ही माथे पर सजाकर प्रसन्न हैं।

वाम पक्ष की गोपियों की प्रतिक्रिया इतनी उदार नहीं है। एक कह रही है, "अरी सखि, वह जो हमारे प्राणाधार को हमसे विलग कर एकांत में ले गई है, उसके पाँवों के निशान मेरे हृदय को अति क्षुब्ध कर रहे हैं।"

दूसरी का कथन है, "उस मायाविनी ने हमारा धन चुराया है, अन्यथा श्रीकृष्ण कभी इस प्रकार हमें त्यागकर उसके साथ सघन वन में विहार नहीं करते।"

तीसरी चीख पड़ी, "अरे सखियों! देखो न, यहाँ उस गोपी के चरणचिह्न दृष्टिगत नहीं हो रहे। निश्चय ही हमारे प्यारे श्यामसुंदर ने घास की नोक को उसके कोमल तलवों में गड़ता देख उसे कंधे पर चढ़ा लिया है।"

एक तो कृष्ण-विरह, उस पर सौतिया डाह!

गोपियाँ की वियोग-पीड़ा में क्षोभ भी समाहित है।

कुछ आगे चलकर इससे भी अधिक कुढ़ानेवाला दृश्य दिखाई देगा, कब जानती थीं?

ऐसा क्या दिखा है, जो वे एकदम भग्न हृदय खड़ी की खड़ी रह गई हैं?

प्रतिपक्ष की इन्हीं गोपियों में से एक ने ठंडी साँस भरी, "ओह, अब नहीं सहा जाता। निश्चय ही उस सुकुमारी को श्रीकृष्ण ने यहाँ अपनी गोद से उतारा है। उसकी

केश-सज्जा के लिए अशोक वृक्ष से फूल तोड़े हैं। उचक-उचककर पुष्प-चयन के कारण यहाँ उनके पाँवों के पंजे तो धरती में गड़े हैं, किंतु एड़ी का पता नहीं है।"

"बिल्कुल सही कहा तुमने। इसीलिए यहाँ अपूर्ण पदचिह्न हैं।" दूसरी गोपी चीख पड़ी।

"और इधर देखो, यहाँ बैठकर उस कामी ने उस कामिनी के जूड़े में फूल गूँथे हैं, उसे अपनी जँघा पर बैठाकर केशसज्जा की है, तभी बैठने की भाव-भंगिमा को यहाँ की घास के बदले रूप से समझा जा सकता है।" तीसरी ने एक ठंडी साँस भरी है।

श्रीकृष्ण तथा अन्य रमणी के चरणचिह्न इंगित करते हुए इधर भिन्न स्वभाव वाली प्रलापरत गोपियों की पृथक्-पृथक् प्रतिक्रिया और उधर...

हाँ, उधर उस सौभाग्यशालिनी रमणी को भी अहंकार आ गया है कि गोपियों में सर्वश्रेष्ठ होने के कारण ही उसे श्रीकृष्ण का प्रेम-भाजन होने का अवसर मिला है। वह रमणी, अर्थात् श्रीराधा के हृदय में पहले तो श्रीकृष्ण का अन्य गोपियों के साथ हास-विलास देख मान जागा था, अब अभिमान से इतराकर कह रही है, "प्रियतम, मुझसे अब और नहीं चला जाता। थक गई हूँ। इसलिए मुझे गोद में उठाकर या कंधे पर बैठाकर तुम चाहे जहाँ ले चलो।"

केश-सज्जा के लिए एक स्थान पर बैठने से पूर्व श्रीकृष्ण जिस प्रकार रमणी को गोद में उठाकर चले थे, उसी की पुनरावृत्ति वह चाहती है।

श्रीकृष्ण ने उसकी छलना समझ ली है और प्रत्युत्तर में वे भी छल करने पर तुल गए हैं। उन्हें श्रीराधा का प्रणय-केलि हेतु यह उन्मुक्त आमंत्रण नहीं भाया है। नारी सुलभ लज्जा को त्यागकर जो रमणी स्वयं को कहीं भी ले जाने की चाहत व्यक्त कर रही है, उसने स्वधर्म का परित्याग कर दिया है। ऐसे में उसके साथ तदनुरूप आचरण ही उचित है।

मन-ही-मन निश्चय करके श्रीकृष्ण ने साथ आई इस रमणी से कहा, "ठीक है, यदि तुम थक गई हो, तो मेरे कंधे पर चढ़ जाओ।"

मुदित मन लिये रमणी जैसे ही यह करने को उद्यत हुई, उसने विस्मय से आँखें मलीं—किसके कंधे पर बैठे? श्रीकृष्ण हैं कहाँ? तो क्या वे मुझे भी एकाकी छोड़कर अंतर्धान हो गए हैं!

~✦~

लीला का यह परिवर्तित मोड़ अत्यंत चौंकानेवाला है।

श्रीकृष्ण कहीं नहीं गए हैं, वहीं आसपास ही झाड़ियों में छिप गए हैं, पर श्रीराधा उन्हें अपनी आँखों के सामने न पाकर क्षणांश में विरह संतप्त होकर बारंबार विलाप करने

लगी हैं, "हा नाथ! हा प्राणप्रिय! हा मेरे सखा! मैं तुम्हारी दीन-हीन दासी तुम्हें अपने निकट देखना चाहती हूँ। शीघ्र मुझे दर्शन दो।"

पर कैसे दर्शन? कहाँ के दर्शन?

श्रीराधिका के विलाप का श्रीकृष्ण पर कोई प्रभाव नहीं पड़ रहा है।

अत्यंत मार्मिक है श्रीराधा का यह अनुताप।

उनकी यह विरह-व्यथा।

यह मर्मांतक पीड़ा।

कृष्ण को खोजती हुई रोती-बिलखती गोपियाँ इसी क्षण विरहव्यथिता राधा के निकट पहुँच चुकी हैं। उन्हें दु:खी और अचेतप्राय अवस्था में देखकर करुणा से विगलित हो उठी हैं।

समदु:खभोगिनी के प्रति कैसी ईर्ष्या और कैसा क्षोभ?

गोपियाँ पल में अपना असूयाभाव भूलकर धरती पर पड़ी और बिलखती हुई उस विरहिणी के प्रति इतनी सदय हो उठती हैं कि नाना यत्नों से सचेत किए बिना नहीं रहतीं।

श्रीराधा ने चैतन्य होते ही अपनी भूल स्वीकारी, "मैंने कुटिलतावश उनका अपमान किया था, इसीलिए वे अंतर्धान हो गए।"

गोपियाँ विस्मित हैं—ऐसा कैसे संभव है? जिस रमणी के एकांतिक प्रेम में पड़कर श्रीकृष्ण उन सबके मध्य से मात्र उसे ही साथ लेकर दृष्टि-पथ से ओझल हो गए थे, सभी उपस्थित गोपबालाओं का अपमान करते नहीं हिचके थे, उसका अपमान कैसे कर सकते हैं?

गोपियाँ श्रीराधा से पूरा वृत्तांत जानना चाहती हैं, पर वे उसे बताने में स्वयं को असमर्थ पाती हैं, "मैं क्या कहूँ? मुझे स्वयं नहीं विदित, यह सब कैसे हुआ, क्यों हुआ? सिर्फ इतना समझ रही हूँ कि अपनी कुटिलतावश उन्होंने तुम सबको छोड़कर मुझे संग-साथ दिया था और मैंने भी इसी भाँति अपनी कुटिलता के चलते उन्हें गँवाया है।"

गोपियों ने उन्हें धीर बँधाया, "नहीं सखी, इसमें किसी की कोई कुटिलता नहीं है। तुम हम लोगों में श्रेष्ठ हो, इसलिए कृष्ण ने हमें छोड़कर तुम्हें अंगीकार किया। इसी भाँति तुमने रतिश्रांतिवश गोद में उठा लेने का आदेश दिया था, इसलिए तुम्हारी भी कोई कुटिलता नहीं है। पर श्रीकृष्ण ने दयानिधि होते हुए भी ऐसा क्यों किया, यह अवश्य विस्मयजनक है।"

सबकी साझा पीड़ा।

सबकी एक ही विरह-व्यथा।

सबकी कृष्ण को पुनर्प्राप्त करने की अभिलाषा।

अब किसी गोपी के हृदय में श्रीराधा के प्रति कोई वैमनस्य नहीं है। वे सब एक

साथ मिलकर श्रीकृष्ण को ढूँढ़ने के लिए उद्यत हैं।

समस्या यह है कि श्रीकृष्ण को कहाँ ढूँढ़ा जाए?

वन गहन से गहनतर और फिर गहनतम होता गया है। रात्रि का समय है। शरद पूर्णिमा की रात्रि होने के कारण चंद्रमा के प्रकाश में अभी तक उन्होंने पथ पर आगे बढ़ने की शक्ति जुटाई है, किंतु घोर जंगल के निविड़ अंधकार में चाँद की उज्ज्वल रश्मियाँ नहीं पहुँच रहीं और श्रीकृष्ण के पदचिह्न दिखाई देने की कोई संभावना नहीं है, तो आगे बढ़ने से क्या लाभ?

लाभ तो दूर, इससे हानि की ही आशंका है। गोपियों को अपना पीछा करते देखकर श्रीकृष्ण और-और आगे बढ़ते जाएँगे। ऐसे में सघन अंधकार में गहन वन में घूमते क्या उनके कोमल पगतल शूल चुभने से रक्तरंजित न हो जाएँगे?

तदंतर सब सखियों ने हाथ पकड़कर श्रीराधिका को उठाया और पुनः उसी यमुना-पुलिन पर लौटने का मन बनाया, जहाँ रासमंडल था और श्रीकृष्ण के साथ उन्होंने प्रीतिमय घड़ियाँ व्यतीत की थीं। मन में क्षीण आशा विद्यमान थी, संभवतः श्रीकृष्ण भी वन में घूम-फिरकर थक जाने पर उसी स्थान पर लौटने का मन बनाएँ!

न, उन्हें श्रीकृष्ण से कोई शिकायत नहीं है। उपालंभ का क्या काम? वे मात्र उनकी चरण-दासी हैं और चरण-कमलों की वंदना करके कृत-कृत्य हैं।

श्रीकृष्ण के पुनर्रागमन की प्रत्याशा का नन्हा दीप जब हृदय में जल रहा है, तो गोपियों को विश्वास रखना चाहिए कि प्राणाधार लौटेंगे। जब तक श्रीकृष्ण सम्मुख नहीं आते, क्या करें विरहिणी गोपियाँ? मात्र उनकी करुणा पर विश्वास ही न!

ऐसे में श्रीकृष्ण के गुणों का संकीर्तन करने के अतिरिक्त उनके पास प्रतीक्षा-काल व्यतीत करने का साधन ही क्या है?

एक गोपी गा रही है, "हे गोकुलचंद्र! एक बार आकर हमारी दशा देख जाओ। हे प्राणप्रिय! श्री लक्ष्मी देवी सतत सावधानीपूर्वक तुम्हारी सेवा में संलग्न रहती हैं। इसीलिए ब्रज में तुम्हारे आविर्भाव के साथ ही संपूर्ण ब्रजभूमि सर्वरूपेण शोभामंडित हो गई है। ब्रज में सबकुछ सुंदर है, केवल हम हतभागिनियाँ तुम्हारी चरण-सेवा से वंचित होकर असुंदर हैं। यह दुरवस्था ब्रज के शोभाशाली स्वरूप के लिए कलंक जैसी है, इसलिए जैसे भी हो, एक बार आकर, भले ही दूर से सही, हमें देख अवश्य जाओ। तुम्हारे एक बार दृष्टिपात मात्र से हमारी श्रीहत अवस्था पुनः श्रीसंपन्न हो जाएगी।

"हे दयामय, तुम्हारे आविर्भाव हेतु जिस ब्रज ने इतनी सौंदर्यशालिनी, उत्कर्षमयी आभा पाई है, वहाँ हम मात्र तुम्हारी चरण-दासी के रूप में अपना अस्तित्व जानती हैं।

यह सच है कि तुम्हारे प्रेम से वियुक्त होकर हमें अब तक मर जाना चाहिए था, फिर भी हम जीवित हैं। आखिर क्यों, इसीलिए न, क्योंकि अपने प्राण तुम्हें समर्पित कर चुके हैं। जब वे प्राण हमारे पास रहे ही नहीं हैं, तो देह से बाहर निकलेंगे कैसे? तुम आओ, हमारे प्राण लौटा दो, ताकि हम इस विरह-पीड़ा को झेलने की अपेक्षा मर तो सकें!"

इस दैन्यता में हर गोपी के अंतस् का दैन्य छलक रहा है। यह उनकी समन्वित पीड़ा है, वाणी भले ही किसी एक की क्यों न हो!

दूसरी गोपी ने अब अपना गीत गाया, "हे सुरतनाथ, याद करो कि एक दिन तुम्हीं ने अपने नयनों के भ्रू-विलास से हमसे प्रणय-याचना की थी, फिर कात्यायनी व्रत के समापन के अवसर पर तुम हमारी मनोकामना पूरी करने के लिए वचनबद्ध भी हुए थे, किंतु दुर्भाग्य हमारा, तुम अपनी प्रतिज्ञा भंग करके हमें विरहाग्नि में दग्ध कर रहे हो। केवल इतना ही नहीं, अपने जिन नयनों द्वारा पहले हमारे मन में मिलन-लालसा जगाई, उन्हीं से हमारे प्राणों के हनन का उपक्रम भी कर रहे हो। अपने नयनों के इस प्रवंचक रूप से तुम्हें लज्जा भी नहीं आती?

"हम कुलवधू हैं, हमारा प्रेम-धन अति गोपन रूप में हृदय के कोने में छिपा हुआ था, तुम्हारे नयनों ने लुटेरे की भूमिका में आकर हमारे हृदय-रत्न लूट लिये और हम उसके संरक्षण हेतु हर प्रयास में विफल रहे। अब उन्हीं नयनों के अदर्शन से हमारी जो दुर्दशा कर रहे हो, वह भी वध करने जैसी है। बात को समझो, आओ और हमें दर्शन दो। हमारे वध का जो कलंक लगेगा, उससे मुक्त हो जाओ। यदि नहीं आए तो हमारी मृत्यु निश्चित है।"

गोपियाँ जानती हैं, कृष्ण क्या कहेंगे?

माना अंतर्धान हो चुके हैं, पर वे सब उनपर नाना अपराधों को जिस तरह आरोपित कर रही हैं, मनचाहे आक्षेप लगा रही हैं, कृष्ण उन्हें सुनकर चुप थोड़े ही रहेंगे। श्रीकृष्ण के मुँह में दही नहीं जमा है, इसलिए हर आरोप का उत्तर पूरे धैर्य और शांति के साथ देंगे। कहेंगे, "ब्रजवनिताओ, मेरे ऊपर अपने वध का दोष क्यों लगाती हो? मैं तुम्हारे वध हेतु कब प्रवृत्त हुआ हूँ?"

उत्तर-प्रत्युत्तर के इस क्रम में गोपियाँ कहती हैं, "क्या शस्त्र द्वारा ही किसी प्राणी के प्राण लिये जा सकते हैं। नेत्रों द्वारा किसी के प्राण-हरण क्या अपराध की कोटि में नहीं आते?"

गोपियों का क्षोभयुक्त अगला प्रश्न है, "हे कृष्ण, तुम तो सदैव हमारे प्राणाधार रहे हो, प्राण-रक्षक रहे हो और अब वही प्राणहंता की भूमिका में कैसे आ गए? आखिर कालियनाग नाथते समय, गोवर्धन धारण करते समय और अघासुर, वृषबकासुर,

व्योमासुर जैसे राक्षसों से तुम्हीं ने तो हमारी प्राण-रक्षा की थी, फिर आज सहसा यह क्रूर आचरण किसलिए?"

कृष्ण की ओर से वे स्वयं अपने प्रश्न का उत्तर देती हैं, "कालिय दमन आदि तो मैंने अपनी रक्षा के लिए किया था। उसमें तुम लोग कैसे और कहाँ से आ गईं?"

ऐसा क्रूर उत्तर?

गोपियाँ सरलहृदया हैं, सिर्फ यही उनके मुँह से निकलता है, "कान्हा, हम तुमसे अलग हैं ही कहाँ?"

बात यहीं खत्म नहीं होती।

गोपियों को कृष्ण के यशोदानंदन होने पर भी संशय है। तभी कहती हैं, "कहाँ तो यशोदा मैया इतनी दयालु और कहाँ तुम्हारा इतना क्रूर हृदय, जो हमें संतप्त होते देखकर भी नहीं पसीजता?"

नहीं, श्रीकृष्ण ऐसे कटु वचनों को कदापि सहन नहीं करेंगे। रुष्ट होकर गहन वन में जाने की बात कहेंगे। इसलिए उनका क्रोध खत्म करने के लिए, उन्हें सहज बनाने के लिए गोपियाँ कहती हैं, "कृष्ण! तुम अंतर्यामी हो। तुमने विश्व के पालन के लिए माता यशोदा के गर्भ से ही जन्म लिया है।"

जाहिर है, कृष्ण उपालंभ देंगे, "यदि तुम लोग यह सच्चाई जानती हो, तो फिर मुझे अपशब्द क्यों कहे?"

गोपियों का मासूम प्रत्युत्तर है, "क्योंकि तुमने ही तो हमें सखित्व प्रदान कर मुँह से जो-सो कह देने का साहस दिया है।"

रुष्ट श्रीकृष्ण को मनाने के लिए गोपियाँ प्राणपण से तुली हैं। वे उन्हें शरणागत का रक्षक बताती हैं और अपने सिर पर हाथ रखवाकर रक्षा का आश्वासन चाहती हैं।

किंतु यदि श्रीकृष्ण अभय-दान देने को उद्यत न हुए, तो?

सचमुच उस समय विषम समस्या हो जाएगी, किंतु गोपियाँ जब उन्हें मनाने का निरंतर प्रयास करती रहेंगी, तो श्रीकृष्ण भला कब तक उनकी अनसुनी करेंगे?

आकुल गोपियों के विरह-विदग्ध हृदय की भावनाएँ और अधिक प्रकट होती हैं, "तुम्हारी मंद-मंद मुसकान के बारे में हम क्या कहें? उसी मोहिनी मुसकान की अभिलाषा है हमें। तुम्हारी दासी भी हैं हम। अतएव, अपने चरण-कमलों को हमारे हृदय पर धरो, हम उन्हें धारण करना चाहती हैं।"

अंग-संग की प्रार्थना है यह।

कृष्ण यदि केवल अपना मुसकराता चेहरा दिखाकर पुनः अंतर्धान हो गए, तो गोपियों के हृदय की धड़कन बनी सान्निध्य की चाह का क्या होगा?

कृष्ण यदि इसे पाप कहें, तो गोपियों का कथन है, "इसमें पाप कहाँ? तुमने सिर्फ

शरणागत की रक्षा की है। हमारे प्राणों को क्षय होने से बचाया है।"

कृष्ण की आपत्ति यह भी हो सकती है कि तुम्हारे स्तनों से मैं अपने कोमल पग-तल को कष्टित क्यों करूँ? इसका उत्तर वे देती हैं कि उन चरणों को जब हम अपने वक्ष पर सर्वश्रेष्ठ अलंकार मानकर धारण करेंगी, फिर कष्ट कैसा?

गोपियों का लोभ यहीं तक सीमित नहीं है।

पहले दर्शनाभिलाषा।

फिर वक्षस्थल पर श्रीकृष्ण के चरण-कमलों की याचना।

और अब?

हाँ, अब गोपियाँ चाहती हैं कि कृष्ण के अधर-सुधारस के पान से उन्हें जीवनदान मिले, अन्यथा वे शीघ्र ही मरण-अवस्था को प्राप्त कर लेंगी।

"क्यों मर जाओगी?" कृष्ण के इस प्रश्न पर गोपियों का उत्तर है, "जैसे चाँद के बिना चकोर की कोई गति नहीं है, वैसे ही तुम्हारे बिना हमारी भी कोई गति नहीं है। तुम्हारी वाणी ने ही मधुर संजीवनी बनकर हमारे मृतप्राय प्राणों को जीवित रखा है।"

इस पर यदि कृष्ण अपनी वाणी का प्रभाव जानने को जिज्ञासु हो उठें, तो इसका उत्तर भी उनके पास तैयार है, "कृष्ण, तुम्हें नहीं मालूम कि जब तुम गर्वीली गोपियों के साथ वार्त्तालाप करते हो, उस समय तुम्हारे कैशोर्यजनित चपल स्वभाव के कारण नेत्र-संचालन और सुमधुर वाणी उन्हें कितना प्रफुल्लित करती है!"

निश्चय ही कृष्ण इस प्रेम-निवेदन और विह्वलता को देख उदासीन नहीं रह सकेंगे। उन्हें कहना पड़ेगा, "मुझ पर विश्वास रखो।"

पर गोपियाँ कैसे विश्वास करें?

उन्हें आश्वासन के शब्द नहीं, साक्षात् अधरामृत चाहिए। यह सच है कि कृष्ण की लीलाओं की कथा सुन-सुनाकर ही वे प्राण धारण किए हुए हैं, पर मात्र कथामृत उन्हें कैसे और कब तक जीवित रख सकेगा? अब उन्हें अधर सुधा-रस चाहिए ही चाहिए।

कृष्ण पूछ सकते हैं, "उस अधरामृत के पान के बिना तुम सब अब तक कैसे जीवित रहीं? क्या कथा-रस पर्याप्त नहीं था?"

"हाँ, नहीं था।" गोपियों का उत्तर है, "वे कथाएँ तो हमारी विरहाग्नि को सहस्त्रगुना बढ़ा रही हैं। तुम्हारी कथा मोक्ष चाहनेवालों के लिए तो अमृत हो सकती है, स्वर्ग चाहनेवालों के लिए अमृत हो सकती है, पर विरह-पीड़िता गोपियों की विरहाग्नि को और बढ़ानेवाली है। जिसने तुम्हें देखा नहीं, तुम्हारे मनोहारी वचन सुने नहीं, वह तो तुम्हारी कथा के श्रवण मात्र से संतुष्ट होकर तुम्हें पाने की आशा में जीवन धारण कर सकता है, किंतु हमने तो तुम्हें निकट से देखा है। तुम्हारे अधरों की स्मित-रेखा से हमारी पहचान है। फिर हमें कैसे तुम्हारे दर्शन और नैकट्य को पाए बिना चैन मिल सकता है?"

"अच्छा, तो मेरा वह हास्य कैसा था?" श्रीकृष्ण के इस प्रश्न पर गोपियों का उत्तर है, "वह मंद-मंद मुसकान तुम्हारे प्रेम-कटाक्ष से संयुक्त होकर इतनी अनुरागमयी होती है कि हम बेसुध अवस्था में पहुँच जाती हैं।"

सचमुच सबकुछ विलक्षण है।

श्रीकृष्ण की वह त्रिभंगी मुद्रा।

क्रीड़ा के समय अपने बाएँ हाथ को सहचरी के कंधे पर रख दाहिने हाथ से क्रीड़ा-कौतुक करना।

कैसे उसे भूल सकती हैं गोपियाँ?

उनका अनुरागी मन उस कटाक्ष, उस मुसकान और उस क्रीड़ा-कौतुक के लिए अति आतुर हो उठा है। इसके अभाव में वे मर्मांतक वेदना झेल रही हैं, झेलने के लिए बाध्य हो गई हैं। उन्हें लगता है, कृष्ण कपटी हैं। उनकी केलि-क्रीड़ाएँ क्षणिक आनंददायिनी होने पर भी अंततः दुःखदायिनी ही रहीं। कहाँ तो गोपियों का ऐसा प्रेम है, जो कृष्ण को गोचारण के लिए जाता देख पाँव में घास-कंकड़ आदि कुछ चुभने की कल्पना मात्र से सारा दिन उन्हें विचलित रखता था, कहाँ कृष्ण को रंचमात्र भी उनकी परवाह नहीं है!

श्रीकृष्ण फिर ताना दे सकते हैं, "गोचारण के लिए जाते समय तुम लोगों को मेरे पाँव में घास-कंकड़ आदि चुभने की चिंता नहीं करनी चाहिए। क्यों करती हो चिंता?"

उनका उत्तर है, "अपनों की चिंता किसे नहीं होती? अपने प्राणप्यारे के लिए हमारा दुःखी होना स्वाभाविक है।"

"तुम्हारा मन वहाँ पहुँचता ही क्यों था?" श्रीकृष्ण के इस प्रश्न पर उनका उत्तर रहेगा, "हमारा मन अब रहा ही कहाँ है? तुमने उसे चुरा लिया है। इसलिए वन-भ्रमण को छोड़कर अविलंब हमारे पास आओ।"

स्मृतियाँ और भी हैं।

कृष्ण के गोचारण से लौटने की वेला।

उनके धूल-धूसरित पाँव।

उनके मुख-कमल पर बिखरी हुई धुँघराली अलकें।

उस रूप-माधुरी के स्मरण से विह्वल हो उठी हैं गोपियाँ। निष्कपट भाव से कहती हैं, "हम तो अपने मन की सरलता के कारण एक-एक बात सच बताए दे रही हैं, किंतु तुम कपटी हो। अब तो तरस खाओ। अदर्शन द्वारा हमारी विरह-पीड़ा को और मत बढ़ाओ। अपने चरण-कमलों से हमारे वक्षस्थल को सौंदर्यमंडित करो। वे चरण-कमल सब प्रकार के दुःखों को दूर करनेवाले हैं, सुख प्रदायी हैं, इसलिए हमें और अधिक दुःखी मत करो।"

इस पर कृष्ण कह सकते हैं, "जब तुम लोगों ने मान ही लिया है कि मैं दुःखप्रदाता हूँ, तो यही सही। फिर सुख देने की बात क्यों सोचूँ?"

कृष्ण के इस प्रश्न का गोपियों के पास लज्जित हो जाने के सिवाय कोई उत्तर नहीं है।

क्षमायाचना के भाव से वे यही कह सकती हैं, "हम अपने कर्मफल के कारण दुःख भोग रही हैं और व्यर्थ ही तुम्हारे ऊपर आक्षेप लगा रही हैं। तुम हमारा अपराध क्षमा करो। नम्र तथा उदार स्वभाव का क्षमाशील व्यक्ति सबके अपराध क्षमा कर देता है, अतः तुमसे हम क्षमायाचना करती हैं।"

कितना कुछ स्पष्ट हो चुका है।

गोपियाँ लालायित हैं श्रीकृष्ण के अधरामृत पान के लिए। गोपियाँ उत्कंठित हैं उस अवसर की शीघ्रताशीघ्र प्राप्ति के लिए। गोपियाँ आशान्वित हैं श्रीकृष्ण की दयालुता के प्रति।

पर श्रीकृष्ण अब भी आपत्ति कर सकते हैं, "अति मूल्यवान् उस अधरामृत को बिना मूल्य लिये कैसे दान कर दूँ?"

इस पर गोपियों का करुण कथन है, "दानवीर होने के कारण तुम ऐसा कर सकते हो। वेणु की ही बात लो, नीरस बाँस के उस टुकड़े को भी तुम पूर्ण औदार्य से अधरामृत प्रदान करते हो या नहीं? काम-रोग से पीड़ित गोपियों के लिए भी यही अधरामृत औषधि है, अतः देने में विलंब न करो।"

श्रीकृष्ण कह सकते हैं, "यह आसक्ति इस रोग में कुपथ्य है, अतः अधरामृत की याचना मत करो।"

पर गोपियाँ इसे कैसे मान लें?

वे तो इस औषधि के प्रभाव से भिज्ञ हैं न!

इसलिए उनकी याचना अविरल जारी है। वे अविलंब श्रीकृष्ण के दर्शन चाहती हैं। उन्हें तो कृष्ण के गोचारण से लौटते समय उन्हें अपलक निहारना ही प्रिय रहा है। उस समय पलकों को झपकना भी उन्हें खल जाता था।

वही मन है, वही गोपियाँ हैं, फिर यह अदर्शन क्यों?

गोपियाँ निश्छल मन से कहती हैं कि पति, पुत्र तथा अन्य बंधु-बांधवों को छोड़कर जिस कृष्णानुराग में बँधी वे निर्जन वन में आई हैं, उससे कृष्ण अभिहित हैं। फिर निर्दयता क्यों दिखा रहे हैं? कृष्ण की वेणु के स्वरों ने उनके पाँवों को पंख बना दिया और वे मात्र पाँव चलकर नहीं, हवा में उड़ती हुई कृष्ण के निकट पहुँची हैं। धीर स्वभाव की होते हुए भी उनके लिए वेणु के स्वरों से मुग्ध होना कोई नई, अस्वाभाविक या अनुचित बात नहीं है। अंततः इंद्र, ब्रह्मा, शिव आदि भी वेणु के इन स्वरों से विमुग्ध होते देखे गए हैं।

"यदि तुम इस सत्य को जानती हो, तो सावधान क्यों न हुई?" प्रश्न का श्रीकृष्ण को यही प्रतिप्रश्न मिलेगा, "वशीकरण मंत्र चलाकर भी यह बात पूछ रहे हो? कपटी से कपटी व्यक्ति भी स्त्रियों को यदि स्वयं निकट बुलाता है, तो फिर निर्जन वन में परित्याग नहीं करता। तुम्हारा आचरण उनसे भी अधिक निंदनीय है। यदि तुम कभी अपनी कपटता से च्युत नहीं होते, तो तुम्हारा 'अच्युत' नाम ठीक ही है।"

विरहविदग्धा गोपियों के इस झुंड में वे गोपियाँ भी हैं, जो श्रीकृष्ण के वंशीवादन को सुनकर घर से निकलना चाहती थीं, पर परिवारीजनों द्वारा रोक लिये जाने पर नहीं निकल सकी थीं। अपनी गुणमय देह को त्यागकर गुणातीत देह से श्री गोविंद के पाद्-पद्मों में पहुँच चुकी हैं। बाधाओं को तोड़कर पहुँची उन गोपियों का भी यही करुण कथन है, "मृत्यु की अंतिम दशा में हमें पहुँचाकर भी क्या तुम दयार्द्र नहीं होगे?"

सच में गोपियाँ कृष्ण की कठोरता से आहत हैं।

सच में गोपियाँ कृष्ण-प्रेम में उन्मत्त हैं।

एक तो श्रीकृष्ण ने निर्जन में वेणु-वादन करके रति की प्रार्थना की। दूसरी बात, मधुर मुसकानयुक्त मुखकमल तथा प्रेमभरी चितवन से देखा। फिर, श्रीकृष्ण के विशाल वक्षस्थल ने उन्हें सम्मोहित किया। सबसे बड़ी बात, यह कामोदय क्षणिक घटना नहीं है। कात्यायनी मंदिर में पूर्वघटित घटना का उत्तरार्द्ध हैं और अंत में, इस रोग का कोई निदान नहीं है।

ऐसे में गोपियाँ क्या करें?

श्रीकृष्ण की पाँच प्रकार की मोहन क्रियाएँ वे अपने मन से कैसे निकालें?

करुणा की प्रतिमूर्ति गोपियों के प्रति श्रीकृष्ण को अब सदय होना ही था।

वे हुए भी।

श्रीमुख पर मधुर मुसकान धारण किए हुए।

हाथ में पीतांबर धारे हुए।

माधुर्य के आगार श्रीकृष्ण इस समय प्रसन्नवदन हैं। अपने दर्शन-मात्र से हर तापित-शापित की हर ताप-ज्वाला का हनन करनेवाले हैं। मुखमंडल की सहज मुसकान यह प्रदर्शित कर रही है कि उन्होंने अपनी प्रियतमा गोपियों के साथ थोड़ा-सा परिहास ही तो किया था, इसे इतनी गंभीरता से लेने की क्या आवश्यकता थी?

बात सच है।

गोपियों का इस भाँति रोना-बिलखना क्या उचित था?

क्रीड़ा-कौतुक के चलते यदि प्रियतम कुछ देर के लिए दृष्टि से ओझल हो भी गए, तो गोपियों को इतना मर्मांतक विलाप नहीं करना चाहिए था। कृष्ण अपने प्रति उनका प्रेम देखकर गर्वित तो हैं, पर अपनी कठोरता पर थोड़े-से लज्जित भी हैं।

श्रीकृष्ण का पग-निक्षेप तीव्र गति से है।

अब वह अपनी प्रियतमाओं को और अधिक व्यथित नहीं करना चाहते। उन्हें आँसुओं के समुद्र में और ज्यादा नहीं डुबोना चाहते। पीताम्बर को हाथ में क्यों लिये हैं? शायद उस पट से प्रियतमाओं के आँसू पोंछने की खातिर ही।

गोपियों का इस प्रकार उनके विरह में करुण-कातर हो उठना देखकर संभवत: श्रीकृष्ण को उनके बचपने पर हँसी भी आ रही है, पर खुलकर हँसना तो गलत होगा न! किसी के आँसुओं को देखकर मुसकराना कदाचित् अशोभन लगेगा, इसलिए वह अपनी हँसी को रोकने की चेष्टा कर रहे हैं। यह उनका हँसी रोकना भी है और लज्जा का निवारण करना भी है। उन्हें भोली-भाली ब्रज-वनिताओं के साथ इतना निष्ठुर आचरण नहीं करना चाहिए था, यह सच उन्हें स्वयं अनुभव हो रहा है।

कृष्ण के कंठ में वही वनमाला है, जो कुछ देर पहले गोपियों ने उन्हें पहनाई थी। कदाचित् यह जतलाना चाहते हैं कि तुम्हारे प्रति मेरा प्रेम यथावत् है, फिर इतनी विरह-व्यथिता होने की तुम्हें क्या जरूरत थी?

जो भी हो, श्रीकृष्ण अब आ गए हैं।

कैसा है श्रीकृष्ण का यह आगमन?

गोपियों ने ज्यों ही श्रीकृष्ण को दूर से आते हुए देखा था, उसी क्षण से उनके मन-प्राण उल्लसित हो उठे हैं। इसके बाद जब उन्हें अपने बीच पाया, तो हर्ष का कहना ही क्या!

विरह से क्लांत-श्रांत गोपियों ने उठकर खड़ी होने का उद्यम किया और इसमें सफल भी हुई हैं। कृष्ण-दर्शन की संजीवनी जो मिल गई है उन्हें, एक साथ उठकर खड़ा होना ही है।

क्या ही अनूठा दृश्य है!

एक गोपी ने श्रीकृष्ण के दाहिने हाथ को अपने दोनों हाथों से पकड़ लिया है। दूसरी ने उनके बाएँ हाथ की चंदन चर्चित बाहु को अपने कंधे पर रख लिया है। कृष्ण के दाएँ हाथ को सर्वप्रथम पकड़ने वाली चंद्रावली है। दक्षिणा नायिका। दूसरी भी दक्षिणा है, क्योंकि श्रीकृष्ण की बाईं भुजा को अपने कंधे पर रखकर मैत्री भाव प्रदर्शित कर रही है। यह चंद्रावली की सखी श्यामली है।

तीसरी गोपी ने श्रीकृष्ण के चबाए हुए पान को अपनी हथेली पर ले लिया। यह दास्य भाव की भक्ति है। यह चंद्रावली की सखी शैव्या है।

चौथी गोपी ने धरती पर बैठकर श्रीकृष्ण के चरण-कमल को अपने वक्ष पर धारण कर लिया है। यह चंद्रावली की सखी पद्मा है।

निश्चय ही ये चारों दक्षिणा नायिकाएँ हैं।

श्रीकृष्ण से कुछ दूरी पर खड़ी एक गोपिका प्रणय-कोप से आक्रांत है। वह अपने दाँतों से अधर को चबाने की चेष्टा करती हुई टेढ़ी दृष्टि से कृष्ण को निहार रही है। उसकी दृष्टि में तीव्र मान है। कृष्ण के प्रति अवमानना का भाव है। वह श्रीकृष्ण के निकट नहीं गई। इस भाव को लेकर दूर खड़ी रही कि कृष्ण को ही हमारे निकट आना होगा। निश्चय ही यह श्रीराधा रानी हैं। उनके पास खड़ी सखी की भी वैसी ही रोषपूर्ण दृष्टि है। यह राधा की सखी ललिता है। ललिता के पार्श्व में खड़ी एक अन्य सखी भी कृष्ण के निकट जाने की इच्छुक नहीं दिख रही। उसने बगैर कोई प्रतिक्रिया व्यक्त किए श्रीकृष्ण को देखा और फिर नयन फेर लिये। यह श्रीराधा की सखी विशाखा है। इसी क्रम में खड़ी चौथी सखी भी वामा है और उसका नाम भद्रा है।

तीन सौ करोड़ गोपियों में से मात्र आठ ने ही श्रीकृष्ण-दर्शन के अनंतर अपनी अनुकूल अथवा प्रतिकूल प्रतिक्रिया व्यक्त की है, शेष सब परमानंद में लीन हैं।

श्रीकृष्ण अपनी इन सखियों से घिरे हुए कालिंदी के कूल पर पहुँचे। यमुना-पुलिन पर विकसित कुंद और मंदार के सौरभ से संयुक्त समीर प्रवहमान है और वह पुलिन मधुगंध से उन्मत्त भ्रमरों की झंकार से झंकृत हो रहा है। शरदपूर्णिमा के चंद्रमा की विलक्षण छटा है, जिसके उजले आलोक में रात का अंधकार तिरोहित हो चुका है।

मंगलमय परिवेश।

श्री यमुनाजी के निज तरंग रूपी हाथों से उस पुलिन पर भगवान् की मधुर लीला हेतु तैयार किया गया बालू का रंगमंच।

इधर श्रीकृष्ण के दर्शन से गोपियों के हृदय में रस का जो उल्लास उदित हुआ, उससे उनकी संपूर्ण वेदना मिट गई। उनके समस्त मनोरथ पूर्ण हो गए। उन्होंने अपनी कंचुकी पर धारण किए गए उत्तरीय उतारकर श्रीकृष्ण के लिए आसन निर्मित कर दिए। उन्होंने कृष्ण-विरह में आँसू बहाए हैं, इसलिए स्तनों पर लगाए कुमकुम से वे उत्तरीय रंजित हो गए हैं। प्रेमभाव स्नात ऐसे उत्तरीय धरती पर बिछाकर आसन निर्मित किया है।

श्रीकृष्ण उस पर आसीन हुए।

गोपियाँ अपनी मंद मुसकान, विलासपूर्ण कटाक्ष और बंकित भ्रू-भंगिमा के साथ प्रियतम के चरणों को अपनी गोद में रखकर सहलाते हुए उनके प्रति अपना प्यार और समर्पण प्रकट करने लगी हैं।

तभी उन्हें याद आई श्रीकृष्ण के अंतर्धान होने की घटना।

कोप कैसे न जागता?

एक गोपी बोली, "हे कृष्ण, कुछ लोग ऐसे होते हैं, जो केवल प्रेम करनेवालों से

ही प्रेम करते हैं। दूसरी श्रेणी के लोग प्रेम न करनेवालों से भी प्रेम करते हैं। तीसरी श्रेणी उनकी होती है, जो प्रेम करने या न करनेवालों, यानी दोनों को ही प्रेम नहीं करते। तुम इनमें से किसे अच्छा समझते हो?"

यह एक गोपी की नहीं, सबकी मनोभावना है। वे जानना चाहती हैं कि उनके प्रति कृष्ण का प्रेम-भाव कैसा है? प्रेमपूर्ण, उदासीन या द्रोहपूर्ण?

श्रीकृष्ण का उत्तर है, "जो प्रेम करनेवालों से प्रेम करते हैं, वे तो प्रेम के विनिमय का काम करते हैं। प्रेम पाया, प्रेम दिया। उसमें न तो सौहार्द का भाव है और न कर्तव्यनिष्ठा। मात्र स्वार्थ सन्निहित है।"

अर्थात् यदि भगवद्भजन करने में धन, सम्मान, स्वर्ग आदि पाने की वांछा है, तो ऐसे भजन में धर्म और सौहार्द कहाँ?

श्रीकृष्ण पुनः बोले, "जो प्रीति न करनेवालों के प्रति भी प्रेमिल होते हैं, उसके दो कारण हैं, या तो करुणा के कारण या कर्तव्यवश। करुणाशील व्यक्तियों में सौहार्द होता ही है और माता-पिता के हृदय में भी अपेक्षारहित प्रेमभाव रहता है।"

यानी वही शुद्ध और वरेण्य प्रेम है, जिसमें निरपेक्ष-भाव से केवल प्रीति की जाती है।

श्रीकृष्ण तीसरे बिंदु पर आते हैं, "तीसरी कोटि में वे लोग आते हैं, जो प्रीति न करनेवालों की तो बात ही छोड़ो, प्रीति करनेवालों से भी प्रीति नहीं करते। इस कोटि में चार प्रकार के लोग हैं—आत्माराम, आप्तकाम, अकृतज्ञ और गुरुद्रोही। इनमें आत्माराम वे हैं, जो अपने ही आत्मस्वरूप में रमण करने के कारण बाह्यदृष्टि नहीं रखते। आप्तकाम भी पूर्णकामी होने के कारण निरपेक्ष-भाव रखते हैं। अकृतज्ञ तो ऐसे मूढ़ होते हैं, जिन्हें किए गए उपकार और प्रेम स्मरण नहीं रहते। गुरुद्रोही की तो बात ही क्या कहें, वे उपकारी के प्रति भी द्रोहभरा आचरण करते हैं।"

श्रीकृष्ण ने क्षणिक विराम के बाद पुनः बात शुरू की, "अब अपनी बात करूँ। मैं तो प्रेम करनेवालों से भी वैसा प्रेम नहीं करता, जैसा करना चाहिए। सिर्फ इसलिए यदि मैं भी प्रेम करूँगा, तो उनका प्रेमपरक चिंतन घट जाएगा। अभाव में ही प्राप्ति के लिए उद्यम है, वस्तु मिल जाने के बाद तो आदमी निश्चिंत हो जाता है। इसीलिए मैं भी मिलता और छिपता रहता हूँ, ताकि मेरा चिंतन निरंतर और अबाधित होता रहे।"

निश्चय ही श्रीकृष्ण इन तीनों कोटियों से पृथक् हैं। उनका प्रेम उसी को मिलता है, जो प्रेम के अतिरिक्त अन्य किसी वस्तु की अपेक्षा नहीं रखता। ऐसे भक्तों को दर्शन देकर भी प्रभु इसलिए अंतर्धान हो जाते हैं, ताकि भक्त उनके लिए निरंतर व्याकुल बने रहें।

किसी रंक को अचानक धन मिल जाए, तो वह बौरा उठेगा, फिर अकस्मात् वह धन खो जाए, तो उसकी विकलता का ओर-छोर न रहेगा। वह भूख-प्यास-नींद सबकुछ

भूलकर उस खोए धन की चिंता में ही संलग्न रहेगा। इस तरह मैं अपने भक्तों में अपने प्रति अधिकाधिक आसक्ति जगाना चाहता हूँ। तुम लोग अपना घर-परिवार, लोकमर्यादा छोड़कर मेरे निकट आईं, मैंने तुम्हें प्रेमभरी दृष्टि से देखा भी। किंतु मुझे पाकर तुम लोग कहीं अन्यत्र भटक न जाओ, किसी अन्य सुख की कामना न करने लगो, इसलिए छिपकर तुम्हारे प्रेमालाप को सुनता रहा हूँ। तुम मेरी प्रिया हो और मैं तुम्हारा प्रियतम। इसलिए तुम्हारे भीतर मैं दोष कैसे देखता?

"हाँ, तुमने घर-बार छोड़कर, लोक-लाज के बंधन तोड़कर मेरा भजन किया है। मैं तुम्हारे इस प्रेम, त्याग और सेवा का बदला चुकाने में असमर्थ हूँ। तुम ही अपने सरल-सौम्य स्वभाव से मुझे उऋण कर सकती हो, अन्यथा मैं सदैव तुम्हारे प्रेम का ऋणी हूँ और रहूँगा। मैं उस प्रेम का प्रतिदान देने में सक्षम नहीं हूँ।"

गोपियों के मध्य आकर श्रीकृष्ण ने उन्हें जो सम्मान दिया, उससे उनकी महिमा प्रकाशित हो उठी।

~✦~

रास का आरंभ हो चुका है।

रास क्या है?

अनेक नर्तकियों से युक्त नृत्य विशेष।

नट ने जिनके कंठ को धारण किया हो और जो परस्पर बाहु धारण किए हुए हों, वही रास है।

नृत्य-गीत-चुंबन-आलिंगन आदि रस-समूह ही रास है तथा जिस रससमूह में इसका उद्रेक हुआ हो, वह रासक्रीड़ा है।

दो-दो गोपियों के मध्य श्रीकृष्ण प्रकट हैं। गोपियों के कंठ में उन्होंने अपनी बाहु डाल ली है। यानी एक गोपी और एक कृष्ण, यानी सभी गोपियाँ यह अनुभव कर रही हैं कि उसके प्रियतम सिर्फ उसे ही मिले हैं और वह अपने प्रियतम का सान्निध्य-लाभ पाकर गौरवान्वित है।

कृष्ण योगेश्वर हैं न!

और फिर योगमाया इस लीला को रच रही हैं। ऐसे में यह आपत्ति उठने का प्रश्न बेमानी है कि श्रीकृष्ण एक होकर सब गोपियों को साहचर्य-सुख कैसे दे रहे हैं?

यमुना-पुलिन का यह रास इतना मनोरम है कि सभी देवगण उसे देखने के लिए उत्कंठित हो उठे हैं। पत्नी सहित, विमान पर आरूढ़ होकर, आकाश-मंडल पर छा गए हैं।

श्रीकृष्ण परमानंद-घन हैं, आनंद की मूर्ति हैं, इसलिए उनकी उपस्थिति से यह

क्रीड़ा-पर्व अतीव सुखमय बन पड़ा है। यदि यह आनंदानुभूति न होती, तो वह क्रीड़ा स्त्री-पुरुष युग्म का नृत्य मात्र रह जाती।

मंडलाकार में हैं सभी गोपियाँ।

श्रीकृष्ण ने उनमें से प्रत्येक के हाथों को पकड़कर इस रासमंडल की रचना की है।

श्रीकृष्ण के दोनों ओर हैं गोपियाँ।

हर गोपी के दोनों ओर भी श्रीकृष्ण हैं।

गोपियों के नेत्र मुँदे हुए हैं।

श्रीकृष्ण ने अपने हाथों से उनके नेत्र मूँद दिए हैं। हर गोपी यह सोच रही है कि श्रीकृष्ण सिर्फ उसके निकट हैं और उसे ही आलिंगन-चुंबन आदि का सुख दे रहे है। मन की आँखों से ही नहीं, प्रत्यक्ष रूप से वे गोपियाँ श्रीकृष्ण को अपने निकट पा रही हैं।

देवताओं का कौतूहल स्वाभाविक है। स्वर्ग में ऐसा आनंदोत्सव कहाँ? देवों के लिए भी यह सुख कल्पनातीत है, इसलिए वे चंद्रोदय की दिशा को छोड़कर नीले नभ में विमान पर आरूढ़ उपस्थित हैं। आए ज़रूर हैं, पर उन्हें भगवान् का रहस्य-विलास नहीं दिखेगा, मात्र नृत्य ही परिलक्षित होगा। योगमाया ने देवों की दृष्टि को आच्छादित जो कर रखा है। जितना दिखाना चाहती हैं, उतना ही तो देवगण देख सकेंगे। देवताओं की स्त्रियों को सबकुछ दिखाई दे रहा है, पर देवों के लिए नृत्य मात्र ही दृष्टि-सीमा में है।

स्वर्ग की दुंदुभियाँ बज उठीं। देवगण श्रीकृष्ण के निर्मल यश के गान में संलग्न हो गए। पुष्पवर्षा होने लगी।

श्रीकृष्ण की शोभा कैसी है?

जैसे स्वर्णमणियों के मध्य महामरकत मणि हो।

पीताभ से युक्त गौरवर्णी गोपियाँ और श्यामल कृष्ण!

नृत्य-संलग्न गोपियों के कंगन, नूपुर और किंकिणियों की मधुर ध्वनियों से संपूर्ण परिवेश संगीतमय हो उठा है। दोनों ही एक-दूसरे की शोभा बढ़ा रहे हैं। श्रीकृष्ण की उपस्थिति से गोपियों का सौंदर्यवर्धन है, तो गोपियों के वहाँ रहने से श्रीकृष्ण की शोभा अद्वितीय हो उठी है। गोपियों के मधुर कंठ से प्रियतम कृष्ण के गुणों का लीलागान है।

नृत्यरत गोपियों के चरणों की गति अपनी विलक्षण भाव-भंगिमा के कारण अनूठी हो गई है। जैसे भावों से पाँवों का संचालन, उसी भाव से भुजाओं का भी बलपूर्ण संचालन।

कभी मंद मुसकान।

कभी कटाक्ष-पात।

नाचते-नाचते पतली कमर ऐसे लचकती कि जैसे अब टूटी कि अब टूटी!

किसे होश था इस वक्त अपना?

गोपियों की देह के अस्त-व्यस्त वस्त्र।

नृत्य की विभिन्न भंगिमाओं के साथ हिलते वक्ष।

कानों के कुंडल का रह-रहकर कपोल से टकराना।

नृत्य-श्रम के कारण आनन पर पसीने की बूँदों का झिलमिलाना।

किसी की चोटी ढीली पड़ चुकी है।

किसी की नीवी की गाँठ खुली जा रही है।

नीले मेघमंडल के मध्य रह-रहकर विद्युत् की कौंध।

रास, रास है और कुछ नहीं।

आनंद का पारावार है और कुछ नहीं।

आवेशित गोपियों के कंठ से राग-रागिनियों का स्फुरण उस सम्मोहन की शोभा को और बढ़ाने लगा। कभी किसी गोपी का श्रीकृष्ण के स्वर में स्वर मिलाकर गाना आनंद बरसाने लगा। कभी किसी गोपी का अपने उच्चतर स्वर से श्रीकृष्ण के कंठस्वर को दबाना परिवेश को अधिकाधिक मोहक बनाने लगा।

श्रीकृष्ण ऐसे अवसर पर उनका उत्साहवर्धन क्यों न करते? 'वाह!', 'अच्छा!', 'बहुत अच्छा!', 'अति उत्तम' आदि कहकर उन्हें प्रोत्साहित करने लगे।

कृष्ण के स्वर में स्वर मिलाकर गानेवाली गोपी कदाचित् विशाखा हैं, जिन्हें श्रीकृष्ण ने अपना पीतांबर देकर सम्मानित किया। स्वयं से उच्चस्वर गुंजरित करनेवाली गोपी को अपनी रत्नमाला तथा अन्य आभूषण देकर प्रसन्न किया। कदाचित् यह श्री ललिता देवी रही होंगी।

गोपियों की मंडली में बीचोबीच उपस्थित गोपी निश्चय ही श्रीराधिका है। गीत गानेवाली विशाखा और ललिता उनकी सखियाँ हैं।

श्रीकृष्ण ने एक गोपी के चेहरे से पसीना पोंछा। एक अन्य गोपी की चंदनचर्चित बाहु को चूम लिया। नाचती हुई एक गोपी ने अपने कान के कुंडल को श्रीकृष्ण के कपोल से सटा दिया, तो उन्होंने उसके मुँह में अपना चबाया हुआ तांबूल दे दिया।

एक थकी-थकी गोपी इतनी तल्लीनता से नृत्यरत थी कि जब अपने पाँवों के नूपुर और करधनी के घुंघरुओं की झंकार करती हुई एकदम क्लांत हो गई, तो उसने अपने निकट खड़े श्रीकृष्ण के कर-पल्लवों को अपने स्तन-युग्म पर रख लिया। कदाचित् यह श्री चंद्रावली होंगी।

हाथों के कंगन और पाँवों के नूपुरों की मधुर झंकार।

चोटी तथा जूड़े से खिसक-खिसक जाते फूल।

आनन को आवृत्त करती घुंघराली अलकें।

क्या ही अनूठा दृश्य था उस रासमंडल का। बीच-बीच में देव-गांधर्व आदि के

वाद्यों की ध्वनि वहाँ पहुँचती तो परिवेश और अधिक सुमधुर हो जाता। चोटी के फूल नीचे गिरने लगे, तो उनके सौरभ-पराग से आकृष्ट होकर बहुत सी भ्रमरावलि उड़कर आ गईं। उनकी गुनगुनाहट मानो राजसभा के गायकों की प्रस्तुति थी।

इस रास को देखकर विमुग्ध हो उठी देवताओं की स्त्रियाँ भी काम-पीड़िता हो गईं।

नक्षत्र-गणों के साथ राका-शशि भी अपनी गति को भूलकर स्थिर हो गया।

ऐसे में रात कैसे ढलती?

रात्रि का समय बढ़ना रास-क्रीड़ा में प्रवृत्त नायक-नायिकाओं के लिए आनंददायी होना ही था।

जितनी गोपियाँ थीं, उतने ही रूपों में स्वयं को प्रकाशित करके आत्माराम शृंगारिक क्रीड़ाओं के लिए निकटस्थ कुंजादि में विहार करने लगे। आत्माराम होते हुए भी उन्होंने गोपियों के साथ रमण किया।

श्रीकृष्ण ने उनके मुख से प्रस्वेद की बूँदें पोंछी।

श्रीकृष्ण ने उनके बिखरे केश सँवारे।

यह प्रभु की अपने भक्तों के प्रति करुणा नहीं तो और क्या है?

गोपियों को आश्वस्त करना।

उनके दिए हुए उत्तरीय से बने आसन पर बैठना।

उनके हर कूट प्रश्न का उत्तर देना।

तदुपरांत नृत्य का उल्लास, संगीत का जादू, अंग-संग।

क्लांति मिटाने को जल-विहार और फिर आनंदवर्धन के लिए वन-विहार आदि-आदि।

इसके पश्चात् श्रीकृष्ण ने गोपियों को वापिस भेज दिया और रासलीला का समापन हुआ।

रासलीला से जुड़े कुछ प्रश्न राजा परीक्षित द्वारा उठाने और श्री शुकदेवजी द्वारा दिए जानेवाले उनके उत्तर समझने भी जरूरी हैं।

पहला, श्रीकृष्ण ने परस्त्रियों के साथ विहार करके अधर्म में प्रवृत्त होने का पाप क्यों किया? उन्हें धर्म के विरुद्ध ऐसा आचरण नहीं करना चाहिए था।

उत्तर है—श्रीकृष्ण जगदीश्वर हैं। भगवान् होने के कारण वे अंश-अंशी संबंध रखते हैं। अंशी कृष्ण में अंश गोपियाँ नित्य ही हैं, केवल लीलावश पृथक् हैं। अतएव, अंशी के साथ अंश का मिलना अधर्म नहीं होता।

दूसरा प्रश्न है—यदि आप्तकाल में परमेश्वर के लिए यह अधर्म नहीं है, तो वे

पूर्णकाम हुए। ऐसी स्थिति में जब उन्हें कोई कामना है ही नहीं, तो निष्प्रयोजन ऐसा निंदित कर्म क्यों?

इसका उत्तर है—भक्तों पर अपनी कृपा के कारण ही उन्होंने ऐसा किया है। उन्होंने अपनी प्रेमाभक्ति का विस्तार ही किया। प्रेमानंद स्वरूप प्रभु ब्रजगोपियों के प्रति करुणार्द्र होकर ही उनसे जुड़े।

अग्नि सबका भक्षण कर लेती है, पर उसे दोष नहीं लगता। वह अपवित्र नहीं मानी जाती। वैसे ही तेजस्वियों के कर्म भी निंदनीय नहीं होते हैं, पर आम आदमी को उनका अनुकरण नहीं करना चाहिए। शिव ने हलाहल पान किया, पर आम आदमी यदि जहर पी लेगा, तो क्या होगा? इसलिए देहधारी मानवों को श्रीकृष्ण का अनुगमन अभीष्ट नहीं है।

जो श्रीकृष्ण संपूर्ण संसार के अधिपति हैं, अंतर्यामी हैं, उन्होंने केवल लीला करने के लिए ही तो श्रीविग्रह रूप धरा, वह उन्हीं को सोहता है।

गोपियाँ भी कुलटा नहीं हैं। प्रभु का अंश हैं। गोपियों को तो वह सौभाग्य मिला, जो श्रीलक्ष्मीजी भी नहीं पा सकीं। देवांगनाएँ भी नहीं पा सकीं, फिर अन्य संसारी स्त्रियों की तो बात ही क्या!

जिन्होंने धर्मविरोधी असुरों का विनाश किया, धर्म का प्रतिस्थापन किया, जड़-जंगम सभी प्राणियों के संसारी दुःख दूर किए, उन्होंने अपनी नित्य प्रेयसियों के साथ रासलीला करके कोई अधर्म नहीं किया।

अपने भक्तों पर अनुग्रह करने के लिए ही प्रभु लीला करते हैं। नर रूप में जन्म लेकर, आप्तकाम होकर भी भक्तों को भजन के अनुसार फल प्रदान करते हैं।

इस रासलीला को लेकर यह प्रश्न भी किया जा सकता है कि गोपों ने अपनी गोपियों की रात भर अनुपस्थिति को किस रूप में लिया? उनके मन में श्रीकृष्ण के प्रति वैमनस्य भाव अवश्य जागा होगा?

इस प्रश्न का उत्तर भागवतकार ने इस प्रकार दिया है—श्रीकृष्ण ने अपनी नित्यप्रेयसी गोपियों के साथ ही विहार किया है। गोपों के पास पत्नी रूप में उन नित्यप्रेयसियों की छाया-प्रतिमा पूरी रात मौजूद रही थी। असली गोपिका कृष्ण के पास थी और उसकी छाया गोप के घर में थी। इसे सीताजी के प्रसंग द्वारा और भी अच्छी तरह समझा जा सकता है। वन में रावण द्वारा असली सीता का हरण नहीं हुआ था, बल्कि सत्य घटना इस प्रकार घटी थी कि राम-लक्ष्मण कुटी में नहीं थे, सीताजी अकेली थीं। ऐसे में जब रावण उनके हरण हेतु उद्यत हुआ, तो सीता ने श्रीरामचंद्रजी का हाथ जोड़कर स्मरण किया और फिर अग्निदेव से अपनी रक्षा की प्रार्थना करने लगीं। इस पर अग्निदेव ने उन्हें छिपा दिया और रावण-वध के लिए एक मायामयी सीता की प्रतिकृति निर्मित कर दी। रावण ने उसी का हरण किया और लंका ले गया। बाद में जब रावण-वध हो गया, तो

श्रीराम ने सीता को ग्रहण करने में सहज रूप से शंका जताई। ऐसे में माया सीता अग्नि में प्रवेश कर गई और अग्नि ने उन्हें भस्म करके असली सीता को श्रीरामचंद्रजी के सामने प्रस्तुत कर दिया। अग्निदेव ने जैसे पतिव्रता सीता की माया-बल से रक्षा की थी, वैसे ही यहाँ योगमाया ने भी श्रीकृष्ण की नित्यप्रेयसियों को प्रच्छन्न रखा। उनकी छाया-मूर्ति ही गोपों को प्रदान की थी। गोपियाँ जब श्रीकृष्ण से मिलन हेतु अभिसार करती थीं, उस समय योगमाया उनके सदृश गोपियों की सृष्टि करके गोपों को इस प्रकार मोहित कर देती थीं कि उन्हें अपनी पत्नी घर में ही उपस्थित दिखाई देती थी। इसलिए श्रीकृष्ण के प्रति उनके दुर्भाव का कोई कारण ही नहीं था।

ब्रह्मा की रात्रि के बराबर लंबी रात्रि बीत जाने पर ब्राह्म मुहूर्त में श्रीकृष्ण ने गोपियों को वापस घर भेज दिया और स्वयं भी घर लौट आए।

रास में सबकुछ महत् भाव से अनुप्राणित है। भगवत्प्रेयसियाँ अपना दुःख तो सह सकती हैं, पर भगवान् का दुःख नहीं। इसी प्रकार श्रीभगवान् भी प्रेयसियों के वशीभूत होने के कारण उनकी लज्जा, मर्यादा और सम्मान की रक्षा हेतु पल-पल सन्नद्ध हैं। यही रास की आत्मा है, यही रास का मूल तत्त्व है।

इस रास के रहस्य को जानना आसान नहीं। गोपियों द्वारा दिखाए गए इस मार्ग से परिचय प्राप्त किए बिना मात्र शास्त्रज्ञान और तर्कबुद्धि आदि से रास के निगूढ़ तत्त्व को नहीं समझा जा सकता।

राजा परीक्षित के प्रश्न और शुकदेवजी के उत्तर। रास को लेकर सारी शंकाओं का समाधान यहीं हो जाता है। योगमाया कब किस घटना का रचना-विधान करती हैं, यह बात श्रीकृष्ण भी नहीं जानते, फिर केवल ब्रज गोपियों में ही नहीं, हर व्यक्ति में दो अंश समाहित रहते हैं—नित्य और अनित्य। नित्य अंश सत्यस्वरूप भगवान् का है और अनित्य अंश माया रूप असार संसार का है। भगवान् की स्पष्ट माँग रहती है, 'मेरा अंश मुझे दो।' वृंदावन में शरदपूर्णिमा की उस रात भी श्रीकृष्ण ने अपनी नित्यप्रेयसियों से अपने अंश को ही माँगा था। श्रीकृष्ण की वंशी का रव मात्र उन्हीं गोपियों के कर्ण-पुटों में निनादित हुआ था, शेष संसार ने उसे नहीं सुना था। चिन्मय देह से भक्त-भगवान् का मिलन ही वह अमृत है, जो समूची रासलीला के मंथन से हमें मिलता है। गोपी-गोविंद में तत्वतः अभेदत्व है, पर अभेद में भेद दिखाना क्या चमत्कार की पराकाष्ठा नहीं? सचमुच रासलीला एक चमत्कारिक लीला है।

जो धीर पुरुष ब्रजदेवियों के साथ भगवान् श्रीकृष्ण के इस चिन्मय रासविलास का श्रद्धा के साथ बारम्बार श्रवण या वर्णन करता है, उसे प्रथमतः भगवान् के चरणों में पराभक्ति की प्राप्ति होती है और फिर वह बहुत शीघ्र ही जितेंद्रिय होकर लौकिक कामवासनाओं से सदैव के लिए मुक्त हो जाता है।

"रसमार्ग को पकड़े बिना केवल शास्त्र-बुद्धि से इस अलौकिक रास-रहस्य को नहीं समझा जा सकता।" कहते हुए आचार्य अमल ने जब अपनी बात समाप्त की, तो रासबिहारी ने एक लंबी यात्रा की मंजिल पर पहुँचने की स्वस्ति की साँस ली।

आचार्य अमल मुसकराए, "आशा है आपने रास-रहस्य समझ लिया होगा। हमारी पूरे दिन की रास-यात्रा सफल रही होगी।"

"पूरा दिन?" रासबिहारी चौंके, "ओह, संध्या का अंधकार फैल गया है और मैं आपकी उँगली पकड़कर रास की डगर पर बेसुध अवस्था में चलता रहा? समय का ध्यान ही नहीं रहा!"

"यह विषय ही ऐसा है। जब आप इस रासलीला का मंचन देखेंगे, तब भी यही स्थिति होगी।"

"क्षमा करें, मैं बहुत संकुचित हो रहा हूँ। आज आपका पूरा दिन ले लिया।"

"इसमें क्षमा-याचना कैसी, आपको मैंने बताया है न, इस रासलीला का वर्णन और श्रवण करनेवालों को पराभक्ति की प्राप्ति होती है। इस प्रकार इससे मेरा भी हित-साधन हुआ है।" आचार्य अमल मुसकराए।

रासबिहारी उठ खड़े हुए, "अब कब कष्ट दूँ आपको?"

"जब जी चाहे। न हो तो कल ही आ जाएँ। मैं आपको रास की विकास-यात्रा और इतिहास बता चुका हूँ। यह भी बताया है कि रास का वर्तमान रूप पिछली पाँच शताब्दियों का सफर है। हम इसी बारे में बात करेंगे।"

"जी, ठीक है।"

"मैं चाहूँगा कि उसके बाद आप इत्मीनान से रास की लीलास्थलियाँ देखने के लिए श्रीगोवर्धनजी का संपूर्ण भ्रमण करें।"

"आपने ठीक कहा। इसीलिए मैंने अभी तक मथुरा-वृंदावन के मंदिर, यमुना के तटवर्ती घाट और अन्य दर्शनीय स्थल तो देखे हैं, पर रास से जुड़ी लीलास्थलियाँ रोक रखी हैं।" रासबिहारी बोले।

"पहले वृंदावन में निधुवन के दर्शन कीजिए, आनंद आएगा।"

"बिल्कुल।" कहते हुए रासबिहारी उठ खड़े हुए।

कैलाश उनकी प्रतीक्षा में खड़ा था, उसके साथ कक्ष से बाहर निकल गए। □

7

रास का जीर्णोद्धार

रासबिहारी विस्मयविमुग्ध हैं, इस ब्रजभूमि की महिमा के बारे में क्या कहें! ज्यों-ज्यों निकट से निहारते हैं, नित नूतन छवि सामने आती है। 'रासलीला' शब्द ने मन को कुछ ऐसा बाँधा था कि वृंदावन आकर ही चैन मिला। आचार्य अमल से मिलने पर रास का इतिहास पता चला, तो मन पाँच हजार वर्ष पुराने लोक में पहुँच गया। कृष्ण-काल से शुरू हुई रास की विकास-यात्रा, अनेक उतार-चढ़ावों को पार करती हुई आज भी चली आ रही है, जानकर अच्छा लगा।

पता चला, पाँच हजार वर्ष पुराना सारस्वत कल्प का द्वापरकालीन रास गोवर्धन क्षेत्र में संपन्न माना गया है। वही प्राचीन वृंदावन है।

32 हजार वर्ष पुराना श्वेतवराह कल्प का रास वर्तमान युग, जिसे कलियुग कहते हैं, में संपन्न माना गया है। यह वर्तमान वृंदावन में हुआ था।

दोनों ही रास अलौकिक थे, दोनों की ही लीलास्थलियाँ विलुप्त हो गईं। भगीरथ प्रयास करके बाद में उन्हें खोजा गया। पुराणों में वर्णित उन स्थानों को खोजना कितना श्रमसाध्य कार्य रहा होगा, रासबिहारी सोच नहीं पाते। कल्पना करने पर एक रहस्य-लोक सिरज जाता है। ताज्जुब होता है, रास-परंपरा कहाँ नहीं पहुँची, संपूर्ण भारत में किसी-न-किसी रूप में, किसी-न-किसी नाम से उसकी झलक मिलती रही। यह सोचना ही कितना रोमांचक हो जाता है।

ब्रजभूमि की ही बात लें, तो श्रीकृष्ण के पौत्र महाराज ब्रजनाभ की आचार्य अमल ने चर्चा की है। उन्होंने भूमिसात लीलास्थलियों को खोजा भी, किंतु वे दोबारा विलुप्त हो गईं और मात्र ग्रंथों में ही उनका वर्णन उपलब्ध रहा। तदुपरांत मध्ययुगीन कृष्णोपासक वैष्णव धर्माचार्यों ने इन विलुप्त स्थानों को कब और कैसे खोजा, इसे आचार्य अमल के मुखारबिंद से वह सुनेंगे।

अगले दिन आचार्य अमल प्रेम-भाव से मिले।

मुसकराकर बोले, "मुझे पता है कि आपको 15वीं, 16वीं सदी के उन वैष्णव

धर्माचार्यों के नाम याद हैं, जिनके श्रमसाध्य प्रयास से हमें लुप्तप्राय ब्रजभूमि प्राप्त हुई है। हम आज उनकी चर्चा करेंगे, ताकि रास के संदर्भ में, यहाँ तक कि पूरी ब्रजभूमि के संदर्भ में आप उनका प्रदेय जान सकें।"

सचमुच बहुत रोचक रहती है आचार्य अमल की वर्णन-शैली। उनकी वाणी सुनते हुए रासबिहारी को 'कानों सुनी' नहीं, 'आँखों देखी' की अनुभूति होती है।

एक कला है यह भी, इसके अलावा और क्या कहें!

आचार्य अमल बताने लगे और रासबिहारी श्रवण-सुख में डूब गए।

ब्रजमंडल में आनेवाले धार्मिक महानुभावों में श्री निंबार्काचार्य पहले थे। जिस समय वे ब्रज में आए, उस समय यह स्थान दिल्ली के सुलतानों की मजहबी तानाशाही से भयाक्रांत था। उनके कठोर आदेशों से यहाँ के परंपरागत धार्मिक स्वरूप को अत्यधिक हानि पहुँची थी। मात्र मथुरा और गोवर्धन ही थोड़ा-बहुत आवास योग्य स्थान रह गए थे, शेष गोकुल, नंदगाँव, वृंदावन, बरसाना आदि का कहीं अता-पता नहीं रहा था।

हाँ, यह 16वीं शताब्दी का ब्रज था।

बीहड़ जंगलों से भरी ब्रज की धरती।

कँटीले झाड़ों और थूहर व नागफनी की विषाक्त-काँटेदार झाड़ियों से घिरी हुई।

कंकड़ीली, पथरीली और आवागमन के सर्वथा अयोग्य।

चोर-डाकुओं तथा हिंस्र पशुओं का भय ऊपर से।

ऐसे में कोई वहाँ जाने का साहस नहीं करता। पुराणों में जिस 84 कोस के ब्रजमंडल और 18-20 कोस के वृंदावन की बात कही गई थी, उसका कहीं अता-पता न था। केवल मथुरा और गोवर्धन ही कुछ रहने लायक बचे थे। ऐसे में जो धर्मप्राण भक्त वहाँ ब्रज-दर्शन की लालसा से आते, वे कुछ समय मथुरा में ठहरकर गोवर्धन चले जाते और वहीं अपने मनोनुकूल स्थायी या अस्थायी रूप से ठहरते।

द्वैताद्वैत दर्शन के प्रवर्त्तक श्री निंबाकाचार्य दक्षिण से चलकर सबसे पहले ब्रज वसुंधरा पहुँचे। कंटकाकीर्ण वनों से भरे ब्रज को देखकर आहत भी हुए, पर क्या करते? कुछ दिन मथुरा ठहरे, फिर गोवर्धन पहुँचे और वहीं रम गए।

इसके बाद द्वैतवाद के प्रवर्त्तक मध्वाचार्य की शिष्य मंडली के प्रमुख आचार्य

माधवेंद्र पुरी मथुरा आए। वे भ्रमणशील संन्यासी थे और एक स्थान पर अधिक समय तक नहीं ठहरते थे। गोवर्धन आए तो वहीं के होकर रह गए।

कौन थे ये माधवेंद्र पुरी?

चैतन्य महाप्रभु के परम गुरु।

इन्हीं माधवेंद्र पुरी ने उनके हृदय में कृष्ण-प्रेम का बीजारोपण किया था, वही बाद में एक कल्पतरु बना था। उसकी शाखाओं-प्रशाखाओं ने भक्तिपथ को अतिशय सुरम्य बनाया।

भ्रमण करते हुए अब गोवर्धन पहुँचे हैं माधवेंद्र पुरी।

अयाचक वृत्ति के संन्यासी।

कभी किसी के सामने भोजन के लिए हाथ नहीं फैलाते।

भक्ति-भाव में बेसुध होकर कृष्ण-भजन में तल्लीन रहते।

एक बार गोविंद कुंड के निकट से निकले, तो चतुर्दिक् फैली प्राकृतिक सुषमा को देख मंत्रमुगध हो उठे।

कितनी सुंदर थी यह जगह!

कितनी शांतिमय!

हरे-भरे वृक्षों से आच्छादित।

ऐसे में उनके पाँव जैसे वहीं बँध-से गए।

पूर्ण एकांत था ही, बैठकर कृष्ण-भजन में तल्लीन हो गए तो न देह की सुधि रही, न बीतते समय का अनुमान रहा।

एक दिन बीता, दूसरा दिन बीता, तीसरा दिन आ गया। दिन-रात अपने क्रम से आ-जा रहे थे, पर पुरीजी को न भूख-प्यास थी, न नींद। अपनी साधना में बेसुध होकर कृष्ण-भजन में डूबे हुए थे।

तीसरे दिन दोपहर में श्यामल वर्ण का एक सलोना गोप बालक उनके निकट आकर खड़ा हो गया। हाथ में दूध भरा मिट्टी का पात्र था।

बालक बोला, "बाबा, हमारे ब्रज में कोई भूखा नहीं रहता। मेरी मैया ने पनघट के लिए इधर से निकलते हुए आपको एकांत में बैठे देखा तो आपकी भूख-प्यास का अनुमान लगा लिया। उसने घर पहुँचकर मेरे हाथों यह दूध भेजा है। आप इसे पी लें। मैं इस समय गोचारण को जा रहा हूँ। संध्या समय लौटूँगा, तो यह पात्र घर लेता जाऊँगा।"

कैसी मनोहारी छवि और कैसी मधुर आवाज! पुरीजी तो जैसे जड़ हो गए। मुख से एक शब्द भी न निकला।

उस मोहिनी छवि और मीठी वाणी को हृदय में उतारते हुए सोचा, 'मैं निरंतर भ्रमण करनेवाला योगी-संन्यासी हूँ। न जाने कितने बालक-बालिकाएँ दृष्टि-पथ से गुजरे हैं। ऐसा अनूठा बाल-रूप आज तक नहीं देखा। किस सौभाग्यशाली माता-पिता का बालक

है यह? दूध भरे पात्र के साथ यहाँ आकर मुझे कैसा सम्मोहित किया है! ऐसी घटना आज तक नहीं घटी थी।'

पुरीजी ने दूध का प्याला उठाया। पहले अपने आराध्य को भोग लगाया, फिर प्रसादस्वरूप उस दूध को पी गए।

यह उनके लिए दूसरा आश्चर्य था।

बालक का रूप उन्हें जैसा अपूर्व लगा था, वैसा ही अपूर्व दूध भी था। ऐसा दूध आज तक कब पीने को मिला था?

अनूठी सुवास और मिठास से भरा वह दूध उनके कंठ से ही नीचे नहीं उतरा, दिल को भी अनोखी संतुष्टि दे गया।

दूध पीकर उन्होंने पुनः अपनी साधना में डूबने का प्रयास किया, किंतु पता नहीं क्यों बार-बार चेष्टा करके भी सफल नहीं हो सके। ऐसा आज तक नहीं हुआ था। वे योगी वृत्ति के संन्यासी ठहरे। सांसारिक वासनाओं से ऊपर उठे हुए थे। मात्र भक्ति में ही तो आज तक मन रमा था। फिर आज यह नई बात कैसी?

पुरीजी जान नहीं सके कि बार-बार चेष्टा करने पर भी आज उनका मन इतना चंचल क्यों है? ज्यों ही आँखें मूँदते, वही साँवली-सलोनी छवि नयनों में कौंध जाती। वही मधुर स्वरलहरी कानों में बज उठती, "बाबा, हमारे ब्रज में…"

कैसा था यह सम्मोहन, जिसने एक विरागी को अनुराग में बाँध दिया था?

पुनरपि चेष्टा करने पर भी जब पुरीजी भजन में प्रवृत्त नहीं हो सके, तो एक ठंडी साँस भरकर उन्होंने खुद को ईश्वर के हाथों सौंप दिया। पहली बार ऐसा हुआ था कि उनके हृदय में उस श्याम वर्ण के मोहक बालक के गोचारण से लौटने की प्रतीक्षा जागी थी।

आँखों में आँसू।

देह में कंपन।

और मन में प्रतीक्षा की टिमटिमाती लौ।

संध्या आ गई, पर बालक नहीं आया।

संध्या चली गई, पर बालक नहीं आया।

अब रात्रि का निविड़ अंधकार और पुरीजी म्लान हृदय से सोच रहे हैं—'प्रतीक्षा निष्फल रही, वह मनोरम गोप बालक नहीं ही आया!'

पता नहीं कब, शायद ब्राह्ममुहूर्त में ही, तंद्रा जैसी अवस्था में पहुँच गए वह। कैसा आश्चर्य! दोपहरवाला बालक अब उनके समीप आकर खड़ा हो गया था और कह रहा था, "बाबा, मैं ब्रजराज नंदन का पुत्र गोपाल हूँ। मेरा दूसरा नाम श्रीनाथजी है। महाराज व्रजनाभ ने यहीं गिरिराजजी के ऊपर मेरी स्थापना की थी, पर म्लेच्छों ने जब हिंदुओं की

धार्मिक आस्था को चूर्ण-विचूर्ण करना शुरू किया, तो मेरे सेवक पुजारियों ने भयभीत होकर मुझे यहीं गोवर्धन पर्वत की तलहटी में, धरती के भीतर छिपा रखा है। देखो न बाबा, मैं कब से भूखा-प्यासा हूँ और तुम्हारे यहाँ आने की राह देख रहा हूँ···और फिर, धरती के भीतर मुझे गरमी भी तो कितनी लग रही है!"

तंद्रा में डूबे पुरीजी को लगा, सुनते-सुनते वे करुणार्द्र हो उठे हैं और उनकी आँखें बरसने लगी हैं।

उधर बालक अभी कहे जा रहा था, "मैं जाने कब से प्रतीक्षारत था कि माधवेंद्र आकर मुझे यहाँ से निकालें और मेरी सेवा करें। अब तुम आ गए हो तो देखो, मैं उधर धरती में छिपा हुआ हूँ।"

बालक ने उँगली से उस जगह का संकेत किया और फिर अंतर्धान हो गया।

प्रातःकाल पुरीजी जब नींद से जागे, तो रात के अपने अद्‍भुत स्वप्न को लेकर उद्विग्न हो उठे। उनकी समझ में नहीं आ रहा था कि इस स्वप्न को कितना सच मानें? उन्होंने आसपास के ग्रामवासियों को यह वृत्तांत बताया और रात्रि में बालक द्वारा उँगली से निर्दिष्ट स्थल भी दिखाया।

स्वप्न था या कोई अलौकिक संकेत, पर इसके परीक्षण में हर्ज क्या था?

गाँववालों ने निर्दिष्ट स्थान पर खुदाई की, तो वहाँ सचमुच गोपालजी मिल गए। पुरीजी और ग्रामवासियों के हर्ष का ठिकाना न रहा। उन्होंने पर्वत के ऊपर तीन ओर से शिलाओं को खड़ा करके और ऊपर एक शिला रखकर उसके ऊपर एक सिंहासन रख दिया और उस सिंहासन पर गोपालजी को पधराया गया। गिरिराजजी की कंदरा में गोपालजी प्रतिष्ठापित हो गए।

इसके बाद जैसे आनंद और उत्सव का एक निर्झर ही गोवर्धन पर्वत पर प्रवहमान हो उठा।

न जाने कितने दिनों तक लोग दूध-दही लाते रहे और गोपालजी, जिनका दूसरा नाम श्रीनाथजी था, का पंचामृत से महाभिषेक करते रहे। दाल, चावल, पूरी, कचौड़ी, कढ़ी, मिष्टान्न आदि विविध व्यंजनों का अन्नकूट अर्पण होता रहा। मथुरा के धनी-मानी सेठों ने इस कार्य में अत्यंत उत्साह से सहयोग किया। हर ब्रजवासी तन-मन-धन से अपने गोपालजी की सेवा करने को उत्कंठित था, यथासामर्थ्य कर भी रहा था।

सभी लोग प्रसन्न थे, पर श्री माधवेंद्र पुरीजी का चित्त अभी व्यथित था। उन्हें लगता, गोपालजी कह रहे हैं, "बाबा, वर्षों धरती के नीचे गड़े रहने के कारण मेरे तन में ऐसी गरमी व्याप गई है, जो असह्य है। मेरे तन का ताप तुम दूर करो न!"

पुरीजी अपने शिष्यों पर गोपालजी की सेवा का भार छोड़कर श्री जगन्नाथपुरी चले गए। प्रयोजन था, प्रचुर मात्रा में मलयज चंदन लाना, ताकि गोपालजी का देह-ताप कम

किया जा सके। उनके जाने के बाद सेवा का भार उनके शिष्यों ने सँभाल लिया और गुरुजी के चंदन लेकर आने की प्रतीक्षा करने लगे।

जनश्रुति है कि श्री माधवेंद्र पुरीजी जगन्नाथ पुरी से मलयज चंदन और कर्पूर आदि लेकर जब लौटे तो अपनी निवासस्थली जतिपुरा पहुँचने से पूर्व ही उन्हें स्वप्नादेश हुआ कि तुम्हें जतिपुरा जाने की आवश्यकता नहीं है। यहीं मार्ग में खीरचोरा गोपीनाथ को एक माह तक लगातार चंदन-कर्पूर घिसकर लगाने से मेरा देह-ताप मिट जाएगा।

कौन थे ये खीरचोरा गोपीनाथ?

कहते हैं कि जब श्री माधवेंद्र पुरी मलयज चंदन और कर्पूर लेने के लिए जतिपुरा से निकले थे, तो श्रीकृष्ण ने उन्हें एक कुल्हड़ खीर चोरी से लाकर खिलाई थी। इन्हीं खीरचोरा गोपीनाथ के रेमुना नामक स्थान पर स्थित मंदिर के निकट माधवेंद्र पुरी की समाधि बनी हुई है। वे जतिपुरा लौटे या नहीं, इसका कोई साक्ष्य नहीं मिलता।

~✦~

"बात अब श्री वल्लभाचार्य की।"

आचार्य अमल ने कहना शुरू किया तो रासबिहारी जादू टूटने जैसी स्थिति से बाहर आए।

श्री वल्लभाचार्यजी का प्रसंग भी कम रोचक नहीं था।

"वल्लभाचार्य का ब्रजागमन इस पुरातन धार्मिक प्रदेश के भाग्योदय का सूचक रहा। उन्होंने ब्रज-क्षेत्र में श्रीनाथजी की सेवा प्रचलित की और रास परंपरा के लिए भी महत्त्वपूर्ण कार्य किया। वे पुष्टि मार्ग के अनुयायी थे और अपने भक्ति-सिद्धांत के प्रचार हेतु उन्होंने तीन बार देशव्यापी यात्राएँ की थीं।

अपनी पहली ब्रजयात्रा में आचार्य वल्लभ ने गोकुल की खोज की। अपनी दूसरी ब्रजयात्रा में उन्होंने गोवर्धन पहुँचकर गिरिराजजी की कंदरा से गोपालजी का प्राकट्य किया और उन्हें 'श्रीनाथजी' नाम दिया। एक कच्चे मंदिर में उन्हें प्रतिष्ठित करके उनकी सेवा की व्यवस्था की। उन्होंने अंबाला के एक संपन्न हरिभक्त सेठ पूरनमल खत्री को श्रीनाथजी का विशाल मंदिर बनवाने के लिए कृतसंकल्प पाया। मंदिर बनने लगा, किंतु सिकंदर लोदी के सैनिकों की निंरतर बाधाओं के कारण बार-बार टूटने-बनने का क्रम चला। अंततः आचार्य वल्लभ ने उस अधूरे मंदिर में ही श्रीनाथजी की प्रतिष्ठा करवा दीं। पर मंदिर पर बार-बार आक्रमण होने से श्रीनाथजी के स्वरूप को कभी टोड़ कौघना में, कभी श्याम ढाक के जंगल में और कभी गाँठोली के वन में छिपाना पड़ा। जब श्री चैतन्य देवजी ब्रज आए थे तो उन्होंने गाँठोली के वन में ही श्रीनाथजी के दर्शन किए थे।

सिकंदर लोधी की मृत्यु के बाद ही श्रीनाथजी के मंदिर को पूर्ण कराया जा सका

और आचार्य वल्लभ ने बड़ी धूमधाम से श्रीनाथजी का पाटोत्सव किया। इसके बाद एक बार फिर धर्मांध मुगल सम्राट् औरंगजेब के कारण वृंदावन के अन्य विग्रहों सहित श्रीनाथजी को भी जयपुर नरेश राजस्थान ले गए। आजकल श्रीनाथजी श्रीनाथद्वारा में विराजमान हैं। लोकमान्यता है कि ब्रज वसुंधरा से दूर होकर भी वे ब्रजभूमि को छोड़ नहीं पाए। आज भी वे श्रीनाथद्वारा में रात्रि शयन के उपरांत अपने रथ पर ब्रज आते हैं और यहीं शयन करके प्रात: मंगला आरती तक वहाँ लौट जाते हैं।

आचार्य वल्लभ की रास के प्रति निष्ठा और रासविषयक देन भुलाई नहीं जा सकती। उन्होंने रास पर ग्रंथ लिखे और गोवर्धन गिरिराज पर श्रीनाथजी की सेवा प्रचलित की। उनकी प्रेरणा से उनकी शिष्य मंडली ने ब्रजभाषा में रास के सैकड़ों पदों की रचना की, जिनमें कुंभनदास, सूरदास, नंददास, कृष्णदास और परमानंददास के नाम प्रसिद्ध हैं। 'रासानुकरण' के आरंभिक प्रवर्तक होने का श्रेय भी आचार्य वल्लभ को है।

कृष्ण-भक्ति के प्रचारार्थ श्री शंकरदेव के पूर्वांचल के सुदूरवर्ती असम राज्य में किए गए कार्य महत्त्वपूर्ण रहे। वहाँ उन्होंने 'शरणिया' संप्रदाय की स्थापना करके विग्रह के बजाय भागवत की पूजा-अर्चना की परिपाटी शुरू की।

इस क्रम में चैतन्य महाप्रभु का नाम अपने अनन्य कृष्णानुराग के कारण अति विशिष्ट बन जाता है। वे ब्रजभूमि के प्रति आरंभ से ही आस्थावान रहे। ब्रज की लीलास्थलियों के दर्शन की लालसा थी उनमें, इसलिए सं. 1568 में अपने दो शिष्यों लोकनाथ चक्रवर्ती और भूगर्भ गोस्वामी को जानकारी लेने के लिए भेजा। बीहड़ों में भटककर जब शिष्यों को कोई जानकारी न मिली, तो महाप्रभु ने स्वयं सं. 1573 में ब्रजयात्रा करके कुछ लीला स्थलियों की खोज की।

अपने ब्रज-भ्रमण के दौरान जब वे बहुलावन पहुँचे, तो उन्हें अत्यंत रोमांचक अनुभव हुआ। यह वन मथुरा के पश्चिम में सात मील दूर, राधाकुंड तथा वृंदावन के बीच स्थित है। अत्यंत मनोरम क्षेत्र है। यहाँ आने पर महाप्रभु ने जब अद्भुत प्राकृतिक सौंदर्य देखा, तो भावावेश से भर गए। उन्हें देखकर सुंदर-सुंदर गाएँ घास चरना छोड़कर उन्हें देखकर प्रेम से हुंकारने लगीं। उन्हें चाटने लगीं। कभी हाथ पर, कभी पाँव पर। वे भी प्रेम से भरकर गायों को सहलाने लगे। अब स्थिति यह कि गाएँ उन्हें छोड़ने को तैयार नहीं। चरवाहों के लाख उपक्रम के बाद भी गाएँ उन्हें घेरे खड़ी रहीं। झुंड-के-झुंड हिरण-हिरणियाँ भी निर्भय होकर उनके निकट आ गए।

देखते-ही-देखते एक विलक्षण दृश्य दिखाई देने लगा। शुक, सारिका, कोकिल, पपीहा, भ्रमर सभी उच्च स्वर में गान करने लगे। मयूरों ने नृत्य आरंभ कर दिया। वृक्षों के

पात एवं नव किसलय हर्ष से झूमने लगे। महाप्रभु के चरणों में अपने फूल समर्पित करने लगे। जब महाप्रभु भावाविष्ट होकर उच्च स्वर में 'कृष्ण बोल', 'कृष्ण बोल' कहकर रुदन करने लगे, तो सभी जड़-चेतन प्रतिध्वनि के रूप में उनके शब्दों को दोहराने लगे। महाप्रभु उनके गले से लिपट गए, रुदन-ध्वनि बढ़ गई। प्रत्युत्तर में पशु-पक्षियों ने भी अत्यंत कातर-अश्रुपूर्ण दृष्टि से उन्हें निहारना शुरू कर दिया।

इन्हीं क्षणों में महाप्रभु ने एक वृक्ष की शाखा पर बैठे शुक-सारी को श्री राधा-कृष्ण से जुड़ी प्रेम-कलह करते देखा। दोनों अपने-अपने तर्कों पर अड़े थे, कोई पीछे हटना नहीं चाहता था।

उनका संवाद इस प्रकार था—

शुक : मेरे कृष्ण मदनमोहन हैं।

सारी : मेरी राधा के वामांग में होने के कारण ही ऐसा है, अन्यथा वे केवल मदन ही हैं।

शुक : मेरे कृष्ण जगत् के जीवन हैं।

सारी : मेरी राधा उन जीवन की भी जीवन हैं।

शुक : मेरे कृष्ण के शीश पर मयूरपंख है।

सारी : उस पर मेरी राधा का नाम अंकित है।

शुक : मेरे कृष्ण चाँद हैं।

सारी : मेरी राधा चाँद पकड़ने की फाँद (फंदा) हैं।

शुक : चलो, व्यर्थ की कलह छोड़ो। हम दोनों मिलकर युगल का गुणगान करें।

इस संवाद को सुनकर श्री चैतन्य महाप्रभु इतने भाव-विह्वल हुए कि अचेत होकर धरती पर गिर पड़े। बड़ी कठिनाई से उनके साथी उन्हें होश में ला सके।

भ्रमण के दौरान श्री चैतन्य महाप्रभु जब गाँठोली पहुँचे, तो उन्हें पता चला कि म्लेच्छों के भय से इन दिनों गाँव में ही श्रीनाथजी को छिपाकर रखा गया है और उनकी सेवा-अर्चना हो रही है। यह सुनकर वह अत्यंत प्रसन्न हुए, क्योंकि यदि गोवर्धन पर्वत पर स्थित मंदिर में श्रीनाथजी होते, तो वे उनके दर्शन हेतु पर्वत पर नहीं चढ़ते। श्री महाप्रभु गिरिराज गोवर्धन को कृष्ण रूप ही मानकर उसपर पाँव नहीं धरते थे। इसी मान्यता के अनुरूप उनके संप्रदाय का कोई भक्त गोवर्धन पर नहीं चढ़ता था, किंतु इस समय श्रीनाथजी की गाँठोली (गोवर्धन-डीग राजमार्ग पर स्थित) में उपस्थिति थी, अतः उन्होंने पूर्ण तन्मय होकर उनकी परिक्रमा, स्तुति, कीर्तन और नृत्य किया। उनके शिष्य सनातन गोस्वामी और रूप गोस्वामी उनके साथ थे।

श्री चैतन्य महाप्रभु ने ब्रज के वनों की यात्रा करते समय, बीहड़ जंगलों में घूमते हुए कृष्ण-लीला से जुड़ी अनेक स्थलियाँ भी खोजीं। अनेक शताब्दियों से लुप्त हुए

राधा-कुंड की खोज इनमें प्रमुख है। काम्यवन की खोज की तथा वृंदावन की अनेक लीलास्थलियों का अनुसंधान किया।

बंगाल में जनमे श्री महाप्रभु ने युवावस्था में ही श्री माधवेंद्र पुरी के शिष्य ईश्वर पुरी से भक्ति मार्ग की दीक्षा लेकर, संन्यासी होकर कृष्ण-भक्ति में अपना सारा जीवन समर्पित किया। उन्होंने गौड़ीय वैष्णव भक्ति संप्रदाय की स्थापना की और संगीत, नृत्य, नाटक आदि कलाओं को कृष्ण-भक्ति के प्रचार का साधन माना।

अपनी ब्रजयात्रा के अंत में महाप्रभु वृंदावन गए और कालियदह, केशीघाट, चीरघाट आदि यमुना के तटवर्ती तीर्थों में स्नान किया। एक प्राचीन इमली वृक्ष के नीचे हरिनाम संकीर्तन किया, जो 'इमलीतला' के नाम से प्रसिद्ध हुआ। वृंदावन में उनका कृष्ण-भक्तिपरक भावावेश इतना बढ़ गया कि वे बार-बार प्रलाप करते हुए मूर्च्छित हो जाते थे। इस व्याकुलता को देख उनके शिष्यों ने उन्हें वृंदावन से हटाकर वापिस बंगाल ले जाना ही उचित समझा। कालांतर में उन्होंने अपने गौड़ीय भक्तों को ब्रज में निवास करने और ब्रज के तीर्थों व लीलास्थलियों की खोज का आदेश दिया था।

श्री महाप्रभु के आदेशानुसार जो गौड़ीय भक्तजन ब्रजभूमि आए, उनमें छह गोस्वामी विशेष चर्चित हैं—सनातन गोस्वामी, रूप गोस्वामी, गोपाल भट्ट गोस्वामी, रघुनाथ दास गोस्वामी, रघुनाथ भट्ट गोस्वामी और जीव गोस्वामी। इन लोगों ने विलुप्त लीला स्थलियों की खोज की, मंदिर बनवाए और विविध उपायों से रास के प्रचार में महत योगदान दिया।"

मध्ययुगीन कृष्ण-भक्तिधारा के पाँचों धर्माचार्यों एवं धार्मिक मनीषियों का योगदान सुनाते हुए आचार्य अमल तो भावुक हुए ही, रासबिहारी भी अत्यंत भावविभोर हो गए। सच में वर्तमान काल के भव्य रास-मंदिर के निर्माण में नींव की ईंट रहे इन पाँचों धर्माचार्यों की सहभागिता अकथनीय है, उन्हें महसूस हुआ।

स्पष्ट था, ब्रजभूमि में रास परंपरा के पुनरुद्धार के प्रयास 15वीं, 16वीं शताब्दी में पूरी समर्पण भावना से शुरू हो चुके थे, अब भवन-निर्माण का कार्य आगे बढ़ाना था। पृष्ठभूमि बन चुकी थी, उसे क्रियान्वयन किया जाना था।

शुभारंभ किसने किया, यह विवाद का विषय बना। रासानुकरण के अद्वितीय सांस्कृतिक महत्त्व के कारण इससे जुड़ा हर व्यक्ति यह श्रेय लेने को तत्पर था कि इसका प्रवर्तन उसी ने किया है। परिणाम यह हुआ, यह विवाद का विषय बन गया। हर धर्माचार्य के संप्रदाय के अनुयायियों ने स्वयं को आगे बढ़ाकर प्रस्तुत किया और रासानुकरण के शुभारंभ का श्रेय लेने के लिए आतुर हो उठे।

तर्क-कुतर्क शुरू हो गए।

अप्रामाणिक कथन को भी प्रामाणिक सिद्ध करने की जद्दोजहद आरंभ हो गई। इससे यह विवाद और तूल पकड़ गया। संभवत: संवत् 1950 के आसपास लिखी गई एकमात्र पुस्तक 'रास-सर्वस्व' में इसका विवेचन है, जिसके रचनाकार राधाकृष्ण हैं। इस पुस्तक के द्वितीय परिच्छेद के अनुसार, रासानुकरण का प्रवर्तन एवं प्रचलन मुख्य रूप से स्वामी हरिदासजी, श्री घमंडदेवजी और श्री वल्लभाचार्य ने किया। कैसे किया, इसके लिए भी 'रास-सर्वस्व' में अनुश्रुतियों तथा किंवदंतियों का सहारा लिया गया है। इस पुस्तक में स्वामी हरिदास को श्रीराधाजी की सखी ललिताजी का अवतार माना गया है। 'रास-सर्वस्व' में रास के शुभारंभ की कथा इस प्रकार दी गई है, जिसे आचार्य अमल के मुख से सुनते हुए रासबिहारी को ऐसा आभास हुआ, मानो वह विवरण चलती-फिरती तसवीर की भाँति उनकी आँखों के सामने घट रहा है—

सर्वप्रथम स्वामी हरिदास को श्याम-श्यामा के दिव्य महल से रासानुकरण को प्रकट करने का आदेश मिला है।

स्वामीजी इस आदेश को पाकर भावविभोर हो उठे हैं।

रासानुकरण?

लेकिन होगा कैसे?

परामर्श लेने के लिए वे सनकादि संप्रदाय के घमंडदेवजी के पास पहुँचे और सारी बात बताई। उन्हें वही इस रस-रीति के अधिकारी प्रतीत हुए। स्वाभाविक रूप से घमंडदेव को भी अत्यंत प्रसन्नता हुई और फिर उन दोनों ने परस्पर विचार-विनिमय करके तय किया कि उन्हें मथुरा के विश्रामघाट पर चलकर श्री वल्लभाचार्यजी से मिलना चाहिए। वही इस विषय में सही सलाह देंगे।

दोनों महानुभाव मथुरा जाकर आचार्यजी से मिले। अत्यंत प्रेम से आचार्य वल्लभ ने उनका स्वागत किया और बैठने के लिए आसन प्रदान किया।

तदुपरांत प्रेमपूर्वक पूछा, "कैसे आप लोगों का आना हुआ?" स्वामी हरिदास बोले, "प्रभो, आप अंतर्यामी हैं। जगत् के मालिक हैं। आपसे भला क्या छिपा है? फिर भी पूछते हैं तो बताता हूँ कि कुछ ऐसा उपाय करें, जिससे जन-समाज को रास-रस का आनंद मिल सके।"

स्वामीजी की इच्छापूर्ति के लिए आचार्य वल्लभ ने प्राणायाम द्वारा अपनी इंद्रियों का निग्रह किया। तभी आकाश से अत्यंत विशाल और रत्नों की आभा से झिलमिलाता हुआ एक मुकुट उतरा। उस दिन विश्रामघाट पर कोई पर्व था, जिस कारण बावन नरेश वहाँ उपस्थित थे। उन सबने धूप, दीप, नैवेद्य से मुकुट का पूजन-अर्चन किया, किंतु एकाएक सबके देखते-देखते मुकुट तो विलुप्त हो चुका था। सब हतप्रभ थे। आकाश में

जय-जयकार हुई और देवों ने फूल बरसाए। इसके पश्चात् सभी राजागण अपने-अपने स्थान पर चले गए।

फिर आचार्य वल्लभ ने भक्त हृदय माथुरों को बुलाया और उनसे आठ बालकों की माँग की। बालकों के आ जाने पर आचार्य वल्लभ और स्वामी हरिदास ने उनमें से दो को श्रीकृष्ण और प्रियाजी के रूप में सजाया। तदुपरांत वृंदावन आकर रासमंडल की तैयारी की और सखियों की व्यवस्था की।

रासलीला आरंभ हुई।

श्रीकृष्ण के स्वरूप ने वन में अंतर्धान होने का अभिनय किया और सखियों ने उनकी गुण-गाथा गाते हुए, विरहिणी बनकर वन में खोजने का उपक्रम किया। आश्चर्यजनक और चिंतनीय बात यह रही कि श्रीकृष्ण का स्वरूप धारण करनेवाला बालक वास्तव में विलुप्त हो गया था। वह कहीं नहीं मिला।

इससे लीला के संचालकों में गहरा दुःख छा गया।

भोजन के प्रथम ग्रास में ही मक्षिकापात जैसी बात थी। बालक के न मिलने का दुःख तो था ही, रासलीला के अधूरी रह जाने की भी संचालकों को गहरी पीड़ा थी।

उधर माथुर अपने पुत्रों को माँगने आए। उपलब्ध न कराने पर झगड़ने लगे। उन्हें समझाया गया कि वे भगवान् में विलय हो गए हैं।

माथुर इस बात पर कैसे विश्वास कर लें? उन्हें तो प्रमाण चाहिए। इस पर वे आठों बालक श्रीकृष्ण के निकट दिखला दिए गए, तो माथुर संतुष्ट होकर चले गए। अब आचार्य वल्लभ ने घमंडदेवजी से कहा कि आप ब्रजवासियों को अपना शिष्य बनाकर रासलीला करें।

इसके बाद का विवरण 'रास-सर्वस्व' में नहीं मिलता। वैसे भी संवत् 1950 के आसपास लिखी गई इस पुस्तक में अनेक विसंगतियाँ हैं, जिनके कारण इसे पूर्णतः प्रामाणिक नहीं माना जा सकता।

आचार्य अमल अपनी बात कहकर रुके तो रासबिहारी पूछे बिना नहीं रह सके, "इसका अर्थ यह हुआ कि रासानुकरण को जनसामान्य के सामने सर्वप्रथम किसने प्रकट किया, यह तय नहीं है।"

"जी हाँ।" आचार्य अमल बोले, "इस संदर्भ में हमें बहस में पड़ने की आवश्यकता नहीं है। हर संप्रदाय के अनुयायी अपने-अपने अनुसार कहानी गढ़कर अपने संप्रदाय को इसका श्रेय देते हैं। प्रामाणिक तौर पर जब कुछ नहीं कहा जा सकता, तो हमें मानना चाहिए कि 'रास-सर्वस्व' में रास के प्राकट्यकर्ता के रूप में जिन पाँच महानुभावों का

उल्लेख है, हम उन सभी के रासपरक प्रदेय को स्वीकार करें। ये पाँच नाम हैं—सर्वश्री वल्लभाचार्यजी, स्वामी हरिदासजी, घमंडदेवजी, हितहरिवंशजी और नारायण भट्टजी। इनके अतिरिक्त रास से घनिष्ठ संबंध रखनेवालों में हरिराम व्यास भी महत्त्वपूर्ण हैं। यह मानकर चलिए कि श्रीमद्भागवत के आधार पर पहले तो मानसी रास ही सामने आया, तदुपरांत अभिनय की शुरुआत हुई। जो भी हो, हमें विवाद की गहराई में जाने की आवश्यकता नहीं है। इतना जानना काफी है कि वर्तमान रास दो भागों में विभक्त है। पहले भाग में रासानुकरण होता है और दूसरे में श्रीकृष्ण से संबंध रखन वाली कोई लीला दोहराई जाती है। आज जो रासमंडलियाँ ब्रज-क्षेत्र में महत्त्वपूर्ण कार्य कर रही हैं, उनके नामों के विस्तार में जाने की भी इस समय जरूरत नहीं है। आप जब यहाँ ठहरे हुए हैं, तो स्वयं वहाँ का रास देखेंगे।"

"सही बात है।" रासबिहारी सहमत हुए।

"दो-एक बातें और जान लीजिए।" आचार्य अमल बोले, "श्री हितहरिवंशजी की रास विषयक देन में उस रज निर्मित-चबूतरे की विशेष चर्चा की जाती है, जिसे वृंदावन के प्रथम 'रासमंडल' होने का गौरव प्राप्त है। इसी प्रकार श्री हरिराम व्यासजी के जीवन से जुड़ी रास विषयक एक घटना भी चर्चित है, जो वृंदावन में घटी थी।"

"क्या घटना थी?" रासबिहारी ने उत्सुक कंठ से पूछा।

"संतों-महंतों के समाज में रासधारियों द्वारा रासलीला का प्रदर्शन किया जा रहा था। श्रीराधाजी का स्वरूप बना हुआ बालक तीव्र गति से नृत्य कर रहा था, उसी समय उसके पाँव में बँधा नूपुर अचानक खुल गया। व्यासजी ने तत्काल अपना यज्ञोपवीत तोड़कर उससे नूपुर बाँध दिया, जिससे रास में कोई व्यवधान नहीं पड़ा। बाद में जब उसपर लोकापवाद होने लगा तो व्यासजी निर्भीक कंठ से बोले कि 'जिस यज्ञोपवीत का भार मैंने अब तक ढोया है, वह आज सार्थक हुआ।' इससे रास के प्रति उनकी निष्ठा व्यक्त होती है।"

बातचीत खत्म हुई, तो आचार्य अमल बोले, "ठीक है, अब आप रास की लीलास्थलियों का दर्शन-भ्रमण करें।"

"जी हाँ।" कहकर रासबिहारी ने 'राधे-राधे' कहा और वापिस लौट पड़े।

□

8

श्रीवृंदावन की रासस्थलियाँ

पहले वृंदावन का स्मरण सहज-स्वाभाविक था।

मयूर निकुंज से निकलकर टैक्सी ने उन्हें काफी मार्ग तय करा दिया, किंतु सँकरी गलियों की वजह से अंततः उन्हें उतरना पड़ा।

रासबिहारी ने देखा, अब वह जिस जगह खड़े हैं, वहाँ उनके दृष्टिपथ के समक्ष चार गलियाँ हैं।

कैलाश ने यही बात पूछी भी, "बाबूजी, आपके सामने चार गलियाँ दिख रही हैं?"

"हाँ, दिख तो रही हैं।" रासबिहारी ने स्वीकारा।

"इनके नाम दान गली, मान गली, गुमान गली और कुंज गली हैं। हर गली के साथ एक जनश्रुति जुड़ी है। दान गली में श्रीकृष्ण ने गोपियों के साथ और गोपियों ने श्रीकृष्ण के साथ प्रेम का आदान-प्रदान किया था, यानी उनके प्रेम के लेने-देने के क्षणों की साक्षी है यह गली।"

श्रीकृष्ण और गोपियों के प्रेम के आदान-प्रदान का एक बिंब रासबिहारी की आँखों में समूर्त हो उठा। गली जैसे बोलती हुई-सी लगी, "तुम समझ सकते हो, वह क्षण कितने भावभीने रहे होंगे!"

कैलाश बता रहा था, "और यह है मान गली। श्रीराधा रानी की मानस्थली। रास के मध्य कृष्ण से रूठकर वे यहीं पधारी थीं।"

एक बिंब फिर बन गया।

मानिनी प्रिया और मानविमोचन करते प्रणयी रासबिहारी को दिखाई दे रहे थे।

"यह है गुमान गली।" कैलाश बता रहा था, "इसी गली में किशोर-किशोरी का प्रथम मिलन हुआ था।"

चार नयनों का गोपन संभाषण रासबिहारी की आँखों में जीवंत होना ही था।

सदियों पुराना दृश्य उन्हें आँखों के सामने घटता क्यों दिखाई दे रहा है, रासबिहारी समझ नहीं सके। उन्हें आभास हुआ, समय का पहिया यहाँ पर जहाँ का तहाँ रुक गया

है। प्रियाजी और प्रियतम तभी तो दिखाई दे रहे हैं उन्हें।

"और यह है कुंज गली।" कैलाश कह रहा था, "इसी से होकर सखियाँ सेवा कुंज पहुँचती थीं। सेवा कुंज को 'निकुंज वन' भी कहते हैं। गोपियाँ इसी मार्ग से होकर वहाँ जाती थीं।"

एक बार फिर हँसती-खिलखिलाती गोपियाँ रासबिहारी की आँखों में समूर्त हो उठीं।

सिर्फ चार गलियाँ ही नहीं, सामने एक भव्य भवन भी दिख रहा था। रासबिहारी ने उत्सुक होकर पूछा, "कैलाश, यह भवन भी खास है क्या?"

"जी हाँ, यह रूप सनातन गौड़ीय मठ है। इसे 'विनोद कुंज' भी कहते हैं। संभवत: आपको आचार्यजी ने बताया होगा कि रूप गोस्वामी और सनातन गोस्वामी नामक दोनों महानुभाव श्री चैतन्य महाप्रभु के शिष्य थे और उनके आदेशानुसार ब्रजक्षेत्र की लुप्तप्राय लीलास्थलियों को खोजने आए थे।"

"तुम सही कहते हो, कैलाश।" रासबिहारी ने सिर हिलाया, "कल ही आचार्य अमल ने मुझे विस्तार से बताया है।"

कैलाश गद्‌गद हो उठा, "ब्रजमंडल की लीलास्थलियों को यदि इन्होंने पुन: प्रकाशित न किया होता, तो वृंदावन आज दुर्भेद्य तहों के नीचे दबा होता। इन्हीं दोनों भाइयों की स्मृति सँजोए रखने के लिए यह गौड़ीय मठ स्थापित हुआ है। सुंदर दर्शनीय स्थान है। इसे हम किसी अन्य दिन देखेंगे। अभी कुंज गली से होकर सेवा कुंज चलते हैं।"

सेवा कुंज पहुँचते ही प्रकृति की हरी-भरी मनोहारी छटा ने रासबिहारी का मन मोह लिया। पेड़ों के पातों से छन-छनकर आती हुई ठंडी हवा उनके तन-मन में एक सिहरन दौड़ा गई।

करील के इन कुंजों ने जो अलौकिक आनंद भरे क्षण देखे हैं, क्या इन्हें वे आज भी याद होंगे? श्रीराधिका, सखियों का समूह और श्रीराधिकारमण की उपस्थिति। वह आमोद-प्रमोद क्या आज भी मन की आँखों से देखने पर नहीं पाया जा सकता?

एक कौतुक अभी शेष था।

कैलाश ने उन्हें सेवा कुंज स्थित जिस मंदिर में ले जाकर खड़ा कर दिया, वहाँ श्रीविग्रह के स्थान पर चित्रपट की पूजा होती है। यह विशाल चित्र रासबिहारी की आँखों के सामने था—इसमें श्रीकृष्ण को श्रीराधा रानी के चरण पलोटते हुए दिखाया गया है।

अद्‌भुत था चित्र और वैसी ही अद्‌भुत रही होगी चित्रकार की आस्था।

कितने मनोयोग से अपनी प्राणप्रिया की सेवा में संलग्न हैं श्रीकृष्ण! रास-क्रीड़ा से

थक जाने पर यहीं वे अपनी प्रिया की विश्रांति हरते होंगे।

कक्ष में और भी चित्र थे।

ललिता, विशाखा आदि श्रीराधाजी की सखियाँ हैं, वे भी वहाँ अन्य चित्रों में दिखाई दे रही थीं। ऐसा शांतिपूर्ण स्थल कि व्यक्ति को त्रितापों से मुक्ति दिला दे, रासबिहारी को आभास हुआ।

अन्य कई बातें भी विदित हुईं।

वृंदावन के बारह वनों में सेवा कुंज प्रमुख है।

रसोपासक स्वामी हितहरिवंशजी की साधना-स्थली है। यहीं से हितजी ने अपने आराध्य राधावल्लभलाल की सेवा प्रारंभ की थी। दीवारों पर उनके रचे हुए 'राधा सुधानिधि' के श्लोक अंकित थे।

सेवा कुंज में रासमंडल भी दिखा। कैलाश ने बताया, "लोकमान्यता है, यहाँ नित्य मध्यरात्रि में प्रियाजी-प्रियतमजी रास रचाते हैं।"

इसके बाद वे लोग घुमावदार पगडंडियों से होते हुए ललिताकुंड पहुँचे। कैलाश ने बताया, "यह ललिता कुंड है। रास के समय एक बार श्रीराधाजी की अंतरंग सखी ललिताजी को प्यास लगी, तो श्रीकृष्ण ने अपनी वेणु से खोदकर यह सुंदर कुंड प्रकट कर दिया था। अपने लिए इस भाँति निर्मल, शीतल, सुवासित जल उपलब्ध कराए जाने पर ललिताजी की प्रसन्नता का ओर-छोर न रहा। उन्होंने तृप्तिपूर्वक जल पिया। अन्य सखियों ने भी सोत्साह कुंड के जल को पीकर आंनद पाया।

"चलिए, अब हम निधुवन चलें। लोग इसे 'निधिवन' भी कहते हैं, पर शास्त्रोक्त शब्द निधुवन ही है। 'निधु' शब्द का आशय सुरत-क्रीड़ा से है। 'गोविंदलीलामृत' आदि ग्रंथों में वर्णन है कि केलि-विलास के कारण निशांत काल में निधुवन के केलि-कुंज में ही युगल का शयन होता था।" कैलाश ने कहा।

"तो चलो फिर, मैंने इस स्थली का नाम पहले से सुन रखा है।" रासबिहारी बोले।

और अब वे लोग निधुवन में खड़े थे।

निधिवन के नाम से भी इसे जाना जाता है।

यहाँ प्रवेश करते ही रासबिहारी को ऐसा अनुभव हुआ, जैसे वह किसी तिलस्म में प्रविष्ट हो रहे हैं। एक रहस्य-लोक उनके सामने मौजूद हैं, जो अपने भीतर पता नहीं कितनी विचित्रताएँ छिपाए हुए हैं। यहाँ के परिवेश में कुछ ऐसा सम्मोहन है कि वह सबकुछ देख-सुन तो रहे हैं, पर वाणी द्वारा व्यक्त करने में असमर्थ हैं। कुछ बयान करने की स्थिति में नहीं हैं।

तो क्या किसी दैवी शक्ति ने उनकी वाणी को मौन कर दिया है?

अंतस् में निनादित होता गंधर्व-संगीत सुन तो सकते हैं, व्यक्त नहीं कर सकेंगे।

यंत्रचलित पुतले की तरह वह वहाँ मौजूद तुलसी के वृक्षों को देख रहे हैं, जैसी तुलसी उन्होंने आज तक नहीं देखी। किसी वृक्ष के तने सीधे नहीं, आपस में गुँथे हुए हैं। तुलसी का हर पौधा जोड़े में है। उसे पौधा भी क्यों कहें, ऐसी विशालकाय तुलसी अन्यत्र न होगी, सभी वृक्ष परिलक्षित हो रहे हैं।

कैलाश ने उनका ध्यान आकृष्ट किया, "बाबूजी, एक बात और गौर कीजिए। नीचे से ये तुलसी-वृक्ष सूखे हैं, इनमें पानी नहीं डाला जाता, किंतु ऊपर कितने हरे-भरे हैं! बगैर किसी जलस्रोत के इनका हरा-भरा रहना सचमुच किसी चमत्कार से कम नहीं है।"

बात सच थी।

रासबिहारी चकित रह गए।

रंगमहल के निकट पहुँचकर भी उन्हें ऐसी ही अलौकिक अनुभूति हुई। यह ठाकुरजी और प्रियाजी का शयन-कक्ष था। कक्ष के द्वार पर ताला लगा था, पर खिड़की से भीतर का दृश्य देखा जा सकता था।

भीतर शय्या बिछी थी।

निकट ही जल की झारी रखी हुई थी।

कैलाश ने बताया, "यह रंगमहल है। मान्यता है कि रात को रासलीला के अनंतर श्रांत अवस्था में श्याम-श्यामा यहाँ आज भी नित्यप्रति शयन करते हैं।"

"ऐसा कैसे संभव है?" रासबिहारी चौंके।

"देखिए न, यहाँ हर दिन प्रभु की सेज सजाई जाती है। शृंगार-सामग्री रखी जाती है। झारी में जल रखा जाता है। दातुन, पान आदि भी रहता है और माखन-मिश्री का भोग भी। इसके बाद रंगमहल के द्वार पर ही नहीं, निधुवन के मुख्य द्वार पर भी वजनी ताला जड़ दिया जाता है। किसी व्यक्ति के तो क्या, परिंदे तक के भीतर आने की स्थिति नहीं रहती है।"

"क्या मतलब?" रासबिहारी पुनः चौंके।

"इस समय आपको इस निधुवन में बंदरों की टोली दिखाई दे रही है?"

"हाँ, दिख रही है।"

"पर सांध्य आरती और रंगमहल की साज-सज्जा के उपरांत जब निधुवन खाली कराया जाता है, तो यहाँ वृक्षों की शाखाओं पर कूदते-फाँदते सभी बंदर अपने आप यह स्थान छोड़ देते हैं। कोई पशु-पक्षी भी संध्या के बाद यहाँ नहीं ठहरता। यहाँ तक कि चींटे-चींटी भी भूमिगत हो जाते हैं। किंतु रातभर जनशून्य रहनेवाली इस स्थली में प्रातःकाल पुजारीगण आकर जब ताला खोलते हैं तो दृश्य ही कुछ और दिखाई देता है।"

"यानी ?"

"झारी जलरहित मिलती है, पान का बीड़ा चबा हुआ मिलता है, दातुन गीली मिलती है, भोग भी खाया हुआ मिलता है और शय्या अस्त-व्यस्त मिलती है। साफ समझ में आ जाता है कि रात में कोई सोया है, तभी चादर में इतनी सलवटें पड़ी हैं।"

"आश्चर्यजनक ही नहीं, नितांत असंभव है यह!"

"असंभव, किंतु सत्य।" कैलाश बोला, "सुबह मंगला आरती के समय एकत्र भक्तों की भीड़ इस चमत्कार की साक्षी होती है। रात्रि को श्रीराधा द्वारा प्रयुक्त शृंगार-सामग्री, अवशिष्ट प्रसाद आदि को लोग अत्यंत श्रद्धापूर्वक ग्रहण करते हैं।"

"21वीं सदी के इस वैज्ञानिक युग में लोग ऐसी असंभाव्य घटनाओं पर यकीन कर लेते हैं? किसी ने यहाँ रात को ठहरकर सच्चाई जानने की कोशिश नहीं की?"

"मनुष्य विवेकशील प्राणी है, किंतु आध्यात्मिक जगत् के बहुत से रहस्यों के सामने उसकी वैज्ञानिक सोच भी काम नहीं आती। निधुवन का रहस्य भी उन्हीं में से एक है। आप स्वयं देखिए, आसपास के किसी मकान में निधुवन की ओर खुलनेवाली कोई खिड़की दिखाई दे रही है? दरअसल लोगों ने इस ओर कोई खिड़की रखी ही नहीं है और अगर रही भी है तो उसे ईंटें चिनकर बंद कर दिया है। सबको अपनी ही नहीं, अपनों की भी जान प्यारी है। डरते हैं कि यदि घर में आया कोई नया व्यक्ति या नादान बच्चा रात के समय खिड़की खोलकर उधर देखने लगा, तो परिणाम क्या होगा?" कैलाश बोला।

"क्या होगा परिणाम?" रासबिहारी जानने के जिज्ञासु हो उठे।

"जिन्होंने दुराग्रह के चलते, बहादुरी दिखाने के चलते, ऐसी बातों पर अविश्वास के चलते सबकी निगाह बचाकर यहाँ रात काटी, तो सुबह उनकी मृत देह ही मिली या फिर इतने विक्षिप्त हो चुके थे कि रात में देखी घटना का बयान करने की स्थिति में न थे।"

"मुझे लगता है कि यह लोक का अंधविश्वास ही है। वैज्ञानिक सोच रखनेवाले व्यक्ति को इस तथाकथित रहस्य-लोक को भेदना चाहिए।" रासबिहारी बोले।

"कैसी नादानी की बात करते हैं बाबूजी!" कैलाश मुसकराया, "आज से नहीं, बरसों से लोगों ने इस दंतकथा को कपोल-कल्पित मानकर अविश्वास किया है। इसे पुजारियों द्वारा खड़ा किया भ्रमजाल बताते हुए सच्चाई जानने की कोशिश की है।"

"फिर क्या हुआ?"

"एक सत्य घटना सुनिए।" कैलाश बोला, "एक बार कलकत्ते का एक भक्त अपने गुरुजी द्वारा सुनाई गई भागवत कथा से इतना प्रभावित हुआ कि वृंदावन आ पहुँचा और सब तो ठीक था, पर उसे निधुवन के रहस्य पर विश्वास नहीं हुआ। वह इसका सच जानने के लिए उत्कंठित ही नहीं, कटिबद्ध था। सांध्य आरती के बाद जब निधुवन परिसर खाली कराया गया, तो वह एक घने कुंज में छिपा हुआ मिला। उसे बाहर कर दिया गया।

इसके बाद वह अकसर ऐसा करता रहा। छिपता और पकड़ा जाता, फिर एक दिन उसने ऐसा कोना तलाशा, जहाँ किसी के आने की उम्मीद नहीं थी। उसकी चाल सफल हुई और उस दिन वह निधुवन से बाहर नहीं निकाला गया।

"सुबह निधुवन की सफाई के वक्त उसे बेसुध पड़ा पाया गया। मुँह से झाग निकल रहा था। कुछ बोल नहीं पा रहा था। तीन दिन भूखा-प्यासा पड़ा रहा। अपने गुरुजी के बारे में उसने किसी को बता रखा था, अतएव उनके पास सूचना भिजवाई गई। वह आए और उसे गोवर्धन स्थित अपने आश्रम में ले गए। वहाँ भी उसकी हालत न सुधरी। सुबह उसने संकेत से कागज-कलम माँगा। उसे ये दोनों चीजें देकर गुरुजी मानसी गंगा में स्नान हेतु चले गए। लौटकर देखा, तो वह मृत अवस्था में मिला। कलम से उसने कागज पर एक पत्र लिखा था, जो इस प्रकार था—'पूज्य गुरुजी, मैंने आपकी बातों पर विश्वास नहीं किया था, किंतु स्वयं अपनी आँखों से साक्षात् श्री बाँकेबिहारी और श्रीराधा रानी को अन्य सखियों के साथ रास रचाते पाया है। श्री श्यामसुंदर की सुंदरता के आगे संसार का सौंदर्य श्रीहत है, इसलिए मैं आपके चरणों में अंतिम प्रणाम पहुँचाकर यह संसार छोड़ रहा हूँ'।"

इस सत्य घटना को सुनाकर कैलाश बोला, "बाबूजी, उस भक्त ने यह पत्र बँगला भाषा में लिखा था और आज भी मथुरा के सरकारी संग्रहालय में सुरक्षित है।"

रासबिहारी निःशब्द रहे।

कैलाश बोला, "चलिए, अब दूसरी जगह चलते हैं। यहाँ आसपास के अन्य दर्शनीय स्थल—स्वामी हरिदास की समाधि, विशाखा कुंड, श्री बाँकेबिहारी का प्राकट्य आदि आपको पहले ही दिखा चुका हूँ।"

रासबिहारी उसी गुम-सुम हालत में निधुवन से बाहर निकल आए।

यहाँ का रहस्य, चमत्कारिक घटनाएँ क्या आसानी से भुलाई जा सकती थीं?

टैक्सीस्थल तक पहुँचने के दौरान पैदल चलते हुए कैलाश बोला, "बाबूजी, निधुवन को लेकर एक और रोचक कथा श्रीपाद विश्वनाथ चक्रवर्ती की पुस्तक 'स्वप्न विलास' में है। वह भी अत्यंत मनोरम है और उसमें श्रीकृष्ण के चैतन्य महाप्रभु के रूप में अवतीर्ण होने का लोकविश्वास निहित है।"

"यदि तुम्हें याद है, तो सुना दो।" रासबिहारी उत्सुक हो उठे।

"वह कथा-प्रसंग इस प्रकार था—

किसी एक रात्रि के अंतिम प्रहर में श्रीराधा-कृष्ण निधुवन के रंगमहल में शयन कर रहे थे। अकस्मात् श्रीराधाजी को एक विचित्र स्वप्न दिखा, तो वह चौंककर जग गईं। समीपस्थ सोए श्रीकृष्ण को जगाते हुए उन्होंने अपने उस विलक्षण स्वप्न का वृत्तांत सुनाया।

स्वप्न में श्रीराधिका को यमुनाजी जैसी एक नदी और यमुना के तटवर्ती कुंजों जैसे सुरम्य कुंज दृष्टिगत हुए। उस मनोरम स्थान पर एक अत्यंत सुंदर गौरवर्णी किशोर भावावेश से भरा हुआ मृदंग और करताल की स्वरलहरी पर नृत्यरत है। इतना भावाविष्ट है कि कभी 'हा कृष्ण, हा कृष्ण' और कभी 'हा राधे, हा राधे' कहता हुआ कभी भूमि पर लोट रहा है, कभी रो रहा है और कभी बेसुध हो रहा है। बस, इस अद्‌भुत-अपूर्व स्वप्न को देखकर वह चिंता में पड़ गईं कि गौरवर्णी किशोर कृष्ण है या राधा? वही दोनों एक-दूसरे को विरहावस्था में इस प्रकार स्मरण करते हैं।

श्रीराधिका इसलिए भी हैरान हैं कि स्वप्न में ही सही, किंतु उन्हें आकर्षित करनेवाला किशोर श्रीकृष्ण के अतिरिक्त और कौन हो सकता है?

श्रीकृष्ण अपनी प्रियाजी के इस स्वप्न को सुनकर मुसकराने लगे तो श्रीराधिका को विश्वास हो गया कि उन्हें स्वप्न में दृष्टिगोचर होनेवाला वह गौरांग किशोर श्रीकृष्ण ही हैं।

श्रीकृष्ण ने भी उनके विश्वास की यह कहकर पुष्टि की कि वे ही गौरांग स्वरूप में अवतीर्ण होकर हरिनाम संकीर्तन के माध्यम से रागात्मक भक्ति का प्रचार करेंगे। साथ ही श्रीराधिका एवं अन्य संबद्ध जन उनके परिकरों के रूप में संग-साथ रहेंगे।

गौड़ीय संप्रदाय में इसे 'राई-राज लीला' कहते हैं और अत्यंत मनोयोग से इसका मंचन करते हैं।

सचमुच अद्‌भुत वृत्तांत था।

इसे सुनकर रासबिहारी सोचने लगे, 'तो क्या इस स्वप्न में वर्णित घटना ही श्री चैतन्य महाप्रभु के अवतीर्ण होने की पूर्व सूचना है?'

ज्यादा देर सोच नहीं सके वह। टैक्सी के निकट वे लोग पहुँच चुके थे।

कितना कुछ था अभी और देखने को!

शृंगार वट, मानसरोवर और इमलीतला।

शृंगार वट यमुना तट पर स्थित है। कहते हैं कि अपने हाथों से पुष्पों का चयन करके, विविध प्रकार से श्रीराधिका का शृंगार करके, श्रीकृष्ण ने यहीं अपनी मानिनी प्रिया का मान-विमोचन किया था।

इसके निकट ही इमलीतला था, इसलिए जल्दी ही वहाँ पहुँचना हो गया। श्री चैतन्य महाप्रभु के संदर्भ में पिछले दिन ही रासबिहारी ने आचार्य अमल के मुँह से इसका विवरण सुना था कि उन्हीं ने इस लीलास्थली को खोजा था। कहते हैं कि ब्रज रासलीला के समय का प्राचीन इमली का वृक्ष अब अंतर्धान हो चुका है और उसकी जगह यह नया इमली का वृक्ष है। रासलीला के प्रसंग से भी इसका संबंध है। जब अन्यान्य गोपियों का सौभाग्य-मद दूर करने के लिए तथा प्रियाजी के मान-विमोचन के लिए श्रीकृष्ण उन्हें

लेकर रासमंडल से अंतर्धान हुए थे, तो उन्होंने पहले फूलों से प्रियाजी का शृंगार किया और फिर वहाँ से चलने का अनुरोध किया। इस पर श्रीराधिका ने थके होने की बात कहकर जब चलने से इनकार कर दिया और कंधे पर बैठाकर ले चलने को कहा, तो कृष्ण पुनः अंतर्धान हो गए। इस समय वे इसी इमली के वृक्ष के पीछे छिपे थे और वहीं से सारी गतिविधियाँ देखते रहे थे।

मानसरोवर पहुँचने पर उससे जुड़ा प्रसंग भी सुनने में रासबिहारी के मन को छू गया। कहते हैं, एक बार रासलीला में प्रियतम श्रीकृष्ण को अन्यान्य गोपियों के साथ प्रसन्न मुद्रा में नृत्यरत देखकर श्रीराधा दुःखी हो गईं। वे अकेली ही रासस्थली का परित्याग करके यमुना पार इस निर्जन वन में चली आईं और इतना रोईं कि उनके आँसुओं से एक सरोवर निर्मित हो गया। श्रीजी को खोजते हुए जब मनमोहन यहाँ आए तो उन्होंने मानिनी प्रिया के चरणों में वेणु और मस्तक रखकर अपना अपराध स्वीकार किया था।

भ्रमण के दौरान वृंदावन की मोती झील का अपना आकर्षण रहा। जनश्रुति है, यहाँ श्रीराधा और श्रीकृष्ण हिंडोला झूल रहे थे, तभी राधाजी की माला उलझकर टूट गई। इस पर वे रूठ गईं तो श्रीकृष्ण ने माला के मोती को खोजने के लिए यह जगह खोदी। मोती तो मिला ही, उसके साथ यह झील भी बन गई।

शृंगार वट पहुँचने पर पता चला कि श्रीकृष्ण ने वेणी गूँथकर यहाँ अपनी प्रिया का शृंगार किया था। वटवृक्ष अब अवशेष रूप में है। उसके सामने श्रीराधा की वेणी गूँथते श्रीकृष्ण की सुंदर झाँकी है।

संध्या का अंधकार जब भूतल पर फैल गया, तो मयूर निकुंज लौटना उनकी मजबूरी थी।

चलते समय कैलाश बोला, "बाबूजी, कल हम लोग वृंदावन के वन देखने चलेंगे।"

"कितने वन हैं संख्या में?" रासबिहारी ने कौतूहल से पूछा।

"बारह वन माने जाते हैं, जिनमें से कुछ का अस्तित्व नहीं रहा, कुछ हम देख चुके हैं। बचे हुए कल देखेंगे।"

रासबिहारी ने स्वीकृति में सिर हिला दिया।

वृंदावन।

जिसके नाम में ही 'वन' जुड़ा हो, वह अपनी वन-संपदा को खो चुका होगा, रासबिहारी ने सोचा न था।

लेकिन सच यही था।

इसे देख वह आहत भी कम नहीं हुए।

मयूर निकुंज से निकलने के पूर्व ही वृंदावन के बाहर वनों के नाम उन्होंने कैलाश से जानने चाहे। बहुत सोच-सोचकर ही वह ये नाम बता सका—अटल वन, केवारि वन, विहार वन, गोचारण वन, कालिय दमन वन, गोपाल वन, निकुंज वन, निधुवन, राधा वन, झूलन वन, गह्वर वन और पपड़ वन।

"तुम्हारे इन बारह वनों में दो तो हमने कल देख ही लिये हैं—निकुंज वन और निधुवन।" रासबिहारी बोले।

"जी हाँ।"

"तो आज हमें सबसे पहले अटल वन चलना है?"

"बेहतर है, हम वहीं चलकर इस बारे में बात करें।" कैलाश बोला।

"जैसा तुम्हारा आदेश।" रासबिहारी विनोदी मुद्रा में आ गए, "इस परदेश में तो तुम्हारे अनुसार ही चलना पड़ेगा, भाई।"

"राधिका छाछ पहुँचा गई या अभी नहीं।" पता नहीं क्यों कैलाश आज कुछ गंभीर था।

"वह समय की पाबंद है और अपने काम के प्रति जिम्मेदार भी। बरसते पानी में भी छतरी लगाए दौड़ी चली आती है।"

एक गहरा 'हूँऽ,' कैलाश के मुँह से निकला।

शायद उसे राधिका के प्राप्ति-मार्ग की बाधाएँ याद आ गई थीं।

"कैलाश, यदि तुम कहो तो मैं उसकी माँ और पिता से तुम्हारे संग उसके विवाह की बात करूँ?"

"क्या फायदा?" कैलाश और ज्यादा अनमना हो उठा, "यह बात तो राधिका के जन्म से ही उन दोनों के कानों में पड़ चुकी है, दिल में उतर चुकी है। इसके बाद क्या होगा, वह राधा रानी की इच्छा!"

"इतना हताश क्यों होते हो? मुझे विश्वास है कि तुम्हारी शादी राधिका के साथ निर्विघ्न संपन्न हो जाएगी।"

"बाबूजी, आपके मुँह में घी-शक्कर।" वह एक फीकी हँसी हँस दिया, "मैं इस बारे में ज्यादा सोचना नहीं चाहता, सबकुछ श्री बाँकेबिहारी के हाथ में है।"

"उनका एक नाम रासबिहारी भी है। इस नाम-साम्य का ही शायद हमें कुछ लाभ मिल जाए।"

"बाबूजी, आप भी बस!" इस बार वह जोर से हँस पड़ा, "सच में आप जैसे भले इनसान दुनिया में इने-गिने होते हैं। अच्छा, एक बात बताएँ, क्या आपको कभी कोई अपना दुश्मन भी देखने को मिला है?"

"हाँ, बिल्कुल। एक तो तुम्हारे सामने ही मौजूद है। यह रासबिहारी ही रासबिहारी

का सबसे बड़ा दुश्मन है। हर पल उसे उसकी गलतियों की याद दिलाकर प्रताड़ित करता रहता है।"

"आप कभी कुछ गलत कर ही नहीं सकते।"

"यदि मेरे अतीत के बारे में जानते होते, तो तुम ऐसा कभी नहीं कहते, कैलाश।" रासबिहारी गंभीर हो गए, "मैंने अपने अभी तक के जीवन में सिर्फ गलतियाँ ही गलतियाँ की हैं। सिर्फ गलतियाँ नहीं, उन्हें 'पाप' भी मानता हूँ। तभी तो कोलकाता में शांति से जी नहीं सका। उन्हीं पापों के प्रायश्चित्त के लिए तो यहाँ आया हूँ। देखो, श्री लाड़िलीजी मुझपर कृपा करती हैं या नहीं!"

" 'राधे-राधे' जपते रहें, उनकी कृपा अचानक और अनायास बरस उठती है।"

"इसी विश्वास के सहारे तो यहाँ ठहरा हुआ हूँ।"

"ओह, बातों-बातों में हम विलंब कर रहे हैं।" कैलाश हड़बड़ा गया, "आज सारे वन हमें घूमने हैं। कल गोवर्धन के लिए निकलना तय मानिए।"

"चलो भाई, निकल चलो। विलंब किसलिए करें?"

रासबिहारी उठ खड़े हुए।

~✦~

रास्ता जाना-पहचाना था।

दो बार वह इस रास्ते से आ चुके थे।

पहली दफा दिल्ली से आते समय।

दूसरी बार मथुराजी से लौटते समय।

दोनों बार आगमन था, वह और आज उसी सड़क पर उनका गमन हो रहा है।

लाड़िली लाल के बारह लीला वनों में से कितने देखने को मिलेंगे, यह नहीं जानते हैं, पर मन में उत्साह है, ऊर्जा है, खुशी है।

देह को भी ब्रजभूमि में रहते हुए अच्छा-खासा लाभ हुआ है, हालाँकि कोलकाता में भी डॉक्टर-दवा के सहारे नहीं जी रहे थे, पर मानसिक अवसाद का असर देह पर पड़ा था। शिथिलता, थकान, भोजन से अरुचि, जब-तब अनिद्रा देवी से आमना-सामना जैसी समस्याएँ नजरअंदाज करने के बावजूद शरीर से जुड़ी थीं, इससे इनकार नहीं कर सकते।

वृंदावन आए हैं, तो सेहत के लिए जैसे बेहतरीन टॉनिक हाथ लग गया है।

तन-मन दोनों लाभान्वित हुए हैं, बेहिचक कह सकते हैं।

सोचते-सोचते खिड़की से बाहर दृष्टि गई, तो टैक्सी में बैठे रासबिहारी बेचैन हो उठे, "कैलाश, हम कहाँ चल रहे हैं?"

"वृंदावन की वन-विभूति देखने।"

"लेकिन तुम मुझे जिस मार्ग से ले जा रहे हो, सड़क के दोनों ओर ऊँचे-ऊँचे अपार्टमेंट्स बने हुए हैं। यह जंगल का रास्ता तो नहीं है!"

"वन काटकर ही तो बहुमंजिली इमारतें खड़ी की गई हैं, बाबूजी।" कैलाश कड़वी आवाज में बोला।

रासबिहारी जैसे सदमा-सा खा गए।

आधुनिकीकरण के इस परिणाम को क्या वह स्वयं नहीं जानते?

विकास के नाम पर प्राकृतिक शोभा को निरंतर नष्ट करते रहने की यह दुरभिसंधि अंतत: कहाँ विराम लेगी?

कान्हा के बारह वन भी क्या इसकी चपेट में आ गए हैं? हाँ, लगता तो यही है।

कैलाश के साथ टैक्सी पर वह जिस सड़क-मार्ग से जा रहे हैं, वह किसी वन-प्रांतर की ओर जाती तो प्रतीत नहीं हो रही।

टैक्सी रुकी।

सामने एक इमारत थी।

कैलाश ने कसैली आवाज में बताया, "यह अटल्ला चौकी है।"

रासबिहारी चिढ़ गए, "कैलाश होश में आओ। मैं किसी चौकी-वौकी को देखने नहीं आया हूँ। वनश्री दिखानी है तो दिखाओ, नहीं तो मुझे वापिस मयूर निकुंज पहुँचा दो। इस तरह सड़कों पर भटकाने से क्या लाभ?"

"बाबूजी, नाराज न हों।" कैलाश विनम्र कंठ से बोला, "आप जब दर्शनार्थ आए हैं, तो वृंदावन का हर रूप देखें। यह जो अटल्ला चौकी आप देख रहे हैं, यहीं अटल वन था। आज तो यहाँ मोहल्लेवालों को भी 'अटल वन' नाम ज्ञात नहीं होगा।"

रासबिहारी अवसन्न हो उठे।

अपने अकारण क्रोध पर पछताए।

"अटल वन की जगह आपको दो मंदिर देखने को मिलेंगे। पहले उन्हें देखिए, फिर प्रसंग बताऊँगा।" कैलाश बोला।

हाँ, वहाँ दो मंदिर थे। अटल बिहारी का मंदिर और गोरे दाऊजी का मंदिर। दोनों की कथा एक दूसरे से जुड़ी है।

गोचारण करते समय श्रीकृष्ण यहाँ विश्राम कर रहे थे। श्रीराधा को सारिका ने सूचना दी कि आज श्रीकृष्ण के साथ दाऊ भैया वन में नहीं गए हैं।

बस, फिर क्या था!

सखियों से दृष्टि बचाकर श्रीराधा रानी ने बलदाऊजी का वेश धारण किया और चल दीं अपने कन्हैया से मिलने।

पहुँचकर दाऊ भैया के अंदाज में गोपाल को आड़े हाथों लिया, "क्यों रे कन्हैया,

अकेले गोचारण को क्यों चला आया? मुझे साथ क्यों नहीं लाया?"

तनी हुई भृकुटी।

अधरों पर स्मित छटा।

अपनी प्रिया की इस विलक्षण धज पर कान्हा निछावर हो गए।

हँसकर बोले, "गोरे दाऊजी, अब आए हो, तो आकर मेरे पास बैठो।"

श्रीराधिका बैठ गईं।

हास-परिहास हुआ।

मधुर वार्त्तालाप हुआ।

कुछ देर बाद जब उठकर चलने लगीं, तो कान्हा ने उनका हाथ पकड़ लिया, "गोरे दाऊजी, जाते कहाँ हो? अब तो तुम्हें यहीं अटल होना पड़ेगा।"

"मैं अकेले क्यों ऐसा करूँ?" राधाजी मुसकराई, "तुम भी मेरे साथ अटल हो रहे हो न?"

और दोनों वहीं अटल-अडिग हो गए। 'गोरे दाऊजी का मंदिर' आज भी मधुर क्षणों की इस स्मृति को सँजोए खड़ा है।

पहले गोरे दाऊजी राजपुर गाँव के मंदिर में थे, वर्तमान में उन्हें वृंदावन-मथुरा की पंचकोसी परिक्रमा के मार्ग में पधराया गया है।

दूसरी कथा यह सुनने को मिली, जो अटल बिहारी के मंदिर को लेकर थी—

एक दिन श्रीकृष्ण और बलरामजी अपने साथ अन्य ग्वाल-बालों को लेकर गोचारण हेतु मधुवन गए। यमुना-जल में कमल खिले थे और वन की अनूठी शोभा थी। गोचारण के मध्य दोपहर में उन्हें भूख-प्यास सताने लगी। श्रीकृष्ण ने कहा कि निकटस्थ भातरौल गाँव में जाओ और वहाँ यज्ञरत ब्राह्मणों से भोजन माँगो। यदि वे न दें, तो पाकशाला में जाकर उनकी पत्नियों से याचना करना।

गोप बालक उछलते-कूदते यज्ञरत ब्राह्मणों के पास पहुँचे और भोजन की चाह व्यक्त की। उन्होंने अनसुनी कर दी, तो श्रीकृष्ण के निर्देशानुसार उनकी पत्नियों के पास पहुँचे, जो पाकशाला में भोजन बना रही थीं।

"तुम्हें किसने भेजा है?" ब्राह्मण पत्नियों ने पूछा।

"कृष्ण-बलराम ने।" गोप बालकों का उत्तर था, "वे यहाँ से थोड़ी दूर भांडीर वट के निकट मधुवन में बैठे हैं।"

आनंदमग्न ब्राह्मण पत्नियाँ नाना प्रकार के व्यंजन—भात, दूध, दही, घी, खीर, मधु आदि लेकर मधुवन पहुँचीं।

कृष्ण, बलराम और उनके सखाओं ने रुचिपूर्वक भोजन किया। इसके बाद जब वे संध्या समय गोकुल लौट रहे थे, तो मार्ग में इसी स्थल पर गोप बालकों ने पूछा, "हे

सखे! आज का भोजन कैसा रहा?"

श्रीकृष्ण का हर्षित स्वर था, "कुछ मत पूछो। आज तो भोजन के पश्चात् अटल (चलने-फिरने में असमर्थ) हो गया हूँ।"

तब से वृंदावन-मथुरा मार्ग के मध्य स्थित इस वन का नाम 'अटल वन' पड़ गया।

~✦~

और अब केवारि वन।

नवनिर्मित भक्ति अपार्टमेंट के पास केवारि वन था, जहाँ अब कॉलोनी बन गई है।

पौराणिक स्थल दावानल कुंड खस्ताहाल मिला। एक स्थानीय वृद्ध ने बताया, "पहले इसमें एक नहर से पानी आता था, अब वह बंद हो गया है।"

उसे अपने दादा की सुनाई बातें याद थीं, जब यहाँ घना जंगल था और अब? केवारि वन की जगह कंक्रीट का वन ही दिखाई दे रहा था।

इसी केवारि वन में दावानल कुंड है। श्रीकृष्ण के दावानल-पान के बाद गोप बालकों ने बड़े अचरज से पूछा था, 'के निवारि?' अर्थात् मृत्यु से किसने हमारा निवारण किया? तभी इस वन का नाम 'केवारि वन' पड़ गया, जहाँ अब दावानल कुंड अपनी अंतिम साँसें लेता हुआ मिला।

यही अवस्था केवारि वन के निकट विहार वन की दिखाई दी।

इसमें 'राधा कूप' है।

वृंदावन-मथुरा की पंचकोसी परिक्रमा को जानेवाले इस कुंड में झाँककर जोर से 'राधे-राधे' का उच्चारण करते हैं और उन्हें उतनी ही तीव्रता से उसकी प्रतिध्वनि सुनाई पड़ती है।

विहार वन की पश्चिम दिशा में स्थित गोचारण वन भी अपने विगत वैभव को कहाँ सहेजकर रख सका था?

और फिर कालियदमन वन।

वृंदावन के बारह वनों में यह भी एक है। इसी में श्रीकृष्ण की लीलास्थली कालीदह है। पंचकोसी परिक्रमा मार्ग में स्थित इस स्थान पर पहले यमुना का प्रवाह था। समय बीतने के साथ यमुनाजी यहाँ से दूर हो गईं।

यहाँ स्थित केलि-कदंब वृक्ष को रासबिहारी ने देखा। यह वृक्ष आज भी भक्तों की आस्था का केंद्र है।

विशाल शाखाएँ इसकी प्राचीनता जतला रही हैं।

कहते हैं, इसी वृक्ष पर चढ़कर श्रीकृष्ण वेग से कालीदह में कूदे थे। कालिय नाग के विष से समीपवर्ती सभी लता-वृक्ष भस्म हो गए, मात्र यही कदंब का पेड़ अवशिष्ट

रहा। इसे अमृत से अभिषिक्त माना गया है।

केलि-कदंब वृक्ष के पास लाल पत्थरों से निर्मित कालीदह की झाँकी रासबिहारी ने देखी। प्रांगण में कालियमर्दन का प्राचीन मंदिर भी दिखा, जिसे महाराज वज्रनाभ ने बनवाया था। इस मंदिर के गर्भगृह में कालियनाग के फन पर वंशी बजाते श्रीकृष्ण के दर्शन हैं।

वहाँ और एक दर्शनीय स्थल दिखा—प्रबोधानंद सरस्वती की भजन स्थली और समाधि।

कालीदह के पास गोपाल घाट है।

"इसे आप गोपाल वन का प्रतीक मान लें।" कैलाश बोला तो रासबिहारी चुप रहे। सचमुच यहाँ किसी वन की झलक कहाँ थी? प्रसंग अवश्य सुनने को मिला, कालिय दमन के बाद नंद बाबा ने श्रीकृष्ण की मंगल कामना के लिए यहाँ गायों का दान किया था।

परिक्रमा मार्ग में यमुना के प्राचीन तट पर गोचारण वन होने की बात भी सुनी गई। दिखा कहीं नहीं।

निकुंज वन और निधुवन देखे ही जा चुके थे।

राधा वन या राधा बाग यमुना के तट पर मिला।

जनश्रुति है, श्रीराधिकाजी के यमुना-स्नान के बाद ललिताजी आदि सखियाँ यहीं उनकी केश-सज्जा तथा अन्य श्रृंगार करती थीं।

यहीं स्वामी हरिदास की भजनस्थली है।

झूलन वन, गह्वर वन और पपड़ वन का अस्तित्व विलय हो चुका था, पर उससे जुड़ी कहानियाँ सुनने को मिलीं। झूलन वन में राधा-कृष्ण को सखियाँ झूला झुलाती थीं और बदले में श्रीकृष्ण को भी श्रीराधा, ललिताजी, विशाखाजी आदि को झूला झुलाना पड़ता था। श्रीकृष्ण कुछ ऐसे कौशल से झुलाते कि वे अपने वस्त्रों को सँभाल नहीं पातीं और भयभीत होकर उनसे चिपट जातीं।

गह्वर वन में गोपियाँ श्रीकृष्ण के परामर्श से यमुना पार करके महर्षि दुर्वासा के आश्रम में भोजन लेकर गई थीं। पपड़ वन के बारे में बद्री (बेर) से जुड़ी जनश्रुति मात्र सुनने को मिली। ये तीनों वन कहाँ गए, कोई न बता सका।

संध्या हो रही थी।

मयूर निकुंज पहुँचकर रासबिहारी रोमांचित थे, 'कल श्रीगोवर्धन के दर्शन करने पर कैसी अनुभूति होगी?'

□

9

श्रीगोवर्धन की लीलास्थलियाँ

"बोलो, श्री गिर्राज महाराज की जय!" का उच्च स्वर में जयघोष करते हुए कैलाश जब टैक्सी पर चढ़ने लगा, तो रासबिहारी का भी समूचा हृदय वेग से रोमांचित हो उठा। गिरिराज गोवर्धन के दर्शन-सुख की कल्पना मात्र जब इतनी सुखद है, तो वहाँ पहुँचकर कैसी अनुभूति होगी, वह अनुमान नहीं लगा सके। मयूर निकुंज से गोवर्धन की दूरी लगभग 25 किमी. है और पहुँचने में घंटे भर का समय लगेगा, कैलाश ने उन्हें बताया।

श्री गोवर्धन के प्राकट्य की कथा मार्ग में कैलाश सुनाता रहा और रासबिहारी पूर्ण मनोयोग से सुनते रहे। इसके अनुसार, "एक समय पुलस्त्य ऋषि भ्रमण करते हुए द्रोणाचल पहुँचे। वहाँ उन्होंने द्रोणाचल के परम सौंदर्य मंडित, सुवासित और हरीतिमायुक्त पुत्र गोवर्धन के दर्शन से असीम सुख प्राप्त किया। वे उन्हें अपने साथ अपने वासस्थान काशी ले जाने के लिए लालायित हो उठे। काशी में ऐसा कोई पर्वत नहीं था, जहाँ वे शांत-सुचित्त भाव से बैठकर ध्यान-मनन करते। उन्होंने द्रोणाचल से गोवर्धन की माँग की, जिसे ऋषिप्रवर के शाप से डरकर पिता ने स्वीकार कर लिया, किंतु गोवर्धन ने शर्त रखी कि यदि आपने मुझे मार्ग में कहीं भी पृथ्वी पर रख दिया, तो फिर मैं वहीं अवस्थित हो जाऊँगा। इसलिए आप मुझे कहीं भी नीचे न रखें। ऋषि ने यह शर्त मान ली, योग-बल से हथेली पर रखा और काशी के लिए प्रस्थान किया। किंतु ब्रज में पहुँचते ही भविष्य में होनेवाली श्रीकृष्ण लीलाओं को जानकर गोवर्धनजी ने वहीं स्थापित होने का मन बना लिया। उन्होंने अपना भार इतना बढ़ा दिया कि थककर ऋषि अगस्त्य ने उन्हें भूमि पर रख दिया। स्नान, संध्या-वंदन, भोजन और विश्राम के उपरांत उन्होंने जब उन्हें उठाना चाहा, तो न उठा सके। गोवर्धनजी ने शर्त की याद दिलाई कि नीचे रख देने के बाद अब मैं आपके साथ न जाऊँगा। ऋषि ने कुपित होकर शाप दिया कि तुमने मेरी अवज्ञा की है, इसलिए प्रतिदिन तिल-तिल क्षीण होओगे। गोवर्धनजी ने इस शाप को भी सहर्ष स्वीकार कर लिया, क्योंकि उन्हें श्रीकृष्ण के धरावतरण की बात विदित थी। उन्हें तो उनकी सेवा

करके कृत-कृत्य होना ही था।

यही हुआ भी। श्री गोवर्धन को श्रीकृष्ण का सर्वोत्तम सेवक माना गया है, क्योंकि गायों, ग्वालबालों तथा श्रीकृष्ण-बलराम को सदा-सर्वदा हरी-भरी घास, फल-फूल-कंद तथा गैरिक आदि धातुओं से संतुष्ट तथा प्रसन्न करता पाया गया है। इसीलिए इसे 'गिरिराज' की संज्ञा प्राप्त है।"

गिरिराजजी के प्रादुर्भूत होने की पौराणिक कथा पूरी हो चुकी थी, गोवर्धन अभी नहीं आया था। टैक्सी ड्राइवर के साथ सामने की सीट पर बैठकर ही कैलाश पूरे रास्ते बोलता-बतियाता है। रासबिहारी स्वयं भी उसे अपने साथ पीछे बैठने के लिए नहीं न्योतते हैं। दोनों के मध्य थोड़ी सी दूरी बनी रहनी ही ठीक समझते हैं।

अचानक कैलाश ने पूछ लिया, "बाबूजी, क्या सचमुच आपको इन मंदिरों, घाटों, कुंडों, लीलास्थलियों के दर्शन से भीतरी आनंद मिलता है या केवल घुमक्कड़ी का सुख लूटते हैं ? अथवा जब यहाँ तक आए ही हैं, तो घूम-फिरकर और आनंदित होने की बात सोचकर खुद को भरमाते हैं ?"

रासबिहारी ने इस सवाल का कोई जवाब नहीं दिया।

"शायद मैंने अपनी बात को घुमा-फिराकर कहा, इसलिए आप समझ नहीं सके।" कैलाश ने बेचैनी से पहलू बदला, "सिर्फ यह बताइए कि ब्रज-भ्रमण करते हुए आप क्या महसूस करते हैं ?"

"मैं तुम्हारी बात समझ रहा हूँ। तुमने दोनों बार अलग-अलग सवाल किए हैं। पहले इसी दूसरे प्रश्न का उत्तर सुन लो कि मैं ब्रजभ्रमण करते हुए क्या महसूस करता हूँ ?" रासबिहारी बोले।

"जी।"

"देखो, कुछ जगहों पर मुझे आंतरिक आनंद मिलता है, कुछ स्थानों पर तटस्थ भाव रहता है और कुछ लीला स्थलियों की बदहाली देखकर दुःख पहुँचता है।"

"जी।"

"अब पहले सवाल का जवाब सुनो। इन लीलास्थलियों को देखकर आनंदित होने का भ्रम नहीं पालता हूँ और न मात्र घुमक्कड़ी के आनंद के लिए ही ब्रज-भ्रमण कर रहा हूँ।"

"तो फिर ?"

"जाहिर है, मुझे यहाँ आंतरिक आनंद मिल रहा है।"

"कैसा है यह आंतरिक आनंद, यही तो मैं जानना चाहता हूँ।" कैलाश ने एक बार फिर बेचैनी से पहलू बदला, "मैंने आपकी उँगली में हीरे की अँगूठी देखी है। उस अँगूठी को खरीदते वक्त, उसे उँगली में पहनते वक्त जो खुशी मिली होगी, वही खुशी क्या ब्रज

के मंदिरों को देखकर भी मिलती है?"

रासबिहारी ने एक बार फिर चुप्पी ओढ़ ली। मन में सोचा, 'इस मूर्ख की बात का क्या उत्तर दें? यह तो वैसा ही सवाल है, जैसे कोई पूछे कि सपने में राजसिंहासन पर बैठकर आपको जो आनंद मिला था, क्या वह शैशव में माँ की गोद में बैठने के आनंद से बढ़कर नहीं है? वह क्या अपनी जन्मभूमि की माटी को माथे पर धारने से बढ़कर नहीं है? कौन इस वज्रमूर्ख को बताए कि भौतिक सुख-सुविधाएँ कभी प्रभु की निकटता महसूस करने के आनंद से बढ़कर नहीं होती हैं!

उन्हें चुप देखकर कैलाश चहका, "मैं समझ गया, लाखों की अँगूठी उँगली में पहनने के आनंद की बराबरी कोई दूसरी खुशी नहीं कर सकती है।"

"मूर्ख हो तुम!" झुँझलाते हुए सिर्फ इतना कह सके रासबिहारी।

यह अनर्गल चर्चा खत्म होनी ही थी, वे लोग गोवर्धन पहुँच चुके थे।

टैक्सी से उतरकर सबसे पहले वे लोग श्री गोवर्धनजी के दर्शन हेतु मंदिर में प्रविष्ट हुए। कृष्णलीला के चित्रों से सुसज्जित मंदिर का अहाता देखकर मन प्रसन्न हो गया।

सबकुछ कितना अनुपम था।

गिर्राज महाराज की जय-जयकार की आकाशचुंबी स्वरलहरियाँ। श्रद्धालुओं का गोवर्धन बाबा पर दूध और जनेऊ चढ़ाना। गिरिराज महाराज के मुकुट सज्जित मुखारविंद का दर्शन-सुख पाना!

थोड़ा-सा दुःख भी हुआ था।

भगवान् को पंडे-पुजारियों द्वारा इस प्रकार घेर लेना उन्हें सदैव आपत्तिजनक लगा है। जो प्रभु अपने सरल हृदय भक्त की एक पुकार पर नंगे पाँव दौड़े चले आते हैं, उन्हें चढ़ावे के नाम पर सर्वजन सुलभ न होने देना क्या उचित है?

मंदिर से निकलकर वे लोग मानसी गंगा के समीप पहुँचे। इसे स्वच्छ बनाए रखने के लिए मंदिर-प्रांगण में भक्तों के स्नान की व्यवस्था की गई है। फव्वारों में मानसी गंगा का जल आता है, जिससे परिक्रमा करनेवाले भक्त स्नान करते हैं।

आमेर के राजा भगवानदास ने सर्वप्रथम मानसी गंगा के जल को बाँधकर इसे एक विशाल सरोवर का रूप दिया। तदुपरांत उनके पुत्र राजा मानसिंह ने इसका सौंदर्यीकरण किया। भरतपुर के राजाओं ने भी इस पर घाट बनवाए। कुल मिलाकर इस संयुक्त प्रयास से मानसी गंगा ने अनुपम शोभा प्राप्त कर ली है।

मानसी गंगा के चारों ओर मंदिर ही मंदिर!

उन्हीं मंदिरों में घूमते-घूमते रासबिहारी को सुबह से शाम हो गई।

मुकुट मुखारविंद मंदिर के प्रवेश-द्वार के बाईं ओर रामानुज संप्रदाय से जुड़ा लक्ष्मीनारायण मंदिर।

मानसी गंगा के उत्तर में स्थित चक्रतीर्थ पर चक्रेश्वर महादेव, जिन्हें चकलेश्वर भी कहा जाता है।

राधा-माधव की विश्रामस्थली चक्रतीर्थ।

मनसा देवी मंदिर के आगे स्थित हरिदेव का मंदिर।

यानी इतने मंदिरों के दर्शन के बाद अब पुनः मानसी गंगा के तट पर आकर खड़े हुए हैं रासबिहारी।

टैक्सी ड्राइवर वापसी की प्रतीक्षा में है।

कैलाश की बात अलग है, वह कभी जल्दी में नहीं रहता।

मानसी गंगा के तट पर खड़े होकर रासबिहारी के मानस में घूम रही है, इससे जुड़ी दो जनश्रुतियाँ।

पहली जनश्रुति है, एक बार श्री नंद महाराज ने अपने समस्त परिजनों सहित गंगा स्नान हेतु प्रस्थान किया। रात्रि-विश्राम के लिए ये लोग गोवर्धन पर्वत के निकट ठहरे, तो श्रीकृष्ण ने विचार किया कि सारे तीर्थों के विद्यमान होने पर भी अन्यत्र कहीं गंगास्नान के लिए जाने की क्या आवश्यकता है ? यह विचार करके उन्होंने जैसे ही माँ भागीरथी का स्मरण किया, कल-कल निनाद करती हुई गंगा मैया वहाँ आ पहुँचीं। धाराप्रवाह के आमुख में मगर पर आरूढ़ श्री गंगा के दर्शन करके समस्त ब्रजवासी चकित रह गए और पुलकित हो उठे। श्रीकृष्ण ने उन्हें बताया कि गंगा स्वर्ग से आपके लिए आई हैं, इससे अच्छी बात और क्या हो सकती है, प्रसन्न होकर सबने वहीं स्नान किया और वापिस लौट गए। कार्तिक अमावस्या की दीपावली के दिन गंगा का यहाँ प्राकट्य हुआ था, इसलिए आज भी लाखों श्रद्धालु इस दिन यहाँ स्नान करते हैं।

दूसरी जनश्रुति है, कृष्ण कभी सखाओं सहित, कभी श्रीराधा और गोपियों सहित यमुना-जल में विहार करते थे। अपनी छोटी बहन यमुना का यह सौभाग्य देखकर भगवती गंगा के हृदय में भी श्यामा-श्याम की युगल छवि के नैकट्य-लाभ की लालसा जागी। उन्होंने इस विषय को अपनी छोटी बहन यमुना से छेड़कर मदद की याचना की। यमुना ने अपनी अग्रजा का मनोरथ श्रीकृष्ण पर प्रकट करके कृपाकांक्षा चाही। श्रीकृष्ण उनकी यह प्रार्थना ठुकरा न सके। उचित समय की प्रतीक्षा में रहे और गंगाजी का आवाहन करके, गोपियों सहित जल-विहार कर उन्हें भी कृतार्थ किया।

मानसी गंगा के तट पर खड़े रासबिहारी को उस चक्रतीर्थ की याद कैसे न आती, जहाँ आज के दिन में वे गए थे। इसके बारे में भी अनेक जनश्रुतियाँ प्रचलित हैं। मानसी गंगा के इस घाट को 'पारंग घाट' कहते हैं। मान्यता है कि इसी घाट पर श्रीकृष्ण नाविक

बनकर गोपियों को उस पार पहुँचाते थे। ऐसे समय वे अनेक कौतुक भी करते। कभी धारा के मध्य नाव को पहुँचाकर उसे डुबाने का नाटक करते, तो भयभीत श्रीराधिका उनसे चिपक जाती थीं। ऐसे क्रीड़ा-कौतुक करके श्रीकृष्ण अनूठा आनंद पाते थे।

रासबिहारी विचारों के जाल में डूबे खड़े थे कि कैलाश की आवाज से चौंके, "बाबूजी, चलना चाहिए अब हमें। पहुँचने में एक घंटा लगेगा। कल फिर यहाँ आना ही है।"

"ऐं? हाँ, ठीक कहते हो।" कहकर रासबिहारी उसके साथ चल दिए।

"आज कहाँ चल रहे हैं हम?" अगले दिन टैक्सी में बैठते समय उत्सुकता से रासबिहारी ने पूछा, "यह तो तय है कि गोवर्धन जाना है, पर वहाँ क्या देखेंगे?"

"वहीं पहुँचकर जान जाएँगे।" कैलाश मुसकराया।

"ठीक है, पहेली सही। पर थोड़ा-बहुत संकेत तो दो!" रासबिहारी भी मुसकराए।

"तो सुनिए," कैलाश बोला, "मथुरा वैकुंठ से श्रेष्ठ है, क्योंकि वहाँ श्रीकृष्ण जनमे हैं। वृंदावन मथुरा से श्रेष्ठ है, क्योंकि वह श्रीकृष्ण का लीलाधाम है। गोवर्धन वृंदावन से भी श्रेष्ठ है, क्योंकि उसे धारण करके श्रीकृष्ण ने देवराज इंद्र का मान-मर्दन किया है, किंतु राधा कुंड समस्त लीलास्थलियों में श्रेष्ठतम है, क्योंकि यहाँ श्रीजी-ठाकुरजी के प्रेमरस की माधुरी हर लहर में लहरा रही है।"

"कमाल है! इतनी महत्ता है राधा कुंड की!" रासबिहारी चमत्कृत हुए, "तब तो सचमुच आनंद ही आ जाएगा।"

बात सच थी।

राधा कुंड पर खड़े होकर रासबिहारी ने पुलकित हृदय से उसे निहारा—

ब्रज का हृदय राधा कुंड।

लघु वृंदावन की संज्ञा पानेवाला राधा कुंड।

भक्ति और प्रेम की लोक लहरियों से ऊभ-चूभ करता राधा कुंड।

मथुरा के विश्राम घाट पर पहुँचकर स्नान न कर पाने की पहले दिन की विवशता के बाद रासबिहारी मयूर निकुंज से निकलते समय दो जोड़ी कपड़े जरूर साथ रख लेते हैं। पता नहीं कब-कहाँ ठहरने की जरूरत पड़ जाए, तो वस्त्रों की कमी से असुविधा नहीं होनी चाहिए।

आज भी राधा कुंड पहुँचने पर जब उन्होंने भक्तों की भीड़ को वहाँ के स्वच्छ-निर्मल जल में स्नान करते देखा, तो बोल पड़े, "कैलाश, यद्यपि मैं कमरे से नहा-धोकर चला हूँ, पर इस कुंड में स्नान करने की चाह रोक नहीं पा रहा हूँ।"

"जरूर स्नान कीजिए, दिक्कत क्या है।" कैलाश ने सिर हिलाया, "कपड़े आप साथ लेकर चले ही हैं।"

रासबिहारी ने पूरी श्रद्धा से जल का आचमन किया, स्नान किया। चारों ओर संकीर्तन के पावन स्वर गूँज रहे थे, आस्था की ऊर्मियों का पानी में आवर्तन-विवर्तन हो रहा था।

राधा कुंड के समीपस्थ श्याम कुंड की शोभा भी निराली थी। वास्तुकला के सुंदर उदाहरण थे दोनों कुंड। जिज्ञासा जागी तो रासबिहारी ने यहाँ से जुड़ी जनश्रुति जानने की इच्छा प्रकट की।

संपूर्ण प्रसंग अत्यंत रोचक था।

गोवर्धन से लगभग चार किलोमीटर उत्तर-पूर्व कोण में स्थित राधा कुंड जिस गाँव में है, उसका नाम आरिट है। यहीं अरिष्ठासुर का वध हुआ था। कंस का यह अनुचर वृष का रूप धारण करके कृष्ण को मारना चाहता था, किंतु कृष्ण ने उसका वध कर दिया।

जिस दिन अरिष्ठासुर का वध हुआ, उसी रात इसी जगह श्रीराधा और सखियों की श्रीकृष्ण के साथ भेंट हुई।

प्रियाजी को देखकर श्याम स्वयं को कैसे रोक पाते? अति आतुर भाव से आलिंगन करने को बढ़े कि प्रियाजी दो कदम पीछे सरक गई और बोलीं, "आज तुमने एक वृष (गोवंश) की हत्या की है, इसलिए मुझसे दूर रहो। तुम्हें गोहत्या का पाप लगा है। मेरे पवित्र अंगों का स्पर्श मत करो।"

श्रीकृष्ण मुसकराए, "प्रिये, मैंने वृष रूप धारण किए असुर का संहार किया है, इसलिए उसे पाप कैसे मानती हो?"

"कुछ भी हो, था तो वह वृष रूप में ही। मैं इसे पाप मानती हूँ और मानूँगी।"

सखियों ने उनकी बात का अनुमोदन किया।

"ठीक है, मैं पापी सही।" कृष्ण मुसकराए, "पर इस पाप का प्रायश्चित्त भी तो होगा। वही बता दो।"

"भूमंडल के समस्त तीर्थों में स्नान ही इसका प्रायश्चित है।" श्रीराधा बोलीं।

श्रीकृष्ण ने तत्काल अपनी एड़ी की चोट से एक विशाल कुंड का निर्माण किया। तदुपरांत भूमंडल के सारे तीर्थों का आह्वान किया। जब सारे तीर्थ स्वरूपधारण करके वहाँ आ गए, तो श्रीकृष्ण ने उनसे जल रूप में कुंड में प्रविष्ट होने की बात कही।

तत्काल भूमंडल के सभी तीर्थों के जल से कुंड लबालब भर गया।

श्रीकृष्ण ने उस जल में स्नान किया और जैसे ही प्रियाजी की ओर बढ़े, वह एक बार फिर दो कदम पीछे हट गईं। कृष्ण की सफलता से तुनक जो गई थीं! सखियों से बोलीं, "इन्हें अपने कुंड का बड़ा गुमान है, तो क्यों न हम इनसे भी सुंदर कुंड स्थापित

करके इन्हें मुँहतोड़ जवाब दें!"

सखियों को भला क्यों आपत्ति होती?

वे तत्काल इस कार्य के लिए सहमत हो गईं।

श्रीराधिका ने अपनी कलाई के कंकण से श्याम कुंड के निकट ही एक अत्यंत मनोरम कुंड तो निर्मित कर दिया, पर जल उसमें एक बूँद भी नहीं निकला।

श्रीराधा यह देखकर बहुत चिढ़ीं।

श्रीकृष्ण ने हँसकर सखियों से कहा, "तुम लोग मेरे कुंड से जल लेकर इसे भर सकती हो।"

पर श्रीराधा अपनी लघुता भला कैसे सहन करतीं? फौरन सखियों को बरज दिया, "जाओ, मानसी गंगा से कलश भर-भरकर लाओ और इस रिक्त कुंड को भर दो।"

श्रीराधिका और सखियाँ अभी जल लाने के लिए आगे बढ़ी ही थीं कि श्रीकृष्ण के इंगित पर भूमंडल के सारे कुंड करबद्ध निवेदन सहित उनके समक्ष खड़े हो गए। कुंड हेतु जल लेने के लिए प्रार्थना करने लगे।

उनकी अनुनय-विनय से श्रीराधा पसीज गईं। उन्होंने अपने कुंड में प्रवेश करने की अनुमति दे दी।

देखते-देखते राधा कुंड भी सभी तीर्थों के जल से परिपूर्ण हो उठा।

श्रीकृष्ण ने अपनी प्रियाजी और सखियों के साथ इस नवनिर्मित कुंड में स्नान एवं जलविहार किया, आनंदित हुए। श्रीकृष्ण ने हँसकर प्रियाजी से कहा कि तुम्हारे कुंड की महिमा मेरे कुंड से अधिक रहेगी। इसमें स्नान करनेवाला व्यक्ति राधा-कृष्ण की भक्ति के रस में डूबा रहेगा।

जिस अर्धरात्रि को यह लीला हुई थी, वह कार्तिक माह के कृष्ण पक्ष की अष्टमी थी। उस रात लाखों लोग यहाँ स्नान करते हैं। कहा जाता है कि श्रीराधा-कृष्ण की भक्ति में चरम आस्था रखनेवाले एकनिष्ठ भक्तों को दीपावली की रात इस कुंड में अखिल ब्रह्मांड तथा संपूर्ण ब्रजमंडल दृष्टिगोचर होता है।

सचमुच अति महिमामंडित स्थली थी यह।

इन दोनों कुंडों को लेकर जनश्रुतियाँ और भी थीं।

कुछ समय बाद श्रीकृष्ण के द्वारका-गमन के अनंतर ये दोनों कुंड लुप्त हो गए। कालांतर में श्रीकृष्ण के प्रपौत्र महाराज वज्रनाभ के हृदय में लुप्तप्राय लीलास्थलियों को पुनः प्रकाशित करने की चिंता जागी। उन्होंने शांडिल्य आदि ऋषियों के निर्देश का अनुगमन करते हुए ब्रज की अन्य लीलास्थलियों के साथ इन दोनों कुंडों का भी उद्धार किया।

समय बीतने के साथ ये दोनों कुंड पुनः लुप्त हो गए। जिस समय चैतन्य महाप्रभु

यहाँ पधारे, उन्होंने लोगों से इन कुंडों के बारे में पूछा, किंतु कोई भी कुछ नहीं बता सका। केवल इतना कहा कि सामने काली खेत एवं गौरी खेत हैं, जहाँ थोड़ा-थोड़ा जल है। श्री महाप्रभु ने पूर्ण सम्मान के साथ उन निर्दिष्ट स्थलियों को प्रणाम किया, वहाँ स्नान किया और 'राधा कुंड-श्याम कुंड' नाम दिया। श्री चैतन्य महाप्रभु इतने विगलित हुए कि बेसुध हो गए। जिस स्थान पर वह बैठे थे, उसे 'तमालतला' कहते हैं। आज भी वह विद्यमान है।

श्री चैतन्य महाप्रभु की वापसी के बाद रघुनाथ गोस्वामी ने जगन्नाथपुरी से आकर इस स्थान को अपनी प्रार्थनास्थली बनाया।

एक दिन गोस्वामी भजन में तल्लीन थे, मुगल सम्राट् अकबर की सेना समीपस्थ मार्ग से निकली। उसके सैनिक एवं हाथी, घोड़े, ऊँट आदि बहुत प्यासे थे। अकबर ने गोस्वामीजी से पूछा, "यहाँ कहीं पानी मिलेगा?"

गोस्वामी ने काली खेत एवं गौरी खेत की तरफ संकेत किया। बादशाह ने सोचा, इतने अल्प जल में तो उनके एक हाथी की प्यास भी नहीं बुझ सकेगी, सबकी पिपासा-पूर्ति कैसे संभव है?

गोस्वामीजी के पुनः आश्वस्त करने पर उसने संदेह भरे मन से सारी सेना को वहाँ पानी पीने के लिए कहा। आश्चर्य! सबने तृप्तिपूर्वक जल पी लिया, पर पानी तनिक भी कम नहीं हुआ था।

कुछ दिन बाद एक दिन श्री रघुनाथ गोस्वामी मलिन-मन सोच रहे थे कि वह कितने असहाय हैं, इन कुंडों का उद्धार नहीं कर पा रहे हैं! स्वयं को अभी धिक्कार ही रहे थे कि बद्रिकाश्रम से एक धनी व्यक्ति उन्हें खोजता हुआ आया और बोला कि भगवान् श्री बद्रीनारायण ने मुझे आपके पास भेजा है और इन दोनों कुंडों के उद्धार के लिए धन व्यय करने को कहा है।

प्रभु की अभिलाषा जानकर गोस्वामीजी ने उसे अनुमति दे दी।

सन् 1540 में राधा कुंड तथा सन् 1553 में श्याम कुंड का जीर्णोद्धार हुआ। श्रीराधा कुंड सहज रूप से परम मनोरम चौकोर रूप में प्रकट हो गया, किंतु श्री श्याम कुंड के निर्माण-कार्य में एक बाधा आई। उसे चौकोर बनाने के लिए पास खड़े कुछ वृक्षों को काटना जरूरी था। अभी गोस्वामीजी असमंजस में थे कि उन्हें भजन करते समय झपकी-सी आ गई और आभास हुआ कि पाँच व्यक्ति निकट खड़े होकर कह रहे हैं, "हम पाँच पांडव हैं। वृक्ष के रूप में यहाँ श्रीराधा-कृष्ण आराधना में संलग्न हैं। कृपया हमें कटवाएँ नहीं। टेढ़े-मेढ़े जिस रूप में श्याम कुंड बन रहा है, उसे बनने दें।"

श्री गोस्वामी चैतन्य हुए, प्रभु-इच्छा समझ गए।

वे वृक्ष फिर कटवाए नहीं गए। अब भी स्थित हैं।

इसके बाद नरहरि महंत के आदेशानुसार ढाका के उद्योगपति प्रियनाथ पात्र ने सन् 1940 में इन कुंडों का सौंदर्यीकरण कराके भव्य रूप दिया।

भजन गद्दी के महंत सच्चिदानंद दास ने पुनः सन् 1987 में दोनों कुंडों की मरम्मत करवाई।

दर्शनार्थ कितना कुछ था वहाँ!

संगमघाट, जो दोनों कुंडों के बीच है, जहाँ श्याम-श्यामा का संगम होता है।

कुंजबिहारी का प्राचीन मंदिर, जहाँ श्रीराधा रानी और श्रीकृष्ण गठजोड़े में हैं। प्रतिदिन शृंगार करते समय उनके जोड़े में गाँठ लगाई जाती है। श्रीराधा के अधरों की मनोरम स्मित-छटा और श्रीकृष्ण के नयनों की मारक-कँटीली छवि रासबिहारी के अंतस् में बसी रह गई।

तमालतला की महाप्रभु की बैठक को देखने का लोभ-संवरण भी वह न कर सके।

झूलनतला भी दिखा, जहाँ प्रिया-प्रीतमजू की झूलन लीला हुई थी। अब उसकी स्थिति बदहाल दिखाई दी।

निकटस्थ स्वामी हरिदास की भजनकुटी देखने का आनंद भी कम नहीं था।

इतना सब देखते-देखते कब संध्या हो गई, पता नहीं चला। मयूर निकुंज से सुबह देर में, भरपूर जलपान करके निकले थे, इसलिए पेट भरा होने के कारण भ्रमण का पूरा आनंद लिया।

लौटते समय भूख और थकान दोनों थीं। मयूर निकुंज का कमरा और गोकुल के हाथों मेज पर रखी जानेवाली भोजन की थाली रासबिहारी को बड़ी तीव्रता से अपनी ओर खींच रही थी।

कल के भ्रमण का आकर्षण भी छोटा न था। जानते थे—गंतव्य वही रहेगा, गोवर्धन।

शौकिया भ्रमण है यह, श्री गोवर्धन-परिक्रमा नहीं। रासबिहारी इसका भरपूर आनंद ले रहे हैं। किसी यात्रामार्ग पर चलने की बाध्यता नहीं। किसी स्थान को देखते हुए, किसी ग्रामीण के मुख से कोई अन्य दर्शनीय स्थल देख आने की बात सुनी, तो टैक्सी का रुख उधर करवा दिया। कैलाश को भी यहाँ के चप्पे-चप्पे की जानकारी नहीं है। एक दर्शनीय स्थल के भ्रमण के बाद जिस अगली जगह ले जाता, वहाँ जाकर पता चलता कि पिछले स्थान पर ही काफी कुछ छूट गया है। रासबिहारी ऐसी छोटी-मोटी बातें नजरअंदाज करते। उनके पास न समय की कमी थी, न पैसे की। कैलाश को गलती पर संकुचित होता देखते, तो प्यार से समझाते, "ऐसी बातें तू अपने मन पर न लिया कर। हम दोबारा

उधर घूम आएँगे, तो क्या छोटे हो जाएँगे? श्रीराधे-कृष्ण हमें दोबारा वहाँ बुला रहे हैं, इसमें हमें प्रसन्न होना चाहिए।"

कैलाश मानता है, बाबूजी का दिल बहुत बड़ा है।

आज वे लोग परासौली का मन बनाकर मयूर निकुंज से निकले हैं।

गोवर्धन पीछे छूट गया, उनकी टैक्सी आगे बढ़ रही है। वृंदावन में किसी जानकार से मार्ग पूछकर कैलाश इधर आ तो गया है, पर उसके लिए भी यह जगह नई है।

मिट्टी की कच्ची सड़क।

टेढ़ी-मेढ़ी डगर।

अंततः टैक्सी ड्राइवर ने भी हाथ जोड़ दिए तो रासबिहारी का मन बुझ-सा गया।

जानते हैं, ब्रजभूमि की लीलास्थलियाँ विवादास्पद हैं। कोई रासलीला का शुभारंभ करहला गाँव से मानता है तो कोई परासौली गाँव को इसका श्रेय देता है। पाँच हजार वर्ष पूर्व की घटनाओं को लेकर और वे भी अलौकिक, मात्र अनुमान ही तो लगाया जा सकता है।

कैलाश ने सुझाया, "बाबूजी, हम पैदल चलते हैं। एक बार कोशिश कर लेने में क्या हर्ज है?"

बस, बढ़ चले दोनों महारथी।

कहावत है, "जिन खोजा तिन पाइयाँ गहरे पानी पैठ।"

यहाँ भी मेहनत सफल हुई।

वे दोनों परासौली पहुँच गए।

रास्ता कठिन था, किंतु मंजिल सुरम्य।

वहाँ पहुँचते ही सघन वृक्षावली से आच्छादित भू-भाग देखकर रासबिहारी का हृदय हर्ष और रोमांच से भर सिहर उठा।

यहीं श्रीकृष्ण ने गोपियों के साथ नैमित्तिक रास रचा था।

नामोल्लेख न होने पर भी प्रधान गोपी श्रीराधा थीं।

पाँच हजार वर्ष पूर्व के सारस्वत रास की पुण्यस्थली उनकी आँखों के सामने है।

रासबिहारी को अपने इस सौभाग्य पर विश्वास नहीं हो रहा था। जैसे-तैसे हृदय की धड़कन सामान्य हुई।

रोमांच नियंत्रित हुआ।

रासबिहारी ने चतुर्दिक् व्याप्त परिवेश को उत्सुक नेत्रों से निहारा। समीपवर्ती कदंब वृक्ष इतराया-सा कानों में फुसफुसाया, 'कान्हा का वंशी-निनाद सुन रहे हो न?'

उन्हें लगा, सचमुच वंशी का माधुर्य दिग्-दिगंत में परिव्याप्त हो उठा है।

द्वापर युग की इस दिव्यस्थली में पहुँचकर वह भाव-विभोर हो उठे थे।

कैलाश के किसी जानकार से मार्ग ज्ञात कर लेने का लाभ यह हुआ था कि दधिगाँव तक उनकी टैक्सी निर्विघ्न आ गई थी। उसके बाद लगभग दो किलोमीटर का यह कच्चा रास्ता पैदल तय करना पड़ा।

कुछ भी हो, श्रम सफल हुआ, वह परासौली में खड़े हैं। मन को भरोसा नहीं हो पा रहा था, द्वापर युग में यहीं शारदीय ज्योत्स्ना में महारास हुआ था!

पास खड़े पीलू ने पातों के हाथ हिलाते हुए जैसे उन्हें आश्वस्त किया, 'तुम सही जगह आ गए हो। आँख भरकर इस लीलास्थली को निहार लो। चाव से स्मृतियों को हृदय में बसा लो। यह निधि सँजोकर साथ ले जाना।'

परासौली में रासबिहारीजी का प्राचीन मंदिर मिला। नाम-साम्य ने रासबिहारी को प्रभु के चरणों में नमन हेतु प्रेरित किया। आसपास जंगल था, टीले के खँडहर दिखे। वे भग्नावशेष कभी यहाँ बस्ती होने का संकेत दे रहे थे। संयोग से मंदिर के पास एक ग्रामीण मिल गया, उसने बताया, "परासौली का यह वन-क्षेत्र बीस एकड़ में फैला हुआ है। यहाँ कदंब, पीलू, तमाल आदि के वृक्ष हैं। पेड़ों को कोई काटता नहीं, सार-सँभाल की जाती है, संख्या बढ़ाई जाती है।"

परासौली में रहनेवाले कृष्णभक्त कवि सूरदास जनमांध थे। वे बल्लभाचार्य के शिष्य थे और श्रीनाथजी के मंदिर में जाकर भजन गाया करते थे। जिस दिन श्रीनाथजी का जैसा शृंगार होता था, उसका स्वरचित पद में यथावत् अंकन कर देते थे। दृष्टिहीन होने पर भी अपने अंत:चक्षुओं से सबकुछ देख लेनेवाले सूर की परीक्षा लेने के लिए एक दिन पुजारी ने श्रीनाथजी को विवस्त्र ही रहने दिया और सूर से उनका शृंगार वर्णन करने के लिए कहा। इस पर सूर ने चुप्पी साध ली। बार-बार अनुरोध किए जाने पर वे हँस पड़े और उन्होंने यह पद रचा—'आज भए हरि नंगम नंगा।' यह सुनकर उपस्थित जन स्तब्ध रह गए और उन्हें सूर की दिव्य दृष्टि पर विश्वास करना पड़ा।

यह भी पता चला, मुगलकाल में मुसलमानों ने गाँव का नाम बदलकर 'मुहम्मदपुर' कर दिया था। बाद में उसे फिर 'परासौली' नाम से ही पुकारा जाने लगा।

द्वापर काल की रासलीला परासौली में हुई हो या करहला में, रासबिहारी के लिए इससे कोई फर्क नहीं पड़ा।

परासौली के निकटवर्ती चंद्रसरोवर की छटा भी बहुत मनमोहक थी।

अष्टदल के आकार का जल से लबालब भरा सरोवर।

अति शांतिपूर्ण परिवेश।

पक्षियों का कल-कुंजन।

प्रकृति-सुंदरी का अनुपम लास्य।

चारों ओर वृक्ष-लताएँ।

सचमुच अद्‌भुत था यह चंद्रसरोवर। अष्टछाप के आठ कवि इसके आठ कोनों में पँखुड़ियों की भाँति खिले थे। आठों कोनों पर बनी बुर्जियों में सूरदास, कुंभनदास, परमानंददास, कृष्णदास, छीतस्वामी, गोविंदस्वामी, चतुर्भुजदास और नंददास की प्रतिमाएँ स्थापित देखना अत्यंत आनंददायी रहा। रासबिहारी यह देखकर संतुष्ट हुए कि चारों ओर पक्के घाट हैं, साफ-सफाई का भरपूर ध्यान रखा गया है।

चंद्रसरोवर के निकट चंद्रबिहारीजी का प्राचीन मंदिर और रास चबूतरा है। गर्भगृह में श्रीकृष्ण की श्यामल मूर्ति, साथ में भैया बलराम की झाँकी।

पौराणिक साक्ष्यों के अनुसार चंद्रसरोवर पाँच हजार वर्षों से भी ज्यादा प्राचीन है। इसे लेकर दो मत हैं। पहला, ब्रह्मस्वरूप श्रीकृष्ण ने जब अपनी अभिन्नहृदया जीवस्वरूप गोपियों के साथ महारास किया, तो वह नहीं चाहते थे कि इस अंतरंग लीला को कोई और देखे। उस जनशून्य स्थली पर मात्र चंद्रमा ही उसका दर्शक था, जिसे रासलीला को एकटक निहारता देख श्रीकृष्ण ने बंकिम दृष्टि से देखा। शर्म से पानी-पानी हो गया चंद्रमा और वही पानी भूतल पर चंद्रसरोवर बना। इसी सारस्वत रास में श्रीकृष्ण ने कामदेव का दंभ तोड़ा था। चंद्रमा की गति भी थम गई थी।

दूसरी मान्यता है, महारास में श्रीकृष्ण के श्रम-वारि से चंद्रसरोवर निर्मित हुआ।

प्राचीन चंद्रसरोवर को अष्टदल कमल का वर्तमान रूप जाट राजा सूरजमल के पराक्रमी पुत्र जवाहर सिंह ने दिया था। बाद में सन् 1777 में भरतपुर की रानी हंसिया ने इसका जीर्णेद्धार कराया। उन्हीं ने चंद्रबिहारी मंदिर और रास चबूतरे का निर्माण कराया।

कहते हैं, पहले चंद्रसरोवर के चारों ओर कदंब के वृक्ष और करील के कुंज थे। चंद्रबिहारी के मंदिर में श्रीकृष्ण, भैया बलदाऊ और सखी चंद्रावली की सुंदर मूर्तियाँ थीं, जो सन् 1955 के लगभग चोरी हो गईं।

सबकुछ इतना सुंदर, भव्य और आकर्षक था कि परासौली पहुँचने के यात्रा-मार्ग की असुविधाएँ रासबिहारी को ध्यान भी नहीं रहीं।

अब वापसी थी मयूर निकुंज के लिए।

पर टैक्सी अभी गोवर्धन तक ही पहुँची थी कि अचानक खराब हो गई।

ड्राइवर ने उतरकर उसे देखा-भाला और बोला, "कहीं दिखाना पड़ेगा, मेरी समझ में इसकी खराबी नहीं आ रही है।"

"तो ?" रासबिहारी चिंतित हो गए।

"मजबूरी है, रात आप लोगों को यहीं गोवर्धन में काटनी पड़ेगी। सुबह ही कोई मरम्मत की दुकान खुली मिलेगी, तभी इसे ठीक कराया जा सकेगा।" ड्राइवर ने स्थिति बताई।

"मेरा मित्र दयाल यहीं गोवर्धन में रहता है, उसके यहाँ चलना चाहेंगे?" कैलाश ने पूछा।

मथुरा में विनोद-दीपा के घर की घर जैसी आत्मीय सत्कार-शैली रासबिहारी को याद हो आई, पर पता नहीं क्यों मन ने हामी न भरी। शायद बार-बार वह किसी के घर ठहरने के बजाए होटल को पसंद कर रहे थे।

कैलाश इस व्यवस्था के लिए भी सहमत हो गया।

~✦~

चूँकि इस समय कोई पर्व न था, इसलिए भक्तों की भीड़ कम होने के कारण 'मानसी होटल' में एक अच्छा कमरा उन्हें फौरन मिल गया।

"भोजन क्या करेंगे?" कैलाश ने पूछा।

रासबिहारी थके थे, बोले, "कैलाश, पहले कुछ लस्सी-वस्सी मँगाओ। गला सूख रहा है। भोजन की उसके बाद सोचेंगे।"

"अभी मँगवाता हूँ।" कहकर कैलाश कमरे से निकल गया।

काफी देर बाद लौटा तो अपने दोनों हाथों में दो बड़े कुल्हड़ लिये हुए था, लस्सी से भरे हुए।

"अरे, किधर निकल गए थे तुम लस्सी लाने में बड़ी देर लगी?" रासबिहारी पूछे बिना नहीं रह सके।

"दरअसल, होटल में कुल्हड़ नहीं थे, काँच के गिलास थे। मुझे लगा, आप उनमें लस्सी पीना शायद पसंद न करें, इसलिए थोड़ा आगे बढ़कर एक दुकान से ले आया। वहाँ कुल्हड़ दिखे, तो आर्डर दे दिया।"

"सही किया तुमने।" रासबिहारी प्रसन्न दिखाई दिए।

दोनों कुल्हड़ कैलाश ने मेज पर रख दिए।

एक रासबिहारी के निकट, दूसरा कुछ दूर।

उन्होंने पासवाला कुल्हड़ उठा लिया।

कैलाश किसी ध्यान में डूबा, निश्चेष्ट बैठा रहा।

अचानक चौंका, अपना कुल्हड़ उठाया और एक घूँट भरकर मेज पर रख दिया।

रासबिहारी भी दो घूँट पीकर कुल्हड़ मेज पर रख चुके थे। उसमें पड़ी बर्फ के घुलने की प्रतीक्षा करने लगे थे।

अचानक कैलाश एक झटके-से उठा, दोनों कुल्हड़ उठाए और उन्हें लेकर कमरे से जुड़े वाशरूम की ओर बढ़ गया। उसकी इस अटपटी हरकत की वजह रासबिहारी समझ नहीं सके।

कैलाश जब लौटा, तो खाली हाथ था।

"क्या बात है? कुल्हड़ कहाँ गए?" रासबिहारी ने पूछा।

"वह लस्सी एकदम पनीली, बेस्वाद और बासी दही की थी। मैंने उसे नाली में फेंक दिया है।"

"क्या कहते हो?" रासबिहारी चौंके, "वही लस्सी मैंने भी दो घूँट पी है, कोई खराबी नहीं थी उसमें।"

"बाबूजी, आपको दूध-दही की परख नहीं है, इसलिए यह बात कह रहे हैं। मैं ब्रजभूमि का हूँ, गुण-दोष पहचानता हूँ। वह लस्सी या तो सिंथेटिक दूध के दही से बनी थी या कोई और खराबी थी, किंतु पीने लायक नहीं थी।"

"आश्चर्य है, तुम्हें ऐसा लगा!" रासबिहारी थोड़ा रुष्ट दिखे। प्यासे गले को दो घूँट लस्सी से जो तरावट मिली थी, उसका छिन जांना उन्हें अखर गया है, यह स्पष्ट था।

किंतु कैलाश के चेहरे पर राहत के भाव थे।

धीमी आवाज में बोला, "एक बार होटल के रिसेप्शन पर जाकर बात करता हूँ। स्टेनलैस स्टील के दो गिलासों में लस्सी भिजवा देंगे।"

"रहने दो अब। खूब पिला दी तुमने लस्सी और मैंने पी ली!" रासबिहारी का क्षोभ प्रकट हो गया, "कुछ खाना-वाना मँगवाना हो, तो मँगवाओ, वरना मैं सोने चला। तुम भी अपने कमरे में जाकर आराम करो।"

खिसिआया-सा कुछ पल सिर झुकाए वहीं बैठा रहा कैलाश।

रासबिहारी अब भी उसकी विचित्र हरकत का अर्थ नहीं समझ पा रहे थे।

~✦~

रात की घटना आई-गई हो गई।

सुबह रासबिहारी और कैलाश दोनों सहज थे।

हिसाब करते वक्त रिसेप्शन पर खड़े व्यक्ति ने रासबिहारी से कहा, "जिस उत्कट लालसा के साथ आप ब्रज-दर्शन कर रहे हैं, उसे देखकर मैं चाहूँगा कि आँजनौक जरूर जाएँ।"

"किधर है यह आँजनौक?" कैलाश ने जानना चाहा।

"छाता-बरसाना मार्ग पर लगभग 13 किलोमीटर दूर है।" पता चला।

बस, उसी पल यह 'आँजनौक' रासबिहारी के मन में ऐसा बसा कि टैक्सी के निकट पहुँचते ही बोले, "कैलाश, हम पहले आँजनौक चल रहे हैं न?"

यह जिज्ञासा नहीं, आदेश था।

कैलाश के मुँह से सिर्फ 'जी' निकला।

टैक्सी की खराबी दूर हो चुकी थी, ड्राइवर भी नाश्ता-पानी करके चलने को तैयार था।

मुख्य सड़क को छोड़, छाता-बरसाना मार्ग पर जब टैक्सी तेरह किलोमीटर पहुँच गई, तो वहाँ गाड़ी रोककर, उतरकर देखने पर ऐसा कोई सूचना-पट नहीं मिला, जो आँजनौक की जानकारी देता।

सौभाग्य से गायों सहित एक चरवाहा पास से निकला, तो उसने एक मार्ग निर्दिष्ट करते हुए बताया कि इधर से पैदल चलकर आप अंजनबिहारी के मंदिर तक पहुँच जाएँगे।

यही किया गया और वे दोनों अंजनबिहारी के मंदिर के सामने पहुँच गए।

मंदिर-प्रांगण में अंजन-शिला दिखाई दी।

कान्हा ने इसी शिला पर श्रीराधा को बैठाकर उनकी आँख में अंजन लगाया था।

गर्भगृह में श्रीराधारानी और अंजनबिहारी के दर्शनीय विग्रह हैं। मंदिर के बाहर प्राचीन रासमंडल है। सामने किशोरी कुंड है।

सौभाग्यवश पुजारीजी मंदिर में उपस्थित थे।

प्रेमी सज्जन थे, अत्यंत प्रेम से मिले।

सोत्साह बताया, "रासमंडल, अंजनशिला और किशोरी कुंड अत्यंत प्राचीन लीला स्थलियाँ हैं। रासमंडल तो गाँव की स्थापना से भी पहले का है। उस समय यह काष्ठ निर्मित था। वीरान स्थान पर जब गाँव बसा, तो ये लीलास्थलियाँ लोगों के आकर्षण का केंद्र बनीं। सन् 2005 में श्रीजी कान्हा के मंदिर का पुनरुद्धार हुआ।"

रासबिहारी को वहाँ सबकुछ उजाड़-सा दिखा।

पुजारी ने इसकी पुष्टि की, "आप सच कहते हैं। पहले की वन्यशोभा खत्म हो चुकी है। कुंड का जल भी दूषित है, इसलिए कोई इसमें स्नान तक नहीं करता है। काल के थपेड़ों ने हमारे संग्रहणीय स्मारक विनाश के कगार पर पहुँचा दिए हैं, पर उनके आँसुओं की सुधि कौन ले?"

रासबिहारी ने वातावरण गंभीर होते देखा, तो विषयांतर किया, "यह लीलाधाम है। इसका प्रसंग बताइए।"

पुजारीजी ने बड़ी प्रभावपूर्ण शैली में प्रसंग बताया, तो रासबिहारी की आँखों में श्रीजी-ठाकुरजी की वह माधुर्यमयी लीला सजीव हो उठी—

"सखियाँ निर्जन कुंज में राधा रानी का शृंगार कर रही हैं। श्रीजी वस्त्राभूषणों से अलंकृत हो चुकी हैं। शृंगार भी पूर्ण हो गया है, मात्र कँटीले नयनों में काजल लगाना शेष है। तभी रसिक शिरोमणि कान्हा की वंशी की टेर कानों में पड़ी, तो श्रीराधिका विचलित हो गईं। उनके लिए अब एक पल भी ठहरना संभव न था। प्रियतम के पास पहुँचीं, तो

उनके कज्जलविहीन नयनों पर श्रीकृष्ण का ध्यान गया। सखियों ने इसका कारण बताया। इस पर श्यामजू ने अपनी मनभावनी प्रिया को शिला पर बैठाकर स्वयं अपने हाथों से उनकी आँखों में काजल लगाया।

तदुपरांत रास होना था, हुआ भी।"

माधुर्यभाव की इस लीला को सुनकर रासबिहारी पुलकित हो उठे। उन्हें बताया गया, हरियाली तीज और शरद पूर्णिमा पर मंदिर के विग्रह रासमंडल पर पधारते हैं।

आँजनौक के बाद प्रियाजी और प्रियतम जू की एक अन्य दुर्लभ लीलास्थली तक वे लोग पहुँचे।

बहुधा यही होता है।

किसी गाँव में विद्यमान मंदिर को देखकर जब वे बाहर निकलते हैं, तो कोई-न-कोई वहाँ मौजूद ग्रामीण अति उत्साह से भरकर उन्हें समीपस्थ अन्य लीलास्थली की सूचना दे देता है। बस, यह श्रृंखला बनती जाती है। एक से दूसरी जगह और दूसरी से तीसरी जगह।

चूँकि ब्रजभूमि सें नजदीकी संवाद जोड़ने को आतुर हैं रासबिहारी, इसलिए उन्हें यों गाँव-गाँव डोलना सुहाता भी बहुत है।

बिछुआ कुंड इसी श्रृंखला की एक कड़ी रहा। श्यामा-श्याम की इस लीलास्थली को खोजना अत्यंत श्रमसाध्य रहा। वहाँ तक पहुँचने का रास्ता किसी को विदित हो, तभी तो बताए!

जिस-जिससे पूछा, उसी ने हाथ झाड़ दिया।

आँजनौक के पुजारीजी से इतना संकेत जरूर मिल गया था कि बिछुआ कुंड गोवर्धन-जतीपुरा मार्ग पर है। इसी संकेत के सहारे टैक्सी आगे बढ़ी थी।

अब लोगों से पूछते-पूछते ऐसा लगने लगा, बिछुआ कुंड दूज का चाँद है।

अँधेरा छँटे, तभी तो रोशनी की लकीर के दर्शन हों!

जैसे-तैसे एक ग्रामीण के शब्दों से अँधेरा थोड़ा छँटा। वह बोला, "बिछुआ कुंड शायद पुस्तकीय नाम होगा। अब तो हम 'बिछलू कुंड' को ही जानते हैं।"

"ठीक है भैया, उसे ही बता दो।" कैलाश ने याचना की तो ग्रामीण ने मार्ग बता दिया।

टैक्सी से कुंड तक जाना संभव न था और उन्हें एक बार फिर पाँव-पाँव चलना पड़ा।

कुछ दूर चलने पर एक पोखर दिखाई दिया। पूछने पर पता चला, यही बिछलू कुंड

यानी बिछुआ कुंड है। बदहाली के मारे उस कुंड को देखकर रासबिहारी को निराशा और दु:ख दोनों की प्रतीति हुई।

'इसी को देखने की खातिर हमने इतने पापड़ बेले' के भाव के साथ दूसरा भाव उठा, 'हमारी विलुप्तप्राय विरासत क्या संरक्षण के अभाव में एकदम ही काल-कवलित होकर रहेंगी?'

पर अपनी पीड़ा वहाँ किससे कहते? मन को सँभाला।

कुंड के सामने स्थित मंदिर में श्री बिछुआ बिहारी और श्रीराधारानी के दर्शन किए। लोगों से पूछकर अतीत में संपन्न हुई माधुर्यपूर्ण लीला का विवरण सुना। पता चला, यह युगल-सरकार की क्रीड़ा भूमि है। किसी समय लुका-छिपी खेलते समय श्रीजी का बिछुआ यहाँ गिर गया, तो काफी ढूँढ़ने के बाद भी हाथ नहीं लगा। तब श्रीकृष्ण ने समीपवर्ती जिस कुंड से बिछुआ बाहर निकाला, वही बिछुआ कुंड कहलाया। पहले यहाँ घना जंगल था, जो अब खत्म हो गया है।

बिछुआ कुंड सच में सांस्कृतिक महत्त्व की जगह थी। अष्टछाप के कवियों में से एक कृष्णदास का निवासस्थल यही था। कुंड के पास उनकी कुटिया अभी भी विद्यमान थी। उपेक्षित और जर्जर दशा में।

रासबिहारी का मन और अधिक विषादमय हो गया।

उस दिन वह मलिन-मन ही धर्मशाला लौटे।

~✦~

गोवर्धन उन्हें बार-बार बुला रहा है।

और क्यों न बुलाए?

उसके पास दर्शनीय स्थल हैं और रासबिहारी में दर्शनाभिलाषा! जब महारास के प्रति जिज्ञासा और मन:शांति की चाहत लेकर कोलकाता से आए हैं, तो ब्रज के कण-कण का आमंत्रण उन्हें मोहेगा ही।

जब-जब यहाँ के मनोहर दृश्य देखते हैं, आनंद से पुलकित हो उठते हैं।

अब 'श्याम ढाक' लीलास्थली को ही लो।

कहते हैं, यहाँ गोचारण के दौरान दोना के आकार के कदंब के पत्तों में श्याम अपने गोप-सखाओं सहित छाछ पीते थे।

रासबिहारी को आज भी यहाँ स्थित कदंब के पेड़ के पत्ते दोनानुमा ही दिखे। पर उजाड़-सा क्षेत्र और कदंब के इने-गिने वृक्ष देखकर उन्हें व्यथा भी हुई।

कैलाश ने इसे लक्ष्य किया, बोला, "बाबूजी, अब हम कुसुम-सरोवर चलते हैं। मन खुश न हो जाए, तो कहिएगा!"

रासबिहारी सिर्फ मुसकरा दिए।

बाद में कुसुम सरोवर के तट पर खड़े होकर रासबिहारी ने सोचा, कैलाश ने गलत नहीं कहा था।

सचमुच कला का बेहतरीन नमूना है कुसुम सरोवर, वहाँ पहुँचते ही रासबिहारी ने अनुभव किया।

जाट राजाओं ने इसे बनवाया और सजाया-सँवारा है।

अगाध जलराशि से भरे सरोवर पर सूर्य की किरणें पड़ रही थीं और उसे अद्भुत सौंदर्य दे रही थीं।

चारों ओर बादामी रंग के पाषाण से निर्मित बुर्जियाँ और सीढ़ियाँ सरोवर के सौंदर्यवर्धन में सहायक थीं।

छतरियों की कतार मन को मुग्ध कर देनेवाली थी।

इसके गुंबददार शिखर, छज्जे और मेहराब सभी कुछ मनमोहक।

छतरियों पर सुंदर नक्काशी।

मध्य में सूरजमल की छतरी।

पत्थरों की जालियों का बारीक काम।

निकट ही राधा-वनबिहारी का मंदिर।

मंदिर अधिक प्राचीन नहीं है, पर उसमें पधारे गए विग्रह अतीत को जीवंत करने में सक्षम थे।

गर्भगृह में राधा रानी की वेणी गूँथते वनबिहारी।

दर्पण देखती प्रिया जू!

यहीं श्रीकृष्ण से मिलने की खातिर पुष्प-चयन के बहाने राधाजी आती थीं, सुनकर वह बिंब रासबिहारी की आँखों में उतर आया। रसिक-शिरोमणि कृष्ण के साथ उनकी नोक-झोंक न हो, तो मिलन का आनंद ही क्या रहे!

संयोग से एक पुजारीजी मिल गए, तो उन्होंने कुसुम सरोवर से जुड़े अनेक पौराणिक प्रसंग सुना डाले।

रासबिहारी जैसे कानों से नहीं सुन रहे थे, आँखों से वह सारी दृश्यावली देख रहे थे—

(पुष्प-चयन में संलग्न हैं राधाजी)

श्रीकृष्ण *(पदार्पण करके)* **:** तुम कौन हो?

श्रीराधा : कोई नहीं।

श्रीकृष्ण : सच-सच बताओ, तुम कौन हो?

श्रीराधा : कहा न, कोई नहीं।

श्रीकृष्ण : आज तो बड़ी टेढ़ी बातें कर रही हो!

श्रीराधा : और तुम जैसे बड़ी सीधी बात कर रहे हो!

श्रीकृष्ण : मैंने यही तो पूछा, तुम कौन हो।

श्रीराधा *(मान सहित)* **:** क्यों पूछा? क्या तुम जानते नहीं, मैं कौन हूँ?

श्रीकृष्ण : क्या कर रही हो?

श्रीराधा *(किंचित् आक्रोश से)* **:** क्या तुम्हें दिखाई नहीं देता, पुष्प-चयन कर रही हूँ।

श्रीकृष्ण : क्यों?

श्रीराधा : सूर्य पूजा के लिए।

श्रीकृष्ण : किससे पूछकर?

श्रीराधा *(कुपित होकर)* **:** किसी से क्यों पूछती? मैंने आवश्यकता नहीं समझी।

श्रीकृष्ण *(मुसकराकर)* **:** अहो! आज चोरी पकड़ी गई। मैं सोचता था कि हमारी इस पुष्प-वाटिका से प्रतिदिन कौन पुष्पों को चुराता है? आज तुम रँगे हाथों पकड़ी गई हो। अब दंडित की जाओगी।

श्रीराधा *(आवेश से)* **:** तुम भला इस पुष्प-वाटिका के स्वामी कब से बने? क्या कभी एक पौधा भी लगाया है? क्या कभी किसी पौधे में जल-सिंचन किया है? उलटे अपनी गायों और ग्वाल-मंडली के साथ मिलकर इसे उजाड़ते ही रहते हो। आज स्वामित्व कैसे प्रदर्शित करने लगे?

श्रीकृष्ण : मुझ धर्मात्मा के ऊपर ऐसे आरोप मत लगाओ।

श्रीराधा *(मुसकराते हुए)* **:** अहा हा! जैसे सचमुच बड़े भारी धर्मात्मा हैं, कह तो ऐसे रहे हैं। भूल गए, दूध पिलाने को आई एक स्त्री का वध किया, बचपन में मैया से झूठ बोले, पास-पड़ोस की गोपियों के घर में माखनचोरी की और अभी कुछ दिन पूर्व एक वृष का वध करके तो तुमने धर्माचरण की सारी सीमाएँ ही तोड़ दी हैं।

(निरुत्तर कृष्ण का अपना सिर खुजलाते हुए मदद के लिए समीप खड़े मित्र मधुमंगल की ओर निहारना और मधुमंगल का संकेत—चुप रहने में ही अब तुम्हारा कल्याण है।)

~✦~

और अब पुजारीजी द्वारा कुसुम सरोवर से जुड़ा एक अन्य प्रसंग रासबिहारी की आँखों में समूर्त हो उठा है—

(प्रात:काल का समय। श्रीराधिका अपनी सखियों के साथ पुष्प-चयन हेतु कुसुम

सरोवर पर उपस्थित हैं। जहाँ तक हाथ पहुँच रहा था, पंजों के बल उछलकर फूल तोड़ती हैं।)

श्रीराधिका *(उत्साहित कंठ से)* : सखी, देखो फूलों से लदी यह शाखा कितनी नीचे झुकी हुई है। मैं आसानी से इस शाखा से ढेर सारे फूल चुन सकती हूँ।

सखी : तुम बिल्कुल ठीक कह रही हो। जाओ, आसानी से पुष्पों का चयन कर लो।

(उत्साहित राधाजी आगे बढ़ती हैं और एक हाथ से शाखा को पकड़कर दूसरे हाथ से पुष्प चयन में संलग्न हो जाती हैं। कौतुक प्रेमी कृष्ण पत्तों के बीच छिपे हैं, जिन्हें श्रीराधिका देख नहीं सकी हैं। श्रीराधा को दोनों हाथ से वृक्ष की शाखा पकड़ते हुए पाकर श्रीकृष्ण चुपके से बंदर की भाँति पास की दूसरी शाखा पर कूद जाते हैं और शाखा से एकाएक ऊँची उठ जाने से श्रीराधा भी उसे पकड़े हुए हवा में लटक गई हैं।)

श्रीराधा *(भयभीत होकर)* : ओह, मैं गिरी! बचाओ, बचाओ!

(श्रीकृष्ण का वृक्ष से कूदना। डाली पर लटकी श्रीराधा को दोनों हाथों से थामकर नीचे उतारना और गोद में लिये रहना। सखियों का यह मनोरम दृश्य देखकर ताली बजाते हुए जोर से हँसना।)

श्रीराधा *(बलपूर्वक श्रीकृष्ण के हाथों से मुक्त होते हुए, भर्त्सना भरे कंठ से)* : छि:, तो यह तुम्हारा क्रीड़ा-कौतुक था? तुम सचमुच बहुत बुरे हो, मैं तुमसे बात नहीं करती और ये वृंदा-विशाखा? ये सखियाँ हैं मेरी? कन्हैया को कुछ कहने के बदले दाँत फाड़कर हँस रही हैं! जाओ, मैं तुम सबसे भी नहीं बोलती।

(एक उल्लासभरी मन:स्थिति में दृश्य का समापन।)

पुजारीजी के मुखारबिंद से द्वापरकालीन इन लीलाओं को नाटकीय शैली में प्रस्तुत करता देखकर रासबिहारी सचमुच मुग्ध हो गए। अभिभूत होकर उनके पाँव छू लिये और बोले, "आपने इन आनंदप्रदायिनी लीलाओं को अपनी वाणी से सजीव कर दिया। जितनी प्रशंसा करूँ, कम है।"

पुजारीजी इस सच को जानते थे।

मुसकराकर चुप रह गए।

बात क्रीड़ा-कौतुक की हो और बरसाना याद न आए, ऐसा कैसे हो सकता था?

ब्रज-भ्रमण के दौरान बरसाना पहुँचे हैं रासबिहारी। बरसाना के मानगढ़ में मान मंदिर, झूला, रासमंडल और रत्नाकर-सरोवर जैसी लीला स्थलियों को देखने का सौभाग्य पाकर आनंदित हो उठे हैं। वहाँ एक सुविज्ञ पंडित भी मिले, जिन्होंने मयूर कुटी, बरसाना,

नंदगाँव और जावट को लेकर बहुत सी जनश्रुतियाँ सुनाईं।

मयूर कुटी में रासमंडल है। मयूर-मयूरी के रूप में श्रीराधा-कृष्ण वहाँ नृत्यरत हुए थे।

प्रसंग है—किसी समय सखियों के साथ श्रीराधा-कृष्ण यहाँ उपस्थित हुए। उन्हें देख मयूरों का समूह आनंदित होकर नाचने लगा। मयूर-मयूरी के समूह के बीच नृत्यरत श्रीराधा-कृष्ण कितने मोहक लगे होंगे, कल्पना से परे है। सखियाँ भला कैसे पीछे रहतीं? वे मल्हार गाकर दोनों का आनंद बढ़ाने लगीं।

विलासगढ़ में भी प्रियाजी और प्रियतम जू के क्रीड़ा-कौतुक आए दिन होते रहते थे। एक दिन श्रीराधिका अपनी सखियों के साथ वहाँ खेल रही थीं, तभी श्रीकृष्ण आ गए। दैवयोग से उसी समय वेग से आँधी भी आ गई। धूल-धूसरित वातावरण में किसी को कुछ दिखाई नहीं दे रहा था। सखियों ने आँधी से भयभीत होकर अपनी हथेलियों से नयन मूँद लिये थे। ऐसे में श्रीकृष्ण ने किशोरी राधिका को बाँहों में भरकर उनका मुँह चूम लिया। वय: संधि के समय यह लीला संपन्न हुई थी। लीलास्थली थी—विलास मंदिर।

चिकरौली से और अधिक मनोरंजक वृत्तांत जुड़ा मिला। किसी समय वृषभानुसुता श्रीराधा अपनी सखियों के साथ यहाँ खेल रही थीं। तभी उन्हें कहीं दूर से श्रीकृष्ण की वंशी का स्वर सुनाई दिया। तन-मन को विभोर कर देनेवाली वह वंशीध्वनि इतनी प्रभावशाली थी कि राधाजी उस वंशीवादक से मिलन हेतु आतुर हो उठीं।

तभी उनकी सखी चित्रा ने, जो विविध कलाओं में पारंगत थी, श्रीकृष्ण का एक मनोहारी चित्र निर्मित करके उन्हें दिखाया। श्रीराधिका चित्र में अंकित उस मोहक छवि को देखकर सुध-बुध खो बैठीं और उसे ही सर्वस्व समर्पण हेतु आतुर हो उठीं।

संयोग से तभी श्रीकृष्ण उधर से निकले। उनकी त्रिभंगी छटा पर एक बार फिर राधाजी ऐसी रीझीं कि उस परम मनोहर रूप को तब तक एकटक देखती रह गईं, जब तक किशोर गोचारण करते हुए दूर तक निकलकर उनकी आँखों से ओझल नहीं हो गया।

अब श्रीराधा के पश्चात्ताप की घड़ी थी। सखियों से बोलीं, "मैं अब एक क्षण के लिए भी जीना नहीं चाहती। कुलीन घर की कन्याओं का क्या यही धर्म है कि जिसे देखें, उसी पर सर्वस्व वार दें? आर्य ललना एक ही पुरुष को अपना हृदय अर्पित करती हैं। उसके बाद वह माता-पिता द्वारा तय किए हुए वर से भी विवाह हेतु उद्यत नहीं होती। दूसरी तरफ मैंने ऐसा पाप किया है कि पहले किसी की वंशीध्वनि पर, दोबारा एक चित्र-दर्शन पर और तीसरी बार गोचारण के लिए जाते एक सुदर्शन युवक को अपना हृदय दे दिया है। इसलिए अब जीवित रहकर क्या करूँगी?"

यह सुनकर श्री ललिताजी जोर से हँसीं, "अरी मुग्धे! तुझे मरने की जरूरत नहीं है। वे तीनों पुरुष अलग-अलग नहीं, एक ही हैं। उन्हीं एक श्रीकृष्ण को तुमने अपना हृदय समर्पित किया है।"

यह सुनकर श्रीराधिका के हृदय से एक भारी भार हटा। वे आनंदित हो उठीं।

~✦~

नंदगाँव की माधुर्य लीलाएँ भी अनूठी थीं।

मुक्ताकुंड को ही लो, वहाँ पहुँचकर और प्रसंग सुनकर रासबिहारी का हृदय गुदगुदा उठा।

जब श्रीकृष्ण किशोरवय को प्राप्त हुए, माता यशोदा उनकी सगाई की चिंता करने लगीं। उन्हें वृषभानुसुता श्रीराधा बहुत पसंद थीं। यह बात जब कीर्तिकाजी को विदित हुई, तो उन्होंने वस्त्र, आभूषण, मुक्ताओं आदि को एक डलिया में रखकर नंदगाँव में सगाई के लिए भेजा। बाबा नंद और मैया यशोदा यह देखकर अत्यंत प्रसन्न तो हुए, किंतु चिंता में पड़ गए। उन्हें लगा कि हमें भी बरसाना इतना सामान भेजना चाहिए, पर हमारे यहाँ इतनी मुक्ताएँ तो हैं नहीं!

कृष्ण ने जब माता-पिता को चिंतित देखा, कारण जाना, तो सोचा कि मुक्ताओं की खेती करके, ढेरी सारी मुक्ताएँ लाकर इन लोगों को हर्षित करूँगा।

बस, बरसाना से आई मुक्ताएँ श्रीकृष्ण ने चुरा लीं और एक स्थल पर उन्हें बो दिया। नित्य गायों के दूध से सींचने लगे। इधर नंद बाबा और यशोदा मैया बरसाना से आई मुक्ताओं को भी गायब पाकर और अधिक चिंतित हो गए। उन्होंने इस बारे में श्रीकृष्ण से पूछा, तो उनका उत्तर था, "वे मुक्ताएँ मैंने खेत में बो दी हैं। उनकी खेती करके तुम्हें ढेर-सी मुक्ताएँ दे दूँगा।"

मैया लाड़ से हँस दी, "अरे बावले, मुक्ताओं की भी कहीं खेती होती है!"

पर श्रीकृष्ण तो श्रीकृष्ण ठहरे!

अपनी बात पर अड़े रहे।

सचमुच उनकी बोई हुई मुक्ताएँ पहले अंकुरित हुईं, फिर बढ़ीं और फिर तो इतनी मुक्ताएँ उन पौधों में फलीं, जिसे देखकर सब चकित रह गए।

फिर तो मैया ने तीन-चार डलिया भरकर वस्त्र, आभूषण और मुक्ताएँ सगाई के उपलक्ष्य में भेज दीं।

बात यहीं खत्म नहीं हुई।

श्रीराधिका एवं सखियों को कृष्ण द्वारा मुक्ताओं की खेती की सूचना मिली, तो वे सब भला पीछे कैसे रहतीं? पहले तो उन्होंने कृष्ण से ही कुछ मुक्ताएँ माँगी, किंतु

श्रीकृष्ण साफ मुकर गए, "जब मैं अपनी खेती को सींचने के लिए तुमसे दूध माँगता था, तब तो टके-सा इनकार कर देती थीं। अब मैं एक भी मुक्ता क्यों दूँ? इनसे अपनी गायों को सजाऊँगा।"

श्रीराधिका और उनकी सखियाँ इस बात से बहुत चिढ़ीं। उन्होंने भी मुक्ता की खेती करने का निर्णय किया और इसे कार्यरूप में परिणत भी किया, किंतु हाय रे दुर्भाग्य! उनके खेत में अंकुर तो फूटे, पर मुक्ताएँ न निकलीं।

निराश गोपियों ने पुनः श्रीकृष्ण के पास जाकर सारा वृत्तांत सुनाया।

श्रीकृष्ण मुसकराकर बोले, "मन छोटा मत करो। मैं अपने मोती तुम्हारे खेत में बो दूँगा, तो वे अवश्य फलेंगे।"

यही हुआ भी।

अब सबका आनंदित हो उठना स्वाभाविक था।

ऐसी ही मनोहारी लीला मुक्ता कुंड के पास फुलवारी कुंड में भी हुई।

हुआ यह कि एक दिन श्रीराधिकाजी अपनी सखियों के साथ इस जगह पुष्प चयन कर रही थीं कि अकस्मात् श्रीकृष्ण आ पहुँचे और बोले, "तुम कौन हो? प्रतिदिन मेरी फुलवारी से फूल चुराकर ले जाती हो।"

राधिका भी पीछे कैसे रहतीं?

आँखें तरेरते हुए बोलीं, "मुझे नहीं जानते, मैं कौन हूँ?"

यह सुनते ही श्रीकृष्ण ने वंशी को अधरों पर रखा और उसे बजाते हुए मंथर गति से वहाँ से चले गए।

उनके जाते ही विरह-पीड़िता श्रीराधा मूर्च्छित होकर धरती पर गिर पड़ीं। सखियों ने सोचा, इन्हें किसी विषैले सर्प ने काट लिया है। अनेक प्रयास के बाद भी जब श्रीराधा चैतन्य नहीं हुईं, तो सखियाँ बहुत घबरा गईं। तभी श्रीकृष्ण एक सपेरे के वेश में वहाँ आए और अपने तंत्र-मंत्र द्वारा उन्हें झाड़ते हुए कान में बोले, "मैं आय गयो, देखौ तो सही।" यह सुनकर श्रीराधिका तत्काल चैतन्य हो गईं और मुसकराते हुए उठ बैठीं।

फिर तो सखियों की प्रसन्नता का क्या कहना!

सब आनंद-सागर में निमग्न हो उठीं।

~✦~

नंदगाँव और जावट गाँव के मध्य में स्थित टेर कदंब माधुर्य भाव की एक ऐसी ही लीलास्थली है, जहाँ रासमंडल वेदी है।

सुविज्ञ पंडित ने उसका प्रसंग बताया—श्रीकृष्ण गोचारण करते हुए दिन के तीसरे प्रहर में इसी कदंब के वृक्ष के ऊपर चढ़कर अपनी वंशी की धुन से गायों को टेरते। अब

श्यामली, धौरी, पीतांबरी, कालिंदी आदि उनकी प्रिय गाय अपना-अपना नाम सुनते ही दौड़ी चली आतीं। श्रीकृष्ण अपनी मणिमाला की मणियों पर उँगली धरकर उनकी संख्या गिनते थे। जब सारी गाय एकत्र हो जातीं, वे वृक्ष से नीचे उतरते और गायों को लेकर नंदभवन लौट आते।

इसी वृक्ष पर चढ़कर पूर्णिमा की रात को वे एक-एक सखी को वंशीवादन पर टेरते थे। जो स्थिति गायों के साथ रहती, वही रात्रि में सखियों के साथ रहती। नाम सुनते ही एक-एक गोपिका सुध-बुध खोकर इसी कदंब के नीचे आ खड़ी होती, फिर तो जो रास-विलास होता, उसका कहना ही क्या!

नंदगाँव में ही वह नंदबाग भी है, जहाँ श्रीकृष्ण और दाऊ भैया गोदोहन करते थे तथा सखाओं के साथ अखाड़े में मल्लक्रीड़ा का अभ्यास भी करते थे। श्रीराधिका जावट (याव ग्राम, जहाँ राधिका का विवाह हुआ था) से नंदभवन जाते समय इसी मार्ग से निकलती थीं।

एक दिन वे सब इसी प्रकार उधर से निकल रही थीं कि सखियों ने दूर से ही देख लिया, श्रीकृष्ण गाय दुह रहे हैं। वे बोलीं, "हम अपना मार्ग बदल लेते हैं। इधर से निकलने पर यशोदा मैया का लाड़ला कुछ-न-कुछ छेड़खानी जरूर करेगा।"

श्रीराधिका ने तेवर चढ़ाते हुए कहा, "हम डरते हैं उससे ? इसी मार्ग से चलेंगे और पूरी निर्भयता से चलेंगे।"

बड़ी शान से श्रीराधा आगे तो बढ़ीं, किंतु जैसे ही श्रीकृष्ण ने गाय के थन की दूध की धारा उनकी ओर इंगित करके मारी, श्रीराधिका का पूरा मुखमंडल दुग्धमय हो उठा। फिर तो सभी सखा-सखियाँ जोर से हँस पड़े और श्रीराधा ने भौंहें तरेरकर श्रीकृष्ण की ओर देखा।

कुछ आगे बढ़ते ही उनके कंठ की मुक्ता माला टूटकर पृथ्वी पर गिर पड़ी और वे नीचे बैठकर उसके मोती चुनने लगीं। सखियाँ समझ गईं, मुक्ताओं को बटोरने के बहाने श्रीजी अपने प्रियतम का अधिकाधिक समय तक दर्शन करना चाहती हैं।

यह देखकर वे सब गहरी पुलक से भर गईं।

हर बाग-तड़ाग के साथ जुड़ी ऐसी अनगिन जनश्रुतियाँ।

श्री प्रियाजी और प्रियतम जू की अनगिन माधुर्यमयी लीलाएँ।

रासबिहारी सुनते हुए न अघाए।

पर मन में एक प्रश्न कौंध उठा था, उसे पूछे बिना न रह सके, "बरसाना, नंदगाँव, गोकुल, गोवर्धन आदि नामों से मैं भलीभाँति परिचित हूँ, पर यह जावट नाम पहली बार

सुन रहा हूँ? इसके बारे में तनिक विस्तार से बताएँ।"

जानकार सज्जन मुसकराए, "यह याव ग्राम है। नंदगाँव से लगभग ढाई किमी. दूर समझ लें। यह श्रीराधा-कृष्ण के अत्यंत रहस्यपूर्ण विलास का स्थान है। कभी विलास के समय श्रीराधा के चरणों का जावक (महावर) श्रीकृष्ण ने जिस वटवृक्ष के नीचे धारण किया था, वही 'जा वट' को सुशोभित करनेवाला स्थान 'जावट' ग्राम के नाम से प्रसिद्ध हुआ। इसी गाँव में जटिला गोपी अपने पुत्र अभिमन्यु और पुत्री कुटिला के साथ रहती थी। महाराज बृषभानु ने योगमाया पूर्णमासी की आज्ञानुसार उनकी प्रिय बेटी श्रीराधिका का विवाह जटिला के पुत्र अभिमन्यु के साथ किया था।"

"क्या मतलब?" रासबिहारी बुरी तरह चौंके, "विवाहिता स्त्री थीं राधिका? श्रीकृष्ण की परकीया नायिका?"

"देखिए, आप भ्रम में न पड़ें।" सज्जन ने उन्हें शांत किया, "अभिमन्यु स्वयं को श्रीराधिका का पति मानने के गर्व से तो परिपूर्ण था, किंतु भगवती योगमाया के प्रभाव से वह श्रीराधिकाजी की छाया तक का संस्पर्श नहीं कर सका था। वह सदैव किसी दैवीय संकोचवश गोशाला में गायों की सार-सँभाल में व्यस्त रहता था अथवा समवयस्क गोपों के साथ मस्त रहता था। जटिला और कुटिला नाना गृहकार्यों में संलग्न रहती थीं। ऐसे में सखियाँ नाना उद्योग करके श्रीराधिका का श्रीकृष्ण से मिलन कराती थीं।"

"मैं अभी भी समझ नहीं पा रहा हूँ कि परस्त्री से श्रीकृष्ण का यह संबंध..."

"आप सच में समझ नहीं पा रहे हैं!" सज्जन मुसकराए, "श्रीराधिका पराई नहीं थीं, वह तो श्रीकृष्ण की आह्लादिनी शक्ति हैं। नित्य लीलाओं की अभिन्न सहचरी हैं।"

"यदि ऐसा है, तो भगवती योगमाया ने उनके अन्यत्र विवाह की लीला क्यों रची?"

"वह इसलिए, क्योंकि यह परकीया भाव रस-पोषण के लिए योगमाया द्वारा सिद्ध है। श्रीराधिका को आप श्रीकृष्ण की आह्लादिनी शक्ति ही मानें। जिस प्रकार अग्नि और उसकी दाहिका शक्ति अभिन्न है, जिस प्रकार सूर्य और उसका प्रकाश अभिन्न है, जिस प्रकार चंद्रमा और उसकी चाँदनी अभिन्न हैं, उसी प्रकार श्रीकृष्ण और उनकी पराशक्ति श्रीराधिका भी सदा-सर्वदा अभिन्ना और अविच्छिन्ना हैं। उन्हें कभी अलग नहीं किया जा सकता। मात्र रस-विलास के आस्वाद के लिए ही एक आत्मा दो स्वरूपों में प्रकाशित है। जिस प्रकार रावण छाया सीता का ही अपहरण कर सका था, मूल सीता का संस्पर्श भी नहीं कर पाया था, वही स्थिति अभिमन्यु की श्रीराधिका के साथ मानिए।"

रासबिहारी को याद आया, रासलीला के प्रकरण में भी आचार्य अमल ने गोप पत्नियों और विशुद्ध अलौकिक भाव से संपन्न गोपियों को लेकर भी यही बात कही थी। वह संतुष्ट हो गए।

"धन्य है ब्रजभूमि, जहाँ ऐसी दिव्य लीलाएँ संपन्न हुई हैं।" वह अभिभूत कंठ से बोले।

"निस्संदेह।" सुविज्ञ सज्जन मुसकराए, "मैं आपको जावट से जुड़े दो-तीन प्रसंग सुनाता हूँ। आप समझ जाएँगे कि योगमाया ने किस प्रयोजन से श्रीराधा की छाया का जटिला-पुत्र अभिमन्यु से विवाह कराया था।"

रासबिहारी इस नई, जिज्ञासावर्धक और कौतुकपूर्ण दुनिया में प्रविष्ट होने के लिए तत्पर हो उठे।

छोटे-छोटे प्रसंग।

पर अपने भीतर गूढ़ार्थ छिपाए हुए।

लीला की बहुरंगी झाँकी के निदर्शक।

एक प्रसंग है—मानिनी राधिका के मान के चलते जब काफी समय तक श्रीकृष्ण उनसे मिल न सके, तो व्याकुल होकर सखियों से इस विरह-ताप के उन्मूलन का उपाय पूछा। उनके परामर्श से एक विप्र बटुक (शिक्षार्थी) का वेश धारण करके जावट ग्राम में पहुँचे। जटिला के द्वार पर जाकर देखा, तो वह और कुटिला उस समय गोबर से कंडे थाप रही थीं। अपवित्र अवस्था में बटुक को भिक्षा नहीं दे सकती थीं। जटिला ने भीतर जाकर श्रीराधिका से कहा कि अच्छी तरह मुँह ढाँपकर विप्र को भिक्षा दे आए। माँ-बेटी फिर कंडे थापने में जुट गई। श्रीराधिका उनके परामर्श के अनुसार लंबा घूँघट काढ़कर विप्र को भिक्षा देने के लिए निकलीं। भिक्षुक ने कहा कि मेरी झोली में भिक्षा नहीं, अपना मान डाल दें। बस, श्रीराधिका सबकुछ समझ गई। घूँघट हटा दिया। मान टूट चुका था। श्यामा-श्याम के चार नयनों में मधुर संवाद हुआ और बटुक खुशी-खुशी वापस लौट गया।

"वाह! क्या घटना है! प्रेम के खूबसूरत ताने-बाने से बुनी हुई।" रासबिहारी मुसकराए।

दूसरा प्रसंग इस प्रकार था—एक समय मैया यशोदा एक बड़े संदूक में मूल्यवान् वस्त्र और अलंकार सजाकर रख रही थीं, जिसे वह अभिमन्यु के हाथों जटिला के पास भेजना चाहती थीं। प्रयोजन था, कठोरहृदय जटिला अपनी बहू को उनके यहाँ आने से रोके नहीं।

श्रीकृष्ण ने क्या चतुरता चली, मैया के हटते ही बॉक्स से सारा सामान निकालकर अन्यत्र छिपा दिया और स्वयं उस संदूक में घुसकर बैठ गए। साथ खड़े सखा सुबल ने संदूक को पूर्ववत् बंद कर दिया। चूँकि महँगे सामान से भरा संदूक किसी अन्य को नहीं दिया जा सकता था, इसलिए अभिमन्यु उस भारी बक्से को सिर पर रखकर बड़े कष्ट से जावट पहुँचा। जटिला बोली कि इसमें मूल्यवान् सामग्री है, इसलिए इधर-उधर

रखने के बजाय बहू के कक्ष में रख आओ, सुरक्षित रहेगा। संदूक की लीला सखियाँ जानती थीं। अभिमन्यु के हटते ही उन्होंने संदूक खोला और श्रीकृष्ण का राधिका से मिलन करा दिया।

तीसरा प्रसंग भी कम रोचक नहीं था।

किसी समय श्रीराधिका के मान के चलते श्रीकृष्ण उनसे लंबे समय तक न मिल सके। सखियाँ भी राधिका को मना-मनाकर हार गईं, पर उनका दुर्जेय मान न टूटा। अंत में सुबल ने ही यह दुस्तर कार्य संपन्न करने की चेष्टा की। जावट पहुँचकर जटिला से बोला, "मैया, मेरा एक बछड़ा तुम्हारे यहाँ आ गया है, उसे लेने आया हूँ।"

"जा, भाग यहाँ से।" जटिला झुँझलाई, "तू उस लंपट कृष्ण का दोस्त है, यहाँ ठहरने की जरूरत नहीं है। तेरा कोई बछड़ा-वछड़ा यहाँ नहीं आया है।"

"आया है, मैया। सच मानो, मेरा बछड़ा तुम्हारे घर के भीतर घुसा है। मैंने खुद अपनी आँखों से देखा है।"

"मैं अभी कंडे थाप रही हूँ। तू खिड़की से झाँककर देख ले। यदि बछड़ा आया है, तो लेता जा।"

यही तो चाहता था सुबल।

खिड़की में से भीतर कूदा और श्रीराधिका की अटारी में पहुँचा। वहाँ श्रीकृष्ण के विरह का ऐसा मर्मस्पर्शी वर्णन किया कि श्रीराधा पिघल गई तथा तुरंत श्रीकृष्ण से मिलने के लिए उद्यत हो गईं।

पर बाहर जटिला-कुटिला हैं, निकलें तो कैसे? सुबल ने तुरंत उनके साथ वेश-परिवर्तन किया और सुबल के वेश में एक छोटा बछड़ा गोद में उठाकर राधिका बाहर निकल गईं।

जटिला ने उनसे पूछा, "तेरा बछड़ा मिल गया?"

"हाँ मैया, यह रहा।" युवक के वेश में, उसी की आवाज बनाकर राधिका बोलीं।

जटिला को कोई संदेह नहीं हुआ।

श्रीराधिका जब श्रीकृष्ण के पास पहुँचीं, तो उन्हें भी यही लगा, सुबल निराश होकर लौट आए हैं।

व्यथित कंठ से कहा, "तुम भी सफल नहीं हुए, मित्र?"

राधिका ने यह सुना तो बछड़ा नीचे रखा और प्रियतम से लिपट गई। अंगस्पर्श होते ही श्रीकृष्ण समझ गए कि उन्हें राधिका मिल गई हैं।

दोनों आनंदविभोर हो उठे।

थोड़ी देर में सुबल भी आ गया, जटिला कुछ जान न सकी।

जावट ग्राम से जुड़ी एक अन्य जनश्रुति भी कम मनोरंजक न थी।

एक दिन श्रीकृष्ण की श्रीराधिका से मिलनोत्कंठा चरम पर थी, वे रात को जावट पहुँच गए। जटिला की हवेली के निकट बेर के एक वृक्ष के नीचे खड़े होकर श्री राधिका की प्रतीक्षा करने लगे। उन्हें अपने आगमन की सूचना देने के लिए कोयल की बोली में बोलने भी लगे। प्रियाजी संकेत समझकर ज्यों ही घर का द्वार खोलने को उद्यत होतीं, उनके कंगन और नूपुर खनक उठते और भीतर से प्रगल्भा जटिला चिल्ला पड़ती, 'को ए रे!'

यह आवाज श्रीकृष्ण के कानों में पड़ती, वे निराशा से भर जाते। समझ जाते, प्रियाजी नहीं आ सकेंगी। अंततः रात बीत गई, राधिका मिलन स्थली पर नहीं पहुँच सकीं।

सभी प्रसंग एक से बढ़कर एक रोचक।

रासबिहारी उत्साहित हो उठे, "तब तो मैं जावट ग्राम जरूर जाऊँगा।"

"बिल्कुल।" सज्जन बोले, "जटिला की हवेली, खिड़क, रासमंडल आदि देख आएँ। प्रसन्नता होगी।"

रासबिहारी ने कैलाश से कहकर दो दिन बाद ही जावट ग्राम का कार्यक्रम बनाया। जब वहाँ तक गए, तो निकटवर्ती कोकिला वन देखे बिना मन नहीं माना।

ब्रज की बहुत सी लीला स्थलियाँ नष्ट हो जाने पर भी कोकिला वन को अच्छी दशा में पाकर उन्हें प्रसन्नता हुई। इसके बाद कैलाश से बोले, "तुमने मुझे ब्रज के बहुत से दर्शनीय स्थल दिखा दिए हैं। जाने-अनजाने एक ऐसी जगह छूट गई है, जिसे देखने का मेरा बहुत मन है।"

"क्या है वह ?" कैलाश चौंका।

"माँ कात्यायनी का मंदिर। वह मंदिर, जहाँ गोपियों ने श्रीकृष्ण को पति रूप में पाने के लिए ब्रह्म-पूजा-अनुष्ठान वगैरह किया था।"

"ठीक है, हम कल ही वहाँ चलते हैं।" कैलाश ने हामी भर दी।

छटीकरा-आटस मार्ग पर 15 किमी. की लंबी यात्रा। दूरी ऐसी ज्यादा नहीं थी, पर यात्रा मार्ग की असुविधाओं ने इसे कष्टकर बना दिया था।

गिट्टियों और गड्ढ़ों से भरा मार्ग।

उसे पार कर चीर घाट पर पहुँचे।

हजारों वर्षों के अतंराल ने यमुना मैया को घाट से दूर कर दिया है। चीर कदंब पर मनौतियों के रंगबिरंगे चीर बँधे हुए दिखे। यहाँ गोपियों के वस्त्र चुराते मनमोहन की सुंदर झाँकी है। गोपियाँ कान्हा से अपने वस्त्र लौटाने का अनुरोध कर रही हैं।

चीर कदंब से कुछ दूर प्राचीन वटवृक्ष है, जिसके नीचे भोले बाबा स्थापित हैं।

लोकमान्यता है, यह स्वयंप्रकट शिवलिंग है। इसके सामने यमुना किनारे छोटे-से मंदिर में माँ कात्यायनी की बालू की मूर्ति विराज रही है। इस पुरातनस्थली पर ऐश्वर्य की छाया तक नहीं पड़ी है। वर्तमान स्थिति इस सत्य की साक्षी है।

इसके पहले माँ एक कुटिया में स्थापित थीं। गोपियों ने इसी स्थान पर बालू से माँ कात्यायनी की मूर्ति निर्मित की, पूरे एक माह पूजा-अर्चना की। उनकी साधना अंततः सफल हुई, श्रीकृष्ण ने उनकी मनोरथ-पूर्ति की।

उन्होंने स्वयं आकर कहा, "इस समय तुम लोग घर लौट जाओ। आनेवाली शरद पूर्णिमा को तुम मेरे साथ विहार करोगी।"

महारास के समय यह संभव हुआ।

वृत्तांत था हेमंत ऋतु के प्रथम मास मार्गशीष में ब्रज की कुमारियाँ कात्यायनी देवी की पूजा एवं व्रत-साधना में लीन हुईं। सूर्योदय से पूर्व वे यमुना जल में स्नान करतीं और तट पर बालू से माँ की मूर्ति बनाकर सुगंधित चंदन, पुष्पहार एवं भाँति-भाँति के नैवेद्य उन्हें अर्पित करतीं। कृष्ण को पति रूप में पाने की प्रार्थना करतीं। उनकी अभिलाषा-पूर्ति के लिए श्रीकृष्ण अपने सखाओं सहित वहाँ उपस्थित हुए। गोपियों के वस्त्र चुराने का प्रयोजन उन्हें यह संदेश देना था कि निर्वस्त्र स्नान करके जल के देवता वरुण व यमुनाजी के प्रति गोपियों ने अपराध किया है।

रासबिहारी यहाँ आकर अतिशय प्रसन्न हुए।

उन्होंने सोचा, 'अब मोहनलाल के स्वास्थ्य के बारे में जानकारी लेनी जरूरी है। यदि वह स्वस्थ हो चुके हैं, तो क्यों न उनसे बातचीत शुरू की जाए! आखिर इसी प्रयोजन से तो वह वृंदावन आए हैं।'

□

10

चार दिन की चाँदनी

एक अध्याय का पटाक्षेप हो चुका था।

रासबिहारी को आचार्य अमल से रासपरक जानकारी भर नहीं मिली थीं, अच्छा-खासा ज्ञानार्जन हो गया था।

रही-सही कसर ब्रज-भ्रमण ने पूरी कर दी।

लीलास्थलियों तक पहुँचना, उनसे जुड़े प्रसंगों को सुनना, उनसे मौन संवाद जोड़ना महारास को समझने के लिए कम नहीं था। इस उपलब्धि से वह संतुष्ट थे।

अब मोहनलाल से मिलने की उत्कंठा उन्हें बेचैन करने लगी थी।

कैलाश प्राय: दूसरे-तीसरे दिन उनके स्वास्थ्य की जानकारी देता रहता है। एक दिन तो दवा-इलाज के खर्च की रसीदें भी दिखाने लगा था, तो वह कुपित हुए बिना नहीं रहे थे, "मैंने तुमसे हिसाब माँगा है क्या, जो यह कागज-पत्तर उठा लाए हो? हटाओ इसे मेरे सामने से और आगे से ऐसी गलती मत करना।"

सकपकाकर रसीदें हटा ली थीं उसने।

कैलाश बता चुका है कि मोहनलाल को दो-एक दिन में अस्पताल से छुट्टी मिल जाएगी, इसलिए काफी खुश हैं रासबिहारी। आखिर इसी प्रयोजन को मन में रखकर कोलकाता से आए हैं, तो मोहनलाल से मिलना उनकी प्राथमिकताओं में दर्ज है। वह तो स्वास्थ्य संबंधी कारणों से इतना विलंब हो गया, वरना अब तक उनसे मिले बिना रह सकते थे क्या?

"तुम्हारे बाबा को अस्पताल से कब छुट्टी मिल रही है, कैलाश?"

माँ कात्यायनी के मंदिर के दर्शन से लौटने के दो-तीन दिन बाद रासबिहारी ने उत्सुक कंठ से पूछा।

"अभी उनका भूलोक का दाना-पानी बदा है, तभी महीने भर के इलाज से लगभग स्वस्थ हो गए हैं। कल अस्पताल से घर आ जाएँगे। कुछ दवाइयाँ नियमित रूप से चलेंगी, पर उनके लिए अस्पताल में रहने की जरूरत नहीं है।"

"मेरे लिए यह बहुत बड़ी खुशखबरी है।" रासबिहारी प्रसन्न होकर बोले, "यदि कल आ रहे हैं, तो तुम्हें उस समय अस्पताल के खर्च का पूरा हिसाब करना होगा। तुमने तो एक बार के बाद फिर कभी पैसे के लिए कहा ही नहीं।"

"एक बार में ही आपने इतना दे दिया था कि और रुपयों की जरूरत नहीं पड़ी।"

"फिर भी कुछ और पैसे लेते जाओ। कल जरूरत पड़ सकती है।" कहते हुए रासबिहारी ने रुपयों की एक गड्डी आगे बढ़ा दी।

कैलाश ने उसे लिया नहीं।

विनम्र कंठ से बोला, "अभी रहने दें। आपके दिए रुपयों से सारा काम चल जाएगा। दवाइयाँ खरीदने के लिए यदि जरूरत होगी, तो आपसे माँग लूँगा।"

"कैलाश, रखो इसे।" रासबिहारी तेज स्वर में बोले, "मैंने अपनी ख़ुशी से मोहनलालजी की चिकित्सा का पूरा भार सँभाला है। ऐसे में हाथ रोककर खर्च करने की जरूरत नहीं है। दवा, दूध, फल सभी कुछ ढंग से दोगे, तभी वह स्वस्थ होंगे।"

"जानता हूँ। आप चिंता न करें। मैं याचक वृत्ति का पंडा-पुरोहित हूँ। तदपि आपकी भलमनसाहत का गलत फायदा न उठाऊँगा। पहले ही आप इस गैर परिवार के लिए इतना कर चुके हैं कि मुझे और ज्यादा आर्थिक मदद लेने में संकोच होता है।"

"देखो कैलाश, ऐसी औपचारिक बातें करने की जरूरत नहीं है। रुपए रखो और यह बताओ कि कब मेरी उनसे मुलाकात करवा रहे हो?"

कैलाश ने रुपए ले लिये।

सोचते हुए बोला, "कल पता नहीं किस समय तक घर आ सकें, इसलिए परसों सुबह के समय ही आप लोगों की भेंट होनी सही है।"

"कहाँ मिलाओगे?"

"मेरा टूटा-फूटा घर इस लायक नहीं है कि वहाँ किसी को खड़ा किया जा सके। बैठाने के लिए एक कुरसी तक नहीं है। ऐसे में उन्हें या तो इसी धर्मशाला लाऊँगा अथवा राधिका के घर आपको जाना पड़ेगा।"

राधिका का घर?

सुनते ही रासबिहारी चौंक पड़े।

उस घर में अपना पाँव धरना याद आ गया।

सिर्फ पाँच हजार रुपए सुंदरी को उधार चुकाने के लिए दिए थे, उसी में वह परिवार कितना कृतज्ञ हो गया था। इससे ज्यादा रुपए तो वह किसी पाँचसितारा होटल में अपने एक वक्त के लंच या डिनर में खर्च कर चुके हैं। कभी दूसरी बार सोचा तक नहीं। मामूली बात लगी।

और उस दिन सिर्फ पाँच हजार रुपए खर्च करने पर सुंदरी ही नहीं, उसका पूरा परिवार कैसा बिछ-बिछ गया था!

अलग ढंग का है वह परिवार और उसमें भी राधिका तो एकदम विलक्षण है। मुश्किल से 17-18 बरस की किशोरी है, पर समझदार इतनी कि परिपक्व बुद्धि को मात दे दे। रोज सुबह छाछ देने के लिए आने पर उनके पूरे कमरे का किसी सरकारी अधिकारी की भाँति 'मौका मुआयना' करती है। कोई वस्तु अस्त-व्यस्त पड़ी देख ही नहीं सकती।

यदि किसी रात वह घूमकर देर-सवेर आए हों और कपड़े-जूते इधर-उधर पटककर, थकान के चलते सो रहे हों, तो सुबह-सुबह आकर यह लड़की उनकी क्लास लिये बगैर नहीं रहती। पहले तो अस्त-व्यस्त सामान ठीक करेगी और फिर देर में उठने की वजह पूछेगी। संतुष्ट हो जाए तो बड़ी बात समझो, वरना अपनी नाराजी प्रकट किए बिना नहीं मानती है।

यदि उन्होंने रात को देर तक जागकर पुस्तक पढ़ी है, इसे भी पता नहीं किस करिश्मे से जान जाती है। तब ताव दिखाए बिना नहीं रहती, "नानाजी, आपसे कितनी बार कहा है, रात को समय पर सो जाया करिए। आप आज फिर देर तक जागे थे न? बहुत गलत बात है यह।"

"तूने कैसे जान लिया, लाली?" वह गद्‍गद हो उठते हैं।

"बस, जान लिया तो जान लिया। आपकी चालाक बिल्ली हूँ न! रात को खुली खिड़की से भीतर घुस आई थी और देर तक 'म्याऊँ-म्याऊँ' करती रही थी। पुस्तक बंद करके सो जाने के लिए कह रही थी। आपने सुना ही नहीं, तो क्या करूँ?"

सच, ऐसी बातों पर रीझ जाते हैं वह।

उसी रीझ से भरे हुए इस वक्त भी कैलाश से बोल पड़े, "यहाँ तक कैसे लाओगे उन्हें? पैदल चलाकर? मैं मोहनलालजी को तकलीफ नहीं देना चाहता। देह में शक्ति आते-आते ही तो आएगी। इसलिए बेहतर है, राधिका के घर ही उनसे मिलूँ।"

"ठीक है। परसों सुबह दस बजे का समय कैसा रहेगा?"

"हाँ, सही समय है। मैं नाश्ता-पानी का काम निपटाकर तैयार मिलूँगा।"

"सुंदरी मौसी से भी कह दूँगा। अचानक हमारे पहुँच जाने से उस वक्त तो चुप रहेगी, बाद में मेरी खबर लेगी।"

"उन्हें कोई असुविधा तो नहीं होगी?"

"अरे नहीं। असुविधा की क्या बात है इसमें? दो आदमी कमरे या बरामदे में बैठकर घंटे-दो घंटे बातचीत ही तो करेंगे।" कैलाश लापरवाही से बोला।

रासबिहारी के माथे पर लकीरें खिंच गईं, "एक बात तुम्हें पहले बताए देता हूँ।

सुंदरी को किसी किस्म की परेशानी नहीं होनी चाहिए। पहले मना कर देना कि किसी जलपान-भोजन आदि की व्यवस्था के फेर में न पड़ें।"

"ठीक है।" कहकर कैलाश चला गया।

कैसी रहेगी परसों मोहनलाल से मुलाकात, रासबिहारी अनजाने ही रोमांचित हो उठे।

और इस वक्त वह मोहनलाल के सामने थे।

अपनी कल्पना के अनुरूप ही उन्होंने मोहनलाल को पाया।

बुढ़ापे की मारी देह।

दुबली-पतली काया।

चेहरे पर झुर्रियाँ, आँखों में शून्यता।

कैलाश ने उन्हें पहले से ही लाकर सुंदरी के घर के भीतरी कमरे में बिछी चारपाई पर लिटा दिया था। पास में दो कुरसियाँ भी रख दी थीं।

रासबिहारी के कमरे में प्रविष्ट होने पर मोहनलाल ने उठने का प्रयास किया, तो उन्होंने उन्हें लेटे रहने को कहा और पास आकर अत्यंत आत्मीय कंठ से पूछा, "कैसे हैं मोहनलालजी?"

"आपकी कृपा है बाबूजी।" लेटे-लेटे ही मोहनलाल ने दोनों हाथ जोड़ दिए, "आपकी मेहरबानी से अस्पताल में भरती होकर और इलाज कराकर लौटा हूँ, तो लग रहा है, जैसे नई जिंदगी पा गया हूँ।"

"वह कुछ नहीं, इनसानियत के नाते मेरा फर्ज था। रास को सुरक्षित हाथों में पहुँचाने की आपकी जिम्मेदारी है, अतएव, स्वस्थ होना जरूरी था।"

"मैं अदना-सा जीव···राधा-रानी के चरणों के सिवाय कुछ नहीं जानता। रास के बारे में तो सबकुछ भूल-भाल गया हूँ।"

"तभी तो मैं आपको साठ साल पुरानी जिंदगी में लौटाना चाहता हूँ। तब आप शायद 12-14 वर्ष के रहे होंगे। चूँकि उन दिनों आपके यहाँ बहुत से यजमान आते होंगे, इसलिए सबको याद रखना संभव नहीं है, किंतु उन्हीं दिनों आपके यहाँ आकर घर में 15 दिन ठहरनेवाला 8 वर्षीय बालक विमलेंदु आज भी आपको यादों में बसाए हुए है।"

"विमलेंदु? कुछ याद नहीं आ रहा।"

"वह अपने माता-पिता के साथ आया था। आपके घर पर ही ठहरा था। लगभग 15 दिन आपके साथ रहा था। मित्रता के बंधन में बँध गया था। रासलीला देखने का बेहद शौकीन था।"

"ओह, हाँ···, मुझे कुछ-कुछ याद आ रहा है। स्वस्थ शरीर का एक गोरा-चिट्टा बालक···सिर पर घुँघराले बाल···बहुत स्नेही और बातूनी। 'दादा-दादा' कहकर हर समय मुझसे चिपटा रहता था।"

"हमारे बंगाल में बड़े भाई को 'दादा' कहते हैं। आपको अपना बड़ा भाई मानता था।"

"मुझे अब वह बच्चा बखूबी याद आ गया।"

"आपने उसे ठीक पहचाना है। आज भी वैसा ही है। 68 वर्ष की आयु में भी रंग बहुत गोरा है और एक स्वस्थ शरीर का मालिक है। सिर के बाल जरूर उड़ गए हैं, पर मैंने उसे युवावस्था में काले-घुँघराले बालों सहित भी देखा है। निश्चय ही आपने उसे पहचान लिया है।" रासबिहारी मुसकराए।

"अरे, आप अभी तक खड़े क्यों हैं?" सुंदरी ने कमरे में आकर उलाहना दिया, "कुरसी पर बैठकर बात करें, चाचा। बाबा भी दूसरी कुरसी पर बैठ जाएँ, तो आराम से बात हो जाएगी।"

"नहीं। मैं मोहनलालजी को जरा भी परेशान नहीं करना चाहता। यह लेटे हुए ही बात करें, तो ज्यादा सही रहेगा।"

"जैसा उचित समझें।" कहकर सुंदरी लौट गई।

पर मोहनलाल उठकर बैठ चुके थे और चारपाई से उतरते हुए कह रहे थे, "बाबूजी, चिंता न करें। आपकी दया से मैं अब बिल्कुल ठीक हूँ। कुरसी पर बैठकर बात करने में कोई दिक्कत नहीं है।"

"एक बात बताएँ, विमलेंदु को आप क्या कहकर पुकारते थे?"

"छोटा था मुझसे, इसलिए नाम लेकर ही पुकारता था।"

"वह मेरा मित्र है, मेरा हमउम्र है, उसी के कहने से मैं यहाँ आया और आपसे मिल रहा हूँ।"

"अरे! यह तो सचमुच बहुत चौंकानेवाली बात है। अपने मित्र की 60 बरस पहले की यादों से बँधे हुए आप यहाँ तक आए हैं।" मोहनलाल का चेहरा उल्लास से चमक उठा।

"हाँ दादा। विमलेंदु की भाँति आप मेरे भी दादा हैं, यानी बड़े भाई और जैसे उसको आप साधिकार नाम लेकर पुकारते थे, वैसे ही मुझे भी नाम से पुकारेंगे—रासबिहारी।"

"ऐसा कैसे संभव है?" मोहनलाल परेशान से दिखाई दिए, "मैं आपको, अपने छोटे भाई को सिर्फ 'भाइजी' कह सकता हूँ।"

"आपकी मर्जी दादा, भाइजी ही कहिए।" रासबिहारी जोर से हँस पड़े।

"अगर आज की तारीख में विमलेंदु मेरे सामने पड़े, तो मैं उन्हें भी 'भाइजी' ही

कहूँगा। नाम लेकर पुकारना अब मुमकिन न होगा।" मोहनलाल भी मुसकराए।

"जानता हूँ दादा।" रासबिहारी पता नहीं क्यों भावुक हो उठे। सामने कुरसी पर बैठे इस कृशकाय वृद्ध के लिए मन अनजाने ही मोह-ममता से भर गया था।

"चाचा, आप लोग अपनी बातें बाद में शुरू करें।" सुंदरी एक बार फिर वहाँ आकर खड़ी हो गई, "पहले यह बताएँ कि दुधाड़ी में औटा दूध पसंद करेंगे या चाय लाऊँ?"

"सुंदरी, तुमसे कैलाश ने कुछ कहा नहीं? मैंने कल एक संदेश भिजवाया था।" रासबिहारी गंभीर हो उठे।

बरामदे में बैठी राधिका ने यह बात सुन ली थी। खिलखिलाती हुई भीतर दौड़ आई, "नानाजी, बेकार है कुछ कहना। मैं आपको पहले दिन ही बता चुकी हूँ कि इस घर में सिर्फ माँ का हुक्म चलता है और खासतौर से रसोईघर को लेकर तो मुँह खोलना ही व्यर्थ है।"

"बड़ी विषम समस्या है तब तो।" रासबिहारी हँस पड़े, "तब ठीक है, मेरे लिए दुधाड़ी का दूध ही लाओ। चाय पीकर तो मयूर निकुंज से निकला हूँ।"

"मीठा या सादा?"

"सुंदरी, मैं मीठे का शौकीन हूँ। यदि तुम लोग एक चम्मच चीनी डालते हो, तो उतने ही दूध में मुझे दो चम्मच चीनी चाहिए।"

"ठीक है, मैं समझ गई।" सुंदरी हँसती हुई वहाँ से चली गई।

दुधाड़ी का दूध दोनों कुरसियों पर आसीन सज्जनों ने पिया। मोहनलाल के लिए वह दूध गरिष्ठ न हो जाए, रासबिहारी की इस चिंता को भाँपकर सुंदरी मुसकरा दी, "आप कुछ न सोचें। बाबा का हाजमा पूरी तरह दुरुस्त है। एक गिलास दूध पचाने में कोई दिक्कत नहीं होगी और अब तो अस्पताल से पूरे स्वस्थ होकर लौटे हैं। है न बाबा?"

"बिल्कुल सही कहा, सुंदरी। जिसे भाइजी जैसा छोटा भाई मिल जाए, उसे फिर काहे की चिंता!" मोहनलाल भी मुसकरा दिए।

खाली गिलास लेकर सुंदरी चली गई।

जाते समय कमरे का दरवाजा भेड़ती गई, ताकि उन लोगों को बातचीत में कोई विघ्न न पड़े।

~✦~

आमने-सामने बैठे दोनों आदमियों में से एक के चेहरे पर तनिक घबराहट दौड़ गई, "मैं अनपढ़-गँवार आदमी हूँ भाइजी, आपसे बात करने लायक बुद्धि मुझमें नहीं है।

कैसे-क्या बात करूँगा, नहीं जानता।"

कहने वाला मोहनलाल था। चेहरे पर तनाव उतर आया था। रासबिहारी ने उन्हें आश्वस्त किया, "चिंता मत करो, दादा। मैं आपकी सेहत का हाल-चाल लेने के लिए आया हूँ। हम इधर-उधर की मामूली बातें करेंगे। आप अस्पताल से लौटकर अपनी सेहत में कितना फर्क महसूस कर रहे हैं? या फिर इस साल यहाँ बारिश कैसी हो रही है? और शायद उन पुराने दिनों की चर्चा, जब आप रास के कलाकार थे।"

"सेहत? हाँ, सेहत में जमीन-आसमान का फर्क महसूस कर रहा हूँ। थोड़ी-सी कमजोरी है देह में और कोई दर्द-तकलीफ नहीं है। न तन में, न मन में।"

"यही होना चाहिए। कमजोरी जाते भी देर नहीं लगेगी।"

"बारिश इस साल काफी हो रही है। असाढ़ माह से ही पानी बरसना शुरू हो गया, अब क्वार लग गया है, पानी भी विदाई की तैयारी में है।" मोहनलाल बुदबुदाए।

"और रास के कलाकार थे जब, वे दिन कैसे थे?"

"कुछ याद नहीं। बुढ़ापे में याददाश्त कमजोर हो चुकी है। एक युग भी तो गुजर गया है, तब से। अब भला क्या दिमाग में ठहरा होगा?"

रासबिहारी समझ गए, मोहनलाल इस विषय से बचना चाहते हैं। जिन बातों को लेकर जीवन भर जलील होते रहे हैं, उनसे विरक्ति स्वाभाविक है।

पर वह भी क्या करें?

सिर्फ रास के आकर्षण से बँधे हुए, कोलकाता से वृंदावन आए हैं। मोहनलाल से मिलने की उत्कंठा कितनी रही है, इसे बयान करना कठिन है। जिस रास को लेकर मन में अनंत जिज्ञासा भरी है, उसके एक कलकार के जीवन में झाँकने की उत्सुकता को कैसे रोक सकते हैं? एक चलताऊ बेरुखी देखकर हार कैसे मान लें?

उन्हें पता होना चाहिए कि समय की राख ने इस आँच को मृतप्राय कर दिया है। यदि सवालों की सलाखों से लगातार कुरेदेंगे, तो बुझे-से दिखते कोयले धधक उठेंगे, एक ज्वाला में परिवर्तित हो जाएँगे।

इसी ज्वाला की तलाश है उन्हें।

धैर्य रखेंगे, तो सफलता भी मिलेगी।

मन में उम्मीद बटोरकर रासबिहारी ने एक बार फिर चेष्टा की, "थोड़ी कोशिश करने पर तुम्हें एक-एक बात याद आ जाएगी, दादा। कुछ भूले नहीं हो। घर के विपरीत माहौल ने उन पुराने दिनों पर एक परदा-सा डाल दिया है, बस! देखो, मेरे कहने से परदा हटाओ तो पूरा दृश्य आँखों के सामने आ जाएगा। वह रासमंडली, वे संगी-साथी, वह रास-मंच और उस मंच पर हर दिन एक नई लीला…"

"ओह, वे मेरी जिंदगी के बहुत नादानी भरे दिन थे। बचपना था मेरा।" मोहनलाल

तड़प-से उठे, "उन्हीं दिनों के चलते तो आज मेरी इतनी दुर्गति है। अपने पोते के मुँह से रात-दिन जली-कटी सुननी पड़ती है। काश! वह रासमंच न होता, उस रासमंच पर मैं न होता, तो आज मेरी जिंदगी में भी इतना अँधेरा न होता। दो-दो पैसे के लिए इतनी किच-किच न होती।"

वातावरण भारी हो गया था।

रासबिहारी क्षण भर चुप रहे, फिर अपनी कुरसी से उतरकर मोहनलाल की कुरसी के पीछे जा खड़े हुए। उनका कंधा थपथपाते हुए मनोबल बढ़ाया, "क्यों भूलते हो दादा, तुम्हारी उसी रासलीला की जिंदगी ने आज तक तुम्हें लोगों के दिल में बसा रखा है। तुम्हारे वृंदावन से डेढ़ हजार किलोमीटर दूर बसा विमलेंदु आज भी तुम्हारे रासमंच के अभिनय को याद करके रोमांचित हो उठता है। तुम्हारे पास खड़ा यह रासबिहारी भी तुम्हारी उसी रास की जिंदगी की यादों से जुड़ने के लिए सुदूर पश्चिम बंगाल से यहाँ आया है। वे दिन कड़वे-कसैले दिन नहीं हैं, तभी तो तुम उन्हें भुला देने की चेष्टा के बावजूद भूल नहीं पाए हो। तुम उन दिनों को अपनी आखिरी साँस तक भूल भी नहीं सकते हो। वे तुम्हारी जिंदगी के सबसे सुनहरे दिन हैं।"

रासबिहारी की गुरु-गंभीर आवाज जैसे कानों में पड़ी कोई आकाशवाणी हो।

रासबिहारी के हाथ का कंधे पर स्पर्श जैसे अभयदान के लिए मिला वरदहस्त हो।

रासबिहारी के सान्निध्य के पल जैसे अयाचित मिले आनंदतिरेक के क्षण हों।

मोहनलाल स्वर्ग का सुख पाकर आत्मविस्मृत अवस्था में पहुँच गए।

उनका सर्वांग काँपने लगा।

उनकी आँखों से आँसुओं की धारा बहने लगी।

उनका कंठ अवरुद्ध हो उठा।

थर-थर काँपती देह लिये, अँसुवाई आवाज में, बेसुध अवस्था में बोल पड़े, "तुम सही कहते हो भाइजी। वह रासलीला मेरी जिंदगी के सागर-मंथन का अमृत है। उसी के सहारे तो यह बूढ़ी-बीमार-निढाल काया को खींच रहा हूँ। वे दिन मैं कैसे भूल सकता हूँ? मुझे उस जमाने की एक-एक बात याद है।"

"मैं तुम्हें उसी स्मृति-लोक में ले जाना चाहता हूँ, दादा। तुम इस वक्त यहाँ सुंदरी के घर पर एक कमरे में नहीं बैठे हो, उसी दुनिया में पहुँच चुके हो। मेरी उँगली पकड़ो और मुझे भी उसी स्मृति-लोक की सैर कराओ। विश्वास रखो, मैं सिर्फ यही मनोरथ लेकर तुम्हारे पास आया हूँ। तुम मुझे निराश नहीं करोगे, दादा।"

"हाँ भाई, मैं तुम्हें निराश नहीं करूँगा। सबकुछ बताऊँगा। अपनी जिंदगी के स्याह-सफेद दिनों से रू-ब-रू करूँगा। चिंता न करो, अपनी कुरसी पर बैठ जाओ। मैं अपनी बात शुरू करता हूँ।" दबी-घुटी हिचकियाँ रोकते हुए मोहनलाल बोले।

'आप' उनके बीच से पता नहीं कब और कैसे हट चुका था। ब्रज की आत्मीय धरा पर 'तुम' का चुपके से प्रवेश उन दोनों प्राणियों को एक बंधुत्व में बाँध चुका है, इसका संभवत: उनमें से किसी को अहसास तक न था।

रासबिहारी खामोशी से हटे और चंद कदम दूर रखी अपनी कुरसी पर बैठ गए।

इंतजार करने लगे, मोहनलाल सुस्थिर हों और अपनी बात शुरू करें।

जैसे ही मोहनलाल की वाणी फूटी, उसके आलोक में अतीत के धूल-धूसरित गली-गलियारे चमक उठे।

लगभग सात-आठ वर्ष की आयु का एक मोहक बालक।

आँखों में चमक, अंतस् में ललक।

और यह चमक और ललक उस शानदार-आबदार रासमंडली के क्रियाकलापों को छिप-छिपकर देखने पर उसकी आँखों में जागती है, जो उसके घर से कुछ दूर मुख्य सड़क पर स्थित है।

स्वामी घनश्याम की रासमंडली है यह।

'श्यामजी रासमंडली' के नाम से वृंदावन में जानी जाती है। कई पीढ़ियों से जीवंत है और स्वयं को पुष्टिमार्ग की परंपरा से जोड़ती है।

घनश्यामजी जब छोटे थे, तो अपने पिता की रासमंडली में कृष्ण का 'स्वरूप' बनकर अभिनय करते थे। तभी उनके गायन, नृत्य और अभिनय की पूरी वृंदावन नगरी में धूम थी। बालकृष्ण की चपल लीलाओं के सजीव अनुकरण से भक्तों का मन जीत चुके थे। उन्हें कृष्ण के रूप में लीलाभिनय करता देख तत्कालीन छतरपुर नरेश इतना रीझे कि अपने साथ छतरपुर ले गए। वहाँ बालक घनश्याम की कला को निखरने का पूरा मौका मिला। महाराज की छत्रच्छाया में उन्हें रासमंच पर नए-नए प्रयोग करने को ऐसी धुन चढ़ी कि युवावस्था में वृंदावन में अपनी रासमंडली का मालिक बन जाने पर उन प्रयोगों के द्वारा एकदम गजब ही ढा दिया। उनकी 'श्यामजी रासमंडली' को वृंदावन की रासमंडलियों का सिरमौर बनते देर न लगी। ख्याति ऐसी बढ़ी कि नगर की सीमाएँ छोड़कर देश भर में इस रासमंडली का नाम पहुँच गया।

इन्हीं स्वामी घनश्याम का पुत्र है हरिनाथ और उसकी प्रगाढ़ मित्रता सात-आठ वर्ष के उस मोहक बालक से है, जिसका नाम मोहनलाल है।

समान वय के दोनों मित्र।

हरिनाथ के संग-साथ में रहते हुए मोहनलाल के मन में रासमंडली के प्रति अत्यधिक आकर्षण उपज गया है। उसे पता है, हरिनाथ मुँह में चाँदी का चम्मच लेकर

पैदा हुआ है। ढाई-तीन वर्ष की अवस्था से रासमंच पर उतरने लगा है। बगैर किसी प्रयास के कृष्ण का स्वरूप धारण करने का अवसर पा चुका है। मोहनलाल को मित्र के इस सौभाग्य से ईर्ष्या नहीं होती। इसे वह 'अपना-अपना भाग्य' मानकर संतोष कर लेता है, बल्कि यह सोचकर प्रसन्न हो जाता है कि 'श्यामजी रासमंडली' में कृष्ण का स्वरूप धारण करनेवाले हरिनाथ से उसकी गहरी दोस्ती है। दोस्ती के इन क्षणों में मोहनलाल के पास बातचीत का एक ही विषय रहता है, हरिनाथ से नई लीला की तैयारी के बारे में रुचिपूर्वक जानकारी लेना। वह अपने मित्र के मुँह से उन संवादों को बार-बार सुनना चाहता है, जिनकी प्रस्तुति रात को रासमंच पर होगी। हरिनाथ को भी अपने संवाद अभिनय सहित सुनाने में बहुत आनंद आता है।

पूरी दोपहर इसी क्रीड़ा-कौतुक में बीत जाती है। इसके बाद शाम को जब हरिनाथ अपनी मंडली के अन्य सदस्यों के साथ शृंगार-कक्ष में सजता-सँवरता है, तो मोहनलाल को मन मारकर श्याम भवन के पिछवाड़े की गली में घूम-फिरकर समय बिताना पड़ता है। उसे मालूम है, रासधारियों के सजने-सँवरने के समय वह वहाँ खड़ा नहीं रह सकता। लाखों का सोना-चाँदी जो खुला पड़ रहता है। 'श्यामजी रासमंडली' की यही विशेषता तो उसे वृंदावन की अन्य रासमंडलियों से अलग और विशिष्ट बनाती है कि यहाँ अभी भी सोने-चाँदी के आभूषणों का ही इस्तेमाल होता है। नकली जेवर और फूलों का शृंगार यहाँ नहीं होता। ऐसे में कोई बाहरी व्यक्ति वहाँ कैसे पहुँच सकता है?

हाँ, रासधारियों के शृंगार के बाद जब कार्यक्रम शुरू होने का समय निकट आता है, तो रासशाला का दरवाजा खुलते ही मोहनलाल सबसे पहले वहाँ जाकर बैठ जाता है। रासमंच के ठीक सामने बैठने का लालच वह छोड़ नहीं पाता। इसके लिए पहले से जाकर जगह घेरनी पड़े, तो इसके लिए भी तैयार रहता है। सोचता है, अगली पंक्ति में बैठकर लीला देखने का मजा ही कुछ और है! इससे कोई उसे कैसे वंचित कर सकता है?

रासमंडली के प्रति उसका यह 'चिपकू' भाव सबको मालूम है। माँ-बापू से डाँट भी पड़ती है, पर वह किसी की बात पर ध्यान नहीं देता। दादी को पटा रखा है, जो उसके देर रात में लीला देखकर लौटने पर चुपके से दरवाजा खोलकर उसे घर के अंदर घुसा लेती है।

माँ-बापू भी ज्यादा चिंता नहीं करते।

जानते हैं, भरे-पूरे परिवार में एक चंचल बालक की गतिविधियों पर नजर रखने की उनके पास फुरसत नहीं है। चार बड़े बेटे जब माता-पिता के अनुशासन में पल रहे हों, तो एक बच्चे की मनमौजी प्रकृति वे लोग झेल लेते हैं।

मोहनलाल की छोटी-सी दुनिया में मित्र हरिनाथ है, दादी है और श्यामजी रासमंडली है। इससे इतर कुछ और सोचने की उसे जरूरत ही क्या है?

अपनी छोटी-सी दुनिया में मोहनलाल खुश है। उसे यह दुनिया बुरी भी नहीं लगती। पर सपना देखने से खुद को कैसे रोक सकता है? सपना ज्यादा बड़ा नहीं है, छोटा ही है। हरिनाथ की भाँति उसे अगर रासमंच पर स्वरूप बनने का अवसर मिल जाए, तो मजा आ जाए! एक बार अवसर पाकर भी वह खुश रहेगा। ठाकुरजी का मुकुट माथे पर धरकर कैसी अनुभूति होती है, पता चल जाएगा। मुकुट में सजा मयूर पंख चुपके से निकाल लाएगा। कौन-सा सोने का मोरपंख होता है, जो उसके गुम जाने पर कोई हड़कंप मचे! एक छोड़-दस मोरपंख श्याम भवन की बगीची में नृत्यरत मयूर नित गिराते रहते हैं।

हाँ, उसके लिए वह मयूरपंख इतना मूल्यवान् होगा कि जिंदगी भर सहेजकर रखेगा और जब-तब निहारकर मन-ही-मन सुखी होता रहेगा।

एक बार, सिर्फ एक बार ठाकुरजी के स्वरूप में उतरने की यह चाहत बहुत व्याकुल कर देती है उसे, पर जानता है कि यह बात असंभव है। उसे स्वरूप बनाएगा कौन, सोचकर अपनी मूर्खता पर खुद ही खिलखिलाकर हँस पड़ता है। खुद को लताड़ता है—'तू यह सपना देखता ही क्यों है? पागल कहीं का!'

कौन जानता था कि यह असंभवप्राय स्वप्न एक दिन साकार हो जाएगा!

वह दिन आम दिनों जैसा ही था। पर उस दिन मोहनलाल पूरे दिन अनमना रहा था। उसे शिकायत थी हरिनाथ से, जो आज दिन में एक बार भी न उसकी गली में आया, न उसका दरवाजा खटखटाया। एक बार भी दोनों दोस्त चौराहे वाले कृष्ण मंदिर के पीछे की बगीची में करील के झुरमुट में बैठकर बतियाए नहीं।

भला दोस्ती में ऐसा कहीं होता है?

हरिनाथ को सोचना चाहिए था कि उसके बिना मोहन का मन कैसे लगेगा? हरिया-मोहन की जोड़ी कान्हा-दाऊभैया की जोड़ी से कम थोड़े ही है। अब यह तो तय है कि आना हरिनाथ को ही पड़ेगा। वैसे तो मोहनलाल दिन में हजार दफे श्याम भवन के चक्कर काटने को तैयार है, पर वहाँ उसे घुसने कौन देगा? फाटक पर बैठा दरबान बाहर से ही खदेड़ देता है, "फिर आया तू? भाग यहाँ से, नहीं तो खींचकर एक करारा थप्पड़ गाल पर ऐसा दूँगा कि दोबारा इधर कदम रखना भूल जाएगा।"

न सिर्फ गरियाएगा, बल्कि देर तक बड़बड़ाता रहेगा, "इसे तो मालिक के बेटे हरिनाथ ने ही सिर चढ़ा रखा है। कृष्ण-सुदामा की दोस्ती निभानी थी, तो दोनों द्वारका

में बसते! इस फटेहाल को अगर मालिक ने भवन में घुसता देख लिया, तो मैं गरीब बेबात मारा जाऊँगा। भीतर जाकर कुछ चुरा लिया, तो कौन जवाब देगा कि यह चोर वहाँ पहुँचा कैसे? बेहतर है, इस श्याम भवन से यह बवाल दूर ही रहे।"

व्यर्थ की परेशानी से बचने के लिए दोनों दोस्तों में तय है कि समय मिलने पर हरिया ही मोहना की गली में आएगा और फिर चौराहे वाले कृष्ण मंदिर के पिछवाड़े दोनों मित्र अपनी दोपहरी काटेंगे।

आज हरिनाथ नहीं आया तो मोहनलाल ने बड़ी मुश्किल से अपने मन को सँभाला।

जैसे-तैसे लीला का समय निकट आया, तो रोज की तरह दो घंटे पहले ही दरवाजा खुलने की प्रतीक्षा में उसके पाँव रास भवन की ओर बढ़ गए।

पर आज दरवाजा खुल क्यों नहीं रहा है, मोहनलाल समझ नहीं पाया। निश्चित समय से 10-15 मिनट ज्यादा हो जाने पर उसने चौकीदार से पूछा, "दरवाजा कब खुलेगा?"

"पता नहीं।"

"शाम सात बजे से तो लीला शुरू होनी है। रोज दो घंटे पहले यहाँ का दरवाजा खुल जाता है न?"

"कोई समस्या है। मुझसे दरवाजा न खोलने के लिए कहा गया है।"

"तो क्या आज लीला नहीं होगी? कल तो घोषणा की गई थी कि आज 'माखन चोरी' का प्रदर्शन होगा। भक्तों को यह लीला कितनी प्रिय है, सब जानते हैं। ठठ-की-ठठ भीड़ उमड़ेगी। उसपर दरवाजा न खोलने का आदेश? मैं कुछ समझा नहीं!"

"जानता हूँ, तुझे रास देखने का बड़ा चस्का है। पर यहाँ खड़े रहकर मेरा दिमाग मत खा। जब लीला शुरू होगी, दरवाजा खुलें, तब आ जाना।"

"वही तो पूछता हूँ, लीला कब शुरू होगी?"

"बच्चे, श्याम भवन जाकर पता कर। यहाँ खड़े रहने से कुछ पता नहीं चलेगा।"

"ठीक है, वहीं जाता हूँ।" कहकर मोहनलाल श्याम भवन जा पहुँचा।

उसके अनुमान के अनुसार ही दरबान ने लट्ठमार लहजे में पूछा, "क्या बात है, खड़ा क्यों है यहाँ?"

"हरिनाथ से मिलना है।"

"भाग जा यहाँ से। उनसे मुलाकात नहीं होगी।"

"क्यों?"

"वह बीमार हैं।"

"क्या कहा, बीमार हैं? फिर आज लीला कैसे होगी? 'माखन चोरी' में तो कान्हा के बिना काम नहीं चलेगा।"

"मुझे पता है। इसलिए आज यहाँ सब लोग परेशान हैं। कल घोषणा न हुई होती, तो कोई बात न थी। अब आज बात पूरी नहीं हुई, तो हमारी रासमंडली की साख गिरेगी, लेकिन बीमारी की हालत में छोटे भैया को रासमंच पर कैसे उतारा जाए? समस्या बहुत उलझी हुई है।"

"काका, मुझे एक बार मालिक से मिलवा दो।"

"उनसे मिलकर क्या करेगा?"

"हरिनाथ की जगह रासमंच पर उतरने की बात कहूँगा।"

मोहनलाल की बात सुनकर दरबान को जोर से हँसी आ गई, "यह मुँह और मसूर की दाल! तू स्वरूप बनेगा? होश में तो है?"

"हाँ काका, पूरे होश में ही बात कर रहा हूँ। मुझे अंदर चला भर जाने दो, मैं खुद मालिक से बात कर लूँगा।"

"और अगर वहाँ से पिटकर आए, तो मुझसे कुछ मत कहना।"

"नहीं पिटूँगा।" मोहनलाल विश्वासपूर्वक बोला।

~✦~

और कुछ देर बार वह श्यामजी के सामने खड़ा था, अपनी बात कह चुका था।

श्यामजी उसे पहचानते थे। कई बार अपने पुत्र के साथ देख चुके थे।

कुछ देर दृष्टि गड़ाकर उसका चेहरा देखते रहे, फिर पूछा, "आज तक कभी रास मंच पर उतरे हो?"

"जी नहीं।"

"फिर हजार आदमियों की भीड़ के सामने खड़े हो सकोगे?"

"मुझे अपने आप पर विश्वास है।"

"कोरे विश्वास से काम नहीं चलता है, बेटा। यह लंबी साधना का पथ है। एकाएक मंच पर जाकर खड़े तो हो जाओगे, पर आज की 'माखन-चोरी' लीला के संवाद, गीत और अभिनय? इन सबको आसान समझते हो क्या?"

"नित्य दिन में दो-तीन घंटे हरिनाथ के साथ चौराहेवाले कृष्ण मंदिर के पीछेवाली बगीची में बैठकर यही बातें करता हूँ। आज की माखन-चोरी में हरिनाथ के हिस्से का काम अच्छी तरह सँभाल लूँगा। आप सुनकर देख लीजिए।"

"मजाक करते हो? मुझसे?"

"मैं आपसे भला क्यों मजाक करूँगा? यदि गलत बात कही हो, तो लात-घूँसों से कूट-पीटकर सजा दे दीजिएगा।"

"ऐसा है क्या? तो फिर, ठीक है। सुनाओ, जो कुछ आता है।"

"माखन-चोरी का वह प्रसंग, जहाँ श्रीकृष्ण गोपी के घर में घुसे हैं और माखन की मटकी में हाथ डालकर माखन निकाला है। कुछ माखन हाथ पर लगा है, कुछ मुख पर। अचानक सखी वहाँ आ गई और श्रीकृष्णजी माखन-चोरी करते रँगे हाथ पकड़े गए। अब मैं इस दृश्य को संवाद, अभिनय और गीत सहित सिर्फ श्रीकृष्ण के संवाद बोलूँगा। गोपी के संवाद आप जानते ही हैं, कल्पना कर लें कि उसने क्या कहा है!"

"ठीक है।"

"नहीं। आधे-अधूरे संवादों में आनंद नहीं आएगा। मैं श्रीकृष्ण और गोपी, दोनों के ही संवाद बोलता हूँ—

गोपी : कहौ श्यामसुंदर, का करि रहे हौ? आजु भले मिले, अब तौ करनी कौ फलु पावौगे।"

कृष्ण : कहा बात है सखी?

गोपी : अच्छौ तौ स्यामसुंदर, माखन कौ माखन खायौ, अब आँखिन नै औरि निकारि रहै हौ। बोलो, मेरे सूने घर में चौं आए?

कृष्ण : ऐं सखी, जे तेरौ घर है?

गोपी : मेरौ घर काए कूं है। जि तौ तिहारे बाबा कूं घर है।

कृष्ण : मोतै तौ सखी, बड़ो धौकौ है गयो।

गोपी : कहा धौकौ है गयो।

कृष्ण : सखी, कछु मती पूछै।

गोपी : कछु तो बताओ कन्हैया।

कृष्ण *(गायन)* **:** "मैं जानौ यह गेह आपनो, याही धौकै आयो।"

सखी, मैंने तौ जे घर अपनौ ही जानौ, यासौ आय गयौ।

गोपी : आए सो तो भली करी, पर जि तौ बताओ, तुमाए हाथन में जे माखन कैसे लग्यो भयौ ए।

कृष्ण *(गायन)* **:** "चैंटी परी माँहि गोरस के ता कारन कर नायौ।"

अरि देखि सखी, तेरी माखन की या मटुकिया मैं चेंटी परी चैंटी। सो मैंने सोची, सखी को ही बीनन परिंगी। या सौ ठालौ-बैठ्यौ ही कहा करौं, इन चैंटीन नै ही बीनि दऊँ। सो सखी, मैंने तौ तोरी मटुकिया की चैंटी बीनीं।

बस, इतना सुनते ही श्यामजी का चेहरा उल्लास और वात्सल्य से खिल उठा। रीझे कंठ से बोले, "शाबास बेटा, अब मुझे विश्वास हो गया कि आज की माखनचोरी लीला

में कोई कमी नहीं रहेगी। इसका जादू भक्तों की भीड़ के सिर पर चढ़कर बोलेगा।"

मोहनलाल ने श्यामजी के पाँव छू लिये तो उन्होंने भी गद्‌गद होकर उसे गले लगा लिया।

उस दिन की लीला का मोहनलाल का पूरा फायदा मिला। यह तय था कि उसका काम हरिनाथ से इक्कीस रहा था, पर रासस्वामी के पुत्र को अपदस्थ करके कृष्ण के 'स्वरूप' को हथिया लेना उसके हाथ में न था। सिर्फ उस दिन उसे रासमंच पर आने का अवसर मिला। हरिनाथ को उत्तमोत्तम वैद्यों की चिकित्सा का लाभ मिला था। अतिसार से उत्पन्न दुर्बलता दूर होते ही वह अपना काम करने को उद्यत था। मोहनलाल के लिए वही एक दिन सूम के धन की भाँति संग्रहणीय हो गया था।

पर सौभाग्य के उसके द्वार पर दस्तक देने की भूमिका उस एक दिन में ही बन चुकी थी।

तीसरे दिन एक तिलक-माला धारी सज्जन उसके सामान्य-से घर के द्वार पर आ खड़े हुए और उसके पिता से बोले, "जयपुर के एक सेठ यहाँ रासमंडली शुरू करने के इच्छुक हैं। व्यवस्था का भार मुझे सौंपा है। इसी सिलसिले में मुझे ठाकुरजी के स्वरूप में उतारने के लिए आपका पुत्र मोहनलाल जँच रहा है। कृपया इसके लिए अनुमति दें, तो मैं उसे लेकर अपनी तैयारी शुरू कर दूँ।"

"आपका दिमाग तो सही है?" पिता बौखला गए, "मेरा 7-8 बरस का अज्ञानी बेटा ठाकुरजी के स्वरूप में रासमंच पर कैसे उतर सकता है? उसे आता ही क्या है?"

"अभी दो दिन पहले ही तो उसने श्यामजी के रासमंच पर इतनी निपुणता से माखन-चोरी की लीला में कान्हा के स्वरूप में उतरकर भक्तों की तालियाँ बटोरी हैं। फिर भी आप उसे अज्ञानी कहते हैं?" सज्जन मुसकराए।

"क्या कहते हैं आप?" बापू चकरा गए, "जरूर आपको कोई गलतफहमी हुई है। मेरा मोहनलाल नहीं, कोई और बालक होगा। फिर, श्यामजी की रासमंडली में उनके बेटे हरिनाथ के रहते किसी अन्य बालक की बात कैसे सोची जा सकती है?"

"यदि आपको मेरी बात पर विश्वास नहीं है, तो उसी से पूछ लें।" सज्जन बोले।

मोहनलाल की पुकार हुई और सच सामने आ गया। पिता विस्मित थे, पर आक्रोशित भी। घर में सूचना दिए बिना छोरे को रासमंच पर नहीं जाना चाहिए था।

हालाँकि आगंतुक को साफ इनकार कर दिया गया, पर वह जाते-जाते कह गए, "मेरी प्रार्थना की अनसुनी न करें। मुझे मालूम है, अपनी नवनिर्मित रासमंडली के लिए मुझे उससे बेहतर रासधारी नहीं मिलेगा, जो ठाकुरजी के रूप में भक्तों को रिझा सके।

इसलिए अगले सप्ताह फिर आऊँगा। कृपया आप स्वीकृति दे दीजिएगा।"

घर में कई दिन चख-चख हुई। मोहनलाल माता-पिता की पाँचवीं और सबसे छोटी संतान था। चारों बड़े भाई जब लगभग युवावस्था को प्राप्त हो गए थे, तब जनमा था। उस युग में ऐसा बहुधा होता था। सास-बहू एक साथ मातृत्व-भार ढोती दिखाई दे जाती थीं। यहाँ भी चारों बड़े भाई अब तक पढ़-लिखकर अपने-अपने घर-द्वार के हो गए थे। एक रेलवे कर्मचारी था, दूसरा बस कंडक्टर। तीसरा स्कूल मास्टर था और चौथे ने तो पुलिस कांस्टेबल बनकर परिवार को मानो निहाल ही कर दिया था। ऐसे में रासमंडली में मोहना के शामिल होने को घर में कोई पसंद कैसे कर सकता था? रासमंडली में कमर लचकाकर बेटे का नाचना माँ-बाप को गले के नीचे नहीं उतर रहा था। पर मोहनलाल अड़ गया कि वह घर छोड़ देगा, परंतु सौभाग्य से हाथ लगे हुए सुअवसर को नहीं छोड़ेगा। फैसला घरवालों को करना है, बेटा चाहिए या नहीं?

अंततः माता-पिता को बेमन से स्वीकृति देनी पड़ी। दादी ने पोते का पक्ष लिया था, इसलिए भी माँ-बाप दब गए। नवनिर्मित 'श्रीजी रासमंडली' में मोहनलाल का पूरे हर्षोल्लास और उत्साहपूर्वक प्रवेश हुआ। जल्दी ही वह सभी रासधारियों का चहेता भी बन गया। हरिनाथ के साथ दोपहर की बैठकबाजी कम हो गई थी, पर उसे इससे कोई फर्क नहीं पड़ता था। अपने काम के प्रति ऐसी एकाग्र निष्ठा रखता कि जिस लीला में उतरता, भीड़ का श्रद्धाभाजन बन जाता। उस समय वह मोहनलाल रहता ही कहाँ था, ठाकुरजी का स्वरूप जो बन जाता था। तीन-चार साल बीतते-न बीतते अपने काम में ऐसा रम गया कि रासमंच के सिवाय कुछ सूझता ही न था। शायद यह वही समय था, जब कोलकाता से आनेवाले एक परिवार के बेटे विमलेंदु के साथ उसकी मित्रता हुई थी। बड़े चाव से वह अपने नए दोस्त को प्रतिदिन लीला-मंचन देखने के लिए निमंत्रित करता था और बाद में उसके मुँह से अपनी तारीफ सुनकर खुशी से फूला नहीं समाता था।

~✦~

मोहनलाल जैसे साठ साल पूर्व के समय में पहुँच चुके थे। उस उल्लास की सरिता में डूबने के बाद कुछ और बताने में असमर्थ हो गए थे। वैसे भी बीमारी से उबरने के बाद अभी शारीरिक कमजोरी से ग्रस्त तो थे ही। जब बात करते-करते चुप हो गए, तो रासबिहारी की भी तंद्रा टूटी।

ग्लानि भरे चिंतित कंठ से पूछा, "मैंने बहुत थका दिया आपको? क्षमा चाहता हूँ। अब विश्राम करें। कुछ देर चारपाई पर लेटकर विश्राम कर लें।"

"ऐसा मत कहें। आपने मेरे मन की भूली-बिसरी यादों को जल-सिंचन से

पुनर्जीवित कर दिया है, इसके लिए मैं संपूर्ण हृदय से आपका कृतज्ञ हूँ।" मोहनलाल ने विह्वल भाव से उत्तर दिया।

तभी द्वार पर थाप पड़ी, "मैं अंदर आ सकती हूँ?"

"हाँ, हाँ, बिल्कुल आ सकती हो।" रासबिहारी ने अनुमति दे दी।

द्वार खोलकर राधिका भीतर घुसी।

चंचल कंठ से बोली, "बाप रे! इतनी बातें? हमने तो बाहर बरामदे में बैठे-बैठे एक झपकी ले ली। नींद खुली, तो देखा कि बातें अब भी चल रही हैं।"

"शैतान लड़की, हमें धमकाती है?" रासबिहारी हँस पड़े।

"लाली गलत नहीं कह रही।" सुंदरी भी अंदर आकर बोली, "दोपहर का एक बज गया है। खाने का समय निकला जा रहा है। मैं भी सोच रही थी कि कब बातें खत्म हों, तो थाली परसूँ!"

"तुमने हमारे लिए खाना भी बना लिया?" रासबिहारी संकुचित हो उठे।

"साधारण दाल-रोटी है, नानाजी, लेकिन ठंडी होने पर वह भी बेमजा हो जाएगी।" राधिका चहकी।

"ठीक है, ले आओ।" रासबिहारी को हथियार डालने पड़े।

भोजन स्वादिष्ट था या अति प्रेमपूर्वक परोसा जाने के कारण इतना स्वादिष्ट लग रहा था, रासबिहारी जान नहीं सके। हाँ, उन्हें खुशी हुई, जब मोहनलाल ने भी स्वस्थ व्यक्ति की भाँति पूरे मन से खाना खाया।

कहीं से घूमता-फिरता कैलाश भी तभी आ पहुँचा।

बाबा ठीक से बातचीत कर रहे हैं, जानना चाहता था। सुंदरी ने उससे भी भोजन करने का कहा, तो अचकचा उठा, "मैं घर जाकर खा लूँगा, मेरी चिंता न करो, मौसी।"

"घर जाकर क्यों खा लोगे?" सुंदरी तपाक से बोल पड़ी, "क्या यह घर तुम्हारा घर नहीं है? हमें अपना नहीं समझते हो?"

"नहीं, ऐसी कोई बात नहीं है, पर···" कैलाश को कोई उत्तर न सूझा।

राधिका जोर से हँस पड़ी, "माँ, तुम्हारे हाथ की गरम-गरम रोटियाँ इसके गले के नीचे नहीं उतरेंगी। इसे अपने हाथ का बना खाना ही सुहाता है। ऐसा करो, दो-तीन रोटियाँ चूल्हे में जला दो या कच्ची छोड़ दो, तभी यह खा सकेगा। सही कहती हूँ न कैलाश?"

कैलाश न हँसा। मलिन-मुख बोला, "खाना बनाना मेरे बस की बात नहीं। जब तक माँ थी, वही अपनी रसोई सँभालती रही। अब मजबूरी है। कच्चा-पक्का गले के नीचे न उतारूँ, तो भूखा रहने की नौबत आ जाएगी।"

"ऐसा करो, शादी लायक तो हो चुके हो, झट से अपना ब्याह कर लो। तुम्हें रसोई

के चकल्लस से छुट्टी मिल जाएगी और मोहनलालजी को भी पौत्रवधू के हाथ की नरम-गरम रोटियाँ मिलने लगेंगी।" रासबिहारी ने मौका देखकर बात कह दी और असर जानने के लिए माँ-बेटी का चेहरा देखा।

गोरे कपोलों की लालिमा साफ पकड़ में आ रही थी।

और सुंदरी?

उसे शायद इस वक्त यह बात सुनने की अपेक्षा न थी और वह भी रासबिहारी के मुँह से! तनिक हत्प्रभ जरूर हुई, पर चेहरे की सौम्यता न घटी।

रासबिहारी को इतना देखकर ही संतोष मिला।

कैलाश के नाम पर अभी अस्वीकृति नहीं है, यह तय था। उन्होंने सोचा, इस विषय को फिर कभी दोबारा उठाएँगे। आज इतना काफी है।

कैलाश ने विषयांतर किया, "आप लोग अभी और बातचीत करेंगे या आज के लिए इतना काफी है?"

"हमारी बातचीत अब कल ही होगी।" रासबिहारी बोले, "मोहनलाल पर ज्यादा जोर डालना उचित नहीं है, लेकिन यहाँ आकर सुंदरी बेटी को भोजन के लिए रोज-रोज तकलीफ मैं नहीं देना चाहता। क्या मोहनलालजी को तुम मयूर निकुंज ला सकोगे?"

"कैसी बातें करते हो चाचा?" सुंदरी की आँखें भर आईं, "जानती हूँ, आपके स्तर के मुताबिक थाली नहीं परोसी, लेकिन रामजी ने भी तो शबरी के बेर खाए थे न!"

"तू क्या एकदम ही पगली है सुंदरी!" रासबिहारी ने स्नेहिल झिड़की दी, "यहाँ तेरी परेशानी देखकर धर्मशाला की बात कह रहे हैं और तुझे इसमें आँसू बहाने की जरूरत पड़ गई है।"

"मैं कहती हूँ, आपकी बातें कल भी यहीं होंगी और अगर 10-15 दिन चलीं तो नित्य यहीं रूखा-सूखा भोजन करेंगे।"

"ठीक है। और कोई आदेश?" रासबिहारी जोर से हँस पड़े।

सुंदरी शरमा गई, "चाचा भी कम मजाकिया थोड़े ही हैं।"

विदा होते वक्त मोहनलाल ने भी पूर्ण अपनत्व से हाथ जोड़ दिए, "भाइजी, इससे ज्यादा और क्या कहूँ कि तुमने मुझे नई जिंदगी दी है। तुम्हारे लिए कभी कुछ कर सकने लायक तो क्या होऊँगा, फिर भी यदि अपनी देह के चमड़े से तुम्हारी पाँव की जूती बना सकूँ..."

"ऐसा न कहो दादा।" रासबिहारी भी भावुक हो उठे, "तुम्हें इतनी आसानी से छोड़नेवाला नहीं हूँ। अभी 72-73 की उम्र में संन्यास नहीं लेने दूँगा। देखते रहो, तुमसे क्या-क्या काम लेता हूँ!"

उल्लास, उमंग और ऊर्जा के फूलों से मोहनलाल का हृदय मह-महकर उठा।

अगले दिन मोहनलाल पहले से ही कुरसी पर बैठे मिले, तो रासबिहारी की खुशी का ठिकाना न रहा, "दादा, आज तो तुम्हारी सेहत कल से बेहतर दिख रही है। चारपाई पर नहीं लेटे हुए हो।"

"भाइजी, इसका श्रेय श्रीराधा रानी के बाद तुम्हें, सिर्फ तुम्हें है। पहले तो अस्पताल भेजकर मेरी पूरी चिकित्सा कराई, फिर पौष्टिक भोजन-पथ्य का प्रबंध किया और अब मुझे उस रासमंच से जोड़ दिया है, जो मेरा जीवन-धन है, जीवन-संगीत है।"

"मैंने कुछ भी नहीं किया है।" रासबिहारी बोले, "मैं तो निमित्त मात्र हूँ। सबकुछ श्री लाड़िलीजी की कृपा है।"

"राधे रानी सबका भला करें।" कहते हुए मोहनलाल ने हाथ जोड़ दिए।

"रासमंच पर जाने के अपने पहले अनुभव को मेरे साथ साझा करो, दादा।" रासबिहारी ने अनुरोध किया।

"रासमंच पर जाने का अपना पहला, न पहला क्यों, दूसरा अनुभव आज भी मेरे मानस में जस-का-तस जीवंत है।" कहते हुए मोहनलाल सिहर-से उठे।

वर्णन शुरू हुआ, तो देखते-देखते रासबिहारी उनकी उँगली थामे उस सुरम्य मंच पर पहुँचकर संपूर्ण दृश्यावली के साक्ष्य हो गए। जयपुर के सेठ रतनजी लोढ़ा की नवसृजित 'श्रीजी रासमंडली' के शृंगार-कक्ष में 7-8 वर्ष का गोरा-सुदर्शन बालक मोहनलाल बड़े कौतुक से सारे कार्यकलाप देख रहा है। मित्र हरिनाथ को शृंगार-कक्ष में कैसे सजाया-सँवारा जाता है, जानने के लिए वह सदैव उत्सुक रहा। आज सौभाग्य से उसे भी ये स्वर्णिम पल हस्तगत हुए हैं। श्रीजी रासमंडली की पहली प्रस्तुति होगी 'प्रथमानुराग लीला।' इसके लिए शृंगार-कक्ष में श्री ठाकुरजी, श्री स्वामिनीजी और सखियों-सखाओं का शृंगारपूर्ण मनोयोग से किया जा रहा है।

मोहनलाल, यानी श्रीकृष्ण के स्वरूप को पायजामा पहनाकर उस पर कटि-काछनी धारण कराई गई है। उसके ऊपर फेंटा कस दिया गया है। पीठ पर लंबी-कृत्रिम चोटी लहरा रही है और हाथ में वंशी सुशोभित है। सिर पर मुकुट, मोरचंद्रिका, सिरपेच, कलंगी एवं तुर्रा, कानों में कुंडल, नाक में बुलाक, हाथ में कड़े और गले में मोतीमाला तथा जड़ाऊ हार के आभूषण धारण करते ही स्वरूप का मानो श्रीकृष्ण के रूप में अवतरण हो चुका है।

पास ही श्रीराधिकाजी का शृंगार हो रहा है। इसके लिए भी 8-9 वर्षीय बालक का चयन हुआ है। श्रीराधा चूँकि श्रीकृष्ण से आयु में कुछ बड़ी ही थीं, इसलिए यह बात ध्यान में रखते हुए श्रीराधिका की प्रस्तुति होनी है। उनके तन पर घेरदार लहँगा है,

पचरंगी चूँदरी है और चुस्त चोली शोभायमान हो रही है। उनके सिर पर चंद्रिका, माथे पर भृकुटी, नाक में नकबेसर एवं नथुनी और कंठ में एक के बाद एक कई मालाएँ पहना दी गई हैं।

सखियों के स्वरूप भी लगभग तैयार हो चुके हैं। रंगबिरंगे गोटेदार और सलमा-सितारे जड़े लहँगे, चूँदरी, अँगिया आदि से सज्जित ये सखियाँ भी आभरणों से अलंकृत हैं।

सखाओं का स्वरूप धारण करनेवाले बालकों को अधोवस्त्र के रूप में केवल धोती पहनाई गई है। ऊपर का शरीर खुला है। हाँ, कंधे पर रंगीन दुपट्टा और कमर में बँधा फेंटा अवश्य दिखाई दे रहा है। ये सखा हाथ में लकुट लिये अपनी भूमिका में उतरने के लिए पूर्ण तैयार है।

रासलीला दो भागों में विभक्त रहेगी—नित्य रास एवं लीलानुकरण। पहले नित्य-रास का मंचन होगा। उसके उपरांत कुछ विश्राम और फिर दूसरे भाग में लीला का प्रदर्शन होगा।

~✦~

प्रतीक्षा की घड़ियाँ बीत गई हैं।

रासमंच पर नित्य रास आरंभ होने जा रहा है।

मंच पर श्रीकृष्ण, श्री लाड़िलीजी और सखा-सखियों के स्वरूप पहुँच चुके हैं। रासमंडली के मालिक हैं श्री रतनजी लोढ़ा। आज वह सपरिवार उपस्थित हैं और सभा-भवन की दर्शक-दीर्घा की अग्रिम पंक्ति में विराजे हुए हैं। एक अनूठा उल्लास एवं भक्ति-भाव उनके चेहरे पर छाया हुआ है। आम दर्शकों के लिए सभा भवन के पक्के फर्श पर दरियाँ बिछी हैं और विद्युत् छटा से पूरा हॉल जगमगा रहा है।

रास के मंचन में चार वर्गों की प्रमुख भूमिका रहेगी—स्वरूप, स्वामी, समाजी और सामाजिक। स्वरूप बने पात्र अभिनय करेंगे। स्वामी का आशय रासमंडली के प्रमुख से है। यह स्वामी ब्रजवासी ब्राह्मण होता है, जो पूरी रासमंडली के एक दक्ष व्यवस्थापक के रूप में काम करता है। लीला-प्रदर्शन में उसकी महत्त्वपूर्ण भूमिका रहती है। उसी के आदेश एवं संकेत पर लीला के पात्र लीला की प्रस्तुति करते हैं। वही स्थान-विशेष पर लीला को मोड़ देता है, छोटा-बड़ा करता है और गान-संवादों को नियोजित करता है। आवश्यकतानुसार यह स्वामी कथाभाग को बोलकर अथवा गाकर मूल कथा को आगे बढ़ाता है। उसे रासमंडली का निर्देशक, संचालक और संयोजक माना जा सकता है। वह भगवद्भक्ति में आस्थावान होता है और कमाई के प्रयोजन से स्वामी पद को हस्तगत नहीं करता।

रास के मंचन में गायकों एवं वाद्य-वादनों का वृंद 'समाजी' है।

दर्शक-समूह को 'सामाजिक' की संज्ञा दी जाती है।

ये इनके सर्वमान्य प्रचलित नाम हैं।

हाँ, तो अब रासमंच भी स्पष्ट दिखाई देने लगा है।

मंच के मध्य में सिंहासन है, जिस पर श्रीकृष्णजी और श्रीराधाजी के स्वरूप विराजमान हो चुके हैं। सखियों ने भी अपना स्थान ग्रहण कर लिया है। उनमें से दो-दो सखियाँ सिंहासन के दोनों ओर रखे मूढ़ों पर बैठी हैं और दो-दो सखियाँ श्री ठाकुरजी और श्री लाड़िलीजी के पीछे खड़ी होकर चँवर डुला रही हैं।

मंच के नीचे एक शानदार गलीचे पर 'स्वामी' विराज गए हैं और उनके निकट 'समाजी' भी बैठ गए हैं। सब अपने-अपने वाद्य-यंत्रों की देख-भाल में व्यस्त हैं। वाद्य भी स्पष्ट दृष्टिगोचर हो रहे हैं—सारंगी, हारमोनियम, पखावज, करताल, झाँझ, मंजीरा आदि।

मंच के आगे कुछ खुला स्थान छोड़ दिया गया है, जिस पर अपने सखाओं-सखियों सहित श्रीराधा-कृष्ण के स्वरूप नृत्यरत होंगे। उसके बाद मंच के सामने और दाएँ-बाएँ दर्शकों के बैठने के लिए लंबी-चौड़ी दरियाँ बिछी हुई हैं, जिसपर मौजूद ठठ-की-ठठ दर्शक-मंडली कुलबुला रही है। सबको शीघ्रातिशीघ्र रास के आरंभ होने की प्रतीक्षा जो है।

सबकुछ शानदार है, नया-नकोर है।

'श्रीजी' रासमंडली की आज पहली प्रस्तुति जो है।

दर्शक-वृंद का उत्साह जलभरी गागर की भाँति छलका पड़ रहा है। अंततोगत्वा नई रासमंडली के स्तर का निर्धारण तो वही करेगा। उसी की टीका-टिप्पणी से पता चलेगा कि नई रासमंडली कितने पानी में है!

चूँकि मंच के आगे पड़ा परदा हट चुका है, इसलिए दर्शकों का कौतूहल चरम सीमा पर है।

समाजीगण ने अपने-अपने वाद्यों पर उँगलियाँ चलानी शुरू कर दीं और गायन प्रारंभ किया।

देखते-देखते पूरा वातावरण 'रासमय' हो गया।

दर्शक-वृंद अब श्रद्धालुओं में परिवर्तित हो चुके हैं और पूरी भक्ति-भावना से भरे हुए रासमंच की ओर टकटकी बाँधे देख रहे हैं।

श्री ठाकुरजी और श्री लाड़िलीजी की जय-जयकार के स्वर इतने उच्च हैं कि उनकी अनुगूँज से पूरा प्रांगण भक्तिभाव के सुमनों से महक उठा है।

अब रासमंडली के स्वामी अपनी जगह से उठे हैं, रंगमंच पर चढ़े हैं और

श्रीराधा-कृष्ण के युगल स्वरूप के चरणों में साष्टांग दंडवत्-प्रणाम करके करबद्ध खड़े हो गए हैं।

स्वरूप-युगल ने आशीर्वाद मुद्रा में अपना हाथ उठाया है।

तदुपरांत रासमंडली के मालिक जयपुर से पधारे सेठ रतनजी लोढ़ा और उनकी पत्नी अपने स्थान से उठे हैं और 'स्वामी' की भाँति ही मंच पर चढ़कर श्रीराधा-कृष्ण के चरणों में साष्टांग दंडवत्-प्रणाम करके आशीर्वाद ले रहे हैं।

इसके बाद वे सभी लौटकर अपने-अपने स्थान पर बैठ गए हैं और हारमोनियम पर उँगलियाँ चलाते हुए सस्वर मंगलाचरण-गायन में प्रवृत्त हो गए हैं।

पहले संस्कृत में गुरु वंदना—

"गुरुर्ब्रह्मा गुरुविष्णुः गुरुर्देव महेश्वरः
गुरुः साक्षात् परब्रह्मः तस्मै श्री गुरवे नमः।"

तदुपरांत पूर्ण श्रद्धायुत कंठ से श्रीराधा-कृष्ण का वंदन—

"श्री बृजराज कुमार वर गाइए।
भक्तन कौ मनभावती गाइए।
ब्रज की जीवन-निधि गाइए।
श्री लाड़िली-लाल वर गाइए॥"

यही वंदना के स्वर संपूर्ण वाद्य-वादन सहित एक-एक करके प्रति समाजी के कंठ से निःसृत हो रहे हैं। रासस्थली पर बैठे भक्तजन उन स्वरों के साथ झूम रहे हैं। कोई ताली बजा रहा है, कोई अपलक निहार रहा है और कोई नयन मूँदकर उस संपूर्ण भाव को हृदयंगम करने में सन्नद्ध है।

पूरा परिवेश इतना पावन, जैसे हर 'सामाजिक' उठ-उठकर अपने श्रद्धा-सुमन निवेदित कर रहा हो।

संपूर्ण वाद्य-यंत्रों सहित समस्त समाजी अब सामूहिक रूप से स्वामी हरिदास की धुपद रचना का गायन कर रहे हैं—

"बनी री तेरैं चारि-चारि चूरी करनि।
कंठसिरी दुलरी हीरन की नासा मुकता ढरनि।
तैसेई नैननि कजरा फबि रह्यो, निरखि काम डरनि।
श्री हरिदास के स्वामी स्यामा कुंजबिहारी, रीझि पिय पग परनि।"

गायन की समाप्ति होते-होते मंचस्थ सिंहासन के दोनों ओर मूढ़े पर बैठी सखियाँ उठकर खड़ी हो गईं। उनमें से एक के हाथ में पूजा की थाली है, जिसमें प्रज्वलित चौमुखा दीपक रखा हुआ है। वह आरती करती है, शेष सखियाँ स्वर मिलाती हैं और समाजी समूह वाद्ययंत्रों के साथ आरती के बोलों को दोहराता है—

"आरती कुंजबिहारी की
कि गिरिधर कृष्ण मुरारी की।
गले में वैजंती माला
बजावैं मुरली मधुर वाला
श्रवन में कुंडल झलकाला
नंद के नंदहि नंदलाला
कि गिरिधर कृष्ण मुरारी की।"

यह आरती पूरी होने पर दो-एक अन्य आरतियाँ गाई गईं और फिर क्रम से सभी सखियाँ युगल-स्वरूप की चरण-धूलि लेकर खड़ी हो गईं। प्रधान सखी ने उनसे रासमंडल में चलने की प्रार्थना की—

"हे प्रिया-प्रियतम जू! आपके नित्य रास-विहार का समय गयौ ए, सो आप कृपा करिकै रासमंडल में पधारौ।"

"अच्छौ सखी।" कहकर श्रीकृष्ण ने श्रीराधाजी से रासमंडल में चलने की प्रार्थना की, "हे किसोरी जू, आपके नित्य रास को समय गयौ ए, सो आप कृपा करिकै रासमंडल में पधारौ।"

"अच्छौ प्यारे।" कहकर श्रीराधाजी ने तत्काल स्वीकृति दे दी—

"प्यारे! रास-बिलास कौ मोहि बड़ौ उत्साह।
चलौ चलैं सब सखिन संग, नव निकुंज के माँह।"

युगल-स्वरूप उठकर खड़े हो गए, परस्पर गलबहियाँ डाले हुए रासमंडल पर नृत्य-हेतु उपस्थित हैं। सखियाँ उन्हें घेरकर खड़ी हैं। और···और···

पूर्ण तन्मय अवस्था में पहुँच चुके रासबिहारी ने वर्णन में बाधा पड़ने पर सचेत होते हुए देखा, मोहनलाल आत्मविस्मृत अवस्था में पहुँच चुके हैं। आँखें बंद हैं, वाणी मौन है और सर्वांग में कंपन है। उनकी यह हालत देखकर रासबिहारी घबरा गए, "दादा···दादा···, तुम ठीक तो हो?"

"ऐं!" कहते हुए मोहनलाल ने आँखें खोलीं, अपने आसपास के परिवेश को निहारा और थकी आवाज में बोले, "हाँ, मै ठीक हूँ।"

"अचानक क्या हो गया तुम्हें, दादा?" रासबिहारी ने विह्वल होकर पूछा, "दरअसल, मैं एक बीमार के साथ ज्यादती कर रहा हूँ। यदि तुम्हें ज्यादा थकान लग रही है, तो चारपाई पर लेट लो।"

"नहीं, मैं बिल्कुल ठीक हूँ।" मोहनलाल ने तनिक शिथिल कंठ से कहा, "भाइजी,

विवश होकर कह रहा हूँ कि मैं तुम्हें अपने साथ नित्य-रास की उदात्त भावभूमि तक नहीं ले जा सका हूँ। क्षमा चाहता हूँ।"

"बात क्या हो गई?" रासबिहारी चौंके।

"कुछ नहीं। उस अलौकिक आनंद को मैं अपने भीतर अनुभव कर रहा हूँ, पर वाणी से प्रकट करने में असमर्थ हूँ। गोलोक में संपन्न होनेवाले इस नित्य रास के बारे में कुछ भी कह पाना इस वक्त मेरे लिए संभव नहीं है।"

"लेकिन क्यों?"

"भाई मेरे, श्रीठाकुरजी और श्री लाड़िलीजी के उस नित्य-रास को तुम जब स्वयं अपनी आँखों से देखोगे, तभी उसके अवर्णनीय होने का अनुभव कर सकोगे। ब्रजभूमि में जब आ ही गए हो, तो उन आनंददायी क्षणों की प्रतीक्षा करो। जिस दिन स्वयं अपनी आँखों से वह दिव्य दृश्य देखोगे, उसी दिन एक वर्णनातीत अलौकिक आनंद-रस में निमग्न हो सकोगे। मात्र अनुभूति! अभिव्यक्ति से परे। अभी इससे ज्यादा मैं और कुछ नहीं कह सकता।" मोहनलाल ने अपनी बात पूरी करके शून्य में ऐसी उत्फुल्ल निगाह टिका दी, मानो उस नित्य रास को संपन्न होता देख रहे हों!

उस दिन वार्त्तालाप यहीं खत्म हो गया।

अगले दिन मुलाकात होने पर रासबिहारी ने मान दिखाया, "दादा, यह बात सही नहीं है। तुमने तो मुझे कुएँ के पास तक ले जाकर प्यासा लौटा दिया है।···कुछ तो बताओ, ताकि यह प्यास थोड़ी-बहुत तो बुझ सके।"

"ठीक है भाइजी, मैं कोशिश करता हूँ। नित्य रास का वर्णन तो नहीं कर सका, पर लीलानुकरण की चर्चा करूँगा।" मोहनलाल बोले, "श्रीजी रासमंडली के उस रास मंच पर पहले दिन प्रथमानुराग लीला मंचित हुई थी, उसके बारे में बताता हूँ—

यह श्रीराधा-कृष्ण की प्रथमानुराग लीला है।

लीला का आरंभ रासमंडली के स्वामी के अपने सहकारियों के साथ विविध वाद्य-ध्वनियाँ से संयुक्त इस पद के सुमधुर गायन से हुआ—

"खेलन हरि निकसे ब्रज-खोरी।
कटि कछनी पीतांबर बाँधे, हाथ लिए भौंरा चक डोरी।
मोर मुकुट, कुंडल स्रवननि पर, दसन दमक दामिनी छवि छोरी।
गए स्याम रवि-तनया के तट अंग लसति चंदन की खोरी।"

रास-मंच पर कृष्ण का आगमन हुआ है। कमर में काछनी, कंधे पर पीतांबर, सिर

पर मोर-मुकुट, कानों में कुंडल और बिजली की चमक को धूमिल करनेवाली दंतपंक्ति की दमक।

श्रीकृष्ण यमुना-पुलिन पर पहुँचे हैं। चंदन चर्चित श्यामल तन की शोभा अद्वितीय है। कृष्ण के हाथ में भौंरा चकई है, जो बालकों के खेलने के काम आता है। श्रीकृष्ण की भाव-भंगिमा भी बिल्कुल वैसी है—एकदम खेलनेवाली मुद्रा!

तभी मंच पर दूसरी ओर से श्रीराधा का पदार्पण होता है, जो पैंजनियाँ छनकाती हुई ठुमक-ठुमककर अपनी सखियों के समूह के साथ वहाँ पधारी हैं। श्रीराधाजी की रूप-माधुरी का भी क्या कहना! लहँगा-चोली-ओढ़नी धारण किए हैं। सिर से पाँव तक आभूषणों से अलंकृत हैं और एक मोहिनी छवि उनके सर्वांग में परिव्याप्त है।

और फिर राधा-कृष्ण की चार आँखों के मिलन ने जैसे एक सम्मोहन-लोक सिरज दिया।

दोनों एक-दूसरे को पल भर अपलक निहारते हैं और समाजी का सधा हुआ गायन पद को आगे बढ़ाता है—

"औचक ही देखी तहँ राधा, नैन बिसाल भाल दिए रोरी।
नील वसन फरिया कटि पहिरे, बेनी पीठ रुलति झकझोरी।
संग लरिकिनी चलि इत आवति, दिन थोरी, अति छंवि तन गोरी।
'सूर' स्याम देखत ही रीझे, नैन-नैन मिलि परी ठगोरी॥"

श्रीराधा के विशाल नेत्र, माथे पर रोली का टीका, नीले वस्त्र, पीठ पर झूलती लंबी वेणी और साथ में सखियों का समूह।

कृष्ण-राधा के चार नयन ज्यों ही मिले, माधुर्य का सागर उमड़ना ही था। नयन ही जब ठगी पर उतारू हो जाएँ, तो कोई क्या करे?

श्री ठाकुरजी और श्री लाड़िलीजी एक-दूसरे को देखकर बेसुध हैं। चार आँखों की बतकही जब सुमधुर गायन और पूरे वाद्य-संगीत के साथ रासमंच पर प्रस्तुत हुई, तो भक्तों के हृदय झूम उठे। उनके हृदय के तार श्रीजी और ठाकुरजी के प्रथम मिलन की उत्कट राग-भावना से तत्काल जुड़ गए। संपूर्ण प्रांगण तालियों की गड़गड़ाहट से गूँज उठा।

लीला आगे बढ़ी। पुनः सूरदास के ही एक अन्य पद द्वारा।

समाजी वर्ग ने मुखड़ा गाया—

"बूझत स्याम कौन तू गोरी?"

श्रीकृष्ण ने अगली पंक्ति में तान मिलाई—

"कहाँ रहति, काकी है बेटी, देखी नाहिं कुबहुँ ब्रज खोरी।"

श्रीराधा भला पीछे रहनेवाली हैं?

ऐंठकर जवाब दिया—

"काहे कौ हम ब्रज-तन आवति, खेलत रहीं आपनी पौरी।
सुनति रहति स्त्रवनन नंद-ढोटा करत फिरत माखन-दधि चोरी।"

राधा-कृष्ण का पूर्वराग।

वह प्रथम दर्शन।

वह आंतरिक उल्लास और वह जिज्ञासा!

दर्शक-वृंद को झूमना ही है।

सचमुच रास-मंच की प्रस्तुति अनुपम है। एकदम सहज-स्वाभाविक। कृष्ण का पूछना गलत तो नहीं है—कहाँ रहती हो? किसकी बेटी हो? कभी ब्रज की इन गलियों में दिखाई नहीं दीं?

तो राधा का प्रत्युत्तर भी गुमान भरा है—हमें ब्रज की गलियों में भटकने की क्या आवश्यकता? भ्रमण और मनोविनोद के लिए अपने घर की ड्योढ़ी में ही खेलती रहती हूँ। हाँ, सुनती जरूर रहती हूँ कि ब्रज में एक नंद बाबा हैं। नंद बाबा का लाड़ला बेटा घर-घर दही और माखन चुराता फिरता है।

जिसकी आशंका थी, वही बात हो गई।

श्रीकृष्ण का चेहरा फक पड़ना ही है।

पर वे नटनागर ठहरे!

लीलाबिहारी ठहरे!

फौरन नहले पर दहला जड़ दिया—

"तुम्हरौ कहा चोरि हम लैहैं, खेलन चलौ संग मिलि जोरी।"

सही बात है।

निश्छल कंठ से कान्हा श्रीराधिका को आश्वस्त कर रहे हैं कि चिंता मत करो, तुम्हारा हम क्या चुरा लेंगे? जोड़ीदार बनकर खेलो, बस यही तो चाहते हैं।

प्रथम मिलन के इन क्षणों की सशक्त-सजीव-बोलती हुई प्रस्तुति।

श्रीराधा और कृष्ण के मनोभावों को दोनों स्वरूपों ने इतने सहज-स्वाभाविक ढंग से, सुंदर रूप में प्रस्तुत किया कि हॉल में मौजूद भक्तों के कंठ से सिर्फ 'जय-जयकार' ही निकली है।

समाजी वर्ग सूरदास के पद की अंतिम पंक्ति के सुमधुर गायन से समाँ में जान डाल रहा है—

" 'सूरदास' प्रभु रसिक सिरोमनि बातन भुरइ राधिका भोरी।"

यही तो रसिक शिरोमणि श्रीकृष्ण का चमत्कारिक व्यक्तित्व है कि बातों-बातों में भोली राधिका को भरमा दिया है, अपनी अनुरागिनी बना लिया है।

~✦~

श्रीजी रासमंडली की प्रथम दिन की प्रथमानुराग लीला की प्रस्तुति सुनते-सुनते रासबिहारी भावविभोर हो गए। उन्हें महसूस हुआ, श्रीकृष्ण और श्रीराधाजी की रसमयी लीलाओं का माधुर्य अनूठा है।

मोहनलाल आत्मविस्मृत अवस्था में थे। एक बार फिर उस रासमंच पर पहुँच गए थे, जहाँ बाल वय के 'लरिकाई कौ प्रेम' का उर्वर धरती पर बीजारोपण हुआ था।

"उस दिन यह पद भी लीला में सम्मिलित हुआ था," उन्होंने बताया, जिसमें अनुरागिनी राधिका ने अपनी सखी से प्रथम मिलन का गोपन रहस्य प्रकट किया है—

"सखी मैं स्याम रंग रँगी।
देखि बिहाय गई वह मूरति, सूरत माँहि पगी।"

और भक्त कवि नवलसखी का यह पद तो दर्शकों की हृदय-वीणा के तार झंकृत किए बिना नहीं रहा था, जिसमें राधा-कृष्ण के प्रथमानुराग का कारण बताया गया था। इसे समाजी वर्ग ने प्रस्तुत किया है। इसके एक-एक शब्द पर तालियों की गड़गड़ाहट हुई और ठाकुरजी-लाड़िलीजी की जय-जयकार की धूम मच गई—

"रंग भरे लाल, रंगीली प्यारी राधा
एक तन, एक मन, एकहि समान दोउ, नैकहु न न्यारे ह्वै सकति पल आधा!"

पूरा पद सुनते-सुनते रासबिहारी भी इतने भावविभोर हो उठे कि उनकी आँखों से आँसू छलक उठे। मोहनलाल ने इसे लक्ष्य किया, बोले, "भाईजी, तुमने भी सच्चा भक्त-हृदय पाया है, मैंने जान लिया।"

रासबिहारी थोड़ा सकुचाए, तुरंत विषयांतर किया, "दादा, तुम सुनाते-सुनाते थक गए होगे, पर मेरा मन अभी सुन-सुनकर अधाया नहीं है। कुछ और श्रीजी रासमंडली के बारे में बताओ।"

मोहनलाल बोले, "भाईजी, हमारी श्रीजी रासमंडली नई थी, पर सौभाग्यवश समर्पण भाव से काम करनेवाले लोग उसे मिले। फलतः देखते-देखते पहली पंक्ति की रासमंडलियों में गिनी जाने लगी। प्रेमी भक्तजन ललककर अपने मित्रों से पूछते, 'आज श्रीजी में कौन-सी लीला होने जा रही है? दरअसल मैं कल जा नहीं सका था, इसलिए क्या घोषणा हुई, पता नहीं है।' यह था नवोदित श्रीजी रासमंडली का जादू।"

क्षणिक विराम के बाद वह आगे बोले, "नतीजा यह हुआ कि 'श्रीजी' को दर्शकों की पहली पसंद बनते देर न लगी। रासस्वामी प्रभाकर दीक्षित शास्त्रज्ञाता थे। उन्हें लीला में नए प्रयोगों की बड़ी लालसा रहती। नित्य लीला के पारंपरिक रूप से मंचन के बाद संपन्न होनेवाली अनुकरण लीला को उन्होंने सिर्फ भक्त कवियों के पदों तक सीमित

रखने का जो साहस दिखाया, उसका अनुकूल प्रभाव पड़ा। ये भक्त कवि रससिद्ध होने के साथ-साथ मानो अपनी दिव्य दृष्टि से लीलाओं को देखते थे, तभी उनका इतना भावप्रवण चित्रण करते कि मंचन के समय वे पद दर्शकों के हृदय में उतरते चले जाते। श्रीजी में स्वरूपों का साज-शृंगार और अन्य विधान रासलीला की परंपरानुसार ही रहता, सिर्फ लीलाओं में संवादों की अपेक्षा भक्ति-संगीत अधिक रहे, यह प्रभाकर दीक्षित की चेष्टा रहती।"

"तब तो लीलाओं में गाए जानेवाले पद आपको भी उन दिनों कंठस्थ हो गए होंगे?" रासबिहारी ने उत्सुक होकर पूछा।

"उन दिनों की बात छोड़ो, वे पद मुझे आज भी याद हैं। रोग-शय्या पर पड़े-पड़े उन्हीं का तो चिंतन-मनन करता रहा हूँ, विस्मृत कहाँ होने दिया है?" मोहनलाल ने बताया।

"दादा, यह तो बड़े कमाल की बात है!" रासबिहारी लुब्ध कंठ से बोले, "तब तो आज मैं उन्हें तुम्हारे मुँह से सुने बिना नहीं रहूँगा। लीला से जुड़े पद सुनाओ न! कौन-सी लीलाएँ तुम्हें ज्यादा भाती थीं, उनके बारे में भी बताओ।"

"माधुर्यमयी लीलाओं में मुझे दानलीला, मानलीला बहुत पसंद थी।" मोहनलाल ने उमंगित होकर बताया, "ऐश्वर्यमयी लीलाओं में मैं कृष्ण-सुदामा पुनर्मिलन की लीला का दीवाना था। उन दिनों नारायण स्वामी की रची लीलाओं पर लोग जान देते थे। लगभग हर मंडली उन्हें अपने मंचन में रखना पसंद करती थी। वे रचनाएँ इतनी जीवंत थीं कि आज भी मैं उन्हें भूल नहीं पाया हूँ।"

"तो कुछ जल्दी से सुना डालो, दादा।"

"दानलीला का अभिप्राय समझते हो?"

"बिल्कुल।" रासबिहारी बोले, "आचार्य अमल से मुझे जो जानकारियाँ मिली हैं, उनमें एक यह भी है। दानलीला को हम एक प्रकार से श्रीकृष्ण की टैक्स वसूली कह सकते हैं। दही-दूध बेचने के लिए घर से निकली गोपियों को मार्ग में रोकना, दबंगई दिखाकर उनसे अपना हिस्सा वसूलना...यही तो दानलीला है न!"

"सही कहा तुमने।" मोहनलाल भी हँस दिए, तो अब नारायण स्वामी के इन पदों से दानलीला के उस आनंद को अपने मानस में सँजो सकते हो, जिसे मंचन के दौरान देखकर भक्तगण हर्षित हो उठते थे।

~✦~

मोहनलाल के वृद्ध और अशक्त शरीर में भी इतना दम-खम होगा, इसका रासबिहारी को अनुमान नहीं था।

मनपसंद कार्य व्यक्ति को थकाता नहीं, नई ऊर्जा से भर देता है। यह बात देखते-देखते साबित हो गई और मोहनलाल के मुख से लीला के पदों को सुनते-सुनते रासबिहारी बेसुध-से हो गए।

मानसी रास की बात आचार्य अमल ने बिल्कुल सही कही थी, यह प्रकट था। जिस आनंद को रचनाकार ने पद का सृजन करते हुए लिया होगा, उसी अनिर्वचनीय-अलौकिक आनंद को उनके श्रवण के साथ रासबिहारी का रोम-रोम अनुभव कर रहा था।

अत्यंत तन्मय भाव से मोहनलाल गाए जा रहे थे—

"हमरौ दान देहु ब्रज-नारी।
मदमाती गजगामिनी डोलैं तू दधि बेचनहारी।
रूप तोहि विधना ने दीयौ, ज्यौं चँदा उजियारी।
मटुकी सीस कटीले नयना, मोतिन माँग सँवारी।
हार-हमेल गले में राजैं, अलकें घूँघरवारी।
या ब्रज में जेती सुंदर हैं, हम सब देखी-भारी।
'नारायण' तेरी या छवि पर नँदनंदन बलिहारी॥"

हाव-भाव सहित इन पंक्तियों का रासमंच पर अभिनय होता देख दर्शक मंडली कितनी बावरी हो गई होगी, रासबिहारी ने अनुमान लगा लिया।

वह स्वयं भी तो श्रवण मात्र से बेसुध हो उठे हैं, इस प्रमाण के सामने अनुमान की आवश्यकता ही क्या है, उन्होंने खुद से सवाल किया और मुसकरा दिए।

"नारायण स्वामी की ही एक अन्य दान लीला की रचना का आनंद लो, भाइजी।" कहते हुए मोहनलाल ने सस्वर ही नहीं, पूर्ण लय में गायन शुरू कर दिया—

"पहिलैं मेरौ दान चुका री,
पाछे बतरइयो तू प्यारी॥
तो सम तू ही देत दिखाई।
नव जोबन नव सुंदरताई।
और कहाँ लौं करौं बड़ाई,
मोहन कौ मन मोहन हारी॥
अति बाँके हैं नयन तिहारे।
सान धरे पैने अनियारे।
जिनसे हम घायल करि डारे,
इन समान नहिं नयन-कटारी॥

'नारायन' जिनि देर लगावो।
देहु दान अपने घर जावो।
क्यौं मटुकी चौपट करिवावो,
देखि हँसेंगे पुर नर-नारी॥"

"क्या बात है!" गीत समाप्त होते ही रासबिहारी फड़क उठे, "तुम्हारे गले में इस उम्र में भी ऐसा जादू बसा होगा, मुझे सपने में भी उम्मीद नहीं थी।"

मोहनलाल सिर्फ मुसकराए।

एक संतुष्टि भरी मुसकान।

रासबिहारी ने महसूस किया, औरों की बात क्या कहें, अपने संदर्भ में ही देख लें कि वृंदावन आकर क्या यहाँ से वापिस लौटने की बात सोच रहे हैं? कल की बात पता नहीं, पर आज तो मोहनलाल के द्वारा सुने गए लीलापरक पद ही उन्हें विमुग्ध करने के लिए काफी हैं।

अब यही लो, नारायण स्वामी की ये दो पंक्तियाँ ही क्या बार-बार दिल के द्वार पर दस्तक नहीं दे रही हैं—

"पहिलै मेरौ दान चुका री
पाछे बतरइयो तू प्यारी॥"

सिर्फ शब्द नहीं हैं ये, शब्द-चित्र हैं।

श्रीकृष्ण को दान लेने में विलंब भला कैसे सह्य हो? इसीलिए इस प्राथमिकता पर गुजरिया का ध्यान दिलाना उन्हें आवश्यक लगता है। बाकी बातें बाद में, पहले दान तो चुका दे नवेली गोपिका।

कान्हा रसिक शिरोमणि हैं। जानते हैं, यदि ऐसी चालें न चलें, तो चतुर गुजरिया उन्हें इधर-उधर की मीठी बातों में फँसाकर, बचकर भागने की राह खोज लेगी, फिर इस काम के लिए थोड़ी अक्ल भिड़ानी भी जरूरी है। इसलिए दान लेने से पहले उसकी सुंदरता की प्रशंसा करनी अपरिहार्य है। निश्चय ही अपूर्व सौंदर्य की स्वामिनी है गोपिका। जिसके बाँके नयनों की कटार ने उन्हें घायल कर दिया है, वे नयन ऐसे-वैसे थोड़े ही हो सकते हैं। इसके बाद दान में विलंब करने का अर्थ भी गोपिका को समझाना जरूरी प्रतीत होता है। यदि कंकड़ी मारकर उन्होंने मटकी फोड़ दी, तो गोपिका की क्या स्थिति होगी, वह स्वयं समझ ले। नगरवासियों को हँसने का मौका देने से अच्छा है कि तुरंत 'दान' दे और अपने घर की राह पकड़े।

चिंतन और आगे बढ़ता, इससे पहले ही रासबिहारी को किसी सोच में डूबा देखकर मोहनलाल पूछे बिना न रहे, "क्या बात है भाईजी, क्या सोचने लगे?"

"दादा, तुमने नारायण स्वामी की दानलीला का जो पद अभी सुनाया है, वही दिमाग में घूम रहा है। क्या ही चतुर सुजान है वंशीवाले, जो राह चलती गोपिका को दान देने से देर करने का मतलब भी समझाए बिना नहीं रहते हैं। यदि उन्होंने कंकड़ी मारकर मटकी फोड़ दी, तो बेचारी गोपी जगहँसाई के सिवाय कुछ न पाएगी।... वाह! एक तो लूट, ऊपर से धमकी!" रासबिहारी ने रीझे कंठ से बताया।

मोहनलाल भी हँस पड़े, "यही तो खूबी है लीला के इन पदों की, जो दोनों पक्ष के वाक्चातुर्य को प्रकट करते हैं।"

"क्या मतलब? मैं समझा नहीं।" रासबिहारी चौंके।

"भाई, तुमने जिस पद की चर्चा की है, उसमें श्रीकृष्ण का गोपी से कथन है न?"

"बिल्कुल।"

"पर दधि की मटकी सिर पर लेकर जानेवाली सखी भी निरी नादान नहीं है। नारायण स्वामी ने गोपी का ऐसा पलटवार भी लिखा है, जिसमें श्रीकृष्ण के प्रति उसका रोष भरा उपालंभ निहित है।" मोहनलाल बोले।

"तो तुमने मुझे सिर्फ कृष्ण का कथन क्यों सुनाया, सखी का उत्तर भी सुनाना था न, दादा!" रासबिहारी ने मान दिखाया।

मोहनलाल हँसे, नाराज न हों भाई मेरे, अब उसे सुन लो—

"चौं रे छैला! मोरी मटुकिया पटकी।
करिकै ढिठाई, मग दधि बिखराई
सब चूरी मुरकाई, सुकुमार बैंया झटकी, चौं रे छैला...
अबहिं जसोदा ढिग, पकरि लै जाऊँ तोहि
एक न सुनूँगी, तोरी बात नटखट की, चौं रे छैला...
बदलौ लऊँगी, न डरूँगी मैं 'नारायन'
कौन-सी गरज मोरी तोसों अब अटकी, चौं रे छैला..."

मोहनलाल का गायन जितनी तन्मयता से हुआ, उतनी ही मस्ती से भरकर उनके सामने की कुरसी पर बैठे रासबिहारी के पाँव ताल देने लगे थे, हथेलियाँ ताली बजाने लगी थीं। मानसी रास की यह अनुभूति कितनी आनंददायी है, वह समझ नहीं पा रहे थे। गोपिका का रोष नयनों के सामने सजीव हो उठा था—साँवले-सलोने कृष्ण ने यह धृष्टता कर कैसे दी? कंकड़ी मारकर मटकी क्या फोड़ी, ढीठता की सारी सीमाएँ ही तोड़ दीं। मार्ग में फैला दही, चूड़ियों के टूटे टुकड़े, सुकुमार बाँह को झटक देना क्या सखी सहन करेगी?...कतई नहीं। अभी वह यशोदा मैया के पास जाकर सारी बात बताएगी। आखिर उसकी ऐसी कौन-सी गरज साँवरे से अटक रही है, जो मटकी फोड़ना चुपचाप सहन कर ले?

यह नोक-झोंक, यह उत्तर-प्रत्युत्तर ही तो ब्रज की रासलीला का वह कोमल तंतु है, जिससे बँधे दर्शक आधी-आधी रात तक फर्श पर बिछी दरी पर मूर्तिवत् बैठे रहते हैं। मूर्तियाँ भी कैसी, हँसती-बोलती, ताली बजाती, जयकारा लगाती और भक्ति-भाव के फूलों की सुवास से अग-जग महकाती।

रासबिहारी और मोहनलाल दोनों ही इस समय उस नाजुक बिंदु पर पहुँच चुके थे, जहाँ न समय का भान रहा था, न भावनाओं पर अंकुश रहा था।

रासबिहारी हुलसकर बोले, "दादा, आज तो सचमुच आनंद आ गया। इसी से मैं समझ गया कि रासलीला के जिस रस का तुमने आस्वाद किया है, उसके बाद थाली की रोटी-दाल की किसे चिंता रहती है? बस, अब रुको मत। यदि एकदम ही थक न गए हो, तो कुछ और लीला के पद सुना डालो। बगैर रास-मंच के लीला का यह मानसी आनंद और अधिक लेने से मुझे वंचित मत करो।"

"तुम ही बताओ, क्या सुनना चाहते हो?" मोहनलाल मुसकराए।

"दानलीला के बाद मानलीला का कोई भावविभोर कर देनेवाला पद सुनने की इच्छा है। मानिनी राधिका और श्रीकृष्ण का मान-विमोचन इन भक्त कवियों ने किस प्रकार चित्रित किया है, जानने की उत्सुकता है।"

"तो फिर नारायण स्वामी की ही एक रचना सुनो, क्योंकि रास-मंचन में इन्हें सदैव सामाजिकों ने सराहा है, भक्तों ने सिर-माथे लिया है। यहाँ सखी का कथन है, जो मानिनी राधिका के निकट जाकर, विरह पीड़ित श्रीकृष्ण की अवस्था जतलाकर, प्रियाजी का मान-विमोचन चाहती है—

"इतना न मान कीजै वृषभानु की दुलारी।
तेरे मनाइबे में, मोहि स्रम भयौ है भारी॥
प्रीतम को आज तों बिन, पल-छिन न चैन आवै
हँसि-बोलिबौ कहाँ कौ, नहिं खान-पान भावै॥
हाथन में चित्र तेरौ, पुनि-पुनि हियै लगावै
अति विकल। रह्यो है वह साँवरो बिहारी
इतना न मान कीजै वृषभानु की दुलारी॥"

"फिर क्या हुआ? मान गई मानिनी?" रासबिहारी जानने को उत्कंठित हुए।

"न मानी। सखी के प्रयास व्यर्थ हुए। रूठी प्रिया को न पसीजना था, न पसीजी।"

"फिर क्या हुआ?"

"सखी ने श्रीकृष्ण के पास जाकर अपनी असमर्थता बताते हुए स्पष्ट कर दिया, "मैं तो विफल रही कान्हा। अब तुम्हीं से कुछ हो सके, तो करके देख लो।" अब इसके बाद श्रीकृष्ण को मानिनी के निकट जाना ही था। गए और नानाविध शपथ ली, तब कहीं

जाकर लाड़िली का मान-भंजन हुआ। इस लावनी की एक-एक पंक्ति में प्रियाजी के मनावने की कोशिश करने की श्रीकृष्ण की चेष्टाओं की इतनी सुंदर अभिव्यक्ति हुई है कि देखते ही बनता है।" कहते हुए मोहनलाल ने लावनी सुनानी शुरू कर दी—

"उठो अब मान तजौ गोरी
रही है रैनि बहुत थोरी॥
सदा सों तुम मन की भोरी।
कहूँ मैं खाय सपथ तोरी॥
औरन के बहँकाव मैं करि बैठी हो रोस।
झूठ-साँच परखत नहीं, वृथा देत हो दोस॥
तनिक हँसि चितबौ सुकुमारी।
सखी-मुख पै हौं बलिहारी॥
अपनी ओर निहारि कै देहु अभय वरदान।
छमा करौ सब चूक अब, जो कुछ भइऔ अजान॥
इतनी बिनती मानौ मोरी।
औ अब मान तजौ गोरी॥"

"अंततः मानिनी का मान दूर होना ही था और हुआ भी होगा।" रासबिहारी पुलकित होते हुए बोले।

मोहनलाल फिर मुसकरा भर दिए।

रासबिहारी रीझे कंठ से बोले, "लीलाओं की इसी विविधता ने आज तक रासलीला को भक्तों का हृदय-हार बना रखा है। नित नया अनूठापन भला किसे न भाएगा?"

"सच कहते हो भाई।" मोहनलाल ने सिर हिलाया, "चिर पुरातन होते हुए भी निरंतर नूतनता धारण करना ब्रज की रासलीला की विशेषता है।"

"बाल लीला, होली लीला, हिंडोला लीला और छद्म लीला के नाम मेरे मन से हट नहीं नहीं रहे हैं, दादा।" रासबिहारी ललचाई आवाज में बोले, "जानता हूँ, यह ज्यादती है। तुम चार दिन पहले अस्पताल से लौटे हो, तुम्हें आराम की जरूरत है। फिर भी मैं लगातार परेशान किए जा रहा हूँ, जो गलत है।"

"सफाई देने की जरूरत नहीं है भाई मेरे।" मोहनलाल जोर से हँस पड़े, "मन की चाहत पूरी कर लो। पहले नारायण स्वामी की ही रची हुई छद्म लीला की एक रचना सुनो।"

रासबिहारी का चेहरा खुशी से खिल गया।

"चलो, पहले बाल लीला का ही एक पद सुनो, जो चंदसखी की रचना है।" मोहनलाल बोले।

"कवयित्री होने के कारण कृष्ण की बाललीला का इन्होंने अवश्य ही सुंदर चित्रण किया होगा।"

"तुम भी धोखा खा गए न?" मोहनलाल हँसे, "चंदसखी कोई कवयित्री नहीं, भक्त कवि हैं।"

"अरे!" रासबिहारी जैसे आकाश से गिरे, "फिर इन्होंने अपना नारियोचित नाम क्यों रखा?"

"ओरछा में जनमे थे यह। असली नाम चंद्र जू था, किंतु सखी भाव के उपासक होने के कारण चंदसखी नाम रख लिया। अपने आरंभिक जीवन में थानेदार थे, किंतु मन में भक्तिभाव उदित हुआ तो सरकारी नौकरी छोड़कर युवावस्था में ही घर-द्वार त्यागकर वृंदावन आ गए और राधा वल्लभ संप्रदाय के विरक्त संत बालकृष्ण स्वामी से दीक्षा लेकर धर्म-प्रचार में लग गए। इनके गुरु की एक रासमंडली थी, जो, जगह-जगह रासलीला का आयोजन करती थी। गुरुजी के आदेश से इन्होंने भी एक रासमंडली का गठन किया और उसे लेकर देशाटन को चल दिए। ब्रजभूमि के साथ-साथ राजस्थान, मालवा और बुंदेलखंड आदि प्रदेशों में रासलीला के सफल आयोजन किए। कवि-हृदय थे ही, रासलीलाओं के निमित्त लोकप्रिय धुनों में भजन एवं पदों की रचना करते रहे। अपने भक्ति पदों में अपने गुरु का नाम भी जोड़ते थे और प्राय: 'चंदसखी भजि बालकृष्ण छवि' की शब्दावली के साथ रचनाएँ प्रस्तुत करते थे।" मोहनलाल ने बताया।

"यानी रास के माध्यम से भक्ति का प्रचार किया है इन्होंने।" रासबिहारी बोले।

"हाँ, यह कार्य अत्यंत सफलतापूर्वक किया है। तो इन्हीं की बाललीला का एक लोकप्रिय पद सुनो, जिसका रासमंच पर बहुतायत से प्रयोग होता है और लोगों द्वारा पसंद भी खूब किया जाता है।" कहते हुए मोहनलाल ने भजन सुनाना शुरू किया—

"नाँचै नंदलाल, नचावै बाकी मैया।
रुनक-झुनक पाँय नेवर बाजै, ठुमुक-ठुमुक पाँय धरत कन्हैया।
दूध न पीवै कान्हा, दहीए न खावै, माखन-मिसरी कौ बड़ौ री खवैया।
पाट-पटंवर कान्हा ओढ़न न जानै, कारी कमरिया कौ बड़ौ री ओढ़ैया।
वृंदावन में रास रच्यौ है, सहस गोपिन में नॉचौ एक कन्हैया।
'चंदसखी' भजि बालकृष्ण छवि, चरन कमल की मैं लेउँरी बलैया॥"

सिर्फ 'वाह!' रासबिहारी के मुख से निकला।

"ब्रज की होली विख्यात है।" मोहनलाल बोले, "इसलिए रासमंच पर होली से जुड़े, लोकधुनों पर आधृत गीत और रसिया खूब गाए जाते हैं। गोस्वामी पुरुषोत्तमजी का यह पद श्रीजी रासमंच पर इतने मधुर कंठ से गाया जाता था कि आज भी पूरी 'होरी

लीला' मेरी आँखों में जस-की-तस मौजूद है। सुनकर तुम्हें भी आनंद आ जाएगा, भाईजी।"

"तो फिर देर किस बात की है दादा, सुनाओ झटपट।" रासबिहारी मुसकरा दिए।

पहले धीमी आवाज में गुनगुनाकर और फिर लय पकड़कर मोहनलाल ने मस्ती में भरकर गाना शुरू किया—

"ब्रजमंडल खेल मच्यौ भारी।
वृंदावन की गोरी नारी, तिनके टूटे हार फटी सारी।
ब्रज की होरी, ब्रज की गारी, अरु ब्रज की श्रीराधाप्यारी।
'पुरुषोत्तम' प्रभु खेलैं होरी, संगके सखा भरैं किलकारी॥"

"लोकधुनों पर आधृत भक्त कवियों की होलीपरक रचनाओं के साथ-साथ ब्रज के लोकगीतों में भी होली के रंग खूब बरसते हैं न?"

"बिल्कुल।"

"रासमंच पर खूब चाव से सुना-सुनाया जानेवाला कोई होलीपरक लोकगीत तुम्हें याद है, दादा?" रासबिहारी ने कौतूहल से भरकर पूछा।

बगैर किसी भूमिका के मोहनलाल ने सुनाना शुरू कर दिया—

"आज बिरज में होरी रे रसिया।
होरी रे रसिया बरजोरी रे रसिया॥
इत तैं आइऔ सुघर राधिका
उत तैं कुँवर कन्हाई रे रसिया।
कौन के हाथ रँगोलौ ढप सोहै
कौन के हाथ पिचकारी रे रसिया।
कान्हा के हाथ रँगीलौ ढप सोहै
राधे के हाथ पिचकारी रे रसिया।
बाजत ताल मृदंग, झाँझ, ढप
मचौ रे फाग बरसाने रे रसिया॥"

रासबिहारी को लगा, क्या सच ही होली के रंग उस छोटे से कमरे में नहीं बरस उठे हैं?

रसमय हो गए माहौल में मोहनलाल ऐसे रंग में आ गए कि बिना कहे एक के बाद एक हिंडोला, छद्म-लीला और वंशी चोरी लीला के वे पद सुनाते चले गए, जिन्हें श्रीजी रासमंच पर श्रीकृष्ण के स्वरूप में उतरकर पूरे हाव-भाव-अभिनय सहित बरसों गाया था और जन-मानस को लगातार तालियाँ बजाने पर मजबूर कर दिया था।

रासबिहारी भी चौंक पड़े थे, इनमें इतना जोश कहाँ से आ गया? श्रीजी रासमंच

पर अभिनीत होनेवाली लीलाओं का यह मानसी आस्वाद उन्हें स्वयं भी कम विस्मय-विमुग्ध नहीं कर रहा था। ये लोकगीत हैं या भक्त कवियों की रचनाएँ, शायद मोहनलाल भी नहीं जानते थे। अपनी स्मृति पर जोर देकर वह दशकों पुरानी जिंदगी को जी अवश्य रहे थे। रासबिहारी के लिए तो आनंद में निमग्न हो उठना ही काफी था, कुछ और जानने की जरूरत नहीं रही थी।

हिंडोला गीत था—

"झूला तौ झूलैं ए जी रानी राधिकाजी,
ए जी कोई गाबत गीत मल्हार।
नन्ही-नन्ही बुँदियाँ देखौ झरि रहीं जी,
ए जी कोई बरसत मूसलाधार।
पटुलि पकरि कैं झौंटा दै रहे जी,
ए जी कोई झुकि-झुकि किसन मुरारी।
पिउ पिउ पपीहा देखौ भैना करि रह्यौ जी,
ए जी कोई पग पायल झनकार।
कारे कारे बदरा भैना मेरी चढ़ि रहे जी,
ए जी कोई डरपीऐ कामिनि नारि॥"

ब्रजभाषा न जानने पर भी गीत का पूरा भाव रासबिहारी ने न सिर्फ समझा, अपितु उसका दृश्य-विधान भी उनकी आँखों में सज उठा। राधिकाजी मल्हार गाती हुई झूला झूल रही हैं। पहले तो नन्ही बूँदों की झड़ी लगी थी, अब मूसलाधार बारिश भी होने लगी है। श्रीकृष्ण पटली पकड़कर, झुक-झुककर झोंके दे रहे हैं। पपीहा की पिउ पिउ तथा पायलों की झँकार वातावरण में गूँज रही है। काले-काले बादलों को घिरता देख सखियाँ भयभीत हो उठी हैं। सचमुच ब्रजभूमि का सावन ही क्या रासबिहारी की आँखों के सामने नहीं उतर आया था?

छद्मलीला के पद में श्रीराधा और श्रीकृष्ण का वेश परिवर्तन था, तो वंशीचोरी की लीला में बाँस की बाँसुरी को अपनी सौतन मानते हुए श्रीराधिका का उसे चुरा लेना वर्णित था। अब बिना वंशी के श्रीकृष्ण का काम कैसे चले? उनके निहोरे और श्रीराधा का मुकरते रहना सचमुच रासमंच की निधि बनता होगा, इसे रासबिहारी ने चंदसखी की इस रचना को सुनते हुए ही समझ लिया—

श्रीकृष्ण वचन—श्रीराधे रानी! दै डारो ना, बाँसुरी मोरी।
जा बँसी में मेरे प्रान बसत हैं, सो बँसी गई चोरी॥

श्रीराधा वचन—सौने की नाँही कान्हा, रूपे की नाँही, हरे बाँस की पोरी।

श्रीकृष्ण वचन—काहे तै गाऊँ राधे काहे तै बजाऊँ, काहे ते लाऊँ गैया घेरी।

श्रीराधा वचन—मुख तैं गाओ कान्हा, ताल सों बजाओ, लकुट तैं लाओ गैया घेरी।

समाजी वचन—'चंदसखी' भजि बालकृष्ण छवि, हरि चरनन की चेरी॥

लीलापदों का सम्मोहन चरम पर था।

मोहनलाल उत्साहित कंठ से बोले, "अब सुनने ही बैठे हो, तो तबीयत से सुनो, भाईजी। यह अगला लोकगीतपरक छंद कृष्णजीवन लखीराम का है—

"मैं गूजरि बरसाने की, मोहन मारग रोक्यौ आन॥
पाँच टका की कामर ओढ़ै, तापै इतनौ गुमान।
गैया चरावत नंद बाबा की, माँगत दधि कौ दान॥
रतन जटित मेरी ईंडुरिया रे, हीरा जड़ै अमोल।
एक हीरा गिर जाइ तौ तेरी सब गैयन कौ मोल॥
'कृष्ण जीवन लछीराम' के प्रभु, प्यारे चरन-कमल चितलाय।
नैंक चितै बलि जाऊँ साँवरे, मन चाहौ दधि खाय॥"

"लोकगीत का माधुर्य इस गीत के शब्द-शब्द से छलक रहा है।" रासबिहारी मुग्ध होकर बोले।

"इसी बात पर कृष्णजीवन लखीराम का रचा एक ऐसा लोकगीत भी सुन लो भाइजी, जिसे ब्रज के रासधारी अत्यंत मनोयोग से गाते रहे हैं।" मोहनलाल ने बताया और फिर रासमंच के अनुकूल रचे गए इस लोकगीत को सुनाना शुरू कर दिया—

"नींद तोहे बेचूँगी आली, जो कोऊ गाहक होय।
आये मोहन फिरि गए अँगना, मैं बैरिनि रही सोय॥
कहा कहौं कछु बस ना मेरौ, आयौ धन दियौ खोय।
'लछीराम' प्रभु अबकैं मिलें तो राखौंगी नयन समोय॥"

रासबिहारी के पास शायद इस रासमंचीय लोकगीत की प्रशंसा के लिए शब्द नहीं थे, इसीलिए सिर्फ ताली बजाकर अपनी खुशी प्रकट की।

उन्हें लगा, अपने इत-उत ठौर-ठिकाने को छोड़कर वृंदावन में आ बसनेवाले इन भक्त कवियों के लिए वह क्या कहें?

घनानंद की गाथा सुन ही चुके थे।

घनानंद जैसे न जाने कितने कवि-आचार्य वृंदावन आए और श्री स्वामिनीजी व श्री ठाकुरजी के प्रेम-रस को छककर पीने पर भी अघाये नहीं। यहीं के होकर रह गए।

शायद यह नशा अब भी न टूटता, यदि बंद दरवाजे के बाहर से आती हुई राधिका की ऊबी आवाज कानों में न पड़ती, "बहुत हुआ नानाजी। अब बाकी बातें कल के लिए छोड़ दो। देखो, अँधेरा घिर आया है।"

"ऐं, यह तो सचमुच शाम हो गई!" द्वार खोलते हुए रासबिहारी चौंककर बोले।

"आप दोनों को भूख-प्यास भी नहीं लगती? बातों में सब भूल जाते हो?" राधिका ने उलाहना दिया।

"लाली, भूल गई?" रासबिहारी हँसे, "आज हमें खाना खिलाकर ही तो तूने बात करने की इजाजत दी थी।"

"तो क्या हुआ।" राधिका ने नकली गुस्सा दिखाया, "सुबह ग्यारह बजे का खाना क्या चार-छह दिन के रोटी-पानी की छुट्टी कर देगा? आप दोनों भी बस! हद ही कर दी है आज तो!"

"तू क्या जाने लाली।" रासबिहारी रीझ उठे, "तेरे बाबा ने श्रीजी रास मंच पर श्रीकृष्ण के स्वरूप में जो लीलाएँ सालोसाल की थीं, उन्हें एक बैठक में तेरे नानाजी को दिखा दिया है।"

"बंद कमरे में रास मंच भी आ गया! वाह, यह तो कमाल है!" राधिका की आँखें अचरज से चौड़ी हो गईं।

"मानसी रास है यह पगली!" रासबिहारी जोर से हँस पड़े।

सचमुच आज का आनंद अनूठा था।

□

11

खंडित स्वप्न

"आज यह बताओ दादा, रास से जुड़े हुए तुम्हारे जीवन के सुहाने दिन कब तक चले? जीवन का अगला अध्याय कब और कैसे शुरू हुआ?" रासबिहारी के उत्कंठित कंठ से निकले इस प्रश्न से मोहनलाल के चेहरे पर कई रेखाएँ बनीं और बिगड़ीं।

सचमुच इस सवाल का जवाब देना आसान न था।

एक सपने का साकार होना जितना सुखद होता है, उसका यथार्थ में परिणत हो जाने पर मन के हाथों से निकल जाना क्या कोई इनसान आसानी से स्वीकार कर पाता है?

उसके स्मरण भर से मोहनलाल विचलित हो गए।

दिखने लगीं मस्तक पर चिंतन की गहरी रेखाएँ।

झलकने लगी मानस में उठते झंझावत को सँभालने की प्राणपण से चेष्टा।

उत्तर में समय लगना ही था, लगा भी।

कुछ क्षण विचारों की लड़ी को मोहनलाल जोड़ते-तोड़ते रहे, फिर एक ठंडी साँस भरकर बोले, "भाई, तुमने मेरी दुःखती रग पर हाथ रख दिया है। काश! बचपन और कैशोर्य के वे सुहाने दिन कभी न बीतते! मैं हमेशा आठ से सोलह साल के बीच का बालक बना रहता। कभी युवा न होता तो रासलीला के गली-गलियारे भी न छोड़ने पड़ते और…"

हाँ, वे मोहनलाल के जीवन के बड़े उथल-पुथल भरे दिन थे। उन्हें याद किया, तो 16 बरस का किशोर मोहन जेहन में कौंध गया।

अचानक देह में होने वाले बदलाव सामने आए, तो बीच बाजार में संपदा लुट जाने के हत्प्रभ भाव से बेचारा मोहन घबरा-सा गया था।

यह बदलाव उसने स्वयं नहीं भाँपा था, आँख में उँगली डालकर रासस्वामी प्रभाकर दीक्षित ने दिखाया था। वैसे सच तो यह है कि स्वयं में होनेवाला परिवर्तन लक्षित उसे भी

हुआ था, पर देखकर अनदेखी करनी चाही थी।

एकाएक लंबाई बढ़ना।

आवाज भारी हो जाना।

हलके-हलके रोयों से दाढ़ी मूँछ आने का संकेत मिलना।

और भी बहुत कुछ अलग-सा महसूसा।

इन बदलावों को यथासंभव नजरअंदाज किया उसने। पर एक दिन 'दानलीला' मंचन के बाद रासस्वामी प्रभाकरजी ने अत्यंत गंभीर कंठ से जब उसे अपने कमरे में आने को कहा, तो तनिक चौंक पड़ा था—आज अचानक स्वामीजी का यह बुलावा क्यों? क्या अपने संवाद या अभिनय में उससे कोई त्रुटि हो गई है?

बहुत सोचा, कुछ समझ न आया। पर स्वामीजी ने बुलाया था, तो पहुँचना अपरिहार्य था। मोहनलाल जब वहाँ पहुँचा तो प्रभाकरजी अपनी कुरसी पर बैठे हुए सामने मेज पर रखे खुले रजिस्टर में कुछ लिख रहे थे।

उसे आया देख एक खाली कुरसी पर बैठने का इशारा किया और अपने काम में डूबे रहे।

कुछ देर बाद लिखना रोक, रजिस्टर बंद करके एक गंभीर निगाह से उसका मुआयना करते हुए बोले, "मोहन, मुझे तुमसे कुछ कहना है।"

"जी, कहें।"

"देखो मोहन, श्रीजी रासमंडली की पहली प्रस्तुति 'प्रथमानुराग लीला' याद है तुम्हें?"

"खूब अच्छी तरह।"

"उस प्रस्तुति में तुम श्री ठाकुरजी के स्वरूप में दर्शकों के सामने आए थे, यानी इस रासमंडली के पहले दिन से ही तुम इसका एक महत्त्वपूर्ण स्तंभ बन गए थे।"

वह क्या कहे, कुछ समझ नहीं सका।

मौन बैठा रहा।

स्वामीजी ने ही क्षणिक विराम के बाद उसकी ओर देखा, "तब से पूरे आठ साल बीत गए हैं और इस संपूर्ण अवधि में तुम 'श्रीजी' का एक जरूरी हिस्सा बने रहे हो।"

"श्रीजी मेरे लिए मात्र रासमंडली नहीं, एक ऐसा पावन मंदिर है, जहाँ श्री ठाकुरजी और श्री लाड़िलीजी के विग्रह के समक्ष मैंने अपनी अभिनय कला के पूजा के फूल चढ़ाए हैं।" बड़ी मुश्किल से वह बोल सका।

"जानता हूँ। तुम्हारी निष्ठा को स्वीकारता भी हूँ। प्राय: सभी लीलाओं में श्रीजी का अविभाज्य अंग रहने के बाद तुम्हें इससे विलग करते हुए मुझे सच में बहुत तकलीफ हो रही है मोहन।" प्रभाकरजी उदास चेहरे से बोले।

"श्रीजी को अब मेरी जरूरत नहीं रही?" पूछते हुए मोहन की आवाज लड़खड़ा गई।

"देखो, बेटा यह हमारी मजबूरी है। तुम युवावस्था में प्रवेश कर रहे हो और अब तुम्हारी आयु उस भूमिका के अनुरूप नहीं रही है। आज नहीं तो कल, हमें ठाकुरजी के स्वरूप के लिए दूसरे लड़के की जरूरत पड़ेगी ही।"

"स्वामीजी, स्पष्ट कहें कि आप मुझे क्या आदेश देते हैं?"

"तुम्हीं बताओ, तुम्हारे स्थान पर मदन को अगली माखनचोरी लीला में प्रस्तुत करना कैसा रहेगा?"

मदन?

नाम सुनते ही मोहनलाल चौंक पड़ा।

हाँ, यह मदन भी रासमंडली के गठन के 3-4 वर्ष बाद इससे जुड़ गया था। पहली बार बाल लीला के अंतर्गत पालने में झूलता हुआ दिखाया गया था। साथ में भजन था—'जसोदा हरि पालने झुलावैं।' इसके बाद 'पूतनावध लीला', 'ऊखल बंधन लीला', 'माटीभक्षण लीला' आदि लीलाओं में बाल कृष्ण के स्वरूप में उतारा गया है। जब उसी उम्र का हो गया है, जब प्रथमानुराग लीला में···

"क्या सोचने लगे मोहन? तुमने बताया नहीं कि मदन के बारे में तुम्हारा क्या विचार है?"

स्वामीजी के टोकने पर वह सजग हुआ और हकलाते हुए बोला, "जीऽऽऽजी, आप ठीक कहते हैं। मदन अच्छा काम करता है। मेरी जगह ले सकता है। मेहनती है और योग्य भी। भूमिका के साथ न्याय करेगा। ठाकुरजी के स्वरूप में उसे देखकर दर्शकों को प्रसन्नता होगी।"

"अभी कम-से-कम एक महीना उसे तीन-चार लीलाओं की तैयारी में लगेगा। तब तक तुम्हें इसी दायित्व भाव से अपना काम सँभालना है। बाद में मदन को दायित्व सौंपकर तुम भारमुक्त हो सकोगे।"

"जी, ठीक है।" कहकर वह उठ खड़ा हुआ।

कैसे कमरे से निकला, कैसे घर पहुँचा, कुछ याद नहीं। मस्तिष्क में जो झंझावत चल रहा था, उसे दिग्भ्रांत करने के लिए काफी था।

सिर्फ एक माह?

यह तो पलक झपकते निकल जाएगा।

उसके बाद श्रीजी से उसे विदा लेनी होगी?

वह दूध की मक्खी की तरह वहाँ से निकालकर फेंक दिया जाएगा? कहाँ जाएगा, क्या करेगा, इस बारे में कोई नहीं सोचेगा? उफ, एक-एक दिन बीतने के साथ उम्र बढ़

रही है, यह बात पहले ध्यान क्यों नहीं आई?

समय रहते स्वयं को किसी अन्य व्यवसाय से जोड़ने का प्रयास क्यों नहीं किया?

प्रश्न ही प्रश्न थे, उत्तर एक भी नहीं था। अम्मा-बापू में से किसने उसके लिए दरवाजा खोला, भोजन के लिए पूछा, उसे कुछ याद नहीं।

लड़खड़ाते कदमों से सीधे कमरे में घुसा और अपनी चारपाई पर ढह गया।

सिर्फ 8 साल की जिंदगी भी कोई जिंदगी होती है? अभी तो उसने यौवन में पाँव धरा है और अभी से उसके लिए आगे बढ़ने के सारे दरवाजे बंद हो गए?

इससे पहले माँ-बाप की ऐसी पाँचवीं संतान रहा, जिसे अपने चार बड़े भाइयों की तुलना में हमेशा कम आँका गया। उम्र में अपने दो भतीजों के बराबर था, पर पद तो चाचा का था न! शर्म की बात है, उस पद की लाज न रख सका। माँ-बाप उसके लक्षण देखकर चिंतित रहे। कहाँ तो चार बड़े बेटे रेलवे, परिवहन, शिक्षा विभाग और पुलिस विभाग की नौकरी पाकर अपने-अपने घर-परिवार में सुखी-संतुष्ट हैं और कहाँ वह लबड़धोंधो बना गली-गली डोलता है! न पढ़ सका, न कोई हाथ का काम सीख सका। घर से सिर्फ खाने-सोने का नाता रखता और बाकी समय रासमंडलियों का पिछलग्गू बना घूमता रहता। हरिनाथ के साथ दोस्ती करके तो जैसे रासमंच की लीलाओं का दीवाना ही हो गया था। सौभाग्य से श्रीजी में पहुँच गया, तो 8 साल हवा के झोंके की तरह सरसराते निकल गए। अब फिर पहले जैसी कटी पतंगवाली अवस्था में पहुँच गया है, जो कहाँ जाकर गिरेगी, कुछ पता नहीं।

अत्यंत क्षुब्ध और व्यथित होने के साथ-साथ नितांत निरुपाय था वह।

~✦~

रात बीती, भोर हुई।

मोहनलाल की लाल-लाल आँखें उसके रात्रि-जागरण की चुगली कर रही थीं।

अम्मा ने इसे लक्ष्य किया, पूछा, "तबीयत तो सही है, बेटा?"

"हाँ, सही है।"

"चेहरा कैसा सूखा-सा हो रहा है! आँखें कैसी चढ़ी-चढ़ी हैं! कहीं ज्वर तो नहीं हो गया है?"

"क्यों व्यर्थ में मेरी जान खा रही हो, अम्मा? कह दिया न, बिल्कुल ठीक हूँ। मुझे कुछ नहीं हुआ है।" वह खीझ उठा।

सकपकाकर अम्मां चुप हो गईं।

किंतु कुछ देर बाद बापू ने भी दालान से गुजरते हुए वही प्रश्न किया, "क्या बात है मोहना, आज ऐसा सुस्त क्यों पड़ा है, सेहत तो सही है न?"

"आज तुम लोगों को हो क्या गया है?" वह दोबारा झुँझला पड़ा, "मेरी सेहत की ऐसी चिंता आज तक तो कभी की नहीं, आज सवाल पूछ-पूछकर नाक में दम कर दिया है। बोलो, क्या सुनना चाहते हो? मैं निकम्मा हूँ, नाकारा हूँ, किसी मतलब का नहीं हूँ, तुम्हारे घर में पड़ा-पड़ा रोटी तोड़ रहा हूँ, इसलिए थोड़ी भी शरम-हया है तो जमुनाजी में कूद जाऊँ, यही चाहते हो तो साफ-साफ बता दो।"

"छिः, कैसी बात करता है लाला?" अम्मा आहत हुईं, "हम बूढ़े-बूढ़ी की उम्र तुझे लग जाए। अपनी संतान का अशुभ क्यों सोचेंगे? वह तो तूने रात को ही मुँह जुठारने की रस्म-अदायगी की और सुबह उठकर भी गुमसुम पड़ा है, इसलिए मैया-बाबा के कलेजे में चिंता तो व्यापेगी ही।"

"अभी दस मिनट में कुल्ला-मंजन करके आता हूँ, कलेवा तैयार है न?" उसने सहज होने की कोशिश की और चारपाई छोड़कर उठ खड़ा हुआ।

सोचा, अरे अभी तो पूरा एक माह श्रीजी से नाता रखना ही है, तब तक कुछ और सोच-विचार लेगा।

रासमंडली से छुट्टी हो गई, तो क्या दुनिया में कोई और व्यवसाय-रोजगार रहा ही नहीं है? अगर और कुछ नहीं सूझा, तो जमुना मैया के घाट पर तख्त बिछाकर बैठ जाएगा। स्नान करके आनेवाले भक्तजनों को चंदन-रोली का तिलक लगाकर, आशीर्वाद देकर ही अपने पेट के लिए दो रोटियाँ जुटा लेगा।

बामन का बेटा है, भूखा थोड़े ही मरेगा! मन आश्वस्त हुआ, तो उसकी ऊष्मा से कलेजे पर धरी हिमशिला तनिक पिघली।

नहा-धोकर कलेवा किया और स्वयं को सुस्थिर करने की चेष्टा की।

पर लाख कोशिशों के बावजूद क्या सुस्थिर हो पाया था? शायद क्या, निश्चित रूप से 'नहीं'।

जिसे विदित हो चुका हो कि एक माह की अवधि के उपरांत जीवन के लक्ष्य से नाता नहीं रखना है, वह सहज-स्वाभाविक रीति से अपना काम नहीं कर सकता है।

परिणाम यह हुआ कि उससे रासमंच पर ऐसी गलतियाँ होने लगीं, जो आरंभिक दिनों में भी कभी नहीं हुई थीं। संवाद भूलने लगा, नृत्य में त्रुटियाँ होने लगीं और अभिनय में वह जीवंतता न रही, जो 'स्वरूप' में जान डाल देती थी।

ऐसी स्थिति में मदन और अधिक उत्साहित होकर लीलाओं की तैयारी में जुट गया। पंद्रह दिन बीतते-न-बीतते प्रभाकरजी को कहना पड़ा, "मोहन, तुम्हें कल से श्रीजी आने की आवश्यकता नहीं है। आधी-अधूरी तैयारी में भी मदन तुमसे बेहतर काम कर दिखाएगा। यदि रासमंच से तुम्हारा जी एकदम ही उचट गया है, तो जबरदस्ती 15 दिन और खींचने से क्या फायदा?"

चूँकि इस दिन के लिए वह पहले से ही तैयार था, इसलिए कोई अचंभा न हुआ। पीड़ा भी जितनी होनी थी, काम छोड़ने की सूचना मिल जाने के बाद उसी समय हो ली थी। उसी वक्त हृदय खंड-खंड में विभक्त हो गया था। रोज श्रीजी आते हुए यह अनुभव होता था कि पीठ पर अपना ही शव लादे हुए जबरन पाँव घसीटने पड़ रहे हैं। यहाँ आने से रोक दिया गया, तो अनुभव हुआ कि पीठ पर लदे उस शव को फेंककर भार-मुक्त हो गया है।

कम-से-कम अब मनःशांति तो मिली है।

घर में किसी को इस बारे में कोई संज्ञान न था। अगले दिन जब रोज की भाँति दोपहर तीन बजे घर से न निकला, तो पहले अम्मा का ही माथा ठनका, "क्या बात है लाला, आज श्रीजी नहीं जाएगा?"

"नहीं।"

"क्यों? क्या आज की लीला में तेरा काम नहीं है? संभवतः बाललीला होनी होगी, तभी! लेकिन उससे पहले नित्य रास में तो ठाकुरजी का विराजमान रहना जरूरी है न? तेरे पहुँचे बिना वहाँ का काम कैसे चलेगा?"

"मदन सँभाल लेगा।"

"मदन कौन? वह महेश का छोरा? उसके बूते का है ठाकुरजी के स्वरूप में घंटे भर का शास्त्रीय नृत्य?"

"एक दिन मैं भी उसी उम्र का था, अम्मा। जब मेरे बूते का था शास्त्रीय नृत्य, तो उसके बूते का क्यों न होगा? आखिर उसे इसका प्रशिक्षण दिया गया है। सिखाने से सीखेगा नहीं क्या?"

"तो क्या..." अम्मा अबूझ-सी उसका चेहरा देखने लगीं।

"रासमंडली से मेरी छुट्टी कर दी गई है। छोटी उम्र के बालक की ही वहाँ जरूरत रहती है। मैंने वह उम्र पार कर ली है। अब कोई दूसरा काम-काज खोजना होगा। अपनी उम्र के अनुसार।" वह वीतराग-भाव से बोलता चला गया।

अम्मा अवाक् होकर उसका चेहरा देखती रहीं।

शायद थोड़ी देर बाद बापू के कानों तक उन्हीं ने यह 'खुशखबरी' पहुँचा दी होगी, तभी उन्होंने पास आकर सांत्वना दी थी, "तू चिंता न कर, लाला। मैं तुझे कर्मचंद भैया से मिलवा दूँगा। उनका साड़ियों का जमा-जमाया व्यवसाय है और कुशल लड़के की जरूरत है। ईमानदार होना पहली शर्त है, जिस पर तू खरा उतरेगा। साड़ियाँ मँगाने के लिए सूरत से लेकर बंगाल-मद्रास सत्तर जगह जाना होता है। भाग-दौड़ का काम तू अच्छी तरह सँभाल लेगा।"

"बापू, यह भाग-दौड़ का काम मेरे बस का नहीं है।"

"तो फिर दुकान पर किसी दूसरे काम के लिए रख लेंगे। तू चिंता क्यों करता है?"

"ग्राहकों को साड़ियाँ खोलकर दिखाना और फिर तहाकर जहाँ का तहाँ रखना भी मैं नहीं कर सकूँगा। साड़ियों की खूबी बताकर ग्राहक को संतुष्ट करना··· सोचकर ही दिमाग में उलझन होने लगी।" वह ऊबे कंठ से बोला।

"छोड़ बेटा। तुझे चिंता करने की जरूरत नहीं है। अभी तेरे माँ-बाप हैं न! घर में दो वक्त की रोटियों का टोटा थोड़े ही है।" बापू ने उसकी पीठ थपथपाई।

मोहनलाल को अनुभव हुआ, दुनिया में माता-पिता के निस्स्वार्थ प्रेम की बराबरी कोई और नाता-संबंध नहीं कर सकता। यही माता-पिता उसके रास से जुड़ने के नाम पर नाखुश थे। उसे समय रहते पढ़ना-लिखाना चाहते थे, किसी व्यवसाय की बारीकियाँ सिखाना चाहते थे, किंतु तब उसके सिर पर रास का नशा चढ़ा था। ऐसा बौराया हुआ था कि माँ-बाप की एक नहीं सुनी। वही माँ-बाप आज उसके लिए रासमंडली का द्वार बंद हो जाने पर हृदय का द्वार खोले खड़े हैं। निश्चिंत हो जाने को कह रहे हैं। खुद को अकेला-असहाय न समझने की शिक्षा दे रहे हैं। ठीक है, जब तक माता-पिता का साया सिर पर है, वह किसी अनावश्यक चिंता में क्यों पड़े?

मन सुस्थिर हो जाना चाहिए था, पर हुआ नहीं।

शायद रासमंडली मोहनलाल की आजीविका ही नहीं, उसका जीवनधन थी, प्राणों का स्पंदन थी। अपनी धड़कनों से वियुक्त हो जाने के बाद आदमी जी सकता है क्या?

नैराश्य के घन सघन होने लगे।

श्रीजी के रास-मंच पर 'राधे-राधे' की तड़प से भरा श्याम, मंच से बाहर रहकर भी उसी तड़प का अनुभव करते हुए अंतस् के उद्वेग को रोक पाने में विफल रहा। श्रीराधा रानी उसे पल-पल याद आतीं। उनकी मोहिनी छवि, उनके कटाक्ष, बंकिम भ्रू-भंगिमा और कमर पर लहराती वेणी क्या भुलाए भूल सकती थी? मानिनी राधिका के मान-विमोचन के लिए प्रणयी हृदय का उद्दाम अनुराग कैसे बाहर निकले?

मोहनलाल विस्फरित नेत्रों से कमरे की छत-दीवारों को घूरता और फिर कलेजा थामकर रह जाता।

श्रीजी के मंच पर श्रीराधा का अभिनय करनेवाला लड़का कभी सड़क पर या किसी गली में दिख जाता, तो मोहनलाल को अभी भी उसमें श्री लाड़िलीजी ही दृष्टिगत होतीं। वाणी मौन रहने पर भी हृदय की पुकार को वह भली प्रकार सुन लेता, "हे किसोरी जू, आपके नित्य रास का समय है गयौ ऐ, सो आप कृपा करिकै रासमंडल में पधारौ।"

देह का सर्वांग जैसे इन शब्दों के श्रवण हेतु कर्ण-द्वय बन जाता, "अच्छौ प्यारे।"

पर कहाँ था रासमंडल और कहाँ थीं श्री लाड़िलीजी। यहाँ तो सिर्फ मोहनलाल के शून्य हृदय में व्याप्त नैराश्य के झंझावात का हाहाकार था।

बदलाव जारी था।

श्रीजी के रासमंच की श्रीराधिका का स्वरूप शनैः शनैः मानस से विलुप्त हो गया, पर अंतस् में व्याप चुकी एक दीप्ति को न लुप्त होना था, न हुई। आराधन के इन क्षणों में आँख मूँदने पर मोहनलाल को यत्किंचित् शांति मिलती, पर नेत्र खोलते ही वह छवि विलुप्त हो जाती और वह लुटा-पिटा सा, छटपटाया-सा दोनों हाथों से अपना हृदय थाम लेता।

समझ चुका था, रासमय हो चुका उसका मन अब श्री लाड़िलीजी के चरण कमलों के सिवाय अन्यत्र कहीं सुख नहीं पा सकता। लीला मंचन के दौरान अकसर गाया जानेवाला सूरदास का यह भजन जब-तब उसके अधरों पर थिरक उठता—

"मेरौ मन अनत कहाँ सुख पावै।
जैसे उड़ि जहाज कौ पंछी पुनि जहाज पै आवै॥"

यह आराधन-भाव उसकी विवशता थी और प्राण-शक्ति भी।

यौवनागम के दिनों में श्रीराधिका की चरण-वंदना उसे कभी अटपटी नहीं लगती।

यह बचपन के भक्ति-संस्कार थे या श्रीजी से कई वर्ष जुड़े रहने का परिणाम, उसे नहीं विदित था।

अभी नवयुवक था मोहनलाल।

संन्यास लेने की उम्र नहीं थी उसकी।

इसलिए भगवद्भक्ति कुछ देर के लिए भले ही मानसिक शांति दे देती हो, पहाड़-सी जिंदगी को पार लगाने के लिए उसे किसी कार्य में स्वयं को व्यस्त रखना आवश्यक था। बापू जब-तब कोई काम खोज लाते, पर वह कहीं पर अपने मन को उससे जोड़ न पाता। नतीजा यह हुआ कि निष्क्रिय बैठे-बैठे अकारण झुँझलाने का स्वभाव बन गया। गुस्सा चढ़ता तो निरीह माँ-बाप पर उतरता। वृद्ध-दंपती भी आखिर कहाँ तक इसे झेलते? अपनी जान बचाने के लिए और बेटे को मानसिक शांति देने के लिए उन्हें उसे गृहस्थी के बंधन में बाँध देना ही एकमात्र उपाय दिखाई दिया। अंततः मोहनलाल उन्नीस बरस का हो रहा था और उस समय के हिसाब से यह विवाहयोग्य आयु थी।

"तो क्या तुम्हें 19 साल की उम्र में शादी के बंधन में फँस जाना पड़ा?" पूर्ण तन्मयता से कथा-रस में डूबे रासबिहारी ने मोहनलाल के कथा को तनिक विराम देते ही प्रश्न कर दिया।

"हाँ भैयाजी। चारों बड़े भाई सालों पहले घर-परिवार वाले हो चुके थे, किसी को वृद्ध माता-पिता और छोटे भाई की चिंता न थी, न भाई की शादी में कोई दिलचस्पी थी। इसलिए अम्मा-बापू को जहाँ समझ में आया, रिश्ता तय कर दिया?"

"क्या तुम्हारी स्वीकृति भी नहीं ली गई थी?"

"उस वक्त इसका चलन न था। हो सकता है कि महानगरों में आज से 55 साल पहले शादी-ब्याह के मामले में लड़के की इच्छा-अनिच्छा जानी जाती हो, पर हमारे इस छोटे से शहर वृंदावन में इस रीति का कतई प्रचलन नहीं था। हाँ, मुझे लड़की की फोटो जरूर दिखाई गई थी, जिसे मैंने एक सरसरी निगाह से देखते हुए यह कहकर लौटा दिया था, अम्मा, निभाना तुम्हें है अपने साथ। इस उम्र में चूल्हे-चक्की से मुक्ति चाहती हो, तो कमेरी लड़की तलाशना, यह मेरा सुझाव है। आगे तुम और बापू खुद समझदार हो, मेरा अहित थोड़े ही चाहोगे। तुम्हारी पसंद में ही मेरी पसंद है।"

शायद उन दोनों पकी उम्र के व्यक्तियों को मेरे मुँह से इसी उत्तर की अपेक्षा थी। निश्चिंत होकर लड़कीवालों को स्वीकृति दे दी और मुझे ब्याह के खूँटे से बाँध दिया गया।

"तुम्हारी पत्नी···?"

"सुधा नाम था उसका। सीधी, सरल, घरेलू लड़की थी। गाय दुहना, चारा-पानी करना ही नहीं, कंडे थापना भी खूब जानती थी। रोटी-पानी में निपुण थी। आते ही घर सँभाल लिया। चारपाई पर बैठकर 'राधे-राधे' जपने की फुरसत मिली, तो अम्मा को और क्या चाहिए था? पेट में दो रोटियाँ जाती रहें और अधरों से राधा नाम का जप निकलता रहे तो ब्रजवासियों को किसी तीसरी वस्तु की साध नहीं रहती। अम्मा इसका अपवाद कैसे हो सकती थीं? हमारे घर की हर जरूरत पूरी करने में सुधा सक्षम थी।"

"पढ़ी-लिखी भी थीं?"

"न, निपट निरक्षर थी। मैंने तो फिर भी स्कूल जाने की रस्म अदायगी कई साल की थी, उसने विद्यालय की देहरी पर पाँव तक नहीं रखा था।"

"विवाह के बाद तुम्हारे अशांत जीवन में स्थिरता आ गई होगी, दादा?"

"हाँ भाई। शांति और स्थायित्व आया, पर उसकी वजह सुधा न होकर वह चिंतनधारा थी, जिसने मुझे श्रीजी की रासमंडली छूट जाने के बाद की अवसाद भरी किंकर्तव्यविमूढ़ मन:स्थिति से बाहर निकाला था।"

रासबिहारी चौंके।

चिंतनधारा?

19 बरस के उस अल्पशिक्षित नवयुवक में चिंतन करने की शक्ति थी क्या?

मोहनलाल ने उनकी इस प्रश्नाकुल दृष्टि को पकड़ा और मुसकराए, "भूलो मत

दादा, पूरे 8 साल शास्त्रों के ज्ञाता प्रभाकरजी के संग-साथ ने मुझे अज्ञानी नहीं रहने दिया था।"

एक बार फिर उनकी उँगली पकड़कर मोहनलाल ऐसी जगह अपने साथ ले गए, जिससे रासबिहारी भलीभाँति परिचित थे।

पहली दफा आचार्य अमल के साथ रास-चर्चा में इसका नाम सुना था और दूसरी दफा कैलाश उन्हें इस स्थान पर घुमा लाया था।

हाँ, यह छटीकरा-वृंदावन रोड पर स्थित आद्यशक्ति माँ कात्यायनी का शक्तिपीठ था।

माँ कात्यायनी के नाम की महिमा मोहनलाल जानते थे। महारास के पौराणिक विवरण को भागवत कथा के दौरान कई बार सुन चुके थे, मन में बसा चुके थे। यह वही जगह थी, जहाँ जाकर गोपियों ने श्रीकृष्ण को पतिरूप में पाने की याचना की थी और उनकी यह मनोकामना महारास के दौरान पूरी भी हुई थी।

बस, पाँव उठे और मोहनलाल भी माँ के मंदिर में जा पहुँचे।

जाकर महसूस हुआ, कितनी शांति है यहाँ। तन-मन की सारी क्लांति, जैसे माँ के चरणों में नमन करने के साथ ही विलुप्त हो गई।

माँ के सान्निध्य में देर तक बैठे रहे।

बाँकेबिहारीजी के मंदिर, रंगजी के मंदिर तथा कृष्ण जन्मभूमि जैसी जगहों में मौजूद दर्शनाभिलाषियों की भीड़ यहाँ नहीं थी। पूर्णतः निर्जन क्षेत्र था। माँ के साथ बगैर किसी चिंता-तनाव के देर तक संवाद किया जा सकता था।

मोहनलाल ने माँ से अपने मन की बात कही, "माँ, मैं तेरा अबोध-अज्ञानी बालक हूँ। जब विद्यालय जाने की आयु थी, रासमंडलियों के आकर्षण में बँध गया। जब किसी गुण-हुनर को सीखने का समय था, लीलाओं के सम्मोहन-जाल में पड़कर अन्यत्र ध्यान नहीं दिया। अब माँ-बाप ने ब्याह भी कर दिया है तो सांसारिक पचड़ों में फँस गया हूँ। अब तक का जीवन जिस अलौकिक जगत् से जुड़कर बिताया है, उससे यह लौकिक जगत् की संलिप्तता बिल्कुल भिन्न है। ऐसी अवस्था में मैं क्या करूँ? तू ही मुझे दिशा-ज्ञान दे। रास-मंच का जादू भुलाए नहीं भूलता। वह भजन-गायन और लोकगीतों की मधुरता, वह नृत्य-कुशलता और वह माधुर्यप्रधान लीलाओं में ठाकुरजी के स्वरूप में उतरने की प्रवीणता मुझे विचलित किए रहती है। मैं शांति की तलाश में हूँ। पर शांति कैसे मिले? अपनी ही अंतरात्मा कोंचती है कि तूने श्रीजी से जुड़कर अपना जीवन नष्ट कर दिया। यदि अपने चार बड़े भाइयों की तरह तू भी कोई

सांसारिक लक्ष्य लेकर आगे बढ़ा होता, तो आज इस असहाय स्थिति में न पड़ता। मन के इसी द्वंद्व के चलते मैं चैन से खा-पी नहीं सकता, सो नहीं सकता। माता-पिता से अकारण रुष्ट रहता हूँ, जबकि उनकी कहीं कोई गलती नहीं है। माँ, आज तेरे दरबार में उपस्थित होकर सिर्फ एक प्रश्न का उत्तर चाहता हूँ कि क्या मैंने अपने अंतस की पुकार सुनकर कोई भूल की है? यदि मैं गलत रहा हूँ तो आज के बाद फिर कभी रासमंडली का नाम भी नहीं लूँगा और यदि मैं गलत नहीं हूँ तो पश्चात्ताप की ज्वाला में दग्ध होना छोड़ दूँगा। तू जिस हाल में रखेगी, रहूँगा। सदैव प्रसन्न रहूँगा और एक शांतिमय जीवन व्यतीत करूँगा। कुछ भी हो, इस ज्वाला को और ज्यादा नहीं सह सकूँगा। मुझे आज की तारीख में सिर्फ शांति चाहिए। ऐसी मानसिक शांति, जो फिर कभी मेरे भीतर द्वंद्व न उपजने दे।"

सचमुच बहुत लंबी प्रार्थना थी यह। प्रार्थना क्या, मोहनलाल ने अपना हृदय ही माँ कात्यायनी के सामने खोलकर रख दिया था।

सामने माँ कात्यायनी का विग्रह था, जिसके चरणों में सिर पटक-पटककर वह आँसू बहाता रहा।

मंदिर की अद्‌भुत शांति के मध्य उसकी लगातार सिसकियों की ध्वनि।

पवन-झकोरों से मात्र लता-वृक्षों के पातों का रह-रह झूमना।

पीपल के एक वृक्ष पर बैठे पंछी के कलरव द्वारा वहाँ की शांति-भंग का उपक्रम करना।

अकस्मात् झाड़ियों से बाहर निकलकर एक मयूर का पंख फैलाकर नृत्यरत हो जाना।

निश्चय ही काफी कुछ उस जनशून्य स्थान में भी घट रहा था, पर मोहनलाल को किसी बात का भान न था। आँसू-हिचकियों के बीच उसका करुण क्रंदन अत्यंत मार्मिक था, "तू ही बता माँ, मैंने श्रीजी के मात्र 8 वर्ष के सुखोपार्जन में, अपना अतीत-भविष्य सबकुछ दाँव पर लगाकर क्या जीवन की सबसे बड़ी भूल की है?"

मोहनलाल आज शपथ लेकर कह सकता है कि उस वक्त मंदिर के भीतर वह अकेला था, तदपि एक मधुर नारी-कंठ उसके कानों में झंकृत हो उठा, "व्यर्थ ही तुम इतने व्यथित हो रहे हो। आश्चर्य है, रासमंडली के 8 वर्ष के सुदीर्घ समय को छोटा समझते हो? क्यों भूलते हो कि गोपियों ने मात्र शरदपूर्णिमा की एक रात की रासलीला में श्रीकृष्ण का सान्निध्य पाकर अपनी मनोरथ-पूर्ति की थी, जीवन सफल समझा था। महारास की वह एक रात ब्रह्मा की एक रात्रि के बराबर थी। श्रीमद्‌भगवद्‌गीता के अनुसार 4 अरब 32 करोड़ सौर वर्ष की अवधि का ब्रह्मा का एक दिन और इतनी ही अवधि की ब्रह्मा की एक रात्रि होती है। समझ गए न, गोपियों की एक रात की महारास

की लीला कितनी महत्त्वपूर्ण थी! यदि वे गोपियाँ ब्रह्मरूपिणी थीं, तो क्या तुम ब्रह्म का अंश नहीं हो? यदि उन्होंने द्वापर युग में श्रीकृष्ण और श्रीराधा के साथ रासलीला का आनंद प्राप्त करके अपना जीवन धन्य माना, तो तुम्हारा यह अनुकरणात्मक रास भी तुम्हें उसी भावभूमि पर नहीं ले गया है? क्या रासमंडल पर पहुँचकर तुम, तुम रहे हो? श्रीकृष्ण के स्वरूप में तुम्हें देखकर भक्तजन आनंदित नहीं हुए हैं? इसलिए अपने हृदय में विचार करके देखो, क्या राधा-माधव की प्रीति के पलों के साक्षात्कार से बढ़कर भी कोई वस्तु इस असार संसार में है? 'नहीं' न! फिर विचलित क्यों होते हो? मन में द्वंद्व क्यों पाले हुए हो, तुमने जिस सत्-चित्-आनंद के अलौकिक स्वाद को चखा है, उसके बाद कोई सांसारिक विषाद, कोई लौकिक चिंता, कोई भौतिक आपदा तुम्हें विचलित कर ही नहीं सकती है। अमृत की एक बूँद की हलाहल भरे घट से क्या तुलना हो सकती है? व्यर्थ ही संताप मत झेलो। श्रीराधा रानी जिस हाल में रखें, खुश रहो। लीला-मंचन के दौरान लंबे 8 वर्ष तक तुमने जिस दिव्य आनंद की अनुभूति प्राप्त की है, उसे छोटा मत आँको। उसी आनंद-पारावार में ऊभ-चूभ करते हुए अपना शेष जीवन प्रसन्नतापूर्वक व्यतीत करो।"

मोहनलाल स्तब्ध हो उठा।

क्या मंदिर में मौजूद किसी स्त्री ने उसकी पीड़ा को देखकर सांत्वना दी है?

क्या उसके कानों में निनादित होनेवाली स्वरलहरी उसकी कल्पना है?

क्या साक्षात् माँ कात्यायनी ने उसे प्रबोध दिया है?

नहीं, मंदिर में उसके अतिरिक्त उस समय कोई स्त्री-पुरुष नहीं था, वह पूरे विश्वास से कह सकता है।

तो फिर?

माँ कात्यायनी के मुखारविंद से प्रबोध दिए जाने की बात भी कैसे मान ले? वह पूरे समय अपलक माँ के विग्रह को निहारता रहा था। जानता है, उनके अधर हिले तक नहीं थे।

यानी?

हाँ, कानों में गूँजनेवाले स्वर-संगीत को अपनी कल्पना न कहकर अपनी अंतरात्मा की आवाज अवश्य मान सकता है। कात्यायनी माँ के सान्निध्य के इन क्षणों में उसकी अंतरात्मा ने ही उसे आश्वस्त किया है कि श्रीराधा-कृष्ण के चरणों में अपना 8 वर्ष का समय व्यतीत करके उसने जिस अलौकिक आनंद को पाया है, वह हर भौतिक सुख से बढ़कर है। आज के बाद उसे अपने जीवन में पश्चात्ताप करने की कभी आवश्यकता नहीं है।

माँ कात्यायनी के मंदिर के अपने उस अनुभव को बताते हुए मोहनलाल रोमांचित हो उठे।

रोमांचित तो उसके श्रवण मात्र से रासबिहारी भी हो चुके थे। सिर्फ रोमांचित नहीं, किंचित् ईर्ष्याग्रस्त भी।

इसे अपना-अपना भाग्य न कहें, तो क्या कहें?

अछोर सांसारिक वैभव पाकर भी उनके हृदय में गहरी अशांति है और सूखी रोटियों को खाकर भी मोहनलाल दादा इसीलिए तो खुश हैं, क्योंकि दिव्य-आनंद के अमृत-रस को चख चुके हैं।

इस आनंद को क्या वह नहीं पा सकते?

यह आनंद क्या उनके लिए अलभ्य है?

रहा न गया, तो पूछ बैठे, "दादा, तुमसे एक याचना करूँ?"

"बोलो भाईजी, इसमें संकोच की क्या बात है?"

"उस दिन माँ कात्यायनी के मंदिर में जो दुर्लभ आनंद-राशि पाई थी, उसमें से यत्किंचित् मुझे दे सकोगे?"

"तुम कहो तो अपनी देह के चाम से तुम्हारी चरण-पादुका बनवाकर दे सकता हूँ। एक बार भी न मन दुविधाग्रस्त होगा, न निर्णय बदलेगा, किंतु···किंतु उस आनंद-राशि से कण मात्र देना कैसे संभव है?"

"दादा, मैं उसे पाने के लिए खुले हाथों पैसा खर्चने को तैयार हूँ। बोलो, क्या लोगे? लाख, दो लाख, पचास लाख, एक करोड़?"

"भाई मेरे, उस आनंद को अपने भीतर पल-पल अनुभव करता हुआ आनंदमग्न रहता हूँ। किसी के साथ कैसे बाँट सकता हूँ?"

"मेरे साथ भी नहीं?"

"तुम खुद सोचो, वह बाँटने की तो दूर, अभिव्यक्ति की भी वस्तु नहीं है। तुम्हारे सामने चार दिन पहले मैं श्रीजी के रास मंच पर अपने पहले दिन के नित्य रास के अनुभव को क्या बता पाया था?"

"दादा, तुमने मुझे अपने आनंद में साझीदारी से वंचित कर दिया।" रासबिहारी निराश होकर बोले।

"तुम्हें क्या, किसी को भी उससे वंचित करनेवाला मैं कौन होता हूँ? वह आनंद तो भोर की बेला आकाश से ओस-कणों के रूप में बरसता है। वह आनंद तो बालारुण की रक्तिम उजास बनकर जगती पर बिखरता है। वह आनंद तो पूरनमासी की रात को उजली

चाँदनी बनकर धरा पर मुसकराता है। वह आनंद तो बगीचे के फूलों के हास में है, नदी की कलकल-छलछल करके बहती धारा की लहरों के नाच में है, कोकिल के कूजन में है, मयूर के नर्तन में है और···और चौराहे पर बैठे अंधे भिखारी की जर्जर देह को बाँहों में भर लेने में है। इसे मैं व्यंजित नहीं कर सकता, सिर्फ महसूस करता हूँ—पल-पल, छिन-छिन। तभी तो कैलाश की गालियाँ भी मुझे ज्यादा देर तक विचलित नहीं कर पातीं। लंबे समय तक आहत नहीं कर पातीं। मैं पुनरपि उसी आनंद-सागर में डूबकर सुध-बुध विहीन जो हो जाता है।"

"दादा, तुम मुझे उसे पाने की पद्धति तो बता सकते हो। कैलाश के साथ एक दिन मैं भी माँ कात्यायनी के मंदिर में गया था। मुझे तो कोई दिव्य अनुभूति नहीं हुई?"

"तुम्हारी पुकार में तीव्र उत्कंठा न होगी।"

"तो क्या एक बार फिर कैलाश के साथ वहाँ हो आऊँ? मुझे सच्ची मन:शांति मिल जाएगी?" उन्होंने उत्कंठित होकर पूछा।

"प्रयास करके देखने में क्या हर्ज है, देख लो! पर वह आनंद सप्रयास नहीं, अनायास मिलता है। जब तुम यहाँ आ गए हो। ठहरने को उद्यत भी हो, तो एक-न-एक दिन उस आनंद का साक्षात्कार करके रहोगे, मेरा दिल कह रहा है।"

"वह आनंद मुझे कब मिला, इसे कैसे जानूँगा?" रासबिहारी की अकुलाहट बढ़ गई।

"कहा न, वह गूँगे का गुड़ है। उसे चखते ही तुम्हारी अंतरात्मा सभी भव-व्याधियों से मुक्त हो जाएगी। वह तुम्हारा मुक्ति-पर्व होगा। पूर्ण धैर्य से उस दिन की प्रतीक्षा करो।"

"ठीक है दादा।" रासबिहारी को मानना पड़ा।

उस दिन बात यहीं खत्म हो गई।

मोहनलाल अपने घर और रासबिहारी मयूर निकुंज लौट गए।

अगले दिन फिर साथ बैठना ही था।

"विवाह हुआ, परिवार के साथ तुम्हारा मनोमालिन्य भी दूर हो गया, उसके बाद जीवन में क्या घटा, दादा?" रासबिहारी ने उत्सुक कंठ से पूछा।

हाँ, उसके बाद?

मोहनलाल ने क्षण भर मौन रहकर विच्छिन्न कड़ियाँ जोड़ीं और फिर अतीत की फूलों-काँटों भरी बगिया में पहुँचकर विचरण करने लगे।

उसके बाद घर में शांति छा गई।

और यह कोई छोटी बात इसलिए नहीं थी, क्योंकि मोहनलाल के श्रीजी का दर-

ओ-दीवार छोड़ने के बाद से ही घर में जो अशांति का साम्राज्य फल-फूल रहा था, वह अब निःशेष हो चुका था। मोहनलाल को देखकर पत्नी सुधा समझ नहीं पाती कि कोई इनसान गरीबी में भी इतना खुश कैसे रह सकता है? संगति का प्रभाव पड़ा, वह भी अपने भोलानाथ पति को पाकर संतुष्ट रहने लगी।

एक-एक करके दिन निकलते रहे और पाँच साल बीत गए। घर एक बँधे ढर्रे पर चलने लगा था।

बुजुर्ग माता-पिता चैन से बैठकर, स्वयं को हर जिम्मेदारी से मुक्त मानकर प्रसन्न थे।

मोहनलाल अपने भीतर एक आनंद-लोक का सृजन करके उसी में व्यस्त और मस्त था। रास-मंच उसके अंतःस्थल में उतर आया था। श्रीजी रासमंडली पर सक्रिय रहने के दौरान जो भजन और लोकगीत उसे कंठस्थ हो गए थे, उन्हें गाकर-गुनगुनाकर अपनी छोटी-सी दुनिया में मस्त रहता। घुँघरूओं की ध्वनि झंकृत होती, ताल-लय में बँधे पाँव थिरकते और ठाकुरजी के स्वरूप का वह अदृश्य नृत्य उसे एक अनूठे उल्लास से भर देता।

कौन कह सकता था कि उसने रासमंडली छोड़ दी है? वह रास-मंच तो उसके भीतर ही समा गया था न! संतुष्टि ऐसी कि दिन में दो बार परसी थाली में जो कुछ सामने आ जाता, उसे ठाकुरजी का प्रसाद मानकर जीम लेता और आसन से उठ जाता। घर कैसे चलता है, इस समस्या से उसे कोई लेना-देना न था।

घर में गुणवंती पत्नी सुधा न होती तो वह घर चलना नामुमकिन था।

सुधा जैसे दो हाथवाली युवती न होकर दस हाथवाली देवांगना थी, जो किसी चमत्कार से घरवालों का पेट भर रही थी। सुबह कब शय्या छोड़ देती, आसमान के तारों के अलावा कोई नहीं जान पाता। उठते ही गाय का चारा-पानी और घर की सफाई करके जब तक पनघट से पानी भरे कलसे लाती, सारा घर सोया पड़ा रहता।

सुधा के बाद बिस्तर छोड़नेवाली अम्मा थीं और उनके बाद बापू।

मोहनलाल के कार्यकलापों से किसी को कोई लेना-देना न था। सबने उसे निकम्मा-नाकारा मानकर उसके हाल पर छोड़ दिया था।

गाय का दूध घर की जरूरत के हिसाब से ज्यादा रहता, तो अतिरिक्त दूध पड़ोसिन ले जाती और ईमानदारी से उसका मोल पहुँचा देती। रोटी-पानी निपटाने के बाद सुधा की 'घरेलू टेलरिंग शॉप' चलती। हाथ की यह सिंगर सिलाई मशीन वह अपने मायके से दहेज में लाई थी। एक गाय और एक सिलाई मशीन साथ लाकर उसने मानो ससुराल का बेड़ा पार कर दिया।

उन दिनों रेडीमेड वस्त्रों का चलन न था। होगा भी, तो सामान्य घरों की महिलाएँ

इसे फिजूलखर्ची और दिखावा मानकर ऐसे व्यसनों से दूर ही रहतीं। ऐसे में न केवल पड़ोस, बल्कि आसपास की गलियों की लड़कियाँ और महिलाएँ भी अपने घरों में रोजमर्रा के जरूरी वस्त्र सिलवाने के लिए उसका भरोसा करतीं। न सिर्फ महिलाओं के ब्लाउज-पेटीकोट और लड़कियों के फ्रॉक-सलवार जैसे कपड़े, बल्कि पुरुषों के पहननेवाले पायजामा-बंडी जैसे वस्त्रों की साफ-सुथरी, आरामदेह सिलाई करने में सुधा दक्ष थी। हाथ में हुनर ऐसा कि एक दोपहरी में दो-तीन कपड़े तक सी लेती। पैसा कमाने का यह आसान धंधा उसे खूब रास आया और रसोई की थाली में दाल-रोटी के साथ साग-सब्जी भी दिखाई देने लगी।

जाड़ों में दिन छोटे होते, रातें बड़ी।

ऐसे में हाथ में ऊन-सिलाई लिये हुए सुधा आधी-आधी रात तक, लालटेन की धीमी रोशनी में पड़ोस के घरों से बच्चों के स्वेटर-टोपे-मोजे बुनने का आया हुआ काम समेटती देखी जा सकती थी।

कौन-सा हुनर नहीं था उसके हाथों में?

आचार-मुरब्बे बनाना वह जाने।

आलू के चिप्स-पापड़ बनाना वह जाने।

मूँग-उर्द की दाल की मुंगौड़ियाँ बनाना वह जाने।

बस, रात-दिन खटराग फैलाए रहती। घर को हर किस्म की चिंता से बरी करके अम्मा-बापू की आशीषें बटोरती रहती।

पाँच वर्ष से एक-से चलते आए इस नियम में एक दिन व्याघात पड़ा।

सुबह कलेवा करके घर से निकलते मोहनलाल को अम्मा ने ड्योढ़ी में रोक लिया, "ठहरो लाला, तुमसे एक जरूरी बात करनी है।"

मोहनलाल का माथा ठनका।

आज तक तो कोई जरूरी बात हुई नहीं, आज अचानक यह घटना कैसे घटी?

खैर, जमुना किनारे जाकर लहरें गिनने का काम तो बाद में भी किया जा सकता है, सोचकर मोहनलाल ठहर गया।

"तुझे पता है, बहू के पाँव भारी हैं?" अम्मा फुसफुसाईं।

"क्या?" वह अबूझ-सा खड़ा रहा।

"तू बाप बनने वाला है, बाप!...समझा कुछ?" अम्मा के पोपले मुँह पर हँसी छा गई, "अब ऐसे निठल्ले घूमने से काम न चलेगा, मोहना। तुझे जिम्मेदार बनना पड़ेगा।"

"सब ठीक-ठाक चल तो रहा है। परेशानी क्या है, ऐसे ही चलने दो। तुम्हारी बहुरिया सबकुछ सँभाल तो रही है!"

"बेटा, नादानी छोड़, बात को समझने की कोशिश कर।" अम्मा झुँझला उठी,

"अभी तो वह रात-दिन एक टाँग से नाचती हुई सबके पेट भरने का इंतजाम किया करती है। गर्भ के अंतिम दिनों में और प्रसव के बाद क्या आज जैसी कमेरी रह सकेगी? छोटे बच्चे को पालना तू आसान समझता है क्या? मेरे हाथ-पाँव चलेंगे नहीं, ज्यादा-से-ज्यादा बच्चे को गोद में लिये बैठी रहूँगी। बहू से रोटी-पानी सँभल जाए, वही बहुत है। घर का खर्च चलाने की जिम्मेदारी तुझे उठानी पड़ेगी।"

"ठीक है।" कहते हुए मोहनलाल अपनी कोठरी में वापिस लौट गया।

जमुना किनारे जाकर, जल की लहरों पर निगाह टिकाए, मस्ती से गाने-गुनगुनाने का अब मूड ही कहाँ रहा था?

बाप बनने की सूचना ने उसे सोचने पर बाध्य कर दिया—कुछ-न-कुछ रास्ता तो उसे खोजना ही पड़ेगा।

उलझन के इन क्षणों में मोहनलाल को सबसे पहले हरिनाथ की याद आई।

वही हरिनाथ, जो बचपन का साथी था, एक बड़ी रासमंडली के मालिक का इकलौता बेटा था और उनकी मंडली के रासमंच पर श्री ठाकुरजी के स्वरूप में उतरता था। उसी की वजह से मोहनलाल को एक दिन की बादशाहत मिली थी और उसी एक दिन में वह अपना जलवा दिखाकर श्रीजी तक जा पहुँचा था।

संकोच सहित ही वह हरिनाथ की हवेली तक पहुँचा। एक तो पिछले कई सालों से घर में निकम्मा बैठे रहने की शर्म थी, उस पर इतने दिनों तक कोई संपर्क न साधने की झिझक थी। पर उसका संकोच पानी की तरह बह गया, जब हरिनाथ को वर्षों पूर्व के हरिनाथ की तरह प्रेमभाव से गले मिलता पाया।

सचमुच मन का साफ था हरिनाथ, तभी ठहाका लगाते हुए कह सका, "तू जिंदा है अभी? मैं तो समझा था कि रामप्यारा हो चुका है, तभी एक शहर में रहते हुए कभी चेहरा नहीं दिखाई दिया।"

"देख हरि, यही बात तेरे ऊपर भी लागू होती है। मैं नहीं आया, तो तू भी मेरी गली का रास्ता भूल गया? हाँ, जब सोच ही लिया था कि मोहना रामप्यारा हो चुका है, तो उस गली में पाँव रखकर क्या करता?"

"बस, बस, बहुत हो गया। तुझे मेरी उम्र भी लग जाए दोस्त। न मिलने से कोई दिलों में दूरी थोड़े ही आ गई है! वही मोहना और वही हरिया हैं हम।"

"बिल्कुल।" वह हँस पड़ा तो संकोच की दीवार ढहते देर न लगी।

"बता, क्या मँगाऊँ तेरे लिए?" उसे बाँहों में भरे-भरे ही सोफे तक ले जाकर, पूरे आत्मीय भाव से वहाँ बैठाते हुए हरिनाथ ने पूछा, "चाय, शरबत, लस्सी···क्या चलेगा?"

"कुछ नहीं। दो बातें करने के लिए आया हूँ।"

"दो नहीं, तू चार बात कर। पर पहले अपना स्वागत-सत्कार तो करवा ले। भूल गया, जब तेरे घर जाता था, तो क्या अम्मा हाथ पर दो बताशे धरे बिना कभी वहाँ से निकलने देती थीं? तेरे घर का बहुत माल चरा है मैंने। कुछ तो बदले में खिलाने दे। मैं तो कभी अपने यहाँ तुझे बुला नहीं पाता था।"

"जो खिलाना-पिलाना है, पहले चाव पूरा कर ले। उसके बाद मै बात शुरू करूँ। अपनी बात ऊपर रखे बिना मानेगा तू थोड़े ही।" वह हथियार डालते हुए बोला।

"अच्छा हुआ, तूने मेरी बात जल्दी समझ ली।" हरिनाथ ने फिर ठहाका लगाया।

पहले गरमागरम पकौड़ों के साथ चाय आई, उसके बाद दो बड़े सकोरों में मेवे भरी सुवासित रबड़ी भी प्रस्तुत हुई।

मोहनलाल को ईर्ष्या तो नहीं हुई, पर मुँह से निकल अवश्य पड़ा, "देखता हूँ, बहुत ठाठदार जिंदगी जी रहा है।"

"निस्संदेह।" हरिनाथ मुसकराया।

बातों-बातों में पता चला कि उम्र के साथ रासमंच पर श्री ठाकुरजी का स्वरूप बनना उसे भी छोड़ना पड़ा था। वह तो मोहनलाल छरछरी देह का, मझोले कद का लड़का था और चेहरे की बालसुलभ कोमलता किशोरवय में भी बरकरार रही थी, इसलिए इतने दिन चलता रहा, वरना स्वस्थ-सबल देहयष्टि के हरिनाथ को 13-14 वर्ष की आयु में ही श्रीकृष्ण का स्वरूप बनना छोड़ना पड़ा था।

"फिर तूने क्या किया?" मोहनलाल ने उत्कंठा से भरकर पूछा, "मैं तो रासमंडली से विदा कर दिए जाने के बाद छुट्टे गधे-सा घूम रहा हूँ।"

"कमाल है! पिछले 8-9 बरसों से खाली बैठे हो? जी नहीं ऊबता?"

"नहीं, जी तो नहीं ऊबता।" मोहनलाल सोचते हुए बोला, "घूमने-फिरने और गाने-गुनगुनाने में ही पूरा दिन निकल जाता है। फिर, बापू बूढ़े हुए तो घर के सौदा-सुलफ लाने के छोटे-मोटे काम भी मुझे ही निपटाने पड़ते हैं। अम्मा-बापू में से किसी के घुटने में दर्द है, किसी के पेट में पीड़ा है, तो वैद्यजी के यहाँ से दवा की पुड़िया बँधवाने के लिए भी मुझे ही दौड़ना पड़ता है। ये काम तो सुधा के बस के हैं नहीं। दिन बीतते क्या देर लगती है!"

"अरे हाँ, सुना है भाभी बहुत गुणवंती हैं। इसी से तुझे जिम्मेदारियों से बचने का रास्ता मिल गया है।"

"यह बात तो है। हमारा घर सुधा की वजह से ही चलता है।"

"एक दिन किसी महिला ने तारीफ की थी, तो उसी दिन मेरी पत्नी भी अपनी उसी सहेली के साथ दो ब्लाउज सिलवाने पहुँच गई थी।"

"अरे! मुझे पता नहीं चला। सुधा ने भी नहीं बताया।"

"गलती हमारी है। कभी मिलवाया नहीं तो जनानियाँ एक-दूसरे को पहचानेंगी कैसे? वह तो मेरी पत्नी दीपा ने भी बाद में ही बताया। सुधा भाभी के हाथ के साफ-सुथरे काम पर रीझी हुई थी। गली का नाम लिया, घर की पहचान बताई तो मैं समझ गया।"

"दरअसल, यही बात कहने के लिए मैं तुम्हारे पास आया हूँ।" मोहनलाल गंभीर हो गया, "तुम बचपन के मित्र हो, हमारी आर्थिक हालत जानते हो, इसलिए तुमसे कुछ छिपा नहीं है। हमारे घर का आर्थिक बोझ पिछले पाँच-छह साल से, यानी शादी के बाद से ही सुधा सँभाले हुए हैं। अब वह माँ बननेवाली है, इसलिए अम्मा का कठोर निर्देश है कि घर चलाने की आर्थिक जिम्मेदारी उसके कंधे से उतारकर मुझे अपने कंधे पर लेनी होगी।"

"बधाई हो, बाप बनने जा रहे हो! पर अम्मा की बात सही है। भाभी को इस अवस्था में आराम देना तुम्हारा फर्ज है।"

"इसीलिए तो तुम्हारे पास आया हूँ, मुझे कोई रास्ता सुझा दो। आखिर तुम्हें भी तो रासमंडली छोड़नी पड़ी है। क्या करते हो अब?"

"मुझे रासमंडली नहीं छोड़नी पड़ी है, सिर्फ अपना काम बदलना पड़ा है। मेरे पिता भी बूढ़े हुए, पहले की तरह भाग-दौड़ नहीं कर सकते, इसलिए उन्होंने अपना दायित्व धीरे-धीरे करके मुझे सौंप दिया है। अब पूरा काम मैं ही सँभाल रहा हूँ और तुम खुद समझ सकते हो कि यह कोई छोटा काम नहीं है, बहुत बड़ी जिम्मेदारी है।"

"बधाई हो रासमंडली का मालिक बन जाने की। मुँह में चाँदी का चम्मच लेकर पैदा हुए हो, तो यह सौभाग्य तो मिलना ही था।" मोहनलाल का मुख मलिन पड़ गया।

हरिनाथ ने इसे लक्ष्य किया।

गंभीर कंठ से बोला, "हाँ। मुझे पता था कि विरासत में पिता की जमी-जमाई रासमंडली मिलेगी, इसलिए निश्चिंत रहा। आजीविका की चिंता से मुक्त रहा। पर तुम तो मामूली आदमी की संतान थे मोहन, तुमने पहले से इस बारे में क्यों नहीं सोचा? बेफिक्र होकर क्यों बैठे रहे? जब इनसान को विदित होता है कि वर्षाऋतु आनेवाली है, तो पहले से ही बचाव के लिए झोंपड़ी में छप्पर डलवा देता है या नहीं? असावधान होकर खुली छत लिये पड़ा रहेगा, तो मूसलाधार बारिश क्या उस पर रहम करेगी?"

हरिनाथ की आवाज में कोई सहानुभूति नहीं, मात्र आक्रोश था।

चूँकि बात सच्ची थी, दोस्त ने सच्चे मन से और हार्दिक लगाव के रहते ही कही थी, इसलिए मोहनलाल ने उसे पचा लिया।

फिर भी मिनमिनाए बिना न रहा, "छप्पर छाने के लिए भी तो टेंट में टका चाहिए।"

"बिल्कुल चाहिए। तुमने भी तो इतने साल रासमंडली में काम किया, तब टके का प्रबंध क्यों नहीं कर सके?"

"वेतन किसी ने दिया नहीं, मैंने माँगा नहीं।"

"माँगना चाहिए था। रईसजादे नहीं थे कि लीला में भाग लेने के लिए शौकिया चले आए थे। वही तुम्हारा व्यवसाय था। मंच सजानेवाला पैसे लेता है या नहीं? फूलों के टोकरे लानेवाला माली पैसे लेता है या नहीं? सफाई कर्मचारी पैसे लेता है या नहीं? तबला, हारमोनियम, पखावज बजानेवाला समाजी पैसे लेते हैं या नहीं? फर्श पर बिछाने के लिए जो दरियाँ किराए पर मँगाई जाती हैं, जो लाउडस्पीकर किराए पर मँगाया जाता है, उसका पैसा चुकाया जाता है या नहीं? जब रासमंडली से जुड़ा एक-एक व्यक्ति उस लाभ में से अपना हिस्सा चाहता है, तो तुम लंबे 8 वर्ष मुँह में दही जमाए क्यों बैठे रहे?"

"मुझे लगा कि···"

"हाँ, तुम्हें लगा कि तुम भगवान् हो और भगवान् अपनी लीला हेतु कहीं किसी के सामने हाथ फैलाते हैं?"

"कुछ समझ नहीं आता, शायद मुझसे गलती हुई।"

"तुमने एक नहीं, अनेक गलतियाँ कीं मोहनलाल।"

"कैसे?"

"तुम्हारी रासमंडली की एक खबर उड़ती-उड़ती मेरे पास आई थी। पता नहीं उसमें कितनी सच्चाई थी, पर मुझे वह खबर सुनकर ताज्जुब जरूर हुआ था।"

"क्या खबर थी?"

"एक बार रासलीला में तुम्हारा अभिनय देखकर जयपुर का एक सेठ इतना प्रसन्न हुआ कि इनाम में तुम्हें पाँच गिन्नियाँ देने लगा था। क्या यह बात सच है?"

"हाँ, सच है।"

"और तुमने उन गिन्नियों को स्वीकारने से इनकार कर दिया था?"

"नहीं, इनकार नहीं किया था। मैंने सिर्फ ईमानदारी से कहा था कि उस लीला-मंचन में मेरा अकेले का सारा योगदान नहीं है। वह हमारा सामूहिक काम था। सेठ को लीला इसलिए पसंद आई, क्योंकि उसे सफल बनाने में मंच-सज्जा से लेकर समाजी वर्ग का काँधा था। मंडली के स्वामी ने हमें प्रशिक्षित किया, समाजी वर्ग ने गायन-वादन का बीड़ा उठाया, सामाजिकों की उपस्थिति और उत्साहवर्धन से हमारा मनोबल बढ़ा और तब चौथे पाए के रूप में स्वरूपों की भूमिका गिनी जानी चाहिए। स्वरूप में भी मैं अकेला कहाँ था? श्री लाड़िली जी, सखा-सखी सभी तो थे। ऐसे में जब सबके समन्वित प्रयास से मेरा काम निखरकर सामने आया, तो सारा श्रेय मैं अकेला कैसे ले सकता था? मैंने जयपुर के उस धर्मप्राण सेठ से विनम्र अनुरोध किया कि वह सोने की वे पाँचों मोहरें हमारी मंडली के स्वामी प्रभाकरजी को प्रदान कर दें और शायद यही उस समय मेरा ईमानदार निर्णय था। मेरा धर्म था।"

"नहीं मित्र, वह तुम्हारा धर्म नहीं, मूर्खता थी। आई लक्ष्मी को ठुकराने की मूर्खता तुम ही कर सकते हो। यदि उस दिन की रासलीला-मंचन में गायन-कला का जादू सेठ के सिर पर चढ़ा होता, तो वह तुम्हें नहीं गायक को गिन्नियाँ देता। तुम्हें देने का अर्थ ही तुम्हारी कला के प्रति उसकी सराहना का भाव था। तुमने बहुत बड़ी गलती की, तो गिन्नियाँ अपने हाथ में नहीं पकड़ीं।"

"शायद…शायद तुम ठीक कहते हो हरिनाथ।"

"निश्चय ही ऐसी गलतियाँ तुमने और भी की होंगी। वेतन न माँगना, उपहार न स्वीकारना जैसी मूर्खताओं का परिणाम ही तो आज भोग रहे हो।"

"मित्र, पता नहीं क्यों, मैं आज भी स्वयं को गलत नहीं मानता हूँ। मुझे उस दिन यही सही लगा था और आज भी यही धर्मसम्मत निर्णय सही लग रहा है कि सामूहिक कार्य का पारितोषक मैं अकेला कैसे ले सकता था?"

"अब तुम जैसे जिद्दी और मूर्ख इनसान को समझाना मेरे बस की बात तो है नहीं।" हरिनाथ ने अपना माथा ठोंक लिया।

पल भर को गहरी शांति रही।

मोहनलाल ने ही पुनः बात शुरू की, "बीती ताहि बिसार दे, आगे की सुधि लेय। यह बताओ, रासमंडली से विदा कर दिए गए और कलाकार भी तो होते हैं, वे ऐसी स्थिति में क्या करते हैं?"

"तुम्हें नहीं मालूम?" हरिनाथ और ज्यादा खीझ उठा, "इसी दुनिया में रहते हो या किसी अन्य ग्रह के प्राणी हो?"

"भाई, अव्यावहारिक इनसान हूँ। श्री लाड़िलीजी और श्री ठाकुरजी के अतिरिक्त कुछ नहीं जानता हूँ। मेरा बस चले तो उन्हीं के वंदन में शेष जीवन गुजार दूँ। पर घर में बूढ़े माता-पिता, पत्नी और आनेवाली संतान की चिंता के चलते ही नोन-तेल-लकड़ी के चक्कर में फँसना पड़ रहा है। सच कहूँ तो यह सारा सांसारिक ताम-झाम मेरे मन के अनुकूल नहीं है। यदि परिवार की चिंता न होती, तो किसी भी आश्रम में पड़ा रहता और 'राधे-राधे' जपता हुआ जिंदगी काट देता। यहाँ वृंदावन में ऐसे आश्रमों की कमी नहीं है, तुम भी जानते हो।" मोहनलाल ने अपना मन खोल दिया।

"मोहना, बुरा मत मानना, इतने साल रासमंडली में काम करके यही निष्क्रियता सीखी है?" हरिनाथ ने ताना दिया।

"तुम अब भी मुझे गलत समझ रहे हो, मित्र।" मोहनलाल आहत हो गया, "मुझे लगता है कि मैं आम सांसारिक लोगों की भाँति दो वक्त की रोटी की चिंता के लिए नहीं

बना हूँ। कितने ही हिंदू-मुसलमान कृष्ण-भक्त दूर-दूर से आकर वृंदावन में बस गए और भक्ति के पद रचकर श्रीराधा-कृष्ण के चरणों में अपनी अंतिम साँस ली। आज पहली बार तुमको बता रहा हूँ कि मैंने अपने मन की उमंग पर करीब सौ-डेढ़ सौ तो लोकगीत-शैली में ऐसे भजन लिख रखे हैं, जो रास मंच पर धूम मचा सकते हैं। पर मुझे धन और यश की लालसा नहीं है, तो क्या करूँ? इसे तुम मेरा गुण मानो या दोष, पर अपने इस स्वभाव को अब बदल नहीं सकता हूँ।"

"यह तुम्हारी निष्क्रियता है, कामचोरी का स्वभाव है, जिसके चलते जिम्मेदारी से बचने के उपाय खोज रहे हो। मान लिया, पढ़ना-लिखना जानते हो, दो साल पाठशाला जा चुके हो, पर उसी अल्प ज्ञान के बल पर भक्त-कवि बन गए? कमाल है?" हरिनाथ चोट पर चोट करने से नहीं चूका।

"हमारे रासमंडल के स्वामी प्रभाकरजी तो ज्ञानी रहे। उन्होंने बताया था कि रासलीला तथा अन्य लीलाओं में हम लोग जिन पदों का सर्वाधिक प्रयोग करते हैं, उनके रचयिता सूरदासजी तो जनमांध थे। फिर? मित्र यकीन रखो, मैं निष्क्रिय या निकम्मा-कामचोर नहीं हूँ।" मोहनलाल ने क्षुब्ध होकर कहा।

"यदि निष्क्रिय नहीं रहना चाहते थे, तो रासमंडली में श्रीकृष्ण के स्वरूप में उतरने के बाद भी भगवद्गीता के श्रीकृष्ण के कर्म के संदेश को अपने जीवन में क्यों नहीं उतारा? रासमंडली छोड़े एक लंबा अरसा हो गया है, कहीं काम-काज क्यों नहीं तलाशा?"

"क्योंकि किसी साड़ी-संसार में खड़ा होकर ग्राहकों के सामने साड़ियाँ दिखाने का काम मेरी रुचि के अनुकूल नहीं था।"

"ओह! अध्यात्म की ऊँचाइयों पर जो पहुँच चुके हो!" हरिनाथ ने एक और व्यंग्य किया, "कंचनजंगा की चोटी से सड़क का पत्थर बनने के लिए कहना मेरी ही भूल है।"

"जो चाहो, सो कह लो।" मोहनलाल की गंभीरता बढ़ गई, "मित्र हो, मेरे शुभचिंतक हो, बुरा नहीं मानूँगा, लेकिन मुझे कोई सही काम सुझाओ, जो मेरे मनोनुकूल हो। आखिर रासमंडलियों के अन्य कलाकार भी तो मेरी जैसी स्थिति में पड़ते हैं। वे लोग क्या करते हैं, कुछ बताओ तो सही!"

~✦~

और एक-एक करके हरिनाथ ने पैसा कमाने के सारे बंद दरवाजे खोल दिए, तो मोहनलाल भौचक्का रह गया।

सचमुच वही मूर्ख, नादान और अव्यावहारिक इनसान है, जो समय रहते अपने भविष्य को सँवारने के लिए चेष्टारत नहीं हुआ और लोगों के लिए आगे बढ़ने को एक-

दो नहीं, हजार रास्ते हैं, उसे एक भी नहीं मिला?

कुछ मेधावी बालक रासमंडली से जुड़ जाने के साथ-साथ संस्कृत विद्यालय में पढ़ते रहते हैं। शास्त्र-ज्ञान अर्जित करके किसी संस्कृत विद्यालय में अध्यापक बनकर देर-सवेर प्रधानाचार्य के पद तक पहुँच जाते हैं।

कुछ कलाप्रेमी बालक रासमंडली में स्वरूप बनने के साथ-साथ किसी वाद्य को सीखने में भी रुचि लेते रहते हैं। तबला, ढोलक, हारमोनियम के उस्ताद बनकर उसी रासमंडली में समाजी की पंक्ति में जगह पा जाते हैं।

कुछ बालक अपने घर के साड़ी रँगाई का काम, पुस्तक प्रकाशन का काम जैसे पारंपरिक व्यवसायों में शामिल हो जाते हैं या बरतन, वस्त्र, आभूषण की दुकानों पर बैठने लगते हैं।

कुछ बालक संपन्न वर्ग के होते हैं, जो रासमंडली में काम करके उसकी बारीकियाँ समझ लेते हैं और वहाँ से निकलते ही अपनी नई रासमंडली खड़ी कर देते हैं। अब वे स्वरूप मात्र न रहकर ऐसे मालिक हैं, जिन्हें अपनी रासमंडली के लिए उपयुक्त स्वरूपों की तलाश है। दूसरों को अनुगृहीत करने का सुख उनके हाथ में रहता है।

और अंत में, एक बड़ा वर्ग उन लड़कों का होता है, जो अपने अधकचरे ज्ञान के सहारे कथावाचक बन जाते हैं। भागवत की कथा को पूरा ताम-झाम फैलाकर सुनाते और अपने घर-परिवार के लिए सुख-सुविधाओं को दोनों हाथों से बटोरने का कौशल इनके चतुर दिमाग में कूट-कूटकर भरा होता है। उसके सहारे आसपास के शहरों-कस्बों के गली-मोहल्ले में ऐसी भक्त मंडली बटोर लेते हैं, जो उन्हें प्रतिवर्ष अपने यहाँ बुलाती और भेंट-पूजा से लादकर विदा करती है।

अधकचरे ज्ञान के सहारे कथावाचक बन जानेवाले इस वर्ग का हरिनाथ ने जो विवरण दिया, उससे मोहनलाल को मानना पड़ा, इस दुनिया में ऐसे बहुत से लोग हैं, जो अपनी अक्ल की कमाई खाते हैं।

इनका लोटा-झोला हमेशा तैयार कि कहीं से बुलावा मिले और पंडितजी महाराज कथा सुनाने के लिए घर से निकल पड़े! दस दिन भागवत कथा रहेगी तो बुलानेवाले भक्तजनों को अच्छी-खासी अग्रिम धनराशि भेजनी आवश्यक है। अब पंडितजी अपनी जेब से पैसा खर्च करके थोड़े ही आएँगे। भक्तों को उनका स्पष्ट निर्देश रहता है, श्रोताओं की भीड़ इतनी अवश्य रहे कि कथावाचन में उनका मन लग सके। इसलिए पहले से ही परचे छपवाकर आसपास के गली-मोहल्लों में सूचना पहुँच जानी चाहिए कि फलाँ दिन से फलाँ मंदिर में भागवत कथा का दस दिवसीय भव्य आयोजन किया जा रहा है।

जोर-शोर से तैयारी करने में भक्तजन भी पीछे नहीं रहते। मंच की व्यवस्था, माइक की व्यवस्था, विद्युत् की व्यवस्था, श्रोताओं के बैठने की सुविधापूर्ण व्यवस्था में कोई

खामी नहीं रहती। चूँकि आजकल अनेक रोगों से ग्रस्त होने के कारण सभी भक्तजन फर्श पर बिछी दरी पर पालथी मारकर नहीं बैठ सकते, इसलिए उनके लिए कथा-प्रांगण में कुरसियों का इंतजाम होना बहुत जरूरी है। तीन-चार दिन पहले से समाचार-पत्रों के स्थानीय पृष्ठ पर भागवत कथा संपन्न होने की सूचना छपने से निर्धारित स्थान और समय नगरवासियों को कंठस्थ हो जाता है और फिर दूसरे मोहल्ले के धर्मप्रेमी सज्जन भी कथास्थल पर पहुँचने से स्वयं को नहीं रोक पाते।

सबकुछ एक सुनियोजित शैली में कार्यरूप में परिणत होने के बाद निर्धारित तिथि पर माताओं-बहनों को आयोजन से जोड़ने के लिए कलश-यात्रा भी बेहद जरूरी है। पीली साड़ी पहने, सिर पर माटी का जल भरा कोरा कलश लिये जब सजी-धजी स्त्रियाँ सड़क से निकलती हैं, तो आयोजन से सोत्साह जुड़ने में कौन रसिक-हृदय पाँव पीछे हटाएगा?

कलश-यात्रा संपन्न हुई।

आयोजन स्थल पर बाल-गोपालों का दरी पर हुड़दंग भी शुरू हो गया।

दो घंटे पहले से लाउडस्पीकर पर फिल्मी भजन बजने शुरू हो गए, ताकि माताएँ-बहनें समय पर कथास्थल पहुँचने के लिए अपने घर का रसोई-पानी जल्दी-जल्दी निपटाने की मनःस्थिति में आ जाएँ।

सबकुछ सही चल रहा है, आयोजकगण संतुष्ट हैं। नियत समय पर महाराजजी व्यास चौकी पर आसीन हुए। धर्म प्रेमी सज्जन एक-एक करके अपने स्थान से उठकर आ रहे हैं और उनके चरण-स्पर्श करके दक्षिणा चढ़ाकर अपना जीवन सफल बना रहे हैं।

इसके बाद कथारंभ।

सर्वप्रथम भागवत कथा की महिमा का बखान।

प्रवचन ऐसी प्रभावशाली शैली में होना चाहिए, जिससे भक्तजन यह जान लें कि जो इस भागवतकथा के आस्वाद से वंचित रह गया, उसका मानवजन्म लेना ही निरर्थक हो गया। उपस्थित जनों से अनुरोध कि कल वे अपने अड़ोस-पड़ोस के उन अभागे लोगों को भी इस आयोजन से जोड़ें, जो आज के अमिय-घूँटों से वंचित रह गए हैं। सभी इष्ट मित्रों, परिचितों का जीवन सफल करना भी उपस्थित धर्मप्रेमी सज्जनों का धर्म है।

कथा का समारंभ हो चुका है।

महाराज परीक्षित और अन्य उपस्थित ऋषि-मुनियों का समूह दत्तचित्त होकर उसके श्रवण में डूबा हुआ है और अब कबीरदास का यह दोहा वहाँ ता-ता-थैया नाचता दिखाई दे रहा है—

"जाका गुरु भी आँधरा चेला निपट निरंध।
अंधे-आँधर ठेलिया दोऊ कूप परंत॥"

किसी को जब वास्तविक भागवतकथा का परिज्ञान ही नहीं है तो वक्ता-श्रोता एक पथ के पथिक हो गए न! मंचस्थ पंडितजी को कृष्णकथा और रामकथा के बीच का अंतर विदित नहीं है। बस, इतना जानते हैं कि अपने सामने बैठी नितांत अज्ञानी माता-बहनों को घुट्टी में जो आसव पिलाने जा रहे हैं, वह लच्छेदार वर्णन-शैली की जड़ी-बूटियों के असर में अपनी प्रभावात्मकता में बेजोड़ है।

कहीं की ईंट, कहीं का रोड़ा। भानमती का कुनबा जुड़ता चला जाएगा।

जहाँ कहीं कथा में झोल आता प्रतीत हो, कड़ियाँ जोड़ने में वाणी लड़खड़ाती लगे, वहाँ तुरंत हारमोनियम पर उँगलियाँ चलाते हुए, भजन-गायन शुरू कर दो—

"मैं न भूलूँ तुम्हें, तुम न भूलो हमें कष्टहारी
खे दो मंझधार नैया हमारी।"

बस, भगवान् ने संकटग्रस्त भक्त की नैया पार लगाने में विलंब नहीं किया। भक्तजन भजन की लय पर मुग्ध हो उठे हैं। करतल ध्वनि से स्वागत कर रहे हैं और पंडितजी महाराज का उल्लास छिपाए नहीं छिप रहा। दो-चार भक्त भी अगर अपने स्थान से उठकर आ गए और दुशाला ओढ़ाकर वापिस अपनी जगह पर बैठ गए, तो आनंद ही आनंद है।

तिरछी निगाह से दक्षिणा को तोलने के उपक्रम में उनके आनन पर पूनम की चाँदनी उतर आनी स्वाभाविक है। ऐसे क्षणों में भजन की चार पंक्तियाँ गाकर, उसे वहीं विराम देते हुए, प्रवचन जरूरी है, "इस क्षण-भंगुर जगत् में कुछ आपके साथ नहीं जाएगा। न मकान-दुकान, न धन-दौलत, न स्त्री-पुत्र। यदि साथ जाएगा तो मात्र आपका दान-पुण्य। सो खुले हाथों से अपनी कमाई का कुछ अंश तो दीजिए। आपके पैसे से गऊओं के लिए हरा चारा लिया जाएगा, तो गोमाता के आशीष से आपके बाल-बच्चे फूले-फलेंगे, धन-दौलत बढ़ेगी। यहाँ हर प्रकार की दक्षिणा का स्वागत है। आप सोना-चाँदी दें, स्टील का बरतन दें, वस्त्र दें या फिर नकद धनराशि दें, यकीन मानिए जो बैंक खाता खुलेगा, वही प्रभु के दरबार में आपकी वास्तविक कमाई रहेगा।"

इसके बाद हारमोनियम पर उँगलियाँ चलाते हुए अन्य भजन शुरू हो गया है—

"आना श्रीभगवान् हमारे हरिकीर्तन में।
आप भी आना संग राधाजी को लाना
लाना सब परिवार हमारे हरिकीर्तन में
आप भी आना, संग ग्वाल-बाल लाना
माखन की भरमार हमारे हरिकीर्तन में।"

ज्यों-ज्यों भजन आगे बढ़ रहा है, भक्तजनों का उन्माद दूना-चौगुना होता जा रहा है। हर पंक्ति के साथ 'होऽ' का पुट लगाकर लोग तालियाँ बजा रहे हैं, कुछ ज्यादा प्रसन्नता से भरकर नाचने भी लगे हैं।

पंडितजी के खाते में कथा चाहे टूटी-फूटी हो, पर भजन बहुतेरे हैं। जहाँ गाड़ी दलदल में फँसी, वहीं हारमोनियम पर उँगलियाँ चलाईं और एक झटके में फँसी गाड़ी बाहर निकाल ली। अब भक्तों के मध्य यह भजन भक्ति-लहर न प्रवाहित कर दे, ऐसा कैसे संभव है—

"भज रघुवर-स्याम जुगल चरना
भज राधावर राम जुगल चरना।
उत में अजोध्या बिमल सरजू
तौ इत मथुरा सीतल जमुना।
उत में दसरथ लाल कहामैं
तौ इत नंद बाबा के ललना।
उत में कौसिल्या मैया गोद खिलामैं
तौ इत जसुमति झुलाबैं पलना।
उत में लंकापति रावन मारयौ
तौ इत कंसकेसी बधना॥"

गीत में 'हरे-हरे' जितनी ज्यादा बार आएगा, करतल-ध्वनि के साथ जनसमूह भी जुड़ता जाएगा।

दस दिन बाद वापिस लौटते समय जो पंडितजी एक झोले में लुटिया-अँगोछा लेकर घर से निकले थे, उनके साथ जिंस से लेकर वस्त्र-बरतन तक के इतने नग होते हैं कि घरवालों की आँखों में प्रज्वलित दीप झिलमिला उठते हैं।

~✦~

"ऐसा भी होता है क्या?" हरिनाथ की वाणी से कुछ कथावाचकों की दास्तान सुनकर मोहनलाल ने हैरत से भरकर पूछा।

"हाँ, ऐसा ही होता है।" हरिनाथ ने हँसकर बताया, "यह संसार है। यहाँ ऐसे सुविज्ञ पंडित भी मिलेंगे, जिनके मुख से निकला एक-एक वचन हीरे-सा अनमोल है। यहीं ऐसे चतुर सुजान पंडित भी मिलेंगे, जिनमें से एक की झलक मैंने तुम्हें अभी दिखाई है।"

मोहनलाल कुपित हो उठा, "हरि, तुम्हें शर्म आनी चाहिए। एक नामी रासमंडली के मालिक होते हुए भी आध्यात्मिक विषयों की हँसी उड़ाते लज्जित नहीं होते?"

"भाई मेरे, गुस्साओ मत। तुमने रोजगार पूछा, मैंने बता दिया। यह थोड़े ही कह रहा

हूँ कि तुम इसे अपनाने दौड़ पड़ो!"

"तुम मेरी गरीबी का मजाक उड़ा रहे हो।"

"नहीं, मैं बचपन का दोस्त होने के नाते तुम्हें एक सच्ची सलाह दे रहा हूँ कि…।" हरिनाथ के चेहरे पर अगाध गंभीरता छा गई।

मोहनलाल मौन रहा।

"बताऊँ?"

"बक दो।" मोहनलाल गुस्सा रोकते हुए बोला।

"देखो, बुरा मानने की बात नहीं है। अपनी रासमंडली बनाने के लिए तुम्हारे पास पैसा नहीं है। किसी रासमंडली में समाजी बनने के लिए किसी वाद्य में निपुणता भी नहीं है। संस्कृत पाठशाला का अध्यापक बनने के लिए भी तुम्हारे पास कोई शैक्षिक उपाधि नहीं है। ऐसे में कथावाचक बनने में हानि क्या है? लोगों को मूर्ख मत बनाना। मात्र अपने कंठ के लास्य से विमुग्ध भर करते रहो, काफी कमाई हो जाएगी। रासमंडली में इतनी माधुर्यपूर्ण लीलाएँ देखी हैं, उन्हीं का एक-एक करके सस्वर वर्णन करते रहोगे, बीच-बीच में गीत का जादू बिखेरते रहोगे, तो लोग तुम्हें सिर-माथे लेंगे और फिर तुम्हारे पास तो स्वरचित रचनाओं की पूँजी भी है, तो उसका इस्तेमाल क्यों नहीं करते? लोगों को मानसी लीला का आनंद देना छोटी बात नहीं है। प्रभु प्रदत्त इस वरदान का पूरा लाभ तुम्हें उठाना चाहिए।"

"नहीं भाई, मैं इसे धोखाधड़ी ही मानता हूँ। मेरे पास जब अध्ययन-मनन से प्राप्त शास्त्र-ज्ञान नहीं है, तो चंद लीलाओं के वर्णन के सहारे, गले की बाजीगरी दिखाकर धर्मप्रेमी जनों की आस्था पर कुठाराघात नहीं करूँगा। यह कृष्ण-कथा के साथ स्वार्थवश किया जानेवाला गर्हित कर्म है। श्री लाड़िलीजी ऐसी वंचना पर मुझे माफ करेंगी?" मोहनलाल की उत्तेजित आवाज गूँजी।

"तो फिर जा। मुँह मत दिखा मुझे अपना। मेरा और अपना समय क्यों बरबाद कर रहा है? कोई छोटी-मोटी दुकान खोल ले। भले ही चाय की। पैसे से थोड़ी बहुत मदद मैं कर दूँगा।" हरिनाथ तिलमिलाकर उठ खड़ा हुआ।

मोहनलाल ही कौन-सा कम तमतमाया हुआ था। उठा और ऐंठता हुआ वहाँ से निकल गया।

बड़ी उम्मीदों से यहाँ आया था, निराश होकर लौटना पड़ रहा था।

□

12

सुख-दुःख की आँखमिचौनी

तोता-मैना की कहानी रासबिहारी को विदित है। एक था तोता, एक थी मैना। दोनों एक सघन वृक्ष की डाल पर बैठे थे।

अर्धरात्रि का सन्नाटा।

कँपकँपाने, हाड़ में घुस जानेवाली शीतलहर।

ऊबकर मैना बोली, "जाड़े की यह लंबी रात काटे नहीं कट रही। कोई कहानी सुना न!"

"क्या सुनाऊँ? आपबीती या जगबीती?"

"जगबीती तो रोज ही सुनाता है, आज आपबीती ही सुना।"

"ठीक है।" और तोता आपबीती सुनाने लगा।

हाँ, तोता आपबीती सुना रहा है और समीपस्थ बैठा उसका साथी भावों में डूबकर सुन रहा है।

आपबीती है यह, इसलिए इसमें अनुभव की प्रामाणिकता भी है और सच्चाई भी।

सचमुच चिंतनीय दिन थे।

एक अदद नौकरी की तलाश मोहनलाल के लिए अप्राप्य हो गई थी।

कई बार मन में आता कि रेलवे और परिवहन विभाग में कार्यरत भाइयों से संपर्क करे और वहीं छोटी-मोटी नौकरी दिलाने की याचना करे। पर स्वाभिमान पाँवों की बेड़ी बन जाता। जो चारों भाई अपने अहंकार में डूबे हुए हैं, माँ-बाप को रत्ती भर नहीं पूछ रहे हैं, निमंत्रण दिए जाने के बावजूद सबसे छोटे भाई की शादी पर आकर नहीं खड़े हुए हैं, उनसे नौकरी लगवाने की भीख माँगना क्या अपमानजनक न होगा?

बस, मन था, जो एक बार मुकर गया तो दोबारा इस संदर्भ में सोचने तक के लिए उद्यत न हुआ।

तो क्या करे वह?

कोई व्यवसाय शुरू करे, तो उसके लिए हाथ में पैसा चाहिए। पैसा हाथ में है कहाँ?

ऐसी किंकर्तव्यविमूढ़ मनःस्थिति में हरिनाथ के शब्द याद आए, जिनमें चाय की दुकान खोलने का परामर्श दिया गया था। थोड़ी-बहुत पैसे से मदद कर देने की दयाशीलता भी थी।

पैसे से मदद?

न, किसी से आर्थिक मदद क्यों ले वह?

क्या आज तक किसी के सामने झोली फैलाई है?

याचक बना है तो माँ कात्यायनी के दरबार में।

ऐसे में किसी सांसारिक प्राणी से क्यों मदद लेने लगा वह?

लेकिन अर्थाभाव के चलते कोई निजी काम शुरू कर भी कैसे सकता है?

मोहनलाल किंकर्तव्यविमूढ़।

क्या करे, कैसे चार पैसे कमाए?

ऐसे में एक शाम उसे सड़क किनारे एक मूँगफलीवाले का ठेला दिखाई दिया।

आँखें चमक उठीं।

जैसे अँधेरे में एक प्रकाश-किरण चमक गई हो!

ठीक है, वह भी मूँगफली बेचकर ही अपनी समस्या हल करेगा। बहुत आसान काम है यह, कोई दिक्कत नहीं होगी।

पर···

मन को ज्यादा देर यह प्रस्ताव लुब्ध न कर सका।

खटका हुआ, मूँगफली सिर्फ शीत ऋतु में गरीबों की मेवा है। गरमियों में कौन खरीदता और खाता है मूँगफली?

इसलिए व्यवसाय ऐसा चुने, जो बारहों मास चले।

सोच-विचार चलता रहा।

अंततः घर में ही एक दिन उसे अपनी समस्या का निदान मिल गया।

उस दिन सुधा अनमनी थी। सुबह का कलेवा और दोपहर का भोजन निपटाकर लेटी, तो शाम को बिस्तर से उठने की उसकी इच्छा नहीं हुई। अम्मा ने यह देखा, तो लड़िया उठीं, "बहुरिया, तू आराम कर। शाम की रोटी मैं देख लूँगी।"

"अम्मा, आलू-टमाटर की सब्जी रखी हुई है। तुम सिर्फ पतीली में चावल उबाल लेना, काम चल जाएगा। चिंता कल की है। यदि सेहत ने साथ न दिया, तो कल क्या खाया जाएगा?" वह बोली।

"फिक्र मत कर। मैं काबुली चने भिगोए देती हूँ। काफी तादाद में। इमली बहुतेरी

धरी है। उसकी चटनी के साथ नमक, मिर्च, मसाले डालकर सब स्वाद से खाएँगे। वह चने दोनों वक्त चल जाएँगे।"

"अम्मा, चने के साथ क्या रोटियाँ सेकोगी?"

"न बेटा। चूल्हे पर रोटियाँ सेंकना मेरे बस का नहीं रहा। साथ में चावल उबाल लूँगी या राधे की दुकान से डबलरोटी मँगवा लेने से काम चल जाएगा। कल दोनों वक्त के भोजन की चिंता से तू मुक्त रह।"

यही किया अम्मा ने।

मोहनलाल ने इसे देखा और मन-ही-मन कुछ फैसला कर लिया।

गंभीर कंठ से बोला, "अम्मा री, मैं एक बोरी चने लाकर रखे देता हूँ। तू ऐसे चने रोज उबाल सकती है?"

"बेटा, एक दिन का काम तो चल जाएगा, पर उबले चने से रोज अपने घर का काम नहीं चलेगा। तेरे बापू उन्हें नित्य हजम नहीं कर सकेंगे।"

"मैं अपने घर के लिए रोज चने उबालने को नहीं कह रहा। असल में मेरे दिमाग में एक योजना आई है, जिसके अनुसार⋯"

~✦~

हाँ, योजना के अनुसार सबसे पहले उपयुक्त जगह की तलाश करनी थी।

तीसरे दिन ही मनपसंद जगह मिल गई।

सप्ताह बीतते-न-बीतते वृंदावन-मथुरा मार्ग पर एक तिमंजिली विशालकाय इमारत के सामने की खुली जगह पर मोहनलाल एक ठेला लेकर खड़ा हो गया।

ठेला, यानी उसकी छोले-डबलरोटी की चलती-फिरती दुकान। नया ठेला उसने आर्डर देकर दो दिन में मनीराम बढ़ई से बनवा लिया था। लोहे की एक छोटी अंगीठी, कच्चे कोयले, कुछ जरूरी बरतन खरीदने पड़े और उसकी चलती-फिरती दुकान तैयार हो गई।

ढक्कनदार भगोने में उबले चने थे।

चीनी-मिट्टी की खूबसूरत ढक्कनदार हाँड़ी में इमली की चटनी थी।

नमक-मिर्च-मसाले की छोटी-छोटी बरनियाँ थीं।

डबलरोटी के कुछ पैकेट ठेले के एक कोने में करीने से सजे हुए थे।

एक छोटी-सी टंकी में साफ-शीतल जल था और स्टेनलैस स्टील के कुछ गिलास और प्लेटें उसकी दुकान को संपूर्णता दे रहे थे।

पिछले दिनों उसने काफी घूम-फिरकर यह जगह अपने व्यवसाय के लिए पसंद की थी।

जानता था, इमारत की हर मंजिल पर अलग-अलग कमरों में कई ऑफिस चल रहे हैं। इस बड़ी इमारत के आसपास और भी ऐसी इमारतें हैं, जहाँ कार्यालयों में काम होता है। इन सभी कार्यालयों में कर्मचारी सुबह नौ-दस बजे से शाम को पाँच-छह तक काम करते हैं। मध्यांतर भी सबका दोपहर में एक बजे से दो बजे के बीच होता है।

बस, इतना जानना काफी था।

राधे रानी का नाम लेकर, अपना ठेला लेकर मोहनलाल वहाँ खड़ा हो गया।

सुबह कार्यालय आनेवाले कर्मचारियों ने उत्सुक दृष्टि से उसका ठेला देखा और आगे बढ़ गए।

दो-चार ठिठके और छोले-ब्रेड का नाश्ता करके ही वहाँ से हटे।

यानी मोहनलाल की दुकान की बोहनी हो गई थी।

बीच-बीच में सड़क से निकलते कई पथिकों के पाँव भी उस चलते-फिरते होटल की तरफ बढ़े और सुस्वादु जलपान को उदरस्थ करने के बाद प्रसन्नतापूर्वक पैसे चुकाकर वहाँ से हटे।

मोहनलाल ने सोचा था, निश्चय ही ऑफिसों के कुछ कर्मचारी अपने साथ घर से डिब्बे में दोपहर का भोजन लाए होंगे, पर किसी कारणवश जो लोग खाना नहीं ला सके, उनके लिए यह ठेला आकर्षण का केंद्र रहना चाहिए।

उसका अनुमान सच निकला।

लंच टाइम में ऑफिस से निकलकर बहुत से लोग भोजन की चाहत लिए उसके ठेले के करीब आते-जाते रहे। कच्चे कोयलों की अँगीठी पर तवा चढ़ा था, जिस पर शुद्ध देसी घी से सिंकते डबलरोटी के टुकड़े हवा में दूर तक अपनी सुवास बिखेरकर भूखे प्राणियों को उस ओर खींचने में सफल रहे थे।

लोग आते गए, तृप्तिपूर्ण भोजन करके लौटते गए।

आर्डर पर आर्डर।

मोलनलाल के फुरती से चलते हुए हाथ।

सामने रखी छोटी सी संदूकची में बढ़ती धनराशि।

नुकसान सड़क पार करके एक छोटे चबूतरे पर चलती चाय की दुकान का भी नहीं हुआ।

मुरली की इस चाय की दुकान के अपने ग्राहक थे, जो घर से लाए भोजन से पेट भरकर एक कप चाय की तलब लिये वहाँ पहुँचते थे। इस दुकान पर चाय के साथ बिस्कुट-दालमोठ वगैरह छुटपुट नाश्ता भी रहता था, जो भोजन का स्थानापन्न नहीं बन सकता था। इसलिए खानेवाले इधर ठहरते और चाय के शौकीन उधर पहुँचने ही थे।

मोहनलाल और मुरली में सद्भाव रहा, यह अच्छी बात थी।

करीब पंद्रह दिन बाद एक ग्राहक ने इच्छा जतलाई, "तुम छोले-चावल का भी विकल्प रखा करो, मोहनलाल। हमारा स्वाद बदलेगा और तुम्हारी आय बढ़ेगी।"

"ठीक है, इस बारे में भी सोचूँगा।" मोहनलाल ने ग्राहक को आश्वस्त किया।

ऑफिस के कर्मचारियों के लंच टाइम के बाद मोहनलाल का काम हलका रहता है। जिस दिन एक ग्राहक ने छोले-चावल के विकल्प का सुझाव दिया, उसी शाम सड़क पार की चाय की दुकान का मुरली उसके पास आकर खड़ा हो गया और हाल-चाल पूछने लगा। "भैया मोहनलाल, तुम्हारा काम तो 15 दिन में ही अच्छा-खासा जम गया है, यह खुशी की बात है।"

"श्रीराधे रानी की अनुकंपा है भाई मुरली।" मोहनलाल ने कृतज्ञ भाव से हाथ जोड़ दिए।

"तुमसे एक बात कहना चाहता था।"

"हाँ, हाँ, कहो न!"

"देखो मोहन, तुम छोले तो सकोरे में रखकर देते हो, जो फिंक जाते हैं, पर जूठी प्लेटें इकट्ठी होती जाती हैं। ऐसे में ग्राहक खड़ा हो और तुम प्लेट धोने लगो, यह अच्छा नहीं लगता है।"

"मुरली भाई, तुमने देखा नहीं कि प्लेटें तादाद में कम नहीं हैं। ग्राहकों को निपटाने के बाद ही मैं इस काम में जुटता हूँ।"

"आज मैंने खुद अपनी आँखों से देखा, तुम्हें काम छोड़कर प्लेट धोनी-पोंछनी पड़ी थीं।"

"हाँ, आज जरूर सिर्फ एक बार ऐसा हुआ था। कल से दस प्लेटें ज्यादा लाऊँगा।" मोहनलाल ने स्वीकार किया।

"बाँकेबिहारी की मेहर रहे, तुम्हारी दुकान और चले। पर ग्राहक बढ़ने के साथ-साथ प्लेटों की तादाद कितनी बढ़ाओगे?"

"तो फिर क्या करूँ?"

"प्लेटों का साथ-साथ धुलना जरूरी है।"

"मानता हूँ, जरूरी है।" मोहनलाल हँस पड़ा, "पर मैं चार हाथ कहाँ से ले आऊँ, जिससे दो हाथ खाना देते रहें और दो हाथ प्लेटें धोते रहें?"

"इसीलिए तो तुम्हारे पास आया हूँ। मेरा आठ बरस का बेटा सूरज जूठी प्लेटें धो दिया करेगा।"

"मुरली भैया!" मोहनलाल जैसे तड़प-सा उठा, "आठ बरस के बच्चे को काम पर लगाओगे?"

"तो क्या हुआ? ऐसे भी गिल्ली-डंडा, कंचे ही खेलता रहता है।"

"नहीं भैया, उसे स्कूल भेजो। पढ़ाई से मुँह चुराने का दर्द आज भी मेरे कलेजे में फाँस बनकर चुभा हुआ है। मरते दम तक दूर न होगा। तुम अपने सूरज को स्कूल भेजो, मेरी नेक सलाह है।" मोहनलाल गंभीर हो गया।

मुरली हँस पड़ा, "चाचा हो न, इसीलिए बच्चे की इतनी चिंता है तुम्हें, लेकिन सूरज के चाचाजी, ज्यादा सोचने की जरूरत नहीं। तुम्हारा भतीजा स्कूल जाता है। सुबह सात बजे से दोपहर बाहर बजे तक स्कूल में पढ़ाई करता है। उसके बाद घर लौटकर, खा-पीकर सिर्फ कंचे, गुल्ली-डंडा और पतंग उड़ाने जैसे खेलों में समय गँवाता है। इसीलिए मैंने सोचा कि तुम्हारे यहाँ लंच टाइम में ग्राहकों की भीड़ हो, वह काम में मदद दे दे। डेढ़-दो घंटे तुम्हारे साथ काम करके घिस नहीं जाएगा। बच्चे में अपने पाँवों पर खड़े होने का भाव अगर अभी से आ जाए, तो गलत क्या है?"

"तुम उसे सिर्फ स्कूल की पढ़ाई पर ही मत छोड़ो। घर में भी पढ़ने के लिए बैठाओ। यह बहुत जरूरी है। तीन-चार घंटे तबीयत से खेल-कूद ले, फिर कुछ देर स्कूल की पढ़ाई को दोहराए।"

"सही कहते हो। मैंने मान लिया। पर दोपहर को डेढ़-दो घंटे तो उसे प्लेटें धोने के लिए बुला रहे हो न?"

"नहीं भाई। जिस बात को मेरी अंतरात्मा स्वीकार नहीं करती, मैं उसे नहीं कर सकता। मुझे लगता है, हर बच्चे को अपने बचपन का आनंद लेने का पूरा हक है।"

"मैं उसे बचपन का आनंद लेने से कब रोक रहा हूँ? बाप हूँ, दुश्मन नहीं। पर तुम मेरी बात को सही ढंग से समझ ही नहीं रहे हो, तो क्या कहूँ?"

"तो तुम्हीं सही ढंग से समझा दो न!" मोहनलाल चिढ़ गया।

"देखो मोहनलाल, सूरज बहुत मामूली हैसियत के माँ-बाप की संतान है, फिर भी उसे पढ़ने का पूरा मौका दिया जा रहा है। कॉपी, पुस्तक, स्लेट, पेंसिल दिलवाने में मैंने हमेशा खुशी महसूस की है। बालपोथी भाग-1 पढ़ना सीख गया, तो बालपोथी भाग-2 खुद लाकर दी है। पर आठ साल का बालक अगर अपने घर के काम में माँ-बाप-चाचा का थोड़ा हाथ बँटा दे, तो इसमें गलत क्या है? बच्चे के लिए ऐसा छोटा-मोटा काम भी खेल ही होता है। क्या तुम्हें मेरी यह सोच गलत लगती है?"

"नहीं, इसमें कोई गलती नहीं है। बालकृष्ण गोचारण को जाते थे, नंद बाबा की गऊवें चराते थे। यदि हम इसे गलत नहीं कहते, तो अपने घर के बच्चे से छोटे-मोटे काम लेने में हर्ज क्यों देखें?"

"वही तो।" मुरली मुसकराया, "इसे तुम इसी रूप में लो। सूरज कल से स्कूल की छुट्टी के बाद यहाँ आ जाया करेगा। यह भी उसके घर के काम जैसा ही है। पिता-चाचा में फर्क क्या है? हाँ, दो पैसे कमाएगा, तो उसी की पढ़ाई में काम आएँगे।"

"सुनो मुरली भाई, सूरज को भेजने की जरूरत नहीं है।" मोहनलाल गंभीर हो गया।

"अब कौन-सी मक्खी छींक गई?" मुरली हँसा, "खुद ही अभी हामी भरी और खुद ही मुकर गए!"

"तुमने 'दो पैसे कमाएगा' जो कह दिया है। इस तरह यह घर का काम न होकर बच्चे से चाकरी कराना हो गया, वैसे मैं उससे खुद ही मुफ्त में काम नहीं लेता, तुम्हारी उम्मीद से ज्यादा देता। उसे मैं उपहार मानता, लेकिन तुम्हारी कमाई की बात ने मुझे इस प्रस्ताव पर इनकार करने के लिए बाध्य कर दिया है। अब यह विषय यहीं बंद हो जाना चाहिए।"

"बाप रे! कितना सोच लेते हो तुम। सच में स्कूली पढ़ाई पूरी न करने का तुम्हें अफसोस होना भी चाहिए। स्कूल-कॉलेज की पढ़ाई की होती तो आज कहीं डॉक्टर-वकील की कुरसी पर बैठे होते। इस तरह सड़क के किनारे खड़े होकर छोले-ब्रेड न बेचते।" मुरली कहे बिना न रहा।

"हाँ, पढ़ाई जरूर नहीं की, पर उस अवधि में जो किया, वह भी कम नहीं है। जो पाया, वह भी थोड़ा नहीं है। आज मैं अपनी पुरानी-नई हर जिंदगी से खुश हूँ, इसे माँ कात्यायनी की कृपा मानता हूँ।"

"क्या करते थे तुम?" मुरली जानने को उत्सुक हो उठा।

"बता दूँगा फिर कभी। भाई मानता हूँ, छिपाऊँगा नहीं, लेकिन निश्चिंत रहो, कोई चोरी-चकारी नहीं की है।" मोहनलाल जोर से हँस पड़ा।

"जानता हूँ। चोर-चकार होते तो भतीजे की इतनी चिंता न करते। चलो, भतीजा छोड़ो। भाभी से तो घंटा भर काम करवा सकोगे न? वही दोपहर में खाली बैठी उबासियाँ लेती रहती है। यहाँ आने लगेगी, तो मन बदलेगा।"

"ठीक है, भाभी को भेज देना। मुझे आराम रहेगा, तुम्हें भी आर्थिक मदद हो जाएगी।" मोहनलाल ने प्रसन्न मुख प्रस्ताव स्वीकार कर लिया।

मुरली भी खुश होकर वापिस लौट गया।

यह दिन निश्चय ही रोज से कुछ अलग था।

दोपहर में एक ग्राहक ने दुकान पर छोले-चावल की प्लेट रखने का सुझाव दिया।

शाम को मुरली ने बरतन धोने के लिए अपनी पत्नी को भेजने का प्रस्ताव दिया।

ठेले का सारा सामान खत्म होते ही मोहनलाल जब घर लौटा तो नहीं जानता था कि

एक तीसरी चकित कर देनेवाली घटना भी रात को सोने से पहले घटेगी।

नहा-धोकर चैन से बैठा ही था कि किसी ने द्वार की साँकल खटखटाई।

द्वार खोला तो अविश्वसनीय खुशी मिली—हरिनाथ सामने खड़ा था। दोनों मित्र भुज-बंधन में बँध गए, यानी बचपन से अभी तक वे बिल्कुल नहीं बदले थे। पल में कट्टी, पल में मिट्ठी!

इससे पूर्व मुलाकात में जिस गुस्सा-गुस्सी के मध्य अलग हुए थे, उसका इस समय किसी को ध्यान भी न था।

आज के मिलन में वही गर्मजोशी थी, प्रगाढ़ता थी, जो 'दो जिस्म एक जान' मित्रों में होती है।

"आज सुदामा की कुटिया में श्रीकृष्ण पधारे हैं!" खुशी से झूमता मोहनलाल बोला।

"यहाँ सुदामा कौन है, दोनों ही तो कृष्ण हैं। श्रीकृष्ण के स्वरूप में तूने मुझसे ज्यादा ख्याति पाई है।" हरिनाथ हँसा।

"उस मिलन की बात कहकर तूने मुझे कृष्ण की बाललीला की याद दिला दी, जब घुटनों के बल चलते श्रीकृष्ण मणिजटित खंभे में अपना प्रतिबिंब देख, उसे दूसरा कृष्ण समझ, माखन खिलाने का उपक्रम करने लगते हैं।" मोहनलाल रीझ उठा। "किंतु हम दोनों में कौन वास्तविक श्रीकृष्ण है और कौन उसकी प्रतिच्छाया, यह निर्णय अभी बाकी है।"

"जिसने ज्यादा नामवरी पाई, वही असली है। दूसरे को उसकी परछाईं समझना चाहिए।" हरिनाथ जोर से हँस पड़ा।

जोर के इस अट्टहास को सुनकर बापू भीतर से निकल आए, तो हरिनाथ ने आगे बढ़कर उनके पाँव छुए।

"हरिनाथ है, मेरे बचपन का मित्र।" मोहनलाल ने बताया।

"पहचान गया हूँ।" बापू अपने पोपले मुँह से हँसे, "नजर न लगे, बच्चा ने खूब हाथ-पाँव निकाले हैं। देखकर आँखें जुड़ा गईं।"

तुरंत अम्मा को आवाज दी उन्होंने, "सुनती हो, अपना हरिनाथ आया है। उसके लिए कुछ जलपान लेकर आओ।"

हरिनाथ संकुचित होते हुए बोला, "बापू, जलपान के लिए मना कर दो। खा-पीकर निकला हूँ। मोहन से मिलने का मन था, सो चला आया।"

तब तक अम्मा फूल के एक कटोरे में मुरमुरे के लड्डू लिये चली आईं।

घर के बने गुड़-लाई के लड्डू।

हरिनाथ को देख खुशी से बौरा उठीं, "अरे, ये तो अपना हरिया है। तुमने हरिनाथ कहा, तो मैं समझ नहीं सकी कि कौन आया है?"

"अब यह रासमंडली का मालिक है, इसलिए हरिनाथ ही कहना चाहिए न!" बापू वात्सल्य से हँसे।

"तब तो सच में हरिनाथ है।" अम्मा भी मुसकरा दीं।

"कोई मालिक-वालिक नहीं, तुम्हारे लिए वही पुराना हरिया हूँ, अम्मा। हमेशा उसी निगाह से देखोगी, तो हमारा बचपना बना रहेगा।" कहते हुए हरिनाथ ने आगे बढ़कर अम्मा के भी पाँव छू लिये।

सचमुच बदला नहीं था हरिनाथ।

वहीं तख्त पर बैठकर मुरमुरे के लड्डू एक-एक करके खाता रहा और पूरा कटोरा खाली कर दिया।

मोहनलाल ने सुधा को भी बुलवाकर मिलाना चाहा, पर अम्मा इसे टाल गई, "बहुरिया थकी-हारी सोई पड़ी है, फिर कभी मिल लेगी।"

बड़ी-बूढ़ियों के अपने तौर-तरीके होते हैं, हरिनाथ जानता था। उसने अम्मा की बात को सामान्य रूप में लिया। मन में यह भी खयाल आया—संभव है, भाभी सच में थकी-हारी पड़ी हों। गर्भावस्था में देह शिथिल हो भी तो जाती है।

बात उसने आई-गई कर दी।

स्वागत-सत्कार की औपचारिकता पूरी करके अम्मा-बापू भीतर चले गए, तो मोहनलाल ने पूछा, "और बताओ, कैसे आना हुआ?"

"तुझे बधाई देने आया हूँ। पता चला, अपना व्यवसाय शुरू कर लिया है।"

"व्यवसाय क्या, पेट भरने के लिए हाथ-पाँव चलाने शुरू कर दिए हैं। इसका श्रेय भी तुझे ही दूँगा। उस दिन गुस्से में आकर चाय बेचने की सलाह न दी होती, तो शायद इस दिशा में मेरा ध्यान कभी नहीं जाता।"

एक-एक करके सारी बातें बता दीं मोहनलाल ने। मित्र से कुछ छिपाने का प्रश्न ही नहीं उठता था।

हरिनाथ ने ध्यान से सारी बातें सुनीं।

खुश होकर बोला, "छोले-चावल वाला सुझाव मुझे भी पसंद आया। इस पर जरूर अमल करना।"

"लेकिन यह संभव नहीं है।" मोहनलाल का मुख मलिन हो गया, "यदि सुबह अम्मा या सुधा से चावल बनवाकर ले गया, तो दोपहर तक एकदम ठंडे हो जाएँगे। वे किसी को पसंद नहीं आएँगे। गरमागरम छोले-चावल ही स्वादिष्ट लगते हैं।"

"इतना काम तू भी तो कर सकता है। दोपहर में 12 बजे चावल चढ़ा दे। जब तक लंचटाइम होगा, गरमागरम तैयार मिलेंगे।"

"यह बवाल मेरे बस का नहीं। कभी पानी कम रहने से जल जाएँगे या कच्चे रह जाएँगे। कभी पानी ज्यादा होने से लेई जैसे बन जाएँगे। पाककला में मेरी कोई रुचि नहीं है। घर से ले जाए गए तैयार छोले ही कोयले की अँगीठी पर गरम करना और फिर तवे

पर ब्रेड सेंककर देना मेरे लिए पूरा शीर्षासन हो जाता है।"

"मानता हूँ। पर कोई बावला थोड़े ही है, जो चावल हमेशा कच्चे रखेगा या लेई बना देगा। भाई, हर काम में अनुपात का ध्यान रखना पड़ता है। एक बार सीख लोगे कि कितनी कटोरी चावल में कितना पानी सही रहेगा, तो फिर उसी नियम से रोज उन्हें पकाते रहना।"

"हरि, मेरे लिए यह पहाड़ तोड़ने का काम संभव नहीं है।"

"जैसी तेरी इच्छा।...मैं चलूँ अब।" हरिनाथ उठ खड़ा हुआ।

दोस्ती का धर्म निभाना जानता था हरिनाथ। अगले दिन हाथ में गत्ते के दो डिब्बे लिये हुए फिर आ पहुँचा, तो मोहनलाल ने चौंककर पूछा, "हाथ में यह क्या है?"

"जादू की पिटारी। इसमें अलादीन के चिराग का जिन्न है, जो तेरा काम बहुत हलका कर देगा।"

"मैं समझा नहीं।"

"देखता जा, सब समझ जाएगा।" कहते हुए हरिनाथ ने पहला डिब्बा खोला, तो उसमें से मिट्टी के तेल से जलनेवाला स्टोव निकला। प्रसन्न मुद्रा में बोला, "कच्चे कोयलों की अँगीठी वक्त-जरूरत के लिए तो ठीक है, पर अपना रोज का काम तुझे इस स्टोव पर ही करना चाहिए। आजकल ये उपयोगी चीजें चलन में आ गई हैं।"

20वीं सदी आधी बीत चुकी है।

छठा दशक शुरू हो चुका था।

बाजार में नई-उपयोगी वस्तुएँ बिकने लगी थीं।

स्टोव में तेल भरा हुआ था। जेब से माचिस की डिब्बी निकालकर हरिनाथ ने जब उसे जलाया, तो नीली लपट मोहनलाल के छोटे-से घर के सभी प्राणियों को बड़ी कौतुक भरी लगी।

नीचे लगे एक पुरजे के माध्यम से स्टोव की आँच जरूरत के मुताबिक तेज-धीमी की जा सकती थी। महानगरों में रसोईघर के लिए इन उपयोगी उपकरणों का इस्तेमाल शायद काफी पहले शुरू हो गया होगा, पर मथुरा-वृंदावन जैसे सामान्य शहर के लिए यह चमत्कारिक ईंधन था। मोहनलाल भाव-विभोर होकर हरिनाथ के गले से लिपट गया, "कल हमारी बात हुई और आज तू यह जादू की पिटारी ले भी आया! दोस्त, मान गया तुझे।"

"अब तेरी दूसरी समस्या भी मिनटों में दूर करता हूँ।" कहते हुए हरिनाथ ने दूसरा डिब्बा खोला, तो उसमें एक चमचमाता ढक्कनदार भगोने जैसा बरतन रखा दिखाई दिया।

"क्या है यह?" मोहनलाल ने कौतूहल से पूछा।

"इसे प्रेशर कुकर कहते हैं। यह भाप से भोजन पकाता है। बहुत कम समय में। सिर्फ

15 मिनट में अरहर की या कोई भी दाल तैयार हो जाती है।"

"ऐसा कैसे संभव है?" मोहनलाल चौंका।

"अभी तुम्हारे सामने इसका परीक्षण किए देता हूँ।" कहते हुए हरिनाथ ने अम्मा से एक कटोरा दाल और एक लोटा पानी लाने का कहा। हल्दी, नमक, मिर्च जितनी वे लोग पसंद करते हों, उतनी मँगा ली।

प्रेशर कुकर वह माँज-धोकर लाया था, ताकि यहाँ ज्यादा ताम-झाम न फैलाना पड़े। कुकर में दाल-पानी तथा अन्य सामग्री डालकर उसे गैस स्टोव पर चढ़ा दिया और घर के लोग अचरज से यह तमाशा देख ही रहे थे कि प्रेशर कुकर की सीटी बज गई।

हरिनाथ ने आँच धीमी कर दी और फिर घड़ी देखकर दस मिनट बाद स्टोव बंद कर दिया।

"दाल अभी खौली तक नहीं होगी, तुमने अपना स्टोव बंद क्यों कर दिया?"

"यही तो चमत्कार है। तुम्हारी दाल पक चुकी है।"

"असंभव।"

"मित्र, सिर्फ 15 मिनट इंतजार करो। खुद देख लेना।"

सचमुच प्रेशर कम हो जाने पर जब ढक्कन खुला, तो पकी हुई दाल मौजूद थी।

पूरा घर विस्मित था।

अम्मा की अनुमति से सुधा भी आकर खड़ी हो गई थी और वह भी आँखें फाड़े इस जादुई बरतन को देखे जा रही थी।

हरिनाथ ने अपने मित्र को प्रेशर कुकर साफ करने का तरीका भी सिखाया और उठते हुए बोला, "समझ गए न! तुम्हें सिर्फ आधा घंटा पहले इसमें चावल चढ़ाने हैं। कुकर खोलोगे, तो वे तैयार मिलेंगे। काफी बड़ा कुकर है, तुम देख ही रहे हो, फिर भी जरूरत के मुताबिक इसमें दोबारा चावल पकाए जा सकते हैं।"

"सचमुच कमाल हो गया यह तो!" मोहनलाल की बाँछें खिल गईं।

"कितने का मिलता है यह? न होगा तो ऐसा ही एक भगोना हम अपने घर के लिए भी ले आएँगे। खाना बनाना बहुत आसान हो जाएगा।" अम्मा ललचाकर बोलीं।

"कोई महँगा नहीं है। कल ही ला दूँगा।" हरिनाथ ने कहा।

मोहनलाल का चेहरा लाल हो गया।

उसे यह भिखमंगापन अच्छा नहीं लगा था।

अपने सामान को लेकर ही सोच लिया था, किसी बहाने से साल-छह महीने में हरिनाथ की मदद को लौटाएगा अवश्य। दोस्ती में आदान-प्रदान चलता है, पर भिक्षावृत्ति नहीं अंगीकार है उसे। अम्मा ने रही-सही कसर पूरी कर दी। अपनी लुब्धता दिखाकर उसे और ज्यादा छोटा बना दिया।

मन की बात जुबान पर आ गई, "अम्मा, तुम्हारे घर का काम चलता तो है ठीक-ठाक, फिर यह मँगतापन क्यों कर रही हो।"

"मँगतापन ?"

बेचारी बूढ़ी माँ का मुँह जरा-सा निकल आया। उसने तो मोहना-हरिया में कोई भेद न मानते हुए एक बात सहज भाव से कह दी थी। क्या जानती थी कि क्या अपने बच्चे से किसी चीज की इच्छा प्रकट करना मँगतापन होता है ?

अम्मा की आँखें अपराध-बोध और ग्लानि से डबडबा उठीं।

हरिनाथ ने इसे लक्ष्य किया।

भावुक होते हुए उसने आगे बढ़कर अम्मा के पाँव छू लिये, "तुमने अपने इस बेटे को जो मान दिया है अम्मा, उसके लिए तुम्हें शत-शत प्रणाम करता हूँ। खेद यही है, यह मोहनवा माँ-बेटे के आत्मीय संबंध को नहीं समझ सका। मैंने जान लिया, नादान है अभी। धीरे-धीरे समझ आएगी, बाप बन जाने के बाद। तो कब तक खुशखबरी सुना रही हो, भाभी ?"

सुधा ने लजाकर घूँघट से ढका चेहरा दोनों हाथों से ढाँपने की कोशिश की।

अम्मा की रोती आँखें मुसकरा दीं।

मोहनलाल को अपनी बात गलत नहीं लगी थी। उसने सोचा, तेरा एक-एक कर्ज चुकाऊँगा, हरिनाथ और वह भी ब्याज सहित। इसे कर्ज चुकाना न मानकर मित्र प्रदत्त उपहार मानोगे, तो मुझे खुशी होगी। पर एकतरफा भार क्यों ढोऊँगा मैं ? राधे रानी जल्दी ही वह दिन दिखाएँ, जब मैं भी तुम्हारे घर जाकर बच्चों को कोई कीमती उपहार देने लायक हो सकूँ। यह मेरा स्वाभिमान बोल रहा है मित्र, इसे अन्यथा न लेना।

बात मुँह से नहीं निकली थी, पर उन अनकहे शब्दों को हरिनाथ ने न जाने कैसे सुन और समझ लिया था। मित्र की हथेली दबाते हुए मृदु कंठ से बोला, "जानता हूँ, बहुत स्वाभिमान है तेरे भीतर। पर आज तो दोस्त का उपहार खुशी-खुशी स्वीकार।"

"क्यों नहीं!" मोहनलाल हँस दिया।

उसके मन का भार उतर चुका था।

~✦~

सुख-दुःख की आँख-मिचौनी का नाम जीवन है।

"बेटा हुआ है।" दाई ने कोठरी से निकलकर कहा तो मोहनलाल और बापू के चेहरे पर उल्लास थिरक उठा।

अंतस् की व्याकुलता मिटी।

बापू ने जेब से कुछ मुड़े-तुड़े नोट निकालकर आगे बढ़ा दिए, "यह लो बिलासो, अपना नेग।"

"कितने हैं?"

"देखती तो हो, बिन गिने निकाल दिए हैं। जेब में जितने रुपए थे, सब नवजात पोते की निछावर में तुम्हें दे दिए।"

"पंडितजी, चाँदी की कौंधनी लूँगी, पूरे आधा सेर की। इससे कम में माननेवाली नहीं।" दाई ने अपना बढ़ा हाथ पीछे खींच लिया।

पंडितजी, यानी बापू 'हो-हो' करके हँस दिए, "बिलासो की बातें! यह ड्योढ़ी क्या आध सेर चाँदी की कौंधनी देने की हैसियत वाली दिखती है तुझे? अरे, सोना-चाँदी तो सेठ-साहूकारों के यहाँ ही बँटता है। यहाँ सिर्फ आशीर्वाद से तेरी झोली भरने का बूता है री।"

"न पंडितजी। कितने बरस बाद तो इस ड्योढ़ी पर बधाई बजी है, इसे क्यों भूलते हो? हजार साल का हो हमारा मोहनलाल। इसके जन्म के बाद अब कहीं जाकर यहाँ आने का शुभ दिन राधारानी ने दिखाया है। वैसे तो बाँकेबिहारी ने परिवार को खूब फला-फूला रखा, लेकिन सब बहुओं के जापे अपने-अपने ठौर-ठिकाने पर हुए। यहाँ सालों बाद सोहर गवेंगे, लड्डू बँटेंगे, छठी पुजेगी, यह भी तो देखो!"

मोहनलाल का जी कुलबुला उठा, तर्जनी से सोने की अँगूठी निकालकर बिलासो चाची को पकड़ा दे। ब्याह के मौके पर, कलेवे की रस्म पर, मात्र यही अँगूठी ससुराल से मिली है और मौके की यादगार है, पर···पर बाप बनने पर उसके कलेजे का उछाह भी तो कम नहीं है। चाँदी की कौंधनी माँगनेवाली बिलासो चाची खुली हथेली पर सोने की अँगूठी देखकर खुशी से फूली न समाएगी।

लेकिन?

ऐसा कहीं होता है क्या कि बाप की छत्रच्छाया में बैठा लड़का पुत्र-जन्म का नेग दाई को चुकाए? जो सुनेगा, मुँह बिचकाकर कहेगा, "कलजुग है भाई। यदि जवान लड़कों की आँख की हया-शरम मर ही गई है, तो कोई क्या करे! घर में बड़े-बूढ़ों की उन्हें जरूरत नहीं रही है। आगे बढ़कर बेटा जन्मने की खुशियाँ मनाने लगे हैं।"

दूसरा एक कदम और आगे बढ़ जाएगा, "समय-समय की बात है, क्या कहा जाए! हमने तो घर में पाँव-पाँव डोलते लाला को ही पहली बार देखा था। इसके पहले माई-बाप जानें, हमें क्या मतलब! लाला की रुलाई की आवाज सुनकर ही चेहरा लाज से लाल हो जाता था।"

नहीं, इस किस्म की बातें क्यों सुनेगा मोहनलाल?

जो रीति-रिवाज पीढ़ियों से समाज में चले आ रहे हैं, उन्हीं का इस घर में निर्वाह होना चाहिए। बापू ही पौत्र-जन्म की खुशी में मोहरें लुटाएँ या बताशे, उनकी जेब की समाई!

शायद यह मीठी नोक-झोंक ही उन दिनों शुभ अवसरों की इंद्रधनुषी रंगत रहती थी,

तभी बिलासो ने भी सिर्फ रस्म-अदायगी के लिए ही चाँदी की करधनी माँगी। इसके बाद तुरंत हाथ बढ़ा दिया और बापू के दिए रुपयों को गिने बिना ही माथे से लगाकर अपने जंपर की जेब में रख लिया। उत्फुल्ल कंठ से बोली, "राधे रानी की मेहर बनी रहे, बालक फले-फूले, नेग वसूलने के मौके बार-बार आएँगे। तब अपने मन की हौंस पूरी करूँगी। आज की कसर मय ब्याज निकालूँगी।"

बापू सिर्फ मुसकराए।

मोहनलाल ने भी स्वस्ति की साँस ली।

बिलासो वैराग्य भाव से बोली, "पंडितजी, सच कहूँ तो अब जमाना बदल गया है। बहू-बेटियाँ जापे के लिए अस्पताल जाने लगी हैं। डॉक्टरनियाँ-नर्सें बच्चा जनने लगी हैं। हमारी-तुम्हारी पीढ़ी के जाने के साथ सब खतम हो जाएगा। मेरी बहू ही कौन-सा नार काटना जानती है? सच मानो, बेचारी बिलासो की तुम्हारे घर जैसी इनी-गिनी पौरी में बुलाहट होती है, वरना…"

बापू ने गंभीरता से सिर हिला दिया, "सच कहती हो।"

बदलाव की तीव्रगामी लहर के परिणाम सबके सामने थे।

परंपराओं से जुड़े बापू-अम्मा के घर में बालक का छठी पूजन, दष्ठौन सभी कुछ हुआ। पत्रा देखकर नाम रखा गया—माधव।

आँगन में ढोलक-मँजीरा बजे। घुँघरूओं को छनकाते हुए, लंबा घूँघट काढ़े हुए, कमर लचकाते हुए गली की बहुओं ने जोरदार लोकगीत पर झूमकर नाचा, "सासुल पनिया कैसे जाऊँ, रसीले दोऊ नैना।"

~✦~

माधव का जन्म भादों माह में हुआ था।

उसी साल पूस-माघ की सर्दी में अम्मा-बापू एक-एक करके चल बसे। अम्मा की उठते-बैठते यही लालसा रही थी कि वह सिंदूर भरी माँग लिये मरघट जाएँ। बाँकेबिहारी ने उनकी यह इच्छा पूरी की। सधवा के सोलह सिंगार सहित अम्मा अरथी पर चढ़ीं।

सिर्फ 25 दिन के अंतराल में बापू ने भी अर्धांगिनी का अनुगमन किया। दोनों चलते-फिरते चले गए। एक ही विधि का अनुसरण करते हुए।

एक शाम अम्मा ने तबीयत भारी होने की शिकायत की, रात का भोजन नहीं किया। अगले दिन ब्राह्म मुहूर्त में देहत्याग दी। बेटे-बहू को सेवा का कोई मौका नहीं दिया। अम्मा की मौत से सबक लेकर बापू को फिर भी शाम सात बजे वैद्यजी की पुड़िया दिला दी गई थी, पर लिफाफा जस-का-तस पड़ा रहा। बापू बोले, "अब रात को नहीं, कल सुबह दवाई खानी शुरू करूँगा।" पर कलेवे के बाद दवाई खाने की नौबत नहीं आई। सुबह

उठकर स्नान ध्यान करते ही धरती पर गिर पड़े। देखा गया, तो प्राण-पखेरू उड़ चुके थे।

घर में अम्मा-बापू की कमी को बहुत दिनों तक अनुभव किया गया। सबसे अधिक अबोध माधव ने। चार-पाँच माह का शिशु सिर्फ दूध पीने के लिए माँ के पास भेजा जाता था। बाकी सारा समय वह दादा-दादी की गोद में रहता था। अम्मा के जाने के बाद बापू भी संसार से कुछ ऐसा विरक्त हो गए थे कि माधव तक उनका मन लगाने में असमर्थ रहा। 10-15 मिनट में ही थक-ऊबकर आवाज देते, "बेटी सुधा, इसे भीतर ले जा। पालने में लिटा दे। भूखा हो तो दूध पिला दे। रोए जा रहा है, मुझसे सँभल नहीं रहा है।"

सुधा बच्चे को भीतर ले जाती।

शाम को चिंतित कंठ से मोहनलाल को बताती, "अम्मा के जाने से बापू एकदम टूट गए हैं। मैं जान-बूझकर माधव को उनके पास छोड़ आती हूँ, ताकि बच्चे के साथ मन बहल जाए। पर वह गुमसुम बैठे रहना ज्यादा पसंद करते हैं। माधव को बड़ी जल्दी भीतर ले जाने को कहते हैं।"

"अम्मा-बापू का संग-साथ कोई छोटा था क्या! अकेले पड़ गए हैं, तभी यह हालत हो गई है। पर हम लोग भी इस मामले में क्या कर सकते हैं? ईश्वर की इच्छा थी, अम्मा को बुला लिया। बापू की तकलीफ समय के साथ ही कम होगी।" मोहनलाल एक ठंडी साँस भरकर कहता।

खैर, जो संसार में आया है, उसे एक दिन अवश्य जाना है। माधव को उसके माँ-बाप ने सँभाला। अम्मा-बापू के साहचर्य के सुखद दिन भूलने पड़े। हरिनाथ ने दोनों बार आकर संबल दिया। इससे अधिक वह भी क्या कर सकता था?

~✦~

दिन गुजर रहे थे।

माधव बड़ा हो रहा था।

दिमाग का तेज था, स्कूली पढ़ाई बड़ी जल्दी पूरी कर ली। मोहनलाल और सुधा ने उसे लेकर ऊँचे सपने देखने शुरू कर दिए। उम्मीद हो गई थी, बेटा घर का दलिद्दर दूर करेगा, कुछ बनकर दिखाएगा।

दिन-रात भले ही सोने-चाँदी के न थे, पर दो वक्त की रोटी थी, सिर पर छप्पर था और देह पर मोटे-झोटे कपड़े थे। संतोषी वृत्ति के परिवार के लिए इतना सुख यथेष्ट था। तभी अचानक न जाने किसकी कुदृष्टि पड़ी कि यह छोटा-सा सुख भी मोहनलाल के मन के हाथों से फिसल गया।

इस दुःख की यामिनी की शुरुआत सुधा के पाचन-तंत्र की गड़बड़ी से दिखाई दी। उसकी भूख कम हो गई थी, वजन घटने लगा था और अकसर पेटदर्द की शिकायत करने

लगी थी। मोहनलाल समझ नहीं पा रहा था कि चार रोटी की खुराक रखनेवाली सुधा दो रोटियों में ही कैसे पेटशूल की बात कहने लगी है? उसकी चिंता बढ़ी तो निकटस्थ वैद्यजी को नाड़ी दिखाई, छुटपुट चूरन-चटनी दिलवा दी। इससे लाभ न हुआ, तो अस्पताल ले जाना पड़ा। वहाँ कुछ जरूरी जाँचों के बाद पता चला कि सुधा कैंसरग्रस्त है।

कैंसर?

इस बीमारी का नाम पिछले समय की तपेदिक की तरह उन दिनों मौत का पैगाम माना जाता था। सुनते ही परिवार के पाँवों तले जमीन खिसक गई। डॉक्टर ने साफ कह दिया, "ऑपरेशन करवाया जा सकता है, पर वह स्वस्थ हो जाने की गारंटी नहीं है। दवाइयों से इलाज चलने पर मरीज पाँच-छह साल निकाल देगा। ऑपरेशन से कैंसर की कोशिकाएँ यदि जड़ से खत्म न हुईं, तो तेजी से बढ़ेंगी और छह महीने से अधिक रोगिणी का जीवन नहीं खिंच सकेगा।"

स्थिति जानने पर सुधा ने दो-टूक फैसला सुना दिया, वह ऑपरेशन नहीं कराएगी। दवाइयों के जरिए पाँच-छह साल का जीवन पाकर संतुष्ट है। ऑपरेशन यदि पूर्ण रोगमुक्ति की गारंटी नहीं देता, तो छह माह में देह छोड़ने का मतलब अधकचरी गृहस्थी छोड़कर उसका संसार-त्याग करना है। इसे वह कदापि स्वीकार नहीं करेगी।

यों भी ऑपरेशन का खर्च झेलना परिवार के लिए मुमकिन न था। इस सच्चाई को जानने के कारण दवाई का विकल्प ही सर्वमान्य रहा और नियमित इलाज शुरू हो गया। इलाज भी सुधा की हठधर्मिता के चलते वैद्यजी की दुकान के आसव और भस्म का रहा।

अब रोगिणी सुधा की एक नई जिद शुरू हो गई। आश्चर्य ही था कि अभी तक हर परिस्थिति में गंभीर और समझदार साबित होनेवाली सुधा ऐसी बचकानी जिद पर कैसे उतारू हो गई थी? उसने रट लगा दी, अविलंब माधव का विवाह करेगी और पोते का मुँह देखकर ही संसार छोड़ेगी। अपने अधूरे अरमानों को लेकर वह मरना नहीं चाहती।

माधव और मोहनलाल सुधा के इस तिरियाहठ को लेकर चिंता में पड़ गए। मात्र 18 वर्ष की आयु का इंटर में पढ़नेवाला माधव अभी से विवाह-बंधन में बाँध दिया जाए, कोई नहीं चाहता था। उसे लेकर न जाने कितने सपने देखे गए थे।

पिता-पुत्र की अभिलाषा ध्वस्त हुई और मृत्यु-शय्या पर पड़ी सुधा ने अपनी बात मनवा ली। वह अपने मायके की रिश्तेदारी की एक जानी-पहचानी लड़की को अपनी पुत्रवधू बनाकर घर ले आई। 17 वर्षीय ललिता अपूर्व रूपवती थी। उसके सौंदर्य की कांति से मोहनलाल का छोटा-सा घर जगमगा उठा। पिता-पुत्र ने भी नई बहू की सुंदरता को सराहते हुए सुधा की ज्यादती पचा ली। यह अनुभव किया, माधव को ब्याहना घर की विवशता है। रोगिणी को दवा-पथ्य देने तथा घर सँभालने के लिए घर में एक महिला का होना जरूरी है।

रोटी की समस्या के समाधान के लिए ललिता का घर में पदार्पण उचित मान लिया गया, पर इसके बाद जो नई समस्या सामने आई, उसे देख मोहनलाल और माधव हतप्रभ रह गए।

सोलह साल की ललिता का विवाह के तीसरे माह ही गर्भधारण कर लेना एक ऐसी स्थिति थी, जो अस्वाभाविक न होते हुए भी मोहनलाल के परिवार के लिए परेशानी का सबब बन गई। 18 वर्षीय कुशाग्रबुद्धि माधव, जो अब तक कुछ बनने का स्वप्न देख रहा था, उसके लिए पिता बनने की सूचना किसी दुःस्वप्न से कम न थी। ललिता खुद इतनी असहज और बदहवास हो गई कि उसने एक ही रट लगा दी, "मुझे अपनी माँ के पास जाना है।"

विवश होकर उसे मायके भेजना पड़ा, तो पहले से ही चूलें हिल चुकी गृहस्थी एकदम टूटने के कगार पर आ गई। कैंसरग्रस्त पत्नी, अवसादग्रस्त पुत्र और कमाई का जरिया मात्र मोहनलाल का 'चलता-फिरता होटल।' सड़क किनारे खड़ा रहनेवाला वह ठेला कब तक घर की बेतहाशा बढ़ती जरूरतों को पूरा कर सकेगा, 44 वर्षीय मोहनलाल समझ नहीं पा रहा था।

कुछ दिनों बाद दो सूचनाएँ एक साथ मिलीं—ललिता ने बेटी को जन्म दिया है और माधव इंटर की परीक्षा में फेल हो गया है।

सच तो यह है कि वे मोहनलाल की परीक्षा के दिन थे। माँ कात्यायनी के मंदिर में यदि सचमुच उसकी प्रार्थना सुनी गई है, तो उसे विचलित नहीं होना है। धैर्य के साथ, साहस के साथ ये विषम और संत्रास भरे दिन निकालने हैं।

मोहनलाल समझ गया, माधव के विवाह का निर्णय लेने में भूल हुई है। 18 वर्षीय नादान उम्र का किशोर माधव अति लावण्यमयी पत्नी पाकर यदि भविष्य को गढ़ने की दिशा में बढ़ने के बजाए दिग्भ्रमित हो गया, तो इसे मानव-मन की स्वाभाविक प्रवृत्ति मानना चाहिए।

सवाल उठा, ललिता को मायके में कब तक छोड़ा जाए?

रोगिणी सुधा एक बार फिर बहू और पोती को देखने के लिए इतनी आतुर हो उठी कि ललिता को ससुराल भेजने का संदेश उसके मायके पहुँचाना पड़ा। मोहनलाल के घर की विषम स्थिति सबके सामने थी। ललिता की माँ ने यही उचित समझा कि वह भी साथ जाए और कुछ दिन वहीं रहकर बेटी की गृहस्थी के सुचारु संचालन में मदद करे।

अपनी माँ और नवजात बेटी के साथ ललिता ससुराल आ गई, तो घर कुछ सँभलता प्रतीत हुआ। मिलनसार स्वभाव की थी ललिता की माँ मनोरमा। उसने अड़ोस-पड़ोस से बहनापा जोड़ लिया और पूरी गली के साथ आत्मीय संबंध बना लिये। सबके घर आने-जाने लगी।

एक दिन सामनेवाले घर से लौटी, तो ललिता से उस घर के हर प्राणी की दिल खोलकर तारीफ की।

ललिता ने मुसकराकर पूछा, "तुम्हें उनके घर का युवा बेटा दिखाई दिया?"

"अरे, वह महेश तो हीरा है हीरा। ऐसे लड़के आजकल मिलते हैं कहीं? उसके संस्कारी स्वभाव को देखकर मैं तो लट्टू हो गई हूँ।" माँ बोली।

"मैया री, मेरा एक काम कर। उस लड़के से तू अपने गाँव की सुंदरी की शादी करा दे।"

"ऐं?…ऐसा कैसे संभव है?"

"क्यों, इसमें असंभव जैसी क्या बात है?" ललिता तुनक गई, "एक जाति-बिरादरी है, एक जैसा आर्थिक स्तर है, लड़का-लड़की जोड़ के हैं, फिर शादी में मुश्किल क्या है? तू जरा-सा जोर लगाएगी, तो यह ब्याह हो जाएगा। मैं यहाँ एकदम अकेली पड़ गई हूँ। तू भला अपना घर-द्वार छोड़कर कब तक मेरे साथ रह सकती है? ऐसे में यदि सामनेवाले घर में मेरी बचपन की सहेली सुंदरी बहू बनकर आ जाए, तो हम दोनों सखियाँ कितनी खुश रहेंगी! तू खुद सोच!"

सचमुच विचारणीय सुझाव था।

ललिता की माँ ने सिर हिला दिया और फिर उसके थोड़े से प्रयास से सुंदरी भी ब्याहकर उसी गली के सामनेवाले घर में आ गई।

~✦~

इधर इतना कुछ घट रहा था, उधर कैंसरग्रस्त सुधा वैद्यजी की दवा के सहारे अपनी जिंदगी की गाड़ी खींचने में लगी थी। वह आशान्वित थी, उसकी साँसों की लड़ी तब तक नहीं टूटेगी, जब तक पौत्र-जन्म की खुशी को बाँकेबिहारी उसकी झोली में न डाल देंगे।

पर इनसान का मनचाहा हमेशा कहाँ होता है? पोता खिलाने की हौंस दिल में लिये सुधा चल बसी, हालाँकि उस समय तक वह फूल-सी कोमल चार सुपौत्रियों की दादी बन चुकी थी, पर ललिता ने पुत्र-जन्म का सुसंवाद उसे नहीं सुनाया था।

सुधा के जाने के बाद मोहनलाल ने एक बार फिर घर की गाड़ी को पटरी पर लाने की कोशिश की। उसने माधव से छूटी पढ़ाई को पुनः शुरू करने के लिए कहा। माधव इस प्रस्ताव को सुनते ही आगबबूला हो गया, "जब अच्छा-खासा पढ़ रहा था, तब तो ब्याह कराकर मेरे पाँवों में बेड़ी डाल दी। अब चार बेटियों के बाप को पढ़ाई करने की नसीहत दे रहे हो! सींग कटाकर बछड़ों में शुमार होने का शौक नहीं है मुझे। कॉलेज जाकर अपनी फजीहत कराऊँगा क्या?"

मोहनलाल धीरज से समझाता, "चलो, पढ़ाई छोड़ो, किसी और दिशा में भविष्य गढ़ने

का प्रयास करो। आखिर पत्नी-बच्चों की जिम्मेदारी आ गई है तुझ पर, कैसे सँभालोगे?"

"मैं कुछ नहीं जानता। बाप के पद पर रहते हुए जब तुमने मेरे प्रति कोई जिम्मेदारी पूरी नहीं की, तो इन चार छोरियों की जिम्मेदारी मैं क्यों सँभालने लगा?" माधव अकड़ता।

"मैंने अपनी जिम्मेदारी निभाने में कहाँ कमी छोड़ी?" यदि मोहनलाल भूल से भी पूछ लेता, तो घर में भूचाल आ जाता।

पचास की आयु के पार कर चुके मोहनलाल को अपने आत्मज के मुँह से ऐसी-ऐसी गालियाँ सुनने को मिलतीं कि उसे अपने कानों में उँगली डालनी पड़ जाती। ऐसी गालियाँ वही क्या, कोई प्राणी नहीं सुन सकता था।

माधव की शिकायतें मोहनलाल की अव्यावहारिक बुद्धि को कोसने-काटने से शुरू होकर इसी एक बिंदु पर हमेशा खत्म होती थीं।

उसे शिकायत थी, "तुम्हारा ही बचपन का साथी है हरिनाथ। उसने अपने बेटे प्रसून को जमी-जमाई रासमंडली का मालिक बनने का मौका दिया है या नहीं? तुम मुझे क्या दोगे, छोले-चावल का ठेला ही न, सोचते ही तन-बदन में आग लग जाती है।"

मोहनलाल समझाने की कोशिश करता कि उनकी श्यामजी रासमंडली आज की नहीं, कई पीढ़ियों से स्थापित है। जमी-जमाई रासमंडली का मालिक प्रसून को बनना ही था, इसमें उसकी बराबरी क्यों करते हो?

माधव तर्क देता, "रासमंडली स्थापित करने का मौका तुम्हें भी मिल सकता था, यदि जरा भी समझदारी दिखाई होती। मैंने सुना है, श्रीजी में श्रीकृष्ण के स्वरूप में जब तुम उतरते थे, तो पूरे वृंदावन की किसी रासमंडली में तुम्हारे स्तर का कलाकार नहीं था। बड़े-बड़े सेठ तुम्हारी कला पर मुग्ध होकर तुम्हें मालामाल करने के लिए तैयार थे। उस वक्त तुमने जरा-सा इशारा किया होता, सूरत या जयपुर का कोई सेठ तुम्हें हरिनाथ की रासमंडली से ज्यादा शानदार रासमंडली का मालिक बना देता। पर तुमने यह चाहा ही नहीं। आनेवाली दौलत को लात मारकर बौड़म की तरह घर में घुस गए।"

"अपनी भक्ति-भावना को भुनाना मुझे कभी सुहाया ही नहीं, तो क्या करूँ?"

"क्यों नही सुहाया? सुहाना चाहिए था। खुद को साक्षात् भगवान् समझ बैठे थे? संसारी प्राणी यदि भौतिक सुख-सुविधाएँ जुटाने के बारे में नहीं सोचता, तो उससे बड़ा मूर्ख और कौन होगा?"

"बेटा, मुझे जो उचित लगा, मैंने किया। तुम्हें जो उचित लगता है, उसे क्यों नहीं करते? मैंने तुम्हें कभी रोका है क्या? घर से बाहर निकलो। मनोनुकूल जिंदगी जियो।"

"मुझे सिर्फ तुम्हें गाली देना उचित प्रतीत होता है और उसे करता हूँ, जिंदगी भर करता रहूँगा।" माधव गुस्से से अपने अधर चबाने लगता।

"इससे क्या हासिल होगा?"

"दिली खुशी। ब्राह्मण कुल में जन्म लेकर हर ऐरे-गैरे की जूठी प्लेटें धोते जिसे शरम नहीं आती, उसे गालियों से नवाजकर मुझे दिली खुशी मिलती है।"

मोहनलाल स्तब्ध रह जाता।

छोले-चावल बेचकर जीविका चलाना उसे बुरा नहीं लगता है। किसी को बासी-कूसी नहीं खिलाता। साफ-सुथरे बरतनों में साफ-सुथरा, शुद्ध भोजन परोसना उसे आत्मिक शांति देता है। किसी भूखे को पास खड़े देखा, तो विनम्रता से बेंच पर बैठाकर, भरपेट खिलाकर ही वहाँ से जाने दिया। कभी उससे पैसा माँगा क्या ? ऐसे मौकों पर हमेशा विधृता याद आई है, जिसने श्रीकृष्ण तथा उनके सखाओं को गोचारण के समय भूख से व्याकुल देखकर अत्यंत प्रेमपूर्वक भोजन कराया था। पति के 'कुलटा', 'दुःशीला' कहने पर भी क्या वह विचलित हुई थी ? भूखे को भोजन और प्यासे को जल देना तो पुण्य का काम है। इस काम को करके आत्मिक संतोष पाया है उसने।

फिर, नंदबाबा के संपन्न घर की लाड़ली संतान होते हुए भी श्रीकृष्ण सदैव गोप बालकों के साथ खेले, खाए और बड़े हुए। यह सामाजिक समता, यह सामाजिक सरोकार का भाव ही उसे अपने ठेले पर आकर खड़े होनेवाले हर व्यक्ति को समान सम्मान देते हुए भोजन कराकर महसूस किया है। यदि अपनी दृष्टि में वह सही है तो माधव की कटूक्तियों से क्यों विचलित हो ?

~✦~

इधर भगवान् शंकर की भाँति विषपायी होकर जीने की मोहनलाल की बाध्यता, उधर पल-पल आगे बढ़ता समय के रथ का पहिया।

माधव-ललिता की चारों बेटियाँ रूखी-सूखी खाकर भी दिन-दिन निखर रही थीं। घर में बेटा जन्मने की सबकी साध जब लगभग खत्म हो गई, तो ललिता के पाँव एक बार फिर भारी हो गए और इस बार उसने पुत्र-जन्म के उल्लास का अनुभव किया। पड़ोस में ब्याही गई उसकी बालसखी सुंदरी शादी के 15 वर्ष बाद अभी भी निस्संतान थी। चूँकि ललिता के घर उसका हर वक्त का आना-जाना था, इसलिए सहेली की चारों बेटियों और हाल में जनमे बेटे के प्रति उसकी ममता का अछोर हो उठना स्वाभाविक था।

ललिता के बेटे को कैलाश नाम दिया गया।

नन्हे से कैलाश ने जब से बोलना सीखा, अपने पिता माधव की देखा-देखी मोहनलाल के लिए 'बुढ़ऊ' संबोधन इस्तेमाल करने लगा।

ललिता समझाती, "छिः, कितनी गंदी बात है बेटा, तुम बाबा को 'बुढ़ऊ' कहते हो! उन्हें सिर्फ 'बाबा' कहा करो।"

"क्यों बाबा कहें ?" पाँच बरस का बालक अपनी माँ पर आक्रोशित हो उठता, "बापू भी तो उनको 'बुढ़ऊ' कहते हैं, उन्हें क्यों नही रोकती हो ?"

ललिता के पास इस सवाल का कोई जवाब न रहता।

परिवार बच्चे की आरंभिक पाठशाला है।

वहाँ वह अनुकरण से ही सीखता है और अपना जीवन गढ़ने की प्रक्रिया में संलग्न रहता है। नन्हा कैलाश भी माधव की देखा-देखी ऐसे वाक्य बोलता, जिनका अर्थ तक नहीं समझता था। उसके उसके लिए यह सिर्फ एक खेल था। मात्र क्रीड़ा-कौतुक। पर ललिता इसे देखकर बच्चे के भविष्य को लेकर कभी-कभी बहुत डर जाती थी।

कई बार उसने माधव से कहा भी, "देखो, बाबा के साथ तुम सम्मान से बात किया करो। जो भाषा तुम बोलते हो, उसे ही उनके लिए कैलाश इस्तेमाल करता है।"

"वाह, यह तो बहुत खुशी की बात है।" माधव एक क्रूर हँसी हँसता।

"यह खुशी की नहीं, चिंता की बात है। हमारी चारों बेटियाँ कितनी सुशील-शालीन हैं और यह लड़का उनसे कितना अलग है, क्या तुम्हें दिखाई नहीं देता?"

"बुढ़ऊ इसी लायक है कि उससे गालियों से बात की जाए।" माधव संतुष्टि महसूस करता।

"लेकिन क्यों? मुझे तो बाबा में आज तक कोई कमी नहीं दिखाई दी।"

"क्योंकि तू अंधी है, लेकिन मैंने अपनी खुली आँखों से देखा है कि यह दुष्ट बूढ़ा ही मेरे पतन के लिए जिम्मेदार है। हर इनसान का फर्ज होता है कि अपनी संतान को विरासत में अपनी सामर्थ्य के अनुसार कुछ सौंपकर जाए। राधे रानी ने इसके हाथ में जो हुनर दिया था, उसके रहते यह मेरे लिए राजसिंहासन तैयार कर सकता था, राजमहल खड़ा कर सकता था। पर इसकी अक्ल हमेशा एड़ी में रही, तो मैं इसे माफ क्यों करूँ? और अगर मेरा कैलाश भी इससे यही सलूक करता है, तो यह मेरे लिए खुशी की बात है।"

ललिता सुनती, एक ठंडी साँस भरकर वहाँ से हट जाती। इसी बीच उसे सूचना मिली कि उसकी बालसखी सुंदरी शादी के लगभग 20 साल बाद माँ बननेवाली है, तो एक अनूठी पुलक से उसका मन गुदगुदा उठा।

उसी दिन सुंदरी को बाँहों में भरकर गुनगुना-सी उठी, "देख सखी, अगर तेरी कोख से बेटी जनमी, तो उसे अपनी बहू बनाऊँगी, अभी से कहे देती हूँ।"

"बावरी! पहले उसे धरती पर आने तो दे!" सुंदरी हँसी, "बेटी है या बेटा, कौन जानता है?"

"मेरा दिल कहता है कि बेटी ही होगी और मैं उसे अपनी बहू बनाऊँगी। सोच जरा, अपनी होनेवाली बहू के जन्म की घड़ियों में मैं कितनी खुशी महसूस कर रही हूँ?" ललिता ने उसके कपोल पर अपना नेह उडेल दिया।

"पागलों के लक्षण दिखा रही है और क्या कहूँ?" सुंदरी की हँसी खिलखिलाहट में बदल गई।

"देख, भूल मत, अपने पड़ोस में तेरा ब्याह करवाने की साध सबसे पहले मेरे मन में ही उठी थी। वह सच हुई न! अब तेरी बेटी को अपने घर लाने की साध भी मेरे मन में उठी है और वह भी एक दिन सच होकर रहेगी।" ललिता जब-तब याद दिलाती।

अंततः सुंदरी को वायदा करना पड़ा कि बेटी का जन्म होने पर वह उसे ललिता के बेटे कैलाश के साथ ब्याहने में कोई आपत्ति न करेगी।

सखी से यह वचन लेकर ललिता जैसे स्वर्ग की दौलत पा गई। उस पूरे दिन उसकी आँखें हँसती रही, अधर गुनगुनाते रहे और पाँव थिरकते रहे।

और फिर सुंदरी की कन्या-रत्न प्रसविनी होने की सूचना पाकर ललिता ने उस दिन पूरी गली में लड्डू बाँटे। नवजात बालिका को यह कहकर गोद में उठाया, "मेरी राधिका आ गई अपने कान्हा की खातिर। बस, इसके बाद मेरे मन में कोई अभिलाषा नहीं रही।"

सवा-डेढ़ साल के अंतर पर जनमी सुंदरी की चारों बेटियाँ अगले पाँच साल में एक-एक करके ब्याह गईं।

दस वर्ष का कैलाश और पाँच वर्ष की राधिका संग-साथ में खेलते-कूदते बड़े होने लगी।

ललिता प्रायः चुटकी लेती, "देख सुंदरी, मेरी होनेवाली बहू को खूब लाड़-प्यार से पालती है न? किसी बात पर इसका दिल छोटा न होने देना। जो तुमसे न बन पड़े, मुझसे कहना। मिठाई हो या खिलौना-कपड़ा, मैं अपनी लाड़ली को दिलवा दूँगी।"

सुंदरी हँसते-हँसते लोट-पोट हो जाती, "तुम भी सखी, बस! कमाल करती हो। बित्ते भर की छोरी में तुम्हें घूँघटवाली पतोहू दिख कैसे जाती है?"

इधर दोनों सखियों का यह दिनोदिन बढ़ता बहनापा, उधर माधव का दिनोदिन बढ़ता उन्माद। सुबह होते ही उसका एकमात्र काम होता था, बाप को जली-कटी सुनाना और फिर दिनभर नाम-जप की भाँति वाणी को मुख से उच्चारना।

ललिता सावधान थी।

समझदार भी।

अकसर वह बालवय के बेटे को समझाती, "नित भोर-साँझ को बाबा के पाँव छुआ कर। जानता है, जब वह रासमंडल में ठाकुरजी के स्वरूप में उतरते थे, तो भक्तों की भीड़ उनके पाँव छूते नहीं थकती थी। जितना चढ़ावा तेरे बाबा के चरणों में चढ़ा है, उतना आज तक किसी रासमंडली के श्री ठाकुरजी को नहीं चढ़ा।"

"वह चढ़ावा कहाँ गया, माँ?" बालक कैलाश पूछता।

"तेरे बाबा बड़े पहुँचे हुए संत हैं बेटा। उन्हें रुपए-पैसे का कोई लोभ नहीं। जो कुछ

ठाकुरजी के नाम से चढ़ा, उन्होंने रासमंडली को सौंप दिया। हर आदमी ऐसा नहीं कर सकता। इसके लिए बहुत ऊँची सोच होनी चाहिए।"

"तो फिर बापू उन्हें क्यों गाली देते हैं?"

"तेरा बापू समझदार नहीं है बेटा। समझ होती तो ऐसे पिता के पाँव धो-धोकर पीता।"

बालक चकित दृष्टि से माँ का चेहरा देखता। समझ नहीं पाता, माँ-बापू में किसे सही माने?

भले ही नादान था, पर पैसे का मोल जानता था। उसे मालूम था कि गली से निकलनेवाला पिपहरीवाला भी उसी बच्चे को बाँसुरी, पिपहरी या लाल-पीले गुब्बारे देता है, जो अपने घर से पैसा लेकर आता है। पर उसके घर में उसे कोई पैसा नहीं देता। माँगने पर डाँट देते हैं सब, "भाग जा यहाँ से, मेरे पास नहीं है पैसा।"

इसका मतलब है कि अगर बाबा बहुत-सा पैसा घर में लाए होते, तो वह भी मोतीचूर का लड्डू, चुस्कीवाली बर्फ और हरा चश्मा खरीद सकता। बेचारे बापू को तो पैसा किसी ने दिया ही नहीं, इसलिए वह कहाँ से लाते? पर बाबा को तो पैसा मिला था, फिर वह क्यों नहीं घर में लाए?

बस, बच्चा फैसला कर लेता—बापू सही हैं, बाबा गलत हैं।

माँ की शिक्षाएँ एक ओर पड़ी रह जातीं, वह बापू की शैली में बाबा को गालियाँ दे-देकर उछलता-कूदता।

यह उसका एक प्रिय मनोरंजक खेल था, जिसे देखकर माधव खुशी से पागल हो उठता।

कोई व्यक्ति किसी से इतनी नफरत कर सकता है, यह माधव को देखकर समझा जा सकता था।

बेटे की यह कुंठा मोहनलाल देख और समझ रहा था, पर निरुपाय था।

उसके पास इन विषाक्त बाणों से बचने का एक ही उपाय था—घर से अधिकाधिक समय दूर रहे। जब तक सुधा जीवित रही, काम समेटकर घर लौटने की उसे जल्दी रही। पत्नी के जाने के बाद घर जाने के नाम से उसे जूड़ी चढ़ जाती और घिरते अँधेरे के बावजूद अपनी जगह पर ठेले सहित जमा रहता।

□

13

एक और कुलिशपात

जाड़े की ऐसी ही एक अँधेरा घिरती शाम को देख मुरली उसे कई बार टोक चुका था, “भैया मोहनलाल, अब सर्दी झेलने की हमारी-तुम्हारी उम्र नहीं रही। किस ग्राहक के इंतजार में ठेला लिये खड़े हो? घर लौट जाओ अब।”

घर के नाम से कोई उत्साह जागे, तभी तो मोहनलाल अपनी जगह छोड़े।

अनमना-सा वह अभी खड़ा ही था कि तभी सड़क से निकलता एक ऑटो मुड़ा और उसके ठेले के पास आकर रुक गया। ऑटो चालक को मोहनलाल ने पहचान लिया। यह मुरारी था, जो अकसर उसके यहाँ पेट-पूजा के निमित्त ठहर जाता था, किंतु मुरारी आज अपने लिए नहीं, ऑटो में बैठी सवारी को कुछ खिलाने-पिलाने के प्रयोजन से रुका था। गाड़ी रोककर पूछा, “मोहन भैया, खाना बचा है या दुकान समेटकर घर जा रहे हो?”

“चावल खत्म हो गए हैं। ब्रेड-छोले हैं। दूँ?”

“मुझे नहीं, इन काका को खाना चाहिए। जल्दी से प्लेट तैयार कर दो, तब तक मैं मुरली के यहाँ से चाय पीकर आता हूँ।”

मोहनलाल ने स्टोव जलाकर छोले-ब्रेड की प्लेट सजाई और उसे लेकर ऑटो की तरफ बढ़ा। उसे आता देख वहाँ बैठी सवारी नीचे उतरती हुई बोली, “यहाँ ऑटो के भीतर मैं नहीं खा सकूँगा। तुम्हारी बेंच पर बैठकर खाना पसंद करूँगा।”

“ठीक है।” मोहनलाल को भला क्या आपत्ति होती!

सवारी उतरी, घिरते अँधेरे के बीच उसने बेंच पर अपने हाथ का झोला रखा और वहीं बैठते हुए प्लेट पकड़ ली। जैसे ही खाना खत्म किया, पानी का गिलास पकड़ा, मुरारी भी चाय पीकर आ गया।

मुरारी को आया देखकर सवारी ने भी तत्परता दिखाई और पैसा चुकाकर झट से उठकर ऑटो में बैठ गया। अँधेरे के घिरते साए में ऑटो सड़क पर दौड़ता आँखों से ओझल हो गया।

तभी मोहनलाल की निगाह पड़ी, बेंच पर सवारी अपने हाथ का झोला भूल गई थी।

मोहनलाल के माथे पर बल पड़ गए, यह अच्छी समस्या समने आ गई। जब तक वह ऑटोवाली सवारी के हाथ में झोला न सौंप देगा, चैन से थोड़े ही बैठ सकेगा।

पहले तो उसी जगह 10-15 मिनट इंतजार किया, शायद झोले का ध्यान आते ही सवारी मुरारी से ऑटो लौटाने को कहे। पर जब ऑटो न लौटा तो बढ़ते अँधेरे और विकट शीत में वहाँ ठहरना निरर्थक समझ मोहनलाल झोला लेकर घर लौट पड़ा।

सोच लिया, पुलिस चौकी जाकर झोला जमा करने की कोई जरूरत नहीं है। कल जब मुरारी सामने सड़क से निकलेगा, तो उससे पूछ लेगा कि सवारी को कहाँ उतारा है, जगह जान जाने पर आसानी से सही आदमी को उसकी अमानत पहुँचा देगा। एक बँधी सवारी को यह ऑटो चालक नित्य नियम से स्टेशन ले जाता है, वह जानता है। आसपास के शहरों में नौकरी के लिए जानेवाले दैनिक यात्री बहुत से होते हैं।

घर पहुँचकर मोहनलाल ने झोला अपनी अलमारी में रख दिया। किसी से कोई चर्चा नहीं की। झोले के भीतर क्या रखा है, देखने की न उत्कंठा हुई और न जरूरत महसूस की। पराई अमानत में रुचि लेने का उसका स्वभाव न था।

अगले दिन निश्चित समय पर सामने सड़क से मुरारी का ऑटो निकला, तो मोहनलाल ने आगे बढ़कर उसे आवाज दी और कहा कि सवारी को स्टेशन पहुँचाने के बाद या फिर दिन में अन्य किसी समय वह उससे मिल जरूर ले।

सवारी पहुँचाकर मुरारी कुछ ही देर में आ गया। उसे भी खलबली थी यह जानने की कि मोहनलाल ने किस आवश्यक कार्य से उसे बुलाया है? खैर, मुरारी आया तो मोहनलाल ने उससे कल रात सवारी को छोड़ने का स्थान पूछा। मुरारी ने स्थान बताते हुए इसकी वजह जाननी चाही तो सरल मन के मोहनलाल ने पूरी बात बता दी।

मुरारी ने उत्सुक कंठ से पूछा, "मोहनलाल, उस झोले में क्या है, तुमने देखा?"

"मुझे क्या जरूरत थी उसे देखने की?" मोहनलाल ने सहज कंठ से कहा, "जिसकी अमानत है, उसके हाथों पहुँचाने की जिम्मेदारी जरूर निभानी है।"

"भाई मेरे, जिम्मेदारी की बात मैंने मान ली। उसका झोला जरूर घर जाकर लौटा आना, पर उसमें रखा क्या है, यह तो पता होना चाहिए। लाओ, झोला मुझे दो। मैं देखकर बताता हूँ।"

"कतई नहीं।" मोहनलाल ने सख्सी से कहा, "यह जानकारी लेने की मुझे या तुम्हें कोई जरूरत नहीं है।"

मुरारी अपना-सा मुँह लेकर चला गया।

मोहनलाल ने सोच लिया कि आज शाम को काम थोड़ा जल्दी समेटकर वह घर जाएगा और अलमारी से झोला निकालकर ऑटो सवारी को पहुँचा आएगा। सुबह अपने

साथ इसलिए नहीं लाया था कि सवारी के यहाँ जाते वक्त ठेला कहाँ-कहाँ साथ लिये घूमेगा?

यही उसने किया भी।

शाम को घर जाकर पहले अपनी 'चलती-फिरती दुकान' रोज की जगह पहुँचाई, फिर झोला सहित बाहर निकल गया।

माधव ने टोका भी, "आते ही कहाँ चल दिए? घर में बहू रसोई लिये कब तक बैठी रहेगी तुम्हारे लिए?"

"अभी घंटे भर में आता हूँ। देर लगे, तो बहू से कहना कि रसोई उठा दे। मेरा क्या, ब्रेड के दो टुकड़े खाकर सो जाऊँगा।" कहते हुए मोहनलाल निकल गया।

बताई जगह पर पहुँचने पर मोहनलाल ने गली के जिस घर का दरवाजा खटखटाया, उसे खोलनेवाले सज्जन को देखकर वह एक पल में उन्हें पहचान गया। वही दुबली-पतली देह, वहीं लंबा कद और आँखों पर चश्मा। उस वक्त अँधेरे में भरपूर झलक दिख गई थी, अब रोशनी में चेहरा भी भलीभाँति दिख गया।

सज्जन या तो बुढ़ापे के मारे थे या फिर हालात ने उन्हें समय से पहले बूढ़ा बना दिया था। जो भी हो, आँखें बुझी हुई थीं, चेहरा उदास था, समूची देह पर जर्जरता की छाया थी।

लगभग हमउम्र उस व्यक्ति ने बड़ी बोझिल दृष्टि से मोहनलाल की ओर देखते हुए पूछा, "कहिए?"

"आपका यह झोला···कल रात को मेरे छोले-ब्रेड के ठेले पर भोजन के लिए ठहरते वक्त वहीं बेंच पर छूट गया था। अँधेरे की वजह से आप उसे उठाना भूल गए। लीजिए, इसे सँभालिए।"

"ऐं?" सज्जन जैसे बेसुध हो उठे, "यह झोला क्या सचमुच अपनी आँखों से अपना खोया हुआ झोला देख रहा हूँ? मेरी आँखें धोखा तो नहीं खा रहीं? यह सपना तो नहीं है।" जर्जर देह का व्यक्ति हर्ष और अविश्वास से काँपने लगा।

"श्रीमान्, स्वयं को सँभालिए। अपना झोला लीजिए।"

गिरने से बचाने के लिए मोहनलाल को उन्हें थामना पड़ा।

काँपते हाथों से वृद्ध ने अपना झोला पकड़ लिया।

कँपित कंठ से ही कहा, "भाई मेरे, आपका यह उपकार मैं मरते दम तक नहीं भूलूँगा। किन शब्दों में आपको धन्यवाद दूँ?"

"इसकी आवश्यकता नहीं है, यह मेरा फर्ज था। हाँ, मैं कल रात को ही इसे आपके

पास पहुँचाना चाहता था, क्योंकि इसके खो जाने पर आपकी परेशानी का मुझे अहसास था। पर मैं उस वक्त न आ सका। आपके घर का पता नहीं जानता था। आज सुबह सड़क पर जब मुरारी का ऑटो निकला, तो उसे रोककर आपका पता पूछा। दिन भर दुकान चलाई, अब आपके पास इसे पहुँचाने आ सका।"

"आपका शुभ नाम जान सकता हूँ?"

"क्यों करेंगे जानकर? मनुष्य हूँ, इतना जानना काफी नहीं है क्या?" मोहनलाल मुसकरा दिया।

"नहीं, इतना काफी नहीं है। नदी कहने भर से गंगा-यमुना की पावनता नहीं जानी जा सकती। पर्वत कहने भर से हिमालय की उच्चता नहीं समझी जा सकती। हवा कहने भर से वासंती पवन की महत्ता, खुशबू कहने पर से चंदन की विशिष्टता और चाँदनी कहने भर से शरदपूर्णिमा की कांति की शुभ्रता प्रकट नहीं हो पाती। आप इनसान नहीं, देवता हैं। मैं आपकी चरण-वंदना करता हूँ। कृपया अपना नाम बताएँ मेरा मन रखने के लिए ही।" सज्जन विनय से दोहरे हो गए।

उसी अनुपात में मोहनलाल संकोच से गड़ गया, "आपने जो कुछ कहा, वह अतिशयोक्ति है। सच में मैं एक बेहद मामूली इनसान हूँ। मेरा नाम मोहनलाल है।"

"मोहन, यानी कन्हैया। ऐसा लोकोपकार का भाव श्रीकृष्ण की नगरी में ही संभव है। उन्होंने गोवर्धन धारण करके ब्रजवासियों को डूबने से बचाया, आपने झोला सौंपकर मुझे दर्द के समंदर में डूबने से बचा लिया।"

"बार-बार यह बात न कहें। मैं संकुचित हो उठता हूँ। मैंने सिर्फ अपना दायित्व निभाया है और कुछ नहीं!"

"क्या आपको पता है, इस झोले में क्या है?"

"जी नहीं। मुझे जानने की आवश्यकता ही क्या थी? जैसा मिला, उसी हाल में आपको सौंप दिया।"

"कृपया दो मिनट के लिए भीतर आइए। इस झोले में क्या है, जान तो लीजिए! आपको पूरी बात बताए बिना मैं इसी भाँति उद्विग्न बना रहूँगा।"

"ठीक है, मैं आपकी बात सुनूँगा। साथ ही एक अनुरोध भी करूँगा।"

"कैसा अनुरोध?"

"किसी से इस घटना की चर्चा न करें।"

"देखिए मोहनलालजी, यह आपकी ज्यादती है। आम के वृक्ष पर जब बौर आता है, तो हवा उसकी खुशबू दूर-दूर तक ले जाती है। क्या वृक्ष कभी हवा को इस कार्य से रोकता है?"

"ओह, आप तो..."

"आज दिन में मैंने दो-तीन व्यक्तियों से झोला खो जाने की चर्चा की, तो पूरी गली तक यह बात पहुँच गई है। सभी लोग घर आकर संवेदना व्यक्त कर चुके हैं। अब झोला मिल जाने की खुशखबरी उन्हें सुनाना क्या मेरा फर्ज नहीं है?"

"ठीक है श्रीमानजी, जिससे चाहें चर्चा करें, मैं कुछ नहीं कहूँगा।" मोहनलाल जोर से हँस पड़ा।

अंदर पहुँचकर जो विवरण सुनने को मिला, उसकी शायद उसे भी कल्पना न थी। विवरण क्या, एक पूरी व्यथा-कथा ही साकार हो उठी थी।

रामेश्वर था उस व्यक्ति का नाम।

नगर के एक प्रसिद्ध हलवाई की दुकान पर पेड़े बनाने का काम उसकी आजीविका का साधन रहा है। जीवन भर इसी काम को अपनी पूजा माना और छोटी-सी आमदनी में पति-पत्नी और चार बच्चों के परिवार का गुजारा चलता रहा। दो बेटे और दो बेटियों को इसी मामूली कमाई में पढ़ाया-लिखाया और शादी-ब्याह करके दायित्व निपटाया। दोनों बेटियों को अपनी ससुराल में और बेटों को अपनी नौकरी में खुश देखा तो रामेश्वर और उसकी पत्नी सरला ने इसे राधे रानी की कृपा मानते हुए खुद को उन्हीं के चरणों में सौंप दिया।

किसी से कोई अपेक्षा या उपालंभ न रखना ही वार्धक्य को सुखपूर्वक काटने का मूलमंत्र है। रामेश्वर-सरला ने इस सच को समझा और अपने बच्चों से कभी कोई उम्मीद नहीं रखी।

पर होनी को कौन रोक सका है?

होनी तो होकर रहती है।

अकस्मात् सरला बीमार पड़ी और जाँच होने पर उसके कैंसरग्रस्त होने की जानकारी मिली। डॉक्टर ने ऑपरेशन की आवश्यकता बताई। चूँकि मिष्टान्न भंडार पर काम करनेवाले एक मामूली कारीगर के पास कोई जमापूँजी न थी, इसलिए बैंक में रखे अपने सुरक्षित धन पर ही सबसे पहले उसकी उम्मीद भरी दृष्टि गई।

वृद्ध-निर्धन माता-पिता के लिए बैंक का लॉकर उसकी कमाऊ संतति होती है। जरूरत के वक्त रामेश्वर अपने इस लॉकर का लाभ न उठा सका। एक के बाद एक चारों बच्चे आर्थिक मदद के नाम पर मुकर गए। सबकी अपनी विवशता होती है, सोचकर दंपती ने भी संतति के इनकार को देखकर अपनी अर्जी वापस ले ली।

अब रामेश्वर क्या करे?

इलाज के अभाव में जीवन-संगिनी को दम तोड़ते हुए कैसे देखे?

सौभाग्यवश, गाँव में दो बीघा जमीन थी, जो सोना उगलती थी। भाई-भतीजे उसपर खेती करते थे और थोड़ा-बहुत गेहूँ-आलू आदि रामेश्वर के पास पहुँचा देते थे। गाँव में बच्चों को पढ़ाने-लिखाने की सुविधा का अभाव देखकर उसने शहर में रहने का विकल्प पसंद किया था, पर जमीन पर अपना स्वामित्व नहीं छोड़ा था। आड़े वक्त पर वही खेत बेचने के प्रयोजन से वह गाँव गया था और अस्पताल में पड़ी पत्नी को डॉक्टरों की देख-रेख में छोड़ गया था।

खेत बेचकर नकद दो लाख रुपए मिले और झोले में वही रकम लेकर कल शाम वह गाँव से लौटा था। अटैची में रकम इसलिए नहीं रखी, क्योंकि ट्रेन में सारा समय अटैची को गोद में रखकर कैसे बैठ सकेगा? झोला हाथ में पकड़े रहने पर मन निश्चिंत रहने का उसे भरोसा था।

कल शाम जब स्टेशन पर उतरा और प्लेटफॉर्म से बाहर निकलकर ऑटो किया, तो ध्यान आया कि सुबह से कुछ खाया नहीं है। जानता था, रुग्णा पत्नी अस्पताल में है और घर जाकर कुछ पकाने की उसकी इच्छा नहीं है, इसलिए ऑटो चालक से भोजन की इच्छा व्यक्त करने पर उसने एक जगह उतरकर कुछ खा-पी भी लिया। घर पहुँचने पर ही याद आया कि इस वक्त उसके हाथ में सिर्फ अटैची है, झोला नहीं है।

बस, याद आते ही जैसे जान-सी निकल गई।

झोला ट्रेन में छूटा है, जेब से टिकट निकालते समय प्लेटफॉर्म पर रह गया है, या फिर ऑटो में छूट गया है, लाख सोचने पर भी वह याद नहीं कर सका। मन में सिर्फ एक दु:ख था, अपने हाथों वह अपनी सरला के प्राण ले रहा है।

झोला कब और कहाँ रह गया, इस बारे में जब कुछ याद ही नहीं आ रहा है, तो अपने दुर्भाग्य पर माथा पीटने के सिवाय अभागा रामेश्वर क्या करे?

कल रात से इस वक्त तक दो घूँट पानी भी उसके कंठ से नीचे नहीं उतरा है। दिन में एक बार अस्पताल जाकर पत्नी की खोज-खबर जरूर ली है। उसकी प्राश्निक दृष्टि के जवाब से बचने के लिए निगाह चुराई है और डॉक्टर के इस प्रश्न पर 'ऑपरेशन के बारे में क्या तय किया?' मौन साध गया है।

इतनी देर से नि:शब्द बैठे मोहनलाल ने चुप्पी तोड़ी, "श्रीराधे रानी सबका भला करें। आप उनपर भरोसा रखते हुए अपनी पत्नी का ऑपरेशन कराएँ। सब भला ही होगा।"

"आप ठीक कहते हैं। डॉक्टर ने ऑपरेशन की सफलता का 90 प्रतिशत आश्वासन दिया है। मुझे विश्वास है, सरला स्वस्थ हो जाएगी।"

"मैं भी श्री लाड़िलीजी से उनके शीघ्र स्वस्थ हो जाने की प्रार्थना करूँगा।" मोहनलाल बोला, "पर यहाँ से जाने से पहले निश्चिंत होना चाहता हूँ कि आपने कुछ खा-पी लिया है?"

"जरूर। मैं आपके सामने ही चाय-पराँठे तैयार करके लाता हूँ। आपको भी मेरे साथ खाना होगा। मेरे साथ भोजन करने में कोई आपत्ति तो नहीं है न?"

"कैसी बात करते हैं!" मोहनलाल ने स्नेहिल झिड़की दी, "भाई के साथ बैठकर खाने में आपत्ति कैसी?"

रामेश्वर ने प्रसन्न होकर चाय-पराँठे बनाए और प्रेमपूर्वक भोजन करके ही मोहनलाल विदा हुआ। हाँ, जब घर पहुँचकर अपने लिए रसोई में रखे भोजन के नाम पर यह कहकर इनकार कर दिया, "मैं खाना खाकर आया हूँ।" तो माधव को प्रलयंकारी मेघ बनना ही था। इतना गरजा-बरसा कि मोहनलाल पत्ते की तरह थरथरा उठा। चूँकि इस संदर्भ में उसे अपनी गलती का अहसास था, इसलिए चुपचाप सारा कहर बरदाश्त करता रहा।

जैसे-तैसे माधव चुप हुआ, तो मोहनलाल ने राहत की साँस ली—चलो, बात खत्म तो हुई!

किंतु बात खत्म नहीं हुई थी।

अगली सुबह अखबार के 'मेरा शहर' पृष्ठ पर छपी महत्त्वपूर्ण खबर थी 'ईमानदारी अभी जिंदा है।' इस शीर्षक के नीचे मोहनलाल द्वारा रामेश्वर को दो लाख रुपए लौटाने की पूरी कहानी छपी थी।

हालाँकि, माधव के यहाँ न अखबार आता था और न वह पढ़ता था, पर गली के अन्य घरों में दैनिक समाचार-पत्र के माध्यम से मोहनलाल की ईमानदारी की खबर घर-घर पहुँच गई। एक-एक करके लोग बधाई और साधुवाद देने के लिए आने लगे, तब कहीं जाकर माधव को अपने पिता की दिलखोल प्रशंसा की वजह पता चली। मोहनलाल ने अनुमान लगाया, उस गली के बाशिंदों में निश्चय ही कोई पत्रकार भी रहा होगा, तभी वह इस प्रेरक घटना को प्रकाशित करने की बलवती इच्छा से भर गया है। जो भी हो, घटना अब छिपी नहीं रही थी, पूरे शहर के सामने आ चुकी थी।

मोहनलाल इस प्रचार से बचना चाहता था, पर महकते गुलाब की खुशबू छिपाए नहीं छिपी थी।

अब उसे अपने सिर्फ अपने सिर पर लटकती उस नंगी तलवार का डर था, जो उसे कितना क्षत-विक्षत करेगी, वह नहीं जानता था।

मोहनलाल की आशंका गलत नहीं थी। माधव इस घटना को पचाने में सक्षम नहीं हो पाया। उसके घर की एक अलमारी में पूरी 24 घंटे दो लाख रुपए रखे रहे और उसकी अनभिज्ञता के चलते उड़न छू भी हो गए, इस कष्ट की अनुभूति से उसे छटपटाना ही था।

उन्मादी की भाँति वह पूरा दिन बौखलाया हुआ घूमा। घर को ऐसा नरक-कुंड बना दिया कि मोहनलाल को रात में भिगोए काबुली चने जस के तस पड़े छोड़ने पड़े।

शायद माधव के कोप का प्रलयंकारी कहर उस दिन रुकता भी नहीं, किंतु बधाई देने के लिए घर पहुँचे हरिनाथ को देखकर उसे स्वयं को नियंत्रित करना पड़ा। सिर्फ एक वाक्य में हरिनाथ ने अपने मन की पूरी बात कह दी, "मोहनलाल, तुमने कृष्ण का अभिनय किया ही नहीं, कृष्ण को जिया भी है।"

उस दिन पूरे वृंदावन में मोहनलाल की वाहवाही हुई, मात्र अपने घर में उसे भाड़ के चने की गति प्राप्त हुई।

माधव का मलाल खत्म होने में नहीं आ रहा था, 'दो लाख? पूरे दो लाख! एकमुश्त इतनी रकम के हाथ में आने पर इस घर का कायाकल्प हो जाता। ऊपर वाले ने तो निहाल कर दिया था, पर बूढ़ा अपनी कमअक्ली एक बार फिर दिखा गया।'

मोहनलाल को अपना अपराध कहीं नजर न आ रहा था।

माधव के कोप से समझ गया, स्वार्थ में अंधे व्यक्ति की विवेक-शक्ति खत्म हो जाती है, आत्मा मर जाती है।

~✦~

इसके बाद माधव जब तक जिया, मोहनलाल के प्रति कभी सदय नहीं हो सका। दुर्भाग्य यह रहा कि दुनिया से अपने जाने के बाद भी वह कैलाश के रूप में अपनी जो कार्बन कॉपी छोड़ गया, उस वजह से बूढ़े मोहनलाल की बची-खुची जिंदगी भी नरक जैसी हो गई।

माधव और ललिता ने एक साथ दुनिया छोड़ी। मकर संक्रांति के पर्व पर यमुना-स्नान के लिए गए दंपती की जल में डूब जाने से इहलीला समाप्त हुई। पता चला, पहले माधव का पानी के भीतर किसी गड्ढे में पाँव पड़ने से संतुलन बिगड़ गया। वह डूबने लगा तो उसे बचाने के प्रयास में ललिता दौड़ी और फिर जब तक कोई उन्हें बचाने को आता, दोनों ने ही जल-समाधि ले ली। गोताखोरों ने दो दिन बाद लाश निकाली थी।

इस सदमे से आहत मोहनलाल का फिर अपने काम में मन न लगा। उसने सबकुछ छोड़कर श्रीराधा के नाम-जाप को ही अपने जीवन का आधार बना लिया। गनीमत थी, कैलाश काम लायक हो गया था। उसने विनती-चिरौरी से सेठ की कृपा-दृष्टि पा ली और मयूर निकुंज के पुजारी-प्रबंधन के रूप में दो व्यक्तियों के पेट के लिए रोटी जुटाने का इंतजाम कर लिया।

बाबा-पोते के सिवाय घर में अब है ही कौन? जहाँ इतनी कट गई, बची-खुची भी राधारानी की कृपा से कट जाएगी।

~~✦~~

मोहनलाल की आपबीती कब खत्म हुई, रासबिहारी न जान सके। एक तसवीर में तबदील हुए तब तक अचल बैठे रहे, जब तक मोहनलाल ने ही नहीं टोका, "भाइजी, किस सोच में डूब गए हो?"

"ऐं, कुछ नहीं।" रासबिहारी सचेत हुए।

"मैं कैसे मान लूँ? अभी तक खोए-खोए दिख रहे हो।" मोहनलाल बोले।

"दादा, दरअसल, मैं तुम्हारी आपबीती सुनकर रास के कलाकारों के बारे में सोचने लगा था। एक से एक प्रतिभाशाली कलाकार होते हैं। अपने मन की उमंग पर खुशी से झूमते हुए रासमंडली में पाँव रखते हैं। अपने जीवन के सुनहरे प्रभात को वहाँ होम कर देते हैं। कल क्या होगा, इसकी चिंता नहीं करते। सिर्फ आज पर उनकी निगाह रहती है और वह आज इतना सम्मोहक होता है कि उसके नशे में उनका बचपन पता नहीं कब बीत जाता है। पर वहाँ से एक दिन बाहर आना पड़ता है। किशोरवय के वे बालक ऐसे समय खुद को किंकर्तव्यविमूढ़ पाते हैं। उनका हश्र देखकर दूसरे माता-पिता शिक्षा लेते हैं और अपने बच्चों को कला के संसार में पाँव रखने से यथासंभव रोकते हैं। 'चार दिन की चाँदनी फिर अँधेरी रात' को अपनी संतति के जीवन में कौन समझदार माता-पिता या अभिभावक देखना चाहेंगे?"

एक गहरा 'हूँऽ' मोहनलाल के कंठ से निकला।

अनुभव की सच्चाई सामने थी, खंडन कैसे करते?

"समझे दादा, यही समस्या मेरे दिमाग को उलझाए है कि यदि यही स्थिति चली तो कल रास को अच्छे कलाकार कैसे मिलेंगे? प्रतिभाशाली बच्चे भला उस अंधकारमय भविष्य में पाँव रखना क्यों पसंद करेंगे, जहाँ चंद वर्षों के बाद उनके लिए 'प्रवेश निषेध' की तख्ती लगनी ही है?"

"भाई, तुम सही कहते हो। रास को दोयम दरजे के कलाकार ही मिलेंगे। जिन बच्चों का माता-पिता को उज्ज्वल भविष्य दिखाई देगा, उन्हें रास का कलाकार बनने से यथासंभव रोका जाएगा और जबरन डॉक्टर-इंजीनियर बनने के लिए उनको प्रेरित किया जाएगा।"

"तो क्या ये लोक-कलाएँ घाटा उठाएँगी? तुमने तो रास को जिया है दादा। अपने अनुभव से बताओ, क्या वह क्षेत्र सचमुच ऐसा है, जिसकी उपेक्षा होने में कोई हर्ज नहीं है?"

"मैं ऐसा कैसे कह सकता हूँ?" मोहनलाल तड़प-से उठे, "मेरे लिए लीला-मंचन के एक-एक दिन का आनंद अनिर्वचनीय है। राजस्थान में आल्हा लोकप्रिय है, उसकी पंक्तियाँ हैं—

"बारह बरस लौं कूकर जीवैं औ तेरह लौं जियें सियार।
बरस अठारह छत्री जीवैं, आगे जीवन को धिक्कार।"

तो यदि मात्र 18 वर्ष की आयु तक में वीरगति को पानेवाला क्षत्रिय इतिहास में अमर हो जाता है, तो उसी आयु तक रासमंच पर अभिनय करनेवाला कलाकार भी अमर माना जाना चाहिए।"

"तुमने सही कहा, दादा। मेरा भी यही मानना है कि अपने उस संक्षिप्त जीवन में रास का एक बेहतरीन कलाकार समाज को जिस सत्-चित्-आनंद की अनुभूति कराता है, उसकी मूल्यवत्ता समाज को सदैव समझनी चाहिए। रासमंच से बाहर निकल आने के बाद इन्हें अपने पेट की दो रोटियों के लिए भटकना नहीं चाहिए। तुम्हारे विगत दिनों की सच्चाई सुनकर ही मैं यह कह रहा हूँ।" रासबिहारी उत्तेजित हो उठे।

मोहनलाल अनमने दिखाई दिए, "छोड़ो भाइजी, तुम्हें इन पचड़ों में पड़ने की जरूरत नहीं। ये ऐसी समस्याएँ हैं, जिनका कहीं ओर-छोर नहीं, कहीं निदान नहीं।"

रासबिहारी गंभीर बने रहे।

~✦~

"अंदर आ सकती हूँ?" बाहर से किसी ने भिड़े हुए दरवाजे पर थाप दी।

यह राधिका थी।

आवाज पहचानकर रासबिहारी ने जवाब दिया, "हाँ, हाँ, आ जा लाली। हमारी बातें खत्म हो चुकी हैं, बस यों ही···"

"आपका 'यों ही' कितनी देर चलेगा नानाजी, इसे बिहारीजी के अलावा कोई नहीं जान सकता। माँ पूछती है कि कुछ चाय-शरबत भिजवाऊँ या सीधे भोजन करना पसंद करेंगे?"

"ऐं, यह तो दोपहरी ढल गई, तीन बज गए हैं। अब भोजन ही करेंगे।" रासबिहारी बोले।

भोजन रोज की तरह स्वादिष्ट था। उसके समाप्त होने पर मोहनलाल उठ खड़े हुए, "दवा का समय है, घर हो आऊँ।"

"फिर आओगे न?"

"हाँ, हाँ, क्यों नहीं!" कहते हुए मोहनलाल चले गए।

रासबिहारी के मुँह से निकल गया, "जिंदगी में कभी इतना भोजन-भट्ट नहीं रहा सुंदरी, जितना तुम्हारे हाथ के भोजन ने बना दिया है। पेट भर जाता है, पर मन नहीं अघाता। पाककला का ऐसा जादू अपनी उँगलियों में कहाँ से ले आई हो?"

"क्या चाचा, आप भी!" सुंदरी सकुचा गई, "साधारण दाल-रोटी को भी पूर्ण तृप्ति से खाना कोई आपसे सीखे।"

"राधिका, तूने माँ से कुछ पकाना सीखा या अभी भोजन परोसने की कला पर ही अटकी हुई है?" रासबिहारी ने परिहास किया।

"आपने अच्छी याद दिला दी।" सुंदरी खुश होकर बोली, "यह समोसे बहुत स्वादिष्ट बनाती है। कल आपको गरमागरम समोसे यही बनाकर खिलाएगी। क्यों लाली?"

"बिल्कुल।" राधिका उल्लास से भर गई।

"कल से मैं यहाँ नहीं आऊँगा। हमारी जरूरी बातें पूरी हो चुकी हैं।"

"ऐं, बातें हो चुकीं?" सुंदरी चौंकी, "आपने तो कहा था कि लंबी बात है, 10-12 दिन चलेगी।"

"सुंदरी, तुझे कुछ होश भी है?" रासबिहारी हँसे, "आज हमारी बातचीत का सोलहवाँ दिन था।"

"मैं नहीं मान सकती। मुश्किल से 5-7 दिन हुए होंगे और आप 16 दिन कह रहे हो!"

"ऐसा ही होता है सुंदरी, हँसी-खुशी के माहौल में दिन पँख लगाकर उड़ जाते हैं। पहाड़-सा दिन होने की तकलीफ मुझसे पूछो। कोलकाता में रहते हुए घड़ी की सुइयाँ देखता रहता था कि ये सुइयाँ कितने धीरे चलती हैं। सुबह से शाम होते-होते महसूस होता था, एक युग बीत गया।" रासबिहारी उदास हो गए।

"आपको हमारी टूटी-फूटी झोंपड़ी में आकर बुरा तो नहीं लगता है, नानाजी?" कौतुक भरे कंठ से राधिका पूछ उठी तो रासबिहारी जोर से हँस पड़े, "मेरे मुँह से क्या सुनना चाहती है शैतान लड़की? कितनी बार तो कह चुका हूँ कि यहाँ आकर जो प्यार, अपनापन और खुशी मिलती है, वह पाँच सितारा होटल की राजसी सुविधाओं के बीच भी कभी महसूस नहीं हुई।"

"यदि यह सच है तो कल यहाँ न आने की बात आप नहीं कहेंगे। जब तक यहाँ हमारे वृंदावन में ठहरे हैं, दोपहर का भोजन यहीं करेंगे।"

"और अगर मैं हमेशा के लिए यहाँ बस गया, तो क्या करेगी, लाली?" रासबिहारी मुसकराए।

"तो मैं मयूर निकुंज वाले श्रीराधा कृष्ण मंदिर में जाकर पूरे ग्यारह रुपए का प्रसाद चढ़ाऊँगी।"

"उसी मंदिर में क्यों?"

"क्योंकि वहाँ चढ़ाया प्रसाद मिष्टान्नलोभी कैलाश के पेट में जाएगा। पुजारी तो

वही है न वहाँ का और लड्डुओं का शौकीन भी बहुत है।" राधिका हँस पड़ी।

"कैलाश के मिठाई प्रेमी होने की बात मुझे नहीं मालूम थी।" रासबिहारी बोले।

"मथुरा के पेड़े मशहूर हैं नानाजी। दही में भी जब तक भरपूर बूरा न पड़े, किसी को स्वाद नहीं आता। यहाँ ब्रज में सभी लोग मीठा पसंद करते हैं। इसीलिए तो कहती हूँ कि मयूर निकुंज के मंदिर में प्रसाद चढ़ाने के बाद लाड़िलीजी और ठाकुरजी से मनौती मनाऊँगी कि···रहने दो, नहीं बताती।" कहते-कहते राधिका शरमा गई।

"शरमाती क्यों है लाली, बता भी दे।" रासबिहारी ने मनुहार की।

"मेरी मनौती रहेगी कि यदि नानाजी धर्मशाला छोड़कर हमारे इसी घर में रहने के लिए आ जाएँ, तो ग्यारह रुपए का प्रसाद दोबारा चढ़ाने आऊँगी।"

"नानाजी को अपने घर रखकर तुझे क्या मिलेगा, लाली?" रासबिहारी ने रीझे कंठ से पूछा।

"इतनी सारी खुशी!" राधिका ने दाएँ-बाएँ दोनों बाँहें फैलाकर खुशी की तादाद बता दी।

रासबिहारी भाव-विह्वल हो उठे।

बेटों को साथ रहने के लिए बुलाया था, तो उन्होंने कैसी निर्ममता से प्रस्ताव को ठोकर मार दी। सोचा था, साथ रहने के लिए ही यदि कहेंगे, तो इस पर अमल करने के लिए भी वह तुरंत तैयार हो जाएँगे। पर···पर···

जो भाव अपनी संतति में न जागा, वह इस बेगानी बच्ची में जागते देखकर कैसा तो उनका मन होने लगा है? यह पराया खून उन्हें अपने घर में बसाने के लिए, उनके संग-साथ के लिए इतना लालायित है, तो इसे क्या कहेंगे?

ब्रज की अनुरागमयी माटी का प्रताप ही न!

भरी आँखों के आँसू छिपाने के लिए रासबिहारी को कितना यत्न करना पड़ा, वही जानते थे।

कहीं कोई देख न ले, इसलिए अकुलाकर इधर-उधर देखा और जहाँ निगाह गई, वही विषय पकड़ लिया, "अरी लाली, आज तेरे पाँवों की पायलें कहाँ गईं?"

"ओह पायलें!" राधिका ने जानी-पहचानी मुद्रा में नाक सिकोड़ी, "पुरानी थीं और हलकी भी। इतने दिन चल गईं, वही बहुत है। उनमें से एक आज टूट गई, तो दूसरी भी उतारकर रखनी पड़ी।"

"नई पायलें खरीद लो, तुम्हारे पाँव पायलों सहित ही अच्छे लगते हैं। शुरू से उसी रूप में निगाह पड़ी है, इसलिए आज सूने पाँव अच्छे नहीं लग रहे।"

सुंदरी उस समय गली की किसी महिला की पुकार पर वहाँ से हट गई थी। उसने रासबिहारी की बात नहीं सुनी। जब वापस आई, राधिका ने रीझे कंठ से बताया, "सुनती

हो माँ, नानाजी क्या कह रहे हैं? इनको मेरे सूने पाँव अच्छे नहीं लग रहे। देखा, अपने नाना की कितनी लाड़ली हूँ मैं! मेरा पूरा ध्यान रखते हैं यह। आज पायलें नहीं दिखीं, तो फौरन टोक दिया।"

राधिका की आँखों की चमक।

राधिका के अधरों की गर्वीली मुसकान।

राधिका के सर्वांग में कैशोर्य और यौवन की धूप-छाँही द्युति।

सुंदरी सहसा चौंक पड़ी।

उसे लगा, लड़की बड़ी हो गई है, ब्याह लायक हो गई है, पर बचपना अभी बरकरार है। नाना का जरा-सा पाँवों की ओर ध्यान क्या चला गया, खुशी से इतरा उठी है।

सुंदरी की दृष्टि भी बेटी के पाँवों पर पड़ी।

घर के रोजमर्रा के काम-काज के बीच, नाना व्यस्तताओं के बीच, पच्चीसों पचड़ों के बीच रोज की देखी-भाली लड़की को किसी दिन आँख भरकर देखने का समय कब पा सकी है?

आज अचानक नजर पड़ी, तो उसकी ममता का उछाह पहाड़ से फूटती निर्झरिणी-सा बह उठा—कैसे गोरे-गोरे, कोमल, खूबसूरत पाँव हैं बेटी के। ये पाँव धूल-मिट्टी में मलिन होने के लिए, काँटों भरी धरती पर चलने के लिए, रात-दिन खटने के फलस्वरूप बिवाइयों से संयुक्त होने के लिए नहीं बने हैं।

इनके लिए तो मखमली कालीन बिछा होना चाहिए। कालीन पर गुलाब की पँखुड़ियाँ बिखरी होनी चाहिए। उन गुलाबों के मध्य चलने पर गुलाबी पगतल कितने मोहक लगेंगे!

कल्पना आगे बढ़ती, इससे पहले यथार्थ की पथरीली शिला ने सुंदरी के सुख-स्वप्न को सजग किया—क्या जाने कैसा नसीब लिखाकर लाई है लाडो?

कालीन और गुलाब जब मैया-बाबा के राज में नहीं जुड़े, तो ब्याह-गौने के बाद ससुराल में कैसे जुड़ेंगे?

माँ-बाप अपनी हैसियत के अनुरूप ही घर-वर तलाशते हैं, यह सामान्य सांसारिक रीति है। यों भी कैलाश के साथ बेटी ब्याहने की जुबान दे चुकी है वह।

लेकिन जिसे वचन दिया था, जब वही नहीं रही तो शब्दों को गंभीरता से लेने की क्या आवश्यकता?

न, यह वायदाखिलाफी इनसानियत नहीं है।

यहाँ से भले ही जा चुकी है सखी, पर दूसरी दुनिया में मिलेगी, तो क्या पूछे और धिक्कारे बिना रहेगी, 'छि: सुंदरी, तुमसे ऐसी उम्मीद नहीं थी मुझे। मेरे कैलाश में ऐसी

क्या कमी थी, जो तू उसके हाथ में अपनी बेटी का हाथ देने से मुकर गई?'

वचन-निर्वाह मनुष्य का धर्म है।

किसी को जुबान देने से पहले हजार बार सोच लो, किंतु जब वचन दे दिया, तो उसे प्राण देकर भी निभाओ।

सुंदरी की विचारधारा ज्यादा लंबी चली, तो राधिका खिलखिला पड़ी, "मेरी पायल के नाम से माँ कैसी चुप्पी साध गई! डर मत माँ, तुझसे नई पायलें दिलवाने को नहीं कहूँगी।"

"लाली, पायल तुम्हारा नाना दिलाएगा। यह लो, आज ही माँ के साथ जाकर बाजार से नई पायलें ले आना।" कहते हुए रासबिहारी ने जेब से निकालकर कुछ रुपए आगे बढ़ा दिए।

"चाचा, आप बेफिक्र रहो।" सुंदरी ने हाथ जोड़ दिए, "आपकी लाड़ली नातिन को अगले माह उसकी मनपसंद पायलें दिला दी जाएँगी। ये रुपए मैं नहीं रख सकती।"

"क्यों नहीं रख सकतीं?" रासबिहारी ने मीठी झिड़की दी, "अपनी नातिन के लिए कुछ खरीदवाने का क्या मुझे हक नहीं है? तुम मुझे इस अधिकार से वंचित नहीं कर सकतीं।"

"मैंने नाना के हक को कब चुनौती दी है?" सुंदरी मुसकरा दी, "पर नातिन को ऐसे उपहार देने का भी वक्त होता है। जब इसका ब्याह हो, आप पायलों की जोड़ी खरीद देना।"

"वाह! यह अच्छी रही।" रासबिहारी ने नाराजी दिखाई। "नातिन के ब्याह में नाना सोने का जड़ाऊ सेट देगा। उसके अरमान कितने रहेंगे, तुम देख लेना!" लड़ियाई आवाज में उन्होंने बात खत्म की।

"आप लोग भी बस! यही फालतू बातें करनी हैं, तो मैं यहाँ से चली।" लाज से रक्तिम चेहरा लिये राधिका वहाँ से हट गई।

रासबिहारी की आवाज लरज उठी, "ब्याह के नाम से शरमा गई लाली।"

"शरमाने से काम नहीं चलेगा।" सुंदरी गंभीर कंठ से बोली, "ब्याह लायक हो गई है। आज न सही, कल ब्याही जाएगी। बेटियाँ अपने घर जाकर ही शोभा पाती हैं। दो कुलों की मर्यादा निभाती हैं। उनपर बहुत भारी भार डाल रखा है समाज ने।"

"कोई लड़का देखा है तुमने?" रासबिहारी ने टोह लेने की कोशिश की।

"लड़के तो कई हैं, पर मन कहीं नहीं टिका है।" सुंदरी अन्यमनस्क होती हुई बोली।

"एक तो तुम्हारे पड़ोस में ही है, कैलाश! उसके बारे में तुम्हारा क्या खयाल है?"

"चाचा, लड़का इतना तो कमाता हो कि मेरी बच्ची को सुख से रख सके। सच कह रही हूँ या नहीं?"

"एकदम सच कहा तुमने। कुछ दिन इंतजार करके देख लो। कैलाश दुनियादार लड़का है, कमाई के लिए हाथ-पाँव मार रहा है। हो सकता है कि कल इतना कमाने लगे, जो तुम्हें कम न लगे।"

"हाँ, यह तो है।" सुंदरी सहमत हुई।

रासबिहारी ने एक बार फिर हाथ के रुपए आगे बढ़ाए "इसे रखो। कल मुझे लाली के पाँवों में मीने की पायलें दिखनी चाहिए।"

"चाचा, यह गलत है। ज्यादती है आपकी।" सुंदरी रुपए पकड़ने को तैयार न हुई।

"देखो, धमकाना सिर्फ तुम्हीं नहीं जानती हो, मुझे भी आता है।" रासबिहारी तेज पड़े, "मेरा काम खत्म हो चुका है। मोहनलालजी से जो जानना चाहता था, जान लिया है। जब तुम गैर समझती हो, जो मेरा यहाँ आना अब उचित नहीं है। बेगानी जगह अनादर शुरू हो, उससे पहले ही आना बंद कर देना चाहिए।"

"चाचा, आपने यह क्या कह दिया?" सुंदरी रोने-रोने को हो आई, "यह घर आपका निरादर करेगा?"

"करेगा क्या, कर ही रहा है। नातिन को प्यार से पायलें खरीदवा रहा हूँ, तुम समझना ही नहीं चाहतीं।" रासबिहारी ने मान दिखाया।

सुंदरी ने हाथ आगे बढ़ा दिया, "तो कल शाम को चाय के साथ समोसे खाने आ रहे हैं न? आपकी नातिन पाँवों में नई पायलें छनकाती, ठुमकती चाल से आपके लिए समोसे की प्लेट लेकर आएगी।"

"यह हुई न बात!" रसाबिहारी हँसकर उठ खड़े हुए।

द्वार की ओर बढ़ते हुए बोले, "एक बार मोहनलालजी की तरफ झाँकता चलूँ, लौटकर आए क्यों नहीं।"

~✦~

मोहनलाल सुंदरी के घर भले ही न आए हों, अपने द्वार पर खड़े मिल गए।

चार कदम आगे बढ़कर साथ चलते हुए बोले, "चलो भाईजी, आज तुम्हें मयूर निकुंज तक छोड़ आऊँ।"

"अरे दादा, तुम क्यों तकलीफ करते हो? वापिस लौट जाओ, मैं चला जाऊँगा।" रासबिहारी ने ससंकोच कहा।

"मुझे चलने-फिरने के लिए कहा है डॉक्टर ने। जितना चलूँगा, उतने पाँव सही होंगे। कोई बीमार थोड़े ही हूँ, जो बिस्तर पकड़े रहूँ।"

"ऐसी बात है, तो जरूर साथ चलो।" रासबिहारी ने स्वीकृति दे दी।

"दरअसल, मुझे कुछ जरूरी बात भी करनी है, जो सुंदरी के घर में बैठकर नहीं की जा सकती थी।" मोहनलाल ने गंभीर आवाज में कहा।

रासबिहारी प्रतीक्षा करने लगे, वह क्या कहते हैं?

कुछ दूर साथ चलने पर भी जब मोहनलाल चुप रहे, तो रासबिहारी को टोकना पड़ा, "तुमने बताया नहीं, दादा?"

"मैं कहना चाहता था…" मोहनलाल ने फिर चुप्पी ओढ़ ली।

"संकोच न करो, दादा। मन की बात कहो। मुझ तक ही रहेगी।" रासबिहारी ने उन्हें आश्वस्त किया।

"भाई, असल बात यह है कि तुम बहुत सरल, सहज और भले इनसान हो। हर आदमी पर आँख मूँदकर भरोसा कर लेते हो। इसलिए तुम्हें सावधान करना पड़ रहा है।"

मोहनलाल इतना कहकर फिर रुक गए।

रासबिहारी ने प्रश्नसूचक दृष्टि से उन्हें देखा।

मोहनलाल को बोलना पड़ा, "कैलाश मेरा पोता है, फिर भी तुम्हें सावधान करना चाहता हूँ कि उसपर ज्यादा भरोसा न करना। वह विश्वसनीय लड़का नहीं है।"

"तुमने ऐसा क्यों कहा, दादा? क्या मेरे प्रति उसके आचरण में कोई दुर्भावना देखी है?"

"विश्वास के साथ तो नहीं कह सकता, किंतु मुझे संदेह है।"

"मैं समझा नहीं। पूरी बात बताओ।"

"कल उसकी जेब में मुझे कुछ गोलियाँ मिली हैं। गैरजरूरी गोलियाँ किस प्रयोजन से उसने अपनी जेब में रखी हैं, मैं नहीं जानता। पूछा इसलिए नहीं, क्योंकि वह मुझ पर भड़क उठता कि मैंने उसकी जेब की तलाशी क्यों ली?"

"और यही बात अगर मैं तुमसे पूछूँ, तो?"

"हाँ, मैं तुम्हें वजह बताने को तैयार हूँ।" मोहनलाल गंभीर हो गए, "आजकल वह तुम्हारे साथ नहीं जा रहा है, क्योंकि सुंदरी के घर पर बातचीत के लिए हमारी बैठक होती है। ऐसे में वह घर में ज्यादा वक्त बिताता है और प्रायः बेचैन रहता है। पूछने पर कुछ बताएगा नहीं, यह जानने के कारण मैंने उसकी धुली कमीज की जेब टटोली थी। वहाँ गोलियाँ मिलीं, तो मामला संदिग्ध लगा। मुझे गंभीरता से यह बात लेनी पड़ी। चूँकि घर से बाहर निकलते समय वह उसी कमीज को पहनेगा और सिर्फ तुम्हारे संग-साथ में रहेगा, इसलिए मुझे डर लगा कि कहीं उन गोलियों को इस्तेमाल तुम्हारा स्वास्थ्य बिगाड़ने के लिए न करे।"

अपनी लंबी बात खत्म करते हुए मोहनलाल उत्तेजित हो उठे।

"विषाक्त गोलियाँ हैं?" रासबिहारी ने भी गंभीर होकर पूछा।

"नहीं। वे दस्तावर गोलियाँ हैं। पर उनके पेट में जाने पर हमारी-तुम्हारी उम्र का इनसान दस्तों का शिकार हो सकता है। दुर्बलता के अतिरेक से तंद्रा तक में जा सकता है। मरेगा नहीं, पर कमजोरी दूर होने में कई दिन लगेंगे।"

"ओह!"

"कोई तय नहीं, पर मुझे संशय है कि वह तुम्हारे लिए इनका इस्तेमाल कर सकता है। इसीलिए सावधान रहने की बात कही।" मोहनलाल के चेहरे पर चिंता की रेखाएँ घिर गईं।

रासबिहारी मुसकराए।

कोमलता से उनके कंधे पर हाथ रख दिया।

ठिठकते हुए, स्नेहिल कंठ से बोले, "दादा, मैं मान गया तुम्हें। कृष्ण की लीलाओं के मंचन का कलाकार हमेशा इतना संवेदनशील रहेगा कि अपने उदात्त चरित्र के चलते जिंदगी में कभी किसी को अहित न होने देगा। तुमने मेरी चिंता की, उसके लिए धन्यवाद बहुत छोटा शब्द है। मुझे बचाने के लिए संपूर्ण मन-प्राण से इतने आग्रही हो कि अपने पोते तक को कटघरे में खड़ा करके आरोपी बनाते नहीं हिचके! यह उदारता उसी इनसान में संभव है, जिसने कृष्ण-चरित्र की गरिमा को सिर्फ अभिनीत ही नहीं किया, आत्मसात् भी किया है।"

मोहनलाल कुछ न बोले।

रासबिहारी ने उसी स्नेह से उनके कंधे को थपथपाया, "निश्चिंत रहो, दादा। मैं सावधान रहूँगा। वैसे तुमसे भी कहना चाहूँगा, कैलाश संस्कारी युवक है। वह मेरे क्या, किसी के साथ भी ऐसा गलत काम नहीं करेगा, जो पाप कहा जाए या अपराध की श्रेणी में आए।"

"भाईजी, तुम उसे नहीं जानते, इसलिए ऐसा कह रहे हो।" मोहनलाल उत्तेजित हो उठे, "मैं उसे उसके जन्म से जानता हूँ। बचपन से ही वह दो विरोधी संस्कारों को ग्रहण करते हुए बड़ा हुआ है। अपनी माँ ललिता के दिए संस्कारों के चलते वह विनयी, आज्ञाकारी, कर्मठ, शीलवान और संतोषी है। अपने पिता माधव के दिए संस्कारों के चलते वह उद्दंड, कटुभाषी, आलसी, धन का लोभी, स्वार्थी और पैसे के लिए गर्हित पथ का अनुगामी भी हो सकता है। आम इनसान में ऐसा प्रायः नहीं होता है, पर उसमें है। दो विरोधाभासी चरित्र लेकर वह जी रहा है। इसलिए अविश्वसनीय है और उससे हमेशा सतर्क रहने की जरूरत है।"

"मेरा मन कैलाश पर अविश्वास नहीं करना चाहता।"

"मैं भी उसपर अविश्वास करने को नहीं कहता, पर सावधान रहने को कहता हूँ। यह सतर्कता आज के समय में इनसान को हर किसी के प्रति बरतनी चाहिए। यहाँ तक कि मेरे ऊपर भी तुम्हें आँख मूँदकर यकीन नहीं करना चाहिए।"

"दादा, अपने कर्मों के चलते मैं दुनिया में बिल्कुल अकेला पड़ गया था। सालोसाल अकेलेपन की पीड़ा से गुजरा हूँ। अब जैसे-तैसे मुझे एक ऐसी दुनिया मिली है, जहाँ मैं अपनों के बीच रहने का सुख भोग रहा हूँ। दोबारा अपनी पुरानी दुनिया में लौटना नहीं चाहता। क्या कहूँ, यह मेरी भी मजबूरी है।"

"तुम उसके साथ अकेले कभी बाहर न जाओ, इतना तो कर सकते हो। उसके हाथ का दिया खाना न खाओ, इतना तो कर सकते हो, बल्कि मुझे तो ऐसा लगता है कि तुम्हें मयूर निकुंज छोड़कर कहीं अन्यत्र ठहरना चाहिए। न हो तो सुंदरी से बात करूँ, वह अपने पति से कहकर किसी अच्छे होटल में तुम्हारे रहने की व्यवस्था करा देगी।"

"अभी ऐसे ही चलने दो, दादा। कोई खटका होगा, तब सोच लूँगा। यदि अभी अकारण अपना निवास बदला, तो वह मेरे प्रति वैर भाव ठान लेगा। चूँकि अभी मुझे वृंदावन में रहना ही रहना है, इसलिए उसे अपना दुश्मन भी नहीं बनाना चाहता।"

धर्मशाला आ चुकी थी।

रासबिहारी अंदर प्रविष्ट हो गए।

मौहनलाल लौट गए।

रासबिहारी विस्मित थे, ऐसी विलक्षण मानवीय संवेदना! क्या यह श्रीजी रासमंडली की कृष्ण-लीलाओं में भाग लेने से इन्हें मिली हैं?

शायद 'हाँ।'

शायद 'नहीं।'

उस स्थिति में इसे प्रारब्ध मानना चाहिए। पूर्वजन्म के संस्कार भी तो व्यक्ति का व्यक्तित्व गढ़ते हैं।

रासबिहारी अभी भी असमंजस में थे।

~✦~

साँझ आरती के लिए कैलाश जब मयूर निकुंज के श्रीराधाकृष्ण मंदिर में आया, रासबिहारी विश्राम की मुद्रा में अपने कमरे में लेटे हुए थे।

मोहनलाल की चेतावनी उनके कानों में गूँज रही थी, "कैलाश पर आँख मूँदकर विश्वास न करना।"

बीते दिनों की कुछ घटनाएँ, जिन्हें सामान्य मानकर उस वक्त नजरअंदाज कर दिया था, इस वक्त दिमाग में कौंध रही थीं।

विनोद और दीपा के घर में भोजन की थाली से खीर की कटोरी का हटाना।

गोवर्धन का लस्सी प्रसंग।

गोवर्धन-भ्रमण के लिए जाते समय अँगूठी की कीमत की चर्चा।

क्या वे घटनाएँ अपने भीतर रहस्य छिपाए थीं या सामान्य रूप से घटी थीं, रासबिहारी समझ नहीं सके।

मस्तिष्क तनावग्रस्त होने लगा, तो ध्यान हटाने के लिए उन्होंने हाथ में एक पुस्तक उठा ली। पर मन था कि बरजोरी पगहा तुड़ाकर फिर-फिर उन्हीं यादों में उलझ जाता था।

इतना तो तय था कि राधिका से शादी के लिए कैलाश को पैसा चाहिए, पर यह पैसा वह किस विधि से उपार्जित करना चाहता है, इसे नहीं समझ पा रहे थे। तय था कि अलादीन का चिराग तो कैलाश को मिलने से रहा, जिसके जिन्न से वह मालामाल होने का सपना पूरा कर सके। यह भी तय था कि उसके हाथ में किसी खजाने की 'खुल जा सिम-सिम' जैसी चाभी भी आने से रही, जिसकी मदद से वह अलीबाबा की भाँति किसी खजाने का मालिक बन जाएगा। तो फिर कैसे संपन्न होना चाहता है कैलाश?

अनायास और संयोगवश हाथ में आए रासबिहारी को ही वह अपने जाल में फँसाने का कोई षड्यंत्र रच रहा है?

यदि ऐसा है, तो वह षड्यंत्र क्या हो सकता है? इस परदेश में, निपट एकांत में, बेगानों के बीच रहते हुए क्या वह कैलाश की किसी दुरभिसंधि का शिकार तो न हो जाएँगे? ऐसे हादसे अनेकशः उनके कानों में पड़े हैं, उनके दृष्टि-पथ में आए हैं, जब किसी संपन्न व्यक्ति की जेब या अटैची में रखी धनराशि को हथियाने के लिए षड्यंत्रकारी उसे जान से मारने तक में नहीं हिचका।

तो क्या उन्हें वृंदावन छोड़ देना चाहिए?

वृंदावन में रहते हुए यह धर्मशाला छोड़ देनी चाहिए?

पर इस बात की क्या गारंटी है कि अन्यत्र रहते हुए वह पूर्ण सुरक्षित हैं?

यदि कैलाश के सान्निध्य में खतरा है, तो यह खतरा कहीं भी, किसी अन्य के सान्निध्य में भी हो सकता है!

नहीं, वह वृंदावन नहीं छोड़ेंगे।

वह धर्मशाला भी नहीं छोड़ेंगे।

हाँ, मोहनलाल दादा के सत्परामर्श को ध्यान में अवश्य रखेंगे। खाने-पीने को लेकर विशेष सतर्कता जरूरी है, इसके बाद...

"बाबूजी!" आवाज कानों में पड़ने से रासबिहारी का ध्यान टूटा।

देखा, तो कैलाश द्वार पर खड़ा है।

"आओ कैलाश, कैसे हो? बहुत दिनों में दिखे। यहीं थे या कहीं बाहर चले गए थे?"

"मैं तो जहाज का पंछी हूँ बाबूजी, उड़कर कहाँ जाऊँगा? चारों ओर समंदर का अथाह जल है, तो जहाज पर लौटना मेरी नियति है।"

"सच कहते हो।" रासबिहारी ने सिर हिलाया।

"बल्कि सच तो यह है बाबूजी, पिछले पंद्रह दिन से आप ही मेरी निगाह से ओझल रहे। सुबह-शाम आरती के समय आपके कमरे में इसलिए नहीं आता था कि उसे आपके आराम का समय जानकर खलल डालना पसंद नहीं करता था। बीच का सारा दिन आपने सुंदरी मौसी के यहाँ काटा। बाबा से दीन-दुनिया की न जाने कितनी बातें हुईं। मैंने भी बीच में बाधा देना उचित नहीं समझा।"

"सच कहते हो, कैलाश। तुम्हारे बाबा की आपबीती सुनकर मेरे रोंगटे खड़े हो गए। रास के कलाकार का आर्थिक आधार यदि पुख्ता न हो, तो उसे कैसी यातनाओं से गुजरना पड़ता है, सुनकर दिल दहल गया।"

"कोई यातना-वातना नहीं, बाबा की मूर्खताओं का पुराण है वह। एक बार बाँचना शुरू करते हैं, तो रुकना नहीं चाहते। आप जैसा धैर्यशील-सहिष्णु श्रोता मिल गया, तो उनकी चाँदी हो गई।"

"ऐसा नहीं है, कैलाश। तुम उन्हें समझने में भूल कर रहे हो।" रासबिहारी गंभीर हो गए, "मोहनलालजी जैसा सच्चा, ईमानदार और बड़े दिल का इनसान मैंने दूसरा नहीं देखा।"

"कुछ नहीं बाबूजी, नाटक है सब। रासमंच पर सालोसाल जो अभिनय किया है, वह उनके खून में मिल चुका है। इसीलिए आपको अपनी नौटंकी से प्रभावित करने में सफल हो गए।"

"कैलाश, मेरा सुझाव है कि तुम उनके प्रति अपनी कटुता कम करो। खत्म करने की बात इसलिए नहीं कहता, क्योंकि विष-वृक्ष को विवेक की कुल्हाड़ी से भी एक बार में नहीं काटा जा सकता। जब तक जड़ रहेगी, वह बार-बार फलता-फूलता रहेगा। जब मूलोच्छेदन होगा, तभी उससे मुक्ति संभव है।"

"अब क्या कहूँ आपसे!" कैलाश जैसे निरुत्तर रह गया।

रासबिहारी ने पूछा, "इस वक्त कैसे आना हुआ? कोई विशेष बात है?"

"ओह, हाँ याद आया।" कैलाश चौंका, "आज दिन में एक आदमी धर्मशाला में

आपके पास आचार्य अमल का एक संदेश लेकर आया था। आप तब थे नहीं, इसलिए मुझसे बात करके चला गया।"

"आचार्य अमल?" रासबिहारी चंचल हो उठे, "मुझे कई दिन से उनकी याद आ रही थी। मैं खुद उनसे मिलना चाहता था, लेकिन मोहनलालजी के साथ जो कथा-सूत्र जुड़ा हुआ था, उसे बीच में विच्छिन्न करना उचित न समझा।"

"अब उनका पुराण पूरा हो गया?"

"हाँ, आज ही हमारी बात खत्म हुई है। कल मैं तुमसे स्वयं कहता कि अब हमें आचार्यजी के यहाँ चलना है। तो उन्होंने क्या संदेश भेजा है, यह बताओ।"

"वह कल आपसे मिलना चाहते हैं। परसों शरद-पूर्णिमा है न, किसी कार्यक्रम के सिलसिले में आपसे बात करना चाहते हैं।"

"परसों शरद-पूर्णिमा है?" रासबिहारी चौंके, "देखो न, तुम्हारी ब्रजभूमि ने मुझे इतना मोह लिया है कि वक्त सरसराते हुए निकल गया और मैं जान न पाया कि कब शरद-पूर्णिमा आ गई!"

"दो महीने हो गए हैं आपको यहाँ आए हुए।" कैलाश मुसकराया।

"और मुझे लगता है जैसे दो दिन पहले ही तो हाथ में एक बैग लिये हवाई जहाज से उतरा था। कहते हैं, घर से बाहर इनसान का मन नहीं लगता, समय काटे नहीं कटता, लेकिन मेरे लिए तो यह वृंदावन अपने कोलकाता से ज्यादा सगा बन गया है। तो ठीक है, कल सुबह दस बजे हम लोग आचार्यजी के यहाँ चलेंगे।"

"बाबूजी, आप रासलीला के आकर्षण से बँधकर ही तो यहाँ ठहरे हुए हैं।"

"हाँ कैलाश। रासलीला और मोहनलालजी, यही दो नाम यहाँ आते समय मेरे होंठों पर थे।"

"मैंने जल्दबाजी में और बिना विचारे आपसे कह दिया था कि वृंदावन में अब आगामी सावन माह में ही रासलीला देखने को मिलेगी। होता यह है कि उस पूरे माह यहाँ हर मंदिर में ही इतना लीला-मंचन होता है कि हम लोगों के लिए सावन और लीला शब्द समानार्थी हो जाते हैं, फिर भादों लगते ही रास-मंडलियाँ इधर-उधर के शहरों में माला के मनकों की भाँति बिखर जाती हैं तो लगता है कि रास के अध्याय का ही पटाक्षेप हो गया। पर इसके दो माह बाद जब शरद-पूर्णिमा आती है तो कुछ मंदिरों में सोत्साह रासलीला का मंचन होता है। विशेषकर उन स्थानों में बने मंदिरों में, जो रास की उद्भवस्थली माने गए हैं।"

"वाह, यह तो खुशखबरी है मेरे लिए। तो परसों हमें रासलीला देखने के लिए कहाँ जाना होगा?"

"यह बात तो आचार्यजी ही आपको बता सकेंगे।"

"ठीक है कैलाश, मैं कल सुबह आचार्यजी से मिलने चलूँगा।"

"एक बात और पूछनी है। खाने-पीने को लेकर तो आपको कोई शिकायत नहीं है?"

"कैलाश, पिछले पंद्रह दिन मैंने दोपहर का खाना राधिका के यहाँ ही खाया है। सुबह-शाम का जलपान और रात्रि-भोजन तुम्हारे गोकुल ने इतने प्रेम-भाव से कराया कि तारीफ के लिए मेरे पास शब्द नहीं हैं। मेरी सुविधाओं की उसने पल-पल चिंता की है।"

"आपकी बात सुनकर मैं निश्चिंत हुआ। तो चलूँ अब, राधे-राधे।" कहते हुए कैलाश कमरे से निकल गया।

रासबिहारी ने गंभीर होकर सोचा, कल सुबह जब राधिका छाछ लेकर आएगी, वह उससे शाम को घर आने की बात पर मना कर देंगे। एक तो आचार्य अमल से मिलने पर मन दूसरी दिशा में चला जाएगा, दूसरे, जब तक कैलाश के चरित्र को लेकर मन डाँवाँडोल है, तब तक इस परिवार से ज्यादा निकटता बढ़ाने की जरूरत नहीं है। इनसान की जुबान ही तो है। कहीं कैलाश-राधिका के विवाह को लेकर मुँह से कोई बात निकल गई और सुंदरी ने उसे मेरी इच्छा मानते हुए शिरोधार्य कर लिया, तो सही नहीं होगा। वह फूल-सी कोमल बच्ची तभी इस युवक के जीवन से जुड़नी चाहिए, जब यह स्वयं को उसके योग्य प्रमाणित कर दे। इसके लिए अभी इसकी परख होनी शेष है।

□

14

रास : पाँच शताब्दियों का सफर

आचार्य अमल का संग-साथ रासबिहारी के लिए संतों के सान्निध्य जैसा है। ज्ञान के मार्तंड हैं वह। जितने बड़े ज्ञानी, उतने ही अधिक विनम्र।

मयूर निकुंज से निकलने के पूर्व ही रासबिहारी ने मन-ही-मन तय कर लिया, हृदय से जिन्हें गुरु मान लिया है, आज उन्हें गुरु-दक्षिणा देकर ही वह वापस लौटेंगे। दक्षिणा में क्या देना है, इसे लेकर भी उन्होंने अच्छी तरह सोच लिया।

सदैव की भाँति आज भी बड़े आत्मीय माहौल में मुलाकात हुई।

आचार्य अमल ने मुसकराते हुए कहा, "आपका अभीष्ट कल पूरा हो जाएगा। महारास के मंचन को देख सकेंगे।"

"यहीं वृंदावन में मंचन होगा?"

"संभव है, यहाँ निधवुन में, जिसे निधिवन भी कहते हैं, कोई कार्यक्रम हो रहा हो, पर हमें करहला के एक समीपवर्ती गाँव में चलना है।"

"महारास देखने की कल्पना से ही जब मैं रोमांचित हो उठा हूँ, तो देखकर पता नहीं क्या हालत होगी?" रासबिहारी उमंगित कंठ से बोले।

"वास्तव में हमें आनंद आएगा। प्रतिवर्ष शरद पूर्णिमा पर सुनैलावाले अत्यंत चाव और मनोयोग से यह आयोजन करते हैं। दरअसल, करहला के आसपास के कई गाँववाले स्वयं को घमंडदेवजी का वंशज मानते हैं और इसीलिए उस क्षेत्र में जगह-जगह लीला-आयोजन होते हैं।"

"बहुत बड़ी बात है, जो रासानुकरण अपनी पाँच सौ वर्षों की लंबी यात्रा के बाद भी आज जीवित है, वरना लोक में व्याप्त न जाने कितनी नाट्य शैलियाँ आज विलुप्त हो चुकी हैं। किसी समय जो अपनी ख्याति के चरम पर थीं, आज पुस्तकों में ही उनका नाम बाकी रह गया है। इसकी वजह क्या है, आचार्यजी?" रासबिहारी ने उत्सुक कंठ से पूछा।

"उन नाट्य शैलियों में गतिशीलता नहीं थी। वे यथावत् रहना चाहती थीं। जस-

की-तस बनी रहें, उनकी अभिलाषा थी, किंतु पोखर के बँधे जल में वह जीवंतता नहीं रहती, जो नदिया के बहते पानी में होती है। इसीलिए हमारी लोककलाएँ भी समय के अनुसार यदि अपना कलेवर बदलती रहती हैं तो स्थायित्व पाती हैं, अन्यथा काल के गाल में समा जाती हैं।"

"तो क्या रास परिवर्तनशील नाट्य शैली रही?"

"जी हाँ। यदि हम पाँच सौ वर्ष पूर्व के युग में पहुँचकर इसका पर्यावलोकन करें तो पाएँगे कि इस अनुकरणात्मक रास के देहात्मक रूप का आरंभ पंद्रहवीं शताब्दी में हुआ। उस समय यह एक धर्माश्रित कलात्मक विधा के रूप में दर्शकों के सामने आई। उसके बाद इसने लगातार पट-परिवर्तन करके अपना वर्तमान स्वरूप पाया है।"

"रास तब और अब, सोचकर ही मन यह जानने को अकुला उठा है कि पाँच सौ साल पहले इस लोकनाट्य शैली का कैसा मंचन होता था और आज यह कैसे मंचित की जाती है।" रासबिहारी ने उत्सुक कंठ से पूछा।

आचार्य अमल ठहरे ज्ञान के ऐसे भास्कर, जिन्हें किसी विषय में 'गहरे पानी पैठ' की प्रवृत्ति के चलते उसके विस्तार में पहुँचते देर नहीं लगती।

आज भी यही हुआ। उन्होंने रास के विकास का ऐसा सजीव विवेचन किया कि रासबिहारी मुग्ध हो उठे।

~✦~

हाँ, ये देहात्मक अनुकरणात्मक रास, जिसे हम अभिनयात्मक लौकिक रास भी कह सकते हैं, के आरंभिक दिन थे। आचार्य वल्लभ, स्वामी हरिदास, श्री घमंडदेव, हित हरिवंशजी और श्री नारायण भट्ट के समन्वित प्रयास से रास का सूत्रपात हो चुका था। सागर-मंथन से निकले इस अमिय घट के आस्वाद के लिए सभी ब्रजवासी उत्कंठित थे।

आखिर रास था क्या?

अलौकिक आनंद प्रदान करनेवाला वह निर्झर, जिसमें नहाकर वे अपने सांसारिक जीवन को सफल बना सकते थे।

ब्रह्मानंद सहोदर वह अभिनयात्मक शैली, जिसका आस्वाद करके उनकी आँखें और कान धन्य हो जाते थे।

कृष्ण-चरित्र के विविध पक्षों को सामने लानेवाली वे लीलाएँ, जो उनके हृदय की कलुषता दूर करके उन्हें एक निर्मल पावन देवभूमि पर पहुँचा देती थीं।

रास क्या मिला, ब्रजवासियों को जैसे अमिय-घट मिल गया। पुराणों में जिस नित्य रास का वर्णन है, आचार्यों ने अपने ग्रंथों में जिस रास का वर्णन करके उन्हें प्रफुल्लित

किया है, उसी रास को वे अपनी आँखों के सामने बने मंच पर अभिनीत होते हुए देख रहे हैं।

यह कोई छोटा सुख न था।

ब्रजवासी अपने सौभाग्य पर रीझ उठे।

विविध धर्माचार्यों के समन्वित प्रयास से जब एक बार रास मंचित हुआ, तो अन्य ब्रजवासियों में भी इसके पुनरपि मंचन की आकांक्षा जागी। दिव्य आनंद से साक्षात्कार करानेवाले इस अति सुस्वादु पेय को वह बार-बार पीना चाहते थे, बार-बार इसके दर्शन-श्रवण से ब्रह्मानंद पाना चाहते थे। बस, इसी धार्मिक चेतना से अनुप्राणित होकर वे रास को इस ब्रज-वसुंधरा की गली-गली में पहुँचाने की चाहत से भर उठे। उनके आनंद की सीमा न रही।

इसके बाद ब्रजभूमि में रास-मंचन की परंपरा शुरू हो गई।

परंपरा आखिर है क्या?

लोक-निकष पर सैकड़ों वर्षों से परखी जाने पर खरी उतरने वाली अनुभूति ही परंपरा बनती है। दो-चार-दस बार के अनुभव से किसी नियम को परंपरा का दर्जा नहीं मिलता। जब पीढ़ी-दर-पीढ़ी अतिथि-सत्कार की भावना को देखा, परखा और खरा पाया गया, तभी हम कह सके कि अतिथि-सत्कार हमारी परंपरा है। यह बात अन्य संदर्भों में भी लागू होती है। माता-पिता का सम्मान करना क्यों हमारी परंपरा बना? इसे भी जन-मानस ने सैकड़ों वर्षों के अनुभव से अपने लिए उपादेय पाया था, तभी न!

हाँ, यह भी आवश्यक है कि कोई परंपरा समय के प्रवाह में पड़कर स्वयं को बदलती रहे, क्योंकि जड़ता आ जाने पर उसकी साँसें उखड़ने लगती हैं और वह अनंत काल तक स्वयं को जीवित नहीं रख सकती।

इसी नियम का अनुपालन करते हुए ब्रज वसुंधरा पर रास ने अपना स्वरूप-विस्तार किया, खुद को समयानुसार बदला और वर्तमान रूप पाया। इस लंबे अंतराल में कई दफा व्यवधान आए, पर रास ने उनका और अधिक सशक्त होकर सामना किया। विजयी भी हुआ।

इस जीवंतता को इसकी जिजीविषा के साथ लोकधर्मी चेतना मानना चाहिए, जन-जन से जुड़ने की प्रवृत्ति मानना चाहिए और लोकसंपृक्ति के इस भाव के पीछे छिपी सच्चिदानंद की अनूठी आनंद-निधि को पहचानना चाहिए।

✦

रास के मंचन के आरंभिक दिन थे वे।

ब्रज में नाना 'घमंडदेव' अवतीर्ण हो गए, यानी रासस्वामियों का उदय हो गया।

जिसके मन में धर्म के प्रति लगाव जागा, कृष्ण की लीलाओं के मंचन की लालसा उपजी, अपनी रासमंडली खड़ी कर दी।

लोगों को लगा, दिक्कत क्या है इसमें?

गली में ही हारमोनियम-वादक की जानकारी मिली, तो बेटे के द्वारा उसके पास बुलावा भेज दिया और वह भी सहर्ष अपनी सेवाएँ देने को तैयार हो गया। तबलची का नजदीकी गली में पता चला, तो उससे भी सहयोग माँगते देर न लगी। बस, 'समाजी' वर्ग मिल जाने पर लीला के मंचन में विलंब क्यों किया जाए?

'स्वरूप' बनने के लिए गली-मोहल्ले के बच्चों की ललक कम थोड़े ही है। श्रीकृष्ण, श्रीराधा और सखा-सखियों के रूप में उन बच्चों को सजाने-सँवारने की सामग्री चार घरों के सामूहिक सहयोग से निकल आएगी।

लीला-मंचन के लिए किसी औपचारिक मंच के निर्माण की जरूरत क्या है?

इसमें जितनी सहजता रहे, उतना अच्छा है। खुले स्थान में कुछ चौकियाँ रख दीं, कुरसियाँ रख दीं या तख्त बिछा दिया, तो स्वरूपों के बैठने के लिए आसन तैयार हो गया। उसके सामने की खुली जगह लीला-क्षेत्र है ही।

जमीन पर बिछी दरी पर एक तरफ समाजी बैठे और बाकी जगह दर्शकों के लिए छोड़ दी गई। चूँकि कृष्ण-चरित्र की इन लीलाओं की कथा सभी दर्शक पहले से जानते हैं, इसलिए कृष्ण-जन्म की लीला के मंचन के लिए जेल के द्वार से यमुना नदी और उसके बाद नंद बाबा के घर तक पहुँचने की स्थिति से दर्शकों का साधारणीकरण कराने के लिए सूरदास का एक पद अथवा ब्रज का एक लोकगीत काफी है।

पात्र ने सहज ही किसी पद का गायन करते हुए स्थान अथवा प्रसंग के बदलने की सूचना दे दी और बस, काम चल गया। क्षण भर में पद के गायन के साथ घटनास्थल बदल गया और दर्शकों ने भी आराम से उसकी प्रतीति कर ली। कथा-धारा के प्रवाह में बहते हुए कहीं किसी को कोई असुविधा न हुई।

लीला-मंचन की इसी सहज-स्वाभाविक पद्धति ने पात्रों की सहजता को भी बनाए रखा। किसी के ऊपर संवाद याद रखने का दृश्य अभिनीत करने का कोई तनाव नहीं। वे सहज भाव से मंच पर आए, अपने संवादों की एक कड़ी का गायन किया और मंच से चले गए।

कथा-प्रसंग में कोई गत्यवरोध नहीं।

सहज रूप में आगे बढ़ता गया।

ब्रजभूमि में हर ब्रजवासी का श्रीराधा-कृष्ण की लीलाओं से प्रगाढ़ परिचय इस मंचन में काम आया। कथानक को लेकर किसी प्रकार की भूमिका बाँधने की जरूरत ही नहीं पड़ी।

रास के मंचन की इसी सहजता ने दर्शकों को उससे जोड़े रखा।

आज के दूरदर्शन के सीरियल की भाँति यहाँ दर्शक को मूर्ति सम बैठकर, परदे पर चलनेवाली गतिविधियों को निहारते भर नहीं रहना था, सक्रिय रूप से स्वयं को इस आयोजन से जोड़ना भी था। सबकुछ इतने सरल, सहज और आडंबरहीन तरीके से कि लीला-मंचन को सबके लिए अपूर्व आनंददायी बनना ही है। न मंच की साज-सज्जा की जरूरत, न परदे का इंतजाम करने का झंझट। कोई लंबी-चौड़ी चादर उठाई और उसके दोनों छोर हाथ में थामकर दो रासधारी, समाजी या रसिक हृदय दर्शक उठकर खड़े हो गए।

परदे के पीछे खड़े हैं आगामी दृश्य के पात्र।

उन्हें उतावली है कि जल्दी परदा हटे और वे सामने आकर अपना अभिनय आरंभ करें। औत्सुक्य न रुकने पर परदा जरा-सा सरकाकर चंचल निगाह से झाँक भी लेते हैं कि बाहर क्या हालचाल है ?

किसी को उनका झाँकना अटपटा नहीं लगता।

सब सामान्य है। सब चलता है यहाँ।

कथानक को गति देने के लिए आवश्यकतानुसार अनेक झाँकियाँ सजा दी गई हैं, जिन्हें क्रम से प्रस्तुत कर दिया जाएगा। बस, हो गया सारा काम!

कपड़े की एक चादर को परदे के रूप में इस्तेमाल करके उसका बहुआयामी उपयोग।

पात्रों के प्रवेश-प्रस्थान की सूचना देने के लिए है यह। कथा-व्यापार में परिवर्तन की सूचना देने के लिए है यह। परदा, झाँकियाँ, लोकनृत्य और पदों का गायन। इन्हीं इने-गिने मामूली उपकरणों के सहारे रासलीला का मंचन।

है न आश्चर्यजनक बात!

जो रास अपनी प्रभावात्मकता में इतना बेजोड़ है, सीधा दर्शकों के हृदय तक पहुँचता है, उसका मंचन इतनी सरल-सहज विधि से!

यही तो ब्रज की रासलीला का कमाल है।

दर्शक-मंडली भी कम नहीं है।

मंच पर स्वरूप ने कोई संवाद बोला और दर्शकों की भीड़ से रसिक-मन के दर्शक ने अपनी जगह पर बैठे-बैठे उसका प्रत्युत्तर दे दिया। आसपास के लोगों ने इसका भरपूर आनंद लिया।

रासधारी की कोई प्रभावशाली मुद्रा देखी, तो 'वाह-वाह' करके उसका उत्साहवर्धन कर दिया।

बीच-बीच में स्वरूपों की जय-जयकार करना तो उनका धर्म है ही।

इतनी उमंग और मनोयोग से जब वे लीला-मंचन से जुड़े होंगे, तो उसका अपूर्व आनंद लेंगे ही।

लीला-मंचन का यह असाधारण आत्मीय भाव, जो ब्रज की आरंभिक काल की प्रस्तुतियों में था, अन्यत्र कहाँ मिलेगा?

लीलाधारी को प्यास लगी, तो मंच से उतरकर, दर्शकों के मध्य से गुजरता हुआ, पानी पीने चला जा रहा है। न उसे कोई संकोच है, न दर्शकों को इसमें कोई वैचित्र्य दिख रहा है।

एकदम आत्मीय शैली का यह रासमंच दर्शकों को भी मात्र दर्शक नहीं रहने देता, लीला का एक अंग बना देता है।

सामाजिकों में से ही एक है श्रृंगारी, जिसका काम स्वरूपों को लीला के लिए तैयार करना है। सजाना-सँवारना है। वस्त्राभूषणों से सज्जित करने के बाद रूप-सज्जा की बारी आती है।

श्रीकृष्ण और श्रीराधा के चंदन चर्चित आनन पर मयूर, शुक अष्ट दल कमल और बेल-बूटे सजेंगे।

उनकी नासिका और ठोढ़ी को भी इस क्रम में विस्मृत नहीं किया जाएगा।

श्रृंगारी को ध्यान रखना है कि इन दोनों स्वरूपों का श्रृंगार ऐसा हो, जो दर्शकों के हृदय में भक्ति-भावना का उद्रेक करे। हँसानेवाले पात्र मनसुखा का श्रृंगार ऐसा हो, जिसे देख दर्शकों के होंठों पर बरबस मुसकान छा जाए।

जितना सादा मंच है, उतनी ही सादी कथा-विस्तार की पद्धति है।

हाँ, लीला-प्रदर्शन में नृत्य, गायन एवं वाद्यों का अधिक प्रयोग रहेगा, इसलिए इन बिंदुओं पर समुचित ध्यान जरूरी है।

पात्रों के संवाद प्राय: पद्यात्मक।

गद्य का प्रयोग विरल। ऐसा इसलिए है, क्योंकि गद्य में संगीतात्मकता का सन्निवेश कैसे हो?

संवादों में विशुद्ध ब्रजभाषा का प्रयोग।

एक खास बात यह भी कि रास मंचन में स्वामी की अहम भूमिका। वही इन लीलाओं का प्राण-तत्त्व है और उसे ही आदि से अंत तक सारा रासमंच सँभालना है। वह अपने कार्य में जितना दक्ष है, लीला में उतनी ज्यादा जीवंतता है और दर्शकों की करतल ध्वनि बटोरने की शक्ति है।

दर्शकों द्वारा वृंदावन की कृष्ण-लीलाएँ सर्वाधिक पंसद की जाती हैं।

यही पाँच सौ साल पुराना रासमंच है।

इसके बाद का विवरण टामस डूएट ब्रूटन के लिखे एक पत्र में मिलता है।

यह सज्जन दौलतराव सिंधिया के शिविर में ब्रिटिश रेजीडेंसी के प्रधान अंगरक्षक थे। 30 अगस्त, 1809 के एक पत्र में उन्होंने सिंधिया के दरबार में देखे एक रासोत्सव का आँखों देखा हाल लिखा है। छोटे-छोटे बालकों को स्वरूप बनाकर रास मंच पर प्रस्तुत किया गया था। नन्हे बालकों के अभिनय में कला की ऊँचाई देखकर ब्रूटन आश्चर्य से भर गए थे। उनके विवरण के अनुसार रासधारियों के साथ जितने वादक और बालक थे, सब ब्राह्मण थे। रास की समाप्ति पर वे स्वरूप एक-एक करके वे महाराज के सामने आए और अपने छोटे-छोटे हाथ उठाकर राजा साहब को आशीर्वाद दिया। महाराज ने वह आशीर्वाद पूर्ण विनत भाव से ग्रहण किया।

विवरण आगे है कि जिस शामियाने में ब्रूटन आदि गण्यमान्य अतिथियों को बैठाया गया, वह 150 फीट लंबा था। वह तीन भागों में विभक्त था। बाँसों और बल्लियों पर रंगीन कागज चढ़ाकर एक बाड़ खड़ी कर दी गई थी, जिसमें दीपक जल रहे थे। सामने दो फीट ऊँचा रंगमंच था। उसके स्तंभ और शिविकाओं पर चित्र थे और उसे सिंहासन कहते थे। इसके मध्य में फूलडोल था, जिसमें फूलों के साथ मूल्यवान् रत्न सजे हुए थे। पंडितों, ब्राह्मणों का समूह अर्चना-वंदना में निमग्न था। शामियाने का मध्य भाग नर्तकों के लिए छोड़ दिया गया था, दोनों ओर दर्शक मंडली विराजमान थी।

ब्रूटन महोदय ने आगे लिखा है कि रास करनेवाले बालक, गायक और वादक ब्राह्मण होते हैं। वे मथुरा में रासविषयक शिक्षा पाते हैं, जहाँ एक बड़ा भू-भाग उनकी आजीविका का साधन है। इस ऋतु में वे देश के विभिन्न भागों के हिंदू राजाओं के दरबार में रास करने के लिए निकल पड़ते हैं। गायकों के अतिरिक्त सुंदर देहयष्टि के चार अभिनेता भी हैं।

श्री ब्रूटन ने आगे लिखा है कि एक-दो नृत्य होने के बाद जो रासधारी सामने के एक ऊँचे मंच पर बैठे थे और जिनके चारों ओर चोबदारों-सेवकों का एक समूह था, उनमें सबसे आगे बैठा तरुण किशोर कन्हैया के स्वरूप में था और सबसे छोटा बालक कन्हैया की प्रेयसी राधा बना था। समूह नृत्य के रूप में संपन्न होनेवाले रास में प्रेम की भावना और चपलता थी, किंतु सबकुछ रोचक, अनूठा और दिव्य था। ब्रज में बोली जानेवाली भाषा में गोपियों के साथ गायन भी हुआ।

न सिर्फ शाब्दिक वृत्तांत, अपितु ब्रूटन महोदय ने इस रासोत्सव का एक तैलचित्र भी बनाया था, जो उस काल के रासोत्सव की एक बोलती हुई झाँकी है। उसमें शामियाने के बीच नृत्यरत कृष्ण और गोपियाँ प्रदर्शित हुए हैं। उनके वस्त्र वैसे ही हैं, जैसे आज भी रासलीला में पहने जाते हैं। उनके बाईं ओर संगीत-समाज सुशोभित है, जिनके हाथों में वाद्य हैं। कुछ वाद्य ऐसे हैं, जो अब अप्रचलित हैं। दाईं ओर महाराज अपने सिंहासन पर शरीर रक्षकों के मध्य बैठे हैं और वहीं आसपास विशिष्ट अतिथि मौजूद हैं।

यह पत्र और चित्र 19वीं सदी के पहले दशक की रासलीला का एक प्रामाणिक दस्तावेज है।

आरंभिक काल का यह लीला मंचन धार्मिक भावनाओं से ओत-प्रोत रहा। अंत:प्रेरणा से परिचालित होकर ही रासस्वामी इस ओर आकृष्ट होते। उनमें बलवती धार्मिक भावना रहती। अपने कन्हैया की लीलाओं के दर्शन-श्रवण से प्राप्त आनंद ही उनका अभिप्रेत रहता। उन्होंने रासमंच को कभी आर्थिक लाभ के प्रयोजन से नहीं जोड़ा। दक्षिणा आदि वसूलने का भाव भी उनके मन में नहीं आया। जो कुछ अपनी सामर्थ्य के भीतर है, वह खर्च किया और लीलाओं का मंचन कराया। जिन्हें इस काम में पूर्ण एकाग्रता, निष्ठा एवं समर्पण भावना थी, उनके सामने अवश्य यह समस्या उठ खड़ी होती कि यदि वे जीविकोपार्जन के लिए कोई अन्य प्रबंध न करके केवल रासलीलाओं पर ही निर्भर रहेंगे, तो उनके बाल-बच्चे क्या खाएँगे? पर संतोषी वृत्ति के ऐसे साधकों के परिवार भी अमूमन उन जैसे ही संतोषी और निस्पृही रहते थे। रूखी-सूखी खाकर भी प्रभु-भक्ति में डूबे रहना और पैसे की लालसा से नितांत दूर रहना उनकी चित्तवृत्ति रहती। इसलिए काफी समय तक ऐसे ही चला और इन लीलाओं के मंचन से कोई आर्थिक लाभ लेने की कोशिश नहीं की गई।

पर केवल स्वामी ही तो न थे।

मंचन के लिए समाजी वर्ग भी चाहिए था और हर कोई पेट पर पट्टी बाँधकर इन लीलाओं में समय देने को तैयार न था। वे खुले शब्दों में रासस्वामी से अपनी यह चाहत व्यक्त कर देते कि यदि उन्हें लीला में शामिल करना है तो उनके बीवी-बच्चों की दो वक्त की रोटी का भी इंतजाम करना होगा। ऐसे में यह आवश्यकता समझी गई कि यदि भक्तों की भीड़ प्रसन्न होकर स्वेच्छा से दान-दक्षिणा देना चाहती है, तो उसे रोका न जाए और खुले मन से, खुले हाथों की यह दक्षिणा स्वीकार की जाए। प्रकट है, रासलीलाओं के मंचन में शनैः-शनैः अर्थलाभ जुड़ने लगा और इस परिवर्तन को आवश्यक माना गया। स्वरूपों को पेट भरने के लिए कुछ प्रदान करने हेतु और समाजियों के परिवार के पालन-पोषण हेतु दक्षिणा स्वीकारना शुरू हो गया।

बात यहीं पर रुक जाती, तो शायद बात न बिगड़ती।

हंसों के समूह में कुछ ऐसे बगुले भी थे, जो अति लोभी थे। ऐसे रासस्वामियों के लिए पैसा सर्वोपरि था और धार्मिक भावना रंच मात्र भी न थी। उन्होंने रासलीलाओं को अपनी कमाई का जरिया बनाना चाहा और बना भी लिया।

समस्या यह थी कि ज्यादा दक्षिणा कैसे वसूली जाए?

ज्यादा कमाई कैसे हो?

धनलोभियों ने इसका उपाय भी खोज लिया।

अपनी रासलीलाओं में अश्लील दृश्यों और फूहड़ गीतों को रखना शुरू कर दिया।

जाहिर है, यहीं से रास का अवमूल्यन शुरू हुआ।

ये भद्दी और भदेस प्रस्तुतियाँ उन लोगों को पसंद आतीं, जो कुत्सित मनोवृत्ति और गंदी रुचि के थे। ऐसे दृश्यों-गानों पर रीझकर वे खुले हाथों पैसा लुटाते। 16वीं सदी के अंतिम वर्षों में ही यह निम्नस्तरीय भोंड़े प्रदर्शन शुरू हो गए थे।

यह वही कालखंड था, जब महाप्रभु वल्लभाचार्य, महाप्रभु चैतन्यदेव, गोस्वामी विट्ठलनाथ आदि कला मर्मज्ञ रासप्रेमी दिवंगत हो चुके थे और उन्हीं के समवयस्क श्री हरिराम व्यास लंबी आयु पाने के कारण जीवित थे। निश्चय ही उन्होंने रास की शुभ्र ज्योत्स्ना का वैभव देखा था, इसलिए उसको अमावस के अँधेरे से ग्रस्त होता देखकर अत्यंत विचलित हो उठे थे। उन्होंने अपनी पीड़ा को इन पंक्तियों में व्यक्त भी किया—

'व्यास' रसिक सब चलि बसै, नीरस रहै कुबंस।
बग-ठग की संगति भई, परिहरि गए जु हंस॥'

तथा

'व्यास' जहाँ प्रभु कौ भजन, होते रास-विलास।
ते कामिनि-बस ह्वै गए, ऊत-पितर के दास॥'

यह स्थिति व्यासजी के निधन के बाद और बिगड़ गई, पर उसे तत्युगीन भक्त मनीषियों ने सँभाल लिया। वल्लभ, राधावल्लभ, निम्बार्क और हरिदासी संप्रदाय के कुछ आचार्यों ने अपनी धार्मिक वृत्ति का परिचय दिया और रास को गड्ढे में गिरने से बचा लिया।

यह सुधारात्मक स्थिति ज्यादा दिन नहीं चली, हालात फिर बिगड़ने लगे। इस दफा राजनीतिक प्रभुत्व ने रास के दमन की कुचेष्टा की थी। ब्रज-क्षेत्र में मुगल सम्राट औरंगजेब का ऐसा भीषण दमन-चक्र चला कि स्थिति शोचनीय हो गई। देवालय धराशायी किए जा रहे थे। धार्मिक आस्था पर कुठाराघात हो रहा था। ऐसे में धर्माचार्यों, रासाचार्यों और रासधारियों ने अपना अस्तित्व बचाने के लिए ब्रज से पलायन करना ही उचित समझा। जो इने-गिने लोग रह गए, वे कुत्सित रुचिवाले लोगों के मनोरंजन के लिए भोंड़े प्रदर्शन करके अपनी आजीविका चलाने लगे। कामुकता से भरे लोकगीतों का रास-मंच पर निर्बाध प्रवेश ब्रज में विद्यमान धार्मिक वृत्ति के कतिपय व्यक्तियों के लिए असह्य था, पर वे निरुपाय थे। कुछ कर नहीं सकते थे। भ्रष्ट होते रासमंच को झेलने के लिए अभिशप्त थे। अहमद शाह अब्दाली ने ब्रज पर आक्रमण किया, तो कोढ़ में खाजवाली हालत हो गई। धार्मिक आस्था चोट पर चोट खाकर लहूलुहान हो गई।

पतन का यह दौर बहुत लंबा खिंचा।

हालाँकि कुछ संप्रदाय के आचार्यों ने प्राण-पण से चेष्टा करके इसे सुधारना चाहा, पर नक्कारखाने में तूती की आवाज कौन सुनता? कुएँ में ही भाँग पड़ गई हो, तो पानी पीनेवाले हर इनसान को बहकने से कौन बचा सकता था? हालाँकि ऐसी इनी-गिनी रासमंडिलयाँ उस वक्त भी रहीं, जिन्होंने रास की मूल संवेदना सँजोए रखनी चाही, प्राणपण से यह कोशिश भी की, पर कोलाहल में उनकी आवाज कौन सुनता? यत्किंचित प्रयासों से भोंड़े प्रदर्शनों पर रोक लगी, पर वह अस्थायी सिद्ध हुई। तत्युगीन रासधारी पारंपरिक रास की विशुद्धता में सिर्फ घाल-मेल करके ही चैन से बैठनेवालों में न थे। वे तो उसे समूल नष्ट करने पर ही तुले थे। ऐसे में कोई कर भी क्या सकता था? कुत्सित मनोवृत्तिवाले अपने यजमानों से भारी दान-दक्षिणा पाने के लोभ में वे रासमंच पर गंदे से गंदे गीत परोसते और उनका मनोरंजन करके प्रसन्न होते। इस विषम समय में लीलाओं के पात्र भी अपनी गरिमा भूल गए। वे श्रीराधा-कृष्ण के स्वरूप में उतरकर अपनी आँख-नाक मटकाते और अश्लील, शर्मनाक, फूहड़, अभिनय का प्रदर्शन करते हुए निर्द्वंद्व भाव से खुलकर खेलते तनिक न लजाते।

हाथ की सभी उँगलियाँ कभी बराबर नहीं होतीं। युग कितना भी पतनोन्मुख क्यों न हो, कुछ-न-कुछ अच्छाई हमेशा शेष रहती है। रासलीला से जुड़ी कुछ मंडलियाँ भी विघ्न-बाधाओं पर विजय पाती हुई, मार्ग की कँटीली झाड़ियों को परे हटाती हुई, साफ-सुथरे रास्ते पर चल रही थीं। उतार-चढ़ाव भरा एक लंबा मार्ग। पाँच सौ वर्षों से अधिक समय का सफर। पर आज भी अनवरत चल रहा है न? यही रास का माहात्म्य है।

~✦~

रासलीला है क्या?

यह एकाग्र भाव लेकर राधा-माधव की भावभूमि पर पहुँचने का माध्यम है।

यह एक ऐसी नाव है, जिसपर सवार होकर व्यक्ति भवसागर को पार कर सकता है।

श्रीराधा-माधव से जुड़ने का, उनका सान्निध्य पाने का, उनकी सेवा में पहुँचने का और उनके रंग में रँग जाने का इससे सीधा-सरल रास्ता और कौन सा हो सकता है?

सच तो यह है कि हर व्यक्ति अपने-अपने चश्मे से रास को देखता है। लाल रंग के शीशे से लाल और हरे रंग के शीशे से हरा दिखाई देगा। यानी मानना पड़ेगा कि रास को देखने की दो दृष्टियाँ हैं—स्थूल तथा सूक्ष्म। स्थूल दृष्टि से व्यक्ति को रासधारियों की वेशभूषा, अभिनय, संगीत, नृत्य और रासमंच की साज-सज्जा दिखाई देगी। सूक्ष्म या आध्यात्मिक दृष्टि के चलते यह लीलानुकरण व्यक्ति को आध्यात्मिक जगत् से जोड़ता है। उस समय स्वरूप उसके लिए स्वरूप नहीं रह जाते, साक्षात् श्री

स्वामिनीजी और श्री ठाकुरजी बन जाते हैं। राधा-माधव की रासमंच पर अभिनीत होती लीला में स्वयं को तन्मय कर देना हर किसी के वश की बात नहीं। भावुक भक्त तो ऐसे स्थलों पर समाधिस्थ होते हुए देखे गए हैं, अश्रुपात करते पाए गए हैं और भाव-विह्वल अवस्था में पहुँचे दृष्टिगत हुए हैं। बस, इसी उच्च-उदात्त मनोभूमि पर पहुँचकर रास का वास्तविक आनंद लिया जा सकता है।

पर क्या आज का दर्शक रास से इस अमृत-रस को प्राप्त कर पा रहा है? जिस उदात्त जीवन दर्शन को लेकर रास प्रादुर्भूत हुआ था, तब और अब क्या एक जैसा रह गया है रासमंच?

उत्तर के लिए सोचना पड़ जाता है क्योंकि वास्तव में आज स्थिति बहुत संतोषजनक नहीं है। ऊपर से देखने पर तब और अब में कोई विशेष अंतर नहीं है। वही नित्य रास, वही लीला मंचन। लीलाएँ भी वहीं, जो वृंदावन, मथुरा और द्वारका से जुड़ी हुई हैं। स्वरूपों की साज-सज्जा में भी विशेष परिवर्तन नहीं। गीत-संगीत-नृत्य आज भी रासलीलाओं का आकर्षण है, यानी पारंपरिक रास और आज के रास में एक सरसरी निगाह से देखने पर कोई अंतर नहीं दिखेगा।

शरीर वही है, पर आत्मा वह नहीं है।

रास आज हमें साधना की उस उच्चावस्था पर नहीं पहुँचा पा रहा है, जो सिद्धावस्था बन जाती है। ब्रज की रासलीला के प्रति आज भी लोगों का श्रद्धाभाव तो है, पर रासस्वामियों की अर्थकेंद्रित मानसिकता ने स्थिति बिगाड़ दी है। सभी लीलास्वामी या सभी दर्शक भले ही दोषी न हों, पर यह प्रवृत्ति अब सामने आ चुकी है कि लीला-मंचन अब अव्यावसायिक न रहकर व्यवसाय बनता जा रहा है। लीला-मंचन के लिए कुछ रासस्वामी खुलकर अनुबंध करते हैं और निर्धारित धनराशि की अग्रिम वसूली के बाद ही उस नगर में रासमंडली सहित पहुँचते हैं। पैसे के सामने उन्हें कुछ नजर नहीं आता। दक्षिणा पर दृष्टि एकाग्र होते ही पैसा वसूलना उनका लक्ष्य रह गया है। हलकी रुचि के दर्शकों को खुश करने के लिए वे किसी भी स्तर तक नीचे उतर आते हैं। फिल्मी धुनों पर आधृत गीतों ने ब्रज के राधा-कृष्ण की लीलाओं से जुड़े लोकगीतों का स्थान ले लिया है। इससे लीला का स्तर तो गिरा ही है, उसके महत्-उद्देश्य पर भी आघात पहुँचा है। लोगों के मनोरंजन के लिए फूहड़ और द्विअर्थक संवाद यदि लीला में प्रयुक्त होंगे, तो उसकी गरिमा कहाँ रह जाएगी? गंभीर और शालीन प्रवृत्ति के व्यक्ति वहाँ सपरिवार पहुँचना क्यों पसंद करेंगे? आखिर कौन संभ्रांत आदमी अपने बच्चों को फूहड़ हँसी-मजाक संयुक्त लीलाएँ दिखाना पसंद करेगा?

निश्चय ही रास की बाहरी साज-सज्जा आज पहले से दुगनी-चौगुनी ही नहीं, सौ गुनी हो गई है। चादर के एक परदे से पूरे रासमंच का काम लेकर लीला प्रदर्शन वाली

सहजता अब नहीं रही है। पिछले पचास वर्षों में रासमंच पर जो बदलाव आया है, वह स्पष्ट दिखाई देता है। प्रदर्शन की भावना इतनी कि दो लाख का वस्त्र, गोटा, किनारी, अस्तर, दरजी को सिलाई का पैसा जैसे ताम-झाम के चलते लीला-मंचन बहुत महँगा हो गया है। पात्रों के श्रृंगार में भी अब पहले से कहीं ज्यादा व्यय होने लगा है। एक प्रवृत्ति और चोरी-छिपे दिखने लगी है कि रासमंच पर लड़कियों को भी प्रस्तुत किया जाने लगा है। आरंभ में लड़कियों को सम्मिलित न करने के पीछे यह भाव था कि रास शुद्ध-सात्त्विक भावनाओं का दिव्य प्रकाश है। आचरण की शुद्धता पर कोई आँच न आए, इसलिए छोटी आयु के बालकों को ही श्रीराधा एवं सखियों के स्वरूप में उतारा गया। उनके श्रृंगार में भी कहीं कोई अश्लीलता नहीं रही, किंतु आज कृष्ण लीलाओं की ऊपरी साज-सज्जा जितनी बढ़ रही है, रास की आत्मा को उतनी ही क्षति पहुँच रही है। सौंदर्य-प्रसाधनों को पोतकर किसी स्त्री को कितनी देर सुंदर दिखाया जा सकता है? ऊपरी आवरण उतरते ही उसकी वास्तविकता सामने आ जाएगी। सच्चा लावण्य सेब और अंगूर के रस की तरह भीतर से छलकता है। रास में भी ऊपरी चमक-दमक बढ़ा दी गई और मूल धार्मिक भावना पर चोट पहुँचाई गई, तो पूर्णिमा के चाँद को कृष्ण पक्ष की अंधियारी में गुम होने से कौन रोक सकेगा?

यदि रासस्वामियों ने अपने अर्थ-लोभ को नियंत्रित नहीं किया, तो रास की अधोगति अवश्यंभावी है। उच्च मनोभावों से संयुक्त व्यक्ति उसे अपने अनुकूल न पाकर उससे विमुख हो गए, तो फिर रासमंच के पास कामुकों की भीड़ के सिवाय रहेगा क्या? इसलिए निर्णय रासस्वामियों के हाथ है, उसे गँवाएँ या बचाएँ?

दर्शकों की भी इस अवमूल्यन में महत्त्वपूर्ण भूमिका से इनकार नहीं किया जा सकता। लोकरुचि यदि भ्रष्ट होगी, तो उसके मनोरंजन के लिए हलकी सामग्री परोसना रासस्वामियों की भी आवश्यकता बन जाती है।

सोचने की बात है, बार-बार झाँकियों की प्रस्तुति रास में क्यों की जाती है?

दक्षिणा-वसूलने के लिए ही न!

यह रास के भविष्य के लिए मांगलिक लक्षण नहीं है।

कितनी लंबी खिंच गई थी 'रास तब और अब' विषय को लेकर आचार्य अमल की व्याख्या! रासबिहारी कुछ ऐसे अभिभूत हुए कि अपनी कुरसी से उठे और आगे बढ़कर आचार्य अमल के पाँव छू लिये।

"अरे रे, यह क्या करते हैं?" आचार्यजी एकाएक इस श्रद्धा-सुमन को निवेदित होता देख अचकचा उठे।

अभी तक 'राधे-राधे' कहकर ही दोनों में अभिवादन की औपचारिकता निभी थी, आज पहली बार यह चरण-स्पर्श...

"आप मेरे गुरु हैं, आचार्यजी। गुरु की चरण-वंदना करना शिष्य का धर्म है। गुरु-शिष्य के इस संबंध में आयु आड़े नहीं आती। पाँच वर्ष का बालक भी 50 वर्ष के प्रौढ़ का गुरु हो सकता है। इसलिए मेरे प्रणाम को मेरे हृदय का श्रद्धा-भाव समझिए।" रासबिहारी ने विनत कंठ से सफाई दी।

"आपकी भावना है तो मैं इस पर कोई टिप्पणी नहीं करूँगा। पर...आप स्वयं इतने भव्य व्यक्तित्व के स्वामी हैं कि प्रणाम स्वीकारते संकोच तो होता ही है।" आचार्य अमल मृदु कंठ से बोले।

"एक विनती और है।" रासबिहारी दोनों हाथ जोड़कर बोले।

"अरे, कहिए न! मुझे बार-बार संकोच में क्यों डालते हैं?" आचार्य अमल दोबारा सकुचा उठे।

रासबिहारी ने जेब से एक छोटी डिबिया निकाली। सोने की डिब्बी।

उसे खोला।

गुलाबी कागज में लिपटी कोई वस्तु उसमें रखी थी। डिब्बी को पुनः बंद करते हुए उन्होंने एक बार फिर आचार्य अमल के पाँव छुए और डिबिया आगे बढ़ा दी, "कृपया इसे स्वीकारें। एक छोटी-सी गुरु-दक्षिणा है।"

"देखिए रासबिहारीजी, यहाँ गुरु-शिष्य वाला संबंध नहीं है। मैंने मित्रवत् आपसे कुछ बातें की हैं, रास को लेकर आपको जानकारी दी है, जिज्ञासाओं का समाधान किया है। इस स्थिति में हम दोनों परस्पर मित्र हैं, और कुछ नहीं।"

"लेकिन मैं तो आपको गुरु मानता हूँ और आजीवन मानता रहूँगा।"

"यह आपकी इच्छा है, मैं मना नहीं करूँगा। पर गुरु-दक्षिणा स्वीकार करने का सवाल ही नहीं उठता है।"

"आचार्यजी, मैंने जीवन में बहुत कुछ गँवाया है। निपट कंगाल हाल में आपके वृंदावन आया तो आपसे इतना कुछ पाया है कि हृदय में जीने की लालसा जाग गई है। ठोकर खा-खाकर मेरे बार-बार टूटनेवाले दिल को क्या आप एक बार फिर तोड़ने की कठोरता दिखाएँगे? नहीं, आपकी उदारता को देखते हुए मुझे विश्वास है कि आप ऐसा नहीं करेंगे। कृपया मेरी भावनाओं को समझें। इसे स्वीकारें।"

"आपने मुझे परेशानी में डाल दिया।" आचार्य अमल सचमुच असहज दिखाई दिए, "आखिर है क्या इस डिब्बी में?"

"कुछ खास नहीं, एक छोटा-सा पत्थर है।"

"पत्थर? मैं समझा नहीं। खोलकर दिखाएँ।"

आचार्य अमल और ज्यादा परेशान दिखाई दिए।

रासबिहारी ने डिब्बी खोली। गुलाबी कागज में बँधी पुड़िया खोली तो उसमें रखा काफी बड़े आकार का हीरा अपनी झिलमिल रश्मियों के साथ चमचमा उठा।

"यह क्या है? हीरा?" आचार्यजी निस्पृह कंठ से बोले।

ऐसा ही हीरा वे पहले भी देख चुके थे।

रासबिहारी के दाएँ हाथ की तर्जनी में सुशोभित अँगूठी में जुड़ा हुआ।

"जी हाँ।" रासबिहारी ने स्वीकार किया।

"मूल्य क्या है इसका?"

"कुछ नहीं। आपने जो ज्ञान-दान दिया है, उसकी दक्षिणा मात्र है यह। इसका मूल्य केवल मेरी आंतरिक श्रद्धा है।"

"मूल्य तो आपको बताना पड़ेगा और वह भी सच-सच।"

"मैं क्या बताऊँ?" रासबिहारी सोचते हुए बोले, "जहाँ तक याद पड़ता है, दस बरस पहले एक ही वजन और मूल्य के दो हीरे खरीदे थे। एक मेरी अँगूठी में है और दूसरा आपको भेंट कर रहा हूँ। संभवतः दोनों एक करोड़ में लिये थे।"

"उस समय 50 लाख का हीरा आज वैसे ही एक करोड़ का हो गया होगा।"

"आप ऐसा क्यों सोचते हैं? मेरा मन रखने की खातिर इसे स्वीकारें। मैं स्वयं को धन्य समझूँगा।" रासबिहारी एकदम दयनीय नजर आने लगे।

उसी अनुपात में आचार्य अमल की दृढ़ता बढ़ गई, "भाई मेरे, इसे वापिस अपनी जेब में रख लो। मैं इस बेशकीमती हीरे को लेकर क्या करूँगा? चोर-डाकुओं की दृष्टि से इसे बचाने के उद्यम में ही अपनी पढ़ाई-लिखाई छोड़ बैठूँगा!"

"आप इसे अपनी पत्नी को दे दें। लॉकेट में जड़वाकर अपने गले की जंजीर में डाल लेंगी।"

"आप स्वयं उनसे यह बात कह दें। यदि वह लेने को तैयार हैं, तो मैं आपत्ति नहीं करूँगा।"

"ठीक है। बुलाइए।" रासबिहारी बोले।

उन्हें विश्वास था कि अपने आभूषण-प्रेम के चलते कोई स्त्री कभी हीरे के लॉकेट को मना नहीं करेगी।

खैर, पति स्वीकारें या पत्नी, बात तो एक ही रही।

आचार्य अमल के बुलाने पर उनकी पत्नी वसुंधरा आकर खड़ी हो गईं।

वही शांत-सौम्य व्यक्तित्व, जिसे रासबिहारी पहले भी कई बार देख चुके थे।

चूल्हे के पास बैठकर रोटियाँ सेंकते हुए।

छाछ भरा गिलास लेकर आते हुए।

श्यामा को चारा-पानी देने के लिए कमरे से होकर गोशाला की ओर जाते हुए।

पहली बार भले ही द्वार के पीछे से खड़े होकर छाछ के गिलास पकड़ाए थे, उसके बाद परिचय हो जाने पर सदैव सामने पड़ती रही थीं।

उनके आते ही रासबिहारी ने जब आगे बढ़कर पाँव छू लिये, तो 'राधे-राधे' से इतर प्रणाम की यह नई शैली उन्हें भी चकित कर गई। पर आचार्यजी की भाँति टोका नहीं। सिर्फ 'आनंदित रहें।' कहकर आशीर्वाद दिया और अपने पति की ओर देखा, "किस प्रयोजन से मुझे बुलाया है ?"

"रासबिहारीजी को तुमसे कुछ कहना है।" आचार्यजी बोले।

रासबिहारी ने वही सोने की डिबिया वसुंधरा की ओर बढ़ा दी, "आचार्यजी ने मुझे रासलीला के उदात्त स्वरूप से अवगत कराया है, मेरे जीवनाकाश में छाए अंधकार को दूर किया है। यह मेरे गुरु हैं, इसलिए गुरुदक्षिणा के रूप में मैं आपको यह छोटी-सी भेंट देना चाहता हूँ।"

"पर मैं तो आपकी गुरु नहीं, कोई भेंट क्यों स्वीकार करूँ ?"

"आप मेरे गुरुजी की अर्धांगिनी हैं, इसलिए कृपया इसे स्वीकारें और मुझे अनुगृहीत करें।"

"देखिए भाई साहब, जब माँगे बिना राधा रानी मेरी सारी आवश्यकताएँ पूरी कर देती हैं, तो कोई भेंट लेकर क्या करूँगी ?"

"यदि आप इसे लॉकेट में जड़वाकर अपने गले की जंजीर में डालकर धारण करेंगी, तो मैं स्वयं को धन्य समझूँगा।"

"है क्या इसमें, दिखाएँ।"

"कुछ नहीं। एक मामूली हीरा है। आप इसका अँगूठी या लॉकेट में मनोनुकूल इस्तेमाल कर सकती हैं। विनम्र निवेदन है, स्वीकारें।" कहते हुए रासबिहारी ने खुली डिब्बी आगे बढ़ा दी, जिसमें रखा हीरा अपनी चौंध बिखेर रहा था।

वसुंधरा ने हाथ बढ़ाकर चुपचाप डिब्बी पकड़ ली, तो रासबिहारी ने स्वस्ति की साँस ली।

पर यह क्या ?

खुली डिब्बी को हाथ में पकड़े हुए ही वसुंधरा ने अपने गले में पड़ी सोने की चेन निकाली और उसे भी रखकर डिब्बी बंद कर दी।

आगे बढ़ाती हुई बोलीं, "मैंने आपकी भेंट स्वीकारी। आपने जिस पूज्य भावना से भरकर गुरुदक्षिणा दी है, उसे हम दंपती ने उसी सम्मान-भावना से ग्रहण किया है। अब मैं इसे अपने कंठ की जंजीर सहित लौटा रही हूँ। कृपया इससे मिलनेवाली धनराशि को किसी लोकोपकार में व्यय कर दें।"

आचार्यजी के आनन पर सहजता बनी रही।

रासबिहारी अवाक् हो उठे थे।

समझ नहीं सके कि उनके सामने खड़ी स्त्री इसी लोक की मानवी है या देवलोक से भेजी गई कोई देवांगना?

क्या कोई नारी स्वर्णाभूषण के नाम पर अपनी देह पर मौजूद इकलौती जंजीर भी उतारकर लोकोपकार के लिए दे सकती है?

आचार्यजी की पत्नी के पाँव की पायलें और बिछुए ही नहीं, नाक में पड़ी लौंग भी चाँदी की है, साफ दिख रहा था।

दृश्य सचमुच विस्मयजनक ही नहीं, अविश्वसनीय भी था। आचार्य अमल मुसकराए, "इन्होंने आपकी बात मान ली है। अब आपको भी इसकी भावना का सम्मान करना चाहिए।"

"कृपया आप अपनी चेन पुनः गले में धारण करें। मैं एक देवोपम दंपती की निस्पृहता को समझ नहीं सका, अज्ञानता दिखाई, इसके लिए क्षमाप्रार्थी हूँ।" रासबिहारी गिड़गिड़ा उठे, "मेरा यह बालहठ वैसा ही था, जैसा कोई पतितपावनी माँ भागीरथी को अपने घर के निकटवर्ती जलाशय से लाकर एक लोटा पानी चढ़ाने की मूर्खता प्रदर्शित करे! कृपा करके मेरी बचकानी जिद को भूलकर अपनी जंजीर गले में पहन लें।"

"मैं इसे दे चुकी हूँ, दोबारा कैसे पहन सकती हूँ?" वसुंधरा का कंठस्वर अकंपित था।

"तो क्या आप सूना कंठ रखेंगी? मैं आजीवन स्वयं को धिक्कारता रहूँगा। पाँव पड़ता हूँ, मुझे इस ग्लानि से बचाइए।"

"आप अपने मन को सहज करें, आपने कोई गलती नहीं की है। चिंता क्यों करते हैं, मेरा कंठ सूना नहीं रहेगा। अभी भीतर जाकर काला धागा पहने लेती हूँ, वह मेरे लिए पर्याप्त है।"

"यह जंजीर नहीं पहनेंगी?"

"सवाल ही नहीं उठता। लोकोपकार के किसी कार्य में लगकर इसे अपनी सार्थकता साबित करने दीजिए।"

रासबिहारी की आँखें साश्रु हो गईं। चेहरा कातर दिखने लगा। काँपते हाथों से उन्होंने डिब्बी बंद की और जेब में रख ली। झुककर पहले वसुंधरा के और फिर आचार्यजी के चरणों में प्रणाम निवेदित करते हुए बोले, "आज मैंने साक्षात् शिव-पार्वती को अपनी आँखों से देखा है। जीवन सफल हो गया।"

आचार्यजी ने उन्हें गले लगा लिया, "हम एक नेह-बंधन में बँध चुके हैं। यह बंधन चिरस्थायी रहेगा, निश्चिंत रहें।"

चूँकि यहाँ अब रासबिहारी अकेले आने लगे थे, इसलिए कैलाश के आने की उन्हें प्रतीक्षा न थी।

"चलूँ अब।" कहते हुए हाथ जोड़े और बाहर निकलने लगे तो आचार्यजी और वसुंधरा उन्हें विदा करने के लिए साथ चले।

घर से बाहर खुले आसमान के नीचे खड़े थे तीनों। कोई मेघाच्छन्ना आकाश नहीं था, फिर भी अचानक जल की नन्ही बूँदे सिर पर गिरीं, तो रासबिहारी को ऐसा अनुभव हुआ, देवगण पुष्प-वर्षा करके उनके नेह-संबंध पर प्रसन्नता व्यक्त कर रहे हैं।

पुलकित भाव से दंपती की ओर देखा, पुनः हाथ जोड़े और विदा हुए।

"कल संध्या चार बजे तक आप अवश्य आ जाएँ। सुनैला चलना है हमें।" आचार्य अमल का मृदु कंठ उनके कानों में पड़ा।

रासबिहारी ने सहर्ष सिर हिला दिया।

□

15

महारास का मंचन

आज शरद पूर्णिमा है।

रासबिहारी के निर्देश पर सायं पौने चार बजे ही कैलाश ने टैक्सी लाकर मयूर-निकुंज के सामने खड़ी कर दी।

चार बजने से पाँच मिनट पहले ही वे लोग आचार्य अमल के द्वार पर जा पहुँचे। चूँकि आचार्जजी पहले से तैयार बैठे थे, इसलिए तुरंत घर से बाहर निकल आए और उनके बैठते ही टैक्सी गंतव्य हेतु रवाना हो गई।

"क्यों कैलाश, तुमने रासबिहारीजी को करहला भ्रमण कराया है?" आचार्यजी ने पूछा।

"करहला हमारी सूची में है, पर अभी हम वहाँ नहीं पहुँच सके हैं।" कैलाश बोला।

टैक्सी पर सामने की ड्राइवर के पास वाली सीट पर बैठे कैलाश ने उत्तर दिया।

"तो फिर हम पहले करहला घूम लेंगे और फिर महारास देखने के लिए उसके पास के सुनैला गाँव में चलेंगे।" आचार्यजी बोले।

करहला अनजान नाम न था।

रासबिहारी जानते हैं, रास के पुनर्प्राकट्य की स्थली है करहला ग्राम।

लोकमान्यता है, यहीं पर घमंडी स्वामी ने श्रीमद्भागवत में वर्णित रासलीला का पुनरुद्धार किया था।

रासबिहारी यह भी जानते हैं कि रास का पुनर्प्राकट्य किसने, कब और कहाँ किया, इसका प्रामाणिक आधार न होने के कारण विद्वानों के चार-पाँच मत हैं। जो भी हो, करहला की इस रूप में विशेष लोकमान्यता है।

"पहुँचने में हमें कितना वक्त लगेगा?" रासबिहारी ने पूछा।

"बरसाना यहाँ से 43 किमी. दूर है। वहाँ पहुँचने में सामान्यत: सवा घंटा लगता है। बरसाना से पाँच किमी. आगे है करहला और उसके निकट ही सुनैला है। वहाँ तक पहुँचने में जो भी समय लगे।" आचार्य अमल मुसकराए।

"जो भी, का क्या मतलब?" रासबिहारी चौंके।

"आप स्वयं देख लीजिएगा।" रासबिहारी के अधरों पर एक व्यंजक मुसकान छा गई।

इस मुसकान का रहस्य तब खुल गया, जब उनकी टैक्सी बरसाना-करहला मार्ग पर पहुँची।

पथरीली सड़क।

जगह-जगह से टूटी-फूटी और गड्ढों से युक्त।

धूल-मिट्टी का गुबार।

टैक्सी यहाँ न दौड़ रही थी, न चल रही थी, सिर्फ रेंग रही थी।

एक प्रसिद्ध ऐतिहासिक स्थली तक पहुँचने में इतनी दिक्कत आएगी, रासबिहारी ने नहीं सोचा था। अनमने हो उठे। बुरा लगा, पर्यटन विभाग ने इस जगह के प्रति उदासीनता क्यों बरती? शायद इसलिए, क्योंकि उसे यहाँ भक्तों की भीड़ का जमावड़ा होने की संभावना नहीं दिखी होगी। इसीलिए विकास के चरण यहाँ तक नहीं पहुँचे।

विकास भले ही न पहुँचा हो, धूल से अंटी टैक्सी आखिरकार पहुँच ही गई।

आचार्य अमल ने टैक्सी रुकवाई और बोले, "चलिए, अब यहाँ से मैं आपका गाइड बनकर मार्गदर्शन करूँगा।"

उन्हें पैदल चलना पड़ा।

कुछ आगे एक मंदिर पड़ा, तो उसके सामने ठहरकर आचार्यजी ने बताया, "यह रासबिहारी का मंदिर है।"

"रासबिहारी का मंदिर?"

नामसाम्य ने रासबिहारी को चौंका दिया।

मन ने कहा, 'यहाँ तुम्हें स्वयं से तादात्म्य जोड़ना होगा। स्वयं को पहचानना होगा कि तुम क्या हो?'

पर इस सवाल का उत्तर कौन देता?

सिर्फ समीपवर्ती वृक्षों के पातों से आती हरहराती हवाएँ हैं।

मंदिर में श्रीराधा-कृष्ण एवं चंपकलता सखी के दर्शन किए गए।

प्रांगण में प्राचीन डोल, चौकी व चौकोर आसन दिखा। आचार्यजी ने बताया, "यह प्राचीन डोल है। यहीं पर घमंडी स्वामी ने करहला के ही उदयकरण और खेमकरण नामक दो ब्राह्मण बालकों को लेकर अनुकरणात्मक रास का मंचन कराया था।"

"घमंडीजी का नाम मेरे हृदय में जिज्ञासा जगा रहा है।" रासबिहारी बोले।

"दरअसल, इस नाम को लेकर विद्वानों में मतभेद है।" आचार्यजी ने बताया, "अलग-अलग कालखंडों में इस नाम के तीन व्यक्ति मिलते हैं, इसीलिए यह उलझन उत्पन्न हुई। एक निम्बार्क संप्रदाय के घमंडदेव थे, जिनका मूल नाम उद्धवजी था। यह

निम्बार्क संप्रदाय के थे और इन्हें अपने आराध्य के अनुग्रह का बहुत घमंड था। इसीलिए 'घमंडी स्वामी' के नाम से प्रसिद्ध हुए। दूसरे घमंडी वृंदावन में वंशीवट के समीप रहते थे, पर उनका रास से कोई संबंध प्रमाणित नहीं होता। तीसरे घमंडी वल्लभ संप्रदाय के घमंडी स्वामी थे, जो करहला में ही जनमे और यहीं उनका देहावसान हुआ। यहाँ उनकी समाधि भी बनी हुई है, इसलिए इन्हें रासलीला का पुनरुद्धारक माना जा सकता है। पर इनकी विद्यमानता का कोई विश्वसनीय प्रमाण नहीं है। इसलिए यह विषय विवादास्पद हो जाता है। जो भी हो, हमें प्रथम-द्वितीय के फेर में न पड़कर सिर्फ इतना ध्यान रखना है कि करहला के घमंडी स्वामी की रासविषयक देन महत्त्वपूर्ण है।"

"आपने सही कहा।" रासबिहारी सहमत हुए।

"यह विषय अत्यंत पेचीदा है।" आचार्यजी बोले, "समस्या तब उपजी, जब कालांतर में रासानुकरण का बृहत् सांस्कृतिक महत्त्व प्रकट होने पर विभिन्न संप्रदाय इसके प्रवर्तन का श्रेय लेने को उद्यत हो उठे। हमें इस विवाद में न पड़कर यही मानना चाहिए कि अनुकरणात्मक रास का आरंभ, किसी ने भी किया हो, पर हमारी अति मूल्यवान् सांस्कृतिक निधि है।"

"जी हाँ।" रासबिहारी सहमत हुए।

वे लोग श्रीरासबिहारीजी के मंदिर के डोल के निकट खड़े थे।

आचार्यजी ने बताया, "यहाँ वर्ष में दो बार रासलीला होती है, राधा अष्टमी के दिन तथा शरद पूर्णिमा की रात को। किसी कारणवश वही लीला निकट के सुनैला गाँव में इस बार संपन्न की जा रही है।"

"यानी हम करहला वाली लीला ही सुनैला में देखेंगे।"

"जी हाँ। कहते हैं कि जब घमंडी स्वामी ने यहाँ पर रास का प्रवर्तन किया, तो श्री ठाकुरजी ने स्वयं उन्हें मुकुट व चंद्रिका प्रदान किए थे। वह मुकुट समीपवर्ती मड़ोई गाँव की हवेली में वर्षों रखा रहा। सन् 1993 के आसपास मुकुट चोरी हो गया। प्राचीन हवेली भी अब खँडहरप्राय दशा में है।" आचार्यजी ने बताया।

डोल के पास स्थित प्राचीन मंदिर में द्वारिकाधीशजी तथा श्रीराधा रानी की मोहक मूर्तियाँ दिखीं।

आचार्यजी ने बताया, ये मूर्तियाँ कंकण कुंड से मिली हैं।

रासबिहारी कौतुक से उन्हें निहारते रहे।

श्रीराधा रानी की प्रधान सखी ललिताजी का जन्मस्थान भी करहला ही है, जानकर मुदित हुए।

तदुपरांत सभी वापिस लौटे और टैक्सी ने बहुत जल्दी उन्हें सुनैला पहुँचा दिया। यहाँ आचार्यजी के आगमन की प्रतीक्षा हो रही थी, प्रेमपूर्वक स्वागत हुआ और फिर ग्राम

प्रधान के घर ले जाकर चाय-मिष्टान्न-नमकीन से सत्कार भी किया गया।

रास-मंचन शुरू होने जा रहा था, इसलिए नाश्ता करके सब लोग सीधे वहीं पहुँचे।

रास-मंच।

एक सुसज्जित मंच।

परदा हटते ही श्री लाड़िलीजी और श्री ठाकुरजी के स्वरूप सिंहासन पर विराजमान दिखाई दिए।

दोनों ओर चंवर डुलाती सखियाँ।

हर्ष से रोमांचित होते उपस्थित भक्तजनों ने स्वामिनीजी और ठाकुरजी की देर तक जय-जयकार।

इस रासमंच के बारे में रासबिहारी ने मोहनलाल के मुख से काफी कुछ सुन रखा था। 'ब्रज की लोक-माधुरी' के पृष्ठों पर पिछले दो माह में काफी कुछ पढ़ा भी था। पढ़ने और सुनने के आनंद के बाद आज सबकुछ अपनी आँखों से देखना कितना रोमांचक था।

लीला में प्रयुक्त होनेवाले संगीतशास्त्र के चार कोटि के वाद्ययंत्र रासबिहारी जानते हैं—तत, सुषिर, आनद्ध और घन। तत में सारंगी, सुषिर में बाँसुरी, आनद्ध में पखावज तथा घन वाद्यों में झाँझ का प्रयोग आरंभिक काल से ही रास में होने लगा था। इन पारंपरिक वाद्यों में आए कुछ बदलाव को रासबिहारी ने अपने सामने होनेवाले आज के आयोजन में प्रत्यक्ष देखा। समाजीगण अब सारंगी की जगह हारमोनियम और पखावज की जगह तबले पर उँगलियाँ चला रहे थे।

ठाकुरजी और प्रियाजी का श्रृंगार लगभग वैसा ही, जैसा वह मोहनलाल के मुँह से सुन चुके थे।

ठाकुरजी ने चूड़ीदार पायजामा, उस पर पीतांबरी धोती, कमर में बँधी कमरपेटी पर पटका धारण किया था। हाथ में वंशी, सिर पर मुकुट-मोरचंद्रिका, सिर-पेंच, कलंगी, तुर्रा।

नाक में बुलाक, कानों में कुंडल और हाथों में कड़े।

गले में मोती माला तथा जड़ाऊ हार।

प्रियाजी की धज भी कम नहीं थी।

वक्ष पर चोली के ऊपर बारहतनी।

पायजामे पर लहँगा, कमरपेटी, ओढ़नी।

आभूषणों में नथ, बाजूबंद, कंठा, चूड़ियाँ, अँगूठी।

मस्तक पर चंद्रिका मुकुट।

सखियों का श्रृंगार भी लगभग प्रियाजी जैसा। मस्तक पर चंद्रिका नहीं धारण कराई गई थी।

मोहनलाल की एक बात इस समय रासबिहारी को याद आ गई।

मुकुटधारी स्वरूपों के मस्तक पर मुकुट पहनाने से पूर्व काला कपड़ा बाँधा जाता है, जिसे रासधारियों की शास्त्रीय शब्दावली में 'मूठ बाँधना' कहते हैं।

इस मुकुट की महत्ता भी मोहनलाल उन्हें बता चुके हैं। मुकुट धारण करने से पूर्व संपूर्ण भक्तिभाव से स्वरूप उसे प्रणाम करता है। धारण करने के पश्चात् वह साक्षात् श्यामसुंदर जो हो जाता है! इसीलिए यदि मुकुट पहनने के बाद वह श्रृंगार-कक्ष में पहुँच जाए, तो वहाँ उपस्थित सभी कलाकार खड़े होकर उसे प्रणाम करते हैं।

यह मुकुट मात्र एक उपकरण नहीं, उनके ब्रह्मत्व का प्रतीक है। इसीलिए तो मथुरा-वृंदावन की गलियों में इसे अत्यंत मनोयोग और श्रद्धा के साथ एक विशिष्ट रीति से तैयार किया जाता है। कतिपय समृद्धशाली रासमंडलियाँ अपने स्वरूपों को सोने-चाँदी से निर्मित मुकुट धारण कराती हैं। ऐसे वजनी मुकुट, जिन्हें श्रीकृष्ण के बालरूप को धारण करनेवाले स्वरूप साध नहीं पाते। इसीलिए बाल-लीला के प्रसंगों में कान्हा को केवल कुंडलों के साथ मयूरपंख धारण करवा दिया जाता है।

मोहनलाल के अनुसार, एक समय वह भी था, जब बड़े-बड़े राजघरानों से रासमंडलियों को रासलीला के मंचन हेतु बुलाया जाता था। ऐसे अवसरों पर राजकोष से एक-से-एक मूल्यवान् आभूषण उनके श्रृंगार के लिए निकाल दिए जाते। कन्हैया के सिर पर सूर्यकांत मणि, कंठ में नवरत्नों की माला, हाथ में रत्न कंकण उपलब्ध कराके राजघराने आनंदित होते थे।

~✦~

सचमुच आज की रासलीला में सशरीर उपस्थित होकर रासबिहारी वे सारे प्रसंग अपनी आँखों से देख रहे थे, जिनके बारे में अभी तक केवल पढ़ा और सुना था।

आचार्यजी और भी छोटे-छोटी बातें मुकुट को लेकर बता चुके हैं।

करहला के रासधारी चूँकि श्रीनाथजी के भक्त हैं और चूँकि श्रीनाथजी के मुकुट का झुकाव दाईं ओर रहता है, इसलिए लीला-मंचन के समय वे भी श्रीकृष्ण के स्वरूप के मुकुट का झुकाव दाहिनी ओर रखते हैं। इसी तरह वृंदावन की रासमंडलियाँ आचार्य बल्लभ के संप्रदाय की अनुगामी होने के कारण श्रीकृष्ण के मुकुट का झुकाव बाईं ओर रखती हैं। चूँकि वल्लभ और निम्बार्क संप्रदाय श्रीराधाजी के भक्त हैं, इसलिए वे प्रदर्शित करते हैं कि श्रीकृष्ण अपनी वामांगिनी श्रीराधा के चरणों में विनत भाव रखते हैं।

सबकी अपनी-अपनी रीति है, रासबिहारी जानते हैं।

रासस्वामी ने अपने स्थान से उठकर श्रीराधा-कृष्ण के युगल स्वरूप के सामने दंडवत् प्रणाम किया। उनके वापिस लौट जाने पर अब प्रियाजी-प्यारे जू की आरती हो रही है।

थाल में आटे से बना चौमुखा दीपक सजाकर सखियों ने आरती आरंभ की—

"आरती करौ ब्रजनारी, लै कंचन थारी।
भावना-भक्ति की जोती, अनमोल प्रेम के मोती।
रस-बूँदन सौं भरि झारी, अतिहि सुखकारी॥
घनस्याम चंद कै लाला, पहिरैं पटपीत रसाला।
संग सोहत भानदुलारी, श्रीराधिका प्यारी॥
सिंहासन दोऊ विराजैं, लखि कोटि काम रति लाजैं।
यह रसिकन की फुलवारी, जगत् सब लागै खारी॥
चिरजीवौ अविचल जोरी, मोहन वृषभानु किसोरी।
ब्रज जीवन कुंजबिहारी, पै जाऊँ मैं बलिहारी॥"

सखियों ने श्रीराधा-कृष्ण को नित्य रास का समय हो जाने की सूचना देते हुए रासमंडल में चलने का अनुरोध किया है। श्रीकृष्ण के आग्रह पर राधाजी भी उठ खड़ी हुई हैं और सखी-वृंद के साथ वे सब रास-मंच पर पधार चुके हैं।

~✦~

यह दृश्य देखते-देखते अचानक चिहुँक उठे रासबिहारी। उन्हें याद आया कि मोहनलाल यहीं तक लीला-विवरण दे सके थे और इसके बाद उन्होंने इसे 'गूँगे का गुड़' मानते हुए स्वयं को इस बारे में कुछ भी बता सकने में असमर्थ माना था।

जैसे ही रासबिहारी को मोहनलाल की यह बात याद आई, उनका हृदय बोल पड़ा, 'अब जो कुछ घट रहा है, वह अभिव्यक्ति के परे है, इसलिए तुझे इस अनुभव को सँजोकर रखना है, भूलना मत!'

वाद्ययंत्रों के साथ समाजी वर्ग के गायन प्रारंभ करते ही उस ताल की लय पर स्वरूपों का नृत्य आरंभ हो चुका है। इस वक्त श्री ठाकुरजी, श्री लाड़िलीजी और सखी वृंद की गायन में कोई भूमिका नहीं है। वे सब मात्र नृत्यरत हैं। मंडलाकार और हाथों को फैलाए हुए, पग-ताल देते जाते हैं और समाजी वर्ग गायन कर रहा है—

नाचत रास में रासबिहारी
नँचावत हैं ब्रज की सब नारी।
तादीम्-तादीम् तत-तत थेई थेई
थुँगन थुँगन लेति गति न्यारी॥

यह गीत विलंबित लय में शुरू होकर जैसे ही दुगन में पहुँचता है, श्रीकृष्ण, श्रीराधा और सखी-समाज तत्काल पग-ताल को बढ़ाकर चक्कर खाना शुरू कर देता है।

चार-पाँच चक्कर के बाद सब घुटनों के बल बैठ गए हैं और वाद्ययंत्रों की ताल पर हाथ नचाते हुए विविध भावों का प्रदर्शन करने लगे हैं। स्वरूपों का नेत्र, भ्रू, कटि, मुख, ग्रीवा आदि का संचालन भावाभिव्यक्ति में अद्भुत है।

नित्य रास का यह दृश्य देखते हुए रासबिहारी पलक झपकाना तक भूल गए।

दृश्य-विधान सचमुच विलक्षण है—

श्रीराधा और श्रीकृष्ण का आमने-सामने बैठ जाना।

उन्हें घेरकर सभी सखियों का नाना पिंडीबंधों (गोलाकार होकर) में बैठना।

समाजी वृंद का स्वर्गिक गायन।

ज्यों ही गान समाप्त हुआ, सब एक पंक्ति में खड़े हो गए। श्री ठाकुरजी के वाम भाग में श्रीराधा और उन दोनों के समीपवर्ती सखियाँ।

रासमंच पर अब सबका अलग-अलग नृत्य आरंभ हो गया है। वहीं अपने स्थान पर खड़े-खड़े।

सर्वप्रथम श्रीकृष्ण नृत्य हेतु प्रस्तुत हुए हैं और ज्यों ही समाजियों ने अपने गीत की ताल को चौगुनी करते हुए 'तततथा थेई तततथा थेई तततथा थेई' बोला, श्रीकृष्ण बोल के साथ पगताल मिलाते हुए अपनी पंक्ति से बाहर निकल पड़े। लगभग 4-5 कदम बढ़कर पुनः श्रीराधा की ओर उन्मुख होकर खड़े हो गए हैं, पग-ताल पर कुदकने-फुदकने लगे हैं। विभिन्न नृत्य-मुद्राओं में हाथ फैलाते हुए इस परमूल (बोल) पर थिरकने लगे हैं—

"तिटक तिटक थिलांग
धिकतक, तोदीम धिलांग, तकतो।
ता धिलांग, धिक धिलांग, धिकतक
तोदीम तोदीम, धेताम धेताम।
धिलांग धिलांग धिलांग
तक गदगिन थेई
तततथा थेई, तततथा थेई, तततथा थेई।"

बोल की अंतिम पंक्ति पर श्रीकृष्ण ने उछलकर हाथों को पृथ्वी पर टेकते हुए एक लंबी छलाँग भरी और विविध करणों (हाथ-पाँव का एक साथ सामंजस्य बैठाते हुए अंग संचालन) द्वारा कलात्मक मुद्राओं में देह-भंगिमाएँ प्रदर्शित कीं।

तदुपरांत वे अपने स्थान पर लौट आए हैं।

अब श्रीराधा का नृत्य है, जिसके परमूल (बोल) इस प्रकार हैं—

"तात् त्रंग, थुन थुन तो
धिक् तू त्रंग थुन थुन तो
ता थुन थुन, धिक् थुन थुन
धिक तक, थुन थुन तक।
थुंग थुंग तक, थुंग थुंग तक गदगिन थेई
ततता थेई ततता थेई ततता थेई।"

श्रीराधा भी नृत्य के अनंतर अपने स्थान पर लौट गई हैं।

अब सखियों के एक-एक करके पग-ताल देते हुए नृत्य हैं।

वे भी चार-पाँच डग भरकर, घूमकर, श्री प्रियाजी और श्री प्यारे जू की ओर मुँह करके, हाथों के संचालन के साथ कुदक-कुदककर नृत्यरत हो गई हैं। उनके नृत्य के बोल हैं—

"तत्तुक दम, धिरकिट तक, तिरकिट
नगं नगं, तू तो त्रान तो।
तत्तुम दम, धिरकिट तक, तिरकिट
नगं नगं तू तो त्रान तौ॥
ता त्रिंग, ताता त्रिंग, तत्थुंग थुंग तत्थुंग थुंग
थुंग तक, गदगिन थेई।
तततथा थेई तततथा थेई तततथ थेई।"

श्रीराधा-कृष्ण के पृथक्-पृथक् घेरों की तरह सखियों के भी विभिन्न पिंडी बंधों (गोलाकार घेरे) के सामूहिक नृत्य हैं। एक-एक, दो-दो आदि के जोड़ों में वे नृत्य कर रही हैं।

सखियों के नृत्य-प्रदर्शन के समय समाजियों ने जैसे ही 'तततथा थेई' का उच्चारण किया, श्रीकृष्ण पुनः अपनी पंक्ति से बाहर निकल आए हैं। मंडलाकार नृत्यरत हैं। समाजियों का गायन चल रहा है—

"तद्दी तद्दी तद्दी तद्दी धिकता तद्दी त्रांग तो
तद्दी तद्दी तद्दी तद्दी धिकता तद्दी त्रांग तो
त्रांग त्रांग त्रांग, तत्ता ततक थेई।"

अनूठा दृश्य है!

समाजियों के 'तद्दी' कहते ही श्रीकृष्ण ने विविध नृत्तचारियों (नर्तक के पद, जंघा, उरु एवं कटि द्वारा एक साथ की गई भाव-व्यंजना) में पीछे हटे हैं और त्रांग-त्रांग-त्रांग के बोलों पर पाँव बढ़ाते हुए तीन बार कुदके हैं।

विलक्षण अंग-संचालन!

बोल के साथ विलक्षण सामंजस्य!

गोलोक में संपन्न होनेवाले नित्य रास का ही धरावतरण है यह।

मंडली का पुनः सामूहिक नृत्य शनैः-शनैः रुक रहा है।

स्वरूप अपने-अपने सिंहासन पर जाकर जैसे ही बैठे, परदा गिरा दिया गया।

यानी नित्य रास का पूर्वार्द्ध समाप्त हो चुका है।

रासधारियों को कुछ देर विश्राम देने के लिए यह संक्षिप्त मध्यांतर है।

संक्षिप्त मध्यांतर में ही एक किशोर एक प्लेट में पेड़े और जलपूरित गिलास लेकर आ गया।

आचार्यजी और कैलाश ने एक-एक पेड़े के साथ पानी पी लिया, पर रासबिहारी ने हाथ बढ़ाने की कोई कोशिश नहीं की।

"क्या बात है, जल नहीं लेंगे?" आचार्य अमल ने पूछा।

रासबिहारी कुछ न बोले।

"कोई परेशानी? स्वास्थ्य तो ठीक है न?" चिंतित कंठ से आचार्य अमल ने पूछा और उनके कंधे पर हाथ रखा तो रासबिहारी जैसे होश में आए।

"पानी पिएँगे?" दोबारा प्रश्न हुआ तो उन्होंने इनकार में सिर हिला दिया।

पानी सहित आया किशोर लौट गया।

"लघुशंका वगैरह के लिए तो बाहर नहीं चलना है?" आचार्यजी ने पूछा।

"ऐं!" रासबिहारी ने अबूझ भाव से उनका चेहरा देखा। ऐसा लगा, जैसे शब्दों का अर्थ ग्रहण करने में असमर्थ रहे हों।

आचार्यजी गंभीर हो गए, "आप ठीक तो हैं न? तबीयत सही नहीं है, तो हम लौट चलते हैं। अभी यहाँ बहुत समय लगेगा। नित्य लीला के शेषांश के बाद फिर एक छोटा विश्राम और तब महारास का मंचन। इतनी देर बैठ सकेंगे?"

"मैं बिल्कुल ठीक हूँ, चिंता न करें।" रासबिहारी ने उन्हें आश्वस्त किया।

इस विश्राम काल में भी अधिकांश दर्शक-वृंद अपने स्थान पर बैठा रहा। निष्प्रयोजन बैठकर वह ऊबें नहीं, इसलिए समाजियों का मधुर गायन चलता रहा।

अनेक मनोरम झाँकियाँ भी इस मध्य प्रदर्शित की गईं। दान-दक्षिणा देने का दर्शकों का उत्साह कम नहीं नजर आया।

परदा खुला, सिंहासनासीन स्वरूप दिखाई दिए। नित्य रास का उत्तरार्ध अब मंचित होगा।

रासमंडली के स्वामी के मुखारविंद से वाद्य-ध्वनियों के मध्य जैसे ही 'त त त ता थेई' के बोल निकले, वैसे ही सभी स्वरूप सिंहासन तथा अपने-अपने स्थान से नीचे उतरकर रासमंच पर आ गए।

श्री स्वामिनीजी और श्री ठाकुरजी की जय-जयकार से संपूर्ण प्रांगण गूँज उठा।

समाजियों के वाद्य-संगीत के साथ इस समय ठाकुरजी का नृत्य आरंभ हो गया है और सखियाँ गा रही हैं—

"नाँचै छबीलौ ब्रजराज छूम छन न न न न न न।
ता ता थेई, ता ता थेई, चरन चपल आली॥
सजनी रजनी सरद, सरद रितु आज सुफलु आली॥"

अब स्वामिनीजी के नृत्य के समय सखियों का गायन है—

"नाँचै छबीली राधिका, छूम छन न न न न न न।
ता ता थेई, ता ता थेई, चरन चपल आली॥
सजनी रजनी सरद, सरद रितु आज सुफलु आली॥"

ठाकुरजी व स्वामिनीजी के नृत्य के बाद अब सखियों सहित सबका सामूहिक नृत्य है, जिसका गायन भी वे सब कर रहे हैं और समाजी भी इसमें साथ दे रहे हैं—

ए घनस्याम सुंदर स्याम हमारौ प्यारौ री।
प्रानन प्यारौ छल-बल वारौ
नैनन की सैननि सों चितवा चुराय लियौ
जादू मोपै डारौ री॥
मोर-मुकुट माथे पै सोहै
कुंडल हलन चलन मन मोहै
धा किट धुम किट तकिट तका
तक धुम किट धुम किट तक धा
लेत अलापन प्यारौ री॥

नित्य लीला के इस क्रम में अनेक मनोरम नृत्य हो रहे हैं। मयूर नृत्य तो अनुपमेय है। वेणीगूँथन का नृत्य भी कम नहीं है। कभी श्रीकृष्ण अकेले, कभी श्रीराधा के साथ और कभी सखी समुदाय को भी संयुक्त करते हुए नृत्यरत हैं।

नित्य रास के अंतर्गत अब श्रीराधा-कृष्ण के एक मनोहारी नृत्य पर दर्शक-वृंद

की आँखें टिक गई हैं। लंबा गीत है, मनोरम नृत्य है और दर्शकों का क्षण-क्षण बढ़ता आनंदातिरेक है। गीत अब अपने अवसान बिंदु पर पहुँच गया है, जहाँ नृत्य-श्रम से थक चुकी श्रीराधिका की सेवा करते हुए श्रीकृष्ण उन्हें बीजना डुला रहे हैं—

"बदन स्रम निरखि, लालन करत वायु,
कर कंज लिएँ बीजना, नेह-रस सों सन्यो।
लिपट गई लालन-उर सों रीझि कै,
'वंशी अलि' तबहिं रति-भाव अद्‌भुत ठन्यौ॥"

यह सामूहिक नृत्य भी अभूतपूर्व है, जिसे ठाकुरजी, श्रीजी तथा सखियों का समूह पंक्तिबद्ध खड़े होकर संपन्न कर रहा है। पंक्ति में ही पग-ताल देते हुए तथा अंग-संचालन करते हुए 4-5 कदम आगे बढ़ना और पग-ताल देते हुए ही पीछे हटकर पुन: अपनी जगह पर खड़े हो जाना एक कौतुक-लोक रचने लगा है—

"(हाँजी) रच्यौ रास-रंग, (हाँजी) रच्यौ रास-रंग,
स्याम सबहिन सुख दीनों।
मुरली धुनि कर प्रकास,
खग मृग सुन रस उदास
जुबतिन तज गेह-बास बनहिं गमन कीनों।"

यह नृत्य समाप्त होते ही 'श्री लाड़िली लाल की जय' के उद्‌घोष के साथ नित्य रास संपन्न हो चुका है।

रासमंच का गिरा परदा इसका संकेत है।

एक संक्षिप्त अंतराल के बाद महारास होगा।

~✦~

मध्यांतर होते ही आचार्य अमल ने निकट बैठे रासबिहारी से कहा, "मैं अभी बाहर घूमकर आता हूँ, आपको तो नहीं चलना है?

रासबिहारी ने 'न' में सिर हिला दिया तो आचार्यजी वहाँ से उठकर बाहर निकल गए। जब तक लौटकर आए, लीला आरंभ होने जा रही थी। वह रासबिहारी की अन्यमनस्कता देख रहे थे, अनुभव भी कर रहे थे, पर जब बार-बार पूछने पर भी रासबिहारी स्वयं को स्वस्थ बता रहे हैं, तो कर भी क्या सकते थे?

यही सोचा, जैसे ही लीला संपन्न होगी, तुरंत वे लोग वहाँ से उठ जाएँगे। यदि मध्य में भी रासबिहारी ने अस्वस्थ होने की बात कहीं तो तुरंत उठकर वे लोग बाहर निकल जाएँगे। इस गाँव में अचानक तबीयत बिगड़ जाने पर पता नहीं कोई डॉक्टर-वैद्य मिलेगा भी या नहीं?

चूँकि वह रासबिहारी को अपने साथ लेकर आए थे, इसलिए चिंता स्वाभाविक थी। ज्यादा सोचने का वक्त नहीं मिला।

रास-मंच पर महारास का लीला-मंचन होने लगा था। आचार्य अमल ने देखा, रासबिहारी पूर्ण तन्मयता से उधर ही निहार रहे हैं।

रासबिहारी जानते हैं कि संवादों के माध्यम से, गीतों के संयोजन से, नृत्य की संहिति से जो लीला दिखाई जाएगी, वह ब्रजभाषा में होगी। तदापि आचार्य अमल के मुख से उसे इतने विस्तार से सुन चुके हैं कि विषय से साधारणीकरण करने में उन्हें कोई असुविधा न होगी। रासमंडली के स्वामी ने मंच पर आकर अपनी असमर्थता पहले ही जतला दी है—

"रास रस रीति नहिं बरन आवै।
कहाँ कैसी बुद्धि, कहाँ वह मन लहौं,
कहाँ इत चित्त जिय भरम भुलावै॥"

सच है, रास को समझना और वर्णन करना क्या सबके वश की बात है? उसे समझने के लिए कुछ अलग ही बुद्धि और मन चाहिए, जबकि यहाँ सांसारिक प्राणियों का मन दुनिया भर के प्रपंचों में फँसा रहता है, रात-दिन दिग्भ्रमित रहता है। फिर भी इसी रास के आकर्षण में बँधकर वह पश्चिम बंगाल से आए हैं, लगभग दो माह से वृंदावन में पड़े हैं, शरद पूर्णिमा की रात को सुनैला तक दौड़े चले आए हैं, तो अपनी संपूर्ण क्षमता भर इसे समझने का प्रयास अवश्य करेंगे और अब यमुना-पुलिन पर निःसृत होनेवाली वंशी की वह ध्वनि सर्वत्र गूँज रही है, जिसके श्रवण ने सुध-बुध खोकर, किसी भी अस्त-व्यस्त अवस्था में, गोपियों को घर से भागने पर विवश कर दिया है।

सामने रास मंच पर सिर्फ गोपियाँ ही विह्वल दशा में भागती नहीं दिख रही हैं, जीवात्मा की परमात्मा की ओर उन्मुक्त होने की उत्कंठा भी शायद पूरी दर्शक-मंडली में जाग चुकी है।

कम-से-कम रासबिहारी तो उस मिलनोत्कंठा से भर ही गए हैं।

क्या इसमें कहीं परकीया भाव है?

क्या इसमें कहीं श्रीकृष्ण की लंपटता है?

क्या इसमें कहीं गोपियों के पातिव्रत धर्म की मर्यादा पर आँच है?

नहीं, ऐसा कुछ नहीं है।

यह तो आदिपुरुष और आदिप्रकृति की चिरंतन प्रणय-दीप्ति है, जो सनातन काल से होती चली आई है, विशुद्ध आध्यात्मिक भाव-भूमि पर अवस्थित है और उसे समझने के लिए भोक्ता में भी वैसी ही उत्कट और अन्यतम आध्यात्मिक चेतना होनी आवश्यक है।

गोपियों के साथ कृष्ण का संवाद ब्रजभाषा में है। नाना तर्क देकर उन्हें घर लौटने के लिए कहना और गोपियों का निरुत्तर खड़े रह जाना।

यह गोपी-भाव हर आस्वादक के हृदय में उत्पन्न करना ही तो रासलीला का प्रयोजन है।

कदाचित् रासबिहारी इसे अपने भीतर अनुभव कर रहे हैं। यत्किंचित् ही सही, पर प्रयास उसी दिशा में है, उनके संतोष के लिए इतना यथेष्ट है।

गोपियाँ किसी भाँति लौटने को तैयार नहीं, तो श्रीकृष्ण उनके साथ रास हेतु उद्यत हो गए हैं।

भक्त की उत्कट भावना के समक्ष भगवान् को झुकना पड़ता है, यह दृश्य अपनी खुली आँखों से देख रहे हैं रासबिहारी।

श्री ठाकुरजी, श्री स्वामिनीजी और सखी-वृंद।

समाजी वर्ग का वाद्य संगीत सहित यह गायन रासबिहारी के भीतर उतरता जा रहा है—

"मोहन रच्यौ अद्भुत रास।
संग मिलित वृषभानु-तनया, गोपिका चहुँ पास॥"

श्रीकृष्ण का गोपियों के साथ मंडलाकार नृत्य। हर गोपी को आभास हो रहा है कि कृष्ण उसके साथ हैं, इसलिए एक-से वस्त्राभूषणों से सज्जित स्वरूपों को हर गोपिका के साथ रासमंच पर प्रदर्शित किया गया है। जितनी गोपियाँ हैं, उतने ही कृष्ण हैं और एक कृष्ण-एक गोपिका के क्रम से वे सब मंडलाकार खड़े होकर नृत्यरत हैं। गोलाकार समूह के भीतर जो कृष्ण हैं, उनके साथ विशिष्ट गोपिका-श्रीराधा हैं।

एक से एक सुंदर-मनभावन भजनों की संगति पर श्रीकृष्ण-श्रीराधिका एवं गोपियों का ताल-लय-चेष्टाओं से संयुक्त नृत्य चल रहा है—'नृत्यत हैं दोऊ स्यामा-स्याम।' श्रीराधा और श्रीकृष्ण का यह मिलन अद्भुत है—

"श्रीराधिका सकल गुन पूरन, जाके स्याम अधीन।
संग मे होत नहिं कहुँ न्यारे, भए रहत अति लीन॥"

गोपियों के मंडलाकार समूह के मध्य खड़े नृत्यरत श्रीराधा-कृष्ण की सामूहिक नृत्य की यह छवि वर्णनातीत है—

आजु निसि सोभित सरद सुहाई।
सीतल मंद सुगंध पवन बहै, रोम-रोम सुखदाई।
यमुना-पुलिन पुनीत परम रुचि रचि मंडली बनाई।
राधा बाम अंग पर उर धरि मध्यहिं कुँवर कन्हाई।

वातावरण निर्मित करने में समाजियों के गायन का सहयोग अपूर्व है। उनके गायन

के साथ दर्शकों को प्रतीति हो रही है—

शरद पूर्णिमा की ज्योत्स्ना चर्चित यामिनी।

यमुना-पुलिन।

शीतल-मंद-सुवासित पवन।

स्वरूपों की देह के वस्त्राभूषण विद्युत् प्रकाश में चपला की चमक की भाँति द्युति बिखेर रहे हैं। नृत्यरत होने के कारण उनका भृकुटि विलास, उनकी कटि की किंकणि ध्वनि, उनके पाँवों के घुँघरुओं की झंकार जैसे एक अनूठा लास्य उपजा रही है।

श्रीकृष्ण को अपने साथ नृत्यरत होते देखकर गोपियाँ अहंकार से भर गई हैं। रासमंच पर देखते-देखते श्रीकृष्ण श्रीराधा को साथ लेकर अंतर्धान हो चुके हैं।

इस लीला का प्रयोजन यह बताना है कि ठाकुरजी को अपने भक्त का अहंकार सह्य नहीं है। यह अहं भाव ही तो ईश्वर-भक्ति में सबसे बड़ा बाधक है। अहंकार आया नहीं कि विनय भाव को तिरोहित होते देर नहीं लगती। इसीलिए जीव स्वरूप गोपियों में अहं के आते ही प्रभु का अंतर्धान हो जाना स्वाभाविक है। पर प्रेम-रस चखने के बाद उससे वियुक्त होकर भक्त-हृदय कैसे संबल धारे ? उसे तो व्यथित होना ही है। अपने खोए हुए प्रभु को हर वन-प्रांतर में खोजना ही है। गोपी-गीत इसी भाव का व्यंजक है।

भक्त की दीन पुकार, भक्त की भावावेश में स्वयं को ही भगवान् समझने की प्रतीति अध्यात्म का वह अहम बिंदु है, जो जीव और ब्रह्म के ऐक्य को वर्णित करता है। इस गोपी-गीत की अत्यंत भाव-प्रवण रूप में प्रस्तुति ही रासलीला के दर्शकों को विभोर कर रही है, जब गोपियाँ वन-वन डोलती हुई खोए कृष्ण का अता-पता सबसे पूछ रही हैं—

"जहाँ तहाँ खोजति फिरै, चरन चि कहुँ पाइ।
बार-बार अवलोकि कै, नैन चले ढहराइ॥
बन बेली बूझति जाई। कहुँ नाहिन मिले कन्हाई॥
चंपक अरु बकुल बट बूझे। तनु बिरह व्यथा हिय गूझे॥
खोजे बन बारंबारा। कहि-कहि मुख नंद कुमारा॥
मोहिं नंदनंदन क्यौं त्यागी। मैं अतिहीं परम अभागी।
नंदनंदन बस प्रेम के प्रगट भए तिहिं काल।
प्यारी कों मिली सुख दियौ, मेटि विरह दुःख जाल॥"

फिर वही बात। भक्त की उत्कट भक्ति-भावना अंततः प्रभु को कृपालु बना ही देती है। अपने आराध्य, सच्चिदानंद के अवतार श्रीकृष्ण को पाकर उससे मिलनेवाले आनंद की प्रतीति ही तो महारास है। इसे अनुभव करना इस लीला को देखने का प्रयोजन है, दर्शकों की भीड़ से अलग बैठे रासबिहारी को आभास हुआ।

श्रीकृष्ण, श्रीराधिका और गोपियों के साथ कृष्ण का महारास प्रारंभ हो गया है।

अद्वितीय शोभा-संयुक्त रासमंडल है। गोपियों के मंडलाकार समूह के मध्य पुनः राधा-कृष्ण की युगल छवि शोभायमान है। उधर समाजी वर्ग का गायन चल रहा है—

"अनुपम लीला प्रगट दिखाई।
गोपिन की कीन्ही मनभाई॥
बिच श्री स्याम नारि बिच गोरी।
कनक खंभ नखत खचि खोरी॥"

हर गोपी को अनुभव हो रहा है कि श्रीकृष्ण उसके साथ हैं। अंततः यही तो प्रभु वत्सलता है। उनके पास प्रत्येक भक्त को प्रदान करने के लिए वह अनूठा ब्रह्मानंद है, जो जीव के लिए मुक्ति प्रदाता है। इस अलौकिक आनंद को पाने के बाद क्या किसी अन्य वस्तु की चाह रह जाती है? कोई धन-संपत्ति, कोई स्पृहा भक्त-हृदय में रह ही नहीं सकती।

रासबिहारी का हृदय मंचित होती हुई रासलीला को देख कातर हो उठा है। गोपियों ने ही नहीं, उन्हें भी तो अपने आराध्य, अपने प्रभु, सच्चिदानंद को पाने की चाहत है। जीवन भर पैसे के पीछे भागते रहे। आयु के चतुर्थ प्रहर में पहुँचकर जान पाए है कि सच्चा आनंद क्या है! प्रभु को एक बार पा लेने के बाद क्या उनसे वियुक्त होना झेल सकेंगे?

किंतु वह प्राप्ति होगी कैसे?

आँखों से बहती अश्रुधारा।

रोमांचित होती देह।

बेसुधी का आलम।

नहीं, उन्हें यहाँ इस प्रकार विचलित नहीं होना है।

और रासबिहारी ने स्वयं को सँभालने की चेष्टा की।

रासमंच पर लीला की समाप्ति की सूचना देनेवाला परदा अभी गिरा नहीं है।

सखियाँ सिंहासन पर आसीन श्री ठाकुरजी और श्री प्रिया के लिए शयन की आरती गा रही हैं—

इत ढुरि गई कदंब की छैया
उत ढुरि चंद गयौ।
अब पौढ़न कौ समय भयौ।

और अब परदा गिर गया है। भक्तों की भीड़ श्री ठाकुरजी और श्री लाड़िलीजी की जय-जयकार करती हुई पूरे अनुशासन के साथ विदा ले रही है।

रासबिहारी के कानों में पड़ते आचार्य अमल के शब्द जैसे कहीं कोसों दूर से आते हुए प्रतीत हुए, "चलिए, अब चला जाए, काफी देर हो गई है।"

"ऐं!" पल भर को वह कुछ समझे नहीं।

फिर बात समझकर उठ खड़े हुए।

आयोजकों में से दो युवक पास आकर बोले, "कृपया भोजन के लिए चलिए।"

"आपने इतना जलपान करा दिया है कि उसी ने भोजन का काम किया है। अब और भोजन की इच्छा नहीं है।" आचार्य अमल शीघ्रता से बोले।

वह अब और ज्यादा समय यहाँ ठहरना नहीं चाहते। रासबिहारी की असहज स्थिति उन्होंने समझ ली है। उनके इनकार के बावजूद दोनों युवक खड़े रहे। उनमें से एक बोला, "आचार्यजी, मुँह जुठारने के लिए ही चलिए। मैं आप सबको ले चलने के लिए आया हूँ। अन्य जन तो भूखे हो चुके होंगे।"

"आप भोजन करेंगे?" आचार्य अमल ने रासबिहारी की ओर देखा। जैसे यह शब्द किसी अचीन्ही भाषा का हो, रासबिहारी प्रतिक्रिया दिए बगैर खड़े रहे।

"खाना खाएँगे?" आचार्यजी ने ज्यादा जोर से अपनी बात दोहराई।

"नहीं।" इस बार रासबिहारी ने उत्तर दे दिया।

"कैलाश, तुम?" आचार्यजी निकट खड़े कैलाश की ओर उन्मुख हुए।

गरमागरम भोजन का निमंत्रण?

शरद पूर्णिमा पर आयोजन है तो मेवों से भरी सुस्वादु खीर अवश्य होगी!

कैलाश भला ऐसे मौकों पर कभी चूका है? पर आज की बात और है। उसे मन मारकर इनकार करना पड़ेगा। दो व्यक्ति मना कर चुके हैं तो उसका स्वीकृति देना पेटू होने की निशानी है, लज्जा की बात है।

अत्यंत बेमन से कैलाश ने भी अस्वीकृति में सिर हिला दिया।

मेजबान अतिथि सत्कार की भावना से ओत-प्रोत थे। उस युवक के साथ आए दूसरे युवक से कहा, "एक डिब्बे में भोजन पैक करवाकर जल्दी से ले आओ। मैं इन लोगों को गाड़ी तक पहुँचाने जा रहा हूँ। तुम वहीं पहुँचो।"

"बस, दो मिनट!" कहकर दूसरा युवक चला गया।

सचमुच फुरतीला था।

जब तक ये लोग टैक्सी तक पहुँचे, वह खाने का डिब्बा लेकर आ पहुँचा।

"अरे, इसकी जरूरत नहीं थी।" आचार्यजी तनिक हिचकिचाए।

पर जरूरत समझनेवाला कैलाश साथ था न! उसने अब तक हाथ बढ़ाकर डिब्बा पकड़ लिया था। उसे टैक्सी में रखने के लिए बढ़ गया था।

पूर्ण सम्मान के साथ सुनैलावालों ने मेहमानों को विदा किया।

टैक्सी रवाना होने पर आचार्यजी ने निकट बैठे रासबिहारी से पूछा, "आपको महारास कैसा लगा?"

उत्तर कौन देता?

रासबिहारी तो उस समय 'डोल' पर पहुँचे हुए थे, महारास का एक हिस्सा बने हुए अलौकिक आनंद के सागर में निमग्न थे।

आचार्य अमल ने उनकी मन:स्थिति समझ ली। इसके बाद रास्ते भर सब मौन रहे।

आचार्य अमल के घर के द्वार पर जब टैक्सी रुकी, वह उतरने लगे तो कैलाश ने डिब्बा आगे बढ़ा दिया, "यह लेते जाएँ।"

"इसे तुम रख लो।" कहते हुए आचार्य अमल आगे बढ़ गए।

टैक्सी अब मयूर निकुंज जा रही थी।

रासबिहारी की मनोदशा कैसी थी, उनके अतिरिक्त कौन जान सकता था?

कमरे के भीतर पहुँचने तक उन्होंने स्वयं को काफी सुस्थिर कर लिया।

सुनैला में दिए गए भोजन के डिब्बे को आगे बढ़ाते हुए जब कैलाश बोला, "इसे आपके लिए छोड़ जाऊँ?" तो उन्होंने स्पष्ट शब्दों में इनकार कर दिया, "गोकुल से एक गिलास दूध भिजवा दो और कुछ मुझे नहीं चाहिए।"

दूध पीकर जब पलंग पर लेटे, तब तक मन-मस्तिष्क शांत हो चुका था। पर सरिता के जल की मंथर गति से बहती शांत धारा में भी क्या एक कंकड़ी डाले जाने पर हलचल नहीं मच जाती?

सुनैला की महारास लीला ने अब बेसुधी की नहीं, गंभीर चिंतन की अवस्था में उन्हें पहुँचा दिया।

वैश्वीकरण के वर्तमान युग में, भौतिकता की तीव्र आँधी में हमारी पाँच हजार साल पुरानी सांस्कृतिक संपदा की हानि हो रही है उसकी छप्पर-छानी उड़ चुकी है। लोगों के पास पैसा है, मानसिक शांति नहीं। पैसे से भौतिक सुख-सुविधाएँ खरीदी जा सकती हैं, मानसिक संतोष नहीं। पैसे से षट्रस भोजन खरीदा जा सकता है, भूख नहीं। पैसे से चंदन का पलंग और मखमली शय्या खरीदी जा सकती है, नींद नहीं। पैसे से शैक्षिक डिग्रियाँ खरीदी जा सकती हैं, ज्ञान नहीं। माँ के हाथों की पवन झकोरे-सी शीतल थपकी और पत्नी की चूड़ियों भरी कलाई का बिजना सिर्फ संवेदनशील संबंधों को जीवंत रखकर ही पाया जा सकता है। इस पीड़ा को सिर्फ रासबिहारी जैसा इनसान समझ सकता है, जिसने मंदा जैसी पत्नी के अमोल प्यार को माटी मोल समझकर कोई मान न दिया। जिसने धन के अंबार पर खड़े होकर राक्षसी अट्टहास तो किया, पर दोनों बेटों के हृदय में बाप के प्रति जरा-सी भी कोमल अनुभूति न जगाई।

वर्तमान जगत् की विसंगतियाँ क्या गिनती में कुछ कम हैं? दांपत्य-भाव कभी

सावित्री-सत्यवान की कथा में जीता था, जो यम के हाथों अपने पति के प्राण बचा लाई थी।

दांपत्य-सुख कभी धृतराष्ट्र-गांधारी के संबंधों में जीता था, जिसने दृष्टिहीन पति को साथ देने की खातिर आँखों पर पट्टी बाँधकर जीवन काटा था।

दांपत्य-जीवन कभी राम-सीता के आदर्श में पल्लवित हुआ था, जब राज-सुखों को छोड़कर एक कोमालांगी नववधू ने वन-वन घूमने के कंटकाकीर्ण जीवन को अपनाया था।

आज ऐसी खबरों से अखबार भरे पड़े हैं, जहाँ दांपत्य जीवन की मर्यादा और आदर्श को तार-तार किए जाते देर नहीं लगती।

कहीं मामूली-सी बात पर पति-पत्नी में कलह और रुष्ट पत्नी का भागकर तालाब में कूदकर जान दे देने का ऐलान। आगे पत्नी, पीछे उसे मनाने के लिए भागता पति। घिरती साँझ के अँधेरे में गहरे तालाब के निकट पहुँचकर क्रोधभरी पत्नी की पानी में छलाँग। उससे दो कदम पीछे दौड़ते पति की उसे बचाने के लिए पानी में अगली छलाँग।

चूँकि तैरना दोनों में से किसी को नहीं आता था, इसलिए परिणाम दुःखद निकला। दोनों डूब गए और अपने पीछे डेढ़ वर्ष की बेटी व तीन माह के दुधमुँहे बेटे को छोड़ गए। कौन पालेगा बच्चों को, क्या अंजाम होगा दोनों अबोध शिशुओं का, पानी में छलाँग लगाते समय माँ-बाप में से किसी ने नहीं सोचा।

क्यों नहीं है शांति?

क्यों नहीं है रत्ती भर सहिष्णुता?

क्यों नहीं है तनिक भी सुख-संतोष?

सोचने बैठो, तो सिर्फ अँधेरे के साए नजर आते हैं।

दांपत्य जीवन में असह्य असंतोष के चलते कहीं तीन बच्चों की माँ अपना घर-परिवार छोड़कर युवा प्रेमी के साथ भागती है, तो कहीं घर में रहते हुए प्रेमी के साथ षड्यंत्र करके पति सहित पूरे परिवार को जहर देकर अपना मार्ग निष्कटंक करना चाहती है। एक घटनाक्रम में पति अपनी पत्नी के उच्छृंखल आचरण से सशंकित हो गया और थोड़ी चतुराई दिखाकर प्रेमी के साथ अपनी हत्या की साजिश की मोबाइल वार्त्ता की रिकार्डिंग निकाल ली, तो सप्रमाण पत्नी को अदालत खींच ले गया, वरना दुराचारिणी पत्नी की साजिश का शिकार होकर अभागा व्यर्थ ही मारा जाता।

पति ही निर्दोष-निष्कलंक कहाँ हैं?

कहीं पत्नी-प्रेमिका दोनों को ही अँधेरे में रखकर दोनों हाथ लड्डू लूटने की चेष्टा है, कहीं पत्नी को धता बताकर प्रेमिका के साथ घर बसाने की चाहत है और कहीं पत्नी को राह का काँटा मानते हुए समूचा उखाड़ फेंकने की दुरभिसंधि है। मुसलमानों में तीन तलाक की बढ़ती प्रवृत्ति कम शोचनीय नहीं है। देश, धर्म, जाति का इस दांपत्य विघटन

और दंपती के वैमनस्य भाव से कोई संबंध नहीं। ऐसी घटनाएँ पूरे विश्व में घट रही हैं और आम हो चुकी हैं।

बहुत बदल गया है समय।

असंतोष केवल दांपत्य जीवन में ही नहीं, हर संदर्भ में है। पैसे के पीछे ऐसी भागती जिंदगी कि राह में सबकुछ छूटता जाए, कोई चिंता नहीं। नौकरी-पेशा पति-पत्नी को सुख-सुविधाएँ बटोरने की हवस के चलते न बूढ़े माता-पिता का दुःख-दर्द जानने की इच्छा है और न अबोध संतति के लिए भी समय दे सकने की जरूरत का अहसास है। बुजुर्गों की हैसियत घर के कबाड़घर में पड़े उस फर्नीचर जैसी रह गई है, जो इस्तेमाल के लायक नहीं रहा। 'यूज एंड थ्रो' के नियम के चलते जब तक वे छोटे बच्चों की सार-सँभाल करने के मतलब के हैं, तब तक घर में रह लें, उसके बाद स्कूल जाते बच्चों की दुनिया में भी उनकी जगह नहीं रह जाती। बेटे-बहू के लिए पहले ही गले पड़ा ढोल बन चुके वृद्धजन जब नाती-पोते के लिए भी अनुपयोगी हो जाएँ तो वृद्धाश्रम के अलावा उनका दूसरा कौन-सा ठौर-ठिकाना होगा?

बच्चे ही यदि माता-पिता की अधूरी महत्त्वाकांक्षाओं की पूर्ति का साधन बन सकें, तब तो सब सही है, अन्यथा पूरे परिवार से सौहार्द को कर्पूर की डली की तरह गुम होते देर नहीं लगती। कम अंक लाने पर बच्चे को यदि बार-बार प्रताड़ित किया जाए, तो वह विद्रोही बनेगा अथवा कुंठाग्रस्त होकर अपनी जिंदगी तक से निराश हो जाएगा। एक क्रिकेट प्रेमी बच्चे को आप ठोक-पीटकर प्रशासनिक अधिकारी नहीं बना सकते। यह प्रयास वैसा ही निरर्थक रहेगा, जैसा बेला-चमेली की शाखा पर गुलाब के फूल पाने का मनोरथ।

तो फिर क्या किया जाए कि दिग्भ्रमित समाज, देश और विश्व उस शांति और सुख-चैन को पा सकें, जो हर मनुष्य का काम्य है और उसे मिलना भी चाहिए।

~✦~

सोचते-सोचते रोमांचित हो उठे रासबिहारी। दूर तक फैले स्याह अँधेरे में जो एक प्रकाश-किरण चमक रही है, वह क्या है?

थोड़ा गौर से देखा, निगाह गड़ाकर देखा तो नजर आ गया वह रासमंच, जहाँ कृष्ण-लीलाओं का विपुल वैभव बिखरा हुआ है।

कृष्ण की गोचारण-लीला को ही लो।

यह मात्र बच्चों का खेल नहीं है।

यह मात्र ग्वाल-बालों के साथ वन-भ्रमण का उनका कौतुकपूर्ण आचरण भी नहीं है।

इसके संपूर्ण 'विजन' को समझना होगा।

कृष्ण किसके बेटे हैं?

ब्रज के गोकुल ग्राम में रहते हुए वह नंद-यशोदा के लाड़ले पुत्र हैं। नंद बाबा और मैया यशोदा के घर में जब किसी वस्तु की कमी नहीं है तो उन्हें गोचारण के लिए अपने कोमल-कमनीय कान्हा को वन-वन भेजने की क्या जरूरत?

धूल-धूसरित अवस्था में सायं बेला लौटता देखने की क्या विवशता?

काँटा चुभे रक्तिरंजित चरण सहित देखने की क्या आवश्यकता?

पर कृष्ण की गोचारण लीला का रहस्य छिपा है उसके मानवीय सरोकार में।

श्रीकृष्ण अपने बाल सहचरों सहित वन में बैठकर ही दोपहर का भोजन करते हैं। उस समय कोई छोटा-बड़ा नहीं है। कोई अमीर-गरीब नहीं है। कोई राजा-प्रजा नहीं है।

सब बालक हैं, सब समान हैं, सब एक-दूसरे से लड़ते-भिड़ते हैं और फिर सब एक हो जाते हैं। किसी के मन में किसी के प्रति कुंठा के पनपने का सवाल ही नहीं उठता।

विश्व के कल्याण के लिए इस कुंठारहित सहज जीवन की कितनी जरूरत है, कहने की आवश्यकता नहीं।

बालक कृष्ण की माखन-चोरी लीला को ही लो। घर में दूध-दही-माखन की प्रचुरता होते हुए भी कृष्ण अपने अड़ोस-पड़ोस की ग्वालिनों के घर में जाकर माखन चुराते हैं। माखन-चोरी की यह सामान्य-सी दिखनेवाली लीला अपने भीतर न जाने कितनी गहन मानवीय संवेदना छिपाए हुए है।

अपने-पराए का कोई भेद नहीं।

रँगे हाथ पकड़े जाने पर कृष्ण चंचल कंठ से सफाई देते हैं, "मैंने अपना घर समझकर ही यहाँ मटकी में हाथ डाला है।"

तो यह 'परिवार' भाव ही जब अपने घर से बाहर निकलकर पड़ोस, ग्राम या शहर, जिला, देश से होता हुआ समूचे विश्व को 'अपना' मान लेगा, तो राष्ट्रों के मध्य विवाद कैसे उपजेंगे?

भूमंडलीकरण अपने भीतर कहने भर को ही 'ग्लोबल विलेज' छिपाए है, यथार्थ में वह अपने छदम् नाम में 'बाजारवाद' को धारण किए है, जबकि रासमंच पर अभिनीत होनेवाली कृष्ण-लीला अपने माधुर्य के भीतर ऐसा रस-पारावार छिपाए हुए है, जो क्लांत-श्रांत दुनिया को अनूठी शांति देने में सक्षम है।

अब कृष्ण की बाल-लीला के उस प्रसंग को ही लो, जब वह अपने हमउम्र बालकों के साथ खेल रहे हैं।

खेल तो खेल है।

खेल में कौन हारेगा कौन जीतेगा, इसे पहले से कैसे कहा जा सकता है? सखाओं के साथ खेल में कृष्ण हार गए और सुदामा जीत गए, जैसा कि बाल-स्वभाव है, खेल में हारनेवाला प्राय: खिसिया जाता है और खेल छोड़कर भागने की मानसिकता दिखाता है। यहाँ कृष्ण ने भी यही किया और खेल छोड़कर भागने के प्रयास में दिखाई दिए। इस पर ग्वाल-बाल कृष्ण के साथ कोई पक्षपात नहीं करते और साफ शब्दों में उनके आचरण की निंदा करते हैं, "देखो कान्हा, खेल में कोई किसी का स्वामी नहीं होता। तुम हारे, सुदामा जीते। इसे सहज भाव से लो, व्यर्थ गुस्सा क्यों करते हो?"

दूसरे बालक की टिप्पणी है, "क्या तुम इसीलिए स्वयं को बड़ा मान रहे हो कि तुम्हारे घर में कुछ ज्यादा गाएँ हैं? पर यह बड़प्पन भाव यहाँ नहीं चलेगा। तुम्हें खेल छोड़कर हम नहीं भागने देंगे। पहले अपना दाँव दो, फिर यहाँ से जा पाओगे।"

बाल-लीला का यह न्यायिक भाव यदि जन-चेतना का अंग बन जाए, तो 'मैच फिक्सिंग' जैसी घटनाएँ क्या वैश्विक-पटल पर दिखाई देंगी?

~✦~

रासमंच की एक-एक लीला अपने भीतर गूढ़ार्थ छिपाए हुए है।

दानलीला को ही लो, वह क्या है?

मात्र अहंकार त्यागने का संकेत ही न! हमें किसी से कुछ माँगने में संकोच क्यों हो?

माँगकर व्यक्ति छोटा नहीं बनता, परस्पर आत्मीय भाव ही बढ़ता है।

समाज में जो तीव्रगामी बदलाव आया है, उसके चलते लेन-देन की यह मीठी प्रवृत्ति खत्म हो गई है। पहले गली-मोहल्लों में क्या होता था? किसी के घर मेहमान आ गया और चाय में डालने के लिए चीनी नहीं है तो बच्चे को कटोरी सहित दौड़ा दिया और वह पड़ोस की दादी के घर से चीनी माँग लाया।

चार दिन बाद उनके घर कोई मेहमान आया और रसोई में सिर्फ दाल बनी है तो अम्माजी आकर आँगन में खड़ी हो गई और कहने लगीं, "बहुरिया, तुम्हारे यहाँ कौन-सी सब्जी बनी है? एक कटोरी दे दो तो मेहमान की थाली में दाल के साथ सब्जी रख देने पर काम निपट जाए।"

न देनेवाले के मन में अहंकार।

न लेनेवाले के मन में कोई झिझक।

यह तो बराबर का सौदा है, परस्पर प्रेम-प्रीति की बात है। कोई छोटा नहीं साबित हुआ, कोई बड़ा नहीं सिद्ध हुआ। समता का भाव दोनों दिलों में मौजूद रहा।

कृष्ण-लीलाओं का अनूठा संसार।

इस रासमंच पर दान लीला है और मान लीला भी।

दान लीला का प्रसंग अपने माधुर्य में बेजोड़ है।

कृष्ण अपने सखाओं के साथ पथ में खड़े हैं और उस मार्ग से निकलनेवाली गोपियों से दधि का दान माँग रहे हैं।

गुजरिया कम थोड़े ही है, क्यों दे अपनी मटकी का दही? हाँ, यदि कान्हा और उसके बाल-सहचर ठुमक-ठुमककर नाच दिखाने को तैयार हैं, तो दही मिल सकता है।

अब बाल-गोपालों का दल गोपियों को खुश करने के लिए नाच रहा है।

यह नाच मात्र 'ता-ता थैया' नहीं है, यह आनंद का ऐसा निर्झर है, जिसके तले खड़े होकर व्यक्ति के मन के सभी भीतरी पाप-कलुष धुल जाते हैं। वह एक निरभ्र आनंद-लोक में पहुँचकर समस्त लौकिक बंधनों से मुक्त हो जाता है।

समय बीतने के साथ बालक कृष्ण अब एक नटखट किशोर के रूप में परिवर्तित हो चुके हैं। सभी संगी-साथी भी किशोरवय में पहुँच गए हैं। पर 'दान' माँगने की आदत छूटे तो कैसे?

अब भी वे सब यमुना-पुलिन पर खड़े हैं, उधर से गुजरती गोपियों को घेरते हैं, "कहाँ है हमारा दान? पहले दान दो, फिर यहाँ से जा सकती हो।"

"कैसा दान? कहाँ का दान? क्या यह जगह तुम्हारी बपौती है? चलो हटो। कोई दान-वान नहीं। हमें अपने रास्ते जाने दो।"

पर ऐसी मधुर-प्रेममयी झिड़कियों से स्वयं को अपमानित महसूस किया जाए, तो लीला का माधुर्य ही क्या रहा?

नोक-झोंक चलने दो, किसी पर कोई प्रभाव नहीं।

अंततः गोपिका कहती है, "दान मुफ्त में नहीं मिलता। बदले में कुछ देना पड़ेगा।"

"क्या चाहिए तुम्हें, बताओ।"

"प्रेम का दान।"

यानी यहाँ दान-प्रतिदान दोनों हैं।

दही का दान देकर प्रतिदान स्वरूप चतुर गोपिका अपने मनमोहन से वह प्रेम माँग रही है, जो ब्रह्मानंद सहोदर है, जो तीन लोक का काम्य है।

यदि ऐसा है तो दान-लीला अप्रतिम क्यों नहीं?

और इसी के साथ जुड़ी है मान-लीला।

मान-लीला का प्रसंग भी विलक्षण ध्वनि संयुक्त है।

एक दिन पूर्व सूचना देकर श्रीकृष्ण मिलन स्थली पर श्रीराधा से मिलने के लिए आ

रहे थे, तभी मार्ग में पद्माजी मिल गईं। यह पद्माजी श्री ललिताजी की सखी हैं। उन्होंने श्रीकृष्ण के समक्ष श्री ललिताजी की विरहोत्कंठा का कुछ ऐसा वर्णन किया कि कृष्ण द्रवित हो गए। वे अपना गंतव्य भूलकर कुछ समय के लिए श्री ललिताजी के कुंज में प्रविष्ट हो गए। अब बातों में किसे समय का होश रहता है?

श्रीकृष्ण भी ललिताजी की रसमयी बातों और क्रीड़ा-विनोद में ऐसा उलझे कि श्रीराधा उनकी प्रतीक्षारत होंगी, यह विस्मृत कर बैठे।

उधर उसी कुंज में श्रीराधिकाजी की एक मैना भी वृक्ष की शाखा पर बैठी हुई थी, जिसने श्रीकृष्ण और ललिताजी की सारी बातें सुन लीं और एक चुगलखोर की तरह उड़कर सारा वार्त्तालाप जस-का-तस सुना दिया।

राधिका की स्थिति यह कि काटो तो खून नहीं! कृष्ण के प्रति ऐसा अजेय मान जागा, 'स्वयं को समझते क्या हैं? ऐसे उद्यत स्वभाव के प्राणी से मेरा कोई नाता नहीं।'

राधिका मानवती हो चुकी हैं और कृष्ण को इसका भान तक नहीं। वह कुछ देर बाद सहज भाव से श्रीराधा से मिले, तो उनका अटूट मान देखकर घबरा गए। मान-विमोचन के सारे उपाय किए, पर श्रीराधा टस-से-मस होने को तैयार नहीं।

अब कृष्ण क्या करें?

दु:खी होना स्वाभाविक है।

मन मारकर वहाँ से उठ खड़े हुए और अपनी राह चल दिए। मार्ग में विशाखाजी मिलीं, तो श्रीकृष्ण को उदास देखकर कारण पूछा। उन्होंने श्रीकृष्ण को राधा का मान दूर करने का उपाय भी बताया।

अब कृष्ण ने एक नई सखी का रूप धारण किया और हाथ में वीणा लेकर विशाखाजी के साथ श्रीराधा के समीप पहुँचे।

श्रीराधा ने चौंककर विशाखाजी से पूछा, "सखी, यह कौन है? आज तक इसे देखा नहीं।"

"यह श्यामा सखी है। वीणा-वादन में अति प्रवीण है। बस, तुम इसे गुणों की खान ही समझो।"

श्रीराधा अत्यंत प्रसन्न हुईं। उन्होंने श्यामा सखी को पूर्ण सम्मान सहित अपने समीप बैठाया और वीणा-वादन के लिए कहा। श्यामा सखी का वीणा-वादन सुनकर श्रीराधिका इतनी प्रसन्न हो उठीं कि उन्हें तुरंत बाँहों में भर लिया।

किंतु यह क्या?

आलिंगन करते ही श्रीराधिका उसी क्षण अपने प्रियतम को पहचान गईं। बाँहों में तो भर ही चुकी थीं, अब मान कैसा? वे अपने प्राणप्रिय के साथ लीला-विलास में लीन हो गईं।

यह अद्‌भुत मान-लीला क्या आज की दांपत्य-कलह के निवारण का अचूक नुस्खा नहीं? पाँव पलोटन लीला आखिर यही तो प्रकट करती है। श्रीराधिका के पाँव दबाने में भी श्रीकृष्ण को संकोच नहीं। वेणी गूँथन लीला, केश सँभारन लीला क्या प्रकट करती हैं? प्रियाजी की वेणी गूँथने, पाँव में महावर लगाने और हिंडोले को झुलाने में कहीं श्रीकृष्ण का अहं भाव आड़े नहीं आता है। यदि दांपत्य जीवन में यह प्रेम-संबंध कायम रहे, तो कलह की नौबत ही क्यों आए?

भौतिकता, व्यक्ति-स्वातंत्र्य और परिवर्तन की तीन दिशाओं में भूमंडलीकरण के अभिशाप फलते-फूलते हैं। भौतिकता के पीछे भागने की प्रवृत्ति के कारण व्यक्ति अपना समूचा जीवन एक मृगतृष्णा में काट देता है। अंत समय जान पाता है कि यह पैसा उसे सुखी नहीं बना सका। एक स्थिति में पहुँचकर द्रव्य जब आँकड़ों में बदल जाए, तो फिर अरबों की संपत्ति भी निरर्थक लगने लगती है। पैसे के पीछे निरर्थक भागने की प्रवृत्ति अंतत: उसे एक ऐसे विषाद-लोक में ले जाती है, जहाँ मात्र पश्चात्ताप के कुछ हस्तगत नहीं होता।

मानव तड़पकर सोचता है, काश! बीते दिन लौट आएँ, तो वह जीवन को हँसी-खुशी से जी सके। पर वक्त बड़ा निर्मम होता है, किसी की नहीं सुनता, किसी के लिए नहीं लौटता।

तो क्या समझदार इनसान वह नहीं है, जो आगत दिनों को पहचान ले और भौतिकता की आँधी में ध्वस्त होने से स्वयं को बचा सके?

सच्चे आनंद-लोक तक उँगली पकड़कर ले जानेवाले महारास की मूल्यवत्ता को पहचान लेने से व्यक्ति को अंत समय में पश्चात्ताप की ज्वाला में नहीं जलना पड़ता।

दूसरी बात, व्यक्ति-स्वातंत्र्य, यानी अहंकार भी आज के वैश्वीकरण की युगीन त्रासदी है। परिवार में यदि पति-पत्नी दोनों नौकरीपेशा हैं, तो कोई स्वयं को किसी से छोटा नहीं मानता। दोनों ही समान शिक्षित हैं, दोनों ही समान वेतन (बल्कि कभी-कभी तो पत्नी का वेतन ही अधिक होता है) लाते हैं, फिर किसी की कोई बात क्यों बरदाश्त की जाए? यहीं से वह असहिष्णुता जन्म लेती है, जो दांपत्य के हरे-भरे वृक्ष को काटने के लिए कुठार का काम करती है।

पति के मुँह से अनायास ही यदि कोई तेज वाक्य निकल गया, तो पत्नी को प्रत्युत्तर में चार वाक्य सुनाने ही हैं। पत्नी के मुँह से गलती, भूल, क्रोध या असावधानी में कोई बात निकल गई, तो पति को उस आँधी के प्रत्युत्तर में प्रलयंकारी तूफान बनना ही है।

ऐसे में पहले संवादहीनता, फिर संबंध-विच्छेद। चक्की के दो पाटों के बीच

पिसनेवाले बच्चों की चिंता किसे हैं?

क्या ये अहं की हिम-शिलाएँ मान लीला में निहित प्रेम की गरमाई से पिघलाई नहीं जा सकतीं?

दृष्टि एक बार फिर समस्याओं के समाधान के लिए रासमंच की ओर उठ जाती है।

भूमंडलीकरण की तीसरी विशेषता, यानी परिवर्तन की लहर ने देखते-देखते सबको बदल दिया है। विघटन का युग है यह। संयुक्त परिवार टूट गए, एकाकी परिवार दिखने लगे। बच्चों को भी पारिवारिक संबंधों की मधुरता का न अहसास हुआ, न अभाव से उपजी रिक्तता ही किसी को नजर आई। उसपर एकाकीपन का संत्रास झेलते बच्चों के स्वभाव में आए बदलाव ने कोढ़ में खाज का काम किया।

समय-चक्र के प्रभाव से ऐसा होना ही था।

माता-पिता के मुँह से निकले एक तेज वाक्य को बरदाश्त करने की सहिष्णुता अब बच्चों में नहीं रही। प्रतिक्रिया से भरकर वे कुछ भी कर सकते हैं। ऐसे भी उदाहरण हैं, जहाँ माँ की डाँट से क्षुब्ध होकर किशोरी घर से निकल गई और फिर अवैध तत्त्वों के चंगुल में फँसकर अपना सर्वनाश करा बैठी।

ऐसे भी उदाहरण हैं, जहाँ पिता के जायज गुस्से से चिढ़े बालक ने माँ का दुपट्टा लेकर, स्टूल पर चढ़कर, पाँव से स्टूल धकियाकर सीलिंग फैन की मदद से इहलीला समाप्त कर ली।

यही परिवार क्या हमारा स्वप्न थे?

इसी बदलाव की क्या हमने चाहत की थी?

संतति में विनयशीलता और अनुशासन का यह तिरोभाव कल कितना बड़ा राष्ट्रीय ही नहीं, वैश्विक संकट बनेगा, क्या इसका किसी को भान है?

और इस समस्या के निदान के लिए क्या रासमंच ने हमें 'हाऊ बिलाऊ लीला' तथा 'ऊखल बंध लीला' नहीं सौंपी है?

बालकृष्ण ने ऊखल पर चढ़कर माखन चुराया, तो मैया यशोदा ने दंडित करने के लिए उन्हें उसी ऊखल से बाँध दिया।

कृष्ण ने तो इसे मान-अपमान से नहीं जोड़ा और न कोई प्रतिक्रिया दिखाई।

इसी प्रकार उन्हें खेल में लिप्त होता देख मैया यशोदा ने उन्हें हाऊ-बिलाऊ का डर दिखाया और घर बुला लाईं। बालक ने तो इसे प्रतिष्ठा का प्रश्न नहीं बनाया कि साथियों के मध्य माँ ने उसे क्यों अपमानित किया?

निस्संदेह सरल-सहज जीवनयापन करने की कला यदि वृंदावन की माधुर्यमयी कृष्ण-लीलाएँ सिखाती हैं, तो क्या इन्हें युगीन अभिशापों से बचने के लिए लोक में अधिकाधिक फैलाना नहीं चाहिए?

द्वापर युग में यदि कृष्ण की ये लीलाएँ जनमानस को उल्लसित करने में सफल हुईं, तो आज कलियुग में उनका अनुकरण, उनका मंचन क्या मानवता के लिए अमृत की बूँदों जैसा कारगर नहीं होगा? सच, ईर्ष्या-द्वेष की विष-बेल आज आयु के हर पड़ाव पर व्यक्ति का कितना अहित कर रही है, किसी से छिपा नहीं है।

कक्षा में कुशाग्रबुद्धि छात्र की अपने सहपाठियों से ईर्ष्या, कहीं कोई उससे आगे न निकल जाए!

दो सगे भाइयों में धन कमाने की स्वस्थ प्रतिस्पर्धा की जगह वह कलुषित ईर्ष्या, जो भाई को काना बनाने के लिए स्वयं अपनी दोनों आँखें फोड़ने को तैयार है।

ऐसे में ग्वाल-बालों के साथ कृष्ण की एक से बढ़कर एक सखा भाव की बाल लीलाएँ पारस्परिक प्रेम भावना को प्रगाढ़ करने में सहायक क्यों न होंगी? इन लीलाओं में सबकुछ सामूहिक है। गोचारण है तो सखाओं के साथ। माखनचोरी है तो सखाओं के साथ। यह सामाजिक सरोकार ही तो आज वैश्विक जरूरत है, जहाँ व्यक्ति सिर्फ अपने लिए सोचना चाहता है।

अच्छा भोजन उसका अधिकार है।

संपूर्ण सुख-सुविधाएँ उसका प्राप्य हैं।

आसानी से मिल जाएँ तो ठीक, वरना टँगड़ी मारकर दूसरों को गिराकर आगे बढ़ने से भी वह नहीं चूकता।

खत्म होती जा रही हैं संवेदनाएँ।

अंजुरी से झरते रेत-कणों की भाँति चुकता जा रहा है आदमी का आत्मिक आनंद।

कोई किसी के दुःख से दुःखी नहीं।

कोई किसी के आँसू पोंछने को उद्यत नहीं।

अपने सिवाय किसी अन्य की तरफ देखने का समय किसके पास है?

ऐसे में संपूर्ण ब्रज को इंद्र के कोप से बचाने के लिए जब श्रीकृष्ण की

गोवर्धन धारण की लीला, कालियानाग दमन की लीला हमारे सामने रासमंच पर मंचित होती है तो क्या 'स्व' से इतर 'पर' का भाव हमारे मन में नहीं जागता?

आज संपूर्ण विश्व एक उथल-पुथल के दौर से गुजर रहा है। पुराने मूल्य नष्ट हो गए। नए मूल्य गढ़े नहीं गए। ऐसे संक्रमण काल में ब्रज की ये लीलाएँ क्या हमारा मार्गदर्शन न करेंगी?

~✦~

सोचते-सोचते अत्यंत उद्वेलित हो उठे रासबिहारी। अपनी खुली आँखों से वह समाज में आए बदलाव को देख रहे हैं।

पर्व-त्योहारों का उल्लास क्या अब कहीं शेष रहा है? बसंत कब आया, कब गया, कोई नहीं जान पाता।

शरद पूर्णिमा की चाँदनी ने धरा पर कब पाँव पसारा, कोई नहीं देख पाता।

किसी पर्व-त्योहार की खुशियों को घूँट-घूँट पीने का आनंद तिरोहित हो चुका है।

ऐसे में 'आज बिरज में होरी रे रसिया' की तान किसे उमंगित न कर देगी? इस होरी लीला में जब छद्मलीला का संयोजन हो जाए, तो फिर इस गुदगुदा देनेवाले आनंद का कहना ही क्या!

श्रीकृष्ण बरसाने में होली खेलने आए हैं। जोश की कमी नहीं। सखाओं का समूह साथ है। उधर रंगीली गली की छटा भी कुछ कम नहीं है। ढप, ढोल और मृदंग बज रहे हैं। होली का मदमाता माहौल है। ऐसे रंग बरसते पलों में ब्रजबालाओं ने श्रीकृष्ण को पकड़ लिया और नारी का शृंगार करके उन्हें नर से नारी बना दिया। ब्रज की होली का यह स्वाभाविक उल्लास होरी लीला में देखने का आनंद भी छोटा नहीं होता—

"ब्रज में हरि होरी मचाई।
इत तें आवत सुघर राधिका, उत तें कुँवर कन्हाई।
खेलत फाग परस्पर हिलमिल, यह सुख बरनि न जाई॥
सु घर-घर बजत बधाई॥
बाजत ताल, मृदंग, झांझ, ढप, मंजीरा, सहनाई।
उड़त अबीर, कुमकुमा, केसर रहत सदा ब्रज छाई॥
मनो मघवा झरि लाई॥
राधा जू सैन दियौ सखियन कौ, झुंड-झुंड जो धाई।
लपटि-झपटि गई स्याम सुंदर सों, बरबस पकरि लैं आई॥
लाल जू कौ नाच नचाई॥
लीन्हों छीनि पितांबर मुरली, सिर सों चुनरी ओढ़ाई।
बेंदी भाल, नैन बिच काजर, नकबेसर पहिराई॥
मनौ नई नारि बनाई॥"

यह होरी लीला, यह छद्म लीला आखिर और क्या है? रस माधुर्य और उल्लास की वर्षा ही न? होली का यह आनंद आज कितने दिलों में बाकी रह गया है? कितने लोगों को उमंगित कर पाता है? आनंद-वर्षा तो दूर, किसी युवक को चुनरी भर उढ़ाने का प्रयास करें, वह एकदम लड़ाई-झगड़े की मुद्रा में आ जाएगा। उल्लास का अनुभव करनेवाले हृदय जब नहीं रहे हैं, तो उनकी पुनर्प्राप्ति के लिए ब्रज की कृष्ण लीलाएँ क्या हमें पुकार नहीं रही हैं? अब यह हमारे ऊपर है कि हम उनकी सुनी करते हैं अथवा

अनसुनी। आज के शुष्कप्राय जीवन में रस-संचार के लिए इनकी उपादेयता हमें माननी तो पड़ेगी ही।

इनसान की जिंदगी में समय हमेशा एक-सा नहीं रहता। उतार-चढ़ाव चलता रहता है। कभी हाथ में पैसा है, कभी नहीं। अब पर्व-त्योहार तो नहीं देखता कि संपन्नता के समय ही वह आए। उसे तो अपने निश्चित समय पर आना ही है। ऐसे में कोई व्यक्ति अपना मन छोटा न करे, इसे भी ब्रज की होली ऐसे इशारों-इशारों में समझा देती है कि इसके बाद किसी का मन छोटा होने का प्रश्न ही नहीं उठता। पति-पत्नी के संवाद के यह क्षण सिर्फ उल्लास को घूँट-घूँट पीने के मनोरम क्षण ही रह जाते हैं—

"सलुकाउ नायँ मो पै मिसिरउ नायँ
कहा रे ओढ़ि खेलूँ होरी?
समै की लाज गहौ गोरी।
अब कौ रे फागुन गोरी योंई हँसि खेलौ
आगे कूँ मँगाय दिंगे द्वै जोरी
समै की लाज गहौ गोरी।
हँसुलिउ नायँ मो पै कठुलाउ नायँ
कहा रे पहरि खेलूँ होरी
समै की लाज गहौ गोरी।
अब कौ रे फागुन गोरी योंई हँसि खेलौ
आगे कूँ गढ़ाय दिंगे द्वै जोरी
समै की लाज गहौ गोरी।"

लोकगीत क्या है, यह जीवन की सम-विषम डगर की बोलती हुई झाँकी है। पत्नी को मलाल है कि उसके पास पहनने के लिए नया सलूका (कुरती, ब्लाउज) और मिसिर (डोरिया की ओढ़नी) नहीं है, तो क्या पहन-ओढ़कर होली खेले? पति का दिलासा है, यह समय गरीबी का है, इस गरीबी के वक्त पुराने वस्त्रों में ही वह होली मना ले, अगली होली में एक की जगह दो जोड़ी नए वस्त्र सिलवा देगा। इसी प्रकार हँसुली और कठुला न होने का भी मलाल न करे वह। अगली होली में एक की जगह दो जोड़ी आभूषण गढ़वा देगा। यह संतोष वृत्ति, अपनी रूखी-सूखी में भी आनंदित रहने का भाव यदि आप 21वीं सदी के असंतोषी प्राणी में उपज जाए तो येन-केन-प्रकारेण पैसे के पीछे भागने की प्रवृत्ति पर स्वतः लगाम लगेगी या नहीं?

सचमुच ब्रज के रासमंच की कृष्ण लीलाएँ आज के बुरे वक्त में जीवनयापन की जो सही शैली सिखा रही हैं, उनकी मूल्यवत्ता असंदिग्ध है।

रासबिहारी पिछले दो माह से ब्रजभूमि में रह रहे हैं। यहाँ का रहन-सहन, खान-

पान, चाल-चलन, मंदिर-तीर्थ, जलवायु अपनी खुली आँखों से देख रहे हैं और उसकी मिठास को महसूस कर रहे हैं। ज्यादा क्या कहें, यहाँ की माटी ही जैसे विलक्षण रहस्यों को छिपाए हुए हैं। काम्य वन को ही लो, कृष्ण ने गोपियों के साथ यहाँ विविध प्रेम-लीलाएँ की थीं, पर उन्हें गर्हित नहीं माना गया, क्योंकि उनमें विशुद्ध प्रेम था, वासना का पुट नहीं था। ब्रज के इस काम्यवन को कामवन भी कहते हैं। काम का अर्थ यहाँ कामवासना न होकर विशुद्ध प्रेमभाव है। तभी तो 'श्रीमद्‍भागवत' में कहा गया है कि कृष्ण को सुख प्रदान करनेवाला गोपियों का निर्मल प्रेम, जिसमें लौकिक काम की कोई गंध नहीं होती, वही काम है। यह अप्राकृत प्रेम ही काम्यवन की लीलाओं में प्रकट हुआ है। चूँकि इसी का अनुकरण तो रासमंच की लीलाओं में होता है, तो फिर उसे दिव्य क्यों न माना जाए?

काम्यवन की भाँति ब्रजवसुंधरा का माट वन भी व्यक्ति के चिंतन को और आगे ले जाता है। इसके साथ जुड़ा प्रसंग क्या भूलने योग्य है?

रासबिहारी को याद है, कैलाश के साथ वह माटवन के निकट पानी गाँव गए थे। ज्यादा दूर नहीं है वृंदावन से। मुश्किल से डेढ़-दो किमी. है। पानी गाँव के समीप अपने दुर्वासा आश्रम में जब महर्षि दुर्वासा रह रहे थे, तब की घटना है। एक दिन वृंदावन की गोपियों के मन में आया कि विविध प्रकार के सुस्वादु व्यंजन बनाकर महर्षि को परितृप्त किया जाए और मनोवांछित वर माँगा जाए।

बस, फिर क्या था!

वे गोपियाँ नाना प्रकार के स्वादिष्ट व्यंजन लेकर यमुना-तट पर पहुँचीं। उस समय वर्षा-ऋतु थी। उफनती हुई यमुना को देख कोई नाविक अपनी नाव से उन्हें उस पार ले जाने का साहस नहीं कर सका। तभी श्रीकृष्ण उधर से निकले और उन्होंने गोपियों से इस तरह चिंतित खड़ी होने का कारण पूछा।

गोपियों ने अपनी समस्या बताई।

कृष्ण मुसकराए, "समाधान अत्यंत सहज है। यमुना तट पर जाकर कहो, यदि कृष्ण ने कभी किसी स्त्री का मुख तक न देखा हो, तो उनकी ब्रह्मचर्य निष्ठा के कारण हम पैदल उस पार पहुँच जाएँ।"

गोपियों ने ऐसा ही किया और बड़ी सरलता से पाँव-पाँव यमुना पार कर ली। महर्षि को सप्रेम भोजन कराया और मनचाहा वरदान भी प्राप्त कर लिया।

अब लौटने की बारी थी।

उन्होंने महर्षि से अपनी समस्या बताई, तो वे बोले, "पुनः यमुना के पास जाकर कहा कि यदि दुर्वासा ने जीवन भर कभी अन्न न खाया हो, तो पैदल ही हम यमुना पार कर जाएँ।"

इस बार भी यही किया गया।

गोपियों ने आते-जाते बाढ़ से उफनती यमुना को पैदल चलकर अत्यंत आसानी से पार तो कर लिया, पर उन्हें आश्चर्य था कि ऐसा आखिर हुआ कैसे? जन्म से अब तक निरंतर स्त्रियों के साथ रहनेवाले श्रीकृष्ण की स्त्री-दर्शन तक न करने की बात सच कैसे मान ली गई? इसी तरह उनकी आँखों के सामने व्यंजनों को उदरस्थ करनेवाले महर्षि दुर्वासा की भी अन्न को हाथ तक न लगाने की बात भी कैसे सत्य सिद्ध हुई?

पहेली दुर्गम थी, समाधान भी श्रीकृष्ण से पूछा गया। कृष्ण ने गंभीर कंठ से कहा, "इसमें आश्चर्य कैसा? मैं रात-दिन तुम लोगों के साथ रहने पर भी अखंड ब्रह्मचारी हूँ, क्योंकि मुझमें तनिक भी अहंकार नहीं है। भोक्ता का भाव नहीं है। इसी प्रकार महर्षि दुर्वासा भी भोक्ता के अहंकार से रहित होने के कारण सबकुछ खाकर भी कुछ नहीं खाते। भोक्ता का भाव ही व्यक्ति में आसक्ति जगाता है और उससे रहित होने पर व्यक्ति निष्काम हो जाता है।"

श्रीकृष्ण की बात सुनकर गोपियाँ चकित रह गईं। उन्होंने जिस घाट पर आकर यमुना को पार किया था, उसे ही पानी गाँव या पानी घाट कहा जाता है।

रासबिहारी का मन प्राश्निक हुआ, "भोक्ता होते हुए भी अभिमान रहित होने का यह भाव क्या कोई व्यक्ति सरलता से अपने भीतर उपजा सकता है?"

उत्तर उनके हृदय ने ही दिया, "हर किसी के लिए इस उच्च भावभूमि को पाना सरल नहीं है। सिद्ध साधक ही इसे पा सकते हैं।"

और रासमंच पर मंचित होनेवाली कृष्ण लीलाओं के क्रम में रासलीला के बारे में क्या कहा जाए? निश्चित रूप से वह माला के विविध मोतियों की मध्यमणि है। उसके बारे में सोचने भर से रासबिहारी का हृदय सुनैला गाँव के उस रासमंच पर जा पहुँचा, जहाँ कुछ घंटों पूर्व डोल पर उन्होंने महारास का मंचन देखा था। स्मरण मात्र से आँखों में प्रेमाश्रु भर गए, तन सिहर उठा और वह एक बार फिर बेसुधी जैसी अवस्था में पहुँच गए।

क्या यही अलौकिक आनंद के क्षण हैं, वह समझ नहीं सके।

□

16

महारास : एक अमृतघट

मयूर निकुंज के राधा-कृष्ण मंदिर की प्रभात आरती के स्वर कानों में पड़े, तो रासबिहारी चौंक पड़े—ऐं, क्या रात बीत गई? सुनैला से लौटकर वह पल भर को भी नहीं सोए? लगता तो ऐसा ही है, अन्यथा कैलाश की आरती के ये स्वर कानों में कैसे पड़ते?

उन्होंने बिस्तर छोड़ा, नित्य-कर्मों से निवृत्त हुए और कमरे का द्वार खोल दिया।

यह गोकुल के लिए संकेत था कि वह नहा-धोकर जलपान हेतु तैयार हैं। एक अनुशासित सेवक-भाव से गोकुल ने भी अपनी दायित्व-पूर्ति में विलंब न किया।

रासबिहारी ने पूछा, "तुम्हारे प्रबंधक महोदय अभी हैं या आरती के बाद लौट गए हैं?"

"ऑफिस में हैं। बुला लाऊँ?"

"उनसे कह दो कि मुझसे मिलकर जाएँ।" कहते हुए रासबिहारी ने आलू के गरमागरम पराँठे का एक ग्रास तोड़कर मुँह में धर लिया।

संभवतः कैलाश ने उनके जलपान खत्म होने की राह देखी होगी, क्योंकि जैसे ही गोकुल खाली बरतन उठाकर गया, कैलाश ने कमरे में कदम रखा।

'राधे-राधे' के अभिवादन के बाद मुसकराते हुए बोला, "लगता है, सफर की थकान के कारण आपको गहरी नींद आई है। चेहरे पर अद्भुत शांति और ताजगी है। इतने दिनों में आज पहली बार मैं इतना शांत-प्रसन्न चेहरा देख रहा हूँ।"

रासबिहारी सिर्फ मुसकराए।

रात जागते हुए कटी है, इस बात पर यह विश्वास नहीं कर सकेगा। पर संपूर्ण रात्रि-जागरण के बाद भी एक गहरी आत्मिक शांति वह स्वयं अनुभव कर रहे हैं। तो क्या यह···

"आपने मुझे बुलाया है? कहीं चलेंगे क्या?"

"हाँ, आचार्यजी के यहाँ ही जाना चाहता हूँ। तुम्हें साथ चलना होगा। कहीं रास्ते में

गिर-गिरा न जाऊँ, बेहोश न हो जाऊँ, इसका डर है।"

"अस्वस्थ हैं तो किसी डॉक्टर को बुलाऊँ?" कैलाश डर गया।

"अरे, घबराने की कोई बात नहीं है।" रासबिहारी मुसकराए, "यह तुम्हारे महारास का असर है। उसके सम्मोहन से अभी तक स्वयं को मुक्त नहीं कर सका हूँ। इसलिए कब, वहाँ वह अनूठा रास मेरे मानस में झंकृत होने लगे, मुझे बेसुध कर दे, इसका भरोसा नहीं है।"

"तो फिर टैक्सी बुलवाये लेता हूँ। पैदल चलने की जरूरत नहीं है।"

"कैलाश, चिंता मत करो। टैक्सी का बवाल पालने की जरूरत नहीं है। तुम साथ रहो, इतना काफी है। हम लोग पैदल ही चलेंगे। दस बजे तुम आ जाना, उस समय तक आचार्यजी का स्नान-ध्यान-जलपान निपट चुका होता है।"

"जी, ठीक है।"

"और हाँ, राधिका से कह देना कि आज वह छाछ लेकर न आए। मैं अब कुछ देर ध्यानावस्थित होना चाहता हूँ। उसके आने से विघ्न पड़ेगा।"

"मैं कह दूँगा, आपसे नहीं मिलेगी। पर उसे यहाँ आने से मैं नहीं रोक सकूँगा। वह सुनती है किसी की? आकर गोकुल के पास छाछ रखकर लौट जाएगी।"

"ठीक है।" रासबिहारी सहमत हुए।

कैलाश चला गया, तो उन्होंने एक बार फिर भीतर से कमरा बंद कर लिया और अपनी शय्या पर बैठकर आँखें मूँद लीं।

न, ध्यान नहीं, सिर्फ चिंतन में निमग्न थे वह। क्या इस ब्रजभूमि में और अधिक ठहरने का उनके लिए कोई प्रयोजन है? दो उद्देश्य लेकर आए थे—मोहनलाल से मुलाकात और रास को देखना। दोनों प्रयोजन पूरे हो गए, अब यहाँ ठहरने का औचित्य क्या रहा?

कोलकाता में उनकी चल-अचल संपत्ति है, जिसके लिए···

हाँ, यहाँ आने के बाद ही एक लंबे पत्र में विमलेंदु से काफी कुछ कह अवश्य दिया है, जिसे उसने पूरी गंभीरता से लिया भी है। कई बार फोन पर लंबी चर्चा करके सलाह-मशविरा लेता रहा है, लेकिन अब इस समय···

सुनैला का महारास एक बार फिर रासबिहारी के मन-मस्तिष्क पर हावी होने लगा। किसी मदिरा के नशे से भी तीव्र यह नशा क्या एक बार चढ़ जाने के बाद कभी नहीं उतरता है? यह विलक्षण अनुभूति सोते-जागते, उठते-बैठते इसी प्रकार मन को विमुग्ध किए रहती है? अचरज की बात है न!

उनके हृदय-तरुवर का पात-पाँत झूम उठा।

इस समय भी मन पता नहीं किन उत्तुंग गिरि-शृंगों पर चढ़ता रहा, गहरी वादियों में उतरता रहा, नीले नभ के अनंत विस्तार को नापता रहा और निस्सीम सागर की अथाह लहरियों पर नर्तन करता रहा। पवन-झकोरे सा उड़कर सुनैला पहुँचा तो एक बार फिर श्री लाड़िलीजी और श्री ठाकुरजी की मोहिनी में बँधकर रह गया।

रासबिहारी चकित थे, किस विलक्षण भावना ने उनके संपूर्ण मन-प्राण पर एकाधिकार कर लिया है? जीवन के इस पहले अनुभव को अलौकिक न कहें, तो क्या कहें?

सोचते-सोचते अचानक दीवार घड़ी पर दृष्टि पड़ी तो वह चौंक पड़े—दस मिनट में कैलाश आ जाएगा, उन्हें अब उठकर आचार्य अमल के यहाँ जाने के लिए तैयार हो जाना चाहिए।

सचमुच उनके तैयार होते-न होते कैलाश आ गया। वे दोनों मयूर निकुंज से निकल पड़े।

रास्ता आधे से ज्यादा तय हो गया था कि कैलाश चौंका, "अरे, यह क्या?"

"क्या हुआ?" रासबिहारी ने पूछा।

"देखिए, सामने से आचार्यजी आ रहे हैं। हम लोग बिना सूचना के पहुँच रहे हैं न! शायद इस वक्त हमें वापिस लौटना पड़ेगा। खैर, कोई बात नहीं। मुलाकात का समय तय कर लेंगे।" कैलाश बोला।

रासबिहारी ने भी आचार्यजी को आते हुए देखा। आमने-सामने पड़ने पर तीनों ठहर गए। अभिवादन का आदान-प्रदान हुआ।

"आप जहाँ के लिए निकले हैं, वहाँ जाएँ, किंतु इतना बता दें, कब समय है आपके पास, ताकि हम मिलने के लिए आ सकें।" रासबिहारी विनयपूर्वक बोले।

"यकीन करेंगे, मैं कहाँ जा रहा हूँ?" आचार्य अमल मुसकराए।

"जरूर।" रासबिहारी बोले।

"मैं मयूर निकुंज के लिए घर से निकला हूँ। कल सुनैला से लौटते हुए आप अस्वस्थ दिखाई दिए थे, इसलिए मैं और वसुंधरा दोनों ही आपके स्वास्थ्य को लेकर चिंतित रहे। मन नहीं माना, तो इस समय आपके स्वास्थ्य की जानकारी लेने के लिए निकल पड़ा।"

"आपने मेरी चिंता की, इसके लिए हृदय से धन्यवाद!" रासबिहारी गद्गद हो गए, "चलिए, हम लोग मयूर निकुंज ही चलें। आज की बैठक वहीं सही।"

"नहीं। यहाँ से मयूर निकुंज की अपेक्षा मेरा घर निकट है। इसलिए अब वहीं चलना ठीक रहेगा।"

"जैसा आपका आदेश।" रासबिहारी मान गए।

वसुंधरा भी तीनों को साथ आया देखकर प्रसन्न हुईं। रासबिहारी से स्वास्थ्य का हाल पूछा।

"कुछ समझ नहीं आता।" रासबिहारी गंभीर हो गए, "कल से दो-तीन बार दौरा पड़ चुका है।"

"दौरा? क्या मतलब?" वसुंधरा चौंकी।

"शरीर काँपने लगता है, एकदम तंद्रा जैसी अवस्था में पहुँच जाता हूँ। आँखें सजल हो उठती हैं और ऐसा आभास होता है जैसे महारास का मंचन देख रहा हूँ।"

"यह दौरा नहीं है।" आचार्य अमल बोले, "आप जो अनुभव करते हैं, वह विशुद्ध आध्यात्मिक अवस्था है। सौभाग्यशाली हैं, जो रासमंच ने आपको उस दिव्य अनुभूति के निकट पहुँचा दिया है।"

"आप सच कहते हैं?" रासबिहारी की आवाज काँप उठी।

"जी हाँ। यही तो हमारे साधु-संतों की विशेषता है कि उन्होंने अध्यात्म को सर्वजन सुलभ बना दिया है। जो अवस्था कोई ब्रह्मज्ञानी अपनी सुषुम्ना को ब्रह्मरंध्र तक ले जाकर प्राप्त करता है, उसे एक मामूली अपढ़ ब्रजवासी मात्र महारास को देखकर पा जाता है। यह हमारे ऋषि-मुनियों की ब्रह्मानंद को सर्वसाधारण तक पहुँचाने की कितनी सफल चेष्टा है, आप स्वयं समझ सकते हैं।"

"आप सही कह रहे हैं।" रासबिहारी सहमत हुए।

"दरअसल रास को देखने की दो दृष्टियाँ होती हैं—एक स्थूल दृष्टि, दूसरी भाव दृष्टि। आपने सुनैला में जो महारास पहले स्थूल दृष्टि से देखा, उसे ही पुनरपि भाव-दृष्टि से देख रहे हैं। इस भाव-दृष्टि को साधना की उच्च अवस्था में पहुँचकर अनेक भक्त अनुभव कर चुके हैं।"

"आप इसे भाव-समाधि कहें, तंद्रा कहें या मेरी निद्रित हो जाने की सामान्य अवस्था कहें, पर यह अनुभव विलक्षण है।"

"आप इसी को पाने के लिए तो वृंदावन आए थे न! प्रसन्नता की बात है, उसे प्राप्त कर सके हैं।"

"सचमुच?"

"जी हाँ। यही रास का माहात्म्य है।" आचार्य अमल विभोर होते हुए बोले, "पहले दिन से ही आपको रासविषयक जानकारी दे रहा हूँ। आज फिर कहने का लोभ सँवरण नहीं कर पा रहा हूँ कि अपने पाँच सौ वर्ष से अधिक के लंबे सफर में अनेक मोड़ों पर मुड़ी है रासलीला। अनेक पड़ावों पर विश्राम किया है उसने। घाट-घाट का

पानी पिया है, राह-बाट का चना-चबेना चखा है और तब यह लोकनाट्य अपने वर्तमान मुकाम पर पहुँचा है।"

"सच कहते हैं।" रासबिहारी पुनः सहमत हुए।

"आरंभिक काल की 16वीं शताब्दी की रासलीला में आध्यात्मिकता की प्रधानता थी। यही आध्यात्मिकता उस समय के भक्ति साहित्य में भी थी। सूरदास और अष्टछाप के अन्य कवियों के भजन और पद ही तब रास का मूलाधार थे। संगीत और काव्य का अनूठा संगम होता था। लीलाओं के माध्यम से जनता का मनोरंजन और भक्ति-लाभ दोनों होता था। समय की प्रवहमान धारा ने स्थिति बदल दी। राजनीतिक क्षितिज पर छोटे-छोटे हिंदू राजाओं का पराभव हुआ, मुसलमान भारत के अधिपति बने और सुरा-सुंदरी के सम्मोहन में फँस गए। 'यथा राजा तथा प्रजा' के अनुसार लोकरुचि भी वैभव-विकास की ओर उन्मुख हुई। साहित्य के इतिहास में भक्तियुग का पर्यवसान होने पर उद्दाम शृंगारी वृत्तियों से संयुक्त 17वीं शताब्दी का रीतिकाल कला के संसार में भी बदलाव लाया। स्थापत्य के क्षेत्र में पच्चीकारी, महीन नक्काशी और कारीगरी ताजमहल के रूप में दिखी, तो साहित्य के क्षेत्र में 'बिहारी सतसई' तथा अन्य रीतिग्रंथों में राधा-कृष्ण भी सामान्य नायक-नायिका बना दिए गए। परिवर्तन की इस लहर से रास भी अछूता न रहा और उसकी धार्मिकता, रसमयता और संगीतात्मकता को धक्का पहुँचा। न पहले जैसा औदात्य रहा और न शास्त्रीय संगीत। मात्र नृत्य, वाग्विलास, उक्ति वैचित्य के रह जाने से कृष्ण और राधा के स्वरूप लटके-झटके दिखानेवाले, चुटीले वचन बोलनेवाले सामान्य नायक-नायिका रह गए।"

"जाहिर है, राजनीतिक परिस्थितियों ने हमारी धार्मिक भावना को गहरी ठेस पहुँचाई।" रासबिहारी मलिन मुख बोले।

"जी हाँ। 19वीं सदी में रास पुनः आध्यात्मिकता की ओर उन्मुख हुआ और 20वीं सदी में भी वह अपना स्तर सँभाले रहा। यह स्थिति आज से लगभग 50 वर्ष पूर्व तक बनी रही। विगत 50सालों में शायद एक बार फिर रास अपने लक्ष्य से भटकने लगा है। पर इसे मात्र पथच्युत हो जाना क्यों कहा जाए? हम इसे सकारात्मक शब्दों में कह सकते हैं कि इसी परिवर्तन चक्र में रास की चिरजीवंतता का रहस्य छिपा है।"

"आपकी यह बात भी सच है।" रासबिहारी पुनः सहमत हुए।

"इसी बदलाव को यदि हम लीला-मंचन में देखें, तो पहले केवल कृष्णलीलाएँ अभिनीत होती थीं, बाद में कृष्ण चरित्र से जुड़ी होने के कारण सुदामा लीला आदि अभिनीत होने लगीं और उसके बाद श्री चैतन्य देव, श्री वल्लभाचार्य, श्री हितहरिवंशजी और भक्त कवि सूरदास के पावन चरित्रों पर आधृत लीलाएँ भी प्रकाश में आने लगीं।

यह लीला भूमि का क्षेत्र-विस्तार है और इसमें रामलीला, भर्तृहरि लीला, शंकर लीला, नरहरि लीला, गजग्राह लीला तथा अन्यान्य लीलाएँ भी समाहित हैं।"

"जाहिर है, ब्रज की ये लीलाएँ सरोवर का बँधा जल न रहकर सरिता की बहती धारा है।" रासबिहारी बोले।

"जी हाँ।" आचार्य अमल बोले, "परिवर्तन की दिशाएँ और भी हैं। पहले ये लीलाएँ इने-गिने स्वामियों के प्रभुत्व तले पनपती थीं, उन्हें यह गद्दी वंशानुगत रूप में मिलती थी, किंतु जैसे-जैसे लोगों में जागरूकता और चेतना बढ़ी, रासस्वामियों का वर्चस्व टूटा और नई-नई रासमंडलियाँ तैयार होने लगीं और इसी संख्या वृद्धि से लीला के स्तर में गिरावट भी आई। वजह स्पष्ट है। इन स्वयंभू स्वामियों में सच्ची भावना, गांभीर्य और दायित्व-बोध की अपेक्षा पैसा कमाने की प्रवृत्ति अधिक है। व्यावसायिकता के हस्तक्षेप ने इसके स्वामियों में नवधनाढ्य होने की चाह भर दी है।"

"आपका कहना सच है, चिर पुरातन होते हुए भी नित नवीनता ही ब्रज की रासलीला को जीवंत बनाए हुए हैं। तदापि इसमें व्यावसायिकता को ही सबकुछ मान लेना गलत है।" रासबिहारी ने सिर हिलाया।

"देखिए न, आज यह लीला इतनी खर्चीली हो गई है कि इसके एक दिन के प्रदर्शन में करीब एक लाख रुपए की लागत आती है।"

"ऐसा कैसे?" रासबिहारी चौंके।

"इन लीलाओं में बाह्य आडंबर, भव्यता और प्रदर्शन की प्रवृत्ति पहुँचने के कारण। जो फूलों की साज-सज्जा, झिलमिलाती बिजली की रोशनी और स्वरूपों की वेशभूषा एवं सज्जा में पैसा झोंकने की प्रवृत्ति आज है, वह 50 साल पहले न थी। इन रासमंडलियों ने इलैक्ट्रॉनिक मीडिया से भय खाने के बजाए स्वयं आगे बढ़कर उससे गलबहियाँ डाल ली हैं। ध्वनि और प्रकाश के अपूर्व संयोजन से समकालीन रासलीला को एक अतींद्रिय और वायवी छवि भले ही मिल गई हो, पर कमनीय देह के भीतर आत्मा का सौंदर्य उसी अनुपात में खत्म हो गया है। आज भी लाखों की संख्या में प्रेक्षक इनका आनंद लेने के लिए उमड़ते हैं। इस अथाह भीड़ को नियंत्रित करने के लिए क्लोज सर्किट टेलीविजन तक लगवाने पड़ते हैं।"

"इन सबका निष्कर्ष क्या निकलता है?"

"यही, अस्तित्व संकट के अद्यतन दौर में ब्रज की रासलीला दूसरी लोक कलाओं के लिए उम्मीद का दीया है। शर्त यही है, नये प्रयोगों को अपनाने के अति उत्साह में कहीं वह अपनी मूलभूत जड़ों से विच्छिन्न न हो जाए। आध्यात्मिकता, उदात्तता और शास्त्रीयता ही वे असली रत्न हैं, जिनकी तुलना में केवल नकली चमक-दमक ज्यादा

दिन नहीं टिक सकती। देह के अलंकरण के साथ रास को अपनी आत्मा के अलंकरण को प्राथमिकता देनी होगी, तभी वह अपना पाँच सौ शताब्दियों का सफर आगे भी निर्विघ्न बढ़ा सकेगी।" कहते हुए आचार्यजी ने एक गहरी साँस ली।

वातावरण गंभीर हो चुका था।

एक गहरा मौन छा गया।

देर तक छाया रहा।

जैसे आचार्यजी के शब्दों के बाद किसी के पास कहने को कुछ बचता ही नहीं।

पर रासबिहारी हैं न!

वह चुप कैसे बैठें?

उन्हें तो अपना हृदय खोलना ही है और इस प्रयास में तनिक चंचल दिखाई दिए।

मौन को तोड़ती हुई उनकी आवाज सुनाई दी, "आचार्यजी, सोचता हूँ कोलकाता चला जाऊँ।"

"ऐं, वापसी?" आचार्य अमल चौंके।

"दो लक्ष्य लिये आया था यहाँ। मोहनलालजी से मुलाकात करना और रास देखना। दोनों ही काम पूरे करके अब यहाँ निष्प्रयोजन ठहरने का क्या औचित्य है? अब आपसे क्या बताऊँ, कल सुनैला से लौटने के बाद रात भर पलक तक नहीं झपकी। सोचते-सोचते ही सारी रात बीत गई।"

"इतना ज्यादा क्या सोचते रहे?"

"जब यहाँ आया था, मन बेहद अशांत था। आपसे मिलने पर बताया भी था कि शांति की तलाश में आया हूँ।"

"मुझे लगता है कि दो माह के ब्रज-प्रवास में वह मानसिक शांति आपको मिल गई है।"

"आप ठीक कहते हैं। पर कल सारी रात मेरे कानों में विश्व का कोलाहल गूँजता रहा। आप भी सुन रहे हैं न उसे? कितनी आपा-धापी है, कितनी भागम-भाग है। किसी को दो पल का सुकून नहीं है। ऐसे में रात को लगा, जो शांति मुझे मिल गई, क्या उसे सूम के धन की भाँति अपनी मन-मंजूषा में छिपाए रखूँ? या फिर भूमंडलीकरण की बाजारवादी आँधी में राह भटकी, भौतिक सुख-समृद्धि के पीछे भागती, सद्संस्कारों की कीमती पूँजी को पीछे छोड़ती मानव-प्रजाति के हित कोई ठोस काम करने का मन बनाऊँ। वही शांति सबको मुहय्या कराऊँ।"

"रासबिहारीजी, आपका चिंतन अत्यंत उदात्त है, पर···"

"कहिए न, रुक क्यों गए?" रासबिहारी चंचल हुए।

"आप एक मोहल्ले के संदर्भ में सोचें, एक गाँव या शहर के संदर्भ में सोचें, तो भी आज की तारीख में कुछ कर सकना आसान नहीं रहा है। उस पर पूरे वैश्विक संदर्भ में सोचना···क्या यह शेखचिल्ली का सपना नहीं है?"

"मुझे लगता है, नहीं है। यदि हमारे पास विश्व का आतप-ताप दूर करने का रसायन है, तो उसे वैश्विक संदर्भ में प्रयोग करके देखने में क्या हानि है?" कहते हुए रासबिहारी और अधिक चंचल हो उठे।

आचार्य अमल सोचने लगे।

देर तक सोचने के बाद सिर उठाया, "आप महारास को पूरे विश्व के लिए ग्राह्य बनाएँगे?"

"सोचता तो यही हूँ।"

"इसे आसान काम समझते हैं?"

"फिर कहता हूँ, प्रयास करके देखने में क्या कठिनाई है?"

"कैसे प्रयास करेंगे।"

"आपको व्यापक शास्त्रज्ञान है और मेरे पास अथाह पैसा है। क्यों न हम एक ऐसी रासमंडली खड़ी करें, जो परंपरा और नव्यता दोनों से जुड़ी हो। जिसमें नृत्य और संगीत की वह शास्त्रीयता हो, जिसका आज लोप हो गया है। जिसमें आध्यात्म की वह द्युति हो, जो भौतिकता के अतिरेक से ऊबे प्राणियों के लिए शांति प्रदायिनी हो। मैं अपने बारे में ही बात करूँ, निपट फटेहाल अवस्था में यहाँ आया था और आज आध्यात्मिक आनंद का बेशकीमती खजाना पा चुका हूँ। भौतिक सुख-सुविधाओं के मध्य भी रंक होने की तकलीफ आप नहीं समझ सकेंगे। रूखी-सूखी खाकर सुख-चैन की नींद जो सोते हैं। यदि एक बार उसी सुख को बाँटने के लिए खड़े होंगे, तो आपके द्वार पर ऐसे लखपति-करोड़पति-अरबपति भिखारियों की भीड़ लग जाएगी, जो धन के अंबार पर बैठकर भी निपट कंगाल हैं। पैसे से सच्ची खुशी क्या कोई आज तक खरीद सका है?"

"मैं मानता हूँ। फिर भी स्वयं को आपकी योजना से अलग रखना चाहता हूँ। बहुत असामाजिक इनसान हूँ। एकदम अंतर्मुखी। अपने छोटे से घर में हम पति-पत्नी अपनी दुनिया में प्रसन्न हैं। परोपकार से जुड़ी आपकी भावना को सराहता हूँ। हमारे वृंदावन-मथुरा में विद्वान् पंडितों की कमी नहीं है। दो-चार से आपको मिलवा दूँगा। उनमें से किसी उपयुक्त व्यक्ति का चयन कर लें।"

"जिन्हें मैं सर्वाधिक उपयुक्त समझता हूँ, वह मेरे सामने हैं। किसी अन्य से बात

करने की मुझे न इच्छा है और न आवश्यकता।"

"अब आपको कैसे समझाऊँ, मैं इस तरह के कामों के लिए बना ही नहीं हूँ।"

"आप वसुंधराजी से परामर्श ले लें। देख लें, वह क्या कहती हैं?" रासबिहारी बोले।

वसुंधरा आईं, पूरी बात सुनी और गंभीर हो गईं, "जिस समाज में हम रहते हैं, उससे सिर्फ ग्रहण करने भर की नीयत रखना हमारी स्वार्थपरता और संकीर्ण सोच कहा जाएगा। मुझे लगता है कि यदि वास्तव में ऐसी कोई संकल्पना आपके पास है, जो आज के संतप्त मानव-समाज को सच्चा आनंद दे सके, तो उसे कार्यरूप में अवश्य परिणत करना चाहिए। मनुष्य होने के नाते यह हमारा धर्म है। सामाजिक प्राणी होने के नाते दायित्व भी।"

"देखा आचार्यजी, वसुंधराजी ने बात को कितनी अच्छी तरह समझ लिया है।" रासबिहारी की आँखें चमक उठीं।

आचार्य अमल अभी भी असमंजस में थे।

वसुंधरा ने निकट जाकर उनके दोनों हाथ पकड़ लिए, "सोचो मत। रासबिहारीजी जब कदम उठाने को तैयार हैं, तो खुले मन से उन्हें सहयोग दो।"

"वसुंधरा, मैं सिर्फ कलम चलाना जानता हूँ। बहुत अव्यावहारिक आदमी हूँ। किसी रासमंडली को पुरातन गौरव से संयुक्त करने में क्या सहयोग दे सकूँगा?"

"आपने तो महारास पर पूरा ग्रंथ लिखा है न! कृष्णलीलाओं पर भी कम चिंतन नहीं किया है। उसी कच्चे माल के इस्तेमाल से ऐसी कृष्णलीलाएँ लिखनी हैं, जो मंचन के बाद हर रोती आँख में मुसकान के दीप जला सकें। हर संतप्त हृदय को पीड़ा और निराशा के सागर से बाहर निकालकर आनंद के निर्झर के नीचे नहाने का सुख दे सकें। आनंद भी भौतिक नहीं, वह आध्यात्मिक आनंद रहे, जो व्यथित प्राणी के हित सच्ची शांति का प्रदाता हो।"

"वसुंधरा, तुम इसे आसान काम समझती हो?"

"मुझे पता है कि यह कठिन है। पर हमारे ऋषि-मुनियों ने और सुविज्ञ धार्मिक आचार्यों ने ब्रजभूमि में नंगे पाँव घूमकर कृष्णलीलाओं के माधुर्य के प्रति जो अलख जगाई है, उसमें धन-लोभ के कारण आई विकृतियाँ किसी-न-किसी को तो दूर करनी होंगी।"

"मैं इतनी दुरूह जिम्मेदारी को वहन कर सकूँगा?"

"क्यों नहीं कर सकेंगे? रास वही रहेगा। वही पारंपरिक शास्त्रीय नृत्य, वही पुरातन शास्त्रीय संगीत, वही लुप्तप्राय सादगी। पर सादगी में सौंदर्य उपजाना आपका

काम है। मुझे विश्वास है कि कृष्णलीलाओं का यह माधुर्यपूर्ण जन-संवेद्य प्रस्तुतिकरण आपकी कलम कर सकेगी। मनोयोग से कार्य का आरंभ तो करें।" वसुंधरा मुसकराईं।

आचार्य अमल चुप रहे।

"ठीक है, निर्णय हो गया। अब मैं आप लोगों के लिए आज ही बनाए ताजे पेड़े लेकर आती हूँ। एक नई और लोककल्याणकारी परियोजना के विविध पक्षों पर सोचने से पूर्व मुँह मीठा कीजिए।" कहती हुई वसुंधरा भीतर चली गईं।

~✦~

आरंभ से अब तक निश्चेष्ट बैठा कैलाश अचानक हिला-डुला, तो आचार्य अमल की निगाह उस पर पड़ी। तुरंत बोल पड़े, "अरे कैलाश, इस गंभीर चर्चा से तुम ऊब रहे हो, तो पहले ही उठकर चले जाना चाहिए था।"

"मैं ऊब नहीं रहा, कुछ कहना चाहता हूँ।"

"तुम भी कुछ कहोगे? यह तो बड़े आश्चर्य की बात है।" आचार्य अमल अपनी मुसकराहट नहीं छिपा सके।

कैलाश की गति-मति से अनजान न थे।

एक गूढ़ विषय में उसका हस्तक्षेप उनके लिए कौतुक की बात थी।

किंतु रासबिहारी नहीं चौंके।

संभवतः अनुमान लगा चुके थे, इसलिए सवालिया दृष्टि से उसकी ओर देखा।

कैलाश की आँखें झुकी हुई थीं, चेहरे पर ग्लानि थी और हाथ में कागज की वह पुड़िया थी, जो उसने अभी-अभी अपनी जेब से निकाली थी।

इस पुड़िया का इतिहास मोहनलाल पहले ही उन्हें बता चुके थे।

धीमी और अँसुवाई आवाज में कैलाश बोला, "जानता हूँ इस पुड़िया के विषय में बताने पर आपकी और आचार्यजी की निगाह से गिर जाऊँगा, पर न बताने पर भी आजीवन अशांति की ज्वाला में जलता रहूँगा। जहाँ संसार की अशांति दूर करके शांति देने की बात हो रही है, वहाँ अपने मन को भार-मुक्त करके मुझे भी शांति मिलनी चाहिए।"

रासबिहारी सबकुछ समझ गए।

मोहनलाल ने जो संदेह जताया था, उनके मन में जिन आशंकाओं ने सिर उठाया था, वही आत्मस्वीकृति बनकर कैलाश के होंठों पर उतर आएगी, यह तय था।

पर किसी को छोटा क्यों बनाएँ?

इसलिए सिर्फ इतना बोले, "कैलाश, तुमने अपनी भूल समझ ली है, यह काफी

है। अब कुछ कहने-सुनने की जरूरत नहीं।"

"यानी आप मेरी दूषित मनोवृत्ति से अवगत थे?" कैलाश भौचक्का रह गया।

"शायद 'हाँ।' "

"फिर भी चुप रहे? मेरे साथ घूमते-फिरते रहे? आपका अनिष्ट करूँगा, चिंता नहीं हुई।"

"कैलाश, तुमने अपने पिता से यदि धनलोलुपता के संस्कार पाए, तो माँ से उदात्त जीवनमूल्य भी संस्कार रूप में ग्रहण किए हैं। इसीलिए मेरा अहित करते हुए बार-बार रुक गए। मैं देखना चाहता था कि सद्-असद् संस्कारों में किसकी विजय होती है? अब मुझे पता चल गया है, इसलिए सच्चाई जानकार मैं खुश हूँ।"

आचार्य अमल गंभीर स्वभाव के व्यक्ति थे।

उन्होंने दो व्यक्तियों की आपसी बातचीत में कोई जिज्ञासा न दिखाई।

~✦~

वसुंधरा पेड़े लेकर आ गई।

सबने मुँह मीठा किया।

"आप अपनी रासमंडली का नाम क्या रखेंगे?" वसुंधरा ने पूछा।

"मुझे लगता है कि हमारा महत् उद्देश्य कृष्ण-लीलाओं के, विशेष रूप से रासलीला के पुरातन गौरव को स्थापित करना है। समूचे विश्व से अशांति का उच्छेदन करना है। भौतिक सुखों से पीछे भागती मानव-प्रजाति को आध्यात्मिक आनंद प्रदान करना है। तो क्या सत्, चित् और आनंद स्वरूप प्रभु को सर्वजनसुलभ बनाने के लिए 'सच्चिदानंद रासमंडली' नाम सही रहेगा?" रासबिहारी बोले।

"बिल्कुल सही रहेगा।" आचार्य अमल सहमत हुए, "हमारा आर्यावर्त्त आदिकाल से ही विश्व का धर्मगुरु रहा है। लोककल्याण की भावना ही तो हमारे धर्मग्रंथों में अनुस्यूत है—

'सर्वे भवन्तु सुखिनः सर्वे सन्तु निरामया।
सर्वे भद्राणि पश्यन्तु मा कश्चित् दुःख भाग्भवेत्।'

अर्थात् सभी सुखी होवें। सभी निरोगी रहें। सभी कल्याण देखें। किसी को भी दुःख का भागी न होना पड़े।

यदि आज भूमंडलीकरण की बाजारवादी ताकतों के चलते मनुष्य की सारी गतिविधियाँ अर्थ के इर्द-गिर्द सिमट कर रह गई हैं तो हमें उनका ध्रुवीकरण आध्यात्म की ओर करना है। आध्यात्मिक चेतना जगाने के लिए, चिरंतन आनंद लोक से जोड़ने

के लिए महारास से उत्तम और कौन-सा साधन हो सकता है?

"आपने सही कहा।" रासबिहारी बोले, "मैंने आपसे आज यहाँ आते ही कहा था कि दोनों प्रयोजन पूरे होने के बाद कोलकाता लौट रहा हूँ। इसका अभिप्राय यही था कि आगामी योजना पर काम शुरू करने से पूर्व पर्याप्त पैसे का प्रबंध करने के लिए एक बार पश्चिम बंगाल का चक्कर लगा आऊँ।"

"वह तो ठीक है, पर हमें एक बात और समझनी है।" आचार्य अमल ने तनिक गंभीर मुद्रा धारण कर ली।

"वह क्या?"

"आज लोकरुचि बहुत फूहड़ और भदेस हो गई है। ऐसे में हमारे उदात्त चिंतन का मर्म समझनेवाले लोग कम ही मिलेंगे।"

"आपकी बात सही है।" रासबिहारी सहज बने रहे, "पर हमारी सच्चिदानंद रासमंडली का जब आर्थिक लाभ के प्रयोजन से गठन हो ही नहीं रहा है तो हमें क्या चिंता? कुत्सित-अश्लील रुचि वाले नव-धनाढ्यों से पैसा उगाहनेवाली दूसरी रासमंडलियों से हम अलग रहेंगे, बल्कि मैं तो दर्शकों से दक्षिणा वसूलने के पक्ष में भी नहीं हूँ। पूरे वैश्विक पटल के उन्हीं लोगों से अपनी बात कहना चाहूँगा, जिनकी महारास की पुरातन आध्यात्मिक चेतना में गहरी रुचि है। मुझे विश्वास है, ऐसे सच्चे ज्ञान पिपासु और चिरंतन आनंद के चाहने वाले भी कम नहीं हैं। वे समूचे मन-प्राण से हमसे जुड़ेंगे।"

"सही बात है। हमारे प्रयोजन की सिद्धि उन्हीं लोगों से होगी।"

"तो फिर मैं कल ही फ्लाइट से कोलकाता निकल जाऊँगा। टैक्सी मुझे वृंदावन से दिल्ली पहुँचा देगी। कोशिश करूँगा, शीघ्र वापस लौटूँ। तब तक आपको यहाँ जरूरत के मुताबिक जगह तलाशनी है। विस्तृत भूखंड होना चाहिए। साथ ही अपना लेखन कार्य भी जारी रखना है, ताकि मंचन योग्य पर्याप्त कृष्णलीलाएँ हमारे हाथ में रहें। इसके बाद नृत्य-संगीत कला के मर्मज्ञ और स्वरूपों की तलाश...। काम बहुत बड़ा है, श्रमसाध्य भी है पर असाध्य नहीं है। मोहनलालजी का व्यवहारिक ज्ञान हमें लाभान्वित करेगा। उन्होंने रास को जिस प्रकार आत्मसात किया है, वही भावना तो हमारे लिए वरेण्य है। श्रीराधा-कृष्ण की कृपा हमारा मनोरथ सफल करेगी। जय श्रीराधे।" कहते-कहते रासबिहारी उत्तेजित हो उठे।

एक अनूठी सिहरन वहाँ मौजूद सभी लोगों के तन-मन में दौड़ गई। 'जय श्रीराधे' उनके कंठ से ही नहीं, रोम-रोम से उच्चरित हो रहा था।

रासबिहारी सबसे पहले संभलते हुए बोले, "हमें इतनी विशाल परियोजना पर कार्य

करने के लिए ट्रस्ट बनाना होगा। वह बनता रहेगा। तदपि मैं 'सच्चिदानंद रासमंडली निर्माण कोष' के लिए कुछ सहृदय दान-दाताओं की भेंट इसी समय देना चाहता हूँ। चूँकि हमारी रासमंडली के स्वामी आचार्य अमल हैं, इसलिए मैं उनसे अर्थ-संग्रह की शुरुआत करने का आदेश माँगता हूँ।"

"यह सब क्या है, मैं समझ नहीं पा रहा हूँ।" आचार्य अमल घबरा उठे।

"परेशान क्यों होते हैं?" वसुंधरा मुसकराईं, "इसे अपने दायित्व के अंतर्गत लीजिए, आदेश दीजिए।"

"ठीक है। आदेश है।" आचार्यजी बोले।

"हमारा कोषाध्यक्ष कौन रहेगा?" रासबिहारी ने पूछा।

"पैसे का हिसाब-किताब आप ही सँभालिए।" वसुंधरा बोलीं।

"जी हाँ।" आचार्यजी सहमत हुए।

"मुझे आप सब अपना सेवक मात्र मानिए।" रासबिहारी विनत भाव से बोले, "इस दायित्व को सँभालने के लिए कैलाश कैसा रहेगा?"

"मैं?" कैलाश जैसे आकाश से गिरा, "बाबूजी, आप मुझे शर्मिंदा न करें।"

दोनों हाथ जोड़े जैसे वह धरती में समाया जा रहा था।

"नहीं कैलाश, हमारी इतनी बड़ी संकल्पना सिर्फ विश्वास की नींव पर खड़ी होगी और तभी संपूर्ण होगी। मैं अपने पूरे अंतरतम से तुम्हारे ऊपर विश्वास करता हूँ, इसलिए तुम्हीं कोषाध्यक्ष रहोगे।"

"आप सचमुच महान् हैं।" आचार्य अमल और वसुंधरा एक साथ बोले। उन्हें ऐसे फैसले की उम्मीद न थी।

सहज भाव से रासबिहारी ने तत्काल अपनी जेब से सोने की वह डिबिया निकाली, जो आचार्य दंपती की जानी-पहचानी थी।

डिबिया खोलकर पहले वसुंधरा की सोने की चेन आगे बढ़ाई, "यह नींव का पहला पत्थर है।"

फिर डिबिया सहित गुलाबी कागज में लिपटा 50 लाख का हीरा आगे बढ़ाया, "और यह नींव का दूसरा पत्थर है।"

"नींव का तीसरा पत्थर मेरा रहेगा, पहले ही बताए देता हूँ।" कैलाश फौरन बोल पड़ा, "माँ ने मृत्युशय्या पर मुझे एक जोड़ी स्वर्ण-कंकण दिए थे कि शादी के बाद उनकी बहू को उनके आशीर्वाद स्वरूप दे दूँ। वे कंगन इस समय मेरे पास नहीं हैं, घर में रखे हैं। पर नींव का तीसरा पत्थर वही रहेंगे।"

"कैलाश, तुम माँ के भावी पुत्रवधू को दिए गए आशीर्वाद का अर्थ समझ रहे

हो?" रासबिहारी ने तरल कंठ से पूछा।

"जी हाँ। और मैं यह भी जानता हूँ कि उनमें माँ का निष्कलुष स्नेह बोल रहा है। प्रेम की पवित्रता निश्चय ही असंदिग्ध है। 'सच्चिदानंद रासमंडली' के निर्माण में वे कंगन काम आएँगे तो माँ की होनेवाली बहू का सदैव कल्याण होगा।" कैलाश जैसे गुनगुना-सा उठा।

कैलाश के वामांग में राधिका की छवि पता नहीं कैसे रासबिहारी की आँखों में समूर्त हो उठी। वह एक बार फिर महासमाधि जैसी अवस्था में पहुँच गए। नयन मुंद गए थे। देह रोमांचित थी। श्री प्रियाजी और प्रियतम जू की छवि बंद नयनों में मुसकरा उठी थी।

विश्व की कल्याण-कामना से भरे सभी उपस्थित जन इस पल जिस लौकिक लोकनाट्य को एक अलौकिक विराट् शून्य में परिवर्तित होता देख रहे थे, वह था—म¨हा¨रा¨स।

□□□